U0085298

Historical Geography

歷史地理學

姜道章 著

三民書局

謹以此書
紀念先慈

修訂二版說明

姜道章教授編著的《歷史地理學》自出版後，深受讀者好評，書中涵蓋歷史地理學的主要概念、理論、方法及研究結果，並對多國的歷史地理學研究進行深入淺出的分析，詳細介紹多位學者的研究歷程及對歷史地理學的貢獻，供地理學系、歷史學系的學生或對歷史地理學有興趣的讀者閱讀及參考使用。

總結本書有以下幾點特色：

一、圖表對照：使用圖片及表格輔助說明，增進讀者對理論及實例的了解與應用。

二、系統性整理：整理國內外知名的研究與理論，並依序從歷史地理學的定義、觀點、研究方法，及對各國歷史地理學的發展歷程和特色進行系統性說明，增進讀者對歷史地理學的概念。

三、展示研究實例：本書收錄作者對清代鹽業發展及臺灣古城變遷等研究，以增進讀者對理論知識的理解，也可從中觀察到歷史地理學研究的實際操作方式。

此次改版，除了更新資料，為符合當今讀者的閱讀習慣，也調整了版式與體例編排，並重新設計封面，希望能幫助讀者更輕鬆、舒適的閱讀。

編輯部謹誌

序　言

現代歷史地理學的發展，大約有一百年的歷史，但是國內有關歷史地理學理論和方法的專著卻極少，其實國外亦不多見。我國大學歷史地理學課程，傳統上內容以沿革地理為主，二十世紀下半葉擴充包括其他主題；當代歐美大學歷史地理學課程，講授內容，多隨教授個人興趣而異，一般上多以區域為架構，內容又幾乎全以專題為主。

本人 1970 年代任教新加坡南洋大學，1980 年代繼在新加坡國立大學任教，曾在人文地理及東亞地理課程中，以區域為架構，部分講授歷史地理。1990 年應聘擔任國科會及中國文化大學之客座教授，在文大地學研究所博士班講授歷史地理，翌年改為專任，繼續講授歷史地理，並在大學部增開歷史地理，本書內容一部分就是作者歷史地理的講稿，部分內容曾分別在美國的《美國地理學協會學報》(*Annals of the Association of American Geographers*)、英國劍橋大學的《現代亞洲研究》(*Modern Asian Studies*)、北京中國科學院的《自然科學史研究》、復旦大學的《歷史地理》、陝西師範大學的《歷史地理學論叢》、香港大學的《東方文化》、國立臺灣師範大學的《地理學研究》、中國文化大學的《華岡地理學報》和《華岡理科學報》、臺北《中國地理學會會刊》、《漢學研究通訊》、及《食貨月刊》等期刊發表。〈臺灣的古城〉一章是作者在 1964 年承中國東亞學術研究計劃委員會之推薦，得哈佛燕京學社資助研究的成果，初稿 1966 年發表，距今已 38 年了，可見學術研究不是一蹴而就。

本書旨在討論歷史地理學的基本理論和方法，以及展示若干研究實例，全書二十章，分為四編，每編五章，第一編討論歷史地理學的理論與方法，第二編評述各國歷史地理學的研究狀況，第三編研究清代的鹽業歷史地理，第四編探討其他歷史地理問題。此外尚有附錄兩篇，一為邵爾 (Carl O. Sauer) 的〈歷史地理學引論〉，另一為哈特向 (Richard Hartshorne) 的〈地理學中的時間和起源問題〉，兩者是極為重要的歷史地理學文獻，代表二十世紀美國兩位地理學大師對歷史地理學的看法，也代表國際地理學兩大派別的觀點。

從美、英、法、日及我國歷史地理學的發展，可以看出歷史地理學的理論與方法，以及各國歷史地理學的特徵，大同小異，基本上是過去地理的重建與時間上地理的變遷，各國研究重點不一，乃深受資料及學者個人的訓練及興趣左右。

歷史地理研究，資料的收集，十分重要，自不待言，歷年趁休假和寒暑假赴國內外圖書館研讀和複印，特別是美國國會圖書館，及洛杉磯加州大學、史丹佛大學和柏克萊加州大學圖書館，停留時間最久，收集研究和教學資料最多。歷史地理學的內容和研究方法，各家意見，仍然分岐，歷史地理的範疇涵蓋廣博，資料浩瀚，雖多年收羅與研究，限於個人興趣和能力，疏忽遺漏難免，尚請方家指正。

本書稿件，悉由內子芳琪打字輸入電腦，再者她操持家務，使本人能有較多的時間，專心教學與研究工作，才能完成此書，特此誌謝。

姜道章 2004 年 3 月 2 日於陽明山雙溪寓所

歷史地理學

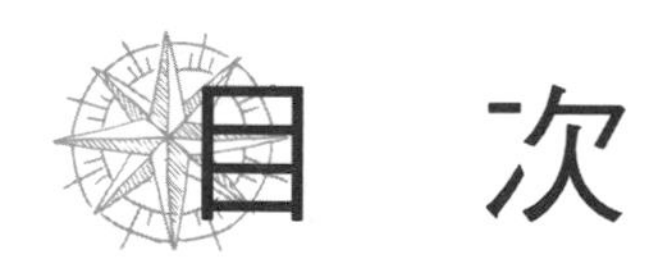

目　次

第三編　清代的鹽業

第四編　臺灣的古城及其他

附　錄

圖目次

表目次

第一編

歷史地理學的理論與方法

第一章

歷史地理學的性質與研究主題

歷史地理學的性質、研究主題及處理方法，長久以來就是學者討論的問題，意見分歧，可能永遠不會有人人同意的看法。英國歷史地理學者普林斯 (Hugh C. Prince) 說：

> 地理學的真正問題是如何將主觀的看法與解釋結合起來，主觀的看法本質上是描述技巧，解釋則不許可有主觀的看法；就其最廣泛的意義來說，歷史有助於連接兩者。❶

歷史地理學的處理方法就是解決這種問題的手段。地理學的研究範圍不斷改變，歷史地理學亦然，研究重點和處理方法隨時代而改變，有時也因人而異，各有偏重，所以歷史地理學容易遭到誤解。因此，歷史地理學的性質與研究主題，值得探討。

一、歷史地理學的性質

歷史地理學雖然是介於歷史學和地理學之間的邊緣學科，卻是地理學的一個分支學科。歷史地理學者應用地理學的、歷史學的、以及相關學科

❶ Hugh C. Prince, "The geographical imagination," *Landscape*, vol. 11 (Winter, 1961–1962), pp. 22–25.

的研究方法，各國研究各有特色，但內容大同小異，主要是研究過去地理的重建和時間上地理的變遷。❷

歷史地理學在地理學中，有一個特殊的地位。有人將歷史地理學二分為「歷史自然地理學」和「歷史人文地理學」，從歷史地理學的性質來看，純粹的「歷史自然地理學」不是歷史地理學，從歷史地理學的性質和處理方法，以及就歷史地理學的理論來看，這種二分法是一種錯誤的觀念。

在傳統的地理學結構中，歷史地理學歸屬於人文地理，例如白光潤在《地理學引論》中，❸張文奎等學者在《人文地理學概論》中，❹都是將歷史地理學視為人文地理學的一個分科。又如左大康主編的《現代地理學辭典》，將歷史地理學列在人文地理、經濟地理學分科條目下。❺再如《美國大學基本地理學文獻目錄》一書，也是將歷史地理學視為人文地理學的一個分科。❻英國學者也認為歷史地理學屬於人文地理學的範疇，例如庫克 (Ronald U. Cooke) 與約翰遜 (James H. Johnson) 主編的《地理學的發展趨勢》一書，便將討論歷史地理學的一章，列在第二編人文地理學之下。❼又如約翰斯頓 (Ronald J. Johnston) 等人主編的《人文地理學辭典》，便收錄了歷史地理學一詞。❽日本學者受西方地理學的影響，也是這樣劃分，視

---

❷ 姜道章，〈什麼是歷史地理學？〉《人文及社會學科教學通訊雙月刊》，第 7 卷第 3 期 (1996)，頁 168–187。

❸ 見張步天，《歷史地理學概論》(開封：河南大學出版社，1993)，頁 16–17。

❹ 張文奎主編，《人文地理學概論》(長春：東北師範大學出版社，1989)，頁 5。

❺ 左大康主編，《現代地理學辭典》(北京：商務印書館，1990)。

❻ Chauncy D. Harris *et al*., eds., *Geographical Bibliography for American Libraries* (Washington, D.C.: The Association of American Geographers, 1985).

❼ Ronald U. Cooke and James H. Johnson, eds., *Trends in Geography; An Introductory Survey* (Oxford: Pergamon Press, 1969), pp. 110–122.

❽ Ronald J. Johnston *et al*., eds., *The Dictionary of Human Geography*, fourth edition (Oxford: Blackwell, 2000), pp. 337–341.

歷史地理學為人文地理學之下的一個分科。❾有些英國學者更認為「歷史地理就是過去的人文地理」。❿這種傳統的看法，認為歷史地理學與其他系統人文地理學是平行的，如經濟地理學、城市地理學、農業地理學、人口地理學等，雖然這是因為傳統的歷史地理學，多著重人文地理現象的研究，但是從理論上看，這種分法值得商榷，因為自然地理現象，也可以作歷史地理學的研究。這種情形類似地理學本身的性質，地理學是介於自然科學與人文科學之間的邊緣學科，既不是純粹的自然科學，也不是純粹的人文科學；歷史地理學也是這樣，既不是純粹的自然地理學，也不是純粹的人文地理學，我們不能將歷史地理學劃歸人文地理學之下，歷史地理學不應該是人文地理學之下的一個分科。

由於自然地理現象和人文地理現象，都可以作歷史地理學的研究，有些學者就將歷史地理學分為歷史自然地理學和歷史人文地理學，例如前引《現代地理學辭典》，⓫及《中國大百科全書：地理學》，⓬便都是這樣，這可能是國內普遍的觀點，這種分法也值得商榷。地理學的研究是以人為中心的，不涉及人的研究不能說是地理學的研究，所謂「歷史自然地理學」，假若其內容純粹是討論自然的現象，與人沒有關係，就不可能說是地理學的研究，理論上不可能是歷史地理學的研究，也就不可能有歷史自然地理學，所以在英、美地理學術語中，只有「歷史地理學」(historical geography) 一詞，未見有「歷史自然地理學」(historical physical geography)

---

❾ 菊地利夫著，辛德勇譯，〈歷史地理學的構成〉，《中國歷史地理論叢》，第一輯(1987)，頁 186–187。

❿ Ronald J. Johnston *et al.*, eds., *The Dictionary of Human Geography*, third edition (Oxford: Blackwell, 1994), p. 246.

⓫ 見前揭左大康主編，《現代地理學辭典》，〈分類辭目索引〉，頁 68。

⓬ 見侯仁之，〈歷史地理學〉，載《中國大百科全書：地理學》(北京：中國大百科全書出版社，1990)，頁 278。

或「歷史人文地理學」(historical human geography)，早期的如《美國地理學的回顧與展望》一書，⓭只提到歷史地理學，未見「歷史自然地理學」和「歷史人文地理學」這兩個名詞。上述約翰斯頓等人主編的《人文地理學辭典》，1981 年初版，20 年間四次修訂再版，第四版 2000 年出版，流傳很廣，其中也沒有 「歷史自然地理學」 和 「歷史人文地理學」 這兩個名詞。⓮

歷史地理學不是一個系統地理學的分科，已故著名的美國歷史地理學家克拉克 (Andrew H. Clark, 1911～1975) 曾說：

> 因為任何地理學的專題，都可以就其過去的情況或其變遷來研究，歷史地理學不是一個系統地理學科。

又說：

> 所以歷史地理學也像區域地理學一樣，其概念與方法可以應用於地理學的各個分科。⓯

哈特向 (Richard Hartshorne, 1899～1992) 在討論區域地理學的性質時 ， 也持這種看法，他說：

> 地理學的分支學科，只有歷史地理學，既不包括在區域地理學內，也不包括在系統地理學內。⓰

⓭ Preston E. James and Clarence F. Jones, eds., *American Geography: Inventory and Prospect* (Syracuse: Syracuse University Press, 1954).

⓮ 參見前揭 Johnston *et al*., eds., *The Dictionary of Human Geography*.

⓯ Andrew H. Clark, "Historical geography", 載前揭 James and Jones ， eds., *American Geography: lnventory and Prospect*, p. 71，此文中文翻譯，見姜道章譯，〈北美歷史地理學的現狀與展望〉，《歷史地理》，第 11 輯 (1993)，頁 317–340。

⓰ Richard Hartshorne, *The Nature of Geography: A Critical Survey of Current Thought*

總之，歷史地理學不屬於自然地理學，也不是人文地理學的一個分科，歷史地理學也沒有歷史自然地理學和歷史人文地理學之分，歷史地理學的性質，類似區域地理學，獨立於自然地理學和人文地理學之外，所以林超和楊吾揚在「地理學體系表」中，沒有將歷史地理學劃歸自然地理學，也沒有將歷史地理學劃歸人文地理學。⑰又如李旭旦也有這種看法的傾向，他在〈人文地理學引論〉一文中，曾對歷史地理學有簡單的論述，雖然他承認歷史地理學為人文地理學的一個分科，好像也接受「歷史自然地理」屬於歷史地理學這一概念，但是他這樣說：

> 歷史地理學很早就成為地理學的一門獨立分支，以歷史時期的自然地理和人文地理為主要研究對象。⑱

可見歷史地理學應該是一個獨立於自然地理學與人文地理學以外的一門地理學分支。林超和楊吾揚的看法，起初沒有受到中國歷史地理學者的注意，1996年2月作者在上海復旦大學召開的「紀念譚其驤先生八十五周年誕辰國際學術討論會」上，提出〈歷史地理學研究主題的回顧與展望〉一文，⑲同年七月在北京大學召開的「北京大學國際中國歷史地理學學術討論會」上，又提出〈歷史地理學的性質與研究主題〉一文，⑳分別提出了上述作者對歷史地理學在地理學結構中定位的觀點，必定受到歷史地理學者的注

---

in the Light of the Past, originally published in 1939, reprinted with corrections (Lancaster, PA: The Association of American Geographers, 1961), p. 444.

⑰ 林超、楊吾揚，〈地理學〉，載前揭《中國大百科全書：地理學》，頁5。

⑱ 李旭旦，〈人文地理學引論〉，載李旭旦主編，《人文地理學論叢》（北京：人民教育出版社，1985），頁11。

⑲ 摘要見《紀念譚其驤先生八十五周年誕辰國際學術討論會論文摘要》（上海，1996年2月25～28日），頁21。

⑳ 摘要見《北京大學國際中國歷史地理學學術討論會論文摘要》（北京，1996年7月16～20日），頁46。

意，可能由於多數我國學者一向比較保守的態度，沒有人即刻表達意見，四年後才有人對將歷史地理劃分為歷史人文地理和歷史自然地理，表示疑惑，2000 年葛劍雄說：

> 目前一般將歷史地理劃分為歷史人文地理和歷史自然地理兩大類，再根據具體的研究對象分出具體的地理分支。這樣的框架與目前的研究狀況基本適應，但從科學理論和發展趨勢看，不無可議之處。[21]

二、歷史地理學的研究主題

過去的地理或時間上地理的變遷，就是歷史地理學。歷史地理學者所研究的地理現象，可能是文化的、自然的或生物的，研究可能是專題的或區域的，歷史地理學像區域地理學一樣，其概念和方法可以應用到地理學的各個分科，歷史地理學不是地理學的一個系統學科，像是人口地理學或城市地理學，因為任何地理學的專題，都可以就其過去的情況或其變遷來研究。地理學者和歷史學者一向都承認歷史地理學是屬於地理學的，歷史地理學是地理學的一個分科，例如，就作為一門大學課程來說，幾乎都是在地理學系開歷史地理學這門課，歷史學系極少開。我們研究一個地區的地理，通常就是研究該地區的現在地理，過去任何時期的地理，就是歷史上的「現在地理」，研究過去地理，跟我們研究現在地理，所用的方法完全一樣，只是所用的材料是不一樣的，研究現在地理要用現在的材料，研究過去地理要用過去的材料，這些材料相當大的部分，是從文字紀錄材料中

---

[21] 葛劍雄，〈面向新世紀的中國歷史地理學〉，載復旦大學歷史地理研究中心主編，《面向新世紀的中國歷史地理學：2000 年國際中國歷史地理學術討論會論文集》（濟南：齊魯書社，2001），頁 3。

取得的，這種歷史上的「現在地理」，就是歷史地理學者所說的「過去的地理」，前引英國學者所說的「歷史地理就是過去的人文地理」，就是這個道理。現在研究過去的地理，也就是「過去地理的重建」。[22]

至於地理變遷，例如要了解現在地理是如何形成的，便不得不研究其產生的來歷，地理變遷的重要性便是在此，因為任何一個區域的現在情況，或多或少受其過去歷史演變的影響，現在是過去的產物，歷史地理學的基礎，就是通過歷史地理學的研究，可以對現在的和過去的區域問題，有比較完整與正確的了解。例如地理區位是一個極重要的地理概念，對各種地理現象的區位問題，地理學者顯然可以有 3 種不同的處理方法：(1)研究其來源；(2)研究其機能；(3)同時研究其來源與機能。例如，工業或都市的區位，便可以就其與現在環境的相互關係來討論其機能，雖然有些區位問題這樣研究就夠了，例如，農作物的分布，拿現在的自然、社會、經濟、和政治等因子，可以解釋得相當清楚，也許可以不必追究深遠的過去，又如都市勢力圈、人口遷移、貿易與交通的移動、以及工業的經濟運作等，也可以作同樣的研究。但是有許多地理現象，顯然一定要作深入歷史的探討，才能解釋其現在的地理區位特徵，例如，農村、都市、工業和道路等的區位，只有相當深入地研究其起源、成長和遺存狀況，才可以獲得滿意的解釋。[23]我們還可以打一個比方，例如在第八屆亞洲運動會上，新加坡水球隊以 11 分對 2 分，擊敗泰國水球隊，獲得銅牌獎，要了解新加坡水球隊是如何打贏的，最好是觀看整個比賽的過程，比賽結果是靜止的，是由比賽過程所產生的。

根據上面的討論，可知歷史地理學的特徵就是研究過去的地理，一方

---

[22] Hugh C. Prince, "Real, imagined and abstract worlds of the past," *Progress in Geography*, vol. 3 (1971), pp. 6–12.

[23] 見前揭 Prince, "Real, imagined and abstract worlds of the past," pp. 12–24.

面用重建過去地理的方法研究，另一方面也可以研究地理狀況在時間上的演變過程。歷史地理學在時間上是過去的，但是其內容卻是地理的，研究方法也是地理的，所以歷史地理學不屬於歷史學，而是地理學的一個分科。為了要對現在地理有透徹地了解，必須作深入歷史的探討。

地理學的研究範疇不斷改變，歷史地理學的研究主題亦然，研究重點隨時代而改變，有時也因人而異，各有偏重。邵爾 (Carl O. Sauer, 1889～1975) 於 1941 年發表〈歷史地理學引論〉，提出 11 類歷史地理學的研究主題，即：(1)若干自然地理現象的長期變遷，可能影響到人，例如(a)最重要的問題就是氣候的變遷或氣候的週期，(b)天然植物變遷，和(c)海岸與水文的自然變遷；(2)人類是影響自然地理的力量，例如(a)聚落和啟林對氣候的影響，(b)人類是影響地形的力量，(c)人類影響河流與地下水的變遷，及 d. 人類影響動植物；(3)聚落的地點；(4)聚落的形態；(5)房屋的種類；(6)與文化區之歷史結構有關的土地利用研究；(7)文化昌盛的極點；(8)文化容受性，例如一種新作物或工藝技術引進到一個文化區，或新作物或工藝技術的擴散與傳播；(9)一個文化區內能源的分布；(10)文化階段與文化傳承；和(11)不同文化為了獨占一個地區的競爭。[24]

1954 年克拉克回顧美國歷史地理學的發展，將歷史地理學的研究分為 4 類：(1)過去地理的重建，(2)地理的變遷，(3)連續的文化層，和(4)人類對自然資源利用、改變與調整的歷史發展。[25]英國地理學者史密斯 (C. T. Smith) 討論歷史地理學的發展現狀與未來趨勢，詳細討論了 4 大主題，即：

---

[24] Carl O. Sauer, "Foreword to historical geography," *Annals of the Association of American Geographers*, vol. 31 (1941), pp. 1–24. 後來收入 John Leighly, ed., *Land and Life: A Selection from the Writings of Carl Ortwin Sauer* (Berkeley: University of California Press, 1967), pp. 351–379. 此文中文翻譯，見姜道章譯，〈歷史地理學引論〉，《中國歷史地理》，第 49 輯 (1998)，頁 37–67，191。

[25] 見前揭 Clark, "Historical geography," pp. 70–105.

(1)地理中的歷史因子，(2)不斷變遷的文化景觀，(3)過去地理的重建，和(4)時間上地理的變遷。㉖

英國地理學者普林斯 1969 年討論歷史地理的發展趨勢，提到 9 種歷史地理的研究主題，即：(1)古代方志，(2)地理對歷史的影響，(3)過去地理的重建，(4)連續文化層的研究，(5)古今地理的變遷，(6)對過去地理的回顧，(7)歷史地理遺跡的研究，(8)對過去地理感知的批判評價，和(9)歷史地理學的理論。特別強調過去的地理，地理的變遷，過去對現在的影響，對過去地理的感知，和歷史地理中的模式。㉗

丹麥地理學者紐科姆 (Robert M. Newcomb) 論述歷史地理學的 12 種歷史地理學研究的處理方法，這些方法分為兩類，一類是傳統的方法，包括：(1)時間上的橫斷面，(2)垂直主題（或稱起源與發展），(3)連續文化層，(4)回敘方法，(5)動態的文化史，和(6)歷史區域地理；另一類是新興的方法，包括(7)人類是景觀變遷的動力，(8)過去歷史遺跡的區域差異，(9)生活方式，(10)理論模式，(11)景觀遺跡的保護，和(12)古人的地理感知。㉘

受溫斯 (Harold J. Wiens, 1912～1971)㉙的影響，在中國文化大學地學研究所歷史地理學班上，作者曾提出下列有關臺灣歷史地理的研究題目，供研究生撰寫學期報告，即：(1)臺灣作物的引進和傳播，(2)從地圖上的證

㉖ C. T. Smith, "Historical geography: current trends and prospects," in Richard J. Chorley and Peter Haggett, eds., *Frontiers in Geographical Teaching* (London: Methuen, 1965), pp. 118–143.

㉗ Hugh C. Prince, "Progress in historical geography," in Ronald U. Cooke and James H. Johnson, eds., *Trends in Geography: An Introductory Survey* (Oxford: Pergamon, 1969), pp. 110–122.

㉘ Robert M. Newcomb, "Twelve working approaches to historical geography," *Yearbook of the Association of Pacific Coast Geographers*, vol. 31 (1969), pp. 27–50.

㉙ 溫斯 (Harold J. Wiens) 為美國著名地理學者，研究興趣是中國地理，在燕京大學讀過書，生前任教耶魯大學及夏威夷大學。

據看臺灣海岸線的變遷，㉚(3)臺灣貿易港口的興起和衰落，(4)臺灣漁港的興起和衰落，㉛(5)近三百年來臺灣人口分布的變遷，(6)光復以來臺灣農業的變遷，(7)清代臺灣的樟腦業，(8)清代以來影響臺灣行政區劃的自然因子，(9)臺灣鹽業的歷史地理，(10)臺灣的糖業：一個地理變遷的研究，(11)臺灣稻米的生產：一個歷史地理學的研究，(12)臺灣的對外貿易：一個地理變遷的研究，㉜和(13)歷史地理學的理論或方法，這 13 個研究專題，概言之，可以分別歸屬於 5 個研究主題，即：(1)起源與發展，(2)地圖史，(3)過去地理的重建，(4)地理變遷，和(5)歷史地理學理論。

近幾十年中國歷史地理學，在譚其驤、侯仁之、史念海等學者的倡導下，出版相當多的著作，根據研究的內容和處理方法，可以歸納為 7 類：(1)傳統的沿革地理，(2)自然環境的變遷，(3)過去人文地理和區域地理的變遷，(4)過去地理的重建，(5)地理現象的起源與傳播，(6)歷史地圖與地圖史，和(7)歷史地理學理論。㉝研究內容主題各國有差異，根據闕維民的統計，

㉚ 雖然有若干研究生撰寫了有關這些主題的學期報告，但是只有兩人進一步深入研究，發展成為博士論文，其一為陳翰霖，最初他的報告討論臺灣西南部海岸線的變遷，後來擴充範圍，研究十七世紀以來臺灣西南海岸平原地形的變遷，海岸線的變遷仍為論文的主要內容，他根據古地圖，繪製了一系列表示海岸線變遷的地圖，見陳翰霖，《十七世紀以來臺灣西南海岸平原地形變遷之研究》，中國文化大學地學研究所博士論文，1999 年。

㉛ 1993 年臺灣大學歷史研究所林玉茹的碩士論文，討論清代臺灣的港口，1996 年出版，雖然我在 1990 年就提出了這一研究題目，但是我相信林玉茹小姐並沒有看到我的講義，她是自己獨立想到這一研究題目的，她是歷史學者，但這篇論文的性質卻是歷史地理，見林玉茹，《清代臺灣港口的空間結構》(中和：知書房出版社，1996)。

㉜ 第二位將有關這些主題的學期報告，進一步深入研究，撰寫成博士論文的是高國平，見高國平，《1622～1945 年臺灣對外貿易地理變遷之研究》，中國文化大學地學研究所博士論文，222 頁，2000 年。

㉝ 見復旦大學出版的《歷史地理》、陝西師範大學出版的《中國歷史地理論叢》、和北京環境變遷研究會出版的《環境變遷研究》等學術期刊，以及若干專著，包括

1975 年在英國創刊出版的國際《歷史地理學報》，[34]1975～1997 年刊載 404 篇專題論文，可以分為 21 類主題，最重要的六個主題是人口、都市、理論與一般歷史地理、農村與區域社會地理、土地與土地利用、及農業與畜牧業，約合占總數的十分之六，論文最多的兩個主題是人口及都市，合占超過總數的四分之一以上。

表 1–1　1975～1997 年《歷史地理學報》專題論文主題 *

主題類別	論文篇數
人　口	53
都　市	51
理論與一般歷史地理	39
農村與區域社會地理	39
土地與土地利用	28
農業及畜牧業	26

史念海著，《中國史地論稿》（臺北：弘文館出版社，1986）（原名《河山集》，1963 年三聯書局出版）；侯仁之著，《歷史地理學的理論與實踐》（上海：人民出版社，1979）；馬正林主編，《中國歷史地理簡論》（西安：陝西人民出版社，1987）；王育民著，《中國歷史地理概論》，上下兩冊（北京：人民教育出版社，1987–1988）；張步天著，《中國歷史地理》，上下兩冊（開封：河南大學出版社，1987–1988）；黃盛璋，《歷史地理論集》（北京：人民出版社，1982）；史念海著，《中國歷史人口地理和歷史經濟地理》（臺北：學生書局，1991）；陳昌遠編著，《中國歷史地理簡編》（開封：河南大學出版社，1991）；張步天著，《歷史地理學概論》（開封：河南大學出版社，1993）；復旦大學歷史地理研究中心主編的《面向新世紀的中國歷史地理學》（濟南：齊魯書社，2001）；鄒逸麟主編，《中國歷史人文地理》（北京：科學出版社，2001）；復旦大學出版的《歷史地理研究，1》(1986)；及《北京大學學報歷史地理學專刊》(1992)。

[34] 國際《歷史地理學報》(Journal of Historical Geography) 1975 年創刊，主編兩人，一為英國諾丁漢大學歷史地理學家赫弗曼 (Michael Hefferman)，另一為美國西拉庫斯大學 (Syracuse University) 歷史地理學家魯濱遜 (David J. Robinson)，由英國倫敦的 Academic 出版社出版發行。

區域聚落	17
通訊與交通	15
經濟發展	14
文化與宗教	14
工業與工業化	13
醫藥衛生	13
貿　易	12
民族與婦女	12
環境變遷與災害	10
景　觀	10
政治與行政地理	9
探險與地圖測繪	9
教　育	9
環境與資源管理	8
休閒與旅遊	3
合　計	404

* 闞維民原來分為 26 類，歸併後減少為 21 類。

另有一項資料顯示，1976 年英國地理學協會 (The Institute of British Geographers) 的歷史地理學專業小組登記的會員 529 人，大約十分之四會員的研究興趣是鄉村，五分之一是都市，十分之一是社會，8% 是人口，5% 是一般研究，5% 是工業，其餘的運輸、測繪與地圖、研究方法、感知與態度以及其他等主題，分別皆不足 3%。㉟

日本歷史地理學者研究的主題，約有 13 類，即：(1)史前地理，(2)條里

㉟ 見 Alan R. H. Baker, "Historical geography," in D. Brooks Green, ed., *Historical Geography: A Methodological Portrayal* (Savage, MD: Rowman & Littlefield Publishers, 1991), p. 233.

制，(3)景觀變遷，(4)都市，(5)聚落，(6)交通，(7)人口，(8)農業與灌溉，(9)森林，(10)政治，(11)歷史地理學中的符號學與語意學，(12)區域研究，和(13)理論。[36]

《面向新世紀的中國歷史地理學》是 2000 年國際中國歷史地理學術討論會的論文集，幾乎全是大陸學者的著作，共有 7 個大主題，分別是：(1)歷史地理學概論，(2)自然地理，(3)疆域與政區，(4)社會與文化，(5)都市與交通，(6)經濟與人口，及(7)地圖，在一定程度上，代表中國歷史地理學者研究興趣的現狀。[37]

上述國際《歷史地理學報》404 篇論文，若從時間上來分析，最多的是有關十九世紀的論文，占十分之三；十六至十八世紀者占四分之一；二十世紀上半葉者占 20%；十五世紀以前的一千四百年間者只占 17%，另外 5% 是泛時的，時間愈久遠，所占比例愈低，這無疑受研究材料有無的影響。[38]上述 1976 年英國地理學協會歷史地理學專業小組，超過十分之四登記的會員的研究興趣時間上是十九世紀及二十世紀，四分之一是十八世紀，15% 是十六世紀及十七世紀，11% 是十一世紀至十五世紀，5% 是一千年以前。[39]粗略地分析 1981～2000 年出版的《歷史地理》第 1～16 輯所刊主要論文，時間上論文最多的是明代（大約占五分之一）和隋唐 (19%)，次之為清代 (15%) 和秦漢 (13%)，再次之為遼金元 (9%)、春秋戰國 (8%)、魏晉南北朝 (6%) 及兩宋 (6%)，這種情形無疑是受研究材料的有無、時間上距離現在的遠近以及學者研究興趣的影響所致。[40]

---

[36] 姜道章，〈日本的歷史地理學〉，《華岡地理學報》，第 14 期 (2001)，頁 1–40。

[37] 復旦大學歷史地理研究中心主編，《面向新世紀的中國歷史地理學》（濟南：齊魯書社，2001）。

[38] 見表 1–1 所揭闕維民，《歷史地理學的觀念：敘述、復原、構想》，頁 61–63。

[39] 見 Alan R. H. Baker, "Historical geography," in D. Brooks Green, ed., *Historical Geography: A Methodological Portrayal*, op. cit., pp. 233–234.

綜上所述，僅就歷史地理學的研究主題和處理方法來說，大概可以分為 15 類，即：(1)政治疆域的變遷，(2)地理發現與探險，(3)古代方志，(4)地理對歷史的影響，(5)歷史對地理的影響，(6)過去地理的重建，(7)不同的連續文化層景觀，(8)古今地理的變遷，(9)地理變遷的過程，(10)歷史地圖，(11)對過去地理的回顧，(12)歷史地理遺跡的研究，(13)對過去地理的感知，(14)歷史地理中模式，和(15)歷史地理學的理論。

歷史地理學研究的旨趣，雖然分歧，其中有些已成歷史陳跡，不再流行，也有些採用新的研究方法，但是過去地理的重建與地理變遷，無疑仍是歷史地理學兩大正統的研究主題和處理方法，最近正在發展的研究主題，則有地理變遷的過程、對過去地理的回顧、對過去地理的感知以及歷史地理模式等。

㊵ 中國地理學會歷史地理專業委員會編，《歷史地理》第 1–16 輯（上海，1981–2000 年出版）。

第二章

過去的地理

一、導　言

地理學是一門很古老的學問，其研究範圍、重點和方法不斷改變，今天地理學的研究內容，雖然相當分歧，各家對地理學所下的定義，容有小異，其大同不外3點：⑴地表是地理學研究的對象，是一個實在的空間，不是抽象的；地表是人類居住和活動的自然環境，自然環境影響人類的生活方式，同時人類也不斷地改造自然環境；⑵地理學的研究著重在人類的空間組織，及人類與自然環境間的生態關係；其目的在尋求更有效地利用空間資源，並強調以合理的區域空間組織來達到這個目的；地理學不但研究人類在地球上的現狀，也預測其將來的情況；⑶地理學的研究，很注重地表各地間的差異，地理學者不相信對各地的發展問題，可以用共同的解決方法，而且區域有大小不同，研究各級區域的發展，不論地理區域的大小，地理學者總是很注意其空間的差異。❶今天的地理若干年以後，便是過時的，我們要問「在變成歷史的過程中，是不是不再是地理了呢？」當然變成了歷史文獻，例如半世紀前陳正祥的《臺灣土地利用》，❷現在已變成了歷史文獻，但是其概念與組織，跟今天的同類著作，一樣是地理的研究，今天所做的土地利用調查，將來也會成為檔案的資料，今天不過是將

---

❶ Peter Haggett, *Geography: A Modern Synthesis*, 3rd ed. (New York: Harper and Row, 1979), p. 601.

❷ 陳正祥，《臺灣土地利用》（臺北：敷明產業地理研究所，1950）。

來的過去。

根據上述概念，歷史地理應該就是一個區域過去的地理。黑特納 (Alfred Hettner) 就持這種看法，他曾說原則上任何歷史時期都可能也必要有歷史地理，並且要按每一個時期分別編寫，不是只有一種，而是有多種歷史地理。❸這就是一個地區在時間上的橫剖面，是歷史上的現在。二十世紀三〇年代英國學者有一種看法，聲稱歷史地理是過去某一時期地理的重建。❹美國學者也抱持這種看法，法國學者在比較小的程度上也持這種看法。

所以，大概最正統的歷史地理應該就是過去地理的重建，不僅重建過去的區域地理，❺而且也重建所有過去的專題地理。❻過去各時代的地理重建以後，便可以跟現在的地理互相比較，才能充分了解過去和現在的關係。二十世紀初我國歷史學者開始注意過去的社會與經濟狀況，1930 年代禹貢學會成立，我國歷史地理學者開始對過去地理的重建有興趣，最後從歐美歸國的留學生提倡，更加強了過去地理重建的思想。❼

---

❸ Alfred Hettner, *Die Geographie, ihre Geschidhte, ihr Wesen, und ihre Methoden* (Breslau: Ferdinand Hirt, 1927). 見王蘭生譯，《地理學：它的歷史、性質和方法》（北京：商務印書館，1986），頁 171。

❹ See“What is historical geography?” in D. Brooks Green, ed., *Historical Geography: A Methodological Portrayal* (Savage, MD: Rowman & Littlefield, 1991), p. 9.“What is historical geography?” originally published in *Geography*, vol. 17 (1932), pp. 39–43.

❺ 例如嚴耕望，〈隋代篇〉，載石璋如等著，《中國歷史地理》，第 2 冊（臺北：中國文化事業出版社，1954），頁 34；Eva G. R. Taylor, *Tudor Geography, 1485–1583* (London: Methuen, 1930).

❻ 這類研究很多，例如韓茂莉，《宋代農業地理》（太原：山西古籍出版社，1993）。

❼ 侯仁之，〈歷史地理芻議〉，《北京大學學報：自然科學版》，1962 年，頁 1–8；後來收入侯仁之，《歷史地理學的理論與實踐》（上海：人民出版社，1979），頁 3–7。

就理論與方法來說，中國歷史地理學者屬於哈特向學派 (Hartshornean school)，❽致力研究空間上地理現象的功能與空間相互關係，所以歷史地理學的目的，就是重建過去某一時間的地理，就像現在一樣。

歷史地理學者對於沒有人類文化的時期沒有興趣，歷史地理學者主觀的決定什麼是過去，在邏輯上，歷史地理學者根據自己的興趣和能力，可以將研究的時間盡可能地向前推展。就過去的地理來說，研究方法和主題很多，歐洲早期的研究主要是確定歷史記載中的史實和地名之位置，❾這就是我國傳統的行政區劃與地名考證，其目的是利用文獻、考古和地名等資料，確定和描寫不同的地方，所用的是歷史考據方法。這類考據研究的結果，往往是很零碎的，但是考據方法當然有其價值。

我國學者發表了許多研究成果，包括歷史學者，完成了有價值的考證，考證和研究了古代地理、國家疆界、行政區劃、河流與湖泊的狀況、城鎮的功能和分布、農作物的引進、農作物的分布和生產、人口的分布和遷移等，不一而足。例如徐少華的《周代南土歷史地理與文化》，❿顧頡剛和史念海的《中國疆域沿革史》，⓫周振鶴的《西漢政區地理》，⓬葉驍軍的《中國都城發展史》，⓭趙岡的〈論中國歷史上的市鎮〉，⓮費省的〈論唐代的

---

❽ Richard Hartshorne, *The Nature of Geography*, reprinted with corrections (Lancaster: The Association of American Geographers, 1961), 此書中文翻譯，見葉光庭譯，《地理學的性質》(北京：商務印書館，1996)；Richard Hartshorne, *Perspective on the Nature of Geography* (Chicago: Rand McNally, 1959), 此書中文翻譯，見黎樵譯，《地理學性質的透視》(北京：商務印書館，1981)。

❾ J. N. L. Baker, "The last hundred years of historical geography," *History*, vol. 21 (1936), pp. 193–207.

❿ 徐少華，《周代南土歷史地理與文化》(武漢：武漢大學出版社，1994)。

⓫ 顧頡剛、史念海，《中國疆域沿革史》(長沙：商務印書館，1938)。

⓬ 周振鶴，《西漢政區地理》(北京：人民出版社，1987)。

⓭ 葉驍軍，《中國都城發展史》(西安：人民出版社，1988)。

⓮ 趙岡，〈論中國歷史上的市鎮〉，載《中國城市發展史論集》(臺北：聯經出版事

人口分布〉，⓯華林甫的〈唐代水稻生產的地理布局及其變遷初探〉。⓰許多考證的結果，也繪製了地圖，例如楊守敬主編的《歷代輿地沿革圖》、⓱陳正祥的《中國歷史與文化地理圖冊》、⓲郭沫若主編的《中國史稿地理圖集》、⓳程光裕與徐聖謨主編的《中國歷史地圖》、⓴譚其驤主編的《中國歷史地圖集》等。㉑又如外國學者赫爾曼 (Albert Herrmann) 的《中國歷史與商業地圖集》㉒及箭內亙的《東洋讀史地圖》，㉓都採用了中外學者研究的成果。

同樣地，歐美學者也成功地復原古代的世界，考證古代航海家的路線、古戰場和廢墟的地點、以及古書中所說的地岬和海灣。例如確定了黃金半島 (Golden Khersonese)（即今馬來半島）的位置，重建了聖地巴勒斯坦和古希臘羅馬時代的自然地理狀況，歐洲哥特人 (Goths) 和馬扎兒人 (Magyars) 在黑暗時代遷移的路徑也找到了，中世紀歐洲政治區分也有了新

業公司，1995)，頁 139–66。

⓯ 費省，〈論唐代的人口分布〉，《中國歷史地理論叢》，第 2 輯 (1988)，頁 111–57。

⓰ 華林甫，〈唐代水稻生產的地理布局及其變遷初探〉，《中國農史》，1992 年第 2 期，頁 27–39。

⓱ 楊守敬主編，《歷代輿地沿革圖》（武昌，1878）；影印本（臺北：聯經出版事業公司，1975）。

⓲ 陳正祥，《中國歷史與文化地理圖冊》（香港：國際研究中國之家，1979）。

⓳ 郭沫若主編，《中國史稿地理圖集》（上海：地圖出版社，上冊，1979；下冊，1990）。

⓴ 程光裕與徐聖謨主編，《中國歷史地圖》（臺北：中國文化大學出版部，上冊，1980；下冊，1984）。

㉑ 譚其驤主編，《中國歷史地圖集》，八冊（上海：地圖出版社，1982–1987）。

㉒ Albert Herrmann, *Historical and Commercial Atlas of China* (Cambridge, MA: Harvard-Yenching Institute, 1935). 本地圖集 1966 年再版，見 Albert Herrmann, *An Historical Atlas of China* (Chicago: Aldine, 1966)，新版編輯為 Norton Ginsburg。

㉓ 箭內亙原著，和田清增補，《東洋讀史地圖》，1931 年版本（臺北：三人行出版社影印，出版年代不詳）。

的了解。有些研究成果收入了多種歷史地理著作，例如弗里曼 (E. A. Freeman) 的《歐洲歷史地理》、㉔米羅 (Leon Mirot) 的《法國歷史地理手冊》、㉕泰勒 (Eva G. R. Taylor) 的《1485～1583 年圖德王朝地理》、㉖貝克 (J. N. L. Baker) 的《地理發現與探險的歷史》、㉗以及惠特利 (Paul Wheatley) 的《黃金半島：1500 年以前的馬來半島》。㉘

二、地理歷史

「地理歷史」一詞，英文叫做 geohistory，㉙源於法文 géohistoire，是法國歷史學者布勞岱 (Fernand Braudel) 在他的《菲利普二世時代的地中海和地中海世界》一書中所提出的，布勞岱對地中海的地理歷史 (géohistoire) 有很長的論述，討論十六世紀下半葉地中海區人與地的關係，他提出「地理歷史」，其目的希望地理學者多注意時間，歷史學者多注意地方，這就是真正回顧的人文地理 (retrospective human geography)。㉚張其

㉔ E. A. Freeman, *Historical Geography of Europe* (London: Longman, 1881).

㉕ Leon Mirot, *Manuel de la géographie historique de la France* (Paris: Picard, 1929).

㉖ 見前揭 Eva G. R. Taylor, *Tudor Geography,1485–1583*.

㉗ J. N. L. Baker, *A History of Geographical Discovery and Exploration* (London: Harrap, 1931).

㉘ Paul Wheatley, *The Golden Khersonese: Studies in the Historical Geography of the Malay Peninsula Before A.D. 1500* (Kuala Lumpur: University of Malaya Press, 1961), 本書引用了大量我國的文獻。

㉙ C. T. Smith, "Historical geography: current trends and prospects," in Richard J. Chorley and Peter Haggett, eds., *Frontiers in Geographical Teaching* (London: Methuen, 1965), p. 128.

㉚ Fernand Braudel, *La Méditerranée et el Monde Méditerranéen a l'Époque de Philippe II* (Paris: Colin, 1949; revised edition, 1966), p. 296. 此書中文翻譯見唐家麗、曾培耿譯，《地中海史》，上下兩冊（臺北：商務印書館，2000）。1996 年北

昀的《中華五千年史》原計畫分為 32 冊，張氏生前只完成 9 冊，張氏曾親口對本書作者說《中華五千年史》就是我國的人文地理，就這 9 冊觀之，也是真正回顧的人文地理，可與布勞岱《地中海史》媲美，俱為「地理歷史」代表著作。[31] 1923 年張氏曾在《史地學報》[32] 上介紹法國學者布呂納 (Jean Brunhes) 與瓦洛 (Camille Vallaux) 的《歷史地理學》，此處「歷史地理學」，法文原來是 La géographie de l'histoire，用英文表示就是 The geography of history，直譯應該是「歷史的地理」，法文原意就是「歷史的地理」，也就是地理歷史。

在法國史地關係密切，法國地理著作充滿了歷史，許多地理學者也是歷史學者。歷史學者迪比 (George Duby) 讚揚地理學者之歷史研究的品質，曾說法國地理學者對中世紀鄉村生活的研究，貢獻超越歷史學者，這類研究都是地理歷史。為了要了解過去人們每天生活的背景，歷史學者常常設法重建當時的地理景觀，例如克拉彭 (John H. Clapham) 研究 1887 年英格蘭城鎮的街道，探討 1820 年英國商船進出英國沿岸海港的情形，[33] 又如特里維廉 (G. M. Trevelyan) 考察 1720 年英格蘭重要城鎮周圍的農田、林地及遊樂獵場，[34] 羅斯 (A. L. Rowse) 研究英格蘭在伊麗莎白女王時代各區域間的差異。[35] 在時間上愈向後推展，重建的工作便愈困難，但是對自然環境的了解就顯得更重要，因為自然環境是古人謀生的基礎。朱利安 (C.

京商務出版的中文翻譯本，書名直譯為《菲利普二世時代的地中海和地中海世界》，可能是臺北商務本的原本。

[31] 張其昀，《中華五千年史》（臺北：中國文化大學出版部，1960–1981）。

[32] 關於《史地學報》的創刊發行經過及其貢獻，請參閱彭明輝，《歷史地理學與現代中國史學》（臺北：東大圖書公司，1995），頁 61–138。

[33] John H. Clapham, *Economic History of Modern Britain* (Cambridge, England: Cambridge University Press, 1926–1938).

[34] G. M. Trevelyan, *England under Queen Anne: Blenheim* (London: Longman, 1930).

[35] A. L. Rowse, *The England of Elizabeth* (London: Macmillan, 1950).

Jullian) 在 1909～1926 年發表長達八卷的《高盧的歷史》，用了不少於四分之一的篇幅，來作地理的描述，[36]內容也是地理歷史。

三、原始景觀

人類歷史最遠古剛開始時的景觀，就是原始景觀，這個名詞德文是 urlandschaft，英文是 primitive landscape，最初由德國學者格拉德曼 (Robert Gradmann) 提出，[37]在他對斯瓦比亞阿爾卑斯山區 (Swabian Alps) 原始植物地理的研究中，不但繪製了植被地圖，而且也將歷史研究的方法，用於史前地理 (prehistoric geography) 的研究，引起了對原始景觀的興趣。奧格爾維 (Alan G. Ogilvie) 主編的《大不列顛區域地理論文集》，[38]有些部分簡單討論了史前地理，但是英國最早期景觀詳盡的知識，卻是由英國考古學者仔細研究的結果，例如克勞福德 (O. G. S. Crawford)，他在 1928 年發表《從空中看 Wessex》，1953 年又發表《田野考古學》。[39]地理學者從研究原始景觀所學到的概念有兩個，邵爾 (Carl O. Sauer) 在兩處討論過，第一個概念是量度地理變遷的基線，就是景觀的自然狀況；第二個概念是，一個地方的主要特徵，常常是在過去發展形成時期形塑的。[40]依照邵爾的

---

[36] C. Jullian, *Histoire de la Gaule* (Paris: Hachette, 1909–1926).

[37] Robert Gradmann, "Das Mitteleuropäische Landschaftsbild nach seiner geschichtlichen Entwicklung," *Geographische Zeitschrift*, vol. 4 (1901), pp. 361–377.

[38] Alan G. Ogilvie, ed., *Great Britain: Essays in Regional Geography* (Cambridge, England: Cambridge University Press, 1928).

[39] O. G. S. Crawford, *Wessex from the Air* (Oxford: Clarendon Press, 1928); O. G. S. Crawford, *Archaeology in the Field* (London: Phoenix House, 1953).

[40] Carl O. Sauer, "The morphology of landscape," *University of California Publications in Geography*, vol. 2, no. 2 (1925), pp. 19–54; Carl O. Sauer, "Foreword to historical

看法，墨西哥的地理特徵，是在歐洲人到達墨西哥以前，以及在西班牙人時期第一代或頭兩代，由墨西哥史前之地理與十六世紀時墨西哥之地理形成的。[41]只有在很仔細地研究了墨西哥的歷史，才能做出這樣的結論，只有這樣才會避免誤認史前與現在之間一些表面的相似，常常因為只管結果，而忽視了介於不同時期之間的變遷。

新世界土著景觀 (aboriginal landscape) 接近現在的情形，土著景觀殘存的很晚，在歐洲人永久性的聚落建立以前，探險家和測量人員對土著景觀作了描述和測繪。有些地區，歷史地理學者有一個獨特的機會，能夠根據文獻的紀錄，重建原始景觀。在美國，土地賣給新來移民以前，公有土地經過測繪。聯邦土地測繪局 (The Federal Land Survey) 的地圖和說明書，對重建十九世紀有林地和草地，以及研究農莊、田地及道路的形態，提供了極有價值的資料。1925 年西爾斯 (Paul B. Sears) 曾根據這些測繪紀錄，繪製了一幅美國俄亥俄州的原始森林分布圖，[42]1922 年謝弗 (J. K. Schafer) 開始發表美國威斯康辛州 25 個鄉鎮的土地資料研究報告。[43]後來有許多學者繼續從事這類研究。

在舊世界，原始景觀的重建十分困難，什麼時候各地原始景觀開始被

geography," *Annals of the Association of American Geographers*, vol. 34 (1941), pp. 1–24. 中文翻譯見姜道章譯，〈歷史地理學引論〉，《中國歷史地理論叢》，第 49 輯 (1998)，頁 37–67，191。參見本書附錄一。邵爾的這兩篇著作，後來都收入 John Leighly, ed., *Land and Life: A Selection from the Writings of Carl Ortwin Sauer* (Berkeley: University of California Press, 1967) 一書。

[41] Carl O. Sauer, "The personality of Mexico," *Geographical Review*, vol. 31 (1941), pp. 353–364.

[42] Paul B. Sears, "The natural vegetation of Ohio: a map of the virgin forest," *Ohio Journal of Science*, vol. 25 (1925), pp. 139–149.

[43] J. K. Schafer, *A History of Agriculture in Wisconsin*, Wisconsin Domesday Book: General Studies I (Madison: State Historical Society, 1922).

人類改變，比較不易確定，也沒有充分的證據，可以用於描寫當時的自然地理。河流的水道、海岸的形狀、雪線的高度，以及森林、溼地與沙漠的範圍，都發生了改變，但是要從什麼時候算起，才受人類的影響呢？什麼時候是改變的基線呢？

王乃昂研究歷史時期甘肅黃土高原的環境變遷，認為距今7,000～3,500年間氣候溫暖溼潤時期，古代分布著天然森林，森林覆蓋率在30%左右，這就是該區的原始景觀。[44]就華北大平原的情形來說，史前時期的植被，學者們有幾種不同的意見，張光直認為當時是溼地和濃密森林，但何炳棣卻認為是半乾燥草原，還有些介乎兩者之間的看法，黃秉維認為是有林草原，還有人認為是落葉夏綠森林。最後一種看法，近年已有田野經驗的植物地理學者所接受，有學者根據現有的植物和歷史證據，研究中國植物地理學，結論認為，除了沿海鹽鹼地帶和內陸鹼性低地，華北平原在史前是落葉闊葉森林。1988年在美國聖地牙哥(San Diego)加州大學召開的第五屆國際中國科學史會議，在一場有關華北原始植被的討論上，也有數種不同的意見，有人認為是森林，理由之一就是現在還可見到千年古樹，因為在寺廟中，所以保存下來了，2003年4月作者參加中國文化大學參訪團，曾在山東泰安與嶗山，親眼看到千年古樹，也相信是森林。

臺灣的原始景觀容易決定，十六世紀上半葉葡萄牙人到臺灣，他們所見到的是森林覆蓋的臺灣，因稱臺灣為Ilha Formosa，十六世紀中葉Ilha Formosa開始出現在歐洲人的地圖上，表示當時臺灣森林遍布全島，這應該就是臺灣的原始景觀，早期歐洲地圖上，將臺灣島畫成三個獨立的島，他們從船上看臺灣，一片森林，也可能乘小船溯溪河而上划，兩岸看到的盡是森林，以為是分開的島。資料顯示1900年臺灣高山族人口只有95,597

[44] 王乃昂，〈歷史時期甘肅黃土高原的環境變遷〉，《歷史地理》，第8輯(1990)，頁16–32。

人，㊺人口密度為每平方公里不足 3 人，前此人口密度自然更低，對原始景觀的破壞不可能很大。

四、靜態的剖面

真正過去的剖面只能在某一剎那形成，是靜態的剖面，就像電影片中的一個畫面，要是攝影機的曝光速度太慢，影像便會模糊不清，就純粹的空間來說，便沒有解釋的價值了。按照黑特納㊻和哈特向㊼兩人的觀點，地理學是研究在時間上的某一時刻，一個地區各種地理現象在空間上功能的互相關係。根據這一理論，歷史地理學則是研究麥金德 (Halford J. Mackinder) 所說的「歷史上的現在」，㊽其目的是研究存在過去某一剎那的現在，研究方法跟今天地理研究方法不同，過去的證據要從歷史紀錄中去找。歷史地理在時間上的某一時刻，並不是航空照片所表示的一剎那，因為許多地理現象的計算，可能是一年的，例如各種農、工業產品及其貿易額。

重建過去地理最徹底的就是美國地理學者布朗 (Ralph H. Brown) 的《美國人的鏡子》一書，1943 年出版，副標題是「1810 年美國東部沿海地帶的狀況」，布朗用一位想像的作者基斯頓 (Thomas P. Keystone)，根據當

㊺ 見陳正祥，《臺灣地誌》，上冊（臺北：敷明產業地理研究所，1959），頁 197。

㊻ 見前揭王蘭生譯，《地理學：它的歷史、性質和方法》。

㊼ Richard Hartshorne, *The Nature of Geography: A Critical Survey of Current Thought in the Light of the Past* (Lancaster, PA: The Association of American Geographers, 1939). 此書中文翻譯本見葉光庭譯，《地理學的性質》（北京：商務印書館，1996 年出版）；Richard Hartshorne, *Perspective on the Nature of Geography* (Chicago: Rand McNally, 1959), 此書中文翻譯本見黎樵譯，《地理學性質的透視》（北京：商務印書館，1981）。

㊽ Halford J. Mackinder, "The content of philosophical geography," in *International Geographical Congress, Cambridge 1928. Report of the Proceedings* (Cambridge, England: Cambridge University Press, 1930).

時的資料，以基斯頓可能撰寫的方式，甚至用當時的語言，描述 1810 年時的情形。[49]布朗所做的就是重建「歷史上的現在」，但是比較久遠的過去，並不是很容易能這樣做的。

研究只有獨特的一剎那空間布局的因果互相依賴關係，也就是不同社區、各類經濟以及各個社會的互相關係。有時候地理現象可能極少改變，空間的互相關係可以作精確的與全面的研究，這個時候社會制度穩定，經濟發展平衡，和平而沒有動亂。在快速改變與動亂的時期，只能把握到完全同時發生之現象的短暫互相關係；但是，單一剖面研究的缺點，就是無法了解改變的過程。不過，1920 年代晚期到 1940 年代，靜態的剖面在美國很受到地理學者的肯定，認為基本上是地理的，最早惠特爾西 (Derwent Whittlesey) 在 1929 年提出「連續的文化層」概念，每一層就是一個靜態的剖面，用的是一系列的剖面，[50]但是每一個文化層在時間上是比較長的時期，而具有一定特徵的時期。張其昀曾採用文化層的方法，研究臺灣的歷史地理，將臺灣分為澎湖、安平、臺南、鹿港、淡水、臺北、臺中、基隆、及高雄 9 個時期。[51]謝覺民也採用文化層的方法，討論臺灣的歷史地理，將臺灣的歷史發展分為 4 個時期：高山族時期、荷蘭人占領時期、閩粵移民和滿清領臺時期及日本人占領時期。[52]日本歷史地理學者藤岡謙二郎，也採用這一概念，將各地區的變遷分成不同的時期。[53]

---

[49] Ralph H. Brown, *Mirror for Americans: Likeness of the Eastern Seaboard, 1810*, American Geographical Society Special Publication No. 27 (New York, 1943).

[50] Derwent Whittlesey, “Sequent occupance,” *Annals of the Association of American Geographers,* vol. 19 (1929), pp. 162–165. 參閱姜道章，〈連續文化層理論〉，《地理學訊》，第 28 期 (2004)。

[51] 張其昀，《臺灣史綱》(臺北：革命實踐研究院，1950)。

[52] James Chiao-min Hsieh, *Successive Occupance Patterns in Taiwan,* unpublished Ph. D. dissertation (Syracuse University, 1953); James Chiao-min Hsieh, *Taiwan: Ilha Formosa* (Washington, D.C.: Butterworth, 1964).

總之，大多數我國的歷史地理學研究，主要是過去地理的重建，也多是專題性質，受資料的影響，是比較長時段的，當代我國地理學所缺乏的是綜合分析的區域歷史地理。

---

53 藤岡謙二郎，《史前地域及都市之研究》（京都：柳原書店，1955）。

第三章

地理變遷

一、導　言

早在 1864 年，美國學者馬什 (George P. Marsh) 便提醒人們注意人類活動所引起的自然環境之變遷，❶因而他被稱為美國自然資源保護運動的奠基人。二十世紀二〇年代英國學者舍洛克 (R. L. Sherlock) 曾討論人是影響地理變遷的力量。❷有關工程和農業的研究，討論排水、治河、地陷、灌溉、啟林、耕種等問題。由於人口增加，科技水平提升，人類活動對環境的破壞更大，今天有關環保的文獻很多，有關人類如何改變地理景觀的研究也極多。❸地理學者在這方面的興趣，主要是房屋、城鎮、道路、運河、農田、礦井、森林、以及動物等，所以法國學者布呂納 (Jean Brunhes) 說人類的活動及其後果，形成地理與歷史之間真正的聯繫。❹有關這類研究

---

❶ George P. Marsh, *Man and Nature, or, Physical Geography as Modified by Human Action*, originally published in 1864, new edition edited by David Lowenthal (Cambridge, MA: Harvard University Press, 1965).

❷ R. L. Sherlock, "The influence of man as an agent in geographical change," *Geographical Journal*, vol. 61 (1923), p. 258.

❸ 參閱張鏡湖，《世界的資源與環境》(臺北：中國文化大學出版部，2002)。

❹ Jean Brunhes, *La Géographie Humaine* (Paris, 1909). 最早的英文翻譯本見 Jean Brunhes, *Human Geography*, trans. by I. Bowman *et al.* (Chicago, 1920). 根據英文本的中文翻譯本，見任美鍔與李旭旦合譯，《人地學原理》(南京，1935)。後來又有英文節譯本，見 Jean Brunhes, *Human Geography*, abridged edition, trans. by Ernest F. Row (London: Harrap, 1952).

的重點因人、因時、因地而異，有時候著重過程的結果，有時候強調過程本身。

何業恆討論華南虎 (panthera tigris amoyensis) 在長江三角洲絕跡的變遷，在十七世紀以前，華南虎廣泛分布在長江三角洲各地，到十八世紀，上海、杭州、蘇州、無錫、鎮江、泰州、南通等地的華南虎相繼絕跡，其餘地區到十九世紀及二十世紀初相繼絕跡，主要原因是人口增加，其他動物減少或消失，華南虎的食料來源斷絕，加上人的捕殺，華南虎隨之絕跡。❺1930 年代和 1940 年代，作者在湖北棗陽，豺狼傷人事件經常發生，夏秋之交最盛。1940 年代初棗陽人口不到 40 萬人，耕地約 130 萬畝，二十世紀末，人口增加到超過 100 萬人，耕地增加到 150 萬畝，人的生活空間擴大，人侵占了野生動物的生存空間，棗陽已多年不見豺狼，可能已經絕跡。❻李賓泓研究松花江流域農業開發與變遷，兩漢時期初步開發，到清初為止，三興兩衰，變遷很大，直至近代，由於大規模移民，農業在松花江流域全面展開。❼王乃昂研究甘肅黃土高原的環境變遷，認為距今 7,000～3,500 年間氣候溫暖溼潤時期，古代大地分布著天然森林，森林覆蓋率在 30% 左右，伴隨著草原、灌叢、森林的減少和人口的大量增加，本區一些野生大型動物趨於減少，甚至絕跡，而土壤侵蝕是自然歷史過程，是黃土高原地理環境決定的。❽

上述只是少數有關變遷研究的例子，許多歷史地理學者研究城鎮的演

---

❺ 何業恆，〈試論華南虎在長江三角洲的絕跡〉，《歷史地理》，第 11 輯 (1993)，頁 259–266。

❻ 作者實地考察。

❼ 李賓泓，〈歷史時期松花江流域農業開發與變遷〉，《歷史地理》，第 10 輯 (1992)，頁 37–48。

❽ 王乃昂，〈歷史時期甘肅黃土高原的環境變遷〉，《歷史地理》，第 8 輯 (1990)，頁 16–32。

變，包括城鎮的起源、興起及成長。城鎮歷史地理的研究，內容包括城鎮的地勢對其輪廓及擴張的影響、各種經濟及其他因子對城鎮成長的影響、以及城鎮內部形態與機能的變化等。也有些有關工業的研究，關注工業的分布，題目通常是工業的發展、工業的衰退、或者工業的歷史地理，也可能是某一時期的工業。

歷史地理學者常常用地圖表示地理變遷，例如陳正祥研究臺灣的糖業，用 4 幅地圖表示 1915 年與 1955 年 40 年間臺灣甘蔗栽培及新式糖廠分布的變遷，1915 年甘蔗收穫面積 67,964 公頃，產糖量 187,839 公噸，有 13 個糖業公司，35 個糖廠；1939 年甘蔗收穫面積 138,679 公頃，產糖量 1,374,043 公噸，有 8 個糖業公司，43 個糖廠；1949 年甘蔗收穫面積 96,306 公頃，產糖量 631,346 公噸，有 1 個糖業公司，36 個糖廠；1955 年甘蔗收穫面積 69,834 公頃，產糖量 733,160 公噸，有 1 個糖業公司，26 個糖廠。甘蔗收穫面積和糖廠數的變遷趨勢，開始的 20 多年是增加，其後減少；糖業公司數一直不斷合併呈現減少的趨勢，到 1949 年只有一家，就是臺灣糖業公司；糖的總產量和平均每一糖廠的產糖量，開始的 20 多年都是增加，其後減少，最後再增加。就甘蔗栽培區來說，1939 年面積最大，分布遍佈全島低地，其後縮小，集中自然條件較好的西南部平原（圖 3–1）。❾地理變遷的研究，同過去地理的重建，都是歷史的一部分，或者是廣義經濟史的一部分。沒有歷史要素，地理的價值便會降低。

許多不同學科學者都對變遷有興趣，例如《人在地表變遷中的角色》一書，該書的主題是人改變自然環境的能力，人改變自然環境的方式，以及其行動的效力。該書作者包括人類學者、植物學者、醫師、經濟學者、工程師、地理學者、地質學者、動物學者，也包括生態學者、土壤學者、

---

❾ Cheng-Siang Chen, *The Sugar Industry of Taiwan* (Taipei: Fu-min Institute of Agricultural Geography, 1955).

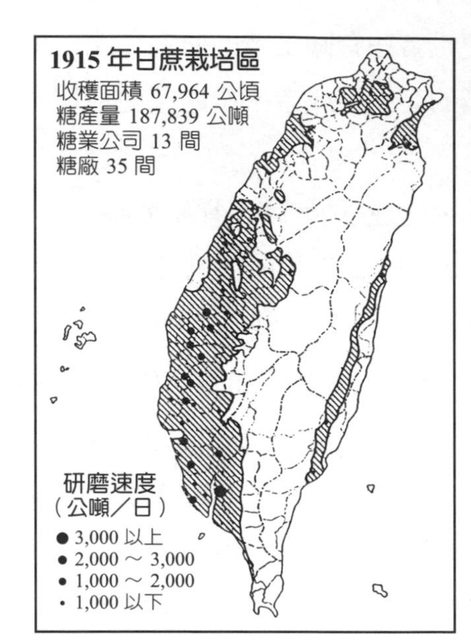

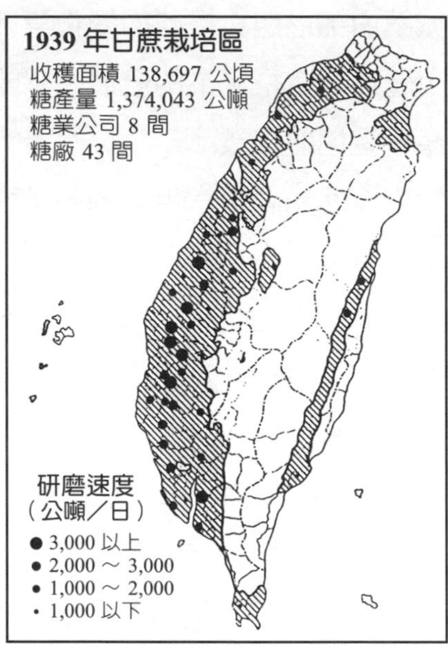

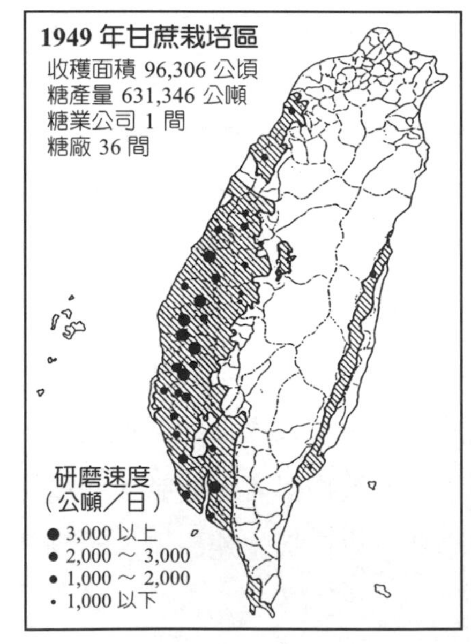

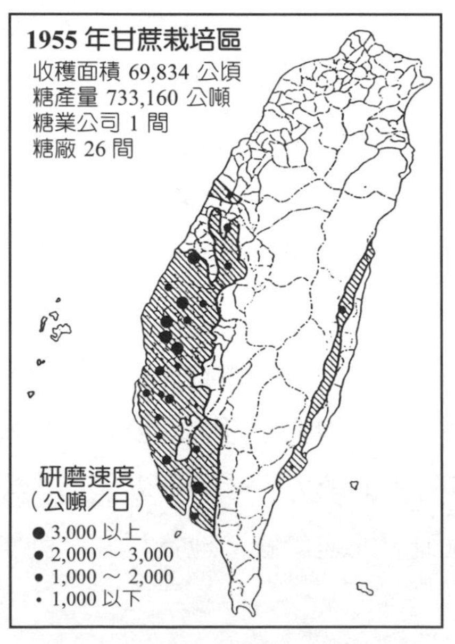

圖 3–1　1915～1955 年臺灣甘蔗栽培區域與糖廠分布的變遷

以及設計學者。[10]

地理變遷跟過去地理的重建一樣，是一個極重要的歷史地理學研究主題，探討在時間上地理的變遷。歷史研究是鑑往知來，歷史地理研究也是這樣，歷史地理有實用的價值。歷史地理的研究可以了解文化與經濟活動發展、繁榮及衰退的狀況和原因，吾人可以從中學到有用的教訓。有關過去經驗的知識，可以應用於確定地理未來發展的方向。了解人在地表變遷中所扮演的角色，可以吸取有關道德的經驗，無疑有助於對資源的保護及利用。

有些過去地理的要素，形式上很穩定，影響持久，所以對一個地區今天地理的了解，不得不研究這些要素發展的狀況，例如農村或工廠。歷史地理在當今問題上的應用，就是認出景觀中的歷史遺跡，包括整個景觀，也包括個別現象，像是古城鎮、古驛道、古運河等，這類景觀具有史地意義，像是山西的平遙古城，臺灣的一些古道，應該受到保護。歷史地理學者對時間上地理變遷的關注，以及對變遷過程的關注，有助於充分了解決定人類活動空間形態演變的一般原則。歷史地理學者對地理學理論的發展及規則的追求，扮演重要的角色。歷史地理學者一個重要的任務，就是建構過去的模式以符合現在的情況，一個有效的模式，時間上愈久遠，就愈能有效地表示基本空間結構。許多現有的及正在發展中的地理學理論，都是只根據最近兩三代發生的現象；實際上，可能只是長期歷史中在時間上的一個很小的樣本，所以歷史地理學者的一項貢獻，就是把過去當作是一個實驗室，檢驗今天地理學者所提出的理論。例如，要多長的歷史，中地理論才是有效呢？聚落中才存在著等級與大小的關係呢？雖然歷史證據常常對許多問題，沒有確切定量的答案，但是至少歷史知識使我們明確了解

---

[10] William L. Thomas, Jr., ed., *Man's Role in Changing the Face of the Earth* (Chicago: University of Chicago Press, 1956).

地理理論的局限程度。⓫

二、相對的靜態

理論上，地理變遷的研究有 2 個不同的方法：⑴比較一個區域在兩個不同時期的地理，也就是比較兩者的異同；⑵在時間上追溯一個區域地理之某種要素的來源與演變。前者是相對靜態的研究方法，後者是過程的研究方法，兩者都存在固有之理論上的局限性，而且在實際應用上，兩者都常常受殘留歷史證據不足的影響。

從時間的架構來說，一個區域的地理變遷，可能從原始景觀開始到現在的變遷，好像歷史學中的通史，是從頭到尾的全時段，也可以是斷代史式的，是兩個有特殊意義的兩個時間點之間的變遷。以臺灣為例，假定閩粵移民最初到臺灣的時刻，臺灣是原始景觀，從那時到現在的變遷，就是前者。只是討論 1895 年臺灣割讓給日本，到 1945 年日本投降臺灣光復的變遷，則是後者。⓬

地理景觀一直在不停地變化，例如學校放暑假，老師和學生離開學校兩個多月，秋季返校，常發現校園發生了一些變化，看上去跟從前不一樣；我們離開常住的家鄉一段時間，回來後會發現家鄉發生了一些變化，跟我們離開時的外觀不一樣。假若我們拍攝一幅地理景觀的照片，過了一段時間以後，再對同一地理景觀拍攝另外一幅照片，比較這兩幅照片，我們可能會發現，在這兩幅照片前後相隔的期間內，地理上發生了一些變遷。跟

⓫ Alan R. H. Baker, “Today’s studies of yesterday’s geographies,” *Geographical Magazine*, vol. 43 (1971), pp. 452–455.

⓬ Lawrence E. Estaville, Jr., “Organizing time in historical geography,” in D. Brooks Green, ed., *Historical Geography: A Methodological Portrayal* (Savage, MD: Rowman & Littlefield, 1991), pp. 310–324.

第一幅照片比較，第二幅照片可能增加了某些要素，也許是一個新的住宅區或一條新的道路；也可能某些要素沒有了，也許是一片森林不見了，也許是一幢舊的建築不見了。所以，地理變遷可能只是某一景觀的增加或減少。在某種程度上，為了這種理由，許多歷史地理學者試圖重建過去的橫剖面，利用單一橫剖面及一系列時間上先後的橫剖面，表示一個區域的地理變遷。就一系列的橫剖面來說，研究變遷的問題只著重在一系列靜態的橫剖面，例如上述 1915 年與 1955 年臺灣甘蔗栽培地區的分布，就是用一系列靜態的 4 個橫剖面表示甘蔗栽培地區的變化（圖 3–1）。

更精確地量度地理變遷，利用增加或減少的百分比，比較先後的狀況，例如陳正祥計算 1920 年與 1940 年臺灣人口分布變遷的百分比，利用該兩年的戶口普查紀錄，以大字為統計單位，共有 2, 958 個大字，全省有 98 個大字，或全部大字的 3%，人口增加了兩倍以上；264 個大字，或全部大字的 9%，人口增加了一至二倍；903 個大字，或全部大字的 31%，人口增加了半倍至一倍；1,455 個大字，或全部大字的 49%，人口增加不到半倍。人口減少的大字有 238 個，約占 8%（圖 3–2）。⓭

然而，兩個或多個靜態橫剖面的比較，不管是用檢視的方法，或者是用統計計算的方法，存在若干問題，有待解決：第一，靜態的比較只能在兩個或多個固定時間點之間作推斷，不能對變遷的動態作比較深入的了解；第二，在純粹理論的基礎上，只能從歷史上與地理上都穩定的時期，取得有代表性的橫剖面，在這樣的時期中，空間互相關係多少是穩定的，例如上述臺灣人口分布的變遷，若是採用 1945 年，替代 1940 年，雖然只差 5 年，但情形會很不一樣，1945 年日本投降，臺灣光復，臺灣人口發生很大的變化。否則重建不過是對一個不斷變遷地區瞬間的一瞥，實際上重建的狀況很可能是獨特的，沒有代表性。嚴格來說，只有兩個系統已經達到了

⓭ 陳正祥，《臺灣地誌》，上冊（臺北：敷明產業地理研究所，1959），頁 210–213。

平衡，才可以應用靜態的比較。事實上，歷史地理學者總是不能確定實際情況是否是平衡的，各種地理現象，絕大多數情況總是不平衡的。為了緩和這種困難，為了使橫剖面方法有效，一個橫剖面所涵蓋的時間，應盡可能的短。歷史地理學者不可能對過去某一個時刻拍攝瞬間的快照，要利用其他的資料，像是人口普查及土地利用調查資料，這些資料都是在很短的時間之內調查的，只包含有限程度的變遷。

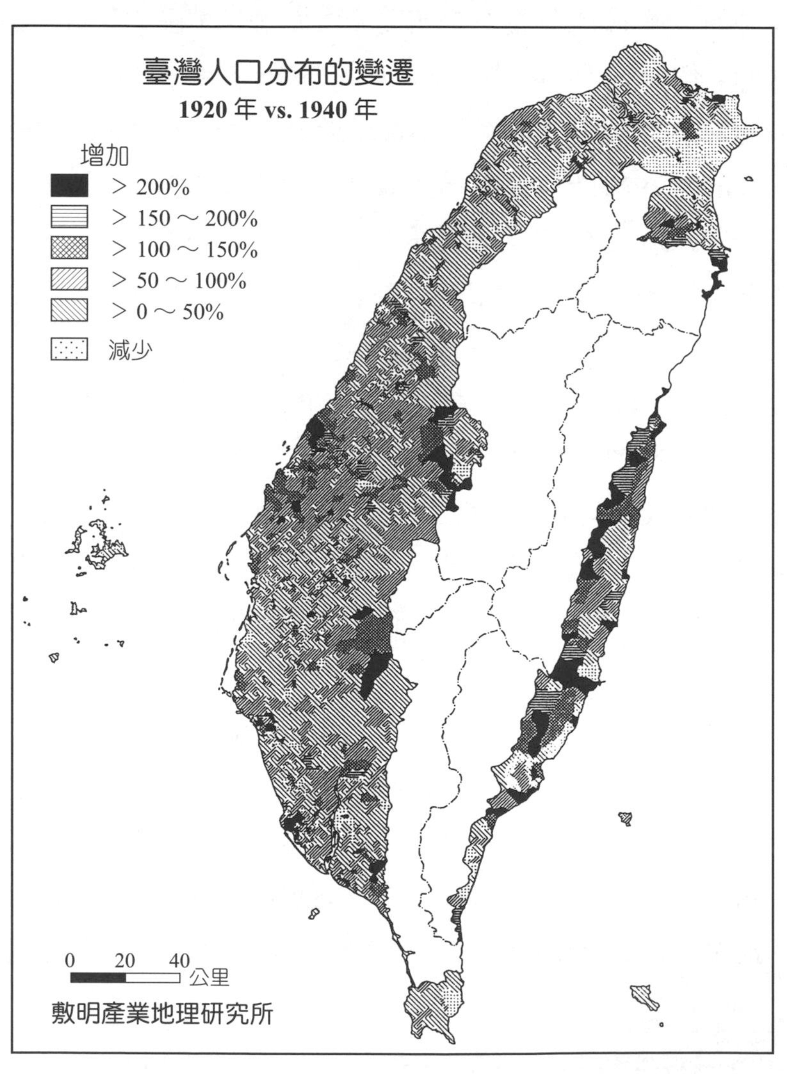

圖 3–2　1920 年與 1940 年臺灣人口分布的變遷

橫剖面著名的典型例子，就是英格蘭的《末日審判書》(*Domesday Book*) 地理，⓮根據《末日審判書》中的資料有效地重建了 1086 年英格蘭的地理，一部分原因是《末日審判書》編寫的時間很短，一部分原因是其提供相當多詳細的資料。這一橫剖面後來跟表示 1334 年及 1524～1525 年英格蘭稅收分布的橫剖面比較。像的《臺灣堡圖》，是 100 年前繪製的，紀錄當時的地理狀況，包含了豐富的資料，可以用於重建臺灣當時的地理，然後跟 50 年或 100 年後的狀況比較。⓯不過，雖然其提供了地理變遷現象之種類及程度的量度，但沒有提供或極少提供有關變遷本身過程的資訊，因此類似的結果可能是由不同的過程所產生的。⓰

三、變遷的過程

一系列的橫剖面，不論其形式是文字描述、地圖或者其他的方式，都會產生一些問題。重建及描述的過去地理，須要加以分析與解釋，換句話說，須要了解從前一個時期到後一個時期之間地理變遷的機制與過程。但是一般上會忽略塑造人文地理中空間形態的過程。然而，假設因為靜態方法須要穩定的狀況，基於靜態比較的理論，價值有限，只有經由過程的分析，才可以充分研究地理變遷。同樣，只有經由對變遷的研究，對不穩定的體系才可得到令人滿意的解釋。所以，著重地理變遷過程的研究特別具有啟發性。許多像這樣的研究，探索一個區域特別地理要素的起源與傳播，例如鐵路網的擴展（圖 3–3），⓱或者是分析一系列特別的過程，像是人口

⓮ H. Clifford Darby, ed., *A New Historical Geography of England* (Cambridge, England: Cambridge University Press, 1973).

⓯ 臨時臺灣土地調查局，《二萬分一堡圖》，458 幅，1905 年繪製；影印本《臺灣堡圖》（臺北：遠流出版社，1996）。

⓰ 見前揭 Estaville, Jr., "Organizing time in historical geography," pp. 317–319.

⓱ 見前揭陳正祥，《臺灣地誌》，中冊 (1960)，頁 671。

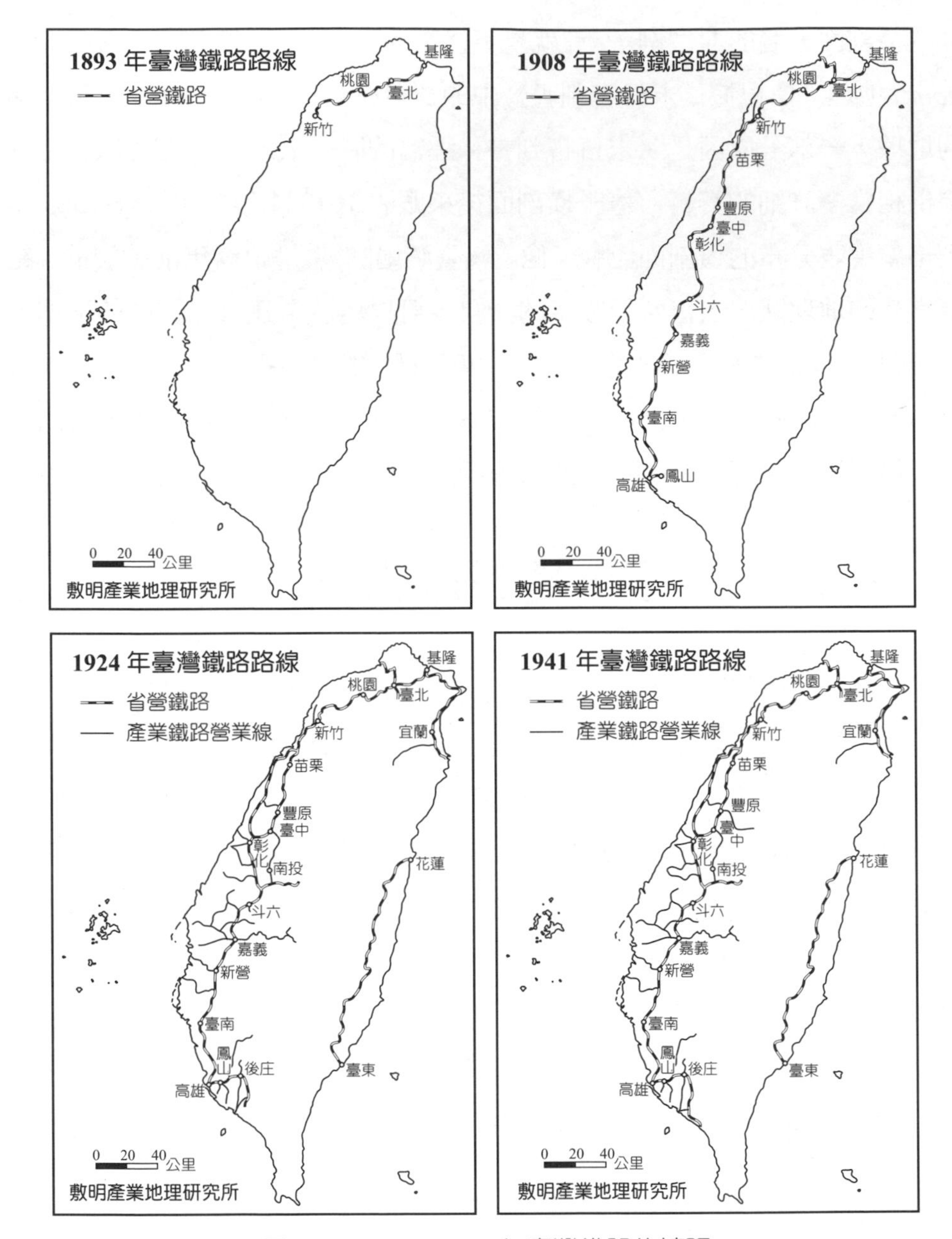

圖 3–3　1893～1941 年臺灣鐵路的擴張

的遷移（圖 3–4）。⓲

傳統上過程研究是定性的，但是對地理變遷問題的研究，愈來愈是定

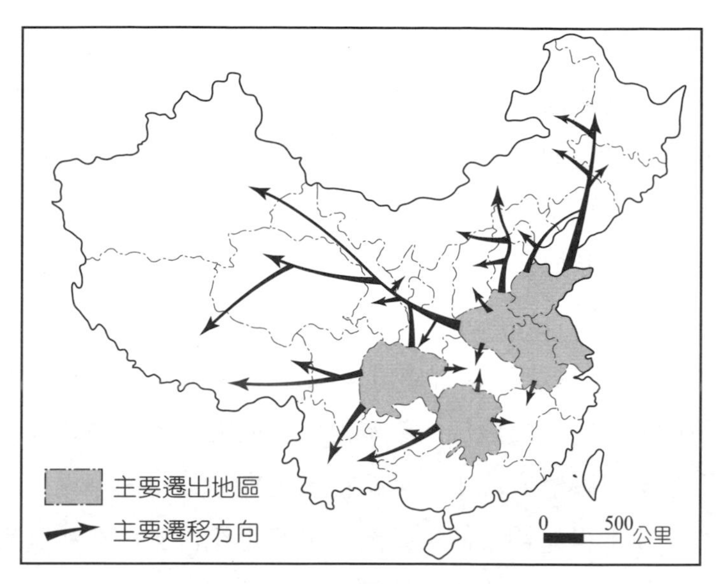

圖 3–4　1950 年代至 1980 年代中國國內人口的遷移

量的。景觀變遷的垂直主題方法是一個好的例子，這就是達比所用的方法，他的研究涉及英格蘭景觀變遷的重要過程，包括森林的開發、溼地的排水、荒地的開墾、可耕地的變遷、花園的造景、都市的成長、以及工業中心的興起。⑲

後來，歷史地理學者擴大景觀變遷過程研究的範圍，包括殖民的活動、聚落的廢棄、作物栽培的擴張與衰退、以及工業的擴散。像這些文化景觀變遷的研究，不可避免地會引起關於人在地表變遷中所扮演之角色的問題，這方面的文獻極多。⑳

有關我國地理變遷過程的研究很多，廣義來說，我國的沿革地理就是

---

⑱ 田方、林發棠主編，《中國人口遷移》（北京：知識出版社，1986），頁 291。

⑲ H. Clifford Darby, "The changing English landscape," *Geographical Journal*, vol. 117 (1951), pp. 377–398.

⑳ 見前揭 William L. Thomas, Jr., ed., *Man's Role in Changing the Face of the Earth*; T. R. Detwyler, *Man's Impact on Environment* (New York: McGraw-Hill, 1971).

變遷的研究，歷史悠久，只是早期的研究對過程的敘述和解釋，相對地比較簡單些。地理變遷的研究，到清末民初已經很發達，二十世紀下半葉更多。周源和與何炳棣研究我國甘薯的起源與傳播，西晉嵇含撰《南方草木狀》所載的甘藷即今甘薯，所以甘薯我國古已有之。明代萬曆 22 年 (1594) 美洲番薯經菲律賓，傳入福建，後來傳到其他地區。㉑十六世紀下半葉，甘薯也經陸路從印度及緬甸，傳入雲南。甘薯加上其他外國作物的引進與傳播，改變了我國土地利用的形態，糧食增加，影響到十八世紀和十九世紀我國人口的快速增加。㉒本書作者研究我國沿海曬鹽方法的起源與傳播，發現天日曬鹽方法十四世紀初出現在福建莆田鹽場，十六世紀初葉傳到直隸，十七世紀初葉傳到臺灣，十八世紀傳到浙江和廣東，十九世紀初葉從直隸傳到奉天和山東，接著又傳到江蘇。㉓

許多研究是關於景觀變遷過程及其對環境影響的結果，但是有許多變遷過程的研究，只關注變遷本身，而不注意其對環境的影響。過程研究的方法，是研究地理現象變遷的過程，探求動態規律的類別，也就是變遷的類別，而不是在變遷的地理現象本身。這類問題包括人口如何變遷、遷移、聚集及擴散？商品如何生產和消費？貿易如何流通？資本如何累積？資訊如何產生、傳播、流通及吸收？要了解像是殖民、啟林、都市化、貿易、投資、教育、公共衛生等變遷過程的第一步，就是須要有關變遷之技術工

㉑ 周源和，〈甘薯的歷史地理：甘薯的土生、傳入、傳播與人口〉，《中國農史》，第 3 期 (1983)；Ping-ti Ho, "The introduction of American food plants into China," *American Anthropologist*, vol. 57 (1955), pp. 191–201.

㉒ Ping-ti Ho, *Studies on the Population of China, 1368–1953* (Cambridge, MA: Harvard University Press, 1959). 此書中文翻譯，見葛劍雄譯，《1368–1953 年中國人口研究》（上海：古籍出版社，1989）。

㉓ Tao-chang Chiang, "The origin and spread of the full solar evaporation method at saltworks on China's seacoast," *Bulletin of the Geographical Society of China*, vol. 21 (1993), pp. 19–31. 又見本書第十三章。

具、促進變遷之經社力量、以及促進變遷之政治制度及宗教制度的知識。這就是說歷史地理學的過程研究之進展，須要結合行為及社會科學者，共同努力，形成合乎邏輯的初步工作假設。㉔

許多歷史地理學者對人類活動的空間形態之演變，特別有興趣；涉及任何現象變遷的問題，也吸引了許多社會科學者的關注。因此，有些社會變遷的理論與模式，適合應用於地理變遷的研究。由於偏好及訓練，加上分布地圖傳統上是地理學描述的基本工具，地理學者傾向於強調在時間上的變遷情形，形態也同樣能清楚表示在時間上的變遷，涉及時空上的運動之空間過程的研究，可以從有關變遷方向的理論獲得好處。例如，有些理論視變遷是週期的現象，涉及兩個或多個變數之間互相關係的形態，這些變數在週期結束時跟開始時大致是一樣的。也有些理論視變遷是邏輯斯諦 (logistic) 的現象，開始是變化緩慢階段，接著是變化快速階段，最後又是變化緩慢階段（圖 3–5）。像這樣的理論是有實例的，例如懷特漢德研究 1864 年與 1968 年間英國格拉斯哥建築業成長的空間形態。㉕建築業的興旺與不景氣週期的循環，結果形成一系列不同的建築區之發展，住宅及公共建築不同比例的混合為其特點。以西北歐人口的成長為例，在工業化以前時期，人口增加緩慢，在人口成長過渡時期，人口快速增加，在都市和工業化時期，人口增加又緩慢下來，形成 S 狀的邏輯斯諦曲線，這就是著名的人口過渡理論。㉖

㉔ Hugh C. Prince, "Real, imagined and abstract worlds of the past," *Progress in Geography*, vol. 3 (1971), pp. 1–86.

㉕ J. W. R. Whitehand, "Building cycles and the spatial pattern of urban growth," *Transactions and Papers of the Institute of British Geographers*, vol. 56 (1972), pp. 39–55.

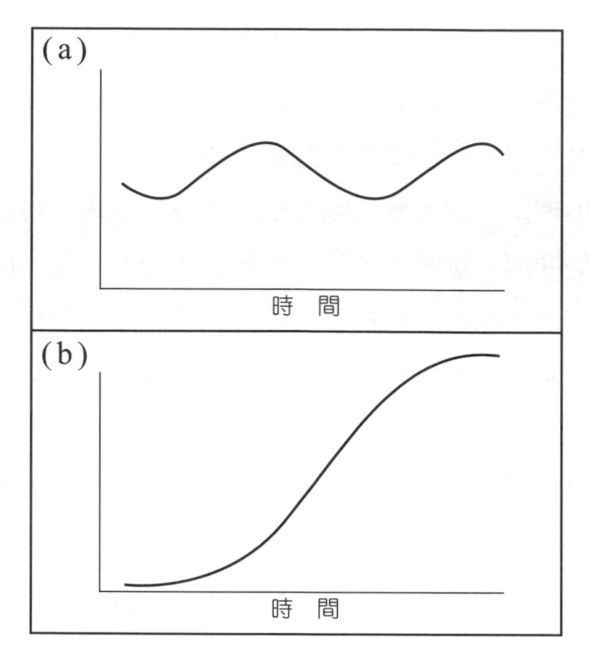

圖 3–5　兩類地理變遷的模式：(a)週期的變遷，(b)邏輯斯諦的變遷

四、景觀歷史

一個區域的歷史地理可以就一系列的橫剖面來看，這些橫剖面由社會及經濟過程的研究分開，這些社會及經濟過程導致景觀相繼的變遷。一個好的例子是 1973 年達比主編《新英格蘭的歷史地理》，按時間先後分成 12 個橫剖面，即：(1)盎格魯及斯堪的那維亞的基礎，(2) 1086 年時的英格蘭，(3)中世紀早期的變遷，(4) 1334 年左右的英格蘭，(5)中世紀晚期的變遷，(6) 1600 年左右時的英格蘭，(7) 1600～1800 年革新時代，(8) 1800 年左右的英

㉖ 施內爾和莫莫尼耶兩人畫了一個曲線圖表示這種情況，見 George A. Schnell and Mark S. Monmonier, *The Study of Population: Elements, Patterns, Processes* (Columbus: Charles E. Merrill, 1982), p. 109. 另參閱 S. E. Beaver, *Demographic Transition Theory Reinterpreted* (Lexington: Lexington Books, 1975).

格蘭，(9) 1800 年至 1850 年鐵路時代的變遷，(10) 1850 年左右的英格蘭，(11) 1850 年至 1900 年左右時期變遷的英格蘭，(12) 1900 年左右的英格蘭。[27]

歷史學者跟地理學者一樣，也用這種方法研究景觀及區域歷史地理。弗倫奇 (R. A. French) 討論俄羅斯景觀形成的論文是一個很好的例子，他說明複雜的俄羅斯景觀是如何演變形成了今天其所呈現的形式，根據過去來了解現在，這是歷史地理學者一個很重要的任務。不過，有些景觀變遷的過程比較重要，其運作的時間長，影響的地區範圍大，影響本身也很重要，弗倫奇特別選出下列 4 個過程：(1)森林分布的變遷，除了農地及聚落對森林的需求，燃料、建築、工業（特別是造船業）、冶鐵及製鹽等，也都需求森林。啟林的過程，一直延續到十九世紀，那時候森林採伐後，再開始植林，使在長期森林的破壞中，森林增加成為事實。(2)草原的變遷，從十八世紀開始在草原上的殖民，使黑鈣土的侵蝕範圍擴大，過度耕種及過度放牧，大量自然資源被破壞，直到二十世紀早期，才有認真的措施，防止土壤流失。(3)溼地的開墾，人口對可耕地及草原的壓力增加，人們開始考慮利用大面積溼地的可能性，溼地分布在俄羅斯北部及中部大部分地區，但是真正溼地的開墾，到十九世紀才有，後來繼續到二十世紀。(4) 1917 年革命以來的變遷，革命以前分布最廣的人類活動，有三個景觀形成的主題：即森林的開啟、草原的開墾及其影響、以及溼地的開墾，一直繼續到現在，這些活動歷久不息。但是二十世紀上半葉的新發展，值得注意的是都市的成長、建造攔河壩和大水庫的河流整治、以及鐵路和公路的擴張。弗倫奇結論認為過去俄羅斯景觀形成的研究，提供對現代俄羅斯景觀形成更深入的了解。[28]

---

[27] 見前揭 Darby, ed., *A New Historical Geography of England*.

[28] R. A. French, "The making of the Russian landscape," *Advancement of Science*, vol. 83 (1963), pp. 44–56.

人類對景觀的影響，常常是破壞性的，但也並非總是這樣。人類建設性活動一個特別有趣味的例子， 就是法國盧瓦爾河 (Loire) 堤防建築的故事，今天盧瓦爾河有堤防長約 500 公里，至少從十二世紀以來建築了工程浩大、又長又高的堤防，堤防的建築主要為了防洪，其次是限制河水的流量以改善航道，建築堤防事實上加重了洪水災害，這項措施本身從來就沒有成功。若干世紀以來轉變了盧瓦爾河谷人文地理的過程，不是堤防直接控制的，因為堤防常常決口，造成生命和財產重大的損失，更重要的是盧瓦爾河谷居民對堤防體系效果信心的喪失。以為建築堤防，理論上是不會淹沒的，這種誤解的政策，到十九世紀下半葉才放棄，在河谷上流建築攔河壩，下流建築可以泄洪的水庫來防洪，這些堤防今天常形成道路，是景觀變遷史詩的紀念碑。[29]我國黃河的情形類似盧瓦爾河，過去黃河下游用加高堤防的方法，防止洪水災害，並不成功，1950 年代以來，建築了一系列的水壩，現在黃河不但沒有大水災，而且有時候下游還發生斷流現象，完全改變了地理景觀。

五、歷史遺跡

就廣泛的意義來說，現代景觀中的每一個要素，都可以視為過去的遺跡。但是，「歷史遺跡」一詞，通常用於比較窄狹的意義，指歷史上遺留下來的遺跡，的確是很古老的，跟其周圍景觀要素不協調，顯得很突出。古代城堡遺跡及其他破壞或廢棄的建築，儘管今天很可能都是觀光勝地，無疑都是歷史遺跡。有些地理學者也將改裝、修復或重建的景觀現象，視為歷史遺跡，也有些地理學者將反映早期習俗、法律、制度及組織的現代建築視為歷史遺跡。

---

[29] Roger Dion, *Histoire des Levées de la Loire* (Paris, 1961).

歷史遺跡可分為「文化遺跡」(cultural relicts) 與「化石遺跡」(fossil relicts)，[30]文化遺跡是殘存的過去重要現象，是老式的，像是許多現在的農村及農田形態。像這樣早期形態的創造，代表了景觀形成的過程中大量人力與金錢的投入，而且可能有必要投入更多的人力與金錢，重建或改建，這樣的文化遺跡可以繼續存在。例如，法國布列塔尼半島 (Brittany) 的小農田形態，圍繞著很多的土堤，土堤上是樹籬，有如巴黎盆地曠野小而分散田塊的形態，只有在二十世紀受戰後農業繁榮與科技變遷的影響，才發生劇烈的改變。

化石遺跡指不再對最初建築之目的有用，仍然存在，卻廢棄不用了，常常是廢墟。歷史遺跡的研究一直是歷史地理學的一個顯著特點。對個別遺跡仔細的研究，一方面作為今日景觀的現象，用回顧其來源、發展及退廢來解釋；另一方面作為倒敘研究的證據，研究現存的現象，以了解過去的地理，遺跡可以說明過去的狀況。許多研究的現象，都是過去農耕的遺跡，像是長條形的田地、田埂、壟溝及農田界線等。其他的則是聚落與殖民形態變化的產物，像是有壕溝的農莊及廢棄的農村。還有些其他的是早年殖民的遺跡，像是馬車路和河流，甚至有些鐵路。有些學者研究我國的古城，也是遺跡的研究。[31]

---

[30] See Carl O. Sauer, “Foreword to historical geography,” in John Leighly, ed., *Land and Life: A Selection from the Writings of Carl Ortwin Sauer* (Berkeley: University of California Press, 1967), pp. 368–370, originally published in *Annals of the Association of American Geographers,* vol. 31 (1941), pp. 1–24. 此文中文翻譯，見本書附錄一。

[31] Tao-chang Chiang, “Walled cities and towns in Taiwan,” in Ronald G. Knapp, ed., *China’s Frontier: Studies in the Historical Geography of Taiwan* (Honolulu: The University Press of Hawaii), pp. 117–141 and 275–279; Sen-dou Chang, “The morphology of walled capitals,” in G. William Skinner, ed., *The City in Late Imperial China* (Stanford: Stanford University Press, 1977), pp. 75–100. 又見姜道章，〈臺灣

有兩個性質不同的例子，在此簡述以說明有關歷史遺跡研究的一般要點：第一個是英國諾福克 (Norfolk) 郡凹坑與凹地來源的研究，第二個是英國利茲 (Leeds) 街道形態的研究。普林斯曾經研究諾福克中部幾乎到處可見的小凹坑（圖 3-6）。[32]研究這些凹坑與凹地以後，普林斯認為可能有 4 種來源：(1)凹坑與凹地是廢棄的舊礦坑；(2)凹坑與凹地是以前的沙石廢坑；(3)凹坑與凹地是石灰岩物質溶解後所形成的；(4)凹坑與凹地是冰川周緣下層所埋冰塊溶化後所形成的。諾福克地形圖上有 27, 000 個邊緣陡峭的凹坑。整個諾福克郡只有少部分地區每平方公里的凹坑不到 2 個，有些地區超過 8 個。

即使諾福克凹坑的來源可能不明確，它們卻很顯然是歷史遺跡。然而更不明確的是利茲一些地區的街道形態，可能也視為歷史遺跡的範圍。任何地區早期的人類利用，必定限制及影響後來發展選擇的自由。農村及農田形式之鄉村聚落的形態，先於都市發展所創造的聚落形態。在都市研究中，過去鄉村景觀的影響，通常可以就都市郊區中殘存的農村來討論，但是過去遺留的痕跡本身十分複雜。事實上，是農村與莊園的結構影響後來都市的發展。都市設計並不是將都市的土地，任意先劃分成建築單位，然後套在以前的鄉村景觀上。的確，建築單位常常屬於不同的業主，是產業買賣的單位，這些鄉村景觀的土地形態，形成一個框架，後來的建築活動要配合這種框架。利茲的街道形態是在十九世紀發展的，在相當大的程度上，保留了以前鄉村景觀的形態。在都市化以前的景觀與都市景觀之間，有很強的連續性。[33]現在臺灣的一些都市，歷史上是有城牆的，城牆不但

的古城：一個歷史地理學的研究〉，《地理學研究》，第 1 期 (1966)，頁 53-80；姜道章，〈十八與十九世紀臺灣營建的古城〉，《南洋大學學報》，第 1 期 (1967)，頁 182-201。參閱本書第十六章。

[32] Hugh C. Prince, “The origin of pits and depressions in Norfolk,” *Geography*, vol. 48 (1964), pp. 15-32.

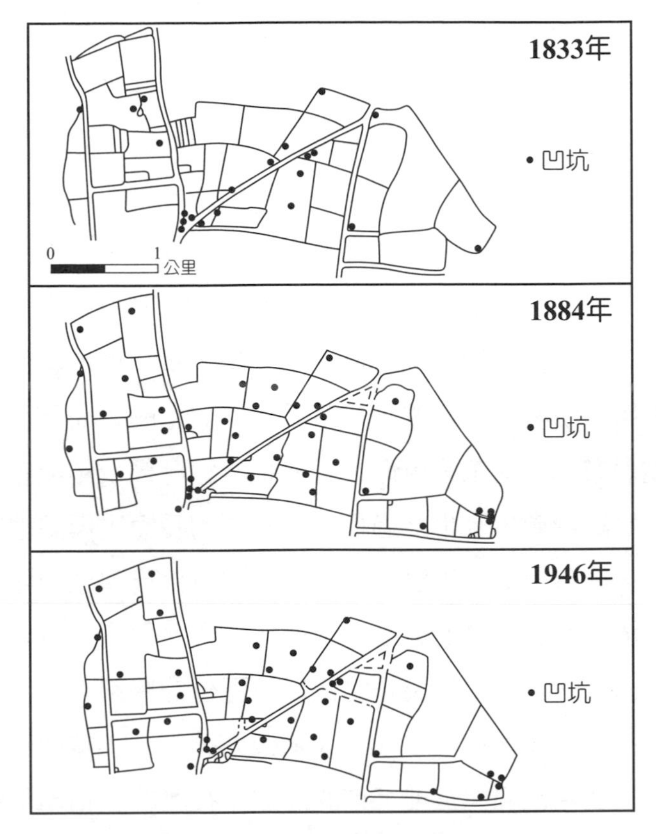

圖 3–6　1833～1946 年英國諾福克郡的凹坑

影響當時都市的街道結構，也影響今天都市街道的形態。[34]

六、地理慣性

地理變遷的研究，不但要考慮變遷本身及產生變遷的過程，也要討論在某一特別情況下抗拒變遷的程度。前面已經提到文化景觀的產生需要金

---

[33] David Ward, "The pre-urban cadaster and the urban pattern of Leeds," *Annals of the Association of American Geographers*, vol. 52 (1962), pp. 150–166.

[34] 見前揭 Chiang, "Walled cities and towns in Taiwan."

錢及人力的投入，而且其變遷也要進一步的金錢及人力的投入。事實上，為了上述這些理由，地理變遷常常是修正現有人類活動的空間形態，而不是創造全新的形態。例如，今天紡織工業的區位形態，顯然需要歷史的解釋，產生空間形態的特別過程，已經變得相對地不重要，或者甚至不再起任何作用了，而這些空間形態長期以來仍然常存在，相對地沒有改變。

可能發生在任何一個地區之地理變遷的程度，隨引起變遷之刺激因素的性質而變化，也隨存在的狀況之慣性而變化。當一個地區受到壓力的影響，為了減輕壓力所發生的變遷，並不是即刻發生的，而是長期慢慢發生的。甚至所謂農業革命或工業革命，其變化要經歷幾十年或者甚至上百年或者更久。事實顯示產生變化之過程運作時間的長短，與該地區社會及經濟地理韌性程度成負相關。事實上，地理變遷直接反映到一個地區慣性的程度，以及刺激變遷之力量的強度。[35]例如工業區位，大概具有地理慣性的特質，現存區位的有利條件遠超過任何新區位的有利條件，如果現存區位具有：(1)很高的工廠安裝成本，(2)大量技術勞工，(3)當地已發展了良好的基礎設施，以及(4)已經與當地工業間建立了複雜的互相聯繫關係。在像這樣的狀況下，即使是比較容易移動的工業之搬遷，也可能涉及相當大的成本及風險，工業繼續留在原地方，便可避免這種成本及風險。

地理慣性在我國行政區劃中也看得很清楚，秦代 (221～207 B.C.) 統一全國，行郡縣制，全國總共有 50 郡，約近 1,000 縣。兩漢 (206 B.C.～A.D. 220) 行州郡縣三級制，州又稱刺史部，東漢 (A.D. 25～220) 有 13 刺史部。隋代 (581～618) 行郡縣二級制，大業 5 年 (A.D. 609) 時全國有 190 郡，1,255 縣。唐代 (618～907) 的行政區分三級，即道、州、縣，道是一種監司機構，共有 15 道，就是 15 個監察區，實質上行州縣二級制，唐代

---

[35] J. Langton, "Potentialities and problems of adopting a systems approach to the study of change in human geography," *Progress in Geography*, vol. 4 (1972), pp. 125–179.

約有 350 餘州，1,500 餘縣。宋代 (960～1279) 在府州以上設路，最多時有 24 路。元代 (1271～1368) 開始實行省（行省）、路（府、州）、縣三級地方行政制度，至元 27 年 (1290) 時有 11 省。明代 (1368～1644) 基本上實行布政使司、府、州、縣四級地方行政制度，另有兩京及羈縻府、州、縣，全國計有兩京與 13 布政使司、140 府、193 州、1,138 縣 , 以及羈縻府 19、州 47、縣 6。清代 (1644–1911) 基本上採省、府、縣三級制，本部 18 省，清末奉天、吉林、黑龍江、新疆、臺灣建省，共 23 省。民國以來基本上改行省、縣二級制，1947 年時全國 35 省，2,016 縣。兩千多年來，每一新的朝代，重劃行政區，總是受到原有行政區劃慣性的影響，許多各級行政區，長期保持不變。[36]地理慣性從各種空間組織理論中找到妥協。[37]

七、地理變遷的概括

愈來愈多的歷史地理學研究，採用系統分析的方法，試圖解答所有系統共同的基本性質：結構、功能、平衡及變遷。對每一系統有必要回答下列問題：其架構為何？其功能如何運作？其穩定程度為何？在時間上其如何演變？其未來發展如何？像這樣的研究方法，像強調原始形態一樣地強調變遷的過程，可以克服只著重特別形態最初起源之歷史地理學研究的若干缺點，強調形態起源的歷史地理學研究，太著重形態的穩定性及連續性，也傾向於強調單一因果關係的解釋。所謂文化景觀的形態起源

[36] 譚其驤主編，《中國歷史地圖集》，八冊（上海：地圖出版社，1982–1987）；鄒逸麟，〈歷代行政區劃的劃分和結構、職能的變遷〉，載鄒逸麟主編，《中國歷史人文地理》（北京：科學出版社，2001），頁 54–98；石璋如等著，《中國歷史地理》，三冊（臺北：中國文化出版事業社，1954）。

[37] 有關中國行政區劃的研究甚夥，一篇總結性論文是前揭鄒逸麟的〈歷代行政區劃的劃分和結構、職能的變遷〉。

(morphogenetic) 研究，常常推論主要在形態研究中運作的過程，而忽略解釋景觀特徵本身之迂迴的變化。同等結尾的原則是系統理論的一個合成分子，表示很不相同的過程，結果可能產生很相同的形態。愈來愈多的研究，探討功能的變遷和地理系統中機制的變遷，這些研究也牽涉到一些困難問題：第一，現有的證據資料有限，常常只能對相關過程做定性的分析，而不能做定量的分析；第二，不確定原則也必須得到承認，不確定原則指一樣的過程，可能產生不同的結果。所以，地理變遷形態及過程的概括化是不容易形成的。有關在時間演變上地理現象之形態、功能及靈活性的一般概念，只不過是特別情況可以與之比較的模式。

例如，聚落形態演變之歷史的與地理的研究，提供這一論點有力的說明。有關特別地區及特別時期聚落形態及發展過程的研究很多，不過有關聚落空間演變的理論仍然極少，1960 年代和 1970 年代的研究，相當強調純粹聚落的區位關係，這類研究有 2 個前提：⑴人類活動的空間分布，反映對距離作有規則的調適，區位決策一般上以移動減到最少為原則；⑵所有的區位都具有某種程度上的易達性，但是有些區位的易達性比較高，也有些區位的易達性比較低。所以，一個村莊的傳統條件，像是土地、水源、建築材料以及燃料等，都對聚落的位置產生不同的影響，打破了理論上聚落規則的分布。都曾經就農耕運作中交通運輸經濟的原則，農人希望使從居住的農村到耕地或牧場之間的距離最短，也就是放牧牲畜、移動農具、或作物收穫時來回的距離須要最短。歐洲中世紀農耕體系下的農人，普遍耕種三塊空曠的田地，理想的聚落應該是位在三者中央的小農村。假若三者面積大致相等，實際上農村的位置便是三者的重心所在。假若一個農家所耕種的農地是一整片土地，為了使人、牲畜及農具的移動距離最短，邏輯上農家應該位在農地的中央，[38]新聚落的產生也可能視為要使移動的距

---

[38] 我國有些地名叫做田中及田心，就是這個緣故。

離最短，為了不要每晚走很長的路回到村莊，小農人會建造暫時過夜的棚子，這種棚子後來可能變成永久性的農家。這種從原來聚落擴散形成新聚落的過程，在許多地方和不同時期都有。[39]我國傳統的農村市集，一般都位在市集整個市場的中心，住在距離市集最遠的農人，也就是介於兩個相鄰市集之間村莊的農人，趕集走路到市集，可以在一天中來回，例如十九世紀湖北應山市集之間的距離，大約是 10 華里、20 華里、及 30 華里，最大的距離是 30 華里。[40]

有關鄉村聚落形態演變模式最嚴謹的研究，就是赫德森 (J. C. Hudson) 的研究，他應用中地理論及植物生態學中的空間擴散理論，建構一個解釋在時間上聚落分布變遷的模式。他提出 3 個階段：第一個階段是殖民，殖民的地區擴張；第二個階段是擴散，經由擴散，聚落密度增高，而且是短距離的擴散；第三個階段是競爭，競爭過程產生規則的聚落形態，農村居民增多，互相競爭空間。赫德森調查美國愛荷華州 6 個郡在 1870～1960 年間的實際狀況，結果顯示在時間上聚落形態的規則性增加。[41]像這樣的理論可能可以應用到一些自發的殖民，像是中世紀西歐大部分地區，但是可能不可以應用於從一開始就是有計畫的殖民。有許多情況，特別的因子，

---

[39] 例如寧夏的吊莊，是受距離的影響，在廣種薄收耕種傳統下所產生的一種臨時性窩棚聚落，最終可能形成永久性聚落。見姜道章，《高中地理(二)：本國地理》（臺北：正中書局，2000），頁 214–215。

[40] 周道源修，吳天錫纂，《應山縣志》，同治 10 年 (1871) 刊本（臺北：應山縣同鄉會影印，1972）；Tsu-jung Liu, *Trade on the Han River and its Impact on Economic Development, c. 1800–1911*, Monograph Series No. 16 (Nankang: The Institute of Economics, Academia Sinica, 1980), pp. 158–161. 另參閱 G. William Skinner, "Marketing and Social Structure in Rural China," reprinted from *The Journal of Asian Studies* (The Association for Asian Studies, Inc., 1965)，原文載該刊 1964–1965 年第 24 卷，頁 3–43, 195–228, 363–99。

[41] J. C. Hudson, "A location theory for rural settlement," *Annals of the Association of American Geographers*, vol. 59 (1969), pp. 365–381.

像是政治的及宗教的力量涉及中世紀中歐及東歐大部分地區的殖民，好像幾乎不可能建構聚落發展的理論模式。[42]但是，也許最廣泛應用於與地理變遷相關的概念，就是空間擴散。

分布變遷的理論研究，在地理學以及在相關的學科中，像是考古學、歷史學及人類學，都有悠久的歷史。所以，吾人可以引證很多有關現象傳播的研究，像是人類、作物、指南針、及煉焦方法等。創新擴散過程有許多方面的問題，擴散可能從一個單一的地點開始，例如一種技術的發明就是這樣，像是鑽井技術，就是從我國四川，傳播世界各地；擴散也可能從一條線上的一個點開始，例如從海上到一個新地方的移民就是這樣。各種創新擴散的速度變化很大，幾百年來擴散的速度愈來愈快，利用今天的大眾媒體，資訊及思想概念的擴散非常快速，現在只要幾個小時或幾天，不像過去有時候要幾個星期、幾個月、幾年或者甚至幾百年。雖然如此，幾乎即刻得到的資訊，卻不是即刻接受或採納資訊和思想概念，兩者不可相比，所以甚至在今天，創新觀念的接受仍然有時間上的落後現象。

最有名的空間過程創新擴散研究，就是瑞典地理學者海耶斯特蘭德(Torsten Hägerstrand) 的研究，他根據在瑞典深入研究各種創新擴散及空間形態，[43]提出若干關於過程的概念，特別是擴散過程的特點，他將接納者時間上的累積人數畫在曲線圖上，或者將接納者占可能接納者總人數的百分比畫在曲線圖上，結果都呈 S 狀曲線，也就是上述邏輯斯諦成長曲線（圖 3–5），這一成長曲線可以分為 3 個階段：第一個階段是早期，成長緩慢，但是對創新的接納者呈加速增加；第二個階段是中間階段，接納者快

---

[42] David Harvey, “Models of the evolution of spatial patterns in human geography,” in Richard J. Chorley and Peter Haggett, eds., *Models in Geography* (London: Methuen, 1967), pp. 549–608.

[43] Torsten Hägerstrand, *Innovation Diffusion as a Spatial Process* (Chicago: University of Chicago Press, 1967).

速增加；第三個階段是後期，接納者逐漸減少。特別有意義的現象是 S 狀成長曲線，線條的坡度不僅因不同的創新而不同，也因不同的地區而不同。因而，創新的空間擴散有一個重要概念，即領先區與落後區，同時有些空間對比是各個區域接納創新率的差異所致。

海耶斯特蘭德研究瑞典南部擁有私人汽車的擴散，清楚地說明了這一點。1920 年瑞典南部只有極少城鎮有私人汽車，但是，到 1922 年本區西部擁有私人汽車的指數遠多於其餘地區，這種空間對比無法用居民收入的空間差異來解釋。海耶斯特蘭德觀察私人汽車擁有的廣泛區域差異長達 20 年，最終整個地區私人汽車擁有的指數大都一樣，只有局部差異，反映了居民收入的多寡及城鄉居民人數比率的不同。海耶斯特蘭德結論認為汽車概念從丹麥擴散到瑞典，特別是從丹麥首都哥本哈根傳播到瑞典。這種概念從西到東的擴散，像是波浪一樣，西部比東部有較多的居民接納。這種引起區域差異的一般波浪概念，廣為學者應用。

空間上創新擴散過程的詳細情形是很複雜的，可以簡單分為兩類擴散，即接觸擴散 (contagious diffusion) 及階層擴散 (hierarchical diffusion)。接觸擴散過程就像傳染病的傳播一樣，依賴密切的接觸（圖 3–7），就是英美人士所說的鄰居效應 (neighborhood effect)，一位非接納者愈是接近一位接納者，則其成為接納者的概率便愈高。學校中痲疹的擴散就是這樣，這很像我國成語「近朱者赤，近墨者黑」所形容的情形。在一個小範圍的地方，接納像是彩色電視機這樣的創新，也是鄰居效應。擴散過程也可以從大區域的尺度來看，在大區域尺度上，擴散過程也許最有意義，因為其影響區域的差異，而區域差異是地理學者傳統上所最關注的。就是在大區域的尺度上，海耶斯特蘭德發現創新擴散的本質是空間過程，例如，接觸擴散中的鄰居效應，在 1928 年與 1933 年間瑞典南部畜牧改良津貼接納的情形便是這樣（圖 3–8）。

不過，地面距離對擴散過程的影響，不一定是最強烈的，有些創新的

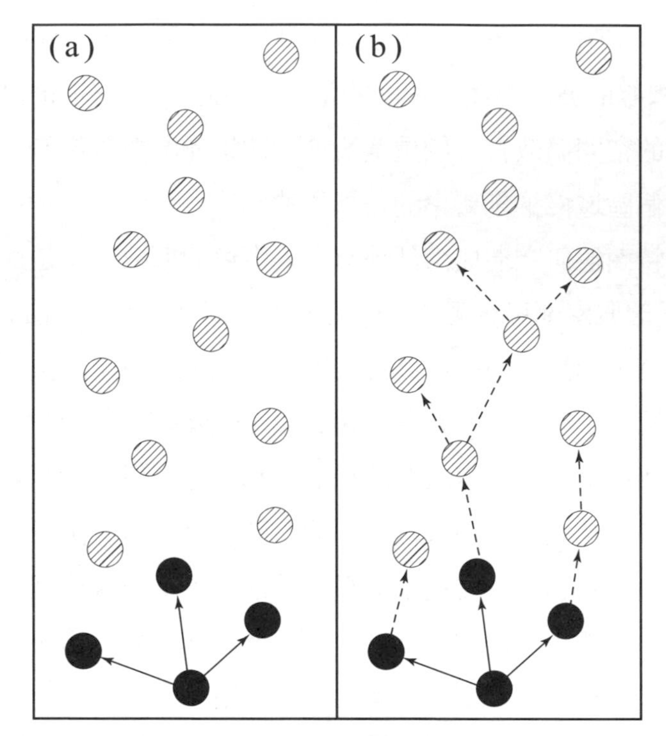

圖 3–7　接觸擴散

擴散是隔著地區及居民，像青蛙跳躍一樣，呈跳躍式的擴散，這種情形叫做階層擴散，在階層擴散過程中，開始時資訊在較大的聚落間或者在較重要的人士間傳播，藉此資訊，也就是創新，慢慢地在聚落或社會階層結構中擴散，沒有資訊，創新便不可能被接納（圖 3–9）。有些聚落、人或機構間的聯繫，比與位在兩者中間之聚落、人或機構的聯繫要緊密些，階層擴散因而發生。在擴散過程中，創新的擴散，超越介於中間的空間。在都市階層結構之逐次的層級中，可以看到都市擴散的新領域，例如，1940～1968 年期間美國電視臺的擴散，跟接納都市的大小強烈相關，從較大的都市擴散到較小的都市。

不過，接觸擴散過程與階層擴散過程的差異，實際上並不像理論上看上去的那麼重要，在許多情況下，可以發現兩種過程同時運作。在羅布森

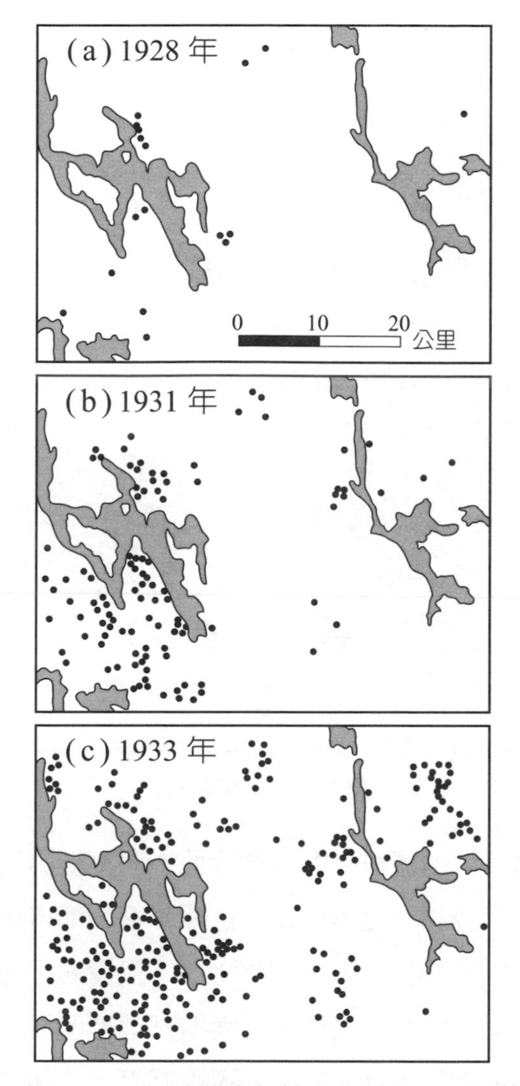

圖 3–8　1928～1933 年瑞典南部某地接納畜牧津貼農人的分布

(B. T. Robson) 對十九世紀英格蘭及威爾斯之創新與都市成長的研究中，這種情形看得很清楚。[44]理論上在都市體系中創新的擴散，可能按照大小階層傳播及距離傳播同時進行。階層擴散的邏輯可能是減少較大潛在市場的

[44] B. T. Robson, *Urban Growth: An Approach* (London: Methuen, 1973).

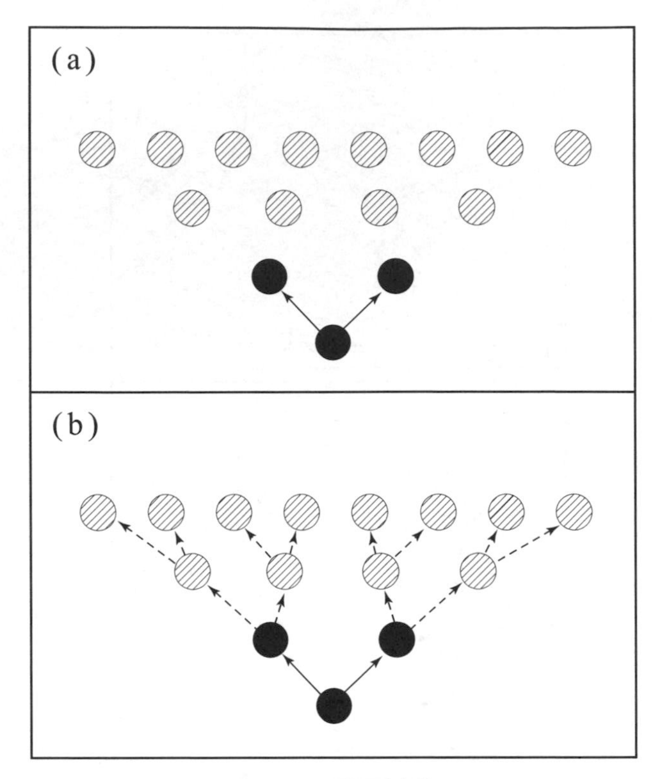

圖 3–9　階層擴散

經濟風險；而鄰居擴散的邏輯可能是鄰近地方對創新的模仿，鄰近地方曝露在創新之下的概率較高，建築協會、瓦斯工廠、都市道路照明等的擴散就是這樣。例如，就電話局來說，到 1892 年不但倫敦跟各工業區之間有了相當密集的電話線網，而且英格蘭及威爾斯其他地區原來已獨立的電話線網，也跟倫敦連接起來了，逐漸形成全國電話網。這種電話幹線發展的影響，提供較強的經濟理由，促進了基本上是地區性的電話擴散。所以，其擴散顯示，都市大小的影響力最大，特別是在發展的最初期，向外擴散可能經由模仿或經由幹線發展的影響。大陸開放政策實施以來，大約 20 年間全國電話網快速擴散的情形，也是這樣。

至於歷史地理學者關注區域的變遷性質及地理變遷的過程，不可避免地要涉及區域演化的研究。同時，歷史地理學者傾向於強調其所面對的狀況是不平衡的，所研究的區域本身也不是靜態的，而是過渡的過程。

哈維 (David Harvey) 研究十九世紀英國肯特郡酒花栽培業區位的變遷，酒花的栽培很明顯地有向肯特郡中部集中的傾向（圖 3–10），酒花栽培區中心距離因子的重要性，對酒花栽培面積的擴張或收縮，超過了土壤條件的重要性。為什麼會是這樣呢？答案是 3 個特別的過程，即：集聚、累積變遷、及報酬遞減率，三者支配圍繞著一個生產中心的酒花栽培區，酒花的栽培從中心向外呈逐漸減少的傾向：第一，位在或靠近已有酒花生產地區的集聚，生產者可以從規模經濟獲利，肯特郡中部傳統的酒花栽培中心相應地擁有強大的影響力，支配繼之而後酒花栽培的擴散。第二，酒花栽培的發展，中心地區產生強烈的累積力量，比較節省經常開支，傾向於打倒其他大多數的競爭對手。集聚意味著原有區位具有規模經濟，累積變遷意味著競爭對手在土地利用成本上是不經濟的，最終結果是生產集中，等達到理想的栽培面積密度後，報酬遞減率才能有效地阻止生產繼續集中。這些過程的相對力量絕不是經久不變的，由於經濟及科技條件的改變，每一過程的重要性隨之改變，使得肯特郡中部酒花生產核心地帶酒花的栽培面積也發生變遷。㊺

1915 年與 1955 年 40 年間臺灣甘蔗栽培及新式糖廠分布的變遷，情形也是這樣，原來遍布全島平地的甘蔗栽培及新式糖廠，逐漸集中於臺灣的西南部平原（圖 3–1）。根據以上的討論，清楚說明地理變遷過程之概括的問題及潛力，足以證明人文地理學需要歷史的解釋，並有助於了解今天的地理，以及對決定人文地理學中空間形態演化原則的了解。

㊺ David Harvey, "Locational change in the Kentish hop industry and the analysis of land use patterns," *Transactions and Papers of the Institute of British Geographers*, vol. 33 (1963), pp. 123–144.

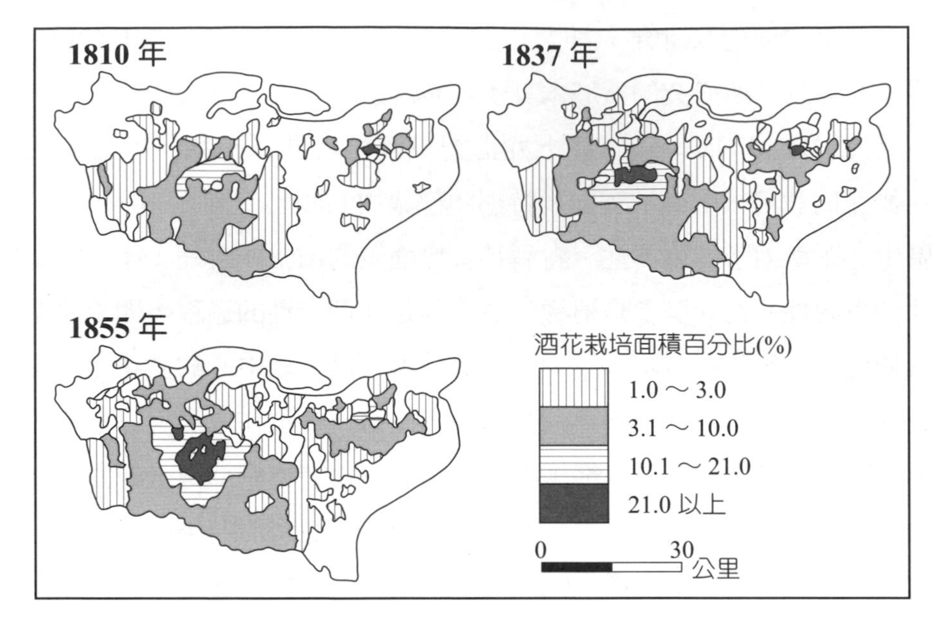

圖 3–10 1810～1855 年英國肯特郡酒花栽培的密度

八、結　論

總之，地理變遷是一個極重要的歷史地理研究主題，地理變遷指時間上地理現象的改變，時間的組織十分重要，也就是用不同的策略，分析過去區域或個別地理現象的空間形態和過程，有 4 種不同的組織策略：⑴時間上的橫剖面 (temporal cross section)，⑵同步橫剖面 (synchronic cross section)，⑶歷時次橫剖面 (diachronic subsection)，⑷以上三者中兩種或多種的組合。時間上的橫剖面時間的尺度是相對的，橫剖面可能是一世紀中的一年，也可能是一千年中的一整個世紀。同步橫剖面是連續的橫剖面，展示從一個時期到另一個時期的變遷，同步橫剖面之結構可以是前進的方式，也可以是回顧的方式。歷時的次橫剖面是垂直主題、縱向的研究或溯源的方法，專門研究特別重要的現象，探討事件開始以後相當長時期演變的空間關係。歷時的次橫剖面有一個顯著的優點，可以對過程和互動做最好的分析，因為地理現象的演變是持續不斷斷的。不過也有 5 個缺點：⑴因為資料短缺，所根據的資料，常常是不規則的，不連續點之間的資訊事實上是推論求得的；⑵地理現象極多，涉及觀察過程演變的時期很長，要考慮的現象一定要大量減少，也許還要假設其餘的情況均保持不變；⑶所研究的各種現象之演變速率，可能有起伏波動，過程演變不易描述；⑷時間上相當快速的運動，會模糊對空間結構精確的和可理解的考察；⑸歷時的時間組織可能被認為不是地理的，而被認為是歷史的。

地理現象具有比較的靜態 (comparative statics)、平穩性 (equilibrium)、慣性 (inertia)、同樣最終結果 (equifinality)、及不確定性 (indeterminacy) 等特性，同樣的過程，可能產生不一樣的地理形態，接著又產生一樣的過程。反之，不一樣的過程，可能產生一樣的地理形態，接著又產生不一樣的過程。[46]這是地理變遷研究中，一個很重要的問題，可能產生解釋上的誤差；所以，歷史地理學者必須對所研究的問題具有充分的了解，才有把握作正確的解釋。

---

[46] 見前揭 Estaville, Jr., “Organizing time in historical geography.”

MEMO

第四章

地理與歷史的關係

一、導　言

地理與歷史的密切關係，是一個老生常談的研究主題，眾所周知，這種概念淵源甚久。歷史學和地理學都是綜合的學科，康德 (Immanuel Kant) 說地理與歷史的唯一差別是兩者從不同的角度看世界，前者是空間，後者是時間。❶我國古人曾說左右圖書，又說左圖右史，❷此處所說的圖，可以解釋為地圖和地理知識，史地並重，沒有一地的地理知識，了解該地歷史將極困難；討論地理而不觸及歷史演變，對地理問題也將無法作深入的了解。❸

歷史上和現在每一事件都發生在時間上和空間上，換言之，每一事件都跟歷史和地理有關，注定史地相互關聯，自不待言。歷史和地理既然都是綜合的學科，理想上，歷史學者沒有一地的地理知識，討論該地的歷史，極難成功，❹所以歷史學者應該就空間互相關係，察看一個時期各種現象

---

❶ 見 Jan O. M. Broek, “The relations between history and geography,” *The Pacific Historical Review*, vol. 10, no. 3 (1941), p. 321. 此文後來收入 D. Brooks Green, ed., *Historical Geography: A Methodological Portrayal* (Savage, MD: Rowland & Littlefield, 1991), pp. 29–33.

❷ 語出《新唐書》楊綰傳，「左右圖書」，見歐陽修、宋祁撰，《新唐書》，點校本，第 15 冊（上海：中華書局，1975），頁 4664。

❸ 見前揭 Broek, “The relations between history and geography,” p. 321.

❹ Richard Hartshorne, *The Nature of Geography*, Originally published in 1939.

的總體；同樣地，地理學者若不探究過去，便無法充分了解一個區域現在的地理狀況。顧祖禹曾說：

不考古今，無以見因革之變；不綜原委，無以識形勢之全。

又說：

古不參之以今，則古實難用；今不考之於古，則今且安恃？❺

充分說明了史地的關係，表現了歷史地理學的精義。

人類社會與其環境的關係密切，甚至其所擁有的科技水平很低，人類社會也反過來成為改變環境的一個強而有力的力量，但是同時人類社會也受其環境的制約。以人為中心的地理整體，承繼了過去的許多特徵，不溯源其演變情形，便不能解釋一地地理的特徵。在一個地方，常常會見到某些現象與其他現象之間不調和的情形，存在一些快要消失而殘留的經濟與社會體系和生產技術。換言之，現在的地理是不同時期各種要素的集合，每一要素有其自己的歷史，這不是偶然的。從定義上來說，地理學者就是生態學者，❻地理學者的自然科學傾向，就是要在地理的各種特徵中，找出哪一個是最重要的，例如氣候、土壤、生產科技等，然後講清楚，用演繹的方法，分析出所有其他的特徵。在這樣的研究中，地理學者最後總是會碰到歷史持久性的影響，顯示過去對現在的影響，這就是地理的「慣性」。假若地理學者的目的是解釋地理景觀，顯然只靠眼睛所能看到的，便

Reprinted with corrections (Lancaster, PA: The Association of American Geographers, 1961), p. 175.

❺ 見顧祖禹，〈凡例〉，《讀史方輿紀要》（大約 1666 年初刊）。

❻ 最早提出這種概念的地理學者是巴羅斯，見 Harlan H. Barrows, “Geography as human ecology,” *Annals of the Association of American Geographers*, vol. 13 (1923), pp. 1–14.

不能達到目的，因為所能看得見的情況，不足以提供所有影響地理景觀的因子。例如地形，只拍攝照片和量度地形的大小，自然是不夠的，要了解今天的自然景觀，至少須要知道第四紀的演變情形。再就人文地理來說，例如臺灣計算農地所用的面積單位是甲，臺灣許多人家裡有榻榻米，這兩種現象，不知道臺灣歷史是無法解釋的，我們知道兩者都不是福建和廣東先民帶來的，前者是荷蘭人留下來的，後者是日本人留下來的；在臺灣的客家人比較集中分布在新竹、苗栗、屏東和臺東各地，不明白臺灣的移民史，也是無法解釋的。

地理與歷史的密切關係，是歷史地理學的一個重要問題，已有學者討論過，文獻甚多，例如美國學者哈特向 (Richard Hartshorne) 的〈歷史與地理的關係〉❼及布羅克 (Jan O. M. Broek) 的〈地理與歷史的關係〉；❽英國學者達比 (H. Clifford Darby) 的〈論歷史與地理的關係〉及貝克 (Alan R.H. Baker) 的《地理與歷史：分隔的橋樑》；❾我國學者莊為璣的〈史地的關係和分類〉，❿楊效曾的〈地理與歷史的中心關係〉⓫及李絜非的〈歷史與地

❼ Richard Hartshorne, "The relation of history to geography," in his *The Nature of Geography* (Lancaster: The Association of American Geographers, 1939), pp. 175–188. 此文後來收入前揭 Green, ed., *Historical Geography: A Methodological Portrayal*, pp. 17–28.

❽ 見前揭 Broek, "The relations between history and geography," pp. 321–325.

❾ H. Clifford Darby, "On the relations of geography and history," *Transactions and Papers of the Institute of British Geographers*, vol. 19 (1953), pp. 1–11. 此文後來收入 Griffith Taylor, ed., *Geography in the Twentieth Century*, 3rd ed. (London: Methuen, 1957), pp. 640–652; 及前揭 Green, ed., *Historical Geography: A Methodological Portrayal*, pp. 34–45. 此文中文翻譯見拙譯，〈論地理與歷史的關係〉，《歷史地理》，13 輯 (1996)，頁 243–251。Alan R.H. Baker, *Geography and History: Bridging the Divide* (New York: Gambridge University Press, 2003).

❿ 莊為璣，〈史地的關係和分類〉，《夏大周刊》，第 12 卷第 13 期 (1932)。

⓫ 楊效曾，〈地理與歷史的中心關係〉，《禹貢》，第 1 卷第 12 期 (1934)。

理〉。⓬諸家的論述，大致包括歷史的地理基礎、過去的地理、地理的歷史因子、地理中的歷史要素等問題。

二、歷史的地理基礎

歷史學和地理學都是綜合科學，對歷史理性的了解，必須要對歷史事件發生的地理環境充分認識，但是一般上歷史學者沒有這種必要的地理知識，對歷史事件的綜合論述，高度成功者不多見。

中外一樣，過去歷史研究著重政治關係和特別事件，例如以往中國歷史學者較多討論歷代皇帝和宮廷的事件，當然，這種偏差現在沒有了，現在歷史研究的範圍較廣，包括幾乎所有社會的、經濟的、及文化的現象，關於這一點，我們只要看一看近幾十年來臺灣各大學歷史學系課程的內容，或者歷史學者的著作便可明白，由於歷史研究愈來愈實際，也就愈成為地理研究，像這樣的研究很多，不勝枚舉。十九世紀初葉歐洲的歷史著作也是這樣，只是宮廷爭權奪利的故事，但法國歷史學者米舍萊 (Jules B. Michelet) 的《法國史》⓭與眾不同，包括社會和經濟各方面的活動，為一特例。有些學者認為地理等於是舞臺，歷史是演員演的戲，但是米舍萊卻認為歷史就是地理，他為了要寫法國史，曾到法國各地實地考察，他知道地理是歷史的基礎，沒有地理基礎，便無法了解歷史。司馬遷在撰寫《史記》前，也到全國各地實地考察，⓮一方面是為了收集史料，另一方面也

⓬ 李絜非，〈歷史與地理〉，《東方雜誌》，第 41 卷第 3 期 (1945)。

⓭ 見 Jules B. Michelet, *Histoire de France* (Paris: Hachette, 1903), preface to the edition of 1869, 轉引自 H. Clifford Darby, "On the relations of geography and history," *Transactions of the Institute of British Geographers*, vol. 19 (1953), pp. 1–11.

⓮ 見司馬遷，《史記》，點校本，第一冊，「出版說明」(香港：中華書局，1969)，

是考察地理，他知道地理是歷史的基礎。米舍萊曾說：

> 沒有地理的基礎，創造歷史的人物，好像在半空中走路，腳不著地。地方不能只視為是演戲的舞臺，地理在各方面影響歷史，例如氣候、糧食等。人之於他所在的國土，就像鳥之於鳥巢的關係。⑮

由於米舍萊的影響，後來法國歷史學者習慣上都在著作中先介紹地理，拉維斯 (Ernest Lavisse) 的《法國史》，第一卷便是布拉什 (Paul Vidal de La Blache) 所寫的法國地理。⑯英國學者也有同樣的觀念，例如李約瑟 (Joseph Needham) 撰寫《中國科學技術史》，第一卷也特別先討論我國的地理。⑰美國著名的已故中國歷史學家費正清 (John K. Fairbank)，在其《中國新史》一書的導論中，用超過一半的篇幅介紹我國的地理。⑱

有人說歷史是活動的地理，又說累積的地理便是歷史。有許多研究完全用地理的觀點解釋歷史現象，也有些研究一部分採用地理的觀點解釋歷史現象。我國地理學者有關這類的研究很多，例如沙學浚的〈從政治地理看胡人南下牧馬〉一文，⑲探討胡人南下牧馬歷史的地理基礎，沙學浚說：

頁 1。

⑮ 見前揭 Michelet, *Histoire de France*, preface to the edition of 1869.

⑯ Vidal de la Blache, "Tableau de la géographie de la France," 載前揭 Lavisse, ed., *Hisoire de France*.

⑰ Joseph Needham and Ling Wang, "Geographical Introduction," in *Science and Civilisation in China*, vol. 1, *Introductory Orientations* (Cambridge, England: Cambridge University Press, 1954).

⑱ John K. Fairbank, *China: A New History* (Cambridge, MA: Harvard University Press, 1992). 此書中譯本見薛絢譯，《費正清論中國》(臺北：正中書局，1994)。中譯本中的地圖品質，沒有原書者好。

⑲ 沙學浚，〈從政治地理看胡人南下牧馬〉，《國防叢刊》第 2 期 (臺北，1950)。此文後來收入沙學浚著，《地理論文集》(臺北：商務印書館，1972)，頁 77–90。

> 從地形言，蒙古一帶是高原，但非完全被山岳環繞的高原，如西藏高原一樣；而他所以稱為阻塞區域或四塞之國的，由於空間遼闊加上氣候及地面乾燥，使通過困難，而不是由於地形起伏所形成的阻礙。在這個遼闊的空間上，高大山脈如杭愛山、烏蘭臺戛山、薩彥嶺等多在西北邊，其餘最大部分地形平坦，是標準的運動空間；生活所資與戰鬥所資的馬，在這個原上可以縱橫馳騁，人騎在馬上，生活與戰鬥得到高度的運動力。

接著說：

> 牲畜的生命是人民生命的基礎，到冬天便面臨消滅的危機。寒冷所以能造成饑荒，由於文化低，因胡人夏季不知割草曬乾，儲供冬季之用；因而秋風一起，便須驅牛羊向較溫的冬窩，或向南方移動，消極的意義是找生活。秋季是他們饑餓存亡的關鍵時期。

又說：

> 秋天胡人戰鬥力高，不僅指人壯與馬肥，而且指弓弩強勁。……這樣決定了秋天是游牧人最好的用兵時節。

他認為胡人秋季南征，利益最大，因為正是漢族農人秋收的季節。胡人的運動力大於漢人，中國軍隊在塞外行軍和給養又十分困難，所以眾不敵寡，朝廷雖一再用和親政策，胡人還是要南下牧馬，實是一種地理的必然。[20]傳統上，我國歷史學者不是很注意用地理解釋歷史，二十世紀七〇年代還有學者提醒歷史學者，注意地理對解釋歷史的重要，特別討論了氣候和地理位置對歷史的影響。[21]

---

[20] 見前揭沙學浚，〈從政治地理看胡人南下牧馬〉，頁 78–88。

歐美這類研究也很多，例如美國著名的地理學家賴特 (John K. Wright) 著《歐洲歷史的地理基礎》，就指出地理是歷史之基礎的重要性，他說：

> 地理研究地表上各種現象的分布與互相關係，這些現象包括各種人文現象及人的制度，……歷史的目的，就是紀錄並解釋歷史上這些人文現象及制度的興起或衰退。……的確，沒有地理的知識，歷史研究便會混淆不清，沒有意義。㉒

十九世紀中葉興起環境決定論，至二十世紀初葉獲得充分發展，使許多人用地理來解釋歷史，以至於有人認為歷史受地理所左右，前面已經提到歷史是活動的地理，累積的地理便是歷史。

有許多研究完全用地理的觀點解釋歷史現象，也有些研究一部分採用地理的觀點解釋歷史現象，1903 年美國出版兩本重要的歷史地理著作，即森普爾的《美國歷史及其地理環境》和布里格姆的《地理對美國歷史的影響》，前者是從地理的觀點，解釋美國各個不同時期的歷史；後者以地理為基礎，討論歷史受區域差異的影響。㉓

歷史學者研究歷史，需要地理知識，特別是影響歷史事件的地理因子，目的是解釋歷史，這類研究在英美曾經有人誤稱之為 geographical history，即地理的歷史，也有人誤稱之為 geography of history，意思是歷史的地理，克拉克特別提到這一點，㉔此處所指的，其實就是歷史的地理基礎。

㉑ 陳華，〈歷史解釋中之地理因素〉，《食貨月刊》(復刊)，第 4 卷第 10 期 (1975)，頁 22–26。

㉒ John K. Wright, *The Geographical Basis of European History* (New York: Henry Holt and Company, 1928), pp. 3–4.

㉓ Ellen C. Semple, *American History and its Geographic Conditions*, 1st ed., 1903; revised in collaboration with Clarence F. Jones (Boston, 1933); Albert P. Brigham, *Geographic Influences in American History* (Boston, 1903).

㉔ 見 Andrew H. Clark, "Historical geography," in Preston E. James and Clarence F.

三、過去的地理

二十世紀三〇年代初期,英國學者宣稱歷史地理就是過去地理的重建,吉爾伯特 (Edmund W. Gilbert) 認為歷史地理學的真正功能,是重建過去的區域地理。㉕美國學者巴羅斯 (Harlan H. Barrows) 也曾說:

> 的確,對我來說,歷史地理的意思只不過是過去的地理,亦即過去的人類生態。

又說:

> 歷史地理學主要涉及過去,並且具有歷史學的特點。歷史地理學著重研究人類與其環境的關係,完全就是人類生態學;是以歷史地理學同時具有地理學和歷史學的特性。㉖

有人認為歷史地理學的材料是歷史的,研究方法是地理的。依照這一觀點,歷史地理學的目的,就是重建過去的地理,㉗在時間上,地理是現

Jones, eds., *American Geography: Inventory and Prospect* (Syracuse: Syracuse University Press, 1954), p. 73. 此文中文翻譯,見姜道章譯,〈美國歷史地理學的成就與展望〉,《歷史地理》,第 11 輯 (1993),頁 317–340。"What is historical geography," *Geography*, vol. 17 (1932), pp. 39–43. 此文收入前揭 Green, ed., *Historical Geography: A Methodological Portrayal*, pp. 5–9.

㉕ Edmund W. Gilbert, "What is historical geography?" *Scottish Geographical Magazine*, vol. 48 (1932), pp. 129–136. 收入前揭 Green, ed., *Historical Geography: A Methodological Portrayal*, pp. 10–15.

㉖ Harlan H. Barrows, "Historical geography," *Annals of the Association of American Geographers*, vol. 3 (1923), pp. 11–12. 收入前揭 Green, ed., *Historical Geography: A Methodological Portrayal*, pp. 3–4. 引文見頁 3。

在的，歷史是過去的。在這種意義上，我們可以研究漢代地理，唐代地理，也可以研究宋代的地理。英文有 present geography 一詞，意思指地理是現在的地理，1903 年清政府頒布「奏定學堂章程」中，規定有「中國今地理」和「外國今地理」兩種課程，今地理就是英文的 present geography。[28] 有些歷史學者發現為了研究歷史，不得不先重建當時的地理，過去某一時期的地理重建，通常使用後來的觀點去解釋當時的材料，缺點是沒有使用那時期以前的材料。有些歷史地理著作，不應用歷史的方法，在研究方法上是可議的。為避免這一缺點，可以採用連續剖面的方法，將一個地區的地理，分成若干時期來討論，這樣可以做有深度的討論，就是埃斯塔維爾所說的同步橫剖面 (synchronic cross sections)。[29]

邵爾認為人文地理學就是文化歷史地理學，人文地理學研究人文地理景觀，而人文地理景觀是每一個社區，在任何一個時刻都是生活經驗的累積，在未了解起源之前，地理學者無法研究房舍、城鎮、農田、工廠等在何處與為何在該處的問題。在未認清文化的功能與族群群居的過程之前，地理學者也無法研究族群活動的區位，所以地理學者一定要做歷史重建工作。假若地理學是研究區域的成長，也就是確定和了解各種人文組合，則一定要知道其分布（聚落）及活動（土地利用）的發展形成過程。一個族群在一個特別環境中的生活方式和謀生方式，涉及對文化特質的了解，文化特質可能是自創的，也可能是外來的。邵爾說像這樣的文化區研究，就

---

[27] "What is historical geography," *Geography*, vol. 17 (1932), pp. 39–43. 此文收入前揭 D. Brooks Green, ed., *Historical Geography: A Methodological Portrayal*, pp. 5–9.

[28] 見鞠繼武編著，《中國地理學發展史》（南京：江蘇教育出版社，1987），頁 211–212。

[29] Lawrence E. Estaville, Jr., "Organizing time in historical geography," 載前揭 Green, ed., *Historical Geography: A Methodological Portrayal*, pp. 312–315.

是歷史地理。對文化區的深入了解，就是起源與過程的分析。歷史地理學者同時要做溯源分析，就必須要考慮時間上的先後順序。[30]

要從研究過去歷史獲益，一定要曉得過去的地理狀況，跟現在的地理狀況是很不相同的。重建過去的地理就好像搭一個舞臺，供歷史人物重演歷史。重建過去地理最有名的著作之一，是美國布朗 (Ralph H. Brown) 的《美國人的鏡子》一書，副標題是「1810 年美國東部沿海地帶的狀況」，布朗用一位想像的作者基斯頓 (T. P. Keystone)，根據當時的資料，以基斯頓可能撰寫的方式，描述 1810 年的情形。這種寫作的體裁引人入勝，但也有缺點，就是沒有利用有關該區地勢、土壤和氣候的現代知識。這些都只就 1810 年時的知識水準來討論，寫作方式與插圖也是當時的，虛構的基斯頓不僅有話要說，也說得很好，不過假設布朗利用現代知識，可能會使讀者更明白有關當年的地理。[31]利用現代知識，採用回顧的方式，則是埃斯塔維爾所說的回顧的同步橫剖面 (retrogressive synchronic cross sections)。[32]

過去某一時期的地理重建，通常使用後來的觀點去解釋當時的材料，缺點是沒有使用那一時期以前的材料。例如重建 1550 年時的英國地理，只用十六世紀的材料，是忽視溯源的研究，是經驗的研究，缺乏深度。討論二十世紀，應該考慮二十世紀以前的有關情況，有些歷史地理學著作，不應用歷史的方法，在研究方法上是有問題的。

避免這種缺點，可以採用連續剖面的方法，每一個剖面可以呈現過去

---

[30] Carl O. Sauer, "Foreword to historical geography," *Annals of the Association of American Geographers*, vol. 31 (1941), pp. 1–24. 此文後來收入 John Leighly, ed., *Land and Life: A Selection from the Writings of Carl Ortwin Sauer* (Berkeley: University of California Press, 1963), pp. 351–379. 中文翻譯見姜道章譯，〈歷史地理學引論〉，《中國歷史地理論叢》，1998 年第 4 輯，頁 37–67。

[31] Ralph H. Brown, *Mirror for Americans: Likeness of the Eastern Seaboard, 1810* (New York, 1943).

[32] 見前揭 Estaville, Jr., "Organizing time in historical geography," pp. 312–315.

已經發生的情形。有不少學者採用這種方法，例如邁耶 (Alfred H. Meyer) 有關美國印第安那州北部和伊利諾州堪卡基 (Kankakee) 溼地的研究，重建堪卡基溼地 4 個時期的地理，也就是 4 個主要土地利用時期：(1) 1840 年以前印第安人狩獵與法國貿易時期，(2) 1840～1880 年先驅圍獵與拓荒農業時期，(3) 1880～1910 年牧畜業與獵野禽時期，及(4) 1910 年以後玉米栽培與沿河渡假時期。[33]達比 (H. Clifford Darby) 研究 1800 年以前的英格蘭歷史地理，也採用這種連續剖面的方法。[34]

連續剖面的確可以提供有深度的討論，實際上也有些困難，因為地理景觀中的不同要素，既不是同時，也不是同一速度變遷的。例如，溼地的水排除了，但是荒地並沒有開墾。有些資料要在不同剖面中講了又講，有時甚至已經發生了變遷，重複仍難避免。這可能不是理論上的問題，雖然也可以解決，然而常常涉及不容易的折衷辦法，很可能剖面的劃分並不足以反映實際的情況。此外，連續剖面的方法，還有別的問題，特別是剖面的選擇，可能並不符合整個區域變遷的趨勢。

過去的地理重建還有一個問題就是受材料的有無左右，重建過去地理，要靠過去的材料，可能是實物，也可能是文獻，當然沒有實物和文獻，過去地理的重建便很困難。

四、地理的歷史因子

地理是累積的，具有很強的歷史因素。[35]二十世紀二〇年代德國學者

---

[33] Alfred H. Meyer, "The Kankakee Marsh of Northern Indiana and Illinois," *Papers of the Michigan Academy of Science, Arts and Letters*, vol. 21 (1935), 359–396.

[34] H. Clifford Darby, *An Historical Geography of England before A.D. 1800* (Cambridge, England: Cambridge University Press, 1936).

[35] Jan O. M. Broek, "The relations between history and geography," *Pacific Historical*

施佩特曼 (Hans Spethmann) 提出「動態地理學」(Dynamische Erdkunde) 的概念，㊱從地理學的觀點出發，嚴格地說，地理與歷史兩者的研究範圍很難明確區分，理由很簡單，今天的地理只不過是時間上很薄的一層，頃刻就變成了歷史。例如 40 年或 50 年前有關臺灣地理的著作，現在卻成了歷史文獻。什麼時候地理著作完全變成歷史文獻呢？或大部分變成歷史文獻呢？什麼時候不再是地理，而成了歷史地理呢？我們是不是可以定出一個日期呢？我們能在歷史與地理之間劃一條界線嗎？答案是否定的，因為地理變成歷史的方式是一個過程，今天就是未來的過去，地理就是歷史地理，或者是潛在的歷史地理。邵爾主張地理學中採用歷史的方法，研究文化景觀的發展。㊲不同的地理景觀，不僅是地勢、土壤與氣候的結果，也是居民世代利用的結果，影響地理變遷的主要因素，就是人類自己，有關人類影響地表改變的文獻非常多，不勝枚舉。例如布羅克的《加州聖塔克拉拉景觀變遷的研究》，研究美國加州聖塔克拉拉河谷地理景觀的變遷，該地位在舊金山以南，歷史上連續受不同文化的影響，經濟發展特徵隨時代而異，布羅克劃分為 4 個不同時期：第一個時期為白種人入侵以前的印第安人時期；第二個時期為十九世紀上半葉西班牙人天主教佈道與牧牛場時期；第三個時期為以牧牛和小麥為主的早期美國經濟時期；第四個時期開始於 1870 年代，經濟轉變為以園藝為主。他的研究特別著重歷史變遷的過程，對每一個時期，分別討論 2 點：(1)分析形成居民生活方式的力量與機能；

Review, vol. 10, no. 3 (1941), pp. 321–25. 此文收入前揭 Green, ed., *Historical Geography: A Methodological Portrayal*, pp. 29–33.

㊱ 見前揭 Hartshorne, *The Nature of Geography*, p. 176.

㊲ Carl O. Sauer, "The morphology of landscape," *University of California Publications in Geography*, vol. 2, no. 2 (1925), pp. 19–54. 後來收入前揭 Leighly, ed., *Land and Life: A Selection from the Writings of Carl Ortwin Sauer*, pp. 315–350. 此文原載 *University of California Publications in Geography*, vol. 2, no. 2 (1925), pp. 19–54.

⑵解釋說明由各種社會經濟因子所塑造的文化景觀。[38]

白蘭士把地理叫做「地方的科學」，他所指的地方是人類改造過的地方，不是自然的地方。他說：

> 一個地方的地理特徵，不單是由地質和氣候決定的，不是完全由自然決定的。[39]

地理是人類為了生存，利用土地的結果，絕大多數地理景觀是人為與自然聯合形成的。

地理景觀中歷史的要素可以用一個臺灣的例子來說明，用垂直的方法，分別討論打獵、開墾、農耕、抽水、及填土活動，改變了地理景觀，說明三百多年來地理景觀的改變過程。今天臺北盆地新莊高速公路的北側地區，是一片人工填土形成的略高於周圍地面的低丘，長滿青草，兼有稀疏矮樹，像是公園景觀。十八世紀初漢人開墾以前，該區為平埔族武溜灣社，是茂草和森林，原住民過著打獵的生活；漢人開墾後是農田，以種植稻米為主，形成類似福建的農村景觀。二十世紀二、三〇年代，以種植甘蔗為主，有新式糖廠，形成近乎副熱帶農場的景觀。二十世紀四、五〇年代，又轉變為以種植稻米為主，恢復以前類似福建的農村景觀。二十世紀六、七〇年代，臺北盆地西部許多工廠抽取地下水，改變了生態的平衡，引起地陷，最後該地形成淺水湖，無法耕種。二十世紀八、九〇年代，政府將該地闢為垃圾和廢土堆積場，並種草植樹，才形成今天改良的景觀。假若我們不討論三百多年來本區地理景觀的變遷，我們可能無法了解為什麼該區高於

---

[38] 見 Jan O. M. Broek, *Geography: Its Scope and Spirit* (Columbus: Charles E. Merrill Books, 1965), pp. 28–29 引 Jan O. M. Broek, *The Santa Clara Valley, California: A Study in Landscape Changes* (Utrecht: Oosthoek, 1932).

[39] 見前揭 Darby, "On the relations of geography and history," p. 6.

周圍地區，為什麼該區景觀跟周圍的景觀不一樣。

人們所看到的地理景觀，不是靜止的，地理景觀是經過一種過程而變成現在的樣子，而且通常又會變成不同的樣子。暫時的地理景觀很像長卷電影片中的一個「靜止的」畫面。我們不應只研究這個靜止的畫面，而應該研究其不斷進行又好像永無止境的過程。

當然，歷史變遷的主要工具就是人類自己，有關人類在地表上的建設和人類對地表影響的文獻非常多。在工科學報中，有各種有關排水、河流管理、灌溉、以及地陷的專題討論；在經濟學史學報中，常有有關農業變遷問題的論文。像這樣的專題也見於地理文獻，我們對「人定勝天」一詞並不陌生。㊵

很奇怪，在十九世紀中葉這類研究便有了，1864 年馬什發表《人類與自然》一書，㊶馬什是農人，也是商人，而且也是美國的外交家和佛蒙特州的眾議員，他是洪保德的信徒，他說地理「既是詩學又是哲學」，他所討論的主題之一，是美國的快速啟林，他的研究被譽為美國資源保護運動的源泉。克拉克 (Andrew H. Clark) 在 1949 年發表的《人類、植物、以及動物對紐西蘭南島的侵略》一書，㊷是討論地理變遷問題的，這一著作使人們對今天的紐西蘭南島地理狀況，有了比較清楚的了解。

不過這種垂直的方法尚有可批評的地方，首先，這樣分析地理景觀，分成各種不斷變遷的要素，整個景觀發展的情況便失去了。這只是第一種

㊵ 例如 William L. Thomas, Jr., ed., *Man's Role in Changing the Face of the Earth* (Chicago: University of Chicago Press, 1956)，收錄論文 52 篇，討論人類活動對自然環境的影響。

㊶ George P. Marsh, *Man and Nature*, originally published in 1864, reprinted ed. (Cambridge, MA: Harvard University Press, 1965).

㊷ Andrew H. Clark, *The Invasion of New Zealand by People, Plants and Animals: The South Island* (New Brunswick, 1949).

批評，對於這種批評可以考慮2點：⑴甚至水平的處理，不管是過去的或者是今天的，也必須要相當程度地用分析的方法呈現其材料，我們不可能只靠一次閃光所拍攝的景象以了解實際情況；⑵在實用上，可以緩和分成不同小題的隔離缺點，而對每一景觀要素採用比較廣闊的看法，例如在討論開墾的時候，也應提到聚落。第二種批評是關於表現形式的，使用連續的敘述，我們一定會碰到無法決定，什麼是經濟史與什麼是歷史地理的問題。這是一個困擾許多學者的問題，答案很明白，假若經濟變遷史是歷史研究的一部分，那一定就是地理的。我們應該承認像這樣的研究，實際上是在兩個學科的邊緣地帶，要限制各個學科的研究範圍，便會妨害學術思想的交流，既沒有必要，也沒有好處。歷史地理學者葛劍雄討論歷史地理學的學科屬性，也曾提到這一點。[43]

五、地理中的歷史要素

假若地理學者的目的是解釋地理景觀，顯然只靠眼睛所能看到的，便不能達到其目的；所能看得見的情況，不足以提供所有影響地理景觀的因子。實地考察提供一些資料，有時候實地考察有助於對這些資料的說明。實地考察對地理學研究極端重要，自不待言。不過光是實地考察還不夠，為什麼鄉下看著會是這個樣子？是什麼因素決定現在地理景觀的特徵？我們這樣問，在某一形式上我們等於承認自己是歷史地理學者。

理論上的困難沒有實際上的困難多，是否有辦法撰寫無容置疑的地理文章？包含一系列的事件，這些事件是充分了解今天地理所必要的，[44]理

[43] 葛劍雄，〈面向新世紀的中國歷史地理學〉，載復旦大學歷史地理研究中心主編，《面向新世紀的中國歷史地理學：2000年國際中國歷史地理學術討論會論文集》（濟南：齊魯書社，2001），頁1–2。

[44] Derwent Whittlesey, “The horizon of geography,” *Annals of the Association of*

論上有兩種可能解決的辦法：

第一種辦法不是有關過去地理的重建，也不是景觀中變遷因子的分析，而是有關那些留下了遺跡的歷史時期，並且到現在繼續存在。這就是「連續文化層」一詞的基本概念，是美國學者惠特爾西 (Derwent Whittlesey) 在 1929 年提出的。㊺同年，詹姆斯 (Preston E. James) 用「景觀的發展」為基礎，描述並解釋新英格蘭南部黑石河谷的景觀發展，人進入這一不太適宜居住的地區，隨著人的進入，影響了原始景觀的改變，這種改變可以分為 3 個不同的時期：第一個時期是印第安人時期，他們使用原始的方法利用土地，創造了有印第安文化特徵的地理景觀；第二個時期是歐洲移民時期，起初是農耕，他們在很大的程度上破壞了早先的景觀，從原先的景觀上，發展了新的景觀，反映了比較高級的農業經濟；第三個時期是工業都市時期，是一套全新的文化形式，加在鄉村景觀上，絕不是消滅鄉村景觀，而是形成一片一片地，特別是分散在河谷各處，與原先的景觀形成鮮明的對比，新的景觀生根於原先的景觀。㊻其他的美國地理學者也採用這一方法，加強了區域研究，這對歷史地理學是有益處的。不容易將過去殘留的景觀要素，與已經消失的相關現象分開，是這種方法實際上的困難問題。

第二種辦法是用歷史手法的地理描述，不是從開始講起，而是從現在講起，也就是描述現存的景觀。要是以現在的情況不足以解釋景觀，就向後看，並且嚴格地只限於對景觀殘存的部分進行歷史解釋。理論上，這種方法也有可議之處，除非一個人能辨別什麼是在先什麼是在後，常常過去的人類活動影響現在地理現象的分布，也可能現在沒有痕跡。採用描述方

American Geographers, vol. 35 (1945), p. 32.

㊺ Derwent Whittlesey, "Sequent occupance," *Annals of the Association of American Geographers*, vol. 19 (1929), pp. 162–165.

㊻ Preston E. James, "The Blackstone Valley," *Annals of the Association of American Geographers*, vol. 19 (1929), pp. 67–109.

法的文章，不得不有許多旁白和插句，不然就要用很詳細的腳註，這自然會影響文章的流暢。

採用這類方法的研究也不少，如許多法國的區域專刊，以及法國《世界地理》(*Géographie Universelle*) 中的有些章節等。[47]總之，這種將地理與歷史融合在一起的方法，能否成功，決定於兩個因子，第一個是研究地區的性質，第二個是研究人的文筆技巧。

不管地理與歷史有什麼樣的關係，就一種方法論的意義來說，第四個空間是地理研究的一個必要的組成成分，這一點是可以斷言的。拿地形學來打比喻，便可以證明這一點，要了解自然景觀，只拍攝照片和量度地形的大小，自然是不夠的。要了解今天的自然景觀，至少必須要知道第三紀與第四紀的演變情形，光是描述是不行的。例如，光靠曲流河流或侵蝕面的實際外貌，遠不能使我們獲得充分的理解。當然，我們也不能太過火，而侵入了地質學和歷史學的研究範圍。但是這些界限不是漂亮的方法辯論或文字戲法可以劃分的。這些界限，最好由所研究的問題或景觀的性質來決定。有些問題和景觀與其他的問題和景觀比較，應該作深入地質學和歷史學的探討。不管界限在那裡，事實上今天我們看到的景觀，是過去發展累積的總和，有些是地質時代的，有些是歷史時代的。從這種觀點來看，地形學和歷史地理學實是地理學研究的基礎。

六、結　論

總之，地理與歷史的密切關係，歷史上和現在每一事件都發生在時間

---

[47] 見 Geoffrey J. Martin and Preston E. James, *All Possible Worlds: A History of Geographical Ideas*, 3rd ed. (New York: Wiley, 1993), pp. 199–200. 原書第二版有中文翻譯本，見李旭旦譯，《地理學思想史》(北京：商務印書館，1989)。

上和空間上，現在的地理是不同時期各種要素的集合，歷史也有其地理背景，史地互相影響和融合，兩者有 4 層關係：⑴歷史的發生，有一定的地理基礎；⑵重建過去的地理，就是為歷史的重演搭一個舞臺；⑶地理是累積的，具有很強的歷史因子；⑷地理不但具有很強的歷史因子，也有歷史要素。

第五章

歷史地理學研究的資料與方法

一、導　言

在研究的資料與方法上，歷史地理學與地理學並無二致，歷史地理學的研究，主要是利用歷史的資料，然而各種歷史資料詳盡不同，可靠程度互異，各國的資料也不完全一樣，也極少是專門為地理學家所收集的。我國歷史悠久，累積了大量的歷史文獻，可供歷史地理學研究之用者，包括正史、方志、類書、文集、地圖、碑帖、家譜、年譜與自傳、實錄、奏議、調查報告、書信、遊記、日記、私人筆記，以及專書與論文等。

歷史上遺留下來的各種遺跡很多，現代歷史地理學的研究主題之一，就是對過去社會與經濟殘留遺跡的調查與分析，在這方面，實地調查、航空照片，以及遙感資料，對歷史地理學的研究都很有用。

二十世紀下半葉最令人鼓舞的歷史地理學發展趨勢之一，就是有關於重建過去地理之材料的種類明顯增加，這一現象反映更開放的和更富於想像的態度，探究更廣泛更多之有關過去的問題。這些材料包括新聞報紙、私人日記、旅行記述、圖畫、詩歌、口述材料、工會紀錄、農會紀錄、農業合作社紀錄、商業紀錄、農場描述、建築及景觀設計資料，以及愈來愈強調的性別觀點，可以做定性的和定量的研究。

歷史地理學者資料應用的主要問題，跟歷史學者不是完全不同。首先須要考慮資料是否具有可以表示空間的性質，第一手資料和第二手資料都同樣重要，當然最好是使用第一手資料，例如檔案資料。至於什麼資料是第一手資料呢？是一個值得討論的問題，因為許多表面上是未出版的原始材料，都經過整理，變成了第二手的資料。第一手資料與第二手資料之間的區別，並不是絕對的。

傳統上對歷史地理學研究要求使用原始資料，這一傳統不但應該保持並且應該發揚光大。清代乾嘉兩朝 (1736～1820) 考據之學盛行，考據包括對歷史資料的校勘和搜集整理，這種研究方法一直延續到現代，西方也有學者從事考據，對歷史地理研究自然有助。對歷史材料應用的能力，歷史學出身的歷史地理學者，一般上比地理學出身的歷史地理學者要好些，應用第一手資料前者相對地較多。在應用地圖作為分析和展示工具的方面，歷史學出身的歷史地理學者，一般上則不如地理學出身的歷史地理學者。至於對科學方法的應用，跟其他地理學的分支學科比較，歷史地理學的起步相對地比較晚。

在《歷史資料的地理解釋》一書中，貝克 (Alan R. H. Baker) 等人有關歷史資料的解釋，認為在英國歷史地理學者的研究中，經驗分析一直很普遍，經驗分析之符合邏輯的推論是理論原則之歸納的結果，當代人文地理學的主要目的之一，就是假設與檢驗，預期最終要建立理論，在這方面歷史地理學的貢獻可能是很大的。❶

歷史地理學是空間科學，主要是空間結構的分析，1970 年代及 1980 年代，這一概念在西方的確吸引了一些歷史地理學者，他們將各種數學模式和分析方法應用在歷史地理研究上，包括最近鄰分析、❷中地學說、❸

---

❶ Alan R. H. Baker, J. D. Hamshere and J. Langton, eds., *Geographical Interpretations of Historical Sources* (Newton Abbot: David and Charles, 1970).

❷ 例如作者應用最近鄰分析方法，說明臺灣古城的分布形態，見本書第十六章〈臺灣的古城〉，頁 352。

等級與大小法則、區位理論等，有些人比較成功，有些人並不怎麼成功。我國學者應用這些理論和方法的歷史地理學研究，尚不多見。西方也有學者不以為然，格雷戈里 (Derek Gregory) 列舉了一些例子，批評這樣做等於是放棄傳統歷史地理學多方面豐富的特徵，使歷史地理學變得枯燥無味。❹

資料的應用主要有 3 方面：資料的有無、資料的準確度及資料的解釋。資料的有無最重要，就像巧婦難為無米之炊，包括某一時間的和長時期的資料，什麼地方有資料？資料在空間上和時間上是如何表示的？貝克 (Alan R. H. Baker) 等人曾提到若干這類困難問題，包括：⑴空間抽樣；⑵有關鄉村與都市以及工業所有權與工業生產的資料，傾向於只能反映某一個時間特權階級的歷史，而不是反映整個社會的歷史；⑶統計資料單位地區的改變；❺以及⑷統計資料的日期、重量單位及土地面積單位等的改變。不過，有些問題可以解決，例如系列資料中缺漏的方法，有時可以利用內插方法或其他資料補充。❻

歷史地理學者使用的資料和方法很多，此處不可能一一討論，以下僅就資料的準確度、人口資料、我國的正史和方志、古地圖、歷史地理學的

---

❸ 例如斯金納（亦譯施堅雅）曾將中地學說應用於對我國農村市集的研究，見 G. William Skinner, *Marketing and Social Structure in Rural China*, reprinted from *The Journal of Asian Studies*, vol. 24, no. 1 (1964); vol. 24, no. 2 (1965); vol. 24, no. 3 (1965).

❹ Derek Gregory, "Historical geography," in Ronald J. Johnston *et al.*, eds., *The Dictionary of Human Geography* (Oxford: Blackwell, 1981), pp. 146–150.

❺ 例如三百多年來臺灣的行政區劃，可能只有澎湖的界線，因為是海島，一直沒有改變，其他的行政區，在不同時期，範圍很可能不一樣，影響名稱相同的行政區，前後統計數字無法比較。

❻ 見前揭 Alan R. H. Baker, J. D. Hamshere and J. Langton, eds., *Geographical Interpretations of Historical Sources*. 作者曾利用殘差方法，估計十八世紀雲南及貴州等地食鹽的消費量，見 Tao-Chang Chiang, "Salt consumption in Ch'ing China," *The Nanyang University Journal*, vols. 8 and 9 (1974–1975), pp. 67–89.

研究方法、資料的處理方法，及實地考察相關的問題略加論述。

二、資料的準確度

廣義上，除了資料的意義，如何確定資料的相對準確度與可靠度，是歷史地理學者的一個重要問題。歷史地理學者傳統上不太關注歷史文獻的校勘，許多歷史地理學者的研究，常常缺乏對資料作批判性的分析。❼因為這種原因，歷史地理學者傾向於將理論的方法和經驗的方法分開，而不是將二者合為一體。有人建議採用模式與理論，可以增進對證據的了解與解釋，包括根據語言學重建資料來源當時的情況，以達到靜態、起源及動態的研究目的，像這樣用於相關證據的模式，是歷史地理學者研究方法的一部分。與證據的準確度及可靠度更明確有關的問題，可以應用各種嚴謹的檢驗，包括物理檢驗確定古地圖紙張與墨汁的年代，以及大量數據的統計檢驗等，歷史地理學者不可能樣樣精通，有時需要其他學者的協助。

❼ 見 J. B. Harley, "Historical geography and its evidence: reflections on modelling sources," in Alan R.H. Baker and M. Billinge, eds., *Period and Place: Research Methods in Historical Geography* (Gambridge, England: Cambridge University Press, 1982), pp. 527–594. 譚其驤曾提醒學者對待歷史文獻資料，不要把傳說當作真實史料，不要輕信前人對古代文獻資料所作的解釋，見譚其驤，〈在歷史地理研究中如何正確對待歷史文獻資料〉，載譚其驤，《長水集緒編》(北京：人民出版社，1994)，頁 235–247，此文原載 1982 年《學術月刊》第 11 期。

三、人口資料

（一）史前人口學與古人口學

對過去人口歷史的與地理的研究，主要是利用各種有關人口的紀錄，以及考古所發掘的遺跡。相關的技術和方法對於研究有文字以前的社會特別有用，不過，殘留的遺跡與早期文字材料有時候互相重疊，早期文字材料包括銘文。間接研究房屋的數目和大小，乘以一個合適的數值，可以估計當時的人口總數。也可以根據儲藏、烹飪及飲宴用具的數量，估計一個家庭的人數及其變化。學者估計距今 100 萬年前世界人口是 12 萬 5 千人。30 萬年前的舊石器時代中期，世界人口是 100 萬人，分布在非洲和歐亞大陸。1 萬年前的新石器時代中期，世界人口是 532 萬人，遍布全世界。❽約在西元前二十一至十六世紀的夏禹時，估計我國當時的人口是 1, 255 萬人。❾

（二）十九世紀以前的人口資料

從史前晚期到歷史時期早期，各種大小行政區或國家人口總數的增減，是世界許多地區資源和控制策略的組成部分。其目的並不只是數人數，根本原因是為了收稅，雖然有關人口的資料，是不完整的、間接的、歪曲的，

---

❽ Edward S. Deevey, Jr., "The human population," *Scientific American*, vol. 203 (1960), pp. 195–204; Glenn T. Trewartha, *A Geography of Population: World Patterns* (New York: Wiley, 1969), p. 7. 一百萬年前至西元 1990 年各家對世界人口的估計，可參閱 Joel E. Cohen, *How Many People Can the Earth Support?* (New York: Norton, 1995), pp. 406–407.

❾ 馬端臨撰，《文獻通考》，〈戶口考〉。

特別是因為免稅和逃稅，卻是歷史地理學者和歷史人口學者重要的資料。

關於在人口普查以前的人口資料一般狀況，有證據指出我國在夏商時期，以及古代埃及都曾經有過人口普查，但流傳下來的資料極少。古代的人口普查，按照今天的標準，當然不能視為真正的人口普查。直到十九世紀以前的西歐和美國，十九世紀早期的斯堪的那維亞，以及十九世紀後期的中歐和西歐，都只能依賴各種不完整的資料，估計各地大概的人數。[10]

我國有豐富的人口資料，[11]我國很早就有人口普查資料，特別是西漢元始 2 年 (A.D. 2) 的人口統計資料，已經有學者分析了這項資料，並繪製了全國人口分布圖，這無疑是世界上最早最詳細且較大地區的人口分布圖。[12]有關我國人口的資料，清末以前多是根據官方收集的資料，見於正史、實錄、政書、方志、類書等。此外，最重要的私人資料就是家譜，家譜中詳細地記載了人口出生、死亡、婚姻狀況、職業、遷移、田產數額等。學者估計戰國時代 (475～221 B.C.) 我國人口超過 2,000 萬人，到西漢末元始 2 年 (A.D. 2) 大約增加到 6,000 萬人，北方人口密度較大，大約介於每平方公里 50 人到超過 150 人，其餘地區人口密度大多在每平方公里 50 人以下。其後歷代都有全國性的人口統計調查資料，學者據以估計全國總人口數，東漢永壽 3 年 (A.D. 157) 估計有 5,650 萬人，三國 (220～265) 末年有 3,800 萬人，隋代 (581～618) 超過 6,000 萬人，唐代 (618～907) 介於 6,500 萬人與 8,500 萬人之間，宋代端平 2 年 (1235) 有 5,800～6,400 萬人，

---

[10] R. Woods, *Population Analysis in Geography* (London: Longman, 1979).

[11] 楊子慧主編，《中國歷代人口統計資料研究》(北京：改革出版社，1996)，一巨冊，長 1,747 頁，370 萬字。

[12] 勞榦，〈兩漢戶籍與地理之關係〉，《歷史語言研究所集刊》，5 本 2 分冊 (1935)；Hans Bielenstein, "The Census of China during the period A.D. 2–742," *Bulletin of the Museum of Far Eastern Antiquities* (Stockholm), no. 19 (1949), pp. 126–133；陳正祥，《中國文化地理》(香港：三聯書店，1981)，頁 23–24；葛劍雄，《中國人口發展史》(福州：福建人民出版社，1991)，附圖 5。

元代至正元年 (1341) 左右有 8,500 萬人，明代西元 1400 年左右有 6,500 萬人，1600 年有 15,000 萬人，清代 1700 年左右有 31,300 萬人，1850 年有 43,000 萬人。⓭

中古和現代早期的英格蘭也有相當多的資料，可以用以重建人口地理多方面的現象，以及相關的問題，像是貧富問題。例如 1086 年的土地調查、1377 年以來的人頭稅、十四世紀和十六世紀早期的流通貨物稅、1676 年領受聖餐人數統計表、以及 1676 年教區牧師和居民普查等，這些資料大多數曾經用於估計英國全國和地區的人口總數及人口的分布和密度。利用廣泛又複雜的 1086 年土地調查資料，達比 (H. Clifford Darby) 計算總戶口為 275,000 戶，乘以 5 估計整個英格蘭的總人口約為 150 萬人，地圖資料顯示各地人口密度差異很大，自在意料之中。⓮雖然流通貨物稅對估計人口總數沒有幫助，但卻廣泛用於估計財富的地理分布。1334 年英國的流通貨物稅，表示當年英格蘭財富的分布，英格蘭南部和東部比英格蘭北部和西部富裕。⓯

英國教區登記冊提供有關出生、結婚及死亡的資料，歷史地理學者根據教區登記冊做了廣泛的研究，政府有關這類資料的登記，英格蘭和威爾

⓭ 見前揭葛劍雄，《中國人口發展史》；史念海，《中國歷史人口地理和歷史經濟地理》（臺北：學生書店，1991）；Ping-ti Ho, *Studies on the Population of China, 1368–1953* (Cambridge, MA: Harvard University Press, 1959). 有關歷史人口的著作甚多，不勝枚舉。

⓮ H. Clifford Darby, "Domesday England," in H. C. Darby, ed., *A New Historical Geography of England* (Cambridge, England: Cambridge University Press, 1973), pp. 39–74.

⓯ R. E. Glasscock, "England circa 1334," in H. Clifford Darby, ed., *A New Historical Geography of England*, op. cit., pp. 136–185; R. E. Glasscock, *The Lay Subsidy of 1334*, *Records of Social and Economic History, New Series II* (London: The British Academy, 1975).

斯在1837～1838年才開始，蘇格蘭1855年，愛爾蘭1864年。教區登記冊由教區建制教堂牧師負責登記，這種制度英格蘭始於1538年，到十七世紀初已很普遍。蘇格蘭開始於1552年，到十七世紀末已普遍存在。用於分析教區登記冊資料的主要方法是總體資料分析及計算各種人口比率。總體資料分析及製作月表或年表，表示出生、結婚及死亡的人數，這樣可以做相關分析，例如與經濟波動的相關，包括農作物收成的好壞以及其他的季節變化，瘟疫死亡及其他類別的死亡，以及社區人口的性比例。根據這種資料計算各種人口比例的分析技術，包括時間序列分析，例用逆向預測經由年齡結構和生死序列，計算人口總數和年齡結構，也可以利用修正的教區登記冊資料計算人口的成長趨勢，利用家庭重組將某一個特別家族所經歷的人口事件，重新建構該家族的人口。⓰歐洲其他國家也有類似的資料。

（三）人口普查資料

歐洲定期調查人口基本上是十八世紀末葉和十九世紀的事，跟國家權力的增大關係密切，為了評估經濟和軍事發展的策略，需要適當的統計資料，其中人口普查是一項主要的手段。

最早的全面人口普查是1703年冰島舉辦的人口普查，接著是瑞典和芬蘭的人口普查，開始於1749年，調查的項目包括出生、婚姻狀況、死亡、年齡結構及死亡原因。進一步重要的資料是從出生、結婚及死亡之登記取得，1686年瑞典和芬蘭強制登記這些資料，1735年挪威強制受洗和葬禮登記。⓱1769年挪威舉辦第一次全國人口普查。這些國家的第一次人口普查，是根據連續的人口登記資料，而不是定期的調查，歐洲各國有系統的

⓰ R. Finlay, *Parish Registers: An Introduction*, Historical Geography Research Series, No. 7 (Norwich: Geobooks, 1981).

⓱ W. R. Mead, *An Historical Geography of Scandinavia* (London: Academic Press, 1981).

定期人口普查到十九世紀才有。1801 年法國舉辦第一次人口普查，西班牙 1857 年，義大利 1861 年，德國 1871 年，奧匈帝國 1880 年代，不過到二十世紀早期，大多數歐洲國家才有固定的定期全國人口普查。⑱十八世紀和十九世紀歐洲海外殖民地的人口普查在時間上和發展上，因各地殖民的早晚而異，美國的人口普查開始於 1790 年。不過，所用資料是有缺陷的，部分原因是人口分布地區廣大，新來移民和內部遷移人口人數龐大，以及各地區人口調查資料品質參差不齊。⑲加拿大於 1871 年舉辦第一次人口普查，澳洲的第一次主要人口普查在 1851 年舉行。

總的來說，世界其他地區全國人口普查開始的很晚，非洲各國的人口普查大致開始於二十世紀早期，有些廣大地區仍然沒有可靠的人口資料。大部分可靠的人口統計資料到殖民時期的末期才有，包括人口普查、出生和死亡登記，以及遷移人口資料。我國大陸上 1920 年局部地區舉行現代人口普查，臺灣 1905 年舉行首次人口普查，稱為「臨時臺灣戶口調查」，比日本本土的戶口普查尚早 15 年，1920 年臺灣確定每 5 年舉行戶口普查一次。⑳

英格蘭、威爾斯和蘇格蘭的第一次人口普查在 1801 年舉行，接著除了極少數例外，每逢 10 年的第一年都舉行每 10 年一次的人口普查。1801 年的人口普查調查每個家庭的男、女人數及從事農業、貿易、工業及其他職業的人數。1821 年的人口普查加上年齡。1841 年以前，英格蘭和威爾斯已經有出生、死亡及結婚登記的地方人口登記局，取代教會。蘇格蘭的人口登記局始於 1855 年。愛爾蘭第一次有效的人口普查是在 1821 年舉行的，

---

⑱ R. Woods, *Population Analysis in Geography* (London: Longman, 1979).

⑲ J. Potter, "The growth of population in America, 1700–1860," in D. V. Glass and D. E. C. Eversley, eds., *Population in History: Essays in Historical Geography* (London: Edward Arnold, 1965).

⑳ 陳正祥，《臺灣地誌》，上冊（臺北：敷明產業地理研究所，1959），頁 196。

1814～1815 年曾舉行人口普查，但未完成而中途停止。這些人口普查基本上只提供人口數量的資料，並不能表示人口變遷的詳細動態情形，即人口的出生、婚姻和死亡狀況。1837～1838 年英格蘭和威爾斯開始出生、結婚及死亡登記，蘇格蘭 1855 年，愛爾蘭 1864 年。在此以前，受洗、結婚及葬禮資料大部分是根據建制教堂的紀錄。

大不列顛 1801 年人口普查的目的有 3 個：⑴普查人數、戶數及住屋數；⑵了解人民職業的一般狀況；⑶查明人口之增加或減少的程度。有關 1700 年、1710 年、1720 年、1740 年、1750 年、1760 年、1770 年、1780 年及其後到 1800 年為止，每年的受洗和葬禮人數，以及有關 1754～1800 年的結婚人數，則向教會調查，在英格蘭這些資料從 1538 年以後，皆記載在各教區的登記冊上。在蘇格蘭，這些問題由各地的學校校長或其他合適人士回答。㉑

歷史地理學者的研究，常利用人口普查資料最多的地區。擁有既悠久又完整的人口普查資料毫無疑問的是斯堪的那維亞、西歐、美國及加拿大；具有相同研究但詳細人口普查資料比較晚的國家，則是澳洲、紐西蘭及日本。而例如非洲許多地區缺乏詳細人口普查資料，要做很詳細的歷史研究，即使不是不可能，也很困難。印度 1881 年舉行第一次人口普查，在發展中國家中，印度有長期很好的人口普查體系，人口資料許可作歷史地理的研究，縣級行政區有幾乎 100 年大多數人口特徵的資料，但是仍缺乏出生和死亡的資料。㉒

㉑ Bernand Benjamin, *The Population Census* (London: Heinemann, 1970), pp. 20–23.

㉒ G. S. Gosal, "Population geography in India," in J. I. Clarke, ed., *Geography and Population: Approaches and Applications* (London: Pergamon, 1984), pp. 203–214.

四、我國的正史和方志

許多國家有關人口、社會及經濟變遷之有價值的資料，就是大量的官方出版品，西方各國有政府的調查及報告，內容包括土地所有權、土地利用、農業、失業、貧窮，以及各種產業的發展。我國這類文獻最重要的無過於歷代的正史和方志，內容更豐富，很全面，包括各種資料，可以用於做歷史地理的研究。

清乾隆 (1736～1795) 時，詔刊二十二史，後來增加《舊唐書》和《舊五代史》，合稱二十四史，1921 年又加上《新元史》，稱二十五史，1930 年代末又有《清史稿》，實際上是二十六史，總計 4,045 卷。現在校點本，有標點符號，容易閱讀，並有 CD-ROM，使用很方便。

方志是我國文化的一種特殊結晶，內容豐富，遠超出歷史和地理的範疇，是一種記載與敘述一個地方的綜合性著作，包括建置沿革、山川形勢、自然災害、土地開發、水利設施、交通、物產、稅收、教育、人口、城鎮、風俗、地方人物等，並有地圖。方志有地方的也有全國的，例如清代各級行政區劃省、府、州、廳、縣等，絕大多數都修有方志，有些甚至一修再修，二十世紀上半葉及以前歷代所修的方志，流傳至今者，約有 11, 000 種，是研究我國歷史地理的資料寶庫。

方志的淵源悠久，唐代以前的方志，多已不復存在，所存者多數附麗於上述正史之中，全國性的方志，例如有唐代元和 8 年 (A.D. 813) 李吉甫撰《元和郡縣圖志》40 卷，是正史地理志以外最早最詳的全國性志書，但其圖至宋代已佚。就全國性的總志來說，當以宋代元豐 6 年 (1083) 王存撰《元豐九域志》10 卷為最出色，記述各府州軍監的廢置、沿革、等級、四至八到、戶數、土貢、鄉鎮等，其中地里、戶籍、土貢、鄉鎮、堡寨等，具有重要的史料價值，可視為宋代所修方志的代表。清代為我國方志的全盛時期，三次編修全國總志，最後一次完成的是《嘉慶重修一統志》，材料以嘉慶 25 年 (1820) 為下限，內容包括疆域、分野、建置沿革、形勢、風俗、城池、學校、戶口、田賦、山川、古跡、關隘、津梁、堤堰、寺觀、名宦、人物、土產等，考訂精詳，為研究我國歷史地理的重要參考資料。

全國性方志的編修，多係根據各地方志，後者內容比較詳細，利用價值更高，以清代為例，府州廳縣志，概按建置沿革、山川形勢、城池、學校、戶口、田賦、物產、風俗、古跡、關隘、津梁、堤堰、陵墓、祠廟、寺觀、名宦、人物、流寓等標準項目記述，各地方志也因時因地，內容略有不同，但都提供了研究我國歷史地理的豐富資料，清末新修的方志，並有比較詳細的人口統計，例如宣統 3 年 (1911)《上海縣續志》，卷六田賦上戶口目，便有下列人口統計表：㉓

表 5-1　1908 年及 1909 年上海縣的人口（不包括外僑）

地　區	1908		1909	
	戶　數	口　數	戶　數	口　數
城　廂	73,903	243,598	73,637	245,449
法租界	13,330	67,960	13,557	69,118
公共租界	46,113	530,000	46,909	550,000
北　鄉	38,946	116,049	38,812	116,745
東　鄉	34,654	113,961	34,592	114,930
東南鄉	16,499	49,764	16,463	50,183
南　鄉	12,654	38,967	12,626	39,238
西南鄉	16,962	51,226	16,948	51,702
西　鄉	17,653	53,118	17,621	53,619
合　計	270,714	1,264,643	271,165	1,290,984

㉓ 陳正祥，《中國方志的地理學價值》（香港：香港中文大學，1965）。

五、古地圖

歷史地理學研究常涉及地圖，包括歷史地圖和為了展示及分析研究成果的地圖。地圖不但是實物證據及展示事實的工具，地圖也是代表各種意義的密碼，根據地圖，歷史地理學者可以了解地圖所表示之地方和景觀的感知、權力的認知、以及歷史上土地測量技術的局限。地圖的語言包括地名的書寫形式在內，是一項重要的和有趣的探討對象，表示地形的符號也是如此。地圖愈古老，愈須要考慮其相關的各方面問題，以解讀其含意和象徵意義，除了評估地圖對過去地理景觀和地方的表示是否準確，受制於測量和地圖製作的科技水平，古地圖的準確度變化很大。現代人習慣於使用現代高度準確的地圖，習慣於使用各種比例尺不同的地圖；但是歷史地理學者所使用的許多地圖，並不是根據原始測量繪製的，這些古地圖代表整個地圖歷史發展中的一個階段。古地圖代表當時人們對空間和地區的概念，跟我們現在的概念是不一樣的。

因此，歷史地理學者要有解釋古地圖的能力，古地圖的解釋有兩方面，一方面是科學的意義，另一方面是文化的意義，兩者之間的差別可能很小，不易確定。哈利 (J. B. Harley) 清楚地說明了地圖學史的兩種知識論之規則的差別，一套規則支配地圖的生產技術，在地圖學中講得很清楚；另外一套規則支配地圖文化的意義。[24]這些規則須要比科學或技術觀點更廣博的

---

[24] J. B. Harley, "Maps, knowledge, and power," in D. Cosgrove and S. Daniels, eds., *The Iconography of Landscape* (Cambridge, England: Cambridge University Press, 1988), pp. 277–312; J. B. Harley, "Silences and secrecy: the hidden agenda of cartography in early modern Europe," *Imago Mundi*, vol. 40 (1988), pp. 57–76; J. B. Harley, "Historical geography and the cartographic illusion," *Journal of Historical Geography*, vol. 15 (1989), pp. 80–91; J. B. Harley, "Why cartography needs its

歷史背景才能夠清楚了解，地圖學者通常都忽略這些規則。㉕

地圖學史的主要內容之確定已經有些年代了，當前地圖學史的研究是填補許多空白。㉖史前已經有世界地圖，像是美索不達米亞的早期圓形巴比倫地圖，表示巴比倫和敘利亞的國土及其他地方，圍繞四周的是波斯灣，巴比倫位在中心。這種「民族中心主義的」傾向，表示地圖繪製者所知道的世界，將自己宗教信仰的中心，像是麥加或耶路撒冷，放在地圖的中央，這種作法經由中世紀希臘的、中國的、阿拉伯的，以及基督教的地圖，一直繼續到歐洲文藝復興時代。希臘人早期地圖有坐標體系，具有相當程度的科學準確度，像是西元二世紀托勒密的世界地圖，但是像這樣的地圖在黑暗時代的歐洲消失了，一直到十四世紀才開始有地中海航海用的古海圖，接著出現大量地理的和地圖的資訊。

從文藝復興開始，因為印刷和紙張生產的發展，以及測繪儀器和方法的改良，在各級行政的管理中和在地理知識的傳播中，地圖扮演愈來愈重要的角色。文藝復興以來，特別是一直到十八世紀末葉，地圖學史和地圖分析的問題，顯示繼續須要將地圖視為思想意識和文化的產物，也將地圖視為科學知識的產物。

我國現存最古老的地圖是在一個青銅板上的兆域圖，1977 年在河北省平山縣出土，是陵墓圖，是戰國時代的地圖，製作的時間大約在 323～315 B.C.。西漢 (206 B.C.～A.D. 8) 初期西元前第二世紀，我國地圖學已有很高的水平，1973 年長沙出土的漢代地圖畫在絹上，確定是在 168 B.C. 以前繪

---

history?" *The American cartographer*, vol. 16 (1989), pp. 5–15; J. B. Harley, "Deconstructing the map," *Cartographica*, vol. 26 (1989), pp. 1–20.

㉕ 見前揭 J. B. Harley, "Deconstructing the map."

㉖ J. B. Harley and David Woodward, *The History of Cartography*, vol. 1, *Cartography in Prehistoric, Ancient and Medieval Europe and the Mediterranean* (Chicago: University of Chicago Press, 1987).

製的，一幅的內容以表示山川為主，稱為地形圖，有 7 種不同的地圖符號，除了山脈，河流及縣治都有地名註記，植被用不同的顏色表示；另一幅是駐軍圖，有 12 種不同的地圖符號，紅色表示軍事相關現象、道路及聚落，淺藍色表示河流，其他現象及文字註記用黑色，註記尚表示聚落間的距離及戶數，比例尺約介於 1 : 172,000 與 1 : 190,000 之間。證明中國地圖學的分析的傳統起源，的確很古，與描述的傳統平行發展。㉗

西晉裴秀 (223～271) 創立製圖六體，六體是分率、準望、道里、高下、方邪、及迂直，並繪製了 18 幅《禹貢地域圖》及《地形方丈圖》。唐代賈耽 (730～805) 繪製《海內華夷圖》，計里畫方，一寸折一百里。後來宋代學者根據《海內華夷圖》，縮小編繪了《華夷圖》和《禹跡圖》，兩者南宋紹興 6 年 (1136) 刻石，圖碑保存在西安碑林，前者是在北宋政和 7 年 (1117) 至宣和 7 年 (1125) 間編繪的，圖上大約有 500 個地名，註記有名稱的有 13 條河流，4 個湖泊及 10 條山脈，另外還有有關外國的註記。後者編繪的年代比較早，海岸線與現代者非常接近，計里畫方，一寸折一百里，比例尺約為 1 : 4,500,000，是現存最早的計里畫方地圖，我國的計里畫方方法在十四世紀經阿拉伯人傳到西方。元代朱思本 (1273～1333) 花了 10 年的時間，在延祐 7 年 (1320) 繪製成《輿地圖》，明代羅洪先 (1504～1564) 認為朱圖長廣七尺，不便卷舒，根據朱圖，正誤補遺，繪製成《廣輿圖》，是我國古代最著名的地圖集，有地圖符號 24 種，流傳至今，包含了豐富的歷史資料，十分珍貴。㉘

明末西洋地圖學傳入我國，清代十七世紀末與十八世紀初，進行了全國性的大規模地理經緯度和全國地圖測繪，完成了《皇輿全覽圖》，不僅是

㉗ Mei-ling Hsu, “The Han maps and early Chinese cartography,” *Annals of the Association of American Geographers*, vol. 68 (1978), pp. 45–60.

㉘ 羅洪先增輯，《廣輿圖》，原圖 1579 年刻本，影印本（臺北：學海出版社，1969）。

亞洲所有地圖中最好的一幅，而且比當時所有歐洲地圖都好，更精確。㉙乾隆 26 年 (1761) 又完成《乾隆十三排地圖》(又稱《乾隆內府地圖》)，比例尺 1 : 400,000。㉚

總之，東漢永元 12 年 (A.D. 100) 國人發展了計里畫方方法，到西元三世紀西晉裴秀創立製圖六體，其後測繪技術持續進步到唐代 (618～907) 和宋代 (960～1271)，元代 (1271～1368) 製作了準確的地圖，這一傳統一直傳到明代 (1368～1644) 和清代 (1644～1911)。㉛歷史上，我國繪製了許多地圖，㉜是歷史地理學者有價值的參考材料。

此外，歷代的方志，特別是明清兩代，方志中有大量的地圖。㉝我國明代的黃冊中有魚鱗圖，表示相連田地的界線，形狀像魚鱗，是一種地籍圖，流傳下來的魚鱗圖分散在各圖書館及博物館中，魚鱗圖不受中國地圖學史學者重視，除了地圖學史的價值，魚鱗圖當然對歷史地理學者也很有價值。㉞日本割占臺灣初年，測繪了《臺灣堡圖》，比例尺 1 : 20,000，共

㉙ Joseph Needham, *Science and Civilisation in China*, Volume III, *Mathematics and the Sciences of the Heavens and the Earth* (Cambridge, England: Cambridge University Press, 1959), p. 585.

㉚ 許淑媛，《清乾隆內府輿圖之研究》，中國文化大學地學研究所碩士論文 (1999)。

㉛ 盧良志，《中國地圖學史》(北京：測繪出版社，1984)；J. B. Harley and David Woodward, eds., *The History of Cartography*, vol. 2, Book 2, *Cartography in the Traditional East and Southeast Asian Societies* (Chicago: The University of Chicago Press, 1994), pp. 35–231.

㉜ 曹婉如等編，《中國古代地圖集》，共三冊 (北京：科學出版社，1990–1997) (戰國－元，1990；明代，1994；清代，1997。)

㉝ 劉廷祥，《我國方志地圖的研究：以明代方志地圖為例》，中國文化大學地學研究所碩士論文，1994。

㉞ 梁方仲，〈明代魚鱗圖考〉，《地政月刊》，第 1 卷第 8 期 (1933)；韋慶遠，《明代黃冊制度》(北京：中華書局，1961)。又見何炳棣，《中國歷代土地數字考實》(臺北：聯經出版事業公司，1995)，頁 58–76。

458 幅，包含了極詳細的資料，是研究 100 年前臺灣歷史地理極有價值的史料。[35]

六、歷史地理學的研究方法

歷史地理學的研究方法，跟一般地理學的研究方法大同小異，其所需要的材料，概言之有 3 類：第一類是各種文獻，包括前人研究的成果，公私檔案及其他文字紀錄材料；第二類是非文字紀錄的各種實物，如古人遺留下來的遺物和遺跡；第三類是各地的風俗習慣與口傳的故事和歷史。

研究工作的第一步，就是要收集研究所需要的材料，按照題目的內容，先預備初步有關文獻目錄，並收集這些文獻做初步分析，這就是室內研究的一部分。室內研究包括的項目很多，除了預備文獻目錄，收集文獻，和分析材料，尚有地圖的繪製和統計資料的處理等，有些研究工作可以利用電腦來處理。室內研究也包括須要在實驗室進行的各種有關的實驗。研究的地區決定以後，可能須要預備一幅底圖，用於調查、紀錄、分析和展示歷史地理現象。

過去地理景觀的重建，需要利用文獻學和考古學所提供的資料。做到定代、定位、定相，必須運用各種現代科學技術。對於歷史文獻的利用，在歷史地理的研究工作中是很重要的，就研究中國歷史地理來說，中國擁有特別豐富的文獻資料，一些重要的古代地理著作，前人做過不少考訂和補註工作，不過利用古代文獻時，仍應小心，要選擇有用的材料，有時如同沙裡淘金，可能要花很多時間。

一個地區地理環境演化的精確進程，尚須借助於氣候學、水文學、地

---

[35] 臨時臺灣土地調查局，《二萬分一堡圖》，458 幅，1905 年繪製，影印本《臺灣堡圖》（臺北：遠流出版社，1996）。

形學、古地理學等的研究。計量地理學革命以來，新的地理學理論和方法，主要從定性的文字解釋轉向定量的統計分析。要進行數量的分析，就必須借助於現代科學技術的最新方法，例如航空照片及衛星影像的判讀，可以發現河流故道、湖泊舊跡、聚落遺址等。江蘇的鎮江、丹徒、丹陽及句容，是長江下游臺型遺址與土墩墓分布比較密集區，華東師範大學利用遙感方法加上航空照片，查出臺型遺址 185 座及土墩墓 3,134 個。臺型遺址是古人居住的古聚落遺址，已發掘土墩墓出土的文物顯示，時間是西周初期至春秋中期，約當西元前十一世紀至七世紀。㊱在地表上用肉眼所不能或不易看到的現象；近年新興的遙感科學，成為定位和定相的有效手段；對古代湖泊沉積地層的研究，利用孢粉分析以了解其過去的植被分布和其所反映的氣候變化；C-14 測定年代在歷史地理研究方面也得到了廣泛的運用，考古資料廣泛採用 C-14 定年方法， 從而為復原歷史地理環境作了時代的保證。

孢粉分析在生物、農業及氣候等歷史地理研究方面有良好的效果，一定的孢粉組合代表一定的植物群落，從而使我們能復原當時的生物地理狀況，由此可以進一步從當時的生態環境中了解到當時的氣候狀況。王開發等根據上海、江蘇、浙江等地的孢粉組合，推斷出全新世滬杭地區的氣候具有多次波動，明顯地可以看出有 5 個涼期和 4 個暖期的不同階段。㊲日本學者的研究，顯示沖積扇的發育和海平面的下降關係密切，愛知縣豐川沖積扇一處青銅器時代聚落遺址，其稻田的高度比現代的海平面低半公尺，原因是那時的氣溫較低，千田稔根據對奈良平原青銅器時代的花粉及植物的研究證明如此。㊳

㊱ 見〈中國江蘇鎮江市遙感考古影像地圖〉，《華東師範大學遙感考古專輯》第 2 輯附圖（上海，1990 年左右出版）。

㊲ 王開發等 ，〈根據孢粉分析推斷上海地區近六千年以來的氣候變遷〉，《大氣科學》，2 卷 2 期 (1978)。

做計量分析，不得不對統計數字及計算單位充分了解，利用我國歷史文獻中的這類材料，情形更是如此，楊聯陞曾警告學者，引用統計數字及計算單位時要特別小心。[39]就清代鹽業歷史地理的情形來說，「引」作為一個計算單位是十分重要的，「引」是鹽生產量的計算單位，是鹽消費量的計算單位，也是鹽稅的計算單位，可是「引」的重量，因時因地而不同，最少的只有 100 斤，最多的卻有 10,000 斤，假若我們只引用「引」數，也就是說有多少「引」，是很誤導的，因為不能表示鹽的實際數量，例如《清史稿》說清順治初行鹽 170 萬引，[40]這一數字實在沒有什麼意義，因為當時福建沿海各府每引只有 100 斤，而四川每引卻多達 5,000 斤。討論鹽的生產、消費及稅收，一定要先將「引」數，換算成斤數，才能表示實際的情形。作者已詳細考證了整個清代從 1644 年到 1911 年，長蘆、山東、兩淮、兩浙、福建、兩廣、河東、四川、雲南、及陝甘十個行鹽區每一引的實際斤數。

有時候沒有所需過去歷史時期的資料，可以用間接的資料替代或估計，作者研究清代淮南海鹽的生產，當時淮南鹽場都使用煎煮的方法製鹽，最能表示鹽產的分布，不過於鹽灶的空間分布，沒有直接可以繪製鹽灶分布圖的資料，就只好用間接的材料。淮南、江蘇沿海地帶的地名，有許多通名是灶的地名，把這些地名畫在地圖上，便可以視為鹽灶的分布，證明清末江蘇沿海的鹽灶，都位在范公堤與海岸線之間的地帶。[41]馬潤潮研究宋

---

[38] 千田稔，〈奈良盆地銅器時代的花粉研究〉，《地理學評論》，第 44 卷 (1971)，頁 707–721。

[39] Lien-sheng Yang, "Numbers and units in Chinese economic history," *Harvard Journal of Asiatic Studies*, vol. 12 (1949), pp. 216–225.

[40] 趙爾巽等撰，《清史稿》，校點本，第 13 冊（北京：中華書局，1976），頁 3606。

[41] Tao-Chang Chiang, "The production of salt in China, 1644–1911," *Annals of the Association of American Geographers*, vol. 66 (1976), p. 525；姜道章，〈清代食鹽的生產及其變遷〉，《華岡地理學報》，第 16 期 (2003)，頁 12。

代的商業與都市，用商稅的多少表示都市的大小，繪製宋代都市的分布圖。[42]陳正祥利用 3,000 種方志中的八蜡廟、蟲王廟及劉猛將軍廟的紀錄，找出了我國蝗災分布的範圍。[43]英文 city 國人叫做「城」，圍繞都市的城牆 (wall) 也叫做「城」，城是中國文化中一個很特殊的產物，中國人所建築的城，數目之多及分布之廣，沒有任何民族能夠比得上，在傳統的農業社會，城是中國人軍事、政治、及經濟文化活動的中心，城與中國文化的發展是不可分的，從歷史地理學的觀點來說，可以將城作為中國文化發展的一個指標，從城的建置與擴張，便可以看出來中國民族空間的發展。城市的出現清楚顯示中國向外緣邊疆的伸張，城市是朝廷權威在邊疆的前哨站。1928 年，李濟曾利用《古今圖書集成》中內地 18 省 4,478 個城的興建資料，對中國漢民族的發展作相當廣泛的分析。[44]

七、資料的處理方法

1970 年代以來歷史地理學研究方法最重要的進展，就是利用快速大型電腦設備和桌上型電腦，處理歷史地理資料，特別是十九世紀和二十世紀的歷史地理資料。在有關英格蘭大規模的研究中，包括劍橋大學人口與社會結構歷史小組的研究，特別是：(1)賴利與斯科菲爾德兩人利用 404 個教區登記資料樣本，重建英格蘭的人口史；[45](2)卡恩根據十九世紀中葉稅收

---

[42] 見 Laurence J. C. Ma, *Commercial Development and Urban Change in Sung China (960–1279)*, Michigan Geographical Publication, No. 16 (Ann Arbor: Department of Geography, University of Michigan, 1971), p. 64.

[43] 陳正祥，《中國方志的地理學價值》（香港：香港中文大學，1965）。

[44] 見 Chi Li, "Chapter 3, The Evolution of the We-group: Its Size as Measured by the City Points," *The Formation of the Chinese People: An Anthropological Inquiry* (Cambridge, MA: Harvard University Press, 1928), pp. 56–123.

[45] E. A. Wrigley and R. S. Schofield, *The Population History of England, 1541–1871:*

資料，利用電腦繪製稅收地圖；㊻(3)查普曼利用電腦，研究英格蘭國會圍地的數量和範圍。㊼電腦除了處理和儲存統計與非統計資料外，也可以儲存論文，這是很重要的，它開闢一條通往各種統計分析和內容分析的路徑。英國學者將長達 100 萬字以上的《末日審判書》輸入電腦，㊽產生新的可能性，1952 年與 1977 年間達比 (H. Clifford Darby) 及其研究夥伴撰寫的 7 卷巨著《末日審判書地理》，用比較傳統的方法，只繪製了 800 幅地圖，用電腦可以繪製更多的地圖。奧弗頓的研究是規模較小的區域歷史地理，說明了利用電腦繪製地圖的潛力和用處，他研究現代初期英格蘭的農業經濟和社會，所根據的資料是農人臨終所作遺囑的目錄清單，內容包括詳細的作物、牲畜及固定資產的種類和數量。從這些清單收集資料的目的，追溯並解釋十六世紀到十八世紀東安格利亞 (East Anglia) 作物的擴散，他將研究區域任意劃分成方格體系，繪製作物分布圖，他也製作點符號地圖和等值線曲面地圖。㊾法國學者將 1819～1829 年的法國軍事檔案資料，利用統計和地圖方法，繪製了一系列地圖，表示 1819～1829 年間法國新兵的各種狀況。㊿

A Reconstruction (London: Edward Arnold, 1981).

㊻ R. J. P. Kain, *An Atlas and Index of the Tithe Files of Mid-Nineteenth-Century England and Wales* (Cambridge, England: Cambridge University Press, 1986).

㊼ J. Chapman, "The extent and nature of parliamentary enclosure," *Agricultural History Review*, vol. 35 (1987), pp. 25–35.

㊽ J. J. N. Palmer, "Computerizing Domesday Book," *Transaction, Institute of British Geographers*, NS vol. 11 (1986), pp. 279–289.

㊾ M. Overton, "Computer analysis of an inconsistent data source: the case of the probate inventories," *Journal of Historical Geography*, vol. 4 (1977), pp. 317–326; M. Overton, "Probate inventories and the reconstruction of agricultural landscapes," in M. Reed, ed., *Discovering Past Landscapes* (London: Groom Helm, 1984), pp. 167–194.

㊿ 趙世玲譯，〈對法國軍事檔案（1819–1826 年）的計量學和製圖學研究〉，載項觀

資料處理和儲存的技術改變很快，不僅電腦愈來愈好，而且相關的科技也更多。對歷史地理學者利用檔案材料的問題之一，顯然就是必須要到收藏有關檔案的地方去，有時保存檔案的機構可能在很遠的地方。雖然這一問題將永遠無法消除，但是有了新科技可以遠程利用遠地的資料。過去利用縮微影片，但是愈來愈多利用電腦 CD-ROM 儲存資料，一片直徑 12 公分的光碟，可以儲存 25 萬張 A4 資料。利用合適的軟體回收和處理資料，提供很大的方便。根據卡恩的《十九世紀中葉英格蘭和威爾斯稅收檔案地圖集和索引》，[51]1836 年英國減稅法案以後英格蘭和威爾斯的稅收調查資料，已經錄製了 CD-ROM。根據這項資料，人口普查資料也錄製了 CD-ROM，例如 1881 年不列顛的人口普查資料，十八世紀、十九世紀及二十世紀美國每 10 年一次的人口普查資料，也錄製了 CD-ROM。新聞報紙及各種其他的資料，現在已由私人商業機構製成 CD-ROM 出售。[52]網上資料，像是英國經濟與社會研究理事會的歷史與當代資料檔案，及專門圖書目錄和學術機構圖書館的目錄，也都可以經由上網查閱，這無疑將改變歷史地理學、經濟史及社會史的研究。我國的古文獻，現在有些也錄製了 CD-ROM，例如《四庫全書》及上述的二十五史。

歷史地理學者和人文地理學者利用電腦處理大量資料已經很久了。統計檢驗和過程的應用，像是方差和迴歸分析、顯著水平檢驗、以及數值分類，連同時空模式概念，包括時間序列分析，已有各種方便的軟體，新的

奇編，《歷史計量研究法》（濟南：山東教育出版社，1987），頁 588–639（原作者為拉迪里與迪蒙）。

[51] 見前揭 Kain, *An Atlas and Index of the Tithe Files of Mid-Nineteenth-Century England and Wales.*

[52] J. Colson, R. Middleton and P. Wardley, "Annual review of information technology developments for economic and social historians, 1991," *Economic History Review*, vol. 45 (1992), pp. 378–412.

發展包括複雜資料管理體系，可以處理複雜的地圖繪製和假設檢驗。[53]自動化地圖學，也提供歷史地理學者重要的可能性，不過相關學報中有關歷史統計資料應用電腦的文獻仍然極少，這不但反映歷史資料的不足，可能也反映歷史地理學者在應用電腦方面，過於小心。《中國歷史地圖集》正在編製電子版，完成以後，必將嘉惠中國歷史地理學者。[54]

歷史地理研究的效果，受殘留資料品質的影響。古人不可能當面回答我們的問題，歷史地理學者研究過去，不像研究當今地理現象學者所擁有的有利條件，也就是可以直接調查，歷史地理學者無法查核所研究的形態和過程。所以，歷史地理學者不得不解釋古人所做的觀察，古人所紀錄的形態和過程，是古人的選擇，也是古人有興趣的。在大多數情況下，古人遺留下來的資料是為了稅收、估價及行政目的而收集的，可能並不是真正地理的資料。歷史地理學者的首要任務，就是要將歷史資料改變成具有空間的向度。二十世紀六〇年代在歷史資料之地理解釋方面的研究，在英國有相當大的進展。[55]歷史資料像是英國中世紀的稅收、1801 年的作物面積調查、什一的農產稅、教區會眾登記、人口普查、工廠調查、農業統計、貿易指南等，都做了重要分析。

簡言之，基本問題就是資料是否完整。為了準確地量度地理變遷，就研究的主題、空間、時間和範圍來說，最理想的情況就是資料要完整。實際上，歷史地理研究所苦惱的問題，就是歷史上遺留下來的資料，常常在

---

[53] 見前揭 Colson, Middleton and Wardley, "Annual review of information technology developments for economic and social historians, 1991."

[54] 葛劍雄，〈面向新世紀的中國歷史地理學〉，載復旦大學歷史地理研究中心主編，《面向新世紀的中國歷史地理學：2000 年國際中國歷史地理學術討論會論文集》（濟南：齊魯書社，2001），頁 7–8。

[55] Alan R. H. Baker, J. D. Hamshere and J. Langton, *Geographical Interpretations of Historical Sources* (Newton Abbot: David and Charles, 1970).

主題、空間及時間上是殘缺不全的。例如，英國《末日審判書》提供豐富的人口資料，但是幾乎沒有有關城市的資料；1801 年的作物調查資料，包括英格蘭及威爾斯許多教區，雖然沒有包括所有的教區，卻可以重建一部分當時作物栽培的空間狀況，但是卻沒有有關畜牧業之同樣的資料。同樣地，整個中世紀，只有比較大的教會組織才有力量及需要，收集並保存了莊園管理的紀錄。結果有關中世紀社會地理及經濟地理變遷的知識，不能代表全部實際的情況。整個地理學普遍存在空間上及時間上範圍的問題，但因為原始歷史文獻的結構及殘存之機會性質，這種問題在歷史地理學中特別嚴重。愈來愈多探討如何克服資料在時間上之空白的方法。根據不完整資料的空間及時間趨勢，用推斷內插方法補充，技術上是可以辦得到的。很不幸的是用類似方法補充主題資料上的缺失效果較差，例如根據農業土地利用調查，很難估計農村人口減少的狀況。要是一批證據不能提供所需要的資訊，則歷史地理學者一定要利用其他的資料，不然只好依賴合乎邏輯但是無法驗證的假設。

八、實地考察

歷史地理學者的研究工作，大部分是在圖書館和檔案館進行，也有一部分是與文獻資料有關的實地證據。野外考察是地理學研究的重要方法之一，也是歷史地理研究的重要方法之一，當然，各種實地考察的性質變化很大，一方面須要事先研閱有關資料和文獻，以充分了解問題；另一方面，至少一開始也要對研究地區及其景觀具有非正式的經驗，再做實地考察。對研究地區非正式的考察和經驗，仍然是一種歷史地理學研究最值得做的事，地理景觀的各方面同時形成值得考察的有趣問題，接著再做比較正式的和有計畫的考察。

實地考察、實地證據及實地經驗有多種不同的組合。許多有價值的研究是關於歷史景觀遺跡的，有些遺跡在地面上，我們可以看到，但是也有些遺跡只能靠空照和衛星影像，利用遙感方法才可以看到。遺跡就是人與聚落物質文化的遺跡，小心測繪和分析，以及對現有證據解釋潛力做了相當程度的保留，才可以說明過去變遷的或穩定的機制。荒廢的古代聚落，特別引起歷史地理學者研究的興趣，涉及遺址的測繪和發掘，還要加上應用現有文獻及合適解釋性的理論和模式。農村景觀與農耕相關方面不斷變遷的特徵，是歷史地理學者和歷史學者實地考察的共同標準，包括：(1)例如對歐洲、拉丁美洲及中國歷史上曠地遺跡的分析；(2)對各地當地建築類型的廣泛評述和分類，包括農村建築、田地形狀及界線的性質；(3)過去農業梯田及灌溉體系的範圍；以及(4)林地和森林分布及其管理體系的變遷。就都市和工業的情形來說，一部分經由對生產、資源及運輸體系遺跡的考察，獲得對不斷變遷之工業技術的專業知識，許可深入了解不同規模工業發展的過程，以及許可深入了解某些特別工業之興起和沒落的問題。都市和工業「考古學」提供很多描述、分析及解釋的證據，經由歷史遺跡，包括各個社會階級的房屋、學校、監獄、娛樂場所、批發和零售商場、火車站、圖書館、公共浴室、教堂及寺廟等。

中國學者在長江三角洲衛星影像上看到一些排列規則的小丘，不像是自然形成的，經實地考察，發現是古墓群。周鳳琴探討荊江近五千年來荊江洪水水位的變遷，通過對古遺址、古墓葬、古堤遺存及石碑、古建築、出土文物、洪痕、古籍文獻資料等考證，再加上相關地質地形的調查研究，結論認為荊江洪水位在近五千年來，產生了較大幅度的上升，變幅達 13.6 公尺。[56]周鳳琴通過數百個地質鑽孔的岩性分析，同時研究考古和文獻資料，認為距今五千年以來，湖北沙市河段均為多汊分流的彎道，從新石器

---

[56] 周鳳琴，〈荊江近五千年來洪水位變遷的初步探討〉，《歷史地理》，第 4 輯 (1986)，頁 46–53。

時代的原始人起，就隨江南遷，自春秋戰國以來江漢平原西部經濟中心，經歷了由紀南城至江陵，最後再至沙市的多次大轉移。[57]

實地考察也有學術上的危險和困難，包括(1)過度簡化的解釋，特別是認為形狀相似則年代和功能也是相似的；(2)太相信實地證據，而不進一步根據其他的現有方法加以核對和解釋。年代愈久遠，鑑定和解釋愈困難。現在考古學者應用最新的尖端科學分析方法，分析古人遺體和歷史遺物，歷史地理學者常常也應用這種方法，調查久遠過去的社會和經濟，愈來愈多歷史地理學者參與科際合作研究計畫，這是應該喝彩的。

歷史上直接保存下來的殘存遺跡，如河流變遷留下來的古河床故道，大面積泥炭層所反映的湖泊分布，河口三角洲及海岸沙丘的移動，以及其他若干特點及變化微小的諸因素，在今天仍可找到它的跡象。就臺灣的情形來說，如海岸線與河流河道的變化，除了利用古地圖和其他文獻的材料，也須要實地考察。臺灣從西元十七世紀中葉以來，有一些古跡遺留下來，像是古城、古厝、古廟等，都須要也值得實地考察。

歷史地理的研究，必須與文物考古工作密切配合。現代地理環境的形成過程，可以上溯到地質發展史的最近一個時期，即第四紀的最後一萬年左右的全新世階段。全新世在整個地質史上，只是極其短暫的一瞬，但是從人類賴以生存的現代地理環境來說，卻早已經歷了劇烈的造山造陸運動，而基本上接近了當前的地表形態。人類進入歷史時期以後，一方面自然環境仍繼續發生變化，如局部地區的新構造運動對地形的改變以及氣候上的長期脈動等，這些變化非常細微，甚至不為人們所察覺；另一方面，隨著文化和經濟的發展，人類影響自然環境的能力，與日俱增，而大大加強了對於大地面貌的塑造，而且直接影響到分布在大地上的植物、動物和氣候，

[57] 周鳳琴，〈湖北沙市地區河道變遷與人類活動中心的轉移〉，《歷史地理》，第13輯 (1996)，頁 23–30。

有關這些變化的研究，必須借助於其他有關學科的工作來解決。通過古代人類活動遺址探索地理環境的變遷，是歷史地理學重要的研究方法之一。

九、結　論

總之，在研究的資料與方法上，歷史地理學與地理學並無二致，歷史地理學的研究，主要是利用歷史的資料，歷史地理學者有各種歷史資料可用。各國的資料不完全一樣，也極少是專門為地理學家所收集的。我國歷史地理學者得天獨厚，因我國歷史悠久，有大量的歷史文獻可用。歷史學系出身的歷史地理學者，傾向於較多使用第一手的材料，地理學系出身的歷史地理學者，在第一手材料的使用上，不如歷史學系出身的歷史地理學者，當然什麼是第一手材料，什麼是第二手材料，有時候很難區分。

西方和我國，都有豐富的人口資料，歷史學者完成了許多有關人口的研究。我國的正史和方志，也提供豐富的資料。我國歷史地理學包括地圖學史，我國地圖學史具有悠久和優良的傳統。愈來愈多的歷史地理學研究，採用電腦處理資料，以及應用統計方法。

MEMO

第二編

各國的歷史地理學

第六章

美國的歷史地理學

一、導　言

國人對歐美歷史地理學的研究狀況，不是十分了解，我們幾乎沒有學者專門研究外國歷史地理或外國的歷史地理學，絕大多數我國歷史地理學者的研究興趣是我國歷史地理，只有些零星翻譯文章，介紹歐美學者對我國歷史地理研究的成果，或者介紹歐美歷史地理學的研究狀況。❶國人撰

---

❶ 侯仁之1940年代在英國利物浦大學留學，1949年回國，是二十世紀上半葉唯一到歐美留學，專門研究歷史地理學的留學生，有證據證明他將達比 (Darby) 和克拉克 (Clark) 有關歷史地理學的概念，介紹到中國，見侯仁之，〈歷史地理學芻議〉，載侯氏所著《歷史地理學的理論與實踐》（上海：人民出版社，1979），頁11；此文原載《北京大學學報》（自然科學版），1962年第1期；又見 Xiaofeng Tang, *From Dynastic Geography to Historical Geography*, Ph. D. dissertation (Syracuse University, 1994), pp. 209–250. 二十世紀下半葉到美國留學的中國留學生，博士論文是歷史地理的，大約有10人，而且在拿到博士學位以後，繼續從事歷史地理研究者，不過兩三人，其中唐曉峰可能是二十世紀下半葉唯一去美國的留學生，專門研究歷史地理學，1994年獲得博士學位後回國，他在北京大學任教，必然會介紹歐美歷史地理學的研究狀況。有關歷史地理學理論及歐美歷史地理學的翻譯，作者所知道的有8種，即哈興額著，張星烺譯，《史地關係新論》（上海：商務印書館，1931）；飛耳格林著，滕柱譯，《歷史之地理基礎》（上海：商務印書館，1943）；哈瑞斯著，唐曉峰譯，〈對西方歷史地理學的幾點看法〉，《歷史地理》，第4輯 (1986)，頁164–174；克拉克著，姜道章譯，〈美國歷史地理學的成就與展望〉，《歷史地理》，第11輯 (1993)，頁317–340；達比著，姜道章譯，〈論地理與歷史的關係〉，《歷史地理》，第13輯 (1996)，頁243–251；貝克著，闕維民譯，〈論歷史地理學的實踐與原理〉，《歷史地理》，第14輯 (1998)，

寫有關歐美歷史地理學的文獻極少。❷另外有一些譯介歐美有關我國歷史地理的著作。❸

頁 340–350；邵爾著，姜道章譯，〈歷史地理學引論〉，《中國歷史地理論叢》，1998 年第 4 輯，頁 37–67 及 191；格爾柯著，段塔麗摘譯，〈論地理與歷史的關係〉，《中國歷史地理論叢》，1998 年第 4 輯，頁 241–248.

❷ 最重要的是闕維民的《歷史地理學的觀念：敘述、復原、構想》（杭州：浙江大學出版社，2000）一書，是作者在北京大學侯仁之教授指導下的博士論文，主要分析在英國出版的國際《歷史地理學報》(*Journal of Historical Geography*) 所刊載的論文。另外有闕維民，〈西方現代歷史地理學思想在中國的傳播極其影響〉，《中國歷史地理論叢》，1992 年第 4 輯，頁 227–240；闕維民，〈阿蘭 R. H. 貝克：當代西方最傑出的歷史地理學家〉，《中國歷史地理論叢》，1995 年第 4 輯，頁 203–212；姜道章，〈甚麼是歷史地理學？〉，《人文及社會學科教學通訊》，第 7 卷 3 期 (1996)，頁 168–187；姜道章，〈歷史地理學研究主題的回顧與展望〉，《地理學研究報告》（中國文化大學），第 8 期 (1996)，頁 171–181；闕維民，〈西方歐美現代歷史地理學的發展及其趨勢〉，《地理學報》，51 卷 4 期 (1996)，頁 360–368；闕維民，〈R. C. 哈里斯：加拿大著名歷史地理學家〉，《中國歷史地理論叢》，1996 年第 2 輯，頁 243–251；晏昌貴，〈歷史地理學的統一性與方法手段的多樣化：「時間與地點：歷史地理學研究方法」評介〉，《中國歷史地理論叢》，1996 年第 4 輯，頁 189–196；李孝聰，〈歷史時期歐洲地域的界定〉，《歷史地理》，第 15 輯 (1999)，頁 231–239；及闕維民，〈中西方歷史地理學界的一次實質對話：貝克教授訪華錄〉，載黃時鑒主編，《東西交流論壇》（上海：文藝出版社，1998），頁 414–432。

❸ 例如賽明思著，王守春摘譯，〈評「中國王朝時代晚期的都市」（摘譯）〉，《歷史地理》，第 1 輯 (1981)，頁 235–242；比倫斯泰因著，周振鶴譯，〈唐末以前福建的開發〉，《歷史地理》，第 5 輯 (1987)，頁 278–291；施堅雅主編，王旭等譯，《中國封建社會晚期城市研究》（吉林：教育出版社，1990）（全譯本後來由中華書局出版）；戈雷斯著，李輔斌譯，〈宋代鄉村的面貌〉，《中國歷史地理論叢》，1990 年第 2 輯，頁 155–162；費梅爾 (Eduard B. Vermeer) 著，石英、馬波譯，〈清代大巴山區山地開發研究〉，《中國歷史地理論叢》，1991 年第 2 輯，頁 133–145；M. J. Ingram, G. Farmer 和 T. M. L. Wigley 著，龔勝生摘譯，〈歷史氣候及其對人類的影響〉，《中國歷史地理論叢》，1995 年第 2 輯，頁 63–87；以及牟復禮著，方駿、王秀麗節譯，〈1350 至 1400 年的南京〉，《中國歷史地理論叢》，2001 年第 3 輯，頁 31–45。歷史地理學與歷史學的學科界線不是很明確，二十世紀下

美國學者塞繆爾斯 (Marwyn S. Samuels)❹1982 年 5 月 7 日至 6 月 30 日曾在北京大學地理學系做過九次有關歷史地理學的演講，塞繆爾斯的演講稿沒有正式出版，對國人有關歐美歷史地理學的了解影響可能有限。❺1996 年 7 月 16～20 日英國學者貝克 (Alan R. H. Baker) 參加在北京大學召開的國際中國歷史地理學術研討會，並在歷史地理研究中心演講，介紹西方歷史地理學的原理及實踐，後來又到中國科學院地理研究所、陝西師範大學中國歷史地理研究所、杭州大學歷史地理研究中心、及復旦大學中國歷史地理研究所訪問，分別進行了廣泛的討論，貝克演講的部分內容由闕維民翻譯成中文，載《歷史地理》第 14 輯，在國人對西方歷史地理學的了解上，必然發生了一定程度的影響。❻

半葉，美國有不少歷史學的研究，在一定程度上，也可視為是歷史地理學的研究，此處自不必一一列舉，為了說明，只舉三例：Ping-ti Ho, *Studies on the Population of China, 1368–1953* (Cambridge, MA: Harvard University Press, 1959), 中譯本見葛劍雄譯，《1368–1953 年中國人口研究》(上海：古籍出版社，1989)；Evelyn Rawski, *Agricultural Change and the Peasant Economy of South China* (Cambridge, MA: Harvard University Press, 1972); G. William Skinner, ed., *The City in Late Imperial China* (Stanford: Stanford University Press, 1977)，關於此書的中文書評，見前揭王守春摘譯，〈評「中國王朝時代晚期的城市」〉。

❹ 塞繆爾斯（亦譯賽明思）的研究興趣是中國，原在美國西拉庫斯 (Syracuse) 大學任教，是唐曉峰的博士論文指導教授，現已退休。

❺ 見前揭闕維民，《歷史地理學的觀念：敘述、復原、構想》，頁 46。塞繆爾斯演講的題目為(1)歷史地理學在西方的重要意義，(2)地理學是不是空間科學？歷史地理學是否也是空間科學？還是人本主義？如果是人本主義，那麼它的方法有甚麼特點？(3)歷史地理學與環境學的關係，(4)亞細亞生產方式和地理學，特別是和我們歷史地理學的關係，(5)中國都市的發展歷史，(6)中國和西方的都市歷史有甚麼不同？Skinner 這本書《中國王朝時代晚期的城市》的方法，(7)經濟基礎和市鎮發展之間的關係，(8)歷史地理學與現代社會的關係，(9)美國歷史地理學界。本文作者未見到塞繆爾斯的講稿。

❻ 貝克著，闕維民譯，〈論歷史地理學的實踐與原理〉，《歷史地理》，第 14 輯 (1998)，頁 340–350。又見 Alan R. H. Baker, "On the principles and practices of

貝克的《歷史地理學的進展》一書，收集了 10 篇文章，其中有 5 篇分別討論法國、德語德奧瑞三國、北歐挪瑞芬丹四國、英國、加拿大和美國歷史地理學的進展，本書有相當詳細的 1972 年以前有關歐美歷史地理的文獻目錄。❼美國學者格林 (D. Brooks Green) 的《歷史地理學：一個方法論的描述》一書，收集了 1983 年以前發表的 31 篇文章，有些是期刊中的論文，有些是書中的章節，討論歷史地理學的理論問題，分為三編，這三編的標題是「歷史地理學的成長年代」、「重新解釋歷史地理學的功能」、及「歷史地理學的新方向」。有部分論文涉及歐美歷史地理學的研究狀況。❽英國學者巴特林 (Robin A. Butlin) 的《歷史地理學》一書，有 3 章主要討論從十八世紀初到二十世紀下半葉歐美歷史地理學的發展。❾

此外，1935～2000 年間出版的相關英文文獻，專門討論歐美歷史地理學研究的論文，比較重要的有貝克 (J. N. L. Baker) 的〈最近一百年來的歷史地理學〉，❿邵爾 (Carl O. Sauer) 的〈歷史地理學引論〉，⓫貝克 (J. N. L. Baker) 的 〈過去一百年不列顛歷史地理學的發展〉，⓬達比 (H. Clifford

historical geography," 國際中國歷史地理學術研討會《論文摘要》(北京，1996)，頁 133–134。

❼ Alan R. H. Baker, ed., *Progress in Historical Geography* (New York: Wiley-Interscience, 1972).

❽ D. Brooks Green, ed., *Historical Geography: A Methodological Portrayal* (Savage, MD: Rowman & Littlefield, 1991)。格林教授這本書，初版發行量不大，很快就賣完了，沒有再印，格林教授寄贈給我一本複印本，盛情可感。

❾ Robin A. Butlin, *Historical Geography: Through the Gates of Space and Time* (London: Arnold, 1993).

❿ J. N. L. Baker, "The last hundred years of historical geography," *History*, NS vol. 21 (1935), pp. 193–207.

⓫ Carl O. Sauer, "Foreword to historical geography," *Annals of the Association of American Geographers*, vol. 31 (1941), pp. 1–24. 中文翻譯見前揭姜道章譯，〈歷史地理學引論〉。

Darby) 的〈論歷史與地理的關係〉，⓭克拉克 (Andrew H. Clark) 的〈美國的歷史地理學〉，⓮達比的〈歷史地理學〉，⓯史密斯 (C. T. Smith) 的〈歷史地理學的現勢和展望〉，⓰普林斯 (Hugh C. Prince) 的〈歷史地理學的進展〉，⓱貝克 (Alan R. H. Baker) 的〈重新考慮歷史地理學〉，⓲克勞特 (Hugh D. Clout) 的〈法國的歷史地理學〉，⓳達比的〈1920～1980 年英國歷史地理學：傳統與變遷〉，⓴克拉瓦 (Paul Claval) 的〈法國地理學的歷史

⓬ J. N. L. Baker, "The development of historical geography in Britain during the last hundred years," *Advancement of Science*, vol. 8 (1952), pp. 406–412.

⓭ H. Clifford Darby, "On the relations of geography and history," *Transactions of the Institute of British Geographers*, vol. 19 (1953), pp. 1–11. 中文翻譯見❶所揭姜道章譯，〈論歷史與地理的關係〉。

⓮ Andrew H. Clark, "Historical geography," in Preston E. James and Clarence F. Jones, eds., *American Geography: Inventory and Prospect* (Syracuse: Syracuse University Press, 1954), pp. 71–105. 中文翻譯見前揭姜道章譯，〈美國歷史地理學的成就與展望〉。

⓯ H. Clifford Darby, "Historical geography," in H. P. R. Finberg, ed., *Approaches to History* (London: Routledge and Kegan Paul, 1962), pp. 127–156.

⓰ C. T. Smith, "Historical geography: current trends and prospects," in R. J. Chorley and P. Haggett, eds., *Frontiers in Geographical Teaching* (London: Methuen, 1965), pp. 118–143.

⓱ Hugh C. Prince, "Progress in historical geography," in Ronald U. Cooke and James H. Johnson, eds., *Trends in Geography: An Introductory Survey* (Oxford, England: Pergamon, 1969), pp. 110–122.

⓲ Alan R. H. Baker, "Rethinking historical geography," 載前揭 Baker, ed., *Progress in Historical Geography*, pp. 11–28 and 207–212.

⓳ Hugh D. Clout, "The practice of historical geography in France," in Hugh D. Clout, ed., *Themes in the Historical Geography in France* (London: Academic Press, 1977), pp. 1–19.

⓴ H. Clifford Darby, "Historical geography in Britain, 1920–1980: continuity and change," *Transactions of the Institute of British Geographers*, NS vol. 8 (1983), pp. 421–428.

面向〉，㉑貝克 (Alan R. H. Baker) 的〈論歷史地理學與年鑑學派的關係〉，㉒巴特林 (Robin A. Butlin) 的〈歷史地理學的理論與方法〉，㉓厄爾 (Carville Earle) 等人的〈歷史地理學〉，㉔以及尼茨 (Hans-Jürgen Nitz) 的〈德國的歷史地理學〉。㉕本章討論美國的歷史地理學，第七章及第八章分別評述英國和法國的歷史地理學。

二、美國歷史地理學研究的淵源

十九世紀的兩位德國學者，被尊為史地的開山祖，都沒有專門歷史地理學的著作。洪堡 (Alexander von Humboldt, 1769～1859) 對新西班牙詳細的區域研究，關注地理現象的來源，偏重歷史，沒有特別著重地理變遷。里特 (Carl Ritter, 1779～1859) 是一位歷史學者的程度超過是一位地理學

㉑ Paul Claval, "The historical dimension of French geography," *Journal of Historical Geography*, vol. 10, No. 3 (1984), pp. 229–245.

㉒ Alan R. H. Baker, "Reflections on the relations of historical geography and the *Annales* School of history," in Alan R. H. Baker and Derek Gregory, eds., *Explorations in Historical Geography: Interpretative Essays*, Cambridge Studies in Historical Geography No. 5 (Cambridge, England: Cambridge University Press, 1984), pp. 1–27.

㉓ Robin A. Butlin, "Theory and methodology in historical geography," a chapter in M. Pacione, ed., *Historical Geography: Progress and Prospect* (London: Croom Helm, 1987), pp. 16–45.

㉔ Carville Earle *et al.*, eds., "Historical geography," in Gary L. Gaile and Cort J. Willmott, eds., *Geography in America* (Columbus, Ohio: Merrill, 1989), pp. 156–191.

㉕ Hans-Jürgen Nitz, "Historical geography," in Eckart Ehlers, ed., *Forty Years After: German Geography: Development, Trends and Prospects, 1952–1992* (Bonn: Geographische Institute der Universitat, 1992), pp. 145–172. 中文翻譯，見姜道章譯，〈1952–1992 年德國歷史地理學的發展〉，《中國歷史地理論叢》，2004 年 1 輯。

者，他的著作中，有不少很有啟發性的片斷，有關動植物分布與歷史背景，以及有關農畜礦產的著作，不但在歷史地理學中的主題與方法上很重要，對後來的學者在歷史地理學研究上也有啟發的作用，像是後來德康多勒 (Alphonse de Candolle) 對植物馴化的研究，哈恩 (Eduard Hahn, 1857～1928) 對動物馴化理論的建立，都受到里特的啟發。

同時，歐洲地理學者發展了一種不同的歷史地理 (historico-geographical) 研究，這種研究源於孟德斯鳩 (Charles L. de S. Montesquieu, 1689～1755)、赫德 (Johann G. von Herder, 1744～1803) 及巴克爾 (Henry T. Buckle, 1821～1862) 等人的環境決定論，以及萊爾 (Charles Lyell, 1797～1875) 和達爾文 (Charles Darwin, 1809～1882) 的演化論學說。這一研究手法先假定文化的發展要經過次第的階段，文化的發展又認為跟純粹想像的物理原則是一樣的，所以，跟自然環境關係密切。在地理學者中，拉策爾 (Friedrich Ratzel, 1844～1904) 對這方面的影響很大。學者反應不一，有些人贊成而傾向於決定論的地理歷史 (deterministic geographical history)，有些人反對並避開而研究純粹的自然地理，也有些人走中間路線，發展一種比較平衡的和比較客觀的手法研究過去的地理，也許最著名的便是法國的區域地理學者，領導這一學派的是布拉什 (Paul Vidal de la Blache, 1845～1918)。不過對環境決定論攻擊最有力的，則是法國歷史學者費夫爾 (Lucien Febvre, 1878～1956)。

歐洲地理學者在歷史地理學方面的著作很豐富，不但數量多，內容也很廣泛。例如德國學者克雷奇默 (Konrad Kretschmer) 的過去中歐地理的重建，帕薩爾格 (Siegfried Passarge) 的麥哲倫以前太平洋島嶼地理的解釋，以及扎佩爾 (Karl Sapper) 的哥倫布以前新世界動物的經濟地理。[26]

法國布拉什學派的學者和其他地理學者，繼續布拉什學派的傳統，著

---

[26] 見前揭 Clark, “Historical geography.”

作很多，例如德芒容 (Albert Demangeon) 的法國大革命時期的地理與歷史，德芒容和費夫爾合作的萊茵河的歷史與經濟問題，以及加洛瓦 (L. Gallois) 的法國北部和東北部疆域的變遷。㉗由於法國大學歷史學與地理學共同訓練的傳統，假若一位法國地理學者不注意歷史地理學，或者一位法國歷史學者對地理的歷史研究沒有興趣，倒反而是怪事。

十九世紀歐洲各國歷史地理學研究的一個共同主題，就是對古代地理的研究，特別是古希臘和羅馬的地理。英國齊默恩 (A. E. Zimmern) 的《希臘聯邦》一書，㉘研究西元五世紀的雅典及其鄰近地區，強調地理和經濟狀況。歷史地理學者的研究也採用地理影響人類社會和種族進展的觀點。這些傳統的觀點，強烈影響到十九世紀法國的歷史地理學。

歐洲的歷史地理學者也研究國家領土和疆界變遷的歷史與地理，類似我國的沿革地理，西方學者稱之為 geographical history（地理歷史），十八世紀法國地理學者認為歷史地理學是人類在地球上居住的歷史、政治和領土地理變遷的歷史、及地理思想變遷的歷史。值得注意的是這種歷史地理學的傳統定義，將地理學思想史也包括在內。受培根 (Francis Bacon) 的影響，十八世紀歐洲的地理學包括行政或政治地理學 (civil or political geography)、歷史地理學 (historical geography)、宗教地理學 (sacred geography)、教會地理學 (ecclesiastical geography)、及自然地理學 (physical geography)。法國有些學者認為地理學和年代學互相關聯，是歷史學的兩隻眼睛。1870 年代開始，法國的歷史地理學漸漸脫離舊的傳統，愈來愈趨向採用實證的、批判性的和客觀的方法。歐洲歷史地理學之研究仍然著重古希臘羅馬的地理、行政和疆域界線的地理、文藝復興時期的地理、以及

㉗ 見前揭 Clark, "Historical geography," p. 78.

㉘ A. E. Zimmern, *The Greek Commonwealth* (Oxford: Clarendon, 1911)，見前揭 Butlin, *Historical Geography: Through the Gates of Space and Time*, p. 8.

後來大發現的航海地理和相關的地圖學史。十九世紀歐洲學者將地圖學史視為是歷史地理學的一部分，這和我國的歷史地理學是一樣的。㉙

三、美國歷史地理學的開始

美國的歷史地理學無疑承襲了歐洲的傳統，不過，多數美國地理學者過去不太注意歐洲大陸的歷史地理學研究，原因之一是語言問題，總的來說，美國地理學者不願意或語言能力差，不閱讀英文以外其他文字的著作。也因為英國有豐富的歷史地理文獻，美國學者從英國文獻中，容易找到一些具有啟發性的例子。

美國歷史地理學發展的起步，實際上可能跟我國相似，最早 1904 年巴羅斯 (Harlan H. Barrows) 在芝加哥大學地理學系開「地理對美國歷史的影響」一課，為美國大學歷史地理教學的濫觴，㉚1925 年以前美國很少具有博士學位的專業地理學者，1904 年美國地理學協會（The Association of American Geographers，現在通稱美國地理學會）成立，會員來自許多不同學科。不過馬什 (George P. Marsh) 可能是美國最早的歷史地理學者之一，1864 年出版《人與自然》一書，討論人類直接影響改變地表非文化現象的過程。㉛十九世紀與二時世紀之交，謝勒 (Nathaniel S. Shaler) 也有同樣的興趣。㉜美國地理學界的元老都是地質學兼地形學者 (geologist-

㉙ 見前揭 Butlin, *Historical Geography: Through the Gates of Space and Time*, pp. 13–15.

㉚ 這一課巴羅斯幾乎講授了 40 年，最後改為「美國的歷史地理」。

㉛ George P. Marsh, *Man and Nature*, originally published in 1864, new edition ed. by David Lowenthal (Cambridge, MA: Harvard University Press, 1965).

㉜ 謝勒是戴維斯 (William M. Davis) 的老師，他的著作包括 Nathaniel S. Shaler, *Nature and Man in America* (New York, 1891); 及 Nathaniel S. Shaler, *Man and the Earth* (New York, 1905).

physiographers)，[33]對過去自然地理的解釋有很大的貢獻。後來有人將解釋自然地理的概念，應用於歷史文化地理 (historical-cultural geography)，研究自然與文化影響區域特徵和差異的歷史發展。那時美國文化地理學的概念剛萌芽，少數歷史學者著其先鞭，他們對歷史地理學有興趣。不過有些人只根據簡單的自然法則，來解釋文化及其發展，而演變成決定論的地理歷史 (deterministic geographical history)。

1920 年代末和 1930 年代初，美國地理學界很強調區域研究，許多區域性的地理著作，都探究地理現象的來源，由於「景觀」一詞流行，許多歷史地理著作都採用「變遷的景觀」(changing landscape) 一詞表示是歷史地理的研究。1929 年惠特爾西 (Derwent Whittlesey) 創用 「連續文化層」(sequent occupance) 概念，[34]接著有不少學者採用這一描述方法，惠特爾西認為一個區域的人文地理發展，可以分為若干時期，每一個時期，各有特徵。[35]布羅克用文化層的方法，研究美國加州聖大克拉拉河谷地理景觀的變遷，該地位在舊金山以南，歷史上連續受不同文化的影響，經濟發展特徵隨時代而異，布羅克劃分為 4 個不同時期：第一個時期為白人入侵以前的印第安人時期；第二個時期為十九世紀上半葉西班牙人佈道與牧牛場時

---

[33] 這跟我國的情形不完全一樣，我國地理學界的元老，除了地質學者，更多的是氣象學者和歷史學者。

[34] Derwent Whittlesey, "Sequent occupance," *Annals of the Association of American Geographers*, vol. 19 (1929), pp. 162–165. 參閱姜道章，〈連續文化層理論〉，《地理學訊》，第 28 期 (2004)。

[35] 國人最早採用這一方法的是張其昀，他在 1950 年採用文化層的方法，將臺灣分為九個時期，即澎湖期、安平期、臺南期、鹿港期、淡水期、臺北期、臺中期、基隆期、及高雄期，見張其昀，《臺灣史綱》(臺北：革命實踐研究院，1950)。謝覺民也採用這一方法，見 Chiao-min Hsieh, *Taiwan: Ilha Formosa* (Washington, DC: Butterworth, 1964). 這是謝覺民 1953 年提交 Syracuse University 的博士論文，論文原名為 *Successive Occupance of Formosa*。

期；第三個時期為以牧牛和小麥為主的早期美國經濟時期；第四個時期開始於 1870 年代，經濟轉變為以園藝為主。[36]

這一時期有 3 篇傑出的歷史地理著作，表示美國地理學者在某種程度上對過去地理的興趣，一般上又對地理變遷有興趣。第一篇是戈德斯韋特 (James W. Goldthwait) 的〈一個衰退的城市〉；第二篇是詹姆斯 (Preston E. James) 的〈黑石河谷〉；第三篇是霍爾 (Robert B. Hall) 的〈日本東海道：道路與區域〉。[37]三者既是以討論過去地理為主，又都著重地理變遷，這種概念和方法，形成了美國歷史地理學的典範，無疑是歷史地理學的主流。

第二次世界大戰結束以前，美國知名的大學地理學系，都接受並鼓勵有關歷史地理學的博士論文，不過，歷史地理學作為學者個人的研究興趣，大多數止於博士論文，只有少數人在獲得博士學位以後還繼續研究歷史地理。而是大多數柏克萊[38]加州大學地理學系 (Department of Geography, University of California, Berkeley) 出身的地理學者，都在獲得博士學位以後，還繼續研究歷史地理。為什麼柏克萊學派是美國歷史地理學的主流呢？這個問題並不容易解答，在研究上邵爾自己當然是個很好的榜樣，但是他並不故意引導學生的研究興趣。他對自然地理與生物地理，以及野外觀察的強調，也不足以說明這種情形。利用研究人類學、考古學及經濟史學研究的成果，無疑對文化地理學影響很大，他不嚴格區分學科界線的態度也

---

[36] Jan O. M. Broek, *The Santa Clara Valley, California: A Study in Landscape Change* (Utrecht, 1932).

[37] James W. Goldthwait, "A town that has gone downhill," *Geographical Review*, vol. 17 (1927), pp. 527–552; Preston E. James, "The Blackstone Valley: a study in chorography in southern New England," *Annals of the Association of American Geographers*, vol. 19 (1920), pp. 67–109; Robert B. Hall, "Tokaido: road and region," *Geographical Review*, vol. 27 (1937), pp. 353–377.

[38] 柏克萊指柏克萊加州大學地理學系 (Department of Geography, University of California, Berkeley)，形成以邵爾為領袖的柏克萊學派。

同樣有影響。也許最重要的一點，就是他不斷強調研究地理現象「來源的手法」。邵爾自己與學生們應用這一原則，研究地理現象的發展，追求其來源，這一點可能就是為什麼美國地理學界認為他們基本上是歷史地理學者，而不是研究現在地理的。[39]

四、美國歷史地理學的方法論

有不少學者討論什麼是歷史地理學，[40]在史地的大範圍內，歷史地理學者和地理歷史學者 (geographical historians) 都重視人類世界過去的狀況，也關切其在時間上的變遷，換言之，就是過去地理的重建與地理變遷。

理論上，歷史和地理分別關切各種現象在時間上和空間上的變化。就最廣義的觀點來說，歷史和地理都沒有獨占的題材，沒有明確是「地理的」事實和因子，也沒有明確是「歷史的」事實和因子。

研究史地邊緣的學者關注時空的交匯，「純粹的」地理歷史只關注時間上的變遷，「純粹的」歷史地理只關注過去的特徵，也就是區位的（或空間的）特徵，或者是區位的（或空間的）互相關係。研究人類及其自然、社會、政治、經濟以及其他領域的學者，具有史地的偏好。例如經濟學者、社會學者及政治學者，通常可以視為既是歷史學者也是地理學者；同樣地，歷史學者和地理學者也總是利用其他學科的資料和方法，並且通常一定也

---

[39] 見前揭 Clark, "Historical geography," pp. 86–88.

[40] 在 1945～1970 年間數種有關歷史地理學的論文，比較有用的是前揭 Darby, "On the relations of geography and history;" 前揭 Darby, "Historical geography;" 前揭 Smith, "Historical geography: current trends and prospects;" H. Roy Merrens, "Historical geography and early American history," *William and Mary Quarterly*, Third Series, vol. 22 (1965), pp. 529–548; 以及前揭 Prince, "Progress in historical geography."

具有一門或多門系統學科的專門知識。歷史學中有關社會、經濟及政治變遷的理論，同樣地也可以應用於地理學。

也許歷史地理學最關鍵的問題，就是區域歷史研究的地位。假定區域歷史研究是有價值的，最適合史地共同的興趣及訓練。這種研究和教學提供廣泛的知識，講授適當，可以提供大學區域地理課程一個很好的架構，否則區域地理課程的教材常常會變成百科全書式的。

幾乎所有的學者都在研究中不斷追求廣泛概括的模式和理論，輕視這種追求的人可能是無知。許多人相信，過去地理的研究，特別是在時間上變遷的研究，不僅是現代人文地理學和經濟地理學大部分的基礎，而且兩者的撰述與分析之基本架構大部分也是過去地理的研究。假定歷史地理學者認為人的世界，存在某種程度上的空間次序，了解這些空間次序，並經由發展特別的有關人類狀況的幾何規律，也許可以了解人類世界之空間次序的意義。但是歷史地理學者絕對不能忘記，唯一的目的就是要充分了解這種意義，也絕對不能讓任何方法論或任何特別的理論假設，在其全面的意義中排擠歷史或地理。歷史學與地理學具有提供基本知識的功能，基本史地知識，對人類的社會、經濟及政治之福祉極端重要。

像這樣的看法，區域歷史地理學者全面實際的研究，仍然是美國地理學術界的顯學。愈來愈多的相關學者，盡可能地採用區位與行為理論、統計方法、以及最新的計算工具。不過地理學傳統的紀錄、撰述及分析方法，以及對第一手歷史資料的應用與解釋，仍然十分重要。根據像這樣堅實的基礎，新的研究工具常常可以展現其驚人的力量，可以檢驗假設、建構模式、以及發展不同的解釋。

地理決定論歷史研究著作最多的兩個人，都是美國地理學協會的創始會員，也是最早的歷史地理學者，一位是布里格姆 (Albert P. Brigham)，另一位是森普爾 (Ellen C. Semple)，㊶森普爾極為同時期美國地理學者所熟知，後來許多著名的美國地理學者，都是她的學生，她將德國拉策爾的環境決定論學說介紹到美國。森普爾多產，大部分是有關歷史地理的論文。

許多學者都同時對地理學與歷史學有興趣，無疑巴羅斯 (Harlan H. Barrows) 1919～1942 年在芝加哥大學講授美國的地理歷史影響很大。㊷邵爾 (Carl O. Sauer) 對伊利諾上游河谷和俄扎克斯山地的研究，就是採用了巴羅斯的方法。㊸1915 年斯平登 (H. J. Spinden) 發表的〈美洲農業的起源和分布〉，1916 年克羅伯 (A. L. Kroeber) 發表的〈加利福尼亞州的印第安地名〉，1918 年帕金斯 (Almon E. Parkins) 發表的《底特律的歷史地理》，三者都具有人類學的特色。㊹有不少解釋過去地理的研究，例如格利森 (H. A. Gleason) 的〈美國中西部的植被史〉。㊺

1930 年代到 1950 年代中期的 20 多年間，美國歷史地理學發展得相當快，出版了不少有價值的著作，不過其增加速度不如有些其他地理學分科

㊶ 布里格姆有關歷史地理的著作包括 Albert P. Brigham, *Geographic Influences in American History* (Boston, 1903) 及 Albert P. Brigham, "Problems of geographic Influence," *Annals of the Association of American Geographers,* vol. 5 (1915), pp. 3–25. 森普爾有關歷史地理的著作包括 Ellen C. Semple, *American History and its Geographic Conditions* (Boston, 1903) 及 Ellen C. Semple, *The Geography of the Mediterranean World: its Relation to Ancient History* (New York: Holt, 1931).

㊷ 見前揭 Clark, "Historical geography," p. 82.

㊸ Carl O. Sauer, *Geography of the Upper Illinois Valley and History of Development*, Illinois State Geological Survey Bulletin No. 17 (Urbana, 1916); Carl O. Sauer, *The Geography of Ozark Highland of Missouri* (Chicago, 1920).

㊹ H. J. Spinden, "The origin and distribution of agriculture in America," *Proceedings of the 19th International Congress of Americanists of 1915;* A. L. Kroeber, "California place names of Indian origin," *University of California Publications in American Ethnography and Archeology*, vol. 12 (1916), pp. 31–69; Almon E. Parkins, *The Historical Geography of Detroit,* Michigan Historical Commission Publication, University Series No. 3 (Lansing, 1918).

㊺ H. A. Gleason, "The vegetation history of the Middle West," *Annals of the Association of American Geographers,* vol. 12 (1922), pp. 39–85.

快罷了，有兩位學者最重要，居於領導地位，就是布朗 (Ralph H. Brown) 和邵爾。布朗在美國西部山地從事野外工作，利用檔案材料研究美國歷史地理學，他的著作是過去的地理，他的兩部最重要的歷史地理學著作是《美國人的鏡子：1810 年東部沿海地區的實況》與《美國歷史地理》。㊻前者是過去地理的重建，後者是地理的變遷，兩者不但是布朗本人的不朽著作，也是美國歷史地理學成熟的象徵。邵爾 1940 年當選為美國地理學協會的會長，發表會長演說，題為「歷史地理學引論」，㊼是一篇極重要的歷史地理學文獻，批評哈特向 (Richard Hartshorne) 的《地理學的性質》，主張地理學的研究應該著重地理現象的來源，他認為歷史地理學是文化史的一部分，接著引起美國、英國及法國學者熱烈討論歷史地理學，影響很大。邵爾著作等身，他的著作還包括《農業的起源與傳播：動物和糧食作物的馴化》和《地理與人生》。㊽

五、區域歷史地理

美國的歷史地理學研究著重以區域為分析的單位， 1930 年代到 1960

㊻ Ralph H. Brown, *Mirror for Americans: Likeness of the Eastern Seaboard, 1810* (New York, 1943); Ralph H. Brown, *Historical Geography of the United States* (New York, 1948).

㊼ Carl O. Sauer, "Foreword to historical geography," *Annals of the Association of American Geographers*, vol. 31 (1941), pp. 1–24. 中文翻譯見姜道章譯，〈歷史地理學引論〉，《中國歷史地理論叢》，1998 年第 4 期，頁 37–67，191。參閱本書附錄一。

㊽ Carl O. Sauer, *Agricultural Origins and Dispersals: The Domestication of Animals and Foodstuffs* (New York: American Geographical Society, 1952); John Leighly ed., *Land and Life: A Selection from the Writings of Carl Ortwin Sauer*, (Berkeley: University of California Press, 1963). 正如書名所示，後者是邵爾著作的選集，多為文化與歷史地理學論文。

年代最盛行，像柏克萊學派就是以區域為架構，研究人文活動與環境關係的發展，克拉克曾說歷史地理和區域地理都研究區域的組織和差異，梅尼格 (Donald W. Meinig) 的《大哥倫比亞平原的歷史地理》就是一個很好的例子。㊾絕大多數的區域歷史地理研究，都具有一種專題的傾向，我國的區域歷史地理研究，也有專題的傾向，部分原因可能是由於歷史地理學的性質所致，也因為最好的專題研究都根源於區域。例如對美國境外的區域研究，有帕森斯 (James J. Parsons) 對哥倫比亞的研究、韋斯特 (Robert C. West) 對中美洲的研究、斯坦尼斯拉夫斯基 (Dan Stanislawski) 對葡萄牙的研究、以及邵爾 (Carl O. Sauer) 對加勒比海區的研究等。㊿比較著重人口專題的有范德梅爾 (Canute Vandermeer) 對宿霧的研究，51是許多這類研究的一種。尼芬 (Fred Kniffen) 的文化地理小組，成員都是路易斯安那州立大學地理學與人類學系畢業的，出版了幾種美國的區域專刊，值得注意的有鄧巴 (Gary Dunbar) 和瓦克爾 (Peter O. Wacker) 兩人的專刊，還有尼芬自己的路易斯安那州之區域歷史。52克拉克有三部區域著作，53麥迪遜威斯康

㊾ Donald W. Meinig, *The Great Columbia Plain: A Historical Geography* (Seattle: University of Washington Press, 1968).

㊿ James J. Parsons, *Antioqueno Colonization in Western Colombia*, Ibero-Americana No. 32, first published in 1949, second edition (Berkeley, 1969); Robert C. West, *The Mining Community in Northern New Spain: The Parral Mining District*, Ibero-Americana No. 30 (Berkeley, 1949); Dan Stanislawski, *The Individuality of Portugal: A Study in Historical-Political Geography* (Austin, Texas, 1959); Dan Stanislawski, *Landscapes of Bacchus: The Vine in Portugal* (Austin and London, 1970); Carl O. Sauer, *The Early Spanish Main* (Berkeley, 1966).

51 Canute Vandermeer, "Population patterns on the island of Cebu, the Philippines, 1500–1900," *Annals of the Association of American Geographers*, vol. 57 (1967), pp. 315–337.

52 Gary Dunbar, *Historical Geography of the North Carolina Outer Banks* (Baton Rouge, 1958); Peter O. Wacker, *The Musconetcong Valley of New Jersey* (New

辛大學地理學系的博士論文不少是區域歷史地理，包括布格哈特 (Andrew F. Burghardt)、英格利希 (Paul W. English)、吉布森 (James R. Gibson)、哈里斯 (Richard C. Harris)、喬丹 (Terry G. Jordan)、及梅倫斯 (H. Roy Merrens) 等人的專著。[54]這類研究最好的一個例子，就是上述梅尼格的《大哥倫比亞平原》一書。[55]梅尼格最重要的著作是他的《美國的形成：五百年歷史的地理透視》一書，原計畫三卷，第二卷出版後，擴充為四卷，[56]從地理的觀點，討論五百年來美國的形成，第一卷出版後，深得美國歷史學者及地理學者的好評，[57]該書為歷來獲得最多書評的美國歷史地理學著

Brunswick, 1967); Fred B. Kniffen, *Louisiana: Its Land and People* (Baton Rouge, 1968).

[53] Andrew H. Clark, *The Invasion of New Zealand by People, Plants and Animals: The South Island* (New Brunswick, NJ, 1949); Andrew H. Clark, *Three Centuries and the Island: A Historical Geography of Settlement and Agriculture in Prince Edward Island, Canada* (Toronto, 1959); Andrew H. Clark, *Acadia: The Geography of Early Nova Scotia to 1700* (Madison, 1968).

[54] Andrew F. Burghardt, *Borderland: A Historical and Geographical Study of Burgenland, Austria* (Madison, 1962); Paul W. English, *City and Village in Iran: Settlement and Economy in the Kirman Basin* (Madison, 1966); James R. Gibson, *Feeding the Russian Fur Trade: Provisionment of the Okhotsk Seaboard and the Kamchatka Peninsula, 1639–1856* (Madison, 1969); Richard C. Harris, *The Seigneurial System in Early Canada: A Geographical Study* (Madison, 1966); Terry G. Jordan, *German Seed in Texas Soil* (Austin, 1966); H. Roy Merrens, *Colonial North Carolina in the Eighteenth Century: A Study in Historical Geography* (Chapel Hill, 1964).

[55] 見前揭 Meinig, *The Great Columbia Plain.*

[56] Donald W. Meinig, *The Shaping of America: A Geographical Perspective on 500 Years of History* (New Haven: Yale University Press), Volume l, *Atlantic America, 1492–1800* (1986), Volume 2, *Continental America, 1800–1867* (1992), Volume 3, *Transcontinental America, 1850–1915* (1995), Volume 4, *Global America, 1915–1992* (2004)。

[57] 我國類似梅尼格《美國的形成：五百年歷史的地理透視》的著作，只有一種，即

作，被譽為二十世紀美國歷史地理學著作的極品。[58]

前面已經提到，絕大多數的區域歷史地理研究，都有很強烈的專題傾向，就麥迪遜威斯康辛大學學者為例，哈里斯 (Richard C. Harris) 研究地籍測量的影響與一般地理的特徵對土地所有權結構的關係；喬丹 (Terry G. Jordan) 比較德克薩斯州德國人和南方本地人兩種移民對農業影響的比較；米切爾 (Robert D. Mitchell) 研究十八世紀維吉尼亞州農業中非自給部分之強度在時空上的變化趨勢；沃德 (David Ward) 研究十九世紀波士頓的經濟功能與移民居住地之位置的變遷。[59]許多學者有很明確的區域研究興趣，

張其昀著，《中華五千年史》（臺北：中國文化大學出版部，1960–1981），預定成書三十二冊，張氏生前只完成九冊，至西漢為止。

[58] David Wishart, "A Book Review of The Shaping of America: A Geographical Perspective on 500 Years of History, vol. 3: Transcontinental America, 1850–1915," *Annals of the Association of American Geographers*, vol. 90 (2000), pp. 425–427.

[59] Harris 及 Jordan 兩人的著作，請見前[54]。關於哈里斯，請參閱闕維民，〈R. C. 哈里斯：加拿大著名歷史地理學家〉，《中國歷史地理論叢》，1996 年第 2 輯，頁 243–251。Sam B. Hillard, "Pork in the ante-bellum South: the geography of self-sufficiency," *Annals of the Association of American Geographers*, vol. 59 (1969), pp. 461–480; Sam B. Hillard, "Hog meat and cornpone: food habits in the ante-bellum South," *Proceedings, American Philosophical Society*, vol. 113 (1969), pp. 1–13. Robert D. Mitchell 的博士論文為 *The Upper Shenandoah Valley of Virgina During the Eighteenth Century* (Madison, 1969), 接著發表 Robert D. Mitchell, "The commercial nature of frontier settlement in the Shenandoah Valley of Virgina," *Proceedings, Association of American Geographers*, No. 1 (1969), pp. 109–113. David Ward 的博士論文為 *Nineteenth Century Boston: A Study in the Role of Antecedent and Adjacent Conditions in the Spatial Aspects of Urban Growth* (Madison, 1963). 接著他發表一系列這方面的論文，此處列舉三篇為例。David Ward, "A comparative historical geography of streetcar suburbs in Boston, Massachusetts and Leeds, England, 1850–1920," *Annals of the Association of American Geographers*, vol. 54 (1964), pp. 477–489; David Ward, "The Industrial Revolution and the emergence of Boston's Central Business District," *Economic Geography*, vol. 42 (1966), pp. 152–171; David Ward, "The emergence of central

隨著時間的進展，轉變以專題研究興趣為主，這一趨勢以沃德的專著為例可以說明的很清楚。[60]

六、都市歷史地理研究

美國是一個高度都市化的國家，[61]都市研究形成顯學，在歷史地理學研究中，都市也很受到注意，當然都市也可視為是區域，是很特別的區域，有關都市的材料，相對地比較容易收集，有許多有關都市歷史地理的研究。的確，就是在都市研究中，都市地理學者和都市歷史學者的研究常常幾乎無法區別，在這方面地理歷史和歷史地理可能最模糊不清，極難分辨。

歷史學者相當開創性的研究之一，就是韋德 (Richard Wade) 的《都市的新領域》一書，公認為是歷史都市地理研究的佳作；韋德也與地理學者邁耶 (Harold Mayer) 合作發表了生動的芝加哥圖畫歷史。[62]名義上是歷史學者的學者，深切關注地理問題，可以說開始於跟特納 (Frederick J. Turner) 相關的美國歷史學。[63]另外一位像這樣的歷史學者是沃納 (Sam B. Warner)，他的研究使許多歷史都市地理學者受惠。[64]吉爾克里斯特 (David

---

immigrant ghettoes in American cities, 1840–1920," *Annals of the Association of American Geographers*, vol. 58 (1968), pp. 343–359.

[60] David Ward, *Cities and Immigrants* (New York, 1971).

[61] 人口統計顯示 2003 年都市化的程度大約是 80%，見 *2003 World Population Data Sheet* (Washington, DC: Population Reference Bureau, 2003)，這是定義的問題，實際可能還要高些，因為美國從事農業的人口只約有 2.5%，許多人住在鄉村，卻不是農人。

[62] Richard Wade, *The Urban Frontier* (Chicago, 1967); Richard Wade and Harold Mayer, *Growth of a Metropolis* (Chicago, 1969).

[63] Frederick J. Turner, *The Frontier in American History*, originally published in 1894 (New York: Holt, Rinehart and Wilson, 1920). 著重自然環境對歷史的影響。

[64] Sam B. Warner, *Streetcar Suburbs: The Process of Growth in Boston, 1870–1900*

T. Gilchrist) 主編的《1790～1825 年海港都市的成長》一書的內容大部分是地理的，[65]也使地理學者受惠。設計學者也提供了對地理學者有幫助的資料與概念，著名的有雷普斯 (John W. Reps)。[66]這跟我國的情形有些類似，我國很多歷史學者的著作，內容是歷史地理。

不過，有數種對個別都市明確的歷史研究，像是戈欣 (Peter Goheen) 的研究；還有比較一般的歷史，像是斯佩爾特 (Jacob Spelt)、布格哈特 (Andrew F. Burghardt)、納爾遜 (Howard J. Nelson)、普雷德 (Alan Pred) 等人的研究。[67]戈欣利用電腦處理大量的資料，解決了在理論上及在技術上的問題，他所使用的語言是最現代的，但是在某一程度上，因為都市本身就是一個區域，所以他也是一位區域歷史地理學者。就比較廣博的觀點來看，利用比較傳統的研究及描述方法，美國地理學者完成了許多各種著重都市之歷史的研究。

(Cambridge, Mass., 1962); S. B. Warner, *The Private City: Philadelphia in Three Periods of Growth* (Philadelphia, 1968).

[65] David T. Gilchrist, ed., *The Growth of Seaport Cities, 1790–1825* (Charlottesville, 1967).

[66] John W. Reps, *The Making of Urban America: A History of City Planning in the United States* (Princeton, 1965); John W. Reps, *Town Planning in Frontier America* (Princeton, 1969), 後者係根據前者所撰寫的。

[67] Peter Goheen, *Victorian Toronto, 1850–1900: Pattern and Process of Growth*, University of Chicago Department of Geography Research Paper, No. 127 (Chicago, 1970); Jacob Spelt, *The Urban Development in South Central Ontario* (Assen, 1955); Andrew F. Burghardt, "The location of river towns in the Central Lowland of the United States," *Annals of the Association of American Geographers*, vol. 49 (1959), pp. 305–323; Howard J. Nelson, "Walled cities of the U.S.A.," *Annals of the Association of American Geographers*, vol. 51 (1961), pp. 1–22; and Alan Pred, *The Spatial Dynamics of United States Urban Industrial Growth, 1800–1914: Interpretative and Theoretical Essays* (Cambridge, Mass., 1966).

七、地理變遷

克拉克曾表示懷疑橫剖面方法，他認為歷史地理學者應該知道所有地理都是機動的，是不斷變遷的，歷史地理是「過去不斷變遷的地理」，[68]他強調大量有關地理變遷的研究，其作者都沒有明確地想做歷史地理的研究，其讀者也都看不出來是歷史地理的研究。韋弗 (John Weaver) 的作物與牲畜研究是這類研究的最佳例子，[69]另外一個好例子是休斯 (Leslie Hewes) 與施邁丁 (Arthur C. Schmieding) 兩人有關美國大平原農作物失敗變遷的研究，的確休斯的研究大部分都是歷史地理學。[70]哈特 (John F. Hart) 和澤林斯基 (Wilbur Zelinsky) 兩人對美國鄉村及人口地理長期或短期的變遷發表過許多著作，[71]傑克 (John Jakle) 做過俄亥俄河谷邊區食鹽的專題歷史研

---

[68] Andrew H. Clark, "Geographical change: a theme for economic history," *Journal of Economic History*, vol. 20 (1960), pp. 607–613. 二十世紀下半葉我國大部分的歷史地理研究，都是討論地理變遷的，與克拉克的看法，不謀而合。

[69] 這一研究產生的數篇論文中的兩篇是：John C. Weaver, "Crop combination regions for 1919 and 1929 in the Middle West," *Geographical Review*, vol. 44 (1954), pp. 560–572; John C. Weaver, "Changing patterns of cropland use in the Middle West," *Economic Geography*, vol. 30 (1954), pp. 1–47. 陳正祥曾應用韋弗的作物配合方法，研究臺灣的作物配合，見陳正祥，《臺灣之作物配合與作物區域》，敷明產業地理研究所研究報告，第 62 號（臺北，1956），不過陳正祥的研究不是歷史地理，因為他只討論 1950 年的臺灣作物配合與作物區域，沒有涉及變遷。

[70] Leslie Hewes and Arthur C. Schmieding, "Risk in the Central Great Plains: geographical patterns of wheat failure in Nebraska, 1931–1952," *Geographical Review*, vol. 46 (1956), pp. 375–387; Leslie Hewes, "Traverse across Kit Carson County, Colorado, with notes on land use on the margin of the old Dust Bowl, 1939–40 and 1962," *Economic Geography*, vol. 39 (1963), pp. 332–340; Leslie Hewes, "Causes of Wheat failure in the Dry Farming Region, Central Great Plains, 1939–1957," *Economic Geography*, vol. 41 (1965), pp. 313–330.

究，又同惠勒 (James Wheeler) 合作從事有關都市變遷的研究。[72]又如卡茨曼 (M. T. Katzman) 對區域人口族群組成與經濟表現相關的研究，也是著重變遷。[73]

八、文化地理學派

柏克萊加州大學地理學者的文化與環境的興趣，與他們常常展現出很強烈的人類學色彩，這是在邵爾 (Carl O. Sauer) 時代發展形成的，如何能將這種興趣，跟其他各種不同的歷史地理研究關聯起來呢？前面已經提到，邵爾自己及其學生所完成的區域專刊，是美國歷史地理學的真正核心，不過這些專刊多是研究拉丁美洲的。但是許多第二次世界大戰後柏克萊的文化地理學者，包括像是阿什曼 (Homer Aschmann)、德尼范 (William Denevan)、米克塞爾 (Marvin Mikesell)、羅斯特倫德 (Erhard Rostlund)、西蒙斯 (Frederick Simoons)、索弗 (David Sopher)、瓦格納 (Philip Wagner) 等，還有若干第二代的學者，像是卡特 (George Carter) 的學生伊薩克 (Erich Isaac)、及斯潘塞 (Joseph Spencer) 的學生托馬斯 (William L. Thomas, Jr.)，

---

[71] John F. Hart, "Loss and abandonment of cleared farm land in the Eastern United States," *Annals of the Association of American Geographers*, vol. 58 (1968), pp. 417–440; Wilbur Zelinsky, "Changes in the geographic pattern of rural population in the United States, 1790–1960," *Geographical Review*, vol. 52 (1962), pp. 491–524.

[72] John Jakle, "Salt on the Ohio Valley frontier, 1770–1820," *Annals of the Association of American Geographers*, vol. 59 (1969), pp. 687–709; John Jakle and James Wheeler, "The changing residential structure of the Dutch population in Kalamazoo, Michigan," *Annals of the Association of American Geographers*, vol. 59 (1969), pp. 411–460.

[73] M. T. Katzman, "Ethnic geography and regional economics, 1880–1960," *Economic Geography*, vol. 45 (1969), pp. 45–52.

以及許多其他與柏克萊沒有關聯的學者，他們主要研究地理的文化史，與著重歷史地理的歷史地理學者之研究類似，但常常並不一樣。[74]有趣的是邵爾自己只有在美國地理學者協會 1941 年的會長演說時，才直接清楚地使用「歷史地理學」(historical geography) 一詞，長期以來他完全沒有使用「歷史地理學」這一名詞。[75]但是，一般上著重研究文化與自然的互相影響、各種文化現象的分布與擴散、以及人類在其環境改變中所扮演的角色。[76]這批人的輔助訓練包括自然地理學、生物地理學及人類學，而不是社會史、經濟史及政治史。這對文化地理學者的實際研究工作極有利，不過，有時候要是他們的研究興趣轉變為比較明確的歷史地理，由於缺乏應

---

[74] Homer Aschmann, *The Central Desert of Baja California* (Riverside, CA, 1967); William Denevan, *The Aboriginal Cultural Geography of the Llanos de Mojos of Bolivia*, Ibero-Americana No. 48 (Berkeley and Los Angeles, 1968); Marvin Mikesell, *Northern Morocco: A Cultural Geography*, University of California Publications in Geography, vol. 14 (Berkeley, 1961); Erhard Rostlund, "The myth of a natural prairie belt in Alabama: an interpretation of historical records," *Annals of the Association of American Geographers*, vol. 47 (1957), pp. 392–411; Erhard Rostlund, "The geographic range of the historic bison in the Southeast," *Annals of the Association of American Geographers*, vol. 50 (1960), pp. 395–407; Frederick Simoons, *Eat Not This Flesh: Food Avoidances in the Old World* (Madison, 1961); Frederick Simoons, *A Ceremonial Ox of India: The Mithan in Nature, Culture and HistoryWith Notes on the Domestication of Common Cattle* (Madison, 1968); David Sopher, *The Sea Nomads: A Study Based on the Literature of the Maritime Boat People of Southeast Asia*, Memoirs of the National Museum, No. 5 (Singapore, 1965); Philip Wagner, *Nicoya: A Cultural Geography*, University of California Publications in Geography, vol. 12, no. 3 (Berkeley, 1958).

[75] 演講詞見前揭 Carl O. Sauer, "Foreword to historical geography" .

[76] 1955 年在普林斯頓召開的一次學術會議，邵爾是副主任委員之一，這次會議是按照馬什 (George P. Marsh) 的傳統所召開的，結果出版 William L. Thomas, Jr., ed., *Man's Role in Changing the Face of the Earth* (Chicago, 1955)，此書堪稱巨著，長達 1,193 頁。

用歷史文獻的技巧，便會有困難。其他學者有關這類研究的例子，除了已經提到的，還有巴茨 (Karl W. Butzer) 的《環境與考古學：更新世地理導論》，[77]以及伯格曼 (John Bergman)、富森 (Robert Fuson)、羅斯 (Stanley Ross) 等人的研究。[78]即使跟「歷史的」歷史地理學者在研究方向上顯然不同，後者與「文化的」歷史地理學者之間的聯繫，仍然保持合理的密切關係。克拉克和尼芬 (Fred B. Kniffen) 兩人都有許多明確的歷史地理學生，兩人也都是邵爾的學生，克拉克在麥迪遜威斯康辛大學地理學系，尼芬在巴頓若基 (Baton Rouge) 路易斯安那州立大學地理學與人類學系，兩人都指導過柏克萊傳統之文化地理學的博士論文，許多柏克萊文化地理學的學者，像是芝加哥大學任教的米克塞爾，也曾經鼓勵學生做歷史地理學的博士論文。

形態研究可以說是文化地理學派的一個分支，尼芬是美國研究文化景觀形態方面的主要學者之一，開始他研究有蓋頂的橋樑及郡賽會會場 (fairground)，最後極仔細地全面描述並解釋各類型美國房屋的分布及擴散。他的歷史及文化興趣是很廣泛的。[79]他的影響在瓦克爾 (Peter O. Wacker)

---

[77] Karl W. Butzer, *Environment and Archaeology: An Introduction to Pleistocene Geography* (Chicago, 1964).

[78] John Bergman, "The distribution of cacao cultivation in pre-Columbian North America," *Annals of the Association of American Geographers*, vol. 59 (1969), pp. 85–96; Robert Fuson, "The orientation of Mayan ceremonial centers," *Annals of the Association of American Geographers*, vol. 59 (1969), pp. 494–511; Stanley Ross, "Metallurgical beginnings: the case for copper in the pre-historic American southwest," *Annals of the Association of American Geographers*, vol. 58 (1968), pp. 360–370.

[79] Fred B. Kniffen, "The American agricultural fair: the pattern," *Annals of the Association of American Geographers*, vol. 39 (1949), pp. 264–282; Fred B. Kniffen, "The American agricultural fair: time and place," *Annals of the Association of American Geographers*, vol. 41 (1951), pp. 42–57; F. B. Kniffen, "The American

的著作中看得很清楚，除了瓦克爾，還要加上皮爾斯伯里 (Richard Pillsbury) 研究大西洋中區街道形態的歷史演變，後來又有瓦克爾和特林德爾 (R. J. Trindell) 研究早期紐澤西州的房屋類型。[80]

普賴斯 (Edward T. Price) 是邵爾的另外一位學生，他跟尼芬一樣，有廣泛的歷史的及文化的興趣。[81]雖然他們的研究受到許多其他學科學者的熱烈歡迎，有些美國學者戲稱為「煙囪型」的形態研究，後來極少有人從事這類研究。當然，文化在許多方面在各地留下不同的痕跡，並不僅是房屋類型、街道形態、植被改變等等。地籍形態反映在柵欄、田地、道路、以及聚落的一般布局，也是形態研究的重要題目，有兩位地理學者發表了有關美國長方形測量體系的優良著作，他們是帕蒂森 (William Pattison) 及思羅爾 (Norman Thrower)。[82]

---

covered bridge," *Geographical Review*, vol. 41 (1951), pp. 114–123; Fred B. Kniffen, "Folk housing: key to diffusion," *Annals of the Association of American Geographers*, vol. 55 (1965), pp. 549–577.

[80] Richard Pillsbury, "The urban street pattern as a culture indicator: Pennsylvania, 1682–1815," *Annals of the Association of American Geographers*, vol. 60 (1965), pp. 428–446; Peter O. Wacker, "Early street patterns in Pennsylvania and New Jersey: a comparison," *Proceedings, Association of American Geographers*, vol. 3 (1970), pp. 1–13; Peter O. Wacker and R. J. Trindell, "The log house in New Jersey: origins and diffusion," *Keystone Folklore Quarterly*, vol. 13 (Winter, 1969), pp. 248–268.

[81] Edward T. Price, "The central courthouse square in the American county seat," *Geographical Review*, vol. 58 (1968), pp. 29–60.

[82] William Pattison, *Beginnings of the American Rectangular Land Survey System*, University of Chicago Department of Geography, Research Paper, No. 50 (Chicago, 1957); Norman Thrower, *Original Land subdivision: A Comparative Study of the Form and Effect of Contrasting Cadastral Surveys* (Chicago, 1966).

九、結 論

美國歷史地理學的發展，受7位學者的影響最大，即馬什(George P. Marsh, 1801～1882)、布里格姆(Albert P. Brigham, 1855～1932)、森普爾(Ellen C. Semple, 1863～1932)、巴羅斯(Harlan H. Barrows, 1977～1960)、邵爾(Carl O. Sauer, 1889～1975)、克拉克(Andrew H. Clark, 1911～1975)及梅尼格(Donald W. Meinig, 1924～)。美國的歷史地理學承襲了歐洲的傳統，初期形成地理決定論的歷史，後來研究過去的地理和景觀變遷，比較著重區域歷史地理及都市歷史地理的研究，過去地理和地理變遷為兩大研究主題，以邵爾為首的文化地理學派是美國歷史地理學的主流。

十九世紀中葉以後，歷史地理學一直是美國地理學的主流之一，二十世紀中葉由邵爾及克拉克等學者的提倡，美國歷史地理學獲得進一步的發展，二次世界大戰後，愈來愈多美國大學的地理學系開設歷史地理學課程，美國地理學協會的學報 *Annals of the Association of American Geographers* 所刊載的論文，大約有四分之一是歷史地理的。1982年美國地理學者協會有會員5,686人，有57個系統地理專業，人數超過會員總人數十分之一者，計有7個，依次為都市地理學（922人）、地圖學（766人）、文化地理學（757人）、自然地理學（690人）、經濟地理學（622人）、環境研究（593人）、及歷史地理學（583人），共有5,444人，占總會員人數的95.5%，這7科可視為美國地理學的主流，若將文化地理學與歷史地理學合計，則為1,340人，占總會員人數的比例，超過五分之一，文化與歷史地理學無疑是美國地理學的主流之一。[83]1996年美國地理學者協會有會員

---

[83] 見姜道章，〈地理學的性質與發展趨勢〉，《人文及社會學科教學通訊》，8卷6期(1998)，頁96。

6,621 人，有 49 個系統地理專業，超過 400 人最大者為地理資訊系統（1,349 人）、都市地理學（880 人）、地圖學（583 人）、遙測學（578 人）、地形學（477 人）、區域發展與設計（464 人）、歷史地理學（449 人）、文化地理學（437 人）、應用地理學（432 人）、微型電腦（428 人）、及人口地理學（412 人），僅就人文與應用地理來說，人數最多的則是都市地理學、區域發展與設計、歷史地理學、文化地理學、應用地理學、及人口地理學，與十幾年前的情況比較，變化很大，但是歷史與文化地理學無疑仍是美國地理學的主流之一。1997～1998 學年度美國有 61 間大學的地理學系，頒授地理學博士學位，其中 27 系有歷史地理學課程，超過十分之四，另有 15 系沒有歷史地理學課程，卻有文化地理學課程，兩者合計為 42 系，所占比例近乎十分之七，換言之，在這 42 系的學生可以進修歷史地理學或文化地理學的博士學位。[84]

---

[84] *Guide to Programs in Geography in the United States and Canada, 1997–98* (Washington, DC: Association of American Geographers, 1997).

MEMO

第七章

英國的歷史地理學

一、導　言

英國歷史地理學有一百多年的歷史了，十九世紀英國對歷史地理學有興趣的學者，主要都是有名的歷史學者，特別重要的是經濟史學者的著作，包括坎寧安 (William Cunningham) 的 《英格蘭工商業的成長》 和克拉彭 (John H. Clapham) 的 《現代不列顛的經濟史》。❶達比 (H. Clifford Darby) 和其他歷史地理學者，都承認深受克拉彭的影響。牛津大學的歷史學者格林 (J. R. Green) 及弗利曼 (E. A. Freeman) 關注歷史中的地理因子， 這類研究可以稱為「歷史的地理」。

地理學者薩默維爾 (Mary Somerville, 1780～1872) 曾鼓勵歷史的觀點，她注意到一些歷史地理的主題，見於她的名著《自然地理》，後來美國學者馬什 (George P. Marsh, 1801～1882) 對這些主題加以擴充。❷

十九世紀與二十世紀之交，隨著英國大學中地理學教學與研究的快速發展，具有領導地位的地理學者，都對歷史地理有興趣。許多地理學史學

---

❶ William Cunningham, *The Growth of English Industry and Commerce* (Cambridge, England: Cambridge University Press, 1882); John H. Clapham, *An Economic History of Modern Britain*, 3 volumes (Cambridge, England: Cambridge University Press, 1926–1938).

❷ Mary Somerville, *Physical Geography*, originally published in 1848 (London, 1948); George P. Marsh, *Man and Nature*, ed. by David Lowenthal, originally published in 1864 (Cambridge, MA: Harvard University Press, 1965).

者，例如泰勒 (Eva G. R. Taylor) 和吉爾伯特 (Edmund W. Gilbert)，都將研究擴展到歷史地理學的領域。❸達比和伊斯特 (W. Gordon East) 是兩位多產的歷史地理學者，不過伊斯特大概對地理歷史比對歷史地理更有興趣。❹英國歷史地理學的一個特色，就是大多數英國地理學界著名的學者，都或多或少研究歷史地理，這可能是英國歷史地理學的一個特色。

二、英國現代歷史地理學的開始

二十世紀開始的二三十年間，英國經歷一場有關對歷史地理學性質的辯論，到 1920 年代晚期，現代歷史地理學出現，這一發展主要歸功於包括達比、吉爾伯特、貝克 (J. N. L. Baker)、泰勒、鮑恩 (Emrys G. Bowen)❺等人的集體努力，他們受過其他學科的訓練，他們的著作可以視為「古典的」歷史地理學，但在某些方面，他們也是新一代的歷史地理學者。但是像麥

---

❸ Eva G. R. Taylor, *Tudor Geography, 1485–1593* (London, 1930); Edmund W. Gilbert, *The Exploration of Western America, 1800–1850: An Historical Geography* (Cambridge, England, 1933).

❹ 達比的著作包括 H. Clifford Darby, "The changing English landscape," *Geographical Journal*, vol. 117 (1951), pp. 377–398; H. Clifford Darby, ed., *An Historical Geography of England before A.D. 1800* (Cambridge, England: Cambridge University Press, 1936); H. Clifford Darby, *The Medieval Fenland* (Cambridge, England: Cambridge University Press, 1940); H. Clifford Darby, *The Draining of the Fens* (Cambridge, England: Cambridge University Press, 1940); 以及 1954–1977 年間出版的七卷《末日審判書 (*Domesday book*) 地理》。伊斯特的著作包括 W. Gordon East, *An Historical Geography of Europe* (London: Methuen, 1935); W. Gordon East, *The Geography behind History* (London: Nelson, 1938); W. Gordon East, "Historical geography," in W. Gordon East and Sidney W. Wooldridge, *The Spirit and Purpose of Geography* (London, 1951), pp. 80–102.

❺ 鮑恩是 Wales 歷史地理權威專家。

金德 (Halford J. Mackinder) 及羅克斯比 (Percy M. Roxby) 等學者的著作與理念，是人文地理學中歷史要素舊傳統的延續。十九世紀末葉及二十世紀初葉，麥金德大力提倡新地理學，在他主要的著作中，他好幾次提到歷史地理。

由於麥金德的提倡，麥金德及其他學者的著作，都具有歷史地理的內容，例如科尼什 (Vaughan Cornish) 的〈有關戰爭之歷史地理與自然地理的筆記〉。❻羅克斯比在牛津大學本來是學歷史學的，強烈地受赫伯森 (Andrew J. Herbertson) 區域地理及法國區域學派的影響，在他對東安格利亞 (East Anglia) 的區域研究中，加上了歷史地理的觀點。

早期有關歷史地理學性質的辯論，發生在英國地理聯合會 (The Geographical Association) 1921 年的學術討論會上，費爾格里夫 (James Fairgrieve) 表示歷史地理學的性質包括 3 方面：⑴地理發現的歷史，⑵地理對歷史的影響，⑶歷史與地理的共同園地。按照費爾格里夫的看法，歷史地理學研究一地過去的歷史如何產生現在的地理。整個辯論好像討論的是史地關係。

後來倫敦政經學院的瓊斯 (L. Rodwell Jones) 認為，假若地理學研究人與自然環境的關係，則所有的地理研究都是歷史地理，就像所有的學科都是歷史學的一部分，至少其歷史的方面是歷史的。

這種辯論繼續到 1930 年代，1932 年英國地理協會與英國歷史聯合會 (The Historical Association) 在倫敦政經學院聯合舉辦一次學術討論會，討論「什麼是歷史地理學？」有些人傾向於地理影響歷史的歷史地理學，像這樣的研究是歷史，因而有「歷史地理」(historical geography) 與「地理歷史」(geographical history) 之分。❼吉爾伯特考慮歷史地理學是研究疆域變

---

❻ Vaughan Cornish, "Notes on the historical and physical geography of War," *Geographical Journal*, vol. 45 (1915), pp. 371–384.

遷、地理探險史、自然環境影響人類的遷移、地理學史、以及地理環境影響歷史的發展等觀點，結論認為歷史地理學的真正功能，實是重建過去的區域地理。❽

受上述辯論的影響，英國大學歷史地理的教學，就不包括地理探險史及地理學史，這種窄狹的概念，強烈地影響到從1930年代到1970年代英國的歷史地理學，第一次世界大戰期間地緣政治學的興起，也使得英國歷史地理學減少了政治的成分。

大量論文及專著的性質，反映了學者的興趣和訓練，有些最早的歷史地理著作來自有歷史感人文地理學的阿伯里斯特威斯學派 (Aberystwyth school)，深受考古學及法國人文地理學的影響，阿伯里斯特威斯學派的代表學者就是上述的鮑恩。

1930年代英國有許多歷史地理學的著作，像是達比的〈沼澤地在英國歷史中所扮演的角色〉及〈中世紀的海洋國家〉，❾顯示深受十九世紀中葉以來歷史背後的地理之英國學術歷史傳統的影響。學者之中值得一提的是泰勒， 她在倫敦大學的貝克貝克學院 (Birkbeck College) 講授歷史地理，1930年升任地理講座教授。

達比及其所領導的學者在歷史地理學「古典」時期的著作，是試驗性的，具有很高的學術標準，獲得極高的評價，1920年代及1930年代，達

---

❼ 見 J. E. Morris et al., “What is historical geography?” in D. Brooks Green, ed., *Historical Geography: A Methodological Portrayal* (Savage, MD: Rowman & Littlefield Publishers, 1991), pp. 5–9. 此文原載 *Geography*, vol. 17 (1932), pp. 39–43.

❽ Edmund W. Gilbert, “What is historical geography?” 載前揭 Green, *Historical Geography*, pp. 10–16. 此文原載 *Scottish Geographical Magazine*, vol. 48 (1932), pp. 129–136.

❾ H. Clifford Darby, “The role of the Fenland in English history,” in F. Quicke, ed., *Congres Internationale de Geographie Historique*, Tome II, *Memoires* (Brussels, 1931), pp. 62–65; H. Clifford Darby, “The medieval sea state,” *Scottish Geographical Magazine*, vol. 48 (1932), pp. 136–139.

比是英國新歷史地理學的倡導人，使新歷史地理學成為一個自我意識的學科，而那時地理學本身在大學中的地位卻還不是很穩固，達比主編的《1800 年以前英格蘭的歷史地理》一書，利用橫剖面重建過去不同時期的地理，以材料及問題決定方法，達比在該書有關歷史地理學方法論的導論中說，撰述歷史地理學方法論的時機尚未成熟。[10]該書促進了歷史地理學的研究方法，而不是歷史地理學的理論，達比承認歷史的橫剖面方法基本上是靜態的，到後來的《新英格蘭歷史地理》，除了橫剖面，達比又加上垂直的描述方法（表 7–1）。[11]

表 7–1 達比主編英格蘭歷史地理兩書章目的比較

1936 年的《1800 年以前英格蘭的歷史地理》	1973 年的《新英格蘭歷史地理》
1. 導論：史前的南不列顛	1. 盎格魯與斯堪的那維亞的基礎
2. 羅馬時代不列顛的人文地理	2. 1086 年時的英格蘭
3. 盎格魯撒克遜的聚落	3. 中世紀早期的變遷
4. 斯堪的那維亞的聚落	4. 1334 年左右的英格蘭
5. 1000～1250 年英格蘭的經濟地理	5. 中世紀晚期的變遷
6. 十四世紀的英格蘭	6. 1600 年左右的英格蘭
7. 中世紀的貿易：西岸港口	7. 1600～1800 年革新時代
8. 中世紀的貿易：東岸港口	8. 1800 年左右的英格蘭
9. Leland 時代的英格蘭	9. 1800～1850 年鐵路時代的變遷
10. Camden 時代的英格蘭	10. 1850 年左右的英格蘭
11. 十七世紀的英格蘭	11. 1850 年至 1900 年左右變遷的英格蘭
12. 1600～1800 年沼澤的排水	12. 1900 年左右的英格蘭
13. 十八世紀的英格蘭	
14. 1600～1800 年倫敦的成長	

[10] H. Clifford Darby, ed., *An Historical Geography of England before A.D. 1800* (Cambridge, England: Cambridge University Press, 1936).

[11] H. Clifford Darby, ed., *A New Historical Geography of England* (Cambridge, England: Cambridge University Press, 1973).

三、二十世紀中葉英國的歷史地理學

歷史地理學的內容長久以來就是爭論的問題，一般人認為歷史地理學就是對過去一個地區地理的描述，這一說法有深遠的歷史根源，這是黑特納首先提出的，⓬後來並且多次詳細討論過，1928 年麥金德接受這一定義，前面曾提到 1932 年關於歷史地理學性質的討論，⓭緊接著在二次世界大戰後，若干學者鞏固了這一主張。

同意黑特納和哈特向觀點的學者，認為地理學是研究現在一個地區各種現象在功能上的互相關係。歷史地理學的任務則是重建「歷史上的現在」，是過去某一時刻的現在。研究過去剖面之空間上各種現象分布的互相因果關係，跟研究現在一樣，不過所用的是歷史的材料，可能是舊照片、地圖、普查資料、或其他材料。

過去地理的重建，是這一時期大家一般上接受的歷史地理學的定義，⓮伍爾德里奇 (Sidney W. Wooldridge) 與伊斯特認為歷史地理學的主要任務是過去地理的重建，⓯達比指出歷史地理學的方法，愈來愈認為其資料是

⓬ 見黑特納原著，王蘭生譯，《地理學：它的歷史、性質和方法》(北京：商務印書館，1986)，頁 171。黑特納德文原書，1927 年出版。

⓭ 見❼。又見 J. N. L. Baker, "The development of historical geography in Britain during the last hundred years," *Advancement of Science*, vol. 8 (1952), pp. 406–412.

⓮ 例如見帕克 (W. H. Park) 在英國《地理學報》上的投書，載 *Geographical Journal*, vol. 119, 1953, pp. 369–370，為貝克 (J. N. L. Baker) 在達比 (H. Clifford Darby) 主編《1800 年以前英格蘭的歷史地理》(*An Historical Geography of England before 1800*, Cambridge, 1936) 一書所撰寫的一章辯護，這一章曾受到斯帕德 (Spate) 的批評，見 O. H. K. Spate, "Toynbee and Hungtinton: a study in determinism," *Geographical Journal*, vol. 118 (1952), pp. 406–424. 斯帕德認為歷史地理只是過去人文地理的重建，會流於只是事實的描述，引貝克所撰寫的一章為例，只不過是經濟史加上地圖。

歷史的，方法是地理的。⑯地理本身是時間上的現在剖面，歷史地理是時間上的過去剖面。米切爾 (Jules B. Mitchell) 直接說歷史地理學是過去某一個時期人文現象之時空的地理研究。⑰

以上所述是 1940 年代晚期和 1950 年代早期英國歷史地理學的主要觀點，同時也強調另外 2 個觀點：(1)研究過去地理是為了了解現在的地理；(2)極端強調地理學中溯源方法的重要性。在地理與歷史之間明確地劃分界線不是很容易，有 2 個理由：(1)現在的地理是很薄的一層，不斷地變成歷史，所有的地理都是歷史地理；(2)不同地區的特徵，既是自然因子，也是時間上人文因子影響的結果。⑱強調景觀變遷的垂直主題，人是歷史時期景觀變遷的主要因子。⑲伍爾德里奇與伊斯特兩人認為歷史地理學的目的，是探討過去的過程，以了解周遭的世界。⑳達比曾討論從古到今景觀變遷的垂直主題，包括啟林、溼地排水、荒地開墾、以及可耕地、城鎮、和工業位置的變遷。㉑表面上看，歷史地理學好像是為地理學服務的，奧格爾維 (Alan G. Ogilvie) 建議歷史地理學者應該為區域地理服務， 他認為歷史地理學的主要目的，就是闡述過去某一個時期人對環境適應的狀況，建議只能在區域地理學中著重過去的影響，歷史地理學者應該同時探討一個區

---

⑮ Sidney W. Wooldridge and W. G. East, *The Spirit and Purpose of Geography* (London, 1951), p. 81. 該書第 5 章討論歷史地理學。

⑯ H. Clifford Darby, "On the relations of history and geography," *Transactions and Papers of the Institute of British Geographers*, vol. 19 (1953), pp. 1–11.

⑰ Jules B. Mitchell, *Historical Geography* (London: The English Universities Press, 1954), p. 12.

⑱ 見前揭 Darby, "On the relations of history and geography," p. 6. 又見 H. Clifford Darby, *The Theory and Practice of Geography*, an inaugural lecture delivered at Liverpool on 7 February 1946 (London, 1947), pp. 19–20.

⑲ 見前揭 Darby, "On the relations of history and geography," pp. 6–9.

⑳ 見前揭 Wooldridge and East, *The Spirit and Purpose of Geography*, p. 81.

㉑ 見前揭 Darby, "The changing English landscape."

域所有的人文痕跡，不是只挑選一部分人文現象，區域地理是整體的。因為地理中的時間因子，歷史地理與地理關係密切。因為歷史方法是溯源的，所以歷史方法是必要的。過去和現在的密切連繫，使歷史地理與地理的關係加倍密切。㉒

英國歷史地理學者不但關注殘存的地理形態或者在時間上地理形態的演變，而且也關注其在某一時間的形成和形態，特別強調在某一特別時間一地最具特色的現象。在另一方面，作為地理學者工作的價值是這樣，了解現在地理中的各種現象，須要研究其形成與發展時期的狀況。此外，也許更重要的是景觀要素演進的研究，可以說明地理形態的一般原則，這是人文地理學者力求最終能夠建立的原則，㉓這是很樂觀的看法。

1951 年柯克 (W. Kirk) 論述了歷史地理與行為環境的概念。㉔布魯克菲爾德 (H. C. Brookfield) 指出柯克的論文很重要，是地理學中最早提出環境感知概念的論文，作為一個獨特的面，從完形心理學 (Gestalt psychology) 的觀點來建構這個面。㉕柯克的論文發表在一個相對不易看到的《印度地理學報》上，12 年後柯克在英國《地理》上又發表一文，討論關於人是環境變遷的力量、人類居住環境的演變、以及人類活動所遺留下來之有形的遺跡。㉖歷史地理學者關注不斷改變的知識，這種知識包括人對自然環境的知識、社會過程和經濟過程的知識、以及不斷變遷之環境價值的知識，柯克視為是行為環境的一部分。柯克認識到從感知環境進入人

㉒ Alan G. Ogilvie, "The time-element in geography," *Transactions and Papers of the Institute of British Geographers*, vol. 18 (1952), pp. 1–16.

㉓ 見前揭 Mitchell, *Historical Geography*, p. 14.

㉔ W. Kirk, "Historical geography and the concept of the behavioral environment," *Indian Geographical Journal*, Silver Jubilee Volume (1951), pp. 152–160.

㉕ H. C. Brookfield, "On the environment as perceived," *Progress in Geography*, vol. 1 (1969), pp. 51–80.

㉖ W. Kirk, "Problems in geography," *Geography*, vol. 48 (1963), pp. 357–372.

之行為環境的事實，但是這些只是人類所感知的，是人類在動機、偏愛、思想方式、以及傳統之下所感知的。同樣的實際狀況，可能有各種不同的形態，對於文化背景不同的人群具有不同的意義，或者對具有同一文化背景的人群在不同歷史時期也有不同的意義，就像一種景觀在不同的人眼中是不一樣的。柯克的主要目的是警告人們，就不同文化背景的價值觀與行為環境標準，去解釋一個社區的行動是很危險的。對歷史地理學者來說，要解釋一個社區的空間行動，不僅是要重建其過去的感知環境，也要重建其行為環境。歷史學者和歷史地理學者久已發表了有關感知地理的著作，雖然柯克的論文並沒有開創一種新的研究領域，但是該論文確實提出了一個明確的對現實世界的看法。[27]

上述這些觀點，都有紮實的研究例證。有關橫剖面方法的典型例子，可以在 1952 年出版的《末日審判書》(*Domesday Book*) 地理叢書的第一種中看到。[28]其他值得注意的部分，或過去的重建，包括十八世紀早期英格蘭的木炭製鐵業、十八世紀末牛津郡的農業、1801 年英格蘭和威爾斯的農業、1800 年倫敦地區的土地利用、以及十九世紀早期克雷文的經濟地理。[29]不過很奇怪的是，極少有學者直接全面地描述過去一個地區的地理。

---

[27] 見前揭 Brookfield, "On the environment as perceived," pp. 54–56; Carl O. Sauer, "Forward to historical geography," *Annals of the Association of American Geographers*, vol. 31 (1941), pp. 1–24. 此文中文翻譯，見姜道章譯，〈歷史地理學引論〉，《中國歷史地理論叢》，1998 年第 4 輯，頁 37–67 及 191。又見 John K. Wright, "Terrae Incognite: the place of the imagination in geography," *Annals of the Association of American Geographers*, vol. 37 (1947), pp. 1–15; R. F. Berkhofer, *A Behavioral Approach to Historical Analysis* (New York, 1969), pp. 146–168.

[28] H. Clifford Darby, *The Domesday Geography of Eastern England* (Cambridge, England: Cambridge University Press, 1952).

[29] B. L. C. Johnson, "The charcoal iron industry in the early eighteenth century," *Geographical Journal*, vol. 117 (1961), pp. 167–177; A. M. Lambert, "The agriculture of Oxfordshire at the end of the eighteenth century," *Agricultural History*,

事實上，有比較多的詳論景觀變遷之垂直主題的研究。達比的英國沼澤的排水專著在戰前出版，緊接著戰後除了他對英格蘭景觀變遷的整體看法，他又發表了英格蘭和歐洲啟林的研究。[30]其他值得注意的是有關英格蘭和威爾斯人口移動的研究。[31]甚至更多的研究採用溯源方法，關注地理中的時間要素。許多研究注意地理現象的成長與發展，像有關薩里和薩塞克斯森林區道路的發展及 1851～1930 年間北安普敦鋼鐵工業的發展的研究。[32]

---

vol. 29 (1955), pp. 31–38; H. C. K. Henderson, "Agriculture in England and Wales in 1801," *Geographical Journal*, vol. 118 (1952), pp. 338–345; G. B. G. Bull, "Thomas Milne's land utilization map of the London area in 1800," *Geographical Journal*, vol. 122 (1956), pp. 25–30; R. Lawton, "The economic geography of Craven in the early nineteenth century," *Transactions and Papers of the Institute of British Geographers*, vol. 20 (1954), pp. 93–111.

[30] H. Clifford Darby, *The draining of the Fens* (Cambridge, England: Cambridge University Press, 1940); H. Clifford Darby, "The changing English landscape," *Geographical Journal*, vol. 117 (1951), pp. 377–398; H. Clifford Darby, "Man and the landscape in England," *Journal of the Town Planning Institute*, vol. 39 (1953), pp. 74–80; H. Clifford Darby, "The clearing of the English woodlands," *Geography*, vol. 36 (1951), pp. 71–80; H. Clifford Darby, "The clearing of the woodland in Europe," in William L. Thomas, Jr., ed., *Man's Role in Changing the Face of the Earth* (Chicago: University of Chicago Press, 1956), pp. 183–216.

[31] H. Clifford Darby, "The movement of population to and from Cambridgeshire between 1851 to 1861," *Geographical Journal*, vol. 101 (1943), pp. 118–126; A. Constant, "The geographical background of inter-village population movements in Northamptonshire and Huntingdonshire, 1754–1943," *Geography*, vol. 33 (1948), pp. 78–88; C. T. Smith, "The movement of population in England and Wales in 1851 and 1861," *Geographical Journal*, vol. 117 (1951), pp. 200–210.

[32] G. J. Fuller, "The development of roads in the Surrey and Sussex Weald and coastlands between 1700 and 1900," *Transactions and Papers of the Institute of British Geographers*, vol. 19 (1953), pp. 37–49; S. H. Beaver, "The development of the Northamptonshire iron industry, 1851–1930," in L. D. Stamp and Sidney W. Wooldridge, eds., *London Essays in Geography* (London, 1951), pp. 33–58.

四、在傳統架構內之方法論的探討與實際研究

1950 年代與 1960 年代早期，基本上是英國歷史地理學整合的時期，而不是創新的時期。在熟悉的領域有相當的進展，但是極少有創新的突出進展。達比曾在兩篇論文中討論了歷史地理學方法的問題，包括過去的地理、變遷的景觀、現在中的過去、及地理的歷史，[33]這種將歷史地理學的內容 4 分，證明過去地理的重建與時間上的地理變遷之研究，在歷史地理學中是極端重要的。同時期，前面已經提到，達比很關注橫剖面方法的局限性，認為橫剖面方法基本上是描述的。歷史地理學者一旦尋求既描述又解釋，就會碰到困難。仔細查閱歷史地理學的著作，不光是英國歷史地理學的著作，想看看什麼樣的辦法實際上提出來了，以解決美國學者惠特爾西 (Derwent Whittlesey) 所說的迷惑，就是要撰寫清楚明白的地理，要結合連續的事件，這是充分了解今天地理所必要的。至少有 6 種解決的方法，即連續文化層 (sequest occupance)、基礎敘事 (introductory narrative)、括號 (parenthesis)、腳註 (footnote)、追溯的剖面 (retrospective cross-section) 以及使用現在式 (use of the present tense)，而且同時還有這 6 種方法的變種和各種組合，這是對歷史地理學者寫作技巧的挑戰。在 1960 年代，許多歷史地理學者接受了這些挑戰，採用了這些方法。

---

[33] H. Clifford Darby, "Historical geography," in H. P. R. Finberg, ed., *Approaches to History* (London, 1962), pp. 127–156; 此文後來收入前揭 Green 所編 *Historical Geography: A Methodological Portrayal* 一書，見該書頁 58–82。H. Clifford Darby, "The problem of geographical description," *Transactions of the Institute of British Geographers*, vol. 30 (1962), pp. 1–14.

在各種方法中，達比探討了美國學者布羅克的方法，布羅克採用的是連續文化層的方法，布羅克將這種方法應用在他對美國加州聖塔克拉拉(Santa Clara)河谷的研究，[34]這一方法吸引住了達比，他採用類似的方法，研究英格蘭的歷史地理。[35]布羅克的方法利用一系列社會和經濟因子的研究，分開為若干剖面，這些社會和經濟因子影響逐次的景觀變遷，達比認為這一方法提供各個景觀的溯源解釋，而且又能將逐次所討論的觀點連接起來，是極有趣味的研究方法。[36]在達比注意到這一方法以後，有少數研究明確地採用了這一方法。哈里斯(A. Harris)對1700～1850年約克郡東賴丁的農村景觀的研究，包括3個時期，即：(1)十八世紀早期的農村景觀、(2) 1710～1810年農村景觀的變遷，及(3) 1850年代新的農村景觀。[37]這是英國歷史地理學中布羅克方法最好的例子。

在這一時期還有其他有關方法論的著作，普林斯(Hugh C. Prince)簡述了法國的歷史地理學。[38]接著格利(J. L. M. Gulley)對法國著名歷史地理學者迪奧(Roger Dion)做了深入的評述，迪奧之追溯的地理(géographie retrospective)和布洛克(Marc Bloch)之倒退的歷史(histoire régressive)，兩者內容大部分是一樣的。[39]有若干研究採用這種方法，學者注意到布洛克的倒退方法(retrogressive method)與迪奧的追溯方法(retrospective

---

[34] J. O. M. Broek, *The Santa Clara Valley, California* (Utrecht, 1932).

[35] H. Clifford Darby, "An Historical Geography of England: twenty years after," *Geographical Journal*, vol. 126 (1960), pp. 147–159.

[36] 見前揭 Darby, "An Historical Geography of England: twenty years after," p. 149.

[37] A. Harris, *The Rural Landscape of the East Riding of Yorkshire, 1700–1850* (London, 1961).

[38] Hugh C. Prince, "Historical geography in France," *Geographical Journal*, vol. 124 (1958), pp. 137–139.

[39] J. L. M. Gulley, "The retrospective approach in historical geography," *Erdkunde*, vol. 15 (1961), pp. 306–309.

approach) 之間的重要差異，前者著重在過去，但只要有助對較早期狀況的了解，也考慮現在或最近的過去；而後者著重在現在，但只要有助對現在的了解，也考慮過去。❹⓪另外一項比較更廣泛的有關概念與方法之研究，是格利對美國歷史學者特納 (Frederick J. Turner) 邊疆理論之概念、採納及否決的探討。❹①

除了對各種研究方法的整合、分類及澄清是英國歷史地理學者在 1950 年代和 1960 年代早期重要的貢獻，他們也做了對研究材料來源的批評，以及對主要景觀變遷與經濟發展研究主題的批評。這一時期歷史地理學者的確使用了更多各種為稅收目的所輯之文獻，例如，土地稅曾用於作為十九世紀農業繁榮區域變差的指標。❹②這一時期英國歷史地理學的一個很明顯的特徵，就是強調根據歷史資料來解釋地理現象，這是整個《末日審判書》地理叢書的基本理論。至於對這一時期資料的分析，包括中世紀稅收報告書、1801 年的作物栽培面積報告書、什一稅調查報告書、教區登記冊、人口普查報告書、工廠檢查報告書、農業統計報告書、以及工商行號名冊等。❹③歷史地理學者專門研究某一個主題，大部分是由材料的有無決定的，托馬斯 (D. Thomas) 研究拿破崙戰爭時期威爾斯的農業，就是這個原因。❹④

---

❹⓪ Alan R. L. Baker, "A note on the retrogressive and retrospective approaches in historical geography," *Erdkunde*, vol. 22 (1968), pp. 243–244.

❹① J. L. M. Gulley, "The Turnerian frontier: a study in the migration of ideas," *Tijdschrift voor Economische en Sociale Geografie*, vol. 50 (1959), pp. 65–72 and 81–91.

❹② D. Grigg, "Changing regional values during the Agricultural Revolution in South Lincolnshire," *Transactions and Papers of the Institute of British Geographers*, vol. 30 (1962), pp. 91–103.

❹③ 有關這類論文，請參閱 Alan R. H. Baker, J. D. Hamshere and J. Langton, *Geographical Interpretations of Historical Sources* (Newton Abbot: David and Charles, 1970).

❹④ D. Thomas, *Agriculture in Wales during the Napoleonic Wars* (Cardiff, 1963).

根據材料處理問題是統計、地圖及文字資料之分開的討論，而不是綜合的討論。更傳統的方法是綜合的分析，分析多種不同的資料，這類分析研究中最好的，有哈里斯對約克郡東賴丁區的農村景觀的研究、格里格 (D. Grigg) 對南林肯郡農業革命的研究、以及威廉斯 (M. Williams) 對薩默塞特平原排水的研究。[45]研究不同的主題，但是採取的是綜合方法，像這樣的研究有賴利 (E. A. Wrigley) 對十九世紀西北歐工業成長與人口變遷的研究，及霍爾 (P. Hall) 對 1861 年以來倫敦工業的研究。[46]熟練地應用歷史資料，而不是受困於歷史資料，是這一時期英國歷史地理學的一個特徵。

利用資料可以說明景觀變遷與經濟發展的問題，唐金 (R. A. Donkin) 做了大量研究闡述西妥教團在英格蘭景觀形成中的角色，瓊斯 (G. R. J. Jones) 打開了新方法研究英國農村聚落形態演進的大門。[47]英國歷史地理學者在中世紀以來，農田體系的區域差異方面，以及歷史人口地理方面，做了相當多的研究工作。[48]在這一時期中，也許最顯著的貢獻，就是一個科際合作研究小組完成的研究，證明諾福克的許多低地是人為的。[49]所有

---

[45] 見前揭 Harris, *The Rural Landscape of the East Riding of Yorkshire, 1700–1850*; D. Grigg, *The Agricultural Revolution in South Lincolnshire* (Cambridge, 1966); M. Williams, *The Draining of Somerset Levels* (Cambridge, 1966).

[46] E. A. Wrigley, *Industrial Growth and Population Change* (Cambridge, 1961); P. Hall, *The Industries of London since 1861* (London, 1962).

[47] 例如 R. A. Donkin, "The Cistercian order in medieval England: some conclusions," *Transactions and Papers of the Institute of British Geographers*, vol. 33 (1963), pp. 181–198; G. R. J. Jones, "Early territorial organization in England and Wales," *Geografiska Annaler*, vol. 43 (1961), pp. 174–181.

[48] Alan R. H. Baker and Robin A. Butlin, eds., *Studies of Field Systems in the British Isles* (Cambridge, England: Cambridge University Press, 1973); E. A. Wrigley, *Population and History* (London, 1969).

[49] J. M. Lambert *et al.*, *The making of the Broads: a reconsideration of their origin in the light of new evidence*, Royal Geographical Society Research Series, No. 3 (1960).

這些研究，再加上許多其他的研究，增加了對英國歷史地理的了解。即使這樣，1960 年達比仍然認為對歷史資料的研究太少，要做的還很多。[50]

值得強調的是大多數這類研究，都是按照正統的「橫剖面、垂直主題、地理中的歷史要素」架構，應用傳統的歷史與地理分析方法。研究歷史遺跡是英國歷史地理學一個顯著而持久的特徵，個別的遺跡，像是田地間的狹長地帶、田埂、壟溝、地界、有壕溝圍繞的聚落、深坑與水池等，都受到相當的注意。

在某種意義上，在這一時期英國地理學本質上是獨特的 (idiographic)，歷史遺跡的研究足以說明這一點。這一時期有少數明確的研究，按照米切爾的建議，歷史地理學者應該盡力說明空間活動之演進的一般原則。不過有些例外值得注意，例如卡特 (H. Carter) 研究威爾斯東北部都市階層結構的發展，以考察歷史地理學中都市階層結構概念的適當性；[51]哈維 (David Harvey) 研究英國肯特郡酒花業的區位變遷，以探討農業土地利用形態的發展。[52]除了這兩篇論文，再加上托馬斯的作物配合區域和他的農業創新的擴散，以及霍爾的 1861～1951 年倫敦服裝貿易的區位分析，是最早應用統計分析與理論概念的英國歷史地理研究。[53]

---

[50] 見前揭 Darby, "An Historical Geography of England: twenty years after," p. 155.

[51] H. Carter, "The urban hierarchy and historical geography: a consideration with reference to northeast Wales," *Geographical Studies*, vol. 3 (1956), pp. 85–101.

[52] David Harvey, "Locational change in the Kentish hop industry and the analysis of land use patterns," *Transactions and Papers of the Institute of British Geographers*, vol. 33 (1963), pp. 123–144.

[53] D. Thomas, "The statistical and cartographic treatment of the acreage returns of 1801," *Geographical Studies*, vol. 5 (1958), pp. 15–25; D. Thomas, "The acreage returns of 1801 for the Welsh borderland," *Transactions and Papers of the Institute of British Geographers*, vol. 26 (1959), pp. 169–183; P. Hall, "The location of the clothing trades in London, 1861–1951," *Transactions and Papers of the Institute of British Geographers*, vol. 28 (1960), pp. 155–178.

五、二十世紀末葉英國的歷史地理學

新的基於模式的理論，已經不斷取代舊的以分類為主的地理學傳統，這是當時普遍的趨勢。但是在對計量化與人文地理學理論發展的研究中，坎貝爾 (W. L. Campbell) 和伍德 (P. A. Wood) 進一步強調 2 點，這 2 點是將地理學理論的轉變放在客觀的觀點之下來看是必要的：(1)對理論方法的採納，顯然人文地理學中的有些系統地理學，已經進展的比其他的系統地理學快些，文化地理學與歷史地理學對理論的發展慢些，[54]在其他系統地理學中所發展的理論，兩者的題材一般上不適合應用這些理論；(2)與其他學科比較，發現不同的想法或不同的研究傳統，在演變過程中長期並存不悖是正常的事。變遷發生時，極少會與以前的傳統完全切斷，並且常常將放棄很久的概念，又重新拿來當著是新的方法或資訊，恢復其重要性。這一時期英國歷史地理學的狀況與目的就是這樣。[55]

在「橫剖面、垂直主題、地理中的歷史要素」架構下，仍然有些傑出的研究，類似的研究繼續占英國歷史地理學者著作中相當大的部分。過去幾十年間有關地理的重建的研究，好的例子包括史密斯 (D. M. Smith) 的十九世紀中葉英國的針織工業、懷特曼 (W. R. Wightman) 的 1300 年左右皮克林谷地的植被、沃爾沃克 (K. L. Wallwork) 的蘭開斯特里亞 1840 年代印染工業。[56]有關人是景觀變遷動因的學術研究，有布蘭登 (P. F. Brandon) 的

---

[54] Ronald J. Johnston, *Geography and Geographers: Anglo-American Human Geography since 1945* (London: Arnold, 1997), pp. 95–100.

[55] W. L. Campbell and P. A. Wood, "Quantification and the development of theory in human geography," in Ronald U. Cooke and James H. Johnson, eds., *Trends in Geography: An Introductory Survey* (London, 1969), pp. 81–89.

[56] D. M. Smith, "The British hosiery industry at the middle of the nineteenth century: an

東薩塞克斯 (Sussex) 森林區中世紀的啟林，及莫蒂莫爾 (M. J. Mortimore) 的 1850～1950 年布拉德福德 (Bradford) 土地所有權與都市成長。㊼此外，尚有歷史人口地理的研究，例如約翰遜 (James H. Johnson) 的十九世紀從愛爾蘭來的收穫季節移民，及勞頓 (R. Lawton) 的十九世紀後期英格蘭和威爾斯的人口變遷。㊽同樣地，歷史遺跡仍然吸引歷史地理學者的注意，例如學者繼續測繪與描述田埂與壟溝以及田地間的狹長地帶。㊾

在歷史地理學的方法論方面，也繼續受到英國學者的關注，例如普林斯 1964 年在倫敦國際地理學會會議之歷史地理學組中的報告，按照 3 個正統的主題架構撰寫，即：(1)歷史遺跡、(2)過去地理及(3)地理變遷。㊿普林

---

historical study in economic geography," *Transactions and Papers of the Institute of British Geographers*, vol. 32 (1963), pp. 125–142; W. R. Wightman, "The pattern of vegetation in the Vale of Pickering area c. 1300," *Transactions of the Institute of British Geographers*, vol. 45 (1968), pp. 125–142; K. L. Wallwork, "The calico printing industry of Lancaster in the 1840s," *Transactions of the Institute of British Geographers*, vol. 45 (1968), pp. 143–156.

㊼ P. F. Brandon, "Medieval clearances in the East Sussex Weald," *Transactions of the Institute of British Geographers*, vol. 48 (1969), pp. 135–153; M. J. Mortimore, "Landownership and urban growth in Bradford and its environs in the West Riding conurbation," *Transactions of the Institute of British Geographers*, vol. 46 (1969), pp. 105–119.

㊽ 例如 James H. Johnson, "Harvest migration from nineteenth century Ireland," *Transactions of the Institute of British Geographers*, vol. 41 (1967), pp. 97–112; R. Lawton, "Population changes in England and Wales in the later nineteenth century: an analysis of trends by Registrations Districts," *Transactions of the Institute of British Geographers*, vol. 44 (1968), pp. 55–74.

㊾ M. J. Harrison, W. R. Mead and D. J. Pannett, "A Midland ridge-and-furrow map," *Geographical Journal*, vol. 131 (1965), pp. 366–369; D. J. Robinson, J. Salt and A. D. M. Phillips, "Strip lynchets in the Peak District," *North Staffordshire Journal of Field Studies*, vol. 9 (1968), pp. 92–103.

㊿ Hugh C. Prince, "Historical geography," Report of Section VI, *20th International*

斯又在英國地理學者協會農村景觀研究小組的討論會上，發言提出歷史遺跡研究的一個理論基礎。61魯濱遜 (D. J. Robinson) 詳細討論為了了解現在而研究過去的適當性，呼籲區域研究中應該注意文化和歷史面向。62有學者對歷史地理學的整體及若干部分，提出了一些有用的看法，例如佩里 (P. J. Perry) 評述了達比對歷史地理學的貢獻，他認為達比的方法不是保守的橫剖面主義，而是方法上的實用主義，就是採納什麼方法基本上決定於問題的性質與現有資料的性質，佩里進一步指出現在廣為歷史地理學界所接受與熟知之達比的研究方法，當他第一次提倡採用時，卻也是新興的和激進的方法。63

考慮當年世界地理學的發展趨勢，普林斯發現地理學者對歷史地理學價值的重視程度，為國際地理學會過去歷屆大會所不及。不僅在廣博上，而且也在精確度上和精緻度上，歷史地理學的方法好像獲得很大的進步。64假若更多的人文地理學者對動態的研究有興趣，對時間上變遷的研究有興趣，則情形便也是這樣，也就是有更多的英國歷史地理學者，意識到須要更精確地、更感性地研究變遷。史密斯 (C. T. Smith) 對歷史地理學趨勢與展望的研究，是對傳統歷史地理學主題比較嚴謹的評價，包括地理中歷史因子的作用、變遷景觀的演變，及過去地理的重建，65同時，他認為不必

Geographical Congress Proceedings (London, 1967), pp. 164–172.

61 Hugh C. Prince, "Relict landscape," *Area*, no. 1 (1969), pp. 29–31.

62 D. J. Robinson, "Cultural and historical perspective in area studies: the case of Latin America," 載前揭 Cooke and Johnson, eds., *Trends in Geography: An Introductory Survey*, pp. 253–267.

63 P. J. Perry, "H. C. Darby and historical geography: a survey and review," *Geographischez Zeitschrift*, vol. 57 (1969), pp. 161–178.

64 見前揭 Prince, "Historical geography," Report of Section VI, *20th International Geographical Congress Proceedings*, p. 164.

65 C. T. Smith, "Historical geography: current trends and prospects," in Richard J.

拘泥於傳統歷史地理學的性質與內容，可以引進更靈活的方法，處理研究成果的組織及其撰述。達比在方法上的實用主義，現在已普遍為學者所採納，其本身已變成了正統。[66]史密斯自己傾向於強調須要研究時間上的地理變遷，更特別須要研究時間上地理變遷發生的過程，也注意到應用統計方法和區位分析中的理論概念，可以使歷史地理學中的解釋說明得更好。後來史密斯在其《1800 年以前西歐的歷史地理》一書中又提到這兩點，他在該書的序文中討論了他為什麼採用地理變遷的主題，而放棄採用歷史地理學 3 個傳統的觀點作為該書的架構，地理變遷包括資源利用的變遷，也包括作為反映社會、經濟及科技狀況之位置利用的變遷，而且地理變遷也關注涉及產生新空間分布的過程，即殖民、遷移、創新的擴散、都市與其所在區域的關係、都市成長對區域的影響、農工業的區位，以及涉及聚落、商業活動及工業之集中或分散的過程。該書的組織反映了史密斯的信念，他認為許多新概念、理論、以及有關空間形態和過程的模式，原則上都可以應用於各種歷史的狀況。[67]

哈維對人類活動的空間形態演變之研究，無疑向前邁進了一步，[68]像史密斯一樣，哈維也關注將歷史地理學者的研究，與人文地理學者的分析技術之間的隔閡連接起來，人文地理學者研究當代的各種分布。他的論文根據 2 個原則：⑴文化形式在空間上的發展不是隨機過程，空間演變的原則是可以開發形成的；⑵實際上地理的變遷是極複雜的，不是任何單一原

Chorley and Peter Haggett, eds., *Frontiers in Geographical Teaching* (London, 1965), pp. 118–143.

[66] 見前揭 Smith, "Historical geography: current trends and prospects," p. 134.

[67] C. T. Smith, *An Historical Geography of Europe before 1800* (London: Longmans, 1967), pp. v-x.

[68] David Harvey, "Models of the evolution of spatial patterns in human geography," 載前揭 Chorley and Haggett, *Models in Geography*, pp. 549–608.

則可以解釋，甚至也不是少數幾個原則共同可以解釋清楚。哈維強調許多人相當不了解人文地理學中形成空間形態演變過程的性質，他按照邵爾(Carl O. Sauer)的說法，大力提倡建構明確的時空發展模式，說明許多表示空間演變的一般理念，可以用模式來表示。

對待歷史地理學的折衷態度，現在已經牢固地形成了新的正統，這一點在貝克等人有關「過去的未來」的討論中可以看出，在這一討論中，除了歷史地理學者傳統的方法，又加上了新的方法。[69]除了就過去社會的態度與目的強調研究過去的狀況，以及強調研究在地理學追求規則中歷史地理學的任務，若干其他的可能性也提出來了：(1)抽象景觀變遷的模擬，根據這種抽象的景觀可以量度和評估現實的景觀；(2)對新理念或新技術擴散，以及對舊經濟衰退或舊社會次序破壞的研究，編造不是事實的情況，與在不同條件下可能發生的實際情況比較；以及(3)追溯過去之模式的應用。接著普林斯詳細討論這些對過去各種不同的態度，他稱之為「真實的、想像的與抽象的過去世界」，這是他所提出的一個明確組織架構，這個架構總是存在歷史地理學的研究中，很可能成為新的正統。[70]歷史地理學者今天所面對的基本問題，是將傳統經驗的方法與理論分析融合在一起，傳統經驗的方法最終一定要有理論的架構，理論分析也一定要能包含真實世界的複雜狀況。

英國歷史地理學者愈來愈注意到2點：(1)需要新的研究策略；(2)新的

---

[69] Alan R. H. Baker et al., "The future of the past," *Area*, vol. 4 (1969), pp. 46–51.

[70] Hugh C. Prince, "Progress in historical geography," in Ronald U. Cooke and James H. Johnson, eds., *Trends in Geography: An Introductory Survey* (London, 1969), pp. 110–122; Hugh C. Prince, "Real, imagined and abstract worlds of the past," *Progress in Geography*, vol. 3 (1971), pp. 1–86; Alan R. H. Baker, J. D. Hamshere and J. Langton, "Introduction," 載前揭 Baker, Hamshere and Langton, eds., *Geographical Interpretations of Historical Sources*, pp. 13–25.

研究策略之設計的問題，而且這種新的研究策略要真正與歷史和地理的新模式是相關的。卡特在中地模式的架構下，擴充他對威爾斯都市的研究，使得他可以嚴謹地修正都市系統發展的研究和威爾斯都市系統之成長的理論。[71]賴利 (E. A. Wrigley) 用於分析十七世紀和十八世紀不斷變遷英國社會和經濟中倫敦之重要性的模式，是歷史地理學中首創的研究；[72]托馬斯應用線性迴歸方法，研究十九世紀早期威爾斯的氣候與作物之關係，證明所研究的三種作物中的一種與文化因子的相關係數，比與氣候因子的相關係數較高，與其他作物的相關係數則很接近；[73]十九世紀巴黎盆地西南部若干農村聚落分布形態與大小次序的特徵，貝克 (Alan R. H. Baker) 用最近鄰分析與等級大小分析 (rank-size analysis) 方法討論過；[74]佩里 (P.J. Perry) 應用多重迴歸方法，分析結婚登記資料，研究十九世紀英格蘭多爾塞特 (Dorset) 郡農村區的結婚距離，顯示在十九世紀的最後 20 年間，農村的孤立實質上快速破壞，並找出其原因。[75]這些研究只代表有限的進展，但是無疑進展的方向是正確的，促進了歷史地理學研究的發展。

英國歷史地理學者的研究愈來愈多考慮統計方法和理論問題，明確地

---

[71] H. Carter, "Urban system and town morphology," in E. G. Brown, H. Carter and J. A. Taylor, eds., *Geography at Aberystwyth* (Cardiff, 1968), pp. 219–234 and *The Growth of the Welsh City System*, An Inaugural Lecture delivered at the University College of Wales, Aberystwyth on 12 February 1969 (Cardiff, 1969).

[72] E. A. Wrigley, "A simple model of London's importance in changing English society and economy, 1650–1750," *Past and Present*, vol. 37 (1967), pp. 44–70.

[73] D. Thomas, "Climate and cropping in the early nineteenth century in Wales," in J. A. Taylor, ed., *Weather and Agriculture* (Oxford, 1967), pp. 201–212.

[74] Alan R. H. Baker, "Reversal of the rank-size rule: some nineteenth century rural settlement sizes in France," *Professional Geographer*, vol. 21 (1969), pp. 386–392.

[75] P. J. Perry, "Working class isolation and mobility in rural Dorset, 1837–1936: a study of marriage distances," *Transactions of the Institute of British Geographers*, vol. 46 (1969), pp. 115–135.

考慮行為和感知問題還沒有這樣積極。洛溫索爾 (David Lowenthal) 和普林斯研究了英格蘭景觀的品味。[76]再者，雖然歷史地理學者具有偏愛某一個主題的傾向，可能受學術氣氛的影響，不過實際上大部分受研究資料的有無所決定。

根據闞維民的統計，1975 年在英國創刊出版的國際《歷史地理學報》，[77]1975～1997 年刊載 404 篇專題論文，可以分為 21 類主題，最重要的 6 個主題是人口、都市、理論與一般歷史地理、農村與區域社會地理、土地與土地利用、及農業及畜牧業，約合占總數的十分之六，論文最多的兩個主題是人口及都市，合占超過總數的四分之一以上（表 7–2）。

表 7–2　1975～1997 年《歷史地理學報》專題論文主題 *

主題類別	論文篇數
人　口	53
都　市	51
理論與一般歷史地理	39
農村與區域社會地理	39
土地與土地利用	28
農業及畜牧業	26
區域聚落	17
通訊與交通	15
經濟發展	14

[76] David Lowenthal and Hugh C. Prince, “English landscape tastes,” *Geographical Review*, vol. 55 (1965), pp. 186–222.

[77] 國際《歷史地理學報》(*Journal of Historical Geography*) 1975 年創刊，主編兩人，一為英國諾丁漢大學歷史地理學家赫弗曼 (Michael Hefferman)，另一為美國西拉庫斯大學 (Syracuse University) 歷史地理學家魯濱遜 (David J. Robinson)，由英國倫敦的 Academic 出版社出版發行。

文化與宗教	14
工業與工業化	13
醫藥衛生	13
貿　易	12
民族與婦女	12
環境變遷與災害	10
景　觀	10
政治與行政地理	9
探險與地圖測繪	9
教　育	9
環境與資源管理	8
休閒與旅遊	3
合　計	404

* 闕維民原來分為 26 類，歸併後減少為 21 類。

另有一項資料顯示，1976 年英國地理學協會 (The Institute of British Geographers) 的歷史地理學專業小組登記的會員 529 人，大約十分之四會員的研究興趣是鄉村，五分之一是都市，十分之一是社會，人口 8%，一般研究 5%，工業 5%，其餘的運輸、測繪與地圖、研究方法、感知與態度以及其他等主題，分別皆不足 3%。[78]

上述國際《歷史地理學報》404 篇論文，若從時間上來分析，最多的是有關十九世紀的論文，獨占十分之三；十六至十八世紀者占四分之一；二十世紀上半葉者占 20%；十五世紀以前的一千四百年間者只占 17%，另外 5% 是泛時的，時間愈久遠，所占比例愈低，這無疑受研究材料有無的

[78] 見 Alan R. H. Baker, "Historical geography," 載前揭 Green, ed., *Historical Geography: A Methodological Portrayal*, p. 233.

影響。[79]上述 1976 年英國地理學協會歷史地理學專業小組，超過十分之四登記的會員之研究興趣時間上是十九世紀及二十世紀，四分之一是十八世紀，15% 是十六世紀及十七世紀，11% 是十一世紀至十五世紀，5% 是十一世紀以前。

六、結　論

總之，英國歷史地理學有一百多年的歷史了，二十世紀初期，英國經歷一場有關歷史地理學性質的辯論，到 1920 年代晚期，現代歷史地理學出現，這一發展主要歸功於包括達比 (H. Clifford Darby)、吉爾伯特 (Edmund W. Gilbert)、貝克 (J. N. L. Baker)、泰勒 (Eva G. R. Taylor)、鮑恩 (Emrys G. Bowen) 等人在內的學者之努力，達比的貢獻最大。達比是英國新歷史地理學的倡導人，使新歷史地理學成為一個自我意識的學科。英國歷史地理學研究先是強調橫剖面，後來發展了地理變遷主題的研究。英國歷史地理學界人才輩出，著作甚多，特別是對英國本國歷史地理的研究。

歷史地理學在英國大學特別受重視，是英國大學地理教學的一大特色，例如，二十世紀六〇年代初英國有 21 間大學頒授地理學榮譽學士學位，更有 18 間大學的榮譽班學生，可以選修歷史地理學，[80]至於博士研究生來說，可以撰寫歷史地理學博士論文的大學更多。二次世界大戰後美國各大學不斷增設歷史地理學課程，有關歷史地理學的博士論文，年年都有增加，研究歷史地理學的地理學者愈來愈多，為了交換研究心得，1971 年美國《歷史地理學通訊》(*Historical Geography Newsletter*) 創刊，四年後克拉克 (Andrew H. Clark) 和帕滕 (John Pattern) 兩人聯合領導英美兩國歷史地理學

---

[79] 見表 7–2 所揭闕維民，《歷史地理學的觀念：敘述、復原、構想》，頁 61–63。

[80] *A Matter of Degree: A Directory of Geography Courses, 1978–79* (Norwich, 1978).

者，更創刊國際《歷史地理學報》(*Journal of Historical Geography*)，1975年開始在英國印行問世。英國無疑是歷史地理學研究的大國，根據闕維民的統計，1975～1977年間《歷史地理學報》的442位作者，英國國籍者最多，204人，獨占46.2%，次之美國國籍者115人，只占26.0%。[81]在該刊發表論文5篇以上的作者16人中，12位是英國學者。[82]此外，還有一件事值得注意，就是有不少美國歷史地理學者其實是從英國移居到美國的，其中有些是在英國大學畢業後到美國進修博士學位，也有些是在英國獲得博士學位以後，應聘移居到美國。《歷史地理學報》核心作者31人，18人是英國學者。[83]404篇專題論文，138篇是研究英國的，獨占34.2%。英文能力當然是一個很重要的因素，即使考慮這一因素，英國仍然堪稱是歷史地理學研究的一個大國。

---

[81] 闕維民，《歷史地理學的觀念：敘述、復原、構想》(杭州：浙江大學出版社，2000)，頁29。

[82] 見前揭闕維民，《歷史地理學的觀念：敘述、復原、構想》，頁30。

[83] 見前揭闕維民，《歷史地理學的觀念：敘述、復原、構想》，頁37。

MEMO

第八章

法國的歷史地理學

一、導　言

國人有關法國歷史地理學的研究極少，最早的一種可能是 1920 年代張其昀的〈歷史地理學〉，譯介法國學者布呂納 (Jean Brunhes) 和瓦洛 (Camille Vallaux) 兩人的《歷史的地理》；❶歷史學者有一些關於年鑑學派及布勞岱 (Fernand Braudel) 著作的介紹，如賴建誠譯《年鑑學派管窺》及張廣智、陳新著《年鑑學派》兩書。❷英文文獻也不多，本文作者所見到的有丘奇 (R. J. Harrison Church) 的〈法國地理學派〉、❸格利 (J. L. M. Gulley) 的〈歷史地理學的實際：迪奧教授著作的研究〉、❹德普朗奧 (Xavier de Planhol) 的〈法國的歷史地理學〉、❺克勞特 (Hugh D. Clout) 的〈法國歷史地理學的實踐〉、❻克拉瓦 (Paul Claval) 的〈法國地理學的歷史

---

❶ 張其昀，〈歷史地理學〉，《史地學報》，第 2 卷第 2 期 (1923)，頁 73–77。

❷ 賴建誠譯，《年鑑學派管窺》(新店：左岸文化，2003)；張廣智、陳新，《年鑑學派》(臺北：揚智文化事業股份有限公司，1999)。

❸ R. J. Harrison Church, "The French school of geography," in Griffith Taylor, ed., *Geography in the Twentieth Century*, 3rd edition (London: Methuen, 1957), pp. 70–90.

❹ J. L. M. Gulley, "The practice of historical geography: a study of the writings of Professor Roger Dion," *Tijdschrift voor Economische en Sociale Geografie*, vol. 52 (1961), pp. 169–183.

❺ Xavier de Planhol, "Historical geography in France," in Alan R. H. Baker, ed., *Progress in Historical Geography* (New York: Wiley-Interscience, 1972), pp. 29–44.

面向〉，❼以及貝克 (Alan R. H. Baker) 的〈論歷史地理學與年鑑學派的關係〉。❽此外，在巴特林 (Robin A. Butlin) 的《歷史地理學》中，也有一些討論法國歷史地理學的片斷。❾

法國地理學界人才濟濟，沒有一個跟法國土地面積、人口、大學、及財力相當的國家，擁有這麼多大師級的地理學者，像是布拉什 (Paul Vidal de la Blache, 1845～1918)、加洛瓦 (Lucien Gallois, 1857～1941)、布呂納 (Jean Brunhes, 1869～1930)、德芒容 (Albert Demangeon, 1872～1940)、馬托納 (Emmanuel de Martonne, 1873～1955)、布朗沙爾 (Raoul Blanchard, 1877～1965)、鮑利格 (Henri Baulig, 1877～1962)、西格飛 (André Siegfried, 1875～1959)、蕭萊 (André Cholley, 1886～1968)、索爾 (Maximilien Sorre, 1880～1962) 等人。❿法國地理學有自己的特色，法國的歷史地理學亦復如此，不同於英美的歷史地理學，很強調歷史，直到二十世紀開始，教授地理學的學者若不是歷史學者，則地理的教學便是附屬於歷史教學。那時

❻ Hugh D. Clout, "The practice of historical geography in France," in Hugh D. Clout, ed., *Themes in the Historical Geography of France* (London: Academic Press, 1977), pp. 1–19.

❼ Paul Claval, "The historical dimension of French geography," *Journal of Historical Geography*, vol. 10 (1984), pp. 229–245.

❽ Alan R. H. Baker, "Reflections on the relations of historical geography and the Annales School of history," in Alan R. H. Baker and Derek Gregory, eds., *Explorations in Historical Geography: Interpretative Essays*, Cambridge Studies in Historical Geography No. 5 (Cambridge, England: Cambridge University Press, 1984), pp. 1–27.

❾ Robin A. Butlin, *Historical Geography: Through the Gates of Space and Time* (London: Arnold, 1993).

❿ 見前揭 Church, "The French school of geography," p. 70. 又見 Hugh D. Clout, "In the shadow of Vidal de la Blache: letters to Albert Demangeon and the social dynamics of French geography in the twentieth century," *Journal of Historical Geography*, vol. 29 (2003), pp. 336–355.

法國地理學只是實際上或想像上環境對歷史發展影響的描述，大學中創設了歷史地理學的講座，貝桑松 (Besancon) 大學有現代歷史地理學講座，費朗 (Clermont Ferrand) 大學有古代及中世紀歷史地理學講座，巴黎的法蘭西學院 (College of France) 有兩個歷史地理學研究講座，一個是歷史地理學的研究講座，另一個是法國歷史地理的研究講座。不過除了後者，都是強調地理發現史、地名的起源與演變，以及歐洲的邊疆歷史。

1898 年巴黎大學的地理學講座教授希姆利 (Auguste Himly, 1823～1906) 退休，他任該講座長達 40 年，繼任者是布拉什，希姆利代表舊的歷史學派，只不過對歷史的地理背景有興趣，發表了相當多有關歐洲領土形成的著作。二十世紀初法國學者對地理發現史與歷史地理混淆不清，法國著名的區域研究都充滿了聚落、作物、農耕方法、農業結構、排水、以及鄉村工業的歷史地理，例如德芒容對皮卡迪 (Picardy) 的研究，西翁 (Jules Sion) 對東諾曼地的研究。在一般的研究中，此處值得一提的是瓦洛的《歷史的地理》，⓫及費夫爾 (Lucien Febvre, 1878～1956) 的《歷史的地理導論》。⓬

二、歷史地理與地理歷史

法國歷史地理學者的研究興趣很廣泛，例如龍尼翁 (Auguste Longnon,

⓫ 此書法文原名為 *La Géographie de l'Histoire*，1921 年出版，兩年後張其昀譯介該書，題為「歷史地理學」，見前揭張其昀，「歷史地理學」。原書用英文表示就是 The geography of history，直譯應該是「歷史的地理」，其意義與「歷史地理學」(Historical geography) 是不一樣的。

⓬ 此書原為法文 Lucien Febvre, *La Terre et l'Evolution Humaine: Introduction Géographique a l'Histoire* (Paris: Albin Michel, 1922)，可譯為《土地與人類的演進：歷史的地理導言》，本書英文翻譯的書名為 *A Geographical Introduction to History*，1925 年出版，可譯為《歷史的地理導論》。

1844～1911) 早在 1892 年至 1911 年就擔任法蘭西學院的歷史地理學講座教授，這雖然是事實，但是他的研究興趣主要是有關法國疆域劃分的演變，類似我國的沿革地理，他是羅馬史專家，長期研究羅馬時代高盧的行政區劃，有些重要的城市在高盧被羅馬征服時已經存在很久了，有些今天仍然存在的法國行政區，已有兩千餘年的歷史，也有些行政區是西元四世紀時所設置的，顯示若干法國的行政區劃具有悠久的歷史，這就是地理慣性。⓭龍尼翁的研究既非文化和自然環境的相互關係，也不是空間形態的歷史演變，然而這卻是爾後許多法國地理著作的核心。著名的法國歷史地理學者迪奧 (Roger Dion, 1896～1981) 曾說歷史地理是人文地理的一種回溯形式回溯過去，只要有必要，可以回溯久遠的過去，以解釋各種人文現象，這一觀點，跟美國邵爾 (Carl O. Sauer) 的看法一樣。歷史地理學並非只是歷史學或考古學的一個分支，歷史地理學者也須要探討與殖民、農耕及其他目的有關的自然資源，也須要研究各種空間分布的歷史變遷。歷史地理學者不應該對當代地理不關心，也就是不要忽視當代地理，因為歷史地理學的目的，只不過就是解釋當代地理。這一歷史地理學的定義，已經廣泛為法國地理學者所接受，法國地理學者從歷史的來龍去脈探討人文地理，但是迪奧本人和若干其他的法國歷史地理學者，也研究與了解當代地理沒有直接關係的主題。

雖然法國的人文地理學大多包含重要的歷史觀點，卻只有少數法國地理學者完全將歷史地理學視為地理學的分支學科，專門著重對過去的研究。後來，也許只有迪奧，在龍尼翁幾十年之後擔任法蘭西學院的講座教授，自認為是真正的歷史地理學者。⓮然而這並不是說法國歷史地理學的著作

⓭ 見克拉瓦著，鄭勝華等譯，《地理學思想史》（臺北：五南圖書出版有限公司，2003），頁 139。

⓮ J. L. M. Gulley, “The practice of historical geography: a study of the writings of Professor Roger Dion,” *Tijdschrift voor Economische en Sociale Geografie*, vol. 52

很少，實際的情況正好相反，正如德普朗奧曾說，在法國歷史地理既是無所不在，也是到處都沒有。⓯這一說法乍聽起來，好像互相矛盾，然而這確實是法國教育體系中的實際情況。在法國，歷史和地理和諧共存互利，大學歷史學系的學生，必須選修地理課程，地理學系的學生，也必須選修歷史課程。這可能是法國歷史地理學一個很重要的特徵，跟英美的情形不一樣，英美大學的歷史和地理絕大多數是獨立的系，從前有史地學系，但為數不多，現在則完全沒有了。我國的情況比較接近法國，我國不少著名的歷史地理學者，都是史地學系或歷史學系畢業的。

由於像這樣的訓練，許多法國地理學者很自然地會注意過去社會的和經濟的變遷狀況，當成是一個重要的手段，以解釋當代空間組織的差異。不研究過去，地理學者對地理現象的解釋可能流於膚淺，會有變成自然決定論者的風險。假若我們期望對地理實況作明確而又精緻的解釋，我們必須研究過去的地理，以增進對當前地理的描述。歷史學者迪比 (George Duby) 讚揚法國地理學者歷史地理研究的品質，曾說法國地理學者對中世紀鄉村生活的研究，貢獻超越歷史學者。

1929 年史特拉斯堡 (Strasbourg) 大學的歷史學者布洛克 (Marc Bloch, 1886～1944) 與費夫爾，創辦《經濟與社會史學報》(*Annales d'Histoire Économique et Sociale*)，1945 年後更名為《經濟、社會及文明學報》(*Annales: Économies, Sociétés, Civilisations*)，創刊以來布洛克和費夫爾為領導學者，1950 年代又加上第二代的學者布勞岱，⓰聯合倡導跨學科與多學

(1961), pp. 169–183; Xavier de Planhol, "Historical geography in France," in Alan R. H. Baker, ed., *Progress in Historical Geography* (New York: Wiley-Interscience, 1972), pp. 29–44.

⓯ 見前揭 de Planhol, "Historical geography in France," p. 40.

⓰ 1985 年臺北《食貨月刊》曾刊載布勞岱的訪問記，見賴建誠譯註，〈史學一生：法國年鑑學派領袖布勞岱訪問錄〉，《食貨月刊》，第 15 卷 5–6 期 (1985)，頁

科的研究，不止於方法論上的空談，強調用實例與具體研究來說明理論，講究綜合的整體歷史，著重環境的、經濟的及社會的研究，形成一個學派，稱為年鑑學派。布勞岱極為重視地理環境對人們日常生活、經濟活動及思想方式等方面的約束，認為地理環境對人類早期文明的發展具有決定性的影響。年鑑學派對法國過去的研究十分活躍、成果豐碩，考古學者、人種學者、地理學者、歷史學者、語言學者、心理學者、社會學者以及其他學科學者的想法和發現引起爭論，卻也導致在整個二十世紀三〇年代中，大家同意各學科之間需要整合。布洛克及人文科學學派，確實知道自然環境是人類演進和利用的基礎，也了解各種空間現象分布的重要性。他們繪製了許多類型的地圖，展示農耕技術、地名以及其他許多現象的變化。此外，布洛克撰寫了許多論文，舉例說明地圖資料在歷史研究上的重要性。⓱

布拉什是年鑑學派歷史學者地理學方面的直接導師，他代表法國人文地理學派，在十九世紀晚期和二十世紀初期，致力研究地理環境與人類生活的複雜關係，結論認為人類生活方式是地理環境、社會結構、歷史條件、心理意識等因素相互作用的產物。布勞岱受布拉什的影響，發現在長期時段中地理環境因其變化緩慢，地理環境對人類生活的作用不易被只關注短時期時段的人們所發覺，這種想法最終構成了布勞岱的長時段理論。

簡言之，法國地理著作充滿了歷史，⓲正如法國歷史研究包含了大量地理一樣。雖然承認歷史學者與地理學者都發表了歷史地理學著作；還有

245–251。原訪問錄為法文，作者為 François Ewald 及 Jean-Jacques Brochier，題目為〈史學一生〉(Une vie pour l'histoire)，載《文藝雜誌》(*Magazine Littéraire*) 1984 年 11 月號。

⓱ 見前揭張廣智、陳新，《年鑑學派》。

⓲ 我國學者胡煥庸在二十世紀三〇年代就注意到這一法國地理學的特點，見胡煥庸，〈法國之地理學〉，載竺可楨等譯，《新地學》，原書 1937 年南京鍾山書店印行，影印本（臺北：中國文化大學，影印年代不詳），頁 218。

其他學科的學者，也發表了歷史地理學著作。

三、歷史地理學與年鑑學派

費夫爾 1922 年發表《土地與人類的演進：歷史的地理導言》，⑲美國邵爾 1925 年發表〈景觀形態學〉，⑳布洛克 1931 年發表《法國鄉村歷史的原始特徵》，㉑英國達比 (H. Clifford Darby) 1936 年發表《1800 年以前英格蘭的歷史地理》，㉒這是地理知識的大躍進，歷史學及歷史地理學的發展，主要歸功於費夫爾、布洛克、邵爾、及達比，直接經由他們的著作及教學，間接經由他們許多學生的努力，費夫爾與布洛克之於新的歷史學，邵爾與達比之於文化歷史地理學影響很大。㉓

《經濟與社會史學報》的創辦，視為法國歷史學史中的一個重要轉捩點。年鑑學派至少根源於十九世紀九〇年代，在某種程度上模仿那時創刊

---

⑲ 見前揭 Lucien Febvre, *La Terre et l'Évolution Humaine: Introduction Géographique a l'Histoire*.

⑳ Carl O. Sauer, "The morphology of landscape," *University of California Publications in Geography*, vol. 2, no. 2 (1925), pp. 19–54. 1938 年再版，後來收入 John Leighly, ed., *Land and Life: A Selection from the Writings of Carl Ortwin Sauer* (Berkeley: University of California Press, 1967), pp. 315–350.

㉑ Marc Bloch, *Les Caractères Originaux de l'Histoire Rurale Française* (Oslo: Institut pour l'Étude Comparée des Civisations, 1931).

㉒ H. Clifford Darby, ed., *An Historical Geography of England before A.D. 1800* (Cambridge, England: Cambridge University Press, 1936).

㉓ 本節主要參考 Alan R. H. Baker, "Reflections on the relations of historical geography and the Annales school of history," in Alan R. H. Baker and Derek Gregory, eds. *Explorations in Historical Geography: Interpretative Essays*, Cambridge Studies in Historical Geography No. 5 (Cambridge, England: Cambridge University Press, 1984), pp. 1–27.

的3種法國學術期刊，這3種學術期刊反對當時人文學科中保守的哲學與方法傳統，分別是：⑴布拉什在1891年創辦《地理學報》(*Annales de Géographie*)、⑵迪爾凱姆(Emile Durkheim)在1896年創辦《社會學報》(*Année Sociologique*)、及⑶貝爾(Henri Berr)在1900年創辦《綜合歷史評論》(*Revue de Synthese Historique*)。這3位大師對費夫爾與布洛克的思想影響很大，開始是師生關係，後來是同僚關係。費夫爾與布洛克兩人年輕早慧，二十世紀初參與法國學術界廣泛反對歷史實證方法的運動，主張超越文獻，打倒歷史概括的懷疑。費夫爾的2部著作是年鑑學派的基礎，其一為1912年出版的《菲利浦二世和弗朗舍孔德》(*Philippe II et la Franche Comte*)，該書是一部創新的著作，主要是跨學科的，是解決問題的，是敘述文體的，而且也關注地理區域；其二是前揭1922年出版的《土地與人類的演進：歷史的地理導言》，對決定論長期攻擊，有說服力地為可能論辯護，強調歷史與地理的密切聯繫。

費夫爾與布洛克在1920年秋季一齊應聘到史特拉斯堡大學任教，一方面阿爾薩斯(Alsace)剛光復，另一方面史特拉斯堡大學具有令人振奮的學術環境。1933年費夫爾應聘到巴黎的法蘭西學院任教，接著1936年布洛克到巴黎大學任教，費夫爾與布洛克全力想把《經濟與社會史學報》辦好。受第二次世界大戰的影響，特別是1944年蓋世太保將布洛克處死，學報繼續由費夫爾編輯直到1956年他本人去世，繼由布勞岱接替編輯，到1968年為止。1947年《經濟與社會史學報》制度化，由歷史學者居領導地位的社會科學學者的合作，共同編輯。

費夫爾與布洛克的新歷史和布拉什的新地理學密切相關，法國教育中歷史和地理密切相聯，有助於解釋為什麼費夫爾與布洛克是經由地理學而發現社會科學的。在第一次世界大戰前，他們兩人都是巴黎高等師範學院的學生，先後從地理系和歷史系畢業。在巴黎大學兩人遇到他們的老師布拉什及加洛瓦，加洛瓦是布拉什早期的學生之一，布拉什及加洛瓦兩人

1894 年起合編《地理學報》。《經濟與社會史學報》所發展的新歷史，由於吸收了布拉什及其追隨者的一些地理概念，其氣勢更加強化，這些地理概念包括：社會環境、社會意識、生活方式、文化交流及文明、地理分布、地理擴散、地理差異及地理個性等，滲透了年鑑學派的大部分著作。費夫爾與布洛克兩人非常注意地理概念。費夫爾在他的《土地與人類的演進：歷史的地理導言》一書中，引用了這些概念，地理學家視為肯定布拉什對環境決定論的批評，歷史學家則視為肯定評價人類對自然環境之認知和利用，須要將歷史放在地理的框架之內。布洛克研究法國農村歷史，從地理學中景觀和區域特性得到相當的啟示。後來，費夫爾也很明確地表示歷史學從地理學獲得啟示。

《經濟與社會史學報》一直刊登地理學者撰寫的書評、地理學者著作的書評、以及有關地理學研究及地理學術會議的報導，《經濟與社會史學報》的第一卷就建立了這種傳統。布洛克認為將地理學和歷史學分開是沒有意義的，因為這兩個學科的目的都是研究社會中人的科學。後來芒德魯 (Robert Mandrou) 在《經濟與社會史學報》中表示了一樣的看法，深信社會歷史與人文地理是不可分的，反映費夫爾贊同迪奧認為歷史地理就是回顧的人文地理之觀點。布勞岱正面地接受將歷史放在地理環境中的需要，這在他的著作中，對十六世紀地中海世界綜觀的重建可以看出。布勞岱認為地理不只是一個戲臺，而且是一個自然環境的空間，歷史就是在這個空間演的戲。他對地中海的研究，就是實踐費夫爾所提出之地理與歷史的連續交織，這種交織的完成係透過對下列的認知：(1)對自然環境不斷改變的生態要素之認知；(2)從文化評價環境認知與自然資源（包括時間及空間）之角色的認知；(3)對地中海環境的形成與變遷中，人文與非人文力量不斷互動的認知。[24]這些結合強調布勞岱所說的「地理歷史」(géohistoire) 及區

---

[24] 布勞岱原書的中文翻譯，見唐家龍、曾培耿譯，《地中海史》，上下兩冊（臺北：

域歷史綜合的撰寫，成為年鑑學派之獨特的性質，達到了嚴重的程度，以致年鑑學派被指責併吞了地理學。

地理與歷史是不可分開的，兩者以區域歷史的形式結合在一起，這是年鑑學派的基本宗旨，也直接反映其對綜合的追求，綜合所信仰的就是總體歷史。像這樣研究歷史的總體概念，必然是科際的，除了地理學，也很快與所有其他學科合作，所有這些學科都視為歷史學之潛在的輔助學科。《經濟與社會史學報》所刊論文及年鑑學派歷史學者的著作，都是歷史學與環境科學、社會科學、以及人文科學合作的產物，新歷史學的學者承認歷史學與任何其他學科之間是沒有界線的。年鑑學派學者明確採用比較的方法，既擴大也深化了歷史研究的問題、材料、及方法。

超過一個世紀，法國教育體系中地理學和歷史學的關係密切，學生可以同時獲得這兩個學科的學位，法國地理學派的創始人布拉什 1865 年畢業於巴黎高等師範學院的史地學系。在很大程度上，費夫爾將歷史地理化，前此布拉什將地理歷史化。法國地理學派比任何其他地理學派都要更融合地理與歷史成為一體，這就是法國的歷史地理學。

法國及英國歷史地理學者的研究成果明顯不同，米羅 (Leon Mirot) 的《法國歷史地理手冊》(*Manuel de géographie historique de la France*, 1929) 及達比的 《1800 年以前英格蘭的歷史地理》 (*An Historical Geography of England before A.D. 1800*, 1936)， 反映了這種對比 。 米羅的著作有一個特色，就是強調法國的政治疆界及行政區劃的變遷。

直到十九世紀末，法國高等教育中的地理學一直是由自認為歷史學者的人講授，他們認為地理是歷史演進的自然舞臺。布拉什 1877 年到巴黎高等師範學院任教，直到 1918 年去世，他一貫力求改變地理與歷史關係中地理的地位。1898 年在法國巴黎大學的就職演說中，他特別強調他的興趣是

商務印書館，2002)。

人在自然環境改變中的作用，他認為我們對一個地方過去地理的了解，可以啟發我們對今天地理的正確評價，並且提出他的建議，在某些情況下，從現在的狀況溯及過去研究的效果會很好。布拉什認為區域 (pays) 要具有獨特的特徵，這些特徵是人與自然環境長期互動的結果，這一概念表現在拉維斯 (Ernest Lavisse) 著《法國史》(*Histoire de France*, 1903) 一書中他所撰寫的「法國之地理個性」。布拉什傳統的本質眾所周知，此處無須贅述，所需要的就是請讀者注意 2 點：⑴布拉什認為地理學是社會科學的概念；⑵布拉什傳統下具有歷史概念的區域地理專刊。第一部專刊是德芒容 1905 年出版的《皮卡地》(*La Picardy*) 地誌，後來成為「典範」，其他學者在 3 方面模仿該書：⑴景觀變遷的主題，像是森林啟林及溼地排水；⑵了解今天地理的關鍵在於過去；⑶大量有效地使用檔案材料。

年鑑學派歸功於布拉什，也許最顯著的就是在以下 4 方面：⑴生態及環境歷史方面的發展；⑵對地理分布及擴散重要性的敏感；⑶地理歷史 (géohistoire) 概念的發展；⑷接受區域作為歷史研究的適當範圍。

法國地理學者對歷史的態度，有 2 個要素值得注意：⑴強調歷史為現在的地理服務，而不是為過去的地理服務；⑵不願意參加有關史地關係的辯論。不可否認法國地理學者最卓越的研究，有些用的是歷史的手法。從開始，區域地理專刊就是解釋一地今天的地理，考慮其歷史發展。歷史為地理服務，地理跟歷史不一樣，地理明確地注重現在，而不是過去。這甚至就是迪奧所採用的觀點，他是法國地理學者中使法國歷史地理學成為獨立學科貢獻最多的學者，在某種程度上，使歷史地理學不屬於歷史學，也不屬於地理學。不過，1948 年底迪奧在法蘭西學院任歷史地理學講座教授的就職演講「回顧的人文地理學」，㉕認為今天的文化景觀反映其歷史，所

㉕ 我國學者張其昀也持這種看法，張氏生前，作者赴中國文化大學拜訪他，張氏曾說他所撰寫的《中華五千年史》就是一部中國歷史人文地理。

以「法國的人文地理必定是歷史地理」，這一觀點後來獲得達比的共鳴，達比曾說「所有的地理都是歷史地理」。後來，迪奧在一篇論文中說歷史地理本質上，是回顧的人文地理，歷史地理是地理，不是歷史，因為歷史地理所關注的基本上是解釋現在的景觀。

歷史地理學跟當代人文地理學密切結合在一起，這使後者處於一個不利的地位，戰後人文地理學發生變化，強調設計及應用地理，也就是轉變到未來的人文地理。實際上，甚至迪奧為了不斷延長的長時段時期，避免他所建構的知識論上的困境：他自己研究及教學發展成一個明確的興趣，就是關注過去的地理問題，研究這些問題本身，而不是為了說明現在的地理狀況。不幸，迪奧對歷史地理擴大的觀點，沒有正式地詳述，以致未能獲得更多學者的認同，未能引導歷史地理學的發展。在地理學界，迪奧愈來愈孤立，愈來愈多的學者認為他是歷史學者。㉖

索爾曾簡單論述了人文地理學中歷史解釋的功能，描述並稱讚布勞岱連續的地理就是歷史的態度，提倡歷史學和地理學要真正合作，又要保持各自學科明確的獨主性。㉗朱拉 (E. Juillard) 向法國學者介紹了達比對歷史地理學的四種分類，即歷史背後的地理、過去的地理、變遷的地理、及現在中的過去。他很有說服力地評介了達比的理念，依次將達比的理念跟法國地理學者的研究關聯起來。

布瓦耶 (Jean-Claude Boyer) 認為需要將法國歷史地理學，更直接地跟英國及北美洲歷史地理學的實際與進展關聯起來，也要跟當代人文地理學

㉖ 一般學者還是認為他是地理學者，見 Geoffrey J. Martin and Preston E. James, *All Possible Worlds: A History of Geographical Ideas*, third edition (New York: Wiley, 1993), p. 543.

㉗ Maximilien Sorre, "The role of historical explanation in human geography," in Philip Wagner and Marvin Mikesell, eds., *Readings in Cultural Geography* (Chicago: University of Chicago Press, 1956), pp. 44–47.

的一般發展關聯起來。在二十世紀七〇和八〇年代，我們看到法國歷史地理學者增加了自我意識及自信心，有證據證明法國歷史地理學者很活躍，他們對文化景觀演變的研究，既多樣化，又很嚴謹。

四、法國地理學中的歷史觀點

歷史形成區域研究的組成部分，但是法國地理學者從來沒有為歷史而研究歷史，研究目的不是描述過去的狀況，歷史是考察一個地區不同時期地理狀況的一個工具，不探討過去的歷史，各種空間的互相關係可能無法解釋清楚。

為了地理的目的，需要歷史重建的理由，德方丹 (Pierre Deffontaines, 1894～1978) 曾作了最有創見的貢獻，在有關高盧歷史地理的研究中，他的討論從現在開始，包括他自己周圍的景觀、農村的交通網絡及城鎮等，這些構成今天區域的結構；他追溯過去，一直找到每一個現象的來源為止。他的研究方法是回溯的，有一個明確的目的，就是要澄清今天複雜的地理現象，只觀察今天的狀況，無法提供充分的解答。

當地理學者研究一個社會，這個社會沒有受到現代轉形的影響，其歷史的演變很緩慢，地理學者的研究比較容易，我們閱讀羅伯卡因 (Charles Robequain, 1897～1963) 或古魯 (Pierre Gourou) 兩人有關越南的著作，[28]便

---

[28] 羅伯卡因和古魯兩人是研究越南和東南亞的著名法國地理學者，曾發表很多法文和英文著作，例如羅伯卡因的《清化：一個安南省的地理》和古魯的《紅河三角洲的農人：人文地理的研究》，見 Charles Robequain, *Le Thanh Hoa: Etude Géographique d'une Province Annamite* (Paris: Publication de l'Ecole Française d'Extreme Orient, 1929); Pierre Gourou, *Les Paysans du Delta Tonkinois: Etude de Géographie Humaine* (Paris: Editionss d'Art et d'Histoire, 1936). 羅伯卡因和古魯兩人各有一部區域地理著作，翻譯成英文，最為各國學者所熟悉，即 Charles Robequain, *Malaya, Indonesia, Borneo, and the Philippines* (London: Longmans,

有這種感覺。二十世紀三〇年代在越南的三角洲上，我們看不到同一個社會發展的兩個連續的階段，而是傳統和現代不相融合，卻是互相雜存並列。這是研究生活方式 (genres de vie) 最好的場所，歷史的分析是多餘的，而在別的地方則一定要有歷史的分析，才能夠了解社會和經濟組織之各種現象的發展及起源。此處，地理高度穩定，這是沒有變遷的世界。

二十世紀開始時，不是所有法國的地理學者都採納布拉什對歷史方法的態度，或堅持這一態度。在他的著作中，德芒容以一種讚美的方式利用布拉什的方法，他用形成現在之歷史的組成部分來說明。他對不列顛帝國的研究，提供了一個不列顛殖民方法和發展的卓越重建，不列顛殖民的擴張，與維持殖民的組織形式及促進殖民的經濟利益有關，歷史仍然是很重要的。

布呂納的方法跟布拉什的方法背道而馳，在《人生地理學》一書中，[29] 布呂納借用了二十世紀開始時德國地理學者的想法，像是施呂特 (Otto Schluter) 和菲里德里希 (E. Friedrich)，也採用了人種學和民俗學的研究方法。跟布拉什及和他同時代的學者比較，在很大的程度上，布呂納認為地理學是研究景觀的。他解釋基本原理，開始分析人類聚落和土地利用，不太重視「歷史的地理基礎」概念，在討論地理學與人種史、社會學及政治學的關係後，最後才討論「歷史的地理基礎」。在法國學者之中，布呂納被認為是最法國地理學派的，他認為只是將「歷史因子」作為一個藉口，而

1954) 和 Pierre Gourou, *The Tropical World* (London: Longmans, 1953)，這兩本書的翻譯者，都是拉博德 (E. D. Laborde)。

[29] Jean Brunhes, *La Géographie Humaine* (Paris, 1909). 最早的英文翻譯本見 Jean Brunhes, *Human Geography*, trans. by I. Bowman *et al.* (Chicago, 1920). 根據英文本的中文翻譯本，見任美鍔與李旭旦合譯，《人生地理學》(南京：鍾山書店，1935)。後來又有英文節譯本，見 Jean Brunhes, *Human Geography*, abridged edition, trans. by Ernest F. Row (London: Harrap, 1952).

不討論社會的和經濟的影響力，他降低了歷史因子的角色。為了要了解今天的地理狀況，他比較高度依賴對分布和空間組織的詳細研究，比較不著重歷史的重建。

索爾的研究方法跟布呂納很不一樣，他的地理學概念是更發展演變的，他比較看重地表事物和生物緩慢改變的概念，索爾是最達爾文主義的法國地理學者。但是像布呂納一樣，為了尋求因果關係，他探討社會的力量，在特別的情況之下，將社會的力量孤立起來分析；當他不能解釋產生空間形態的條件時，他避免使用空洞的表達方式，像是「歷史因子」。[30]

因為沒有足夠的系統研究，二十世紀初葉歷史的觀點遭到挫敗。布拉什的貢獻是地理學實際研究及證據解釋的一種方式，是一種人地關係的哲學，但是他沒有詳細說明人文地理學中的各種基本概念，使人不易了解。所幸有些概念，像是流通、人口密度、生活方式等，他講得很明確，很啟發學者面對實際的問題；不過沒有足夠詳細的分析，無法形成一套解釋的原則。在這種學術氣氛下，一個特別的思想學派的存在，多靠口傳，而非見於文字著作。情形常常總是這樣，不完整的傳授體系，會有教學受損和整個概念會消失的風險。[31]

五、《法國歷史地理及地理學史委員會會刊》

二十世紀上半葉法國《地理學報》(*Annales de Géographie*) 所刊載的歷

---

[30] 索爾在 1942～1952 年間出版《人文地理學的基礎》(*Les Fondements de a Géographie Humaine*)，此書中文翻譯本，見孫宕越譯，《人文地理學的基礎》(臺北：中華文化出版事業委員會，1957)。

[31] 見前揭 Paul Claval, "The historical dimension of French geography," pp. 233–235.

史地理的論文減少，與這種減少平行的是年鑑學派 (The Annales School) 的興起，及有地理感的敘述區域歷史繼續發展，儘管沒有明白標示是歷史地理學，年鑑學派的傳統實際就是歷史地理學的傳統。[32]

二十世紀的法國歷史地理學是過去老式法國歷史地理學的延續，米羅的《法國歷史地理手冊》(*Manuel de Géographie Historique de la France*) 1929 年在巴黎出版，[33]可以視為大約半世紀前失去的古老傳統之復興，反映了十九世紀法國歷史地理學的特徵，不過該書也是法國的政治歷史地理，米羅強調法國行政區劃及疆域的演變，類似我國的沿革地理。該書的出版並非偶然，米羅是龍尼翁的學生，後來擔任法國國家檔案館的館長。

《法國歷史地理及地理學史委員會會刊》(*The Bulletin du Comité Français de Géographie Historique et d'Histoire de la Géographie*) 1935 年創刊，1936 年及 1938 年又各出版了 1 期，一共只出版了 3 期，原因是歷史地理學及地理學史沒有一個全國性的組織，兩者在巴黎大學的重要性降低。該刊創刊號 1935 年 5 月出版，刊載一篇重要論文，即戈布萊 (Y-M. Goblet) 的〈歷史地理與地理學史〉(Géographie historique et histoire de la géographie)，評述地理與歷史之間的各種聯繫，認為歷史地理學是地理學的一個分科。戈布萊是一位政治地理學者，他曾經研究十七世紀愛爾蘭政治地理的轉變。他既贊成歷史地理學是歷史學的附屬學科，也贊成歷史地理學是地理學的附屬學科。他認為歷史地理學狹義地是研究過去的行政區劃地理，廣義地是研究過去一系列整體的地理狀況，歷史地理學與當代地理學基本上沒有差異，不過歷史地理學是研究過去，兩者的方法基本上是

---

[32] Alan R. H. Baker, "Reflections on the relations of historical geography and the Annales school of history," in Alan R. H. Baker, ed., *Explorations in Historical Geography* (Cambridge, England: Cambridge University Press, 1984), pp. 1–27.

[33] 見 Robin A. Butlin, *Historical Geography: Through the Gates of Space and Time* (London: Arnold, 1993), pp. 30–31.

一樣的。他對歷史地理學目的的看法，跟 1930 年代初期許多英國學者的看法一樣。

《法國歷史地理及地理學史委員會會刊》 第 3 期也是最後一期 ， 在 1938 年 5 月出版，該刊的發行是法國歷史地理學史很短的一章，雖然不能視為法國歷史地理學先驅觀點的象徵，但是就其會員中有大量的軍官和少數進步的地理學者，以及未能吸引有關戈布萊式歷史地理學之論文，但是卻引起了學者對歷史地理學與地理學史的興趣。法國的歷史地理學最晚在二十世紀晚期以前，跟有歷史感的人文地理學結合在一起，而同時期許多英國的歷史地理學者，則較清楚地保持為獨立的歷史地理學。[34]

六、法國地理學者研究法國歷史地理的成果

法國地理學者、歷史學者和其他學科學者的研究成果，是他們的國家博士 (doctorat d'etat) 論文，以及提出博士論文以前所發表的學術論文，國家博士論文代表法國歷史地理學者在學術上的成熟。歷史學者的研究有很明確的空間和時間架構，採納迪比所提出的研究方法，主張空間和時間必須結合在一起，景觀即自然和人類，所有社群共同開發土地，因為所有有價值的研究在其關鍵階段，一定是區域的研究。

二十世紀上半葉，地理學者的著作採用類似德芒容研究皮卡迪 (Picardy) 的模式。[35]通常涵蓋了比歷史學者較長的時間，為了描述自然環

---

[34] 見前揭 Butlin, *Historical Geography: Through the Gates of Space and Time*, pp. 30–32.

[35] 見 Hugh D. Clout, "The practice of historical geography in France," in Hugh D. Clout, *Themes in the Historical Geography of France* (London: Academic Press,

境的演化，必須從很久以前談起，人文地理的研究則從過去若干世紀開始到現在。對歷史學者來說，研究過去本質上是結果，對地理學者來說，則是了解現在的手段。這一研究過去的方法，在某種程度上，的確說明了為了研究過去的法國地理學者，為數很少。

地理學者在第二次世界大戰前所撰寫的區域專刊，包括了所有各種主題的描述，像是中世紀土地的開墾及修道院的建立、十八世紀及十九世紀的農業生產、國內手工業，以及許多其他現象的過程。社會和經濟狀況的討論，通常劃分成連續的歷史時期，愈趨向二十世紀，講的愈是詳細。因此，例如高盧聚落及中世紀殖民的研究，比十九世紀農耕技術的研究要簡單些。大部分專刊是從久遠的過去到現在按年代組織，邏輯上這種安排是正確的，是歷史訓練共遵的規範，不過，布洛克提出的倒敘研究方法，從已知到未知，從十分了解的到較少了解的，可能較為適當。這可能是地理學者在心理上所運用的方法，但是只有德方丹在加倫河 (Garonne) 流域的研究，採用了一些倒敘的方法。㊱戰前極少研究是問題導向的，他們比較喜歡做區域研究，將一個區域中自然和人文地理之每一個重要的現象加以分類。迪奧對於羅亞爾河谷地 (Val de Loire) 的研究是明顯的例外，他的研究焦點著重在羅亞爾河谷地人們抵抗洪水氾濫的歷史以及聚落與農田的形態。

許多二次世界戰後的博士論文，也是從傳統的區域地理專刊衍生出來的，有 2 種情形：⑴採用新的方法處理資料，例如，先敘述當代的空間差異，再討論自然資源；⑵集中討論研究區域有特色的問題，取代百科全書式的描述。像這樣問題取向的論文很多，包括鄉村的各種傳統、都市成長、

1977), p. 5.

㊱ Alan R. H. Baker, "A note on the retrogressive and retrospective approaches in historical geography," *Erdkunde*, vol. 25 (1968), pp. 243–244.

住在都市擁有鄉村土地的地主、國界對人文活動形態的影響、區域的社會地理、以及許多其他的問題等。這類專刊，有新的也有舊的，確實代表了大部分法國歷史地理學的內容，但是這些論文的作者坦率地認為他們的論文是「地理學」的，這就是通過研究過去以了解現在的方法。

的確有些地理學者的研究論文集中，過去的狀況與現在沒有明確的關係，但是這類論文相對地少見。不過，戰後許多迪奧的歷史地理著作，並沒有試圖了解現在。

許多區域專刊和研究論文，提供給法國的學者必需是許多地區零碎的歷史資料，為了概括整個法國，篩選資料的任務，或者提出較廣泛的解釋，與純粹當地小範圍水平比較，當然很難克服。歷史學者像是布洛克及迪比，比地理學者更願意嘗試克服這種困難。布洛克在他早期有關農田形態的著作中，認出來圍地 (enclosed field) 和曠地 (open field) 的基本差異，後者在法國北部是長方形的，在法國南部是不規則的形狀。圍地視為分布在土壤貧瘠的區域，曠地出現在環境比較好的區域。兩種類型的曠地，所以不同是受文化因素影響的結果。布洛克不接受簡單「種族」的解釋方法，贊成更廣泛的「農業文明」概念。

在布洛克的創新著作發表後不久，接著是迪奧的地理綜合，他認出的田地形態分布有一點不同，但是，他也討論到在解釋農村經濟的變異中，文化差異是很重要的。利用十八世紀末葉一些著作中的證據，迪奧注意到公有農業傳統在羅亞爾河以北地區已經很強了，但是羅亞爾河以南地區，自由將自己的田地用圍籬圍起來的比較多，農耕方式比較有獨立性。他的解釋結合了文化差異的重要性與自然資源空間差異的評價，法國北部跟中部或南部不同，北部平原廣泛覆蓋著泥質沉積物質，南部和中部地形比較破碎，土壤也比較複雜。正如在許多他的其他著作中，迪奧不贊成自然決定論，強調地理學者一定會了解，圍地不一定只有在花崗岩區才有，也不一定只有在石灰岩區才有曠地。

雖然有少數綜合的論文及大量研究，有關形成法國鄉村景觀的重要文化過程之資料，像是森林的開啟、沼澤的排水、荒野的開墾等，仍然必須從零散的資料來源收集。事實上所有法國地理學者都修讀歷史，令人驚訝的是有關歷史地理過程的研究卻很少。[37]十九世紀有些非地理學者的文集，但是後來在二十世紀上半葉有系統的研究卻極少。歷史學者德韋茲 (M. Deveze) 對造林活動的綜合研究，及迪奧對葡萄栽培史的研究，是兩個最令人印象深刻的例子。在後來迪奧的研究論文集中，他認為葡萄園可能是在法國保留最好的羅馬遺跡，中世紀以後大型葡萄園位在靠近通航水道的地方，通航水道方便葡萄酒的運銷，葡萄酒的品質反映了葡萄園主的財富，也反映了對土壤施肥及改良土壤的技巧。所以，最好的葡萄酒並非是用最「天然的」土壤葡萄園所產之葡萄釀造的，而是大教堂和商業中心附近地區葡萄園所釀造的，這些地區有大量資金、勞工及技術，投入葡萄園及釀酒的經營。

除了撰寫區域地理專刊之外，法國地理學者也做過大量有關鄉村景觀特徵演變的分類和分析，跟其他研究的數量相比，甚至不成比例，同樣地，這些研究也是利用過去的研究，以了解現在。朱拉指出這種對鄉村研究的偏好，不應該訝異，因為沒任何其他的情況許可做這樣深入的處理，研究自然因素和人文因素的互動，地理學者嘗試解釋這些因素內部的邏輯。景觀的結構和機動之變異，形成地理研究的正規領域。這種研究取向的結果，鄉村景觀研究不但數量多，而且多樣化。不過，可以確定有 5 個相當獨特的研究專題：

第一個專題是聚落形態的描述，此處聚落形態一詞是狹義的，涉及居

---

[37] R. J. Harrison Church, "The French school of geography," in Griffith Taylor, ed., *Geography in the Twentieth Century* (London: Methuen, 1957), pp. 70–90. 此書有中文翻譯本，見孫宕越譯，《二十世紀地理學》（臺北：中國文化事業出版委員會，1957）。

民點的分布及其通過時間上空間安排的變異。這一研究方法是德芒容最初創用的，他設計集中和分散的指數，㊳用於聚落形態的分類，聚落形態可以從實測地形圖上取得，也可以從人口普查統計資料取得。這種研究方法曾經應用於法國不少區域，基本上這是一種靜態的方法，涉及過去某一個時期，或者現在某一個時期，偶然也比較過去與現在。但是，即使用前後時期的比較，這種方法也不能提供對變遷的解釋，只能提供數字的陳述，來描述其最後的結果。唯有分析形態變遷，以及分析產生這些形態變遷的各種社會和經濟過程，才能解釋經由時間的分布變差。

第二個專題是聚落形態的研究，這大概是法國鄉村地理最重要的研究領域。聚落形態包括大小村莊、農舍及其周圍農地。早期對鄉村景觀的解釋是在 1930 年代布洛克和迪奧提出來的，其後有學者提出質疑和修正，完成了許多詳細的區域研究。也許最著名的例子就是雷恩 (Rennes) 大學的地理學者對法國西北部農田形態及村莊演變的研究。有關阿奎丹 (Aquitaine)、朗格達克 (Languedoc)、中央高原、諾曼第 (Normandy)、巴黎盆地北部、普諾瓦斯 (Provence)、及羅蘭 (Lorraine) 等地也完成了重要的研究。有關羅蘭的研究特別有啟發性，包括農田形態的計量分析，及農田和農村的重建，農田和農村在三十年戰爭 (1618～1648) 中的破壞。

第三個專題是關於鄉村景觀中微地理現象演變的研究，其中房屋類型的分布及演變之變異，特別受到注意。德芒容曾說現在的房屋是鄉村文化之具體的和視覺的的圖像，是過去傳統及農場管理需求兩者的產物。此外，鄉村房屋類型的研究，可以看到文化因素和自然因素之間各種特別有趣味的互動。其他鄉村微地理現象的研究，包括鄉村道路、田埂、及梯田。

第四個專題關注鄉村組織歷史方面的問題，最好用迪奧早期的著作來說明。在一篇傑出的地理論文中，他論述巴黎盆地自然環境詳細的變異，

㊳　見 J. I. Clarke, *Population Geography*, 2nd edition (London: Pergamon, 1972), p. 63.

在某些地區，像是表層含石灰質的高原，提供了對早期移民具有吸引力的環境，但是在其他的地區，環境特別惡劣，黏土及不透性的土壤，使用早期技術無法有效利用。迪奧對相繼的鄉村組織形式之解釋，絕不是決定論的，因為他強調從早期到現代土地所有權的變異、社區的組織、以及農耕的投資，以說明鄉村景觀的空間變異與不同的動力。這種方法還有另外2個方面：⑴涉及十八世紀及十九世紀所謂的「農業革命」之批判性的考察；⑵涉及農業輪作的區域差異之批判性的研究，特別是法國東北部。

第五個是有關過去鄉村狀況地理學研究的專題，是對土地利用形態的詳細分析。佩爾皮盧 (Aime Perpillou) 將利穆贊 (Limousin) 區最初的樣本研究，擴大到整個法國，目的是要出版一系列全國和區域的精美彩色地圖，展示十九世紀早期、二十世紀早期、及戰後的土地利用。

法國地理學者對鄉村景觀演變的研究，以及對形成鄉村景觀之社會及經濟過程的研究，著作很豐富，對照之下，有關其他方面的研究卻極少。例如，法國都市歷史地理，只有建築學者、都市計畫者及歷史學者的研究。在第二次世界大戰前的兩代法國地理學， 正如比蒂梅 (Anne Buttimer) 所說，不知為什麼學者不喜歡都市，不歡迎其入侵精巧整理的農業景觀。㊴當然，很多法國地理學者研究了都市的成長，但是幾乎沒有例外，在方法上都是描述孤立的個案，是個別城鎮形態的演進及都市當代社會和經濟功能的研究。這種研究方法的結果，不過是一些個案研究的匯集，不易概括。有關獨特類型工業的地理、不同土地所有權對都市擴張的影響、都市街道形態的歷史、以及都市郊區的成長等的研究很少。所幸建築學者及都市計畫學者做了有價值的歷史研究，不過，現在歷史學者也比較注意都市問題。

㊴ Anne Buttimer, *Society and Milieu in the French Geographic Tradition* (Chicago: Rand McNally, 1971). 參閱姜道章編寫，《人口地理學講義》，第8講，中國文化大學地理學系未出版講義（臺北，2004），頁6。

地理學者對人口史的興趣，大多集中在鄉村人口減少的空間形態，以及人口減少對鄉村經濟的影響。與這類研究有關的是法國歷史人口學派的研究，法國歷史人口學派的領袖學者是亨利 (Louis Henry)，㊵這個學派發展若干創新的分析方法，包括利用教會教友名冊的資料，重新編成家族史。有些該學派學者的著作，具有顯著的地理特質，最好的例子就是古貝爾 (Pierre Goubert) 對博瓦 (Beauvais) 歷史人口和經濟的區域研究。

我們可以正確地說，法國歷史地理在某些方面，沒有以前那樣受到重視，㊶這種情形可能是對 3 個主要趨勢的反應：

第一種趨勢是就一般的意義來說，法國地理學者不再將綜合的區域專刊視為學術成就的最高峰。研究重點移轉到採用詳細的方法，也愈來愈多採用計量方法，研究各種人文的和自然的主題。像這樣有系統的研究，仍然是在區域架構下的，但是至少在人文方面，幾乎沒有涉及歷史背景。都市的和經濟的研究，為了設計和預測的目的，愈來愈以從現在趨向未來為導向，而不是為了解釋的理由研究過去。現代法國地理學者回顧過去的研究，真正有成長的則是地理思想史㊷及過去環境的認知。

第二種趨勢是法國農業地理學研究的重點，有一種顯著的改變，這種改變的情形與前者類似，然而是在一種特別的環境下改變的，二十世紀上半葉到二十世紀七〇年代，法國的歷史地理 (historico-geographical) 研究，大部分是農業地理學者的著作，分析歷屆歐洲農村景觀學術討論會論文，及個別農村專家著作的內容顯示，跟 1950 年代及 1960 年代比較，到 1970 年代極少法國地理學者研究農村景觀的演進以及解釋現代農村景觀中的遺

㊵ Louis Henry, "Historical demography," in D. V. Glass and R. Revelle, eds., *Population and Social Change* (London, 1972), pp. 43–54.

㊶ R. W. Steel and J. W. Watson, "Geography in the United Kingdom, 1968–72," *Geographical Journal*, vol. 138 (1972), pp. 139–153.

㊷ 見前揭克拉瓦著，鄭勝華等譯，《地理學思想史》。

跡。取而代之的是愈來愈多學者採用預測的研究方法，集中研究過程，在這種過程中，農村景觀發生改變，以適應現代農業活動，並配合通勤者及遊客的新需求。在某種程度上成為歷史地理學者以後，許多研究法國農村的學者多年來從關注區域描述，即聚落形態分類及其演進的解釋，轉變到成為應用地理學者。在眾多的法國學者之中，只有在法蘭西學院的迪奧，才自己使用歷史地理學者這個頭銜。㊸

第三種是強大而且一直不斷擴展中的法國經濟史學派，正在侵入曾經是地理學者的學術領域。歷史學者自然視研究過去是他們的研究領域，但是現在很多歷史學者也轉向景觀的研究。由於他們紮實的地理學及歷史學訓練，結果，法國研究歷史地理學的學者現在主要是歷史學者，這種以歷史學者為主的歷史地理學研究，跟我國的情形很類似。

歷史地理研究 (historico-geographical studies) 的範圍仍然很廣泛 ， 然而，使用現代計量方法處理、分析、及展示資料，歷史地理研究的確獲得提升。有三大方面值得注意，雖然這些可能並非地理學者之著作。首先是經濟及社會生活歷史實況的進一步詳細的研究，仍然需要。一旦這類研究所需資料經過轉換並輸入電腦，學者便可以分析這些資料。其次，歷史地理學及經濟史的綜合工作，大部分仍然尚待完成。系統主題有不少區域或地方的嚴謹研究，但是還缺乏全國性的研究。不過，至少在二十世紀中葉，擁有有價值的統計資料，這些統計資料可供定量分析，許可根據更廣泛的空間和時間形態，做地方的個案研究。最後，繪製全國性的歷史地理圖，進展很小，不過，十八世紀所謂法國的「農業革命」之有啟發性的新解釋，有表示 1840 年穀物單位產量地圖輔助。此外，法國出版了一系列的區域歷史地圖集。㊹地圖和統計資料的運用當然無法取代詳細的檔案研究，但是

㊸ 見前揭 Xavier de Planhol, “Historical geography in France,” pp. 29–44.

㊹ 見前揭 Xavier de Planhol, “Historical geography in France,” pp. 29–44.

地圖和統計資料的確可以提供有啟發性的資料展示，這種展示超過地方或區域水平，而且幾乎都是應用在過去。

七、結　論

1860 年代法國只有兩個地理學教授職位，在職的兩位教授都是研究歷史地理學的學者，無疑對法國地理學的發展具有一定的影響，法國地理著作充滿了歷史，法國歷史研究也包含了大量的地理內容。法國大學歷史學系的學生，必須選修地理課程，地理學系的學生，也必須選修歷史課程，這是法國歷史地理學一個很重要的特徵，不同於英美的情形，比較接近我國的情況。

1929 年布洛克與費夫爾創辦《經濟與社會史學報》，後來更名為《經濟、社會及文明學報》，創刊以來布洛克和費夫爾為領導學者，1950 年代又加上第二代的學者布勞岱，聯合倡導跨學科與多學科的研究，形成年鑑學派。布拉什是年鑑學派歷史學者地理學方面的直接導師。地理與歷史以區域歷史的形式結合在一起，兩者不可分開，追求綜合，信仰總體歷史，這是年鑑學派的基本宗旨。在很大程度上，費夫爾將歷史地理化，布拉什將地理歷史化。法國地理學派比任何其他地理學派都要更融合地理與歷史成為一體，這就是法國的歷史地理學。法國歷史地理學者認為歷史地理是人文地理的一種回溯形式，回溯過去，只要有必要，可以回溯久遠的過去，以解釋各種人文現象。

法國地理學者對歷史強調歷史為現在的地理服務，而不是為過去的地理服務。法國的人文地理必定是歷史地理，與英國所有的地理都是歷史地理，不謀而合。

法國歷史地理學者的研究成果，是他們的國家博士論文，代表法國歷史地理學者在學術上的成熟。法國歷史地理學者法國鄉村景觀的研究不但數量多，而且多樣化，大致有 4 個獨特的研究專題：即聚落的形態、鄉村景觀中微地理現象的演變、鄉村組織的歷史、及過去鄉村狀況的地理。法國地理學者對鄉村景觀演變的研究，以及對形成鄉村景觀之社會及經濟過程的研究，著作很豐富，對照之下，有關其他方面的研究卻極少。這種情形有些類似我國的情形，我國有關農業的研究也比較多。

德普朗奧 (Xavier de Planchol) 所著《法國歷史地理》1988 年出版，㊺英文翻譯本 1994 年出版，㊻全書分三編 11 章：第一編是〈法蘭西的起源〉，包括 4 章，即〈高盧地峽〉、〈羅馬的影響〉、〈從高盧到法蘭西〉及〈法蘭西的誕生〉；第二編是〈法蘭西領土的傳統組織〉，包括 2 章，即〈主要區劃〉和〈次要區劃〉；第三編是〈法蘭西空間的中央集中化和地方分化〉，包括 5 章，即〈巴黎及巴黎集中化〉、〈文化的作用及反作用：統一與分化〉，〈空間的經濟分化〉、〈農村人口外移與都市化〉及〈大組織的法蘭西〉，書末所列參考文獻 700 餘種，幾乎包括了所有重要的法國歷史地理著作。德普朗奧的《法國歷史地理》，代表二十世紀末法國歷史地理研究的成果及法國歷史地理研究成熟的水平。

㊺ Xavier de Planhol, *Géographie Historique de la France* (Paris: Librairie Arthème Fayard, 1988).

㊻ Xavier de Planhol with the collaboration of Paul Claval, translated by Janet Lloyd, *An Historical Geography of France* (Cambridge, England: Cambridge University Press, 1994).

第九章

日本的歷史地理學

一、導　言

由於種種原因，我們對日本歷史地理學的發展，了解還是不夠，有關日本歷史地理研究的狀況，中文文獻不多。陳芳惠在《大陸雜誌》發表的〈歷史地理學在日本〉，❶敘述了近代日本歷史地理學的開始、二次世界大戰以前及當代的日本歷史地理學內容簡單；陳民耿在《文藝復興》上發表的〈日本的歷史地理學會〉，❷介紹了日本的歷史地理學會，內容也很簡略。陳橋驛在《歷史地理》上發表的〈日本學者的中國歷史地理研究〉，❸比較詳細地報導了二次世界大戰以後，日本學者對中國歷史地理的研究成果。辛德勇翻譯菊地利夫著《歷史地理學方法論》一書及河野通博著〈日本歷史地理學家略論〉一文，前者從 1987 年開始在《中國歷史地理論叢》上連載，可以看到當今日本歷史地理學者對歷史地理學理論與方法的觀點；後者發表在《中國歷史地理論叢》1988 年第三輯，扼要介紹了京都歷史地理學發展為中心的日本歷史地理學家。❹

---

❶ 陳芳惠，〈歷史地理學在日本〉，《大陸雜誌》，第 53 卷第 5 期 (1976)，頁 44–46。

❷ 陳民耿，〈日本的歷史地理學會〉，《文藝復興》，第 75 期 (1976)，頁 44–48。

❸ 陳橋驛，〈日本學者的中國歷史地理研究〉，《歷史地理》，第 6 輯 (1988)，頁 209–220。二次世界大戰以前和 1988 年以來，日本學者對我國歷史地理研究的狀況，將另文介紹。

❹ 見菊地利夫著，辛德勇譯，《歷史地理學方法論》，《中國歷史地理論叢》，1987 年第一輯，頁 177–187；1987 年第二輯，頁 135–157；1988 年第一輯，頁 177–

鄧嗣禹等所編撰的《日本學者對於日本與東洋之研究：傳略及其著作述略》，❺收錄了二十世紀上半葉一些有關歷史地理的著作目錄。杜瑜與朱玲玲編《中國歷史地理學論著索引，1900～1980》，❻收錄了部分日文歷史地理論著的目錄，雖然有許多不是真正的歷史地理學著作，但仍極有參考價值。

日本學者發表了三篇英文論文，報導日本歷史地理研究的成果，第一篇是浮田典良與足利健亮兩人1976年在日本發表的〈日本的歷史地理研究〉，❼第二篇是服部昌之1979年在美國發表的〈日本的歷史地理學〉，❽第三篇是千田稔1982年在英國發表的〈日本歷史地理學的進展〉。❾這三篇論文報導日本歷史地理學的發展狀況，簡單平實客觀，值得介紹，三文在內容上互相重複，但各有特點。本章的撰寫，以三文材料為主，另參考其他文獻。原來引證的文獻，盡量查對，限於此間圖書設備，難免有遺漏。再者，日本姓名漢字的讀音，除了原姓名本人，有些單從假名的讀音不易

188；1988年第二輯，頁159–183；1988年第三輯，頁153–187；1988年第四輯，頁173–187；1989年第一輯，頁159–187；1989年第二輯，頁175–187；1989年第三輯，頁159–187；1989年第四輯，頁147–151。又見河野通博著，辛德勇譯，〈日本歷史地理學家略論〉，《中國歷史地理論叢》，1988年第三輯，頁5–31。

❺ S. Y. Teng *et al.*, *Japanese Studies on Japan and the Far East: A Short Biographical and Bibliographical Introduction* (Hong Kong: Hong Kong University Press, 1961).

❻ 杜瑜與朱玲玲編，《中國歷史地理學論著索引，1900–1980》（北京：書目文獻出版社，1986）。

❼ Tsuneyoshi Ukita and Kenryo Ashikaga, "Historical Geography," in Shinzo Kiuchi, ed., *Geography in Japan* (Tokyo, 1976), pp. 215–235.

❽ Masayu Hattori, "Historical Geography in Japan," *Professional Geographer*, vol. 31 (1979), pp. 321–326.

❾ Minoru Senda, "Progress in Japanese Historical Geography," *Journal of Historical Geography*, vol. 8 (1982), pp. 170–181.

確定是什麼漢字，日本學者有這種困難，何況外人，從日本姓名的英文拼音，轉譯成原來的漢字，也難免有誤，請讀者指教。⑩

西元七世紀末葉，日本開始發展其政治及法律體系，踏上成為統一國家的第一步。在日本，用歷史手法研究地理，年代久遠，西元八世紀，當我國中唐時，也就是日本派遣唐使來我國時期，受我國的影響，開始有描述性的《風土紀》，是了解日本古代景觀的基本材料。十八世紀和十九世紀，發展了重建古代地理的方法。在十九世紀接受歐洲的科學方法之前，日本歷史地理學已建立了深厚的傳統。1930 年代，日本歷史地理學者的研究興趣，多集中於過去地理的橫剖面，第二次世界大戰後，比較重視地理變遷的研究，大多數研究集中在過去特別時期的獨特現象。目前對過去地理的綜合解釋，成為日本歷史地理研究的重要主題，在這種狀況下，日本歷史地理學者開始利用象徵及符號，重新解釋傳統的日本地理景觀。有許多日本學者，特別是歷史學者，致力研究我國的問題，自然也包括歷史地理。同時，二十世紀日本歷史地理學者也很注意歐美歷史地理學的發展。

日本學者對我國歷史的研究，從上述陳、鄧、杜、朱等論文及目錄中，可知其梗概，此處不另論述。以下僅就日本歷史地理學研究的起源、京都大學歷史地理學研究中心的形成、研究資料及方法、日本歷史地理學會、以及各種專題研究，分別加以介紹。

二、日本歷史地理學研究的起源

明治維新 (1867～1912) 後，日本積極吸收西方的科學技術，設立大學

⑩　初稿承臺灣師範大學陳國章教授及彰化師範大學嚴勝雄教授，對部分日文姓名及名詞的漢譯有所指正，特此致謝。有若干姓名的漢譯，可能有誤，特將英文音譯用括號註出，請讀者指教。

及研究機構，引進西方的研究方法，日本的歷史地理學就是在這種潮流中，應運萌芽。日本歷史地理學研究起源於十九世紀末到二十世紀初，主要是歷史學者的貢獻，當時歷史學家認為歷史地理學是歷史學的附庸，我國歷史地理學發展的初期，情形也是這樣。

最早開創日本歷史地理學研究的學者有兩位，第一位是吉田東伍(1864～1918)，他在1901年應聘任早稻田大學的日本歷史教授，對日本歷史地理學的發展有極大的貢獻，他編撰了《大日本地名辭書》，以歷史地理觀點解釋日本古地名，包括都、道、府、縣、城鎮、以及村落的名稱，延續了日本地名研究的悠久傳統。⓫他另外還撰寫《日本歷史地理之研究》一書。⓬

第二位是喜田貞吉(1871～1939)，他在京都大學史學部任教，與吉田東伍東西呼應，也為日本歷史地理學的發展作出了極大的貢獻，他研究日本的古都，認為首都規劃和鄉村規劃是分不開的，兩者都是在西元645年大化政變以後才有的。⓭此外，他的著作尚包括《日本歷史地理》一書。⓮日本的歷史地理學，就是在吉田東伍與喜田貞吉兩人的努力及倡導下而興起的。

三、京都大學歷史地理學研究中心的形成

日本歷史地理學的發展與京都大學，關係密切，1907年京都大學所創

⓫ 吉田東伍，《大日本地名辭書》，8卷（東京：福山房，1900–1907）。

⓬ 吉田東伍，《日本歷史地理之研究》（東京：福山房，1922）。

⓭ 喜田貞吉，《古代日本的京城》（日本，1915）。但是建築史家關野貞(T. Sekino)則認為兩者是在不同地區長期獨立發展形成的，見關野貞，〈平成京與皇宮之研究〉，《東京帝國大學工學部學報》，第3卷(1907)。

⓮ 喜田貞吉，《日本歷史地理》（地人書館，1913）。

立的地理學系，強調歷史地理和人文地理，形成歷史地理學研究中心，最初研究歷史地理的學者，並不是地理學者，在 1920 年代，地理學家才開始對歷史地理學發生興趣。在日本歷史學者與地質學者接受地理觀點的同時，西方的地理學新概念開始引進日本。京都大學地理學系的第一位教授小川琢治 (1870～1941)，原是地質學家，卻對歷史地理很有興趣，出身儒學家庭，自幼學習我國四書五經等漢學經典著作，愛好中國古典文獻，他帶給京都大學一股很強的、以中國歷史和文化作為研究日本文化之基礎的風氣。後來，結合歐洲的各種研究方法，此一風氣逐漸擴大，發展形成著名的「京都歷史地理學派」，直到第二次世界大戰，京都一直都是日本歷史地理研究的中心。1910 年 5 月小川琢治在東京地學協會總會講演，討論中國地圖學的發展，後來又發表了創新著作《中國歷史地理研究》，[15]小川琢治從《山海經》中找出證據，重建古代中國的宇宙論。他對日本歷史地理研究的進展貢獻甚大，他認為日本是一個從鄉村到國家的複雜生態體系，建立了極有意義的模式。[16]他同意洪堡 (Alexander von Humboldt) 對人類活動影響自然環境之總體觀點，也採用布呂納 (Jean Brunhes) 人類改變居住環境的概念。小川琢治另外還發表了有關富山縣西部散村及奈良盆地集村兩篇論

---

[15] 小川琢治，〈近世西洋交通以前中國的地圖〉，《地學雜誌》（東京），第 22 期 (1910)。此文後來收入他的《中國歷史地理研究》上卷（東京：弘文堂書房，1928）一書，見該書第一章〈中國地圖學的發展〉，頁 23–66，這是一篇有開創性的有關我國地圖學史的論文。《中國歷史地理研究》的下卷，弘文堂書房，1928 年出版。1911 年我國學者陶懋立在北京創刊不久而同名的《地學雜誌》第 2 年第 11 號及第 13 號上，發表〈中國地圖學發明之原始及改良進步之次序〉一文，內容上就是小川琢治〈近世西洋交通以前中國的地圖〉的翻譯，小川琢治在《中國歷史地理研究》中曾指出陶文為其原來日文的漢譯，不過陶文並未註明此點。

[16] 見水津一郎，〈小川琢治及其對日本歷史地理學的貢獻〉，《地理學評論》，第 44 卷 (1971)，頁 565–80。

文，[17]結論認為這些村莊古代已經存在。

石橋五郎 (1876～1946) 為京都大學地理學系的第二位教授，原來是歷史學者，繼小川琢治任地理學系主任後，引進德國拉策爾 (Friedrich Ratzel) 的人文地理思想，同時採納景觀變遷史的觀點。他對我國歷史地理也有興趣，1912 年曾在《史學雜誌》上發表有關我國唐宋時代沿海貿易及商港的論文。他的主要研究興趣是聚落和港口的興衰，1910 年完成〈港口的盛衰〉，1914 年完成〈武庫附近聚落的變遷〉。[18]

京都大學地理學系的第三位教授是小牧實繁（1898 年生），研究史前的歷史地理，探討史前地理學的性質、目的及方法，並用史前歷史地理的觀點研究日本一些平原的發展。1937 年出版《史前地理學研究》，[19]其重要性在於其認定歷史地理學是空間科學，而非時間科學，其中心目的在重建特別年代的橫剖面。歷史地理學描述及解釋地理的形態，而不是解釋歷史發展的過程。他也創議將史前地理成為一個新的研究領域，並且獲得國際地理學會 1936 年在華沙召開的大會認可。小牧實繁深受德國地理學者的影響，尤其是受施呂特 (Otto Schluter, 1872～1959)、帕薩爾格 (Siegfried Passarge, 1867～1958) 及黑特納 (Alfred Hettner, 1859～1941) 的影響，他批評環境決定論及地理歷史論 (geo-historicism) 有嚴重缺點：⑴自然環境及人類文化既不是分開的，也不是對立的；⑵決定論否認區域基本的個性和差異性。小牧實繁以橫剖面重建歷史景觀的研究，提供了後來歷史地理研究的一個模式。他堅持景觀發展的歷史研究，屬於區域歷史或地理歷史 (geo-history)，這可能阻礙了有些他的學生對地理變遷過程的研究。小牧實繁所建立的日本史前地理研究，在第二次世界大戰後由藤岡謙二郎、小野忠熙

---

[17] 見小川琢治，《人文地理學研究》（東京：古今書院，1928）。

[18] 見陳芳惠，〈歷史地理學在日本〉，《大陸雜誌》，第 53 卷第 5 期 (1976)，頁 44。

[19] 小牧實繁，《史前地理學研究》（京都：內外出版社，1937）。

等進一步發展。

1920 年代及 1930 年代研究歷史地理的學者，以京都大學畢業的歷史地理學者為主，強調日本的史前及古代歷史地理，而且繼續到今天不斷有創新的研究。

四、研究資料及方法

日本擁有豐富的古代地理之記述，在最早的也是最詳細的地理著作中，首推前面提到的《風土紀》，是官方編纂的。《風土紀》源於我國漢晉時代的「風土紀」。今天的「地理」一詞，《風土紀》中沒有。我們不知道日本人為什麼用「風土紀」，而沒有用「地理志」或「方志」。日本學者相信八世紀時日本的 68 個國（相當於我國的省、府或縣），都有《風土紀》，但是流傳下來的只有 5 部。各國《風土紀》的體例不一，但都包括各國的行政區劃，也都有地名來源的地理解釋、村莊的演進及山脈形成的傳說。除了《風土紀》這種「地理著作」，再加上日本各地的考古發現，以及過去長期累積的歷史文獻，提供給日本地理學者研究日本歷史地理的豐富材料。

日本地理撰寫的傳統在中世紀時停止，到江戶時代 (1603～1868) 恢復，各國撰寫了許多卷，描述各國當時歷史的地理。1810 年幕府時代的將軍府建置地理局，類似我國的修志局、文獻館、或文獻委員會，編撰區域地理，但是只完成了 3 部。

八世紀還有描述歷史及其他官方紀年的《古事紀》和《日本書記》，描述作為歷史事件背景的自然狀況。此外，許多古代及中世紀片段的歷史資料收集在《平安遺文》和《鎌倉遺文》兩書中，可以用於重建當時的土地利用、聚落形態及農田系統。江戶時代，傳統學者傾向考證古書上的地名。本居宣長 (1730～1801) 在其名著《古事紀傳》中，考訂了許多《古事紀》中的地名，並用新的地理觀點，描述不同區域的地理。

現代歷史地理的研究，有大量統計資料及官方紀錄可用，日本有不少古地圖，包括莊園、村落、都市、航海及行政區等的地圖，有些還重印過，其中最有價值的為地籍圖及十九世紀政府調查報告，包括 1 : 2,500 平面圖。地籍圖廣泛用於追溯條里制。由西岡虎之助所編輯的《日本莊園地圖集》，⑳展示了自西元 735 年到十七世紀中葉所出版的地圖，這些資料是若干研究的基礎。㉑

最遲至八世紀，日本已有稻田測量，中世紀已有正確的大比例尺之莊園圖及城堡規劃圖。根據地名中所包含的資料，可以決定歷史上的地點。日本最小的地區叫做「小字」，例如一個村莊通常可以劃分為若干小字，日本殖民統治臺灣半個世紀，引進許多名詞的使用，其中之一就是「小字」，小字的名稱，也就是小字地名，廣泛用於解釋古地理景觀。江戶時代地圖廣泛用於調查古歷史。北浦 (Sadamasa Kitaura, 1817～1871) 使用近似今天的科學方法，重建日本古代的土地劃分。遠在引進歐洲地理思想以前，日本學者發展了一個獨特的歷史地理學派，運用傳統方法解釋地名，重建早期的地理景觀。

藤岡謙二郎 (1915～1983) 所編《在地形圖上讀歷史》，利用地形圖，簡單總結日本各地歷史地理研究的成果，他從日本各地選出了具有代表性的比例尺 1 : 25,000 或 1 : 50,000 地形圖，分別印在偶數頁上，在對面頁上從歷史地理的觀點加以解釋，總共選了地形圖 335 幅。㉒

有關早期景觀遺跡的野外考察推動了新的歷史地理研究，又有衛星影像、航空照片及大比例尺地圖可用。1 : 10,000 或 1 : 20,000 之航空照片及

⑳ 西岡虎之助，《日本莊園地圖集》(東京：東京堂，1976)。

㉑ 例如桑原公德，《地籍圖》(東京：學生社，1976)；水田義一，〈近畿南部莊園聚落的研究〉，《史林》，第 55 卷 (1972)，頁 235–262；矢守一彥，《都市地圖史》，兩卷 (東京：講談社，1974–1975)。

㉒ 藤岡謙二郎，《在地形圖上讀歷史》，五卷 (東京：大明堂，1969–1973)。

1 : 25,000 及 1 : 50,000 之地形圖涵蓋日本全國。同樣重要的是愈來愈多史前史學者與自然地理學者合作之趨勢，以及現代技術的利用，例如放射性碳定年、海平面的變遷、生物群落的變化等。㉓此外，歷史地理學者、民俗學者、語言學者及歷史學者又常將地名用於野外考察。

花粉分析說明了人類活動與植被的關係，千田稔利用花粉圖重建日本銅器時代的植被，安田喜憲完成整個史前時代的植被變遷之研究。㉔不過，採自低處沖積平原的花粉樣本，包含附近高地森林的花粉，不易分析，可能會誤導耕作起源的印象。新石器時代古人完全依賴狩獵及採集生活的既成觀念，1971 年被佐佐木高明所駁斥，據他對日本以及東南亞的研究，遠在平原上栽培水稻以前，火耕農業已經廣泛存在日本西部山地的常綠林中。㉕

藤岡謙二郎創立了考古地理及其所謂的文獻地理，文獻地理的研究根據嚴格分析檢覈書面資料，包括文字、檔案及地圖；考古地理的推論根據地下發掘證據，包括土地劃分的遺跡、地名等。藤岡謙二郎復興並擴張了日本歷史地理學者對文獻及考古資料小心評估的傳統興趣。㉖

另外有一項傑出的戰前歷史地理研究，是東京文理科大學地理學系田中啟爾所完成的，他研究鐵路通車以前魚鹽從沿海到內陸的運銷路線，他訪問四百餘位老人，彌補了文獻之不足，這一研究方法雖然非常有意義，但是二次世界大戰後，因其費時，造成許多問題，並涉及某種程度上的不

㉓ 日下雅義，《平原的地形環境》（東京：古今書院，1973）。千田稔，《古港遺跡》（東京：學生社，1974）。

㉔ 千田稔，〈奈良盆地銅器時代的花粉研究〉，《地理學評論》，第 44 卷 (1971)，頁 707–721；安田喜憲 (Y. Yasuda)，《日本史前的環境：花粉研究》（仙台：東北大學，1978）。

㉕ 佐佐木高明，《稻作以前》（東京：日本放送出版協會，1971）。

㉖ 藤岡謙二郎，《日本歷史地理序說》（東京：吉川弘文館，1962）。

準確性，不受學者重視。不過這項研究可能並不是純粹的歷史地理。田中啟爾的研究自 1926 年開始，二次世界大戰時的幾篇論文在 1957 年出版論文集。日本只產海鹽，就市場售價來說，鹽很重，應盡可能降低運費；魚易腐爛，須要快速運往市場之運輸工具，食鹽與魚貨的運輸工具是截然不同的。㉗

內田寬一認為歷史地理研究現在地理過去的狀況，他所用的材料獨具特色，第二次世界大戰以前，京都大學歷史地理研究的主要材料為考古廢墟、地標（像是條里制）及出版物（像是古年鑑及旅行指南）。不過，內田寬一主要使用中世紀末期的各種社區文獻，例如十七世紀及十八世紀的戶口登記冊及地籍紀錄。他的學生淺香幸雄、北村 (Kitamura) 及菊地利夫也都沿用這種方法，研究結果在第二次世界大戰後公諸於世。內田寬一 1925 年發表〈地理研究中歷史的考慮〉，㉘堅持歷史地理的目的，應在於說明今日各種不同的地理狀況，同時研究這些地理狀況的歷史性質也是極重要的。這種看法恰和小牧實繁相反，㉙小牧實繁認為歷史地理的目的是盡可能精確地重建並研究各時代的原始景觀。內田寬一的興趣不在史前，而是十六世紀以後的歷史地理，主要是地理的變遷。他利用 1726 年以來每年寺廟人口登記冊中的人口、農家、年齡、職業及家庭結構等資訊，發表了數篇傑出的論文，在他逝世後出版專集。㉚他研究靜岡縣熱海 12 公里海外一個面積約 40 公頃的小島，㉛是一個以歷史地理觀點研究小社區的典範，研究該島三百年來之農家、人口、可耕地面積、地主及繼承制度。顯示島上的居

㉗ 田中啟爾，《鹽及魚的運輸路線》（東京：古今書院，1957）。

㉘ 內田寬一，〈地理研究中歷史的考慮〉，《地理教育》，第二卷 (1925)，頁 105–110，頁 225–228，及頁 524–528。

㉙ 小牧實繁，《史前地理學研究》（京都：內外出版社，1937）。

㉚ 內田寬一，《近世農村人口地理的研究》（東京：帝國書院，1971）。

㉛ 內田寬一，《初島經濟地理學研究》（東京：中古館，1934）。

民因可耕地太少，生活困苦而限制人口增加。

五、與日本歷史地理學發展有關的學會

十九世紀末及二十世紀初，歷史地理學是歷史學的附庸，歷史地理學成為一個獨立的學科，始於1899年日本歷史地理研究會的成立，1900年改稱為日本歷史地理學會，這是日本歷史地理學研究的濫觴。該會從1899年到1923年出版《歷史地理》月刊，同時經常舉辦演講會，促進日本歷史地理學的研究，居功甚大，《歷史地理》1943年因太平洋戰爭而停刊。[32] 京都大學日本歷史教授喜田貞吉為該會的領導學者，許多會員為歷史學家，這跟我國的情形類似，他們的主要興趣都是日本歷史的地理解釋，他們所研究的還不是真正的歷史地理。

戰後1948年日本人文地理學會在京都創立，會址設在京都大學，出版《人文地理》雙月刊，1980年代大約有會員1,700人，會員的研究興趣包括人文地理學的各個分支學科。該學會創立以來，大力促進日本歷史地理學的發展，1952年還出版了《歷史地理學的問題》專號，收集有關日本、亞洲及歐洲歷史地理的論文23篇，對日本歷史地理學研究的發展，影響極大。1963年該會又成立一個歷史地理學委員會，每年舉辦4到5次會議，宣讀論文。

可能因為東京與京都學派分化的原因，1958年日本歷史地理學會在東京成立，1976年有會員510人，春季召開一次大型年會，另外舉行小型會議數次，每年出版《歷史地理學紀要》一期，《歷史地理學會會報》約四期，刊登歷史地理學論文。1959年曾出版專刊，首次報導各國歷史地理學

---

[32] 關於《歷史地理》創刊初期的情況，可看侯甬堅，〈日本《歷史地理》雜誌創刊初期的學科概念〉，《歷史地理》，第15輯(1999)，頁255–262。

的發展狀況。㉝1973 年的《歷史地理學紀要》為第 15 卷。

無疑，這三個學會的會議及刊物，提供日本歷史地理學者發表研究成果的機會，對日本歷史地理學的發展，貢獻極大。

六、史前地理

史前地理日本學者稱為先史地理，小牧實繁在 1930 年代創立史前地理之研究，二次世界大戰後由藤岡謙二郎繼之，他將在日本各地發現的新石器時代（繩紋時代）、青銅器時代（彌生時代）及鐵器時代廢墟畫在地圖上，在這些地方發現貝塚及銅鐘，也發現史前聚落及古墓等。利用地形圖，藤岡謙二郎解釋在新石器時代，沖積扇尚未發育完成，青銅器時代低地聚落的發展和沖積扇的發育密切關聯。他進一步解釋史前時代的環境，尤其是地貌環境等如何影響文化的發展。㉞

藤岡謙二郎等研究最早聚落和地形的區位關係，沖積平原在新石器時代尚未開發，銅器時代從西元前三世紀到西元二世紀引進稻米的耕種。㉟沖積扇的發育和海平面的下降，關係密切，例如愛知縣豐川沖積扇上的 Urigo 遺址，是著名的青銅器時代聚落遺跡，其稻田的高度比現代的海平面低半公尺，㊱有證據證明海平面在那個時代比今天低，不只在 Urigo 遺

㉝ 日本歷史地理學會編，《歷史地理學的性質與方法》(1959)。包括水津一郎的〈德國的歷史地理學〉、菊地利夫的〈法國的歷史地理學〉及藤岡謙二郎的〈英國的地理教育及歷史地理學研究〉等文章。

㉞ 藤岡謙二郎，《地理與古代文化》（東京：大八洲出版，1946）。

㉟ 藤岡謙二郎，《史前地域及都市之研究》（京都：柳原書店，1955）；小野忠熙，〈青銅器時代山地聚落定期過渡的問題〉，《人文地理》，第 10 卷 (1958)，頁 173–190；高橋幸八郎 (S. Takahashi)，〈青銅器時代聚落的位置〉，《人文地理》，第 27 卷 (1975)，頁 113–144。

㊱ 井關弘太郎，《Urigo 遺址的自然環境》，載 *Urigo*（豐橋市，1963）。

址，在日本其他許多地方的青銅器時代的遺跡，也都是一樣，㊲原因是那時氣溫較低，千田稔根據對奈良盆地青銅器時代之花粉及植物的研究，證明是這樣。㊳

在青銅器時代，沖積平原形成，水稻栽培擴散。1943 年發現靜岡平原上的 Toro 遺址，1947～1949 年繼續發掘，發現了古聚落和稻田，認為是典型的青銅器時代遺跡。多田文男及一些其他參加挖掘工作的學者，重建了 Toro 聚落時代的自然景觀。他們同時從微地貌發展的觀點，解釋天然堤與後溼地的狀況、沉積進展的情況、以及這些聚落被遺棄及埋沒的原因。他們對平原與史前廢墟間的關係，做了重要的研究。㊴

概言之，在青銅器時代，聚落明顯向低地進展，但是那時也有位在高地的聚落。小野忠熙在本州西端的山口縣內沿 Shimata 河的一個高地上，挖掘聚落的遺址，發現城牆和溝壕，㊵後來他也研究青銅器時代日本各地的高地聚落及有圍牆的聚落。㊶他同時也在山口縣及島根縣發掘舊石器時代的遺址，發現水晶和瑪瑙作成的工具，用來作舊石器時代的地理研究。舊石器時代之遺跡，用來研究地貌之發育。1959 年發現的大分縣 Nyu 高地舊石器時代遺跡，就提供了很好的這類研究機會。㊷

㊲ 井關弘太郎，〈兩千年前日本周圍的海平面〉，《名古屋大學文學部論集》，第 62 卷 (1974)，頁 155–176。

㊳ 千田稔，〈奈良盆地銅器時代的花粉研究〉，《地理學評論》，第 44 卷 (1971)，頁 707–721。

㊴ 多田文男 (F. Tada) 與岡山 (T. Okayama)，〈從地理觀點看 Toro 遺址〉，載 *Toro*（每日新聞社，1949）。

㊵ 小野忠熙編，《Shimata 川》（山埼：山埼大學，1953）。

㊶ 小野忠熙，〈青銅器時代日本圍牆村落的一些問題〉，《地理學評論》，第 32 卷 (1959)，頁 278–305。

㊷ 阪口 (Y. Sakaguchi) 與佐藤 (T. Sato) 等，〈北九州大分縣 Nyu 高地舊石器時代早期遺物的年代〉，《地理學評論》，第 35 卷 (1962)，頁 295–309。

學者公認為在新石器時代日本沒有農業，是狩獵和採集經濟，但是佐佐木高明根據他對日本和東南亞火耕移墾的農業研究，曾大膽假設大概在新石器時代晚期，日本西部高山區已有這種農業，也就是在水稻耕作在日本西部快速擴展前，已先有火耕移墾農業。㊸

七、條里制

直到七世紀末，日本才建立了國家政治體系。新的行政體系仍沿用劃時代的大化革新（西元 646 年）所頒布的 645 條法律，這些法律是整合日本國家政治體系的基礎。一般而言，劃分可耕地為四方格型的條里制，就是在日本古代國家體系下，在各地廣泛強制實行之制度。

京都大學歷史學系 1907 年設立地理研究所，該所在著名的方格（京城方格網都市規劃）和條里制（耕地長條分區）的起源年代及兩者關係之辯論中，扮演決定性角色。

京都大學歷史地理學者米倉二郎 ，受邁岑 (August Meitzen) 理論的影響，研究日本條里制四方格的大小，1932 年發表有關條里制的論文，㊹結論認為幾乎所有古代日本的耕地均以條里制劃分，條里制每個長方格的長邊長約 109 公尺。條里制土地劃分在本州中部和西部、四國以及九州的主要平原與盆地，清楚可見。他認為條里制是一種鄉村規劃，認定每里包括十條。他更進一步解釋條里制在古代與行政區、聚落形狀及街道形態的關係。米倉二郎的研究充滿原創性，使條里制成為日本歷史地理的一個重要

㊸ 見前揭佐佐木高明，《稻作以前》。

㊹ 米倉二郎，〈條里制是農村計畫〉，載《地理論叢》(1932)，第 1 卷，頁 307–352。後來又發表兩部有關聚落的專著，見米倉二郎，《日本的聚落歷史地理》（東京：帝國書院，初版，1949；第三版，1974）；米倉二郎，《東亞之聚落》（東京：古今書院，1960）。

研究主題。

許多現在的景觀源於過去，重建過去的地理持續為研究的主要焦點，研究條里制之首要目的，就是根據各個平原遺留的痕跡、有關的地名（如一坪、二坪、一疊、二里等）以及相關文獻，重建條里制的分布形態。第二次世界大戰結束後，許多學者繼續研究條里制，包括米倉二郎本人。㊺

其他研究條里制的學者，有谷岡武雄、㊻高重進、㊼落合長雄、㊽服部昌之、㊾渡邊久雄、㊿水野時二、51柴田孝夫、52倉田53以及許多其他歷史地理學者的研究，日本大部分地區條里制的分布狀況，現在都已經清楚了。54條里分布的中心是近畿地區的平原和盆地。條里制的線條採東西和南北方向，特別是京都盆地、奈良盆地和大阪平原，分布極廣。在九州北部的平原、瀨戶內海的沿海地帶、濃尾平原、福井平原等地也有。條里分布的南界在九州南部的鹿兒島縣，北界達秋田縣和巖手縣境。

條里制的起源仍未確定，究竟什麼時候開始有條里制，是一個重要的

㊺ 米倉二郎，〈條里制是農村計畫〉，載《地理論叢》(1932)，第 1 卷，頁 307–352；米倉二郎，《東亞之聚落》（東京：古今書院，1960）。

㊻ T. Tanioka（谷岡武雄）, "Le jori dans le Japon ancien," *Ann. Econ. Soc. Civil.*, vol. 14 (1959), pp. 625–639；谷岡武雄，《平原的開發》（東京：古今書院，1964）。

㊼ 高重進，〈讚岐國的條里〉，《廣島大學文學部紀要》，第 25 卷 (1965)，頁 1–21。

㊽ 落合長雄 (S. Ochiai)，《條里制》，（東京：吉川古文館，1967）。

㊾ 服部昌之，〈近江國條里的分布〉，《史選》，第 35–36 卷 (1967)，頁 130–150；服部昌之曾嚴謹地考核文獻並討論方法論的問題，見服部昌之，〈條里制研究的一些問題與方法〉，《人文地理》，第 25 卷 (1973)，頁 183–218。

㊿ 渡邊久雄，《條里制的研究》（大阪：創元社，1968）。

51 水野時二，《條里制的歷史地理之研究》（東京：大明堂，1971）。

52 柴田孝夫 (T. Shibata)，《土地劃分的歷史地理學研究》（東京：古今書院，1975）。

53 倉田 (Y. Kurata)，《條里制與莊園》（東京：東京堂出版，1976）。

54 日野 (H. Hino) 等更進一步在九州做新穎的地方性調查，見日野，《熊本縣條里制遺跡》（熊本：熊本縣教育委員會，1977）。

辯論問題，因為有關條里制的一項法律是大化革新時所頒布的法律之一，因此有人認為條里制是在大化革新以後實行的，但多數認為在大化革新以前，宮城及其他地方已有條里制，宮城是中央朝廷直接控制的地區。谷岡武雄研究兵庫縣播磨平原的條里制，支持後者看法。條里制深受我國古代土地劃分系統的影響。[55]

條里制的研究和其他若干研究，關係密切，有助於對日本古代和中世紀的景觀及地區結構的澄清。日本的道，為今縣的前身，歷史上稱為國，每一國包括若干郡，每一郡包括若干里。日本過去有 68 個國，大約 600 個郡。條里制的一個單位常位在一國或一郡之內，因此重建條里制或研究條里制面積的大小，對照舊紀錄，便可釐清以前郡和里的界線。用這種方法，米倉二郎釐清了北九州（以前的肥前和其他國）郡和里的界線；[56]服部昌之釐清了以前大和及近江郡和里的界線；[57]高重進釐清了瀨戶內海（以前的讚岐國和其他國）沿海郡和里的界線。[58]按照條里制，平原上的行政區劃界線呈直線。

八、景觀變遷的研究

在 1940 年代與 1950 年代美國邵爾 (Carl O. Sauer, 1889～1975) 將歷史地理研究發展成為文化史的一個分支，開始對西方思想發生衝擊。京都

---

[55] 米倉二郎，《東亞之聚落》(東京：古今書院，1960)；水津一郎，〈古代華北長方形土地劃分與耕地體系〉，《地理學評論》，第 36 卷 (1963)，頁 1–23。

[56] 米倉二郎，《東亞之聚落》(東京：古今書院，1960)。

[57] 服部昌之，〈郡的形成〉，《人文地理》，第 10 卷 (1958)，頁 1–17；服部昌之，〈近江國條里的分布〉，《史選》，第 35–36 卷 (1967)，頁 130–150。

[58] 高重進，〈讚岐國田莊之里的形成〉，《廣島大學文學部紀要》，第 22 卷 (1963)，頁 277–296。

大學教授藤岡謙二郎形成他所謂「區域變遷之歷史」的研究方法，他認為區域之特性經由區域變遷之時間過程，才可獲得正確的了解。[59]任何地理的系統學科都必須了解歷史發展，他按照時間的先後，分為人類最早時代、史前後期、歷史時期、現在、及未來5個時期，每一個時期就是一個層，每一層的地理景觀，除了受當時因子的影響，一方面受其前一層因子的影響，另一方面又影響其後的一層，其理論顯著特色是：(1)為了了解現在，不得不分析及解釋現代的地理因子；(2)更深入了解現在，不得不追溯及解釋其以前的歷史；(3)為了了解歷史時期，則由當時的地理因子和其以前的歷史因子來解釋；(4)每一層尚可細分為若干較薄的層，也就是若干時間較短的時期；(5)歷史變遷可能經由或較長或較短的時期。藤岡謙二郎堅持重建橫剖面是歷史地理的主要目的，但他也知道景觀發展研究的重要性，他開創了景觀變遷歷史研究的新境界。這一想法，可能受到惠特爾西(Derwent Whittlesey)連續文化層概念的影響。[60]

1963年立命館大學教授谷岡武雄發表《平原的地理》，有系統地描述了他的研究方法，1964年續發表《平原的開發》，報告他對日本本州西部條里制研究的結果。[61]谷岡武雄認為歷史地理應用歷史方法重建過去的地理及追溯景觀的發展，過去的景觀根據親眼看到的描述或事後的追述來重建。谷岡武雄認為重建過去就是「綜合的人文地理」，不能與分析的人口或經濟地理相提並論，歷史地理的特點來自其動能的與過程的研究，應用於研究人口或經濟活動，正如英國學者貝克(Alan R. H. Baker)所說，歷史方法會引起歷史人口地理或歷史經濟地理的形成。谷岡武雄宣稱歷史地理的

---

[59] 藤岡謙二郎，《史前地域及都市之研究》（京都：柳原書店，1955）。

[60] Derwent Whittlesey, "Sequent occupance," *Annals of the Association of American Geographers*, vol. 19 (1929), pp. 162–165.

[61] 谷岡武雄，《平原的地理》（東京：古今書院，1963）；谷岡武雄，《平原的開發》（東京：古今書院，1964）。

最後目的，是解釋現在景觀及現在的區域系統。

水津一郎從歷史觀點探討生存空間，研究「基本區域」中的社群，基本區域指一群人所居住之最小地區。[62]以目前中地之階級，縣的組織「不是現在突然出現的」，解釋規律的出現「一定要從歷史因子中尋找」，有賴於對社會過程的了解。

1966 年以來，日本景觀變遷的大量研究成果，收集在許多專著中。淺香幸雄 1966 年所出版的《日本歷史地理》，追溯了從史前到 1960 年代的地理變遷。[63]同年藤岡謙二郎出版《日本歷史地理學手冊》，後來又出版《在地形圖上讀歷史》及《日本歷史地理大綱》。[64]

九、都　市

都市是日本歷史地理學中一個很重要的研究主題，有許多學者研究都市的歷史地理。1929 年藤田元春[65]比較中國、韓國及日本的度量衡，就基本度量單位之改變，說明鄉村可耕地之劃分不同於首都之設計。藤田元春指出早期之度量單位根據人體，即手臂長度、伸展手臂寬度、一跨步的距離等，他又撰寫中國、韓國、日本標準度量衡簡史，根據實例論述測量單位的改變，影響鄉村土地的劃分以及古代都城的街道形態。他的很多觀點雖然被後來的研究修正，他對度量衡的研究，卻大大地促進了後來對古代遠東歷史地理的研究。藤田元春也撰寫了日本古都平安京的歷史，平安京

---

[62] 水津一郎，《社會地理學的基本問題》（東京：大明堂，1964）。

[63] 淺香幸雄，《日本歷史地理》（東京：大明堂，1966）。

[64] 藤岡謙二郎，《日本歷史地理學手冊》(1966)；藤岡謙二郎，《在地形圖上讀歷史》，5 卷（東京：大明堂，1969–1973）；藤岡謙二郎，《日本歷史地理大綱》，5 卷（東京：吉川古文館，1975–1977）。

[65] 藤田元春，《尺度綜考》（東京：古今書院，1929）。

即今京都。[66]利用舊街道地圖研究京都，京都自八世紀以來一直是日本的京城，是日本重要的文化及宗教中心，他的著作中包括了古地圖數幅，很有參考價值。

有許多歷史學家重建古代都市的規劃，包括首都國府，著名的有藤岡謙二郎、木下良及足利健亮等。[67]這些研究顯示古代都市的設計呈正方形或長方形。歷史學家岸俊男 (T. Kishi) 認為奈良盆地是最早首都所在地，古代有一定規模的區域規劃。[68]

古代各國都有一個中心都市，稱為國府，是一國的行政中心。據米倉二郎、[69]藤岡謙二郎[70]及木下良[71]的研究，顯示國府是有規劃的都市，呈周長 872 公尺的四方形或 654 公尺的四方形，其中周長 218 公尺的四方形部分為政府區，這種規劃和條里制密切相關；像以前周防、近江、三野及丹波的國府，都是典型的國府，有些國府有城牆及護城河。

位在本州東北地區邊疆地帶的陸奧和出羽的國府，具有特別明顯的城堡特徵，有堅固的城牆和圍籬。除了國府，許多城堡都市都位在邊境地帶，多數都呈四方形。日本南部，尤其是九州，城堡稱為 Kogoishi，用以防衛外國的入侵，高橋富雄曾研究過這些城堡的分布和結構。[72]

---

[66] 藤田元春，《平安京變遷史》(京都，1930)。

[67] 藤岡謙二郎，《日本古代的都市》(東京：吉川弘文館，1969)；木下良，〈古代日本國府位置研究的問題〉，《人文地理》，第 21 卷 (1969)，頁 370–405；足利健亮，〈論古代國京的都市設計〉，《社會科學論證》，第 4 卷第 5 期 (1973)，頁 31–46。

[68] 岸俊男，〈關於首都區與藤原京條里制的一個假想〉，載奈良縣教育委員會編，《藤原京》(奈良，1969)，頁 119–126。

[69] 見前揭米倉二郎，《東亞之聚落》。

[70] 藤岡謙二郎，《都市及交通路線之歷史地理的研究》(東京：大明堂，1960)；見前揭藤岡謙二郎，《日本古代的都市》。

[71] 木下良，〈古代日本國府位置研究的問題〉，《人文地理》，第 21 卷 (1969)，頁 370–405。

古代日本的主要都市都是政治中心，像是都、太宰府及國府，「都」是首都，「太宰府」及「國府」為地方行政中心，均呈四方形或長方形及直角街道形態，有關研究強調重建這些都市原始的形狀。

太宰府和國府的形狀和條里制是分不開的，喜田貞吉及其他歷史學者研究平城京與在八世紀的首都及其與周圍條里制的關係；[73]有數種有關首都規劃及其與周圍鄉村規劃關係的研究。[74]

七世紀首都主要位在奈良盆地東南部的飛鳥區，眾所周知，在那個時代，每一位新的天皇統治時期開始，便要興建皇宮，但是皇宮及周圍的規劃不詳。不過，七世紀位在琵琶湖西南之南北向的首都大津京，據推測南北長 1,650 公尺，東西寬 1,060 公尺。[75]

藤原京（飛鳥西北）從 694 年到 710 年為首都，歷時 16 年，呈四方形，南北長 3,180 公尺，東西寬 2,120 公尺，皇宮部分占地 1,060 平方公尺。平常京（位在奈良盆地北方）從 710 年到 784 年為首都，歷時 74 年，同時期的浪花京和國京，大小相同，南北長 4,770 公尺，東西寬 4,240 公尺。[76]784 年以後遷都京都平原。長岡京從 784 年到 794 年為首都，歷時 10 年，基本上比平常京大一點，後來由平安京取而代之。

794 年遷都平安京後，便未再遷都，平安京南北長 5,241 公尺，東西寬 4,509 公尺，中央政府位在城內中央的北端，占地 1,375 × 1,148 公尺，整個都市劃分成許多 120 平方公尺大小的坊，坊的概念是從我國傳到日本的。

---

[72] 高橋富雄 (Takahashi)，〈古代藝術與陶業的歷史地理〉，《史林》，第 54 卷 (1971)，頁 701–747。

[73] 喜田貞吉，《日本古代的京城》(1915)。

[74] 見前揭米倉二郎，《東亞之聚落》。

[75] 藤岡謙二郎編，《在地形圖上讀歷史》，第 3 卷（東京：大明堂，1971）。

[76] 足利健亮，〈論古代國京的都市設計〉，《社會科學論證》，第 4 卷第 5 期 (1973)，頁 31–45。

今日京都的景觀，還有許多古代規劃的痕跡，很久以前就有學者開始研究。[77]

工業化以前日本的都市化始於戰國時代晚期，城堡都市成為其後江戶時代主要的都市形式。小林健太郎特別以 Owari 為例，根據中地理論分析封建都市的空間組織；矢守一彥研究江戶時代城堡都市的形態，並與中世紀歐洲的城堡都市比較；[78]市場網絡以都市地理觀點研究，中島義一、石原潤及樋口節夫討論了商業都市及定期市集；[79]石原潤研究了市場區位的理論；[80]藤本利治簡述了江戶時代都市的研究。[81]

中世紀晚期的封建都市也是一個重要研究主題，而封建都市可以分為下列 4 類：

（一）城堡都市

城堡都市日本人叫做城下町，有一個城堡，是中世紀晚期封建領主的治所，封建領主住在城堡內，圍繞著城堡住的是武士，商人及匠人住在城內的一個地區。許多寺廟位在城的邊緣，寺廟的大院落可用以防禦敵人的侵襲。

---

[77] 藤田元春，《平安京變遷史》（京都，1930）。

[78] 小林健太郎，〈大名封建國形成時期的中地之組織〉，《史林》，第 48 卷 (1965)，頁 87–125；矢守一彥，《都市形態的研究》（東京：大明堂，1970）。

[79] 中島義一，《市場聚落》（東京：古今書院，1964）；石原潤，〈定期市集研究的一些問題〉，《人文地理》，第 20 卷 (1968)，頁 413–438；樋口節夫，《定期市集》（東京：學生社，1977）。

[80] 石原潤，〈1967–1976 年傳統市集研究的最近發展〉，《人文地理》，第 29 卷 (1977)，頁 617–649。

[81] 藤本利治，《門前的市集》（東京：古今書院，1963）。

（二）驛站都市

驛站都市是中世紀晚期主要道路上為服務旅客的小都市，這些都市中有提供給武士和一般民眾的小客棧，也有餐館、各種商店、挑夫及馬匹。沿東海道上共有 53 個驛站都市，連接江戶（即今日東京）及京都，為當時日本最重要的道路。

（三）港口都市

港口都市位在半島尖端的小海灣，來往沿海的船舶容易停泊，或者位在通航河流的河口，也就是河海交匯之處。中世紀末晚期尚無鐵路，水運重要，港口都市在日本許多地方興起。

（四）門前都市

門前都市指在神社或寺廟前的都市，有供應旅客和香客需要的客棧和商店，神職人員及其他工作人員的住家也位在城內。

二次世界大戰前，研究這些封建都市的學者主要是歷史學家，戰後不久，他們出版了一些重要的著作。[82]二次世界大戰後，地理學家的研究，也有很大的進展。

上述 4 種封建都市中，以城堡都市最為重要，現代日本大部分的主要都市，原來都是城堡都市。矢守一彥在《城堡都市的最近研究》一書中，對二次世界大戰後城堡都市的研究，做了詳細的回顧。[83]城堡都市係封建領主根據一定規劃建置的，都市設計隨著時代和封建諸侯特質不同而異。

---

[82] 豐田武，《日本的封建都市》（岩波書店，1952）；原田伴彥，《日本封建都市研究》（東京：東京大學出版社，1957）。

[83] 矢守一彥，《城堡都市的最近研究》（東京：古今書院，1972）。

學者也注意到了，城堡都市為了軍略目的，街道呈彎曲形及丁字形，矢守一彥研究了城堡都市的位置、武士住區、商人住區、匠人住區等與街道形態間的關係。[84]

地理學家長期以來，就很注意城堡都市位置與地形的關係，如丘陵、階地、天然堤、河流（用於交通）及護城河（用於防禦）等。後來利用微地形觀察及相關工程技術，也研究水供、防洪等。

城堡都市不僅是軍事都市，也是封建諸侯領地的政治、經濟和文化中心，換言之，是首都也是水、陸交通的軍略要地，矢守一彥曾從這些觀點研究城堡都市。[85]

小林健太郎調查福井平原和濃尾平原，確定城堡都市和商業都市為中世紀晚期具有中地功能的都市，這些中地相互間的距離是一定的，形成網絡。[86]前此，籠瀨良明研究中世紀早期各地城堡的分布情形，並討論當時城堡與地形及城堡與農田開墾的關係。[87]

雖然許多城堡都市建置在中世紀晚期，有些則由中世紀早期驛站都市或港口都市發展所形成，或者由中世紀早期在山腳或山上所建城堡所發展形成。松本豐壽的一項研究很獨特，他研究十六世紀中葉以前建置在土佐（今日高知縣）的早期城堡都市，他利用 368 冊十六世紀晚期所編製整個土佐的地籍圖，同時加上他自己的野外觀察，結論認為那時武士、商人及匠人之住宅區還沒有明確分開，仍然具有鄉村聚落的特性。[88]

---

[84] 矢守一彥，《都市形態的研究》（東京：大明堂，1970）。

[85] 矢守一彥，《封建國的區域構造》（東京：大明堂，1970）。

[86] 小林健太郎，〈大名封建國形成時期的中地之組織〉，《史林》，第 48 卷 (1965)，頁 87–125；矢守一彥，《都市形態的研究》（東京：大明堂，1970）。

[87] 籠瀨良明 (Y. Kagose)，〈中世紀日本的小城堡與地形〉，載《現代地理講座》，第 1 卷 (1957)，頁 113–132。

[88] 松本豐壽，《城堡都市的歷史地理之研究》（東京：吉川古文館，1966）。

有關驛站都市和港口都市研究的著作，沒有城堡都市者那麼多。喜多村俊夫 1946 年出版專著，[89]研究近江（即今志賀縣）的驛站都市及琵琶湖的水運交通與港口都市。有關信濃（即今長野縣）追分的研究，十分詳細，內容包括都市的起源、市政管理和組織、腳夫的召募、馬匹的供應、與鄰近農村（驛站都市周圍鄰近村莊，提供腳夫和馬匹）的關係、財政、招攬生意等。追分沒有其他產業，是一個高度專業的驛站都市。

藤本利治對門前都市之研究是最具代表性的，他用許多例子，釐清了門前都市的特性，整個日本共有 170 個門前都市，京都、奈良及三重縣的門前都市特別多，他在三地做了仔細的調查。[90]

除了上述 4 類都市，近畿區環繞大阪四周和關東區環繞江戶四周，還有許多具有商業和地方都市特色的小都市，中島義一研究關東區的這些都市，指出這類小都市，常位在平原和山區物產交易的谷口。[91]

中世紀早期，在鎌倉建立了幕府，連接首都和鎌倉的東海道成為最重要之道路，古代只有政府官員在出差時，才可以使用主要道路上的驛站，中世紀早期，開始建立具有小客棧及商店的小都市，為一般大眾服務，有些小都市在中世紀早期末年，成為驛站都市，日本人稱為「宿場街」。[92]

運輸網絡及都市系統的現代化是其他若干研究的對象，金阪清則研究 1867～1940 年新瀉平原中地體系的發展，[93]都市街道的變遷也常為日本歷史地理學者所討論。

---

[89] 喜多村俊夫，《近江經濟史的研究》(1946)。

[90] 藤本利治，《同業者町》(友好社，1963)。

[91] 見前揭中島義一，《市場聚落》。

[92] 原田伴彥，《中世紀都市的研究》(大日本雄辯會講談社，1942)。

[93] 金阪清則，〈1867–1940 年新瀉平原都市與區域結構的歷史變遷〉，《人文地理》，第 27 卷 (1975)，頁 252–295。

十、聚　落

歷史地理研究另外一個重要主題是鄉村聚落，最重要的問題是聚落形態。條里制的研究和鄉村聚落形式的研究，關係密切，米倉二郎曾經調查近江平原上有條里 (juri, gori) 地名的聚落，推測以前曾經是有規劃的鄉村，一個町（條里制中的坪）有 30 個農家。

從古代到中世紀早期，日本建立了許多莊園，而且分布很廣，對古代文獻的研究，釐清了有些莊園是十二和十三世紀建立的，如奈良平原的池田莊園及若月莊園，以前 Settsu 省（「省」當時日本人稱為「國」）的垂水莊園，Totomi 省的池田莊園，備後省的大田莊園，都是分散的聚落、小村莊或零散聚落。從十四世紀到十五世紀，若月莊園和垂水莊園顯然已發展成為集村聚落。可知根據現代聚落推斷古代聚落有誤判的危險。以上的研究顯示散村轉變成集村，廣泛發生在中世紀早期。

根據古文獻資料，在大比例尺地圖上標出的農莊村舍，金田章裕指出古代近畿區的平原上有散村或分散的聚落，他的研究改變了過去認為古代大多數農村聚落是集村的觀念。[94]

為什麼古代及中世紀早期的散村聚落，在中世紀會變成集村呢？首先應該注意到，在近畿地區的平原上許多集村均有護城河。[95]在奈良平原大約有 187 個這種聚落，有證據證明其中一些聚落的護城河是在中世紀早期構築的，分散的農舍集合在一起形成集村，中世紀早期許多聚落有護城河，中世紀早期集村增加的原因顯然是為了安全，當時農人希望加強社區自治，

---

[94] 金田章裕，〈西元 1200 年以前五百年間日本聚落的形態〉，《史林》，第 54 卷 (1971)，頁 381–449。

[95] 藤岡謙二郎，《日本歷史地理序說》（東京：吉川弘文館，1962）。

以防止受當時社會不安的侵擾。

中世紀早期另外一種形態的聚落，稱為豪族宅邸村莊，中央是豪族的廣大庭院，環繞這個大庭院（大小約有一町見方）是其屬下佃農的住家。值得注意的是豪族宅邸村莊的外側四周沒有城牆，也沒有護城河，只有豪族宅邸的四周才有城牆及護城河。地名中的專名如館 (tate, yakata)、濠後 (horinouch)、土居 (doi)、名古屋 (negoya) 等，在今天日本許多地區仍遺留著，這就是中世紀早期豪族宅邸村莊的遺跡。[96]

中世紀晚期，有一些礦業聚落或礦業都市在山區興起，是本時期歷史地理的一個特點。川崎茂對這些礦業聚落研究了 20 年，發表許多著作，1973 年出版論文集，[97]他將日本礦業聚落分成古代的和現代的兩類，中世紀晚期，前者以銀礦和銅礦興起；明治時代以來，後者以煤礦興起，他的研究著重在前者。概言之，礦業聚落明顯地隨礦產之發現與枯竭，以及採礦方法之改變而興衰。川崎茂根據包括地圖的舊文獻及觀察包括已成鬼城的現狀，重建中世紀晚期礦業聚落各方面的狀況，並解釋其特性。二次世界大戰以來，礦業聚落特別顯著地衰退。他提到在他長期的研究中，幾乎所有的礦業都市都發生了巨大的改變。

從封建時期流傳下來的景觀變遷紀錄，遠比更早期者豐富，學者進行較多樣化的主題研究。莊園測量顯示中世紀聚落規劃和組織的變遷，根據五世紀一幅地籍圖上的資訊，渡邊澄夫分析奈良盆地中護城河的建造及屋舍聚集的過程，提出一個解釋護城河周圍村莊起源的理論。[98]小林健太郎指出另外 187 個其他村莊從散村形成集村的情形。[99]金田章裕、水田義一

---

[96] 長井政太郎，《日本東北的聚落》（東京：古今書院，1964）。

[97] 川崎茂 (S. Kawasaki)，《日本的礦業聚落》（東京：大明堂，1973）。

[98] 渡邊澄夫 (S. Watanabe)，《畿內莊園的基本結構》（東京：吉川古文館，1956）。

[99] 小林健太郎，〈中世紀日本〉，載藤岡謙二郎編，《歷史地理學》（淺草書店，1967），頁 178–201。

及高重進也重建中世紀聚落的形態。[100]

長井政太郎從歷史地理的觀點，長期研究日本東北地區的鄉村聚落，在他的《日本東北的聚落》一書中，主要集中在幾個平原及盆地一些特別有趣的村落，他討論各種問題，特別是集村和散村問題。[101]小川琢治注意到富山縣西部礪波平原上最典型的日本散村，關於其存在的原因，1930年代引起熱烈的爭辯，原因有4：(1)中世紀末礪波平原的前田家族之政策（總部在金澤）；(2)礪波平原為最近之開墾地；(3)礪波平原為莊川之沖積扇，全區排水良好，容易取得飲水；(4)可以防止春天焚風造成之火災。村松繁樹為這一爭辯的中心人物，二次世界大戰後繼續研究礪波平原，1962年出版專書，詳細解釋他的理論。[102]石田龍次郎強調散村農人習慣上盡量耕種環繞農舍四周的農地，甚至農地是別人的，也要租來耕種。[103]

另一方面，內陸海岸如瀨戶內海、伊勢灣及有明灣，排水開墾土地，也建立了新田聚落，在這種情形下，農舍通常沿河堤分布。

不只是研究新田聚落形態，也研究居民的社會結構特性及其與舊村落間的關係，[104]木村東一郎的研究，發現社會結構的改變，隨著經濟發展的水平不同或開墾者的社會地位不同而變化。[105]

中世紀晚期村落大小及不同區域內作為行政單位的社區大小，也引起

[100] 金田章裕，〈西元1200年以前五百年間日本聚落的形態〉，《史林》，第54卷(1971)，頁381–449；水田義一，〈近畿南部莊園聚落的研究〉，《史林》，第55卷(1972)，頁235–262；高重進，《古代及中世紀日本的農田與聚落》（東京：大明堂，1975）。

[101] 見前揭長井政太郎，《日本東北的聚落》。

[102] 村松繁樹 (S. Muramatsu)，《日本聚落地理的研究》(1962)。

[103] 石田龍次郎 (R. Ishida)，〈礪波平原的散村及其耕地〉，《一橋論叢》，第22卷(1949)，頁727–751。

[104] 菊地利夫，《新田的開發》，兩卷（東京：古今書院，1958）。

[105] 木村東一郎，《近世的新田村落》（東京：吉川古文館，1964）。

學者注意。山澄元指出在各國（省）內社區的大小，與地形、生活方式、聚落形態及封建領主的政策有關。中世紀早期末社區的大小也與其所在行政區劃單位密切相關。[106]

山澄元發表對森家族封地內 hanseiso 詳細研究，西村睦男編輯了一種有關封建制度的歷史地理論文集，對這一主題有很多的討論。[107]最近，開墾地區聚落形態及農田系統也很受到注意。江戶時代，海岸沼澤及丘陵荒地由封地、個別農夫及商人開墾為農地。這些新墾地及新建村莊日本稱為「新田」聚落，是日本中世紀晚期獨特形式的鄉村聚落，「新田」的意思就是新開墾的農田，特別是稻田，許多學者對新田做了詳細研究，菊地利夫完成對整體的概略研究。[108]

井戶庄三研究了明治時代早期的城鄉合併，[109]山澄元研究了十七至十九世紀間日本的歷史區域。[110]

十一、交 通

歷史地理學者很注意交通系統，包括大路、驛站、港口等。日本是一個島國，自古以來海上和內陸航道都很重要，河港和海港發展良好。千田

---

[106] 山澄元，〈西元十九世紀後半葉日本村落的規模〉，《大阪學藝大學紀要》，第 12 卷 (1964)，頁 140–156；山澄元，〈近畿的鄉及村〉，《大阪教育大學紀要》，第 16 卷第 2 期 (1967)，頁 89–113。

[107] 山澄元，〈森家族下的農村體系〉，《人文地理》，第 18 卷 (1966)，頁 255–284；西村睦男編，《封建國的歷史地理研究》（東京：大明堂，1968）。

[108] 菊地利夫，《新田的開發》，兩卷（東京：古今書院，1958）。

[109] 井戶庄三，〈明治時代早期城鄉合併的研究〉，《人文地理》，第 18 卷 (1966)，頁 364–384。

[110] 山澄元，〈西元十七與十九世紀間日本的歷史區域〉，《人文地理》，第 17 卷 (1965)，頁 83–100。

稔[111]重建了大阪灣、瀨戶內海及近畿地區的河流及日本許多地方古代的河港和海港，並以之與義大利古代的港口比較。日本古代有七條主要道路，六條是山陽道、東海道、東山道、北陸道、山陰道和西海道，起點是首都。第七條以九州的中心都市太宰府為起點，環繞整個九州。這七條道路及其主要支線，每隔 30 里（約 16 公里）有一個驛站，日本人稱為「廄」，每站有官方馬車，載運因公旅行的官員。山陽道穿過瀨戶內海北岸，達九州北部的太宰府，是最重要的道路，交通繁忙，因此規定每站應該有 20 匹馬。東海道和東山道為另外兩條主要道路，每站有 10 匹馬。其他道路的驛站則只有 5 匹馬，藤岡謙二郎根據地名、地籍圖和微地貌，找出了驛站在現在地圖上的位置。[112]

有些學者認為這些古代的主要道路是由小徑演變形成的，通常為了適應地勢，彎彎曲曲，有這種想法是因為中世紀末期主道路都是彎彎曲曲的。不過，另外有一種說法，認為中世紀末的道路之所以彎曲，是為了軍略的理由而故意彎曲的。

古代這些道路是首都與地方間僅有的聯絡通道，應該愈短愈好。實際上，根據各種文獻，古代道路建築時除非在山區，路段盡量採取直線，足利健亮的研究顯示只要地勢允許，古代大路總是直線。[113]他重建了近畿地區和瀨戶內海海岸的直線道路，九州北部和關東區也有同樣的道路，直線道路有些沿著條里的界線建築，也有些與條里的界線呈對角線。木下良也指出古代有直線的大路。[114]

---

[111] 千田稔，《古港遺跡》（東京：學生社，1974）。

[112] 藤岡謙二郎，《都市及交通路線之歷史地理的研究》（東京：大明堂，1960）。

[113] 足利健亮，〈古代山陰道的興建〉，《歷史地理學紀要》，第 16 卷 (1974)，頁 99–128。

[114] 木下良，〈根據航空照片解釋古代的道路〉，*Bison*，第 64 卷 (1976)，頁 1–19。

十二、人 口

有數位歷史學者曾估計古代及中世紀早期日本的人口，例如，估計西元八世紀時日本約有 600 萬人到 700 萬人，當然這些估計不是很精確的。中世紀晚期，日本有了人口調查，人口的估計比較正確。德川幕府首次在 1721 年舉行人口及戶數調查，此後每六年舉辦一次。根據這些調查資料，可知從 1721 年到 1846 年的 125 年間，日本人口約在 2,500 萬人到 2,700 萬人之間，人口數目的變化不大，顯然是高生育率與高死亡率的結果。不過武士不包括在內，也有些區域沒有人口普查，假若考慮這些事實，人口總數大約介於 2,950 萬人到 3,200 萬人之間。歷史學家關山曾作宏觀的研究，探討全日本及各省（即「國」）的人口。[115]

另一方面，地理學家從事比較詳細的研究，探討平原、盆地及封建諸侯等較小地區的人口分布、人口結構及人口移動。例如坪內[116]詳細地分析了中世紀晚期濃尾平原的人口，釐清了各地的社會經濟結構與人口及生育率的關係。生育率（10 歲以下的兒童數 ÷ 16～55 歲婦女數 × 100）的計算，係根據日本各地寺廟所保存的人口登記簿。這些人口登記簿提供各種資料，包括人口資料、社區居民家庭結構、家庭成員之年齡、屋主職業、屋主配偶及雇員之出生地等，為日本歷史地理研究的重要資料。[117]城堡都市及其他封建諸侯都市的人口研究也有進展，有關一些封建諸侯都市人口

---

[115] 關山 (N. Sekiyama)，《近世日本人口之研究》(1948)；關山 (N. Sekiyama)，《近世日本的人口構造》(東京：吉川古文館，1958)。

[116] 坪內 (S. Tsubouchi)，〈中世紀晚期濃尾平原人口結構之研究〉，《地理學報告》，第 20 卷 (1963)，頁 1–40。

[117] 淺香幸雄，〈中世紀晚期 Inadani 地方鄉村聚落的社會結構〉，《歷史地理學諸問題》(京都：柳原書店，1952)，頁 104–118。

遷移的來源及居民職業的資料，也收集了。

十三、農業與灌溉

中世紀晚期的農業與灌溉、森林與漁業及工商業，形成一個討論的主題。最初研究日本中世紀晚期農業的是歷史學家，尤其是農業歷史學者，古島敏雄和刀谷在二次世界大戰後不久所發表的著作是最具代表性的。古島敏雄根據中世紀晚期日本各地的農業指導手冊，很具體地釐清了當時的農業技術。刀谷將日本農業分為落後的東北型和發達的西南型，又將後者細分為和安型（和安為當今德島縣）與攝津型（攝津位在今日大阪縣與兵庫縣境）。前者是農人自己改良農業方法，後者是封建領主領導下推動農業現代化。[118]

與歷史學家的研究比較，地理學家在這方面的研究，顯得十分貧乏，這可能是因為可以看得見的像是村莊、都市、道路等過去的地理遺跡極少。不過，對灌溉之研究開始得很早，灌溉與地形、灌溉溝渠及蓄水池，關係密切，這些常遺留至今。不用說，灌溉是稻米栽培不可缺少的。個別農人單獨灌溉相當困難，照例灌溉要由整個社區集體合作興辦。如何將灌溉用水分配到每個社區及每一農家，是中世紀晚期流傳下來的老方法，喜多村俊夫[119]釐清了分水方法，他調查各種灌溉設備、分配水的組織、整個社區各種水權及用水紛爭問題，並詳細解釋了18個具體的例子。有許多關於灌溉方法的歷史地理研究，灌溉用水不足的地區，如奈良盆地和大阪平原南部，雨水不足，流域內之河流短小，常為研究對象。

---

[118] 古島敏雄，《日本的農業技術史》，兩卷（自重社，卷一，1947；卷二，1949年出版）；刀谷 (T. Toya)，《近世農業經營史論》（日本評論社，1949）。

[119] 喜多村俊夫，《日本灌溉水慣行之史的研究》，兩卷（東京：岩波書店，1950及1973）。

對中世紀晚期新開墾區的新田及新田聚落特性的研究很多，當時開墾的土地位在下列3地：(1)有火山灰覆蓋的晚期洪積層高地，多分布在日本中部和東北部；(2)瀨戶內海、伊勢灣及有明灣的沿海塗灘；(3)日本海海岸沙丘內的淺潟湖。菊地利夫[120]認為中世紀晚期有3個蓬勃的開墾期，分別是十七世紀中葉、十八世紀早期及十九世紀早期。他也研究開墾之經費、墾地的生產力及開墾倡導者。倡導者包括封建領主、商人、社區及個別農人等。由於新田聚落遍布全日本，也有許多其他的地理學者研究。

中世紀晚期稻米的種植，除了用於支付封建領主的地租，主要是農人自給，極少出售。但是經濟發展較好的地區，也有經濟作物，最具代表性的經濟作物是棉花，由於日本的鎖國政策，沒有外國廉價棉花的競爭，國內棉花價錢高，種植棉花，極為有利。不過，種植棉花每公頃所需要的勞工及肥料都比栽培稻米多，在經濟發展比較好的地區，棉花的種植密集，如近畿區之平原和盆地、濃尾平原及瀨戶內海之沿岸地帶。[121]這些平原上的稻作區，一般上是一年兩穫。油菜為第二種經濟作物，油菜的種子可以榨油，也是很重要的商品。在中央高地盆地中的沖積扇上很流行種桑養蠶，茶葉的種植在京都的郊區及靜岡。讚岐（即今香川縣）、大阪平原南部及九州南部的島嶼，生產甘蔗。這些經濟作物之種植，明顯集中在某些區域，各區各具特色，有關這些作物的歷史地理研究很多，日本學者發表了不少文章。

水田義一選出了近畿南部的3個莊園，詳細研究其規劃，並說明了中世紀早期高地之開墾是依賴池塘灌溉的結果。[122]

可耕地不一定開墾成稻田，長期以來栽培各種旱作，不是所有開墾的

---

[120] 菊地利夫，《新田的開發》，兩卷（東京：古今書院，1958）。

[121] 浮田典良，〈江戶時代日本棉花的生產〉，《人文地理》，第7卷(1955)，頁266–283。

[122] 水田義一，〈近畿南部莊園聚落的研究〉，《史林》，第55卷(1972)，頁235–262。

可耕地每年都栽培作物，有些耕地休耕，每兩年或三年耕種一次，有時甚至任其荒廢，高重進指出這些問題應該作更詳盡的研究。[123]

一個典型的新田聚落在江戶西方武藏野洪積高地可以看到，江戶就是今天的東京。矢嶋仁吉[124]及其他許多地理學家曾指出，武藏野高地上一度很難獲得飲水，所以長期是荒地，十八世紀上半葉開墾，澤川一支流流入，飲水問題解決，建立新田聚落，農舍分布在道路的兩旁，每個農舍後側是長條形的耕地，這一形態引起注意，因其與中世紀晚期德國森林中建立的農村形態非常相似。

戶祭由美夫重建了古代的灌溉單位，並釐清了里的界線。[125]有關區域專業化農業生產的研究很多。浮田典良研究十七世紀到十九世紀大阪平原土地利用的變遷。[126]

十四、森林與漁業

日本中世紀晚期開發森林，人工造林也有了，森林的歷史地理研究，多注重在森林的所有權，不同的所有權和森林的區域差異有關，森林的所有者為封建領主、寺廟、社區及個人。封建領主擁有的森林，面積最大，也是最有價值的森林，為封建領主的重要財源。有一種人為破壞的荒山，稱為「禿山」，這種荒山的出現，是因為過度的砍伐，用作製鹽和燒製陶器

[123] 高重進，〈上古與中世紀日本耕地的三個問題〉，《人文地理》，第 14 卷 (1962)，頁 396–412。

[124] 矢嶋仁吉，《武藏野的聚落》(東京：古今書院，1954)。

[125] 戶祭由美夫，〈古代日本鄉與灌溉關係之地理的研究〉，《地理學評論》，第 46 卷 (1973)，頁 533–549。

[126] 浮田典良，〈西元十七世紀與十八世紀大阪沖積平原的土地利用〉，《人文地理》，第 13 卷 (1961)，頁 97–124。

之燃料。

日本中世紀發展了各種捕魚的方法，都是沿岸漁業，漁場捕魚權是很重要的問題，許多研究討論這一問題，小野正雄[127]對瀨戶內海捕魚權的研究，是這類著作的代表。福島 (Y. Fukushima) 研究日本古代漁業之發展。[128]

有關森林和漁業的研究相對的較少，特別是漁業。日本是島國，從古至今，漁產豐富，日本人又是吃魚較多的民族，對漁業的研究何以不多，原因值得探究。

十五、工商業

日本歷史地理學者大部分都專心討論農業景觀，而忽略非農業活動，高橋幸八郎討論古代製造業地點的地理意義，開啟了一個新的研究領域。[129]

工業不像農業，遺留在地理景觀中的痕跡較少，不易找到地理研究的材料。不過，仍有許多傳統工業存在今天日本的各地，像是紡織業、陶器業、漆器製作、造紙及米酒釀造等，均在中世紀晚期開始了。

這些手工業利用產於日本各地的原料，幾乎日本全國到處都有，產品銷售地區範圍不大。但是，有些地方也有特產，許多歷史地理學者研究了這些特產為什麼在各地形成及如何形成，理由不只是因為自然上或技術上的有利條件，而且也有社會上或政治上的有利條件，例如，受封建領主的保護或鼓勵。這些手工業者通常組織同業公會，這些公會與封建侯國的政治及財政關係密切。

---

[127] 小野正雄 (M. Kono)，《漁場捕漁權的研究》（岡山，1961）。

[128] 福島 (Y. Fukushima)，〈古代日本帝國海產的地理分布〉，《人文地理》，第 23 卷 (1971)，頁 495–525。

[129] 高橋幸八郎 (S. Takahashi)，〈古代陶器生產及其貿易的歷史地理〉，《史林》，第 54 卷 (1971)，頁 701–747。

那時有關手工業及貿易的經濟地理研究比過去多，矢守一彥調查了長濱的絲綢編織。[130]很多研究討論工業革命對不同區域的地理之影響，例如，末尾至行研究了棉紡織業與水力發電的關係。[131]高橋誠一研究古代陶器生產區與其消費區之關係。[132]

在商業方面，少數商人獲得封建領主發給之執照，具有極大的勢力，他們將部分利潤付給封建領主，換得商業上的特權，這種情形有點類似我國歷史上的鹽業，除了這些具有特權的商人，中世紀晚期尚有各種其他的商人，如行商。植樹元覺[133]研究從富山縣到日本各地販賣草藥及其他藥材的行商，他追蹤日本全國各地這類市場及藥商的巡迴路線，也涉及運輸和交通體系的問題，這些運輸和交通體系，使藥材能行銷日本全國。富岡儀人繼續發展田中戰前的研究，釐清日本西部食鹽的行銷路線，對中世紀晚期的交通地理，做了新的解釋。[134]在當時的大都市中，從事相同行業者多聚集在都市的同一個地區，形成單一行業區，藤本利治曾研究京都和大阪的這種地區。[135]

十六、政　治

另外一個歷史地理研究主題，是中世紀晚期的政治地理，二次世界大戰前，舊的行政區劃界線，像是古代的國及封建領地，常是研究的對象，

---

[130] 矢守一彥，〈長濱的絲織業：江戶時代中心市場與地方生產區之間的問題〉，《人文地理》，第 7 卷 (1955)，頁 15–30。

[131] 末尾至行，〈棉紡業與水力發電基礎〉，《史選》，第 34 卷 (1967)，頁 470–498。

[132] 高橋誠一，〈古代陶器生產及其貿易的歷史地理〉，《史林》，第 54 卷 (1971)，頁 701–747。

[133] 植樹元覺 (M. Uemura)，《行商貿易區與區域經濟》(1959)。

[134] 富岡儀人，《鹽業貿易的路線與內河航運》(東京：古今書院，1973)。

[135] 藤本利治，《同業者町》(友好社，1963)。

岩田孝三在1953年發表的論文，是這類研究的代表。[136]戰後，從各種觀點研究封建國的各種特徵之分類及各種地方行政組織之分類，國是日本中世紀晚期最基層的行政單位。

政治地理是了解條里制的關鍵，服部昌之發現古代的國有直線的界線，符合道路的網絡和條里制的直線分區。[137]戶祭由美夫解釋日本最小行政單位之地域與灌溉的關係。[138]西村睦男所編有關封建國荻（荻即今山口縣）的論文集，全面討論人口、鄉村聚落、都市社區、農業、漁業、手工業等，在這方面，這一論文集是很特別的。[139]

德川幕府瓦解後，日本的行政區域圖完全重新繪製，建立新地方政府轄區，都、道、府和縣、市、町及村，重組過程吸引了政治地理學家的興趣。井戶庄三調查了明治時代早期村莊及城鎮的合併，並評估這些變遷對社會與經濟發展的影響。[140]

十七、歷史地理學中之符號學和語意學的新發展

1970年以來，歷史地理學中的人本主義之研究，從現象學、語意學及符號學獲得啟發性的靈感、創新的假設及巧妙的解釋方式。山野和竹內啟

[136] 岩田孝三(K. Iwata)，《界線政治地理學》（東京：帝國書院，1953）。

[137] 服部昌之，〈古代國的直線界線〉，《歷史地理學紀要》，第17卷(1975)，頁5–29。

[138] 戶祭由美夫，〈古代日本鄉與灌溉關係之地理的研究〉，《地理學評論》，第46卷(1973)，頁533–549。

[139] 西村睦男編，《封建國的歷史地理研究》（東京：大明堂，1968）。

[140] 井戶庄三，〈明治時代早期地方政府與城鄉合併的研究〉，《人文地理》，第21卷(1969)，頁481–505。

一評介了國外人本地理學的研究發展；[141]千田稔預測歷史地理學將利用語意學及符號學方法，研究地理空間。[142]

實際上，研究多集中在解釋對過去景觀的認知，鈴木正四研究了琉球群島空間方位的認知。[143]久武哲也用沙畫地圖和石畫地圖解釋美國印第安人之空間認知。[144]山田研究歷史時代都市規劃的象徵及功能問題。[145]千田稔研究了劃分土地之條里制及古代首都規劃之城堡系統區別的爭論問題。迄今，兩者均視為四方格形式，像是羅馬都市的設計及選舉區，但是千田稔指出條里制和城堡基本特徵是不同的，條里制由十字形組成，城堡系統由四角形和四方形組成，十字形表示分割，四方形表示包圍。十字形有無限可擴大的可能性，四角形則永遠由四邊圍起來。四方形的都市內主要十字路位在都市的正中央，其中心是一棵樹、一座樓或一座皇宮。在符號學上，城堡系統表達出來的是向心的、有邊界的，而條里制則是離心的、沒有交點的。千田稔也考查了西元八世紀《風土紀》和《古事紀》中所提到之水源、山嶺及皇家莊園的符號意義。灌溉之效能、稻米產量之多寡、蔬菜的單位生產量以及森林木材產量等，與自然和文化景觀要素之位置、方

---

[141] 山野 (M. Yamano)，〈當代人文地理學：人本主義觀點與空間形態〉，《人文地理》，第 31 卷 (1979)，頁 46–68；竹內啟一 (K. Takeuchi)，〈社會地理學的地位：地理學中所謂主觀的考慮〉，《一橋論叢》，第 81 卷 (1979)，頁 653–667。

[142] 千田稔，〈古代空間的結構〉，《奈良女子大學地理學研究》，第 1 卷 (1979)，頁 40–56；千田稔，〈地理空間的符號學研究〉，《人文地理》，第 32 卷 (1980)，頁 47–62。

[143] 鈴木正四，〈琉球群島空間方位的認知〉，《人文地理》，第 30 卷 (1978)，頁 541–554。

[144] 久武哲也，〈沙畫地圖與岩畫地圖〉，《甲南大學紀要：社會科學專號》，第 32 卷 (1978)，頁 37–99。

[145] 山田 (Y. Yamada)，〈古代都市中的功能與符號〉，《歷史地理學紀要》，第 20 卷 (1978)，頁 115–149；山田 (Y. Yamada,)，〈區域空間建構的理念：古地圖平面構圖的考慮〉，《歷史地理學紀要》，第 21 卷 (1979)，頁 5–54。

位以及組合等的關係。[146]

符號學和語意學開啟了日本歷史地理學研究的新領域，至少，使人們的思想從實證主義的束縛中解放出來，促進日本歷史地理學者更仔細地研究充滿符號和記號的傳統地理景觀。

十八、區域研究

在日本有兩種研究方法用於大多數的區域研究：

第一種研究方法是經由過去地理的重建及地理變遷的確定，以建立景觀歷史。例如藤岡謙二郎對櫛田川及紀之川河谷[147]及佐渡島[148]的研究，以及桑原公德對濃尾平原的研究。[149]

第二種研究方法是經由靜態的互相關係及功能的聯結，以建立區域結構及空間組織，例如西村睦男認為封建諸侯為中世紀最重要的政治區域，用綜合的觀點釐清 Hagihan 封建諸侯空間組織各方面的問題 。[150]矢守一彥[151]和山田[152]兩人用將各種特別問題整合在一起的觀點，分析區域結構。

這些研究提供了日本區域形態的歷史演變的先後順序：(1)古代條里制的各項元素（都市、村落、道路、行政單位）合在一起考慮，便可顯示出

---

[146] 千田稔，〈古代日本擁有的領土：實際的與認知的〉，載日本地理學會編，《日本地理》（東京，1980），頁 101–120。千田稔，〈日本歷史地理學的進展〉，《奈良女子大學人文與社會科學年報》，第 24 卷 (1980)，頁 134–144。

[147] 藤岡謙二郎編，《櫛田川與紀之川河谷的歷史地理》（京都，1958）。

[148] 藤岡謙二郎編，《佐渡島的歷史地理》（東京：古今書院，1971）。

[149] 桑原公德，《1649–1869 年 Honami Waju 鄉村發展之地理的研究》（東京：二宮書店，1977）。

[150] 西村睦男編，《封建國的歷史地理研究》（東京：大明堂，1968）。

[151] 矢守一彥，《封建國的區域構造》（東京：大明堂，1970）。

[152] 山田 (Y. Yamada)，《古代日本東北地區的邊疆》（東京：古今書院，1970）。

古代的區域規劃；(2)中世紀的城堡及市集都是中地，相互分布在一定的距離，功能上相互結合，形成有效的網絡；[153](3)如上所述，中世紀末期的城堡，考慮成為今天的日本許多都市，並呈階層結構。當時的結點都市，有些成為今天的大都市，像是東京、大阪和京都。

雖然，區域歷史地理的研究強調上述各方面的現象，但也有行政組織和社區活動相互關係方面的研究，包括農業、漁業和林業。

十九、其他方面歷史地理學的研究

大部分日本地理學者對歷史地理之研究都是日本的歷史地理，不過由於日本與東亞（尤其中國）文化上的接觸密切，因此對雙方比較的研究，歷史悠久而且很多。近來區域研究更擴展到東南亞、南亞及歐洲。[154]

二次世界大戰後的日本歷史地理學研究的成果，有數種專著作了簡介，特別值得一提的有下列 4 種：(1)森鹿三和織田武雄所編的《歷史地理學講座》；[155](2)淺香幸雄所編的《日本歷史地理》；[156](3)藤岡謙二郎所編的《歷史地理》；[157](4)藤岡謙二郎的《日本歷史地理學手冊》。[158]

---

[153] 小林健太郎，〈大名封建國形成時期的中地之組織〉，《史林》，第 48 卷 (1965)，頁 85–125。

[154] 別枝篤彥，《東南亞島嶼的聚落與歷史發展》（東京：古今書院，1960）；保柳睦美，《沿絲路地區的自然環境變遷》（東京：古今書院，1976）；菊地利夫，《越南的農人》（東京：古今書院，1966）；水津一郎，《歐洲農村聚落研究》（京都：地人書房，1976）；浮田典良，《德國西北部農村聚落的歷史地理》（東京：大明堂，1970）。

[155] 森鹿三與織田武雄編，《歷史地理講座》(1957–1959)。

[156] 淺香幸雄，《日本歷史地理》（東京：大明堂，1966）。

[157] 藤岡謙二郎編，《歷史地理》(1967)。

[158] 藤岡謙二郎，《日本歷史地理學手冊》(1966)。

二十、歷史地理學理論的探討

大部分日本歷史地理的研究，比較著重人類活動及個別應用的問題，比較忽略新理論及方法。對於系統理論的採納及統計和行為研究的利用，顯得較慢。不過，現在歷史地理學者愈來愈關注理論問題，部分原因是受都市和經濟地理學理論應用的影響。

有關歷史地理學方法的嚴謹評價，是菊地利夫的《歷史地理學方法論》，討論從傳統研究地名的方法到哈維 (David Harvey) 和貝克 (Alan R. H. Baker) 所闡明的「過程理論」。[159]當前主要外國歷史地理學者的生平及其著作，對日本歷史地理研究的影響，在由藤岡謙二郎與服部昌之兩人所編的《歷史地理學者簡傳》中均做了嚴謹評價。歷史地理學者包括邁岑 (August Meitzen)、麥金德 (Halford J. Mackinder, 1861～1947)、克雷奇默 (Konrad Kretschmer)、格拉德曼 (Robert Gradmann, 1865～1950)、施呂特 (Otto Schluter, 1872～1959)、哈辛格 (Hugo Hassinger, 1877～1945)、瓦洛 (Camille Vallaux, 1870～1945)、邵爾 (Carl O. Sauer, 1889～1975)、迪奧 (Roger Dion, 1896～1981)、克勞福德 (O. G. S. Crawford)、伊斯特 (W. Gordon East)、達比 (H. Clifford Darby, 1909～1992)、佐伊納 (F. E. Zeuner)、霍斯金斯 (W. G. Hoskins)、巴茨 (Karl W. Butzer)、貝克 (Alan R. H. Baker) 等。[160]在谷岡武雄的《歷史地理學》中，[161]討論歷史地理學者如何分析空間組織之形態變遷，及如何辨認產生空間變遷的自然與文化過程，以解決目前的社會問題。日本歷史地理現在已十分接近歐洲及北美方法論

[159] 菊地利夫，《歷史地理學方法論》(東京：大明堂，1977)。前面已經提到，此書已由辛德勇翻譯成中文，1987～1989 年在《中國歷史地理論叢》上連載。

[160] 藤岡謙二郎與服部昌之合編，《歷史地理學者簡傳》(東京：大明堂，1978)。

[161] 谷岡武雄，《歷史地理學》(東京：古今書院，1977)。

的論調，並且再一次發現日本固有的地理學方法，也顯示歷史地理學正處在一個十字路口，未來發展方向尚待決定。

二十一、結　論

歷史地理學成為一個獨立的學科，始於 1899 年日本歷史地理學會的成立，初期研究興趣都是日本歷史的地理解釋。1930 年代，日本歷史地理學者的研究興趣，多集中於過去地理的橫剖面。第二次世界大戰後，比較重視地理變遷的研究，大多數研究集中在過去特別時期的獨特現象。目前對過去地理的綜合解釋，成為日本歷史地理研究的重要主題，在這種狀況下，日本歷史地理學者開始利用象徵及符號，重新解釋傳統的日本地理景觀。

日本歷史地理學研究過去地理重建較多，而我國歷史地理學研究地理變遷的較多，有關自然地理變遷及方法論的研究較少。研究歷史地理的我國學者，多為歷史學者，在一定程度上，日本也是如此，不過日本歷史地理學者是地理學出身的較多。

與我國不同處之一，日本學者也對外國歷史地理有相當程度的研究，如歐洲和東南亞。考證的文章較少，研究內容多樣化，日本的歷史地理學我國歷史地理學成熟。中國歷史地理學者視地圖史為歷史地理學的一部分，日本歷史地理學者則不視地圖史為歷史地理學的研究對象。

MEMO

第十章

我國的歷史地理學

一、導　言

國人對歷史地理學定義十分廣泛，例如杜瑜、朱玲玲編《中國歷史地理論著索引 (1900～1980)》所收入的專著及論文，多達 23,000 餘條，其中論文篇目 20,000 餘條，單行本專書 3,300 餘種，就比較窄狹的定義來說，許多只是研究歷史地理的材料，並不能說是真正的歷史地理學著作。❶

我國的歷史地理學與傳統的沿革地理，關係密切。沿革地理主要研究歷代政區和疆域的變遷，著重描述與考證，歷史悠久，內容豐富，在西方也有類似的研究。過去從事歷史地理研究的學者，多數是歷史學者，這種情形近半世紀以來已有變化。不過，歷史地理學作為現代地理學的組成部分，首先是西方發展起來的。我國現代地理學是從西方傳入的，歷史地理學的重要概念和方法，其來源也是西方。❷在一定程度上，也受到日本的影響，「歷史地理」及「歷史地理學」兩個名詞，大約在二十世紀初，也就是清末，便是由日本傳入我國。1903 年清朝政府頒布〈奏定學堂章程〉，規定各科館所設地理課程之文科中，列有「歷史地理」，為主課之一，是「歷史地理」一詞的第一次出現。民國成立，1912 年中華民國政府教育部

---

❶ 杜瑜、朱玲玲合編，《中國歷史地理論著索引 (1900–1980)》(北京：書目文獻出版社，1986)。

❷ 闕維民，〈西方現代歷史地理學思想在中國的傳播及其影響〉，《中國歷史地理論叢》，第 25 輯 (1992)，頁 227–240。

頒布〈大學令〉及〈大學規程〉，規定大學文科的地理課程中，列有「歷史地理學」，可能是「歷史地理學」一詞的第一次出現。❸

「禹貢學會」1934 年創刊《禹貢半月刊》，是我國最早有關歷史地理學的學術刊物，不過《禹貢半月刊》所載論文，很多是沿革地理的著作。陝西師範大學中國歷史地理研究所的《中國歷史地理論叢》及中國地理學會歷史地理專業委員會的《歷史地理》，同在 1981 年創刊，才真正是我國最早的兩個歷史地理學術刊物。與《禹貢半月刊》創刊年代相隔 47 年之久，可見學術的發展，並非一蹴而就。《禹貢半月刊》及《歷史地理》最初的主編都是譚其驤，譚其驤對我國歷史地理學的發展擁有貢獻之大，可想而知。

二、什麼是歷史地理學？

地理學是一門很古老的學問，其研究範圍、重點及方法不斷改變，今天地理學的研究內容，雖然相當分歧，各家對地理學所下的定義，容有小異，其大同不外下列 3 個特點：⑴強調位置，就是各種自然與人文現象在區位上的變異；⑵強調生態的人地關係，就是人與環境的互動關係；⑶區域分析，就是上述兩點的區域分析。❹地表是地理學研究的對象，是一個實在的空間，不是抽象的；地表是人類居住和活動的自然環境，自然環境影響人類的生活方式，同時人類也不斷地改造自然環境。地理學的研究著重在人類的空間組織，及人類與自然環境間的生態關係；其目的在尋求更

❸ 鞠繼武，《中國地理學發展史》（南京：江蘇教育出版社，1987），頁 211–213；侯甬堅，〈「歷史地理」學科名稱由日本傳入中國考〉，《中國科技史料》，第 21 卷第 4 期 (2000)，頁 307–315。

❹ Peter Haggett, “Geography,” in Ronald J. Johnston *et al.*, eds., *The Dictionary of Human Geography*, 3rd edition (Oxford: Blackwell, 1994), pp. 220–223.

有效地利用空間資源，並強調合理的區域空間組織，來達到這個目的；地理學不但研究人類在地球上的現狀，也預測其將來的情況。地理學的研究，很注重地表各地間的差異，地理學者不相信對各地的發展問題，可以用共同的解決方法，地理學者強調各種區域的差異而且區域有大小不同，研究各級區域的發展，不論地理區域的大或小，地理學者總是很注意其空間的差異。

既然地理學要研究各個區域現在的和將來的特徵、區域間的差異、人與自然的關係，以及區域間的互相關係，便不得不對各個區域的過去有所了解，因為任何一個區域的現在情況，都或多或少受其過去歷史演變的影響，現在就是過去的產物，歷史地理學的理論基礎，就是通過歷史地理學的研究，可以對現在的及過去的區域，有比較完整的和正確的了解。❺

地理與歷史關係密切，是眾所周知的事，這種概念淵源甚久，古人說左圖右史，此處所說的圖，可以解釋為地圖和地理知識，沒有一地的地理知識，了解該地歷史將是極端困難的事；討論地理而不觸及歷史演變，對地理問題也將無法作深入的了解。顧祖禹曾說：

> 不考古今，無以見因革之變；不綜原委，無以識形勢之全。

又說：

> 古不參之以今，則古實難用；今不考之於古，則今且安恃？❻

充分說明了史地的關係，表現了歷史地理學的精義。這種密切的關係有 4 方面：(1)歷史的地理基礎；(2)地理的歷史基礎；(3)地理中的歷史因子；(4)

---

❺ H. Clifford Darby 原著，姜道章譯，〈論地理與歷史的關係〉，《歷史地理》，第 13 輯 (1996)，頁 243–251。

❻ 見顧祖禹，《讀史方輿紀要》(大約 1666 年初刊)，〈凡例〉。

過去的地理就是歷史。❼

歷史地理學研究的旨趣，雖然分歧，其中有些已成歷史陳跡，不再流行，也有些採用新的研究方法，但是過去地理的重建與地理變遷，無疑仍是歷史地理學兩大正統的研究主題。

三、我國歷史地理學研究的起源

中國歷史地理學的發展，可以追溯到很久以前，過去不但歷史地理學不是獨立的學科，地理學也還是歷史學的附庸。最早《禹貢》和《周禮》已經提到了人地關係的概念，班固的《漢書》有〈地理志〉，司馬遷的《史記》有〈河渠書〉和〈貨殖列傳〉，這些都是有關地理的著述，對後來我國地理學的發展，有很大的影響。北魏酈道元著《水經注》，隋唐開始有圖經和圖志，如唐代李吉甫的《元和郡縣圖志》。後來又有宋代樂史的《太平寰宇記》和王應麟的《通鑑地理通釋》，明代有顧炎武的《天下郡國利病書》，清代有顧祖禹的《讀史方輿紀要》。❽《漢書》之〈地理志〉以後，歷代正史有地理志、州郡志，以及地形志。到了宋代、明代和清代，又有大量的方志。這些代表了中國地理學和中國歷史地理學的主流。

前面已經提到歷史地理學名稱在二十世紀初由日本傳入我國，但其內容仍未超越沿革地理的範圍。1892 年清朝政府籌辦京師大學堂，規定設置輿地課程，是我國政府正式規定，在高等學校設置地理課程之始。1897 年上海開辦南洋公學，早期的近代地理學家張相文於 1899～1903 年在該校教

---

❼ H. Clifford Darby, "On the relations of geography and history," *Transactions and Papers, Institute of British Geographers*, no. 19 (1953), pp. 1–11. 中文翻譯見姜道章譯，〈論地理與歷史的關係〉，《歷史地理》，第 13 輯 (1996)，頁 243–251。

❽ 靳生禾，《中國歷史地理文獻概論》(太原：山西人民出版社，1987)，介紹了有關我國歷史地理學重要的典籍。

授地理，是我國在中小學設置地理課程之始。1903年清朝政府頒布〈奏定學堂章程〉，規定經、文、格致、農、商等科，皆應設置地理課程，文科地理主課有十種，歷史地理為十種課程之一，這可能是我國歷史地理學教學的嚆矢。民國成立，1912年國民政府教育部先後頒布了〈大學令〉和〈大學規程〉規定大學文科設置的課程中，有歷史地理學。❾1917～1919年張相文在北京大學主講「中國地理沿革史」，這是沿革地理第一次被列入大學課程，而且在內容上已不限於疆域與政區的演變。1930年代前期，顧頡剛在燕京大學和北京大學講授「中國疆域沿革史」，譚其驤在輔仁大學講授同一門課。1923年張其昀在《史地學報》上介紹法國學者布呂納 (Jean Brunhes) 與瓦洛 (Camille Vallaux) 的《歷史地理學》(*La Géographie de l'Histoire*)，可能是第一次將西方歷史地理學這一名詞介紹到中國。❿

四、「禹貢學會」與《禹貢半月刊》

講到我國歷史地理學的發展，不能不涉及「禹貢學會」，該會1934年由顧頡剛發起，會員都是歷史學者，以北京、燕京和輔仁三間大學歷史學系的學者為主，由顧頡剛和譚其驤主編的《禹貢半月刊》，最初該刊英文譯名為 *The Evolution of Chinese Geography*，意思是「中國地理學的演變」，次年改為 *Chinese Historical Geography*，意思就是「中國歷史地理學」，這是「歷史地理學」一詞用於期刊名稱的開始。《禹貢半月刊》自創刊至

❾ 見前揭鞠繼武，《中國地理學發展史》，頁211–215。

❿ 不過瓦洛的《歷史地理學》一書的書名法文原來是 *La Géographie de l'Histoire*（原書1921年出版），用英文表示就是 The Geography of History，直譯應該是「歷史的地理」，其意義與「歷史地理學」(Historical geography) 不完全是一樣的。關於《史地學報》的創刊發行經過及其貢獻，請參閱彭明輝，《歷史地理學與現代中國史學》（臺北：東大圖書公司，1995），頁61–138。

1937年夏，共發行7卷，82期，刊載各類文章七百餘篇，發表許多有價值的沿革地理文章，引起國內外學術界的廣泛注目，後來擴展研究領域，突破了傳統的沿革地理範圍。內容包括：(1)有關古代地理學著作的考證，(2)方志的校補，(3)歷代疆域政區演變，(4)古代交通及其變遷，(5)古代水利設施及其變遷，(6)城邑的興廢，(7)少數民族，(8)古代人口的分布及遷徙，(9)我國古地圖學等。《禹貢半月刊》在各方面作了不少新的探索，並獲得很大的成果，為我國現代歷史地理學的先驅，為以後中國歷史地理學的發展創造了條件，對我國歷史地理學，產生了深遠的影響。《禹貢半月刊》要建立一門嶄新的學科，造就了一批新的歷史地理學者，不少當時禹貢學會的年輕會員，後來都成為中國歷史地理學的領袖學者。⓫

五、沿革地理的起源和發展

中國歷史地理學的一個重要特徵，就是沿革地理學的興起與發展，沿革地理記述並考證歷史時期疆域和政區等的沿襲與變革，是我國傳統輿地之學的重要組成部分，是現代歷史地理學的前身，就沿革地理中疆域和行政區劃沿革變遷研究的內容及方法而論，實際上含有過去地理重建和地理變遷的意義，的確是歷史地理，只不過研究的內容太窄狹。中國歷史悠長，歷代行政區劃與國家疆域，變化很多，正史中的地理志，雖有詳細的行政區劃記載，但並沒有精詳的地圖遺留下來，再加上古今地名的更易，以及

⓫ 關於「禹貢學會」與《禹貢半月刊》，彭明輝有詳細的討論，見《歷史地理學與現代中國史學》(臺北：東大圖書公司，1995)，頁139–259；唐曉峰在他的博士論文中，有一章專門討論禹貢學會，他將禹貢學派學者的研究，稱之為「新沿革地理學」(The new dynastic geography)，見 Xiaofeng Tang, *From Dynastic Geography to Historical Geography*, Ph.D. Dissertation (Syracuse University, 1994), pp. 182–208.

河流、湖泊、海岸等的變遷，所以考證歷史行政區劃變遷沿革、古今地名的演變、河流湖泊海岸的變遷，以及其他地理現象地望的研究，形成一個專門的學問，稱為「沿革地理」或「沿革地理學」，是我國歷史地理學中的一個重要主題，為了研究與教學上的需要，很為文史學者，特別是歷史學者所重視，因此，我國傳統的「輿地之學」從來就是史學的一支，有人誤以為沿革地理就是歷史地理學的全部，當然是不正確的，這類研究，清末民初，十分流行，現在也還有些學者從事這類研究，這無疑是受了清代樸學的影響。

依附史學的沿革地理，由《史記》中的〈河渠書〉⓬及《漢書》中的〈地理志〉，⓭開其先河，但當時尚無「沿革」一詞，「沿革」一詞最早見於《三輔黃圖》的「三輔沿革」篇。⓮《史記》〈河渠書〉言治河以《禹貢》為始，言水利和航運則追述至春秋戰國。《漢書》〈地理志〉以記述西漢時代的政區、山川、人口、風俗為主，但也包含了豐富的沿革地理內容。《史記》、《漢書》及《後漢書》的四夷諸傳，記述了邊疆民族的歷史分布狀況，成為後人研究邊疆地理之源。

自《史記》與《漢書》之後，正史中列〈地理志〉、〈河渠志〉及〈四夷諸傳〉，形成傳統。16 部正史有〈地理志〉；6 部正史有〈河渠志〉；除《北齊書》及《陳書》等少數幾部正史外，絕大多數正史都有〈四夷或外國諸傳〉，這些資料有相當部分屬於沿革地理內容，是後來學者研究沿革地理的重要依據。

南北朝以來大批地理總志與《水經注》等輿地專著的問世，在極大程度上，推動了沿革地理的發展。最早在西晉（西元 265～316 年）時，開始

⓬ 司馬遷撰，《史記》，校點本（香港：中華書局，1969），第四冊，頁 1405–1415。

⓭ 班固撰，《漢書》，校點本（香港：中華書局，1970），第三冊，頁 1523–1674。

⓮ 《三輔黃圖》成書年代在西元西元五、六世紀的南北朝或更早。

有地理總志，南北朝時代（西元 420～589 年）此類著作漸多。唐以後的地理總志傳世至今的有 10 部之多，除了前面提到的《元和郡縣圖志》及《太平寰宇記》，尚有宋代王存等的《元豐九域志》、歐陽忞的《輿地廣記》和王象之的《輿地記勝》、元代孛蘭肸等的《大元一統志》、明代李賢等的《大明一統志》、清代穆彰阿等的《重修一統志》。這類總志在各級政區條目下多追溯往昔，記載建置沿革，有的還在全書頭幾卷專論歷代疆域變遷，內容較正史地理志更為詳細。北魏酈道元的《水經注》是以記述河道水系的專著，但關於沿革的記述和考辨也極豐富，不僅對水道變遷詳為記述，而且對各流域郡、縣、城邑的歷史沿革也有所記載。

清代至民國初期，沿革地理研究隨著樸學的發展而愈加興旺。有關沿革地理學的專著，其中以顧祖禹的《讀史方輿紀要》、楊守敬的《歷代輿地圖》最為博大詳實。《讀史方輿紀要》敘述並考辨省、府、州及縣等的疆域、道里、沿革、名山、大川、關隘、古蹟等。以史取捨方輿，以方輿驗證史，將歷史與地理融會貫通於一體，前面已經提到，顧氏嘗云：

> 不考古今，無以見因革之變；不綜原委，無以識形勢之全。

又謂：

> 古不參之以今，則古實難用；今不考之於古，則今且安恃？⓯

充分說明了史地的關係，表現了歷史地理學的精義。《歷代輿地圖》以《大清一統輿圖》為底圖，收錄自春秋至明代的重要地名，朱墨套印，古今對照，比以往者要精確要詳盡，為現代我國歷史地圖的典範。

前面已經提到，二十世紀初，張相文在北京大學主講「中國地理沿革

⓯ 見前揭顧祖禹，〈凡例〉，《讀史方輿紀要》。

史」，是沿革地理第一次被列入大學課程。《禹貢半月刊》發表許多有價值的沿革地理文章，引起國內外學術界的廣泛注意。二十世紀下半葉，我國歷史地理學的快速發展，沿革地理在歷代政區建置變遷方面，仍不斷有創新的研究。

中國沿革地理研究經過漫長的歷史發展，形成本身的特點。研究方法是描述、整理與考辨。沿革地理作為歷史學的輔助學問，為中國歷史研究提供了正確的空間背景。但是，沿革地理有明顯的局限性，首先，長於考證，注重事實，但缺乏進一步的因果關係與變遷規律的探討，也沒有理論的研究，一直停留在描述階段。其次，研究範圍過於狹窄，長期局限於疆域與政區、城市及水道等方面，對其他地理現象較少論述。而且，在方法上，也缺乏實地考察。

六、二十世紀中國與臺灣歷史地理學的研究成果

本文開始所提到的杜瑜、朱玲玲編《中國歷史地理論著索引 (1900～1980)》，該書收入了許多有關我國歷史地理學研究的專著及論文。另外還有一些有關我國歷史地理學研究的評述，如張其昀和王恢評述 1911～1972 年我國歷史地理學研究的成果，約有五百種，其中沿革地理最多。[16]最近出版的華林甫編《中國歷史地理學五十年 (1949～1999)》，收錄了 43 篇文章，這些文章報導和評述了 1949～1999 年間我國歷史地理學研究的狀況和成果。[17]

[16] 張其昀，《中國地理學研究》(臺北：中華文化出版事業委員會，1955)，頁 174–199；王恢，《中國歷史地理》(臺北：世界書局，1975)，頁 283–371。

僅就近20年來說，有關我國歷史地理學研究的著作，見於4方面：第一是學術期刊，像是《中國歷史地理論叢》、《歷史地理》、《環境變遷研究》等；第二是歷年歷史地理學術討論會論文集；第三是學位論文；第四是單獨出版的專著。估計總數約有兩千，限於篇幅，此處自難一一評述，因此，本章僅就重要者舉例介紹，以說明一般的狀況。

（一）沙漠及草原環境變遷

地理變遷是一個極重要的歷史地理主題，包括自然環境變遷，當然要有人為的因素在內，不然就不是歷史地理，有關自然環境變遷的研究很多，趙永復研究毛烏素沙地唐宋以來的變遷，認為其變遷是自然條件和人為因素所共同造成的。[18]

歷史文獻顯示我國的沙漠和草原，受人為過度耕種和森林被破壞的影響，發生惡化，景愛、王尚義、陳育寧等曾作過相關研究。[19]

（二）河流、湖泊及海岸線變遷

歷史上我國的河流、湖泊及海岸線，發生了很大的變化，譚其驤和張修桂推翻過去學者對海河水系形成和演變過程的說法，考證海河水系形成和發展，人工疏鑿是一個很大的因素。[20]譚其驤長期研究黃河，否定古今

---

[17] 華林甫編，《中國歷史地理學五十年（1949–1999）》（北京：學苑出版社，2001）。

[18] 趙永復，〈歷史上毛烏素沙地的變遷問題〉，《歷史地理》，創刊號（1981），頁34–47。

[19] 景愛，〈呼倫貝爾草原的地理變遷〉，《歷史地理》，第4輯（1986），頁54–61；景愛，〈科爾沁沙地的形成及影響〉，《歷史地理》，第7輯（1990），頁152–159；王尚義，〈歷史時期鄂爾多斯高原農牧業的交替及其對自然環境的影響〉，《歷史地理》，第5輯（1987），頁11–24；陳育寧，〈鄂爾多斯地區沙漠化的形成和發展述論〉，《中國社會科學》，1986年第2期。

[20] 譚其驤，〈海河水系形成與發展〉，《歷史地理》，第4輯（1986），頁1–27；張修

學者對《漢書》〈地理志〉大河形成的幾種說法，糾正先秦黃河下游沒有築堤以前從未改道的錯誤判斷。㉑關於水系河道變遷，尚有陳橋驛、石尚群、鄭炳林等人的研究。㉒張修桂和譚其驤根據地質、地貌、水文、考古和衛星影像等資料，結合文獻及實地考察，研究洞庭湖和鄱陽湖演變的歷史過程，一反舊說，指出兩湖地區最早都屬河網交錯的平原，在歷史時期，經歷由小到大，繼由大到小的演變過程。㉓鄒逸麟分析歷史文獻，斷定自先秦至唐宋，華北大平原上有大小湖沼 180 處，受河流改道及農墾的影響，大多數逐漸淤廢。㉔前面已經提到周鳳琴探討荊江近五千年來荊江洪水水位的變遷，通過對古遺址、古墓葬、古堤遺存及石碑、古建築、出土文物、洪痕、古籍文獻資料等考證，再加上相關地質地貌的調查研究，結論認為荊江洪水位在近五千年來，產生了較大幅度的上升，變幅達 13.6 公尺。㉕通過數百個地質鑽孔的岩性分析，同時研究考古和文獻資料，周鳳琴認為距今五千年以來，湖北沙市河段均為多汊分流的彎道，從新石器時代的原始人起，就隨江南遷，自春秋戰國以來江漢平原西部經濟中心，經歷了由紀南城至江陵，最後再至沙市的三次大轉移。㉖

桂，〈海河流域平原水系演變的歷史過程〉，《歷史地理》，第 11 輯 (1993)，頁 89–110。

㉑ 譚其驤，〈西漢以前的黃河下游河道〉，《歷史地理》，創刊號 (1981)，頁 48–64。

㉒ 陳橋驛，〈論歷史時期浦陽江下游的河道變遷〉，《歷史地理》，創刊號 (1981)，頁 65–79；石尚群、潘鳳英、繆本正，〈古代南京河道的變遷〉，《歷史地理》，第 8 輯 (1990)，頁 59–69；鄭炳林，〈唐末五代敦煌都河水系研究〉，《歷史地理》，第 13 輯 (1996)，頁 31–38。

㉓ 張修桂，〈洞庭湖演變的歷史過程〉，《歷史地理》，創刊號 (1981)，頁 99–116；張修桂、譚其驤，〈鄱陽湖演變的歷史過程〉，《復旦學報》，第 2 期 (1982)。

㉔ 鄒逸麟，〈歷史時期華北大平原湖沼變遷述略〉，《歷史地理》，第 5 輯 (1987)，頁 25–39。

㉕ 周鳳琴，〈荊江近五千年來洪水位變遷的初步探討〉，《歷史地理》，第 4 輯 (1986)，頁 46–53。

孫承烈等研究了漯水的變遷，他們根據地貌調查和沉積物的研究，證明《水經注》及其以後文獻關於漯水、桑乾河、永定河的記載是可信的，與地貌和沉積物的調查研究結果，可以互相印證，互相補充。㉗

四世紀以來，金山衛及其附近一帶海岸線，受杭州灣東南潮流的沖刷，不斷後退。七百年來，金山衛灘地緩慢向外擴張。近兩百年來，灘地不但穩定，還略外漲，形成生產建設的理想用地。㉘

（三）氣候變遷

氣候變遷是一個重要的歷史地理學研究主題，研究我國氣候變遷最有名的學者就是竺可楨，他根據考古資料及歷史文獻中的氣象學和物候學的記載，研究我國氣候的變遷，將我國近五千年來氣候變化的趨勢，劃分為4個時期：⑴約西元前3000年至1100年溫暖時期，⑵西元前1100年至西元1400年寒暖交錯時期，⑶西元1400年至西元1900年寒冷時期，⑷西元1900年以來的氣候波動時期。㉙滿志敏推翻前人「隋唐溫暖期」的說法，認為從七世紀初至八世紀中葉，氣候並不比現代更暖，而從八世紀中葉開始，氣候明顯轉寒。㉚

龔高法、張丕遠和張瑾瑢利用花粉分析和考古材料，證明仰韶時期普遍較現今溫暖，各地氣溫普遍比現在高2～3°C，相應氣候帶的位置比現在偏北；根據文獻材料，推斷歷史時期亞熱帶的北界，在最溫暖時期曾到達

㉖ 周鳳琴，〈湖北沙市地區河道變遷與人類活動中心的轉移〉，《歷史地理》，第13輯(1996)，頁23–30。

㉗ 孫承烈等，〈漯水及其變遷〉，《環境變遷研究》，第1輯(1984)，頁53–63。

㉘ 張修桂，〈金山衛及其附近一帶海岸線的變遷〉，《歷史地理》，第3輯(1983)，頁38–50。

㉙ 竺可楨，〈中國五千年氣候變遷的初步研究〉，《考古學報》，第1期(1972)。

㉚ 滿志敏，〈唐代氣候冷暖分期及各期氣候冷暖特徵的研究〉，《歷史地理》，第8輯(1990)，頁1–15。

華北平原，而在最寒冷時期卻移至長江以南；又以野象為例，分析氣候變化對其分布界限的影響，發現從仰韶時代以來，野象棲息北界南移了 17 個緯度，從北緯 40 度至北緯 23 度，其中 5～6 個緯度是氣候變冷引起的，10～11 個緯度是人類活動引起的。㉛

（四）動植物分布的變遷

氣候和森林植被的變遷，人口增加和聚落的擴展，影響到動物的分布，也是歷史地理學者很有興趣的研究主題。熊貓曾經分布在秦嶺北坡、河南西南部、長江中游、兩廣和滇西地區，而現在已全部退縮到青藏高原東緣和秦嶺南坡地區。㉜十六世紀後期到十七世紀，長江三角洲有華南虎，虎患嚴重，十七世紀後期虎患逐漸減少，1750 年代以後，就不再有虎患記載，華南虎最終完全絕跡。㉝野馬和野驢的分布地區曾經很廣大，十八世紀以後，尤其二十世紀初以來，趨向瀕危，野馬的處境更為嚴重，幾達絕滅㉞。

王乃昂研究歷史時期甘肅黃土高原的環境變遷，認為距今 7,000～3,500 年間氣候溫暖溼潤時期；古代分布著天然森林，森林覆蓋率在 30% 左右；伴隨著草原、灌木叢、森林的減少和人口的大量增加，本區一些野生大型動物趨於減少，甚至絕跡；土壤侵蝕是自然歷史過程，是黃土高原地理環境決定的。㉟

㉛ 龔高法、張丕遠、張瑾瑢，〈歷史時期我國氣候帶的變遷及生物分布界限的推移〉，《歷史地理》，第 5 輯 (1987)，頁 1–10。

㉜ 何業恆，〈試論大熊貓的地理分布極其演變〉，《歷史地理》，第 10 輯 (1992)，頁 230–247。

㉝ 何業恆，〈試論華南虎在長江三角洲的絕跡〉，《歷史地理》，第 11 輯 (1993)，頁 259–266。

㉞ 文煥然，〈歷史時期中國野馬、野驢的分布變遷〉，《歷史地理》，第 10 輯 (1992)，頁 248–260。

陳連慶研究古代黃河流域的竹子，說明我國古代黃河流域盛產竹子，先秦時其北限超過北緯 46 度，其後隨氣候變化逐漸南移，至魏晉時期，竹子產區的北限，局限在北緯 35 度與 36 度之間了，大約在 500 年間，南移了 500 多公里。㊱

（五）行政區劃和疆域變遷

行政區劃和疆域變遷是我國歷史地理一個傳統的重要研究主題，內容就是考訂歷代的疆域變遷沿革，有關研究很多，早期的典範專著有顧頡剛和史念海的《中國疆域沿革史》，㊲後來又有童書業的《中國疆域沿革略》。㊳最近的有周振鶴的《西漢政區地理》，是斷代研究的範例。㊴

有關論文甚夥，不勝枚舉，有些是對個別朝代疆域的宏觀研究，葉文憲考訂了商代的疆域範圍，他並說荒野森林普遍存在，村邑稀疏散布，認為商代疆域像一張由村邑和城邑組成的網，他稱為網狀疆域。㊵魏良弢考證了 1142 年西遼王朝的疆域。㊶

譚其驤研究浙江各地區的開發過程與省界和地區界的形成，認為知道了各地方是什麼時候開始設縣的，大致可以斷定在那個時候該地區的開發程度已經達到了一定的標準。從縣的設置年代和析置，可以說明一些關於省界和地區界形成的問題。㊷

㉟ 王乃昂，〈歷史時期甘肅黃土高原的環境變遷〉，《歷史地理》，第 8 輯 (1990)，頁 16–32。

㊱ 陳連慶，〈古代黃河流域的竹子〉，《博物》，第 4 期 (1982)。

㊲ 顧頡剛、史念海，《中國疆域沿革史》(上海：商務印書館，1938)。

㊳ 童書業，《中國疆域沿革略》(上海：開明書店，1947)。

㊴ 周振鶴，《西漢政區地理》(北京：人民出版社，1987)。

㊵ 葉文憲，〈商代疆域新論〉，《歷史地理》，第 8 輯 (1990)，頁 101–112。

㊶ 魏良弢，〈西遼王朝疆域考釋〉，《歷史地理》，第 5 輯 (1987)，頁 106–114。

㊷ 譚其驤，〈浙江各地區的開發過程與省界、地區界的形成〉，載復旦大學中國歷史

潘新藻研究湖北省建制沿革，全面敘述了湖北省歷代建置的演變，是典型的沿革地理。㊸翁俊雄將久佚的《貞觀十三年大簿》加以復原，將大簿所載的358州、1,551縣一一加以考訂，為繪製初唐地圖提供了條件。㊹曹爾琴討論了漢代、隋唐，及宋代行政區劃的設置與分布。㊺

（六）人　口

我國一直是世界上人口最多的國家，人口與政治、經濟等問題，息息相關，人口更是地理的核心問題，特別受到地理學者的重視，所以有關人口的研究極多，最早從歷史地理學觀點研究我國人口的現代學者，可能是梁啟超，他在1903年發表〈中國史上人口之統計〉，載《新民叢報》，第46～48期。㊻迄今有關人口的歷史地理研究著作，不勝枚舉。葛劍雄研究我國歷代移民的類型和特點，將歷代移民分為5類：⑴自北而南的生存型移民，⑵行政或軍事手段的強制移民，⑶從平原到山區及從內地到邊疆的開發性移民，⑷北方牧業民族或非華夏族的內徙與西遷，⑸東南沿海地區對海外的移民。㊼費省研究唐代的人口分布，討論人口資料的處理、人口分布、人口分布重心，以及影響人口分布的因素。㊽趙發國利用家譜中的

地理研究所編，《歷史地理研究㈠》（上海：復旦大學出版社，1986），頁1–11。

㊸ 潘新藻，《湖北省建制研革》（武漢：湖北人民出版社，1987）。

㊹ 翁俊雄，《唐初政區與人口》（北京：北京師範學院出版社，1990）。

㊺ 曹爾琴，〈漢代州郡的設置及其分布〉《中國歷史地理論叢》，第21輯(1991)，頁163–192；曹爾琴，〈隋唐時期行政區劃的演變〉，《中國歷史地理論叢》，第22輯(1992)，頁171–190；曹爾琴，〈宋代行政區劃的設置與分布〉，《中國歷史地理論叢》，第24輯(1992)，頁71–88。

㊻ 見前揭杜瑜、朱玲玲編，《中國歷史地理論著索引(1900–1980)》，頁334。

㊼ 葛劍雄，〈中國歷代移民的類型和特點〉，《歷史地理》，第12輯(1993)，頁141–154。

㊽ 費省，〈論唐代的人口分布〉，《中國歷史地理論叢》，第7輯(1988)，頁111–157。

材料，分析清代登萊二府的人口遷移，原因主要是人口增加，形成壓力；外移人口以青壯年男性為主，大多數是移往東北，其中以移往遼寧為最多。㊾

周源和研究清代的人口，認為人口過剩，實質上是在一定的生產力水平下，人口與土地的比例問題。這個比例常數，可以稱為「溫飽常數」或「飢寒界線」，清代生產力水平下的「溫飽常數」，約每口四畝上下，此線之上社會就興平，此線之下社會就動亂。㊿

林仁川和王蒲華探討了清代福建人口向臺灣遷移的背景、途徑、狀況及影響。[51]司徒尚紀的〈海南島歷代民族遷移和人口分布初探〉，為其提交北京大學博士論文《海南島歷史土地開發的研究》的一部分，討論漢代以來至1920年代，海南島人口的遷移和分布，結論指出遷移海南島的人口，主要是閩粵桂人，少數民族有黎族、苗族及回族，歷史上有數次移民高潮。移民在宋以後規模最大，經元明到清達到高峰。與這一移民的同時，黎族向山區轉移，形成漢在外、黎在內、苗居山頂的分布形態。清康熙以後，開始有海南人向南洋遷移。移民的往來，引進不少農作物，對海南的開發貢獻很大。[52]

曹樹基根據大量歷史文獻及實地調查所獲得的大量族譜，首次揭示明代初年長江流域移民的規模和格局，指出在洪武26年(1393)長江流域，含今浙蘇皖贛湘鄂川滬等省市，其2,564萬民籍人口中，有移民485萬人，約為總人口的五分之一，若加上軍籍將士及家屬，本區所接受的移民，當

㊾ 趙發國，〈從家譜資料試析清代登萊二府的人口遷移〉，《中國歷史地理論叢》，第39輯(1996)，頁149–157。

㊿ 周源和，〈清代人口研究〉，《中國社會科學》，1982年第2期。

[51] 林仁川、王蒲華，〈清代福建人口向臺灣的流動〉，《歷史研究》，1983年第2期。

[52] 司徒尚紀，〈海南島歷代民族遷移和人口分布初探〉，《歷史地理》，第7輯(1990)，頁76–89。

有 700 萬人之多，超過總人口的四分之一，結論認為明初的大量移民，奠定了長江流域人口分布的大格局。[53]

張國雄和梅莉根據家譜、方志及採訪材料，探討了明清兩代外省移民入湖北、兩湖人民遷入他省、內部區際移民三個問題，發現遷入湖北的移民，主要來自長江下游各省，而江西居各省之冠，獨占 60～74%，具有同府州縣鄉聚居的地理特徵。兩湖內部人口遷徙的遷入地，主要是湘鄂的西部山區和江漢洞庭湖平原，兩湖向外省的遷移，則以入四川者為最多。[54]吳松弟的《北方移民與南宋社會變遷》，是作者 1992 年提交復旦大學的博士論文，不僅探討了移民的遷徙過程、分布狀況、移民數量、遷出地、遷移路線及入籍過程，也詳細論述了移民對南宋政治、經濟及文化的影響。[55]

葛劍雄和曹樹基分析明代官方戶口統計數中隱漏的原因，估計明末實際人口總數已突破兩億大關，這比何炳棣的估計數量要大許多。[56]

討論人口的專著也不少，葛劍雄的《中國人口發展史》，討論我國人口調查制度的起源及演變、歷史人口資料的評價、秦漢以降至二十世紀中葉我國的人口數量及其變化，以及歷代人口的組成、分布及遷移。[57]韓光輝的《北京歷史人口地理》，討論北京區域行政建置和政區沿革、城市人口規模、人口增長過程及其機制、人口遷移與人口控制，以及人口分布。[58]史念海的《中國歷史人口地理和歷史經濟地理》，有超過三分之一的篇幅，討論人口，著重人口的增長、分布及變遷。[59]葛劍雄的《西漢人口地理》，是

---

[53] 曹樹基，〈明代初年長江流域的人口遷移〉，《中華文史論叢》，第 47 輯 (1991)。

[54] 張國雄、梅莉，〈明清時期兩湖移民的地理特徵〉，《中國歷史地理論叢》，第 21 輯 (1991)，頁 77–109。

[55] 吳松弟，《北方移民與南宋社會變遷》(臺北：文津出版社，1993)。

[56] 葛劍雄、曹樹基，〈對明代人口總數的新估計〉，《中國史研究》，1995 年第 1 期。

[57] 葛劍雄，《中國人口發展史》(福州：福建人民出版社，1991)。

[58] 韓光輝，《北京歷史人口地理》(北京：北京大學出版社，1996)。

[59] 史念海，《中國歷史人口地理和歷史經濟地理》(臺北：學生書店，1991)。

作者的博士論文，採用新資料和新方法，對西漢人口的分布、密度、遷徙、增長率，以及與糧食生產關係等問題，作了詳盡分析研究，方法上有所創新，獲得指導教授譚其驤的好評。⑥⓪葛劍雄、吳松弟、曹樹基三人的《中國移民史》，全面論述了歷史時期的移民活動及其各方面的影響，為中國歷史地理研究提供了一個有用的基礎。⑥①胡道修論述了開皇天寶之間人口的分布與變遷。⑥②

（七）城鎮與村落

我國歷史上很早就出現了城市，最早的城市大約距今已有四千年了，國人對歷史上城市的研究，有悠久的傳統，城市是一個地區的政治、經濟和文化中心，十分重要，許多學者研究城市。趙岡利用各種計算方法，斷定南宋大臨安的高峰人口是 250 萬，城內有居民 100 萬人。⑥③傅崇蘭討論了歷史上沿大運河城市的環境、人口、經濟及文化。⑥④趙岡從宏觀的角度，從經濟層面上探討我國城市的曲折發展與特殊問題，分別討論了從宏觀角度看我國的城市史、先秦城市、秦漢以來城市人口之變遷、中國歷史上的大城市、歷代都城與漕運、中國歷史上的市鎮、明清的新型市鎮，及明清江南市鎮的絲業與棉業。⑥⑤十二世紀至十四世紀中葉 200 多年，是宋金對峙和元朝統一中國的時期，也是我國古代城市快速發展並廣泛出現城市市政建制，其主要標誌就是城市警巡院和錄事司的創立，韓光輝論述了警巡

---

⑥⓪ 葛劍雄，《西漢人口地理》（上海：上海人民出版社，1986）。

⑥① 葛劍雄主編，《中國移民史》（福州：福建人民出版社，1997）。

⑥② 胡道修，〈開皇天寶之間人口的分布與變遷〉，《中國史研究》，1984 年第 4 期，頁 27–47。

⑥③ 趙岡，〈南宋臨安人口〉，《中國歷史地理論叢》，第 31 輯 (1994)，頁 117–126。

⑥④ 傅崇蘭，《中國運河城市發展史》（成都：人民出版社，1985）。

⑥⑤ 趙岡，《中國城市發展史論集》（臺北：聯經出版事業公司，1995）。

院和錄事司的創立、發展、組成和職能，以及當時建制城市的規模。[66]司徒尚紀從城市的建制關係出發，論述元代廣州作為建制城市的歷史地理。[67]

沙學浚分析歷史地理因素，斷定我國現代國都不在南京便在北京，並謂南宋的杭州是退守的海都，漢隋唐的西安和遼金元清的北京，都是進取的首都。[68]中國歷史上的古都，除了北京、長安、洛陽、開封、杭州及南京，譚其驤認為鄴曾經是統治華北廣大地區的首都，重要性不下於杭州，應合稱七大古都。[69]陳高華對元大都的歷史和城市面貌，作了簡要的敘述。[70]馬正林對西安古城的歷史概況作了全面的研究。[71]錢林書簡述了七國都城的變遷。[72]

城鎮及村落的研究也是一個重要的主題，全漢昇研究宋代南方的虛市，認為宋代南方的虛市是在當時鄉村自足經濟下發生的交換形態。在其中買賣的商品多半為生活必需品，產於附近的鄉村。其中從事買賣的人，多半為附近鄉村的消費者及生產者。這種買賣極富有地方色彩，而且是定期市集。有些虛市，因為交通方便，貿易增大，發展成為城鎮。[73]高松凡應用中地學說，分析了歷史上北京城市場變遷及其區位。[74]樊樹志討論了明代

---

[66] 韓光輝，〈十二至十四世紀中國城市的發展〉，《中國史研究》，1996 年第 4 期，頁 3–15。

[67] 司徒尚紀，〈元代廣州作為建制城市的歷史地理初探〉，《熱帶地理》，第 16 卷第 1 期 (1996)，頁 82–88。

[68] 沙學浚，〈國都之類型〉，《大陸雜誌》，第 5 卷第 12 期 (1952)，頁 27–36。

[69] 譚其驤，〈中國歷史上的七大古都〉，《歷史教學問題》，1982 年第 1 期及第 3 期。

[70] 陳高華，《元大都》(北京：北京出版社，1982)。

[71] 馬正林，《豐鎬—長安—西安》(西安：陝西人民出版社，1978)。

[72] 錢林書，〈戰國時期的七國都城〉，《歷史教學問題》，1982 年第 2 期。

[73] 全漢昇，〈宋代南方的虛市〉，原載《中央研究院歷史語言研究所集刊》，第九本 (1947)，後來收入全漢昇著，《中國經濟史論叢》(香港：中文大學新亞書院，1972)，頁 201–210。

[74] 高松凡，〈歷史上北京城市場變遷及其區位〉，《地理學報》，第 44 卷第 2 期

浙江市鎮的興起、分布、類型及結構。❼劉石吉討論了明清時代江南地區的專業市鎮、太平天國運動後江南市鎮的發展、及明清時代江南市鎮之數量。❻樊樹志分析了明代集市的類型與集期。❼陳橋驛討論了歷史時期紹興地區聚落的形成與發展。❽劉沛林研究我國傳統村落選址的意象，認為我國傳統村落選址的理想環境，有4種意象，即環境意象、景觀意象、趨吉避凶意象及生態意象。❾

（八）一般經濟

沈光耀研究我國古代貿易體制、市舶制度、進出口商品的結構和演變、主要港口的形成和變遷、陸海商道的形成和變遷，以及中外貿易關係。⓼程民生討論宋代的農業、手工業、商業、地方財政及地域經濟。⓼史念海著《中國歷史人口地理和歷史經濟地理》，約有三分之二的篇幅，討論經濟地理，內容包括原始社會和奴隸社會時期黃河流域及長江流域經濟的發展、黃河流域經濟的繼續發展、黃河流域經濟地區的破壞及江南的開發、黃河流域經濟地區的再改造和長江流域的開發、鴉片戰爭後內地經濟的凋落與沿海經濟都會的興起、東北地區經濟的發展，以及游牧地區經濟的變遷和

(1989)，頁 129–139。

75 樊樹志，〈明代浙江市鎮分布與結構〉，《歷史地理》，第5輯 (1987)，頁 185–199。

76 劉石吉，《明清時代江南市鎮研究》（北京：中國社會科學出版社，1987）。

77 樊樹志，〈明代集市類型與集期分析〉，《中國經濟史研究》，1992年第1期，頁 65–79。

78 陳橋驛，〈歷史時期紹興地區聚落的形成與發展〉，《地理學報》，第35卷第1期 (1980)，頁 14–23。

79 劉沛林，〈傳統村落選址的意象研究〉，《中國歷史地理論叢》，第34輯 (1995)，頁 119–128。

80 沈光耀，《中國古代對外貿易史》（廣州：廣東人民出版社，1985）。

81 程民生，《宋代地域經濟》（臺北：昭明出版社，1999）。

發展。[82]

（九）農　業

有關我國農業的歷史地理專著和論文之多，在我國各種系統人文地理學之中，首屈一指。受材料多寡的影響，探討宋元明清時期者較多，唐以前及二十世紀者較少。內容上比較注重土地開墾和作物的構成及其分布，探討有關區域差異及特徵者較少。[83]馬鈴薯起源於秘魯，十六世紀引進我國，主要種植在東北、華北、西北和西南冷涼地區，佟屏亞評述了馬鈴薯在我國的栽培歷史。[84]我國是茶和茶業的發源地，史念海論述了茶的起源地域、茶在國內的傳播，及茶的對外傳播。[85]郭鴻韻討論了稻的起源與傳播及古代華北種稻的可能性。[86]我國野生稻馴化後，開始分化出秈和粳兩個亞種，杭州灣至太湖周圍的沼澤平原是分化的中心，在稻作向長江流域的內陸丘陵和低山地傳播中，因環境和栽培馴化作用，初步分化的粳稻特徵得到發展和強化，形成粳稻的原亞種。受距今6,000年前開始的氣候轉涼之影響，在進一步向南北傳播擴散中，形成了適於各種環境的粳稻變異型。[87]華林甫論述了唐代水稻生產的地理布局及其變遷。[88]宋晞論述了北

---

[82] 見前揭史念海，《中國歷史人口地理和歷史經濟地理》。

[83] 王社教，〈關於中國歷史農業地理研究的幾點思考〉，載復旦大學歷史地理研究中心主編，《面向新世紀的中國歷史地理學》（濟南：齊魯書社，2001），頁545–549。

[84] 佟屏亞，〈中國馬鈴薯栽培史〉，《中國科技史料》，第11卷第1期(1990)，頁10–19。

[85] 史念海，〈茶業的起源和傳播〉，《中國農史》，1982年第2期，頁95–105。

[86] 郭鴻韻，〈稻的始作與傳播〉，《史原》，第9期(1979)，頁3–20。

[87] 吳維棠，〈中國稻作農業的起源和傳播〉，《地理學報》，第40卷第1期(1985)，頁29–36。

[88] 華林甫，〈唐代水稻生產的地理布局及其變遷初探〉，《中國農史》，1992年第2期，頁27–39。

宋稻米的產地分布。[89]宋代蠶桑業在北方主要集中在太行山一線以東，南方分布比較普遍，除海南島及個別偏僻山區外，幾乎都是植桑區。麻類纖維作物的分布比桑柘廣，不種桑柘的地方種麻，盛產桑柘的地方也種麻，麻的地理分布幾乎遍於各地。[90]

全漢昇研究南宋稻米的生產與運銷，結論指出長江上游的四川，中部的湖南與江西，以及下游的三角洲，都是稻米的重要產區，所產稻米除供當地人口食用外，還有剩餘作輸出之用。至於湖北與兩淮，因為地接金國，常受戰爭的蹂躪，米產甚少，不足以養活當地的人口，須輸入上述各地的米。沿海一帶，米產豐富的長江三角洲及珠江流域，也大量地把米販往米產不足的浙東與福建。[91]

何炳棣利用科學與訓詁互證方法，斷定華北原始土地耕作方式不是游耕制，作為歷史地理研究方法的示例。[92]煙草原產地南美洲厄瓜多爾，陶衛寧研究煙草傳入我國的時間及其路線，認為吸煙之風早於煙草作為經濟作物傳入我國，傳入時間大約在明代正德嘉慶年間 (1506～1566)，到萬曆年間 (1573～1620) 才在閩粵沿海一帶有一定規模的種植。傳入地點有 3：⑴由呂宋經廣東傳入，⑵由呂宋經臺灣再傳入福建漳州和泉州，⑶十八世紀從俄國經新疆傳入。[93]

---

[89] 宋晞，〈北宋稻米的產地分布〉，載《宋史研究集》，第一輯（臺北：中華叢書編輯委員會，1958）。

[90] 韓茂莉，〈宋代桑業地理分布初探〉，《中國農史》，1992 年第 2 期，頁 40–46。

[91] 全漢昇，〈南宋稻米的生產與運銷〉，原載《中央研究院歷史語言研究所集刊》，第十本（上海，1948），後來收入全漢昇著，《中國經濟史論叢》，第 1 冊（香港：中文大學新亞書院，1972），頁 265–294。

[92] 何炳棣，〈華北原始土地耕作方式：科學、訓詁互證示例〉，《歷史地理》，第 10 輯 (1992)，頁 33–36。

[93] 陶衛寧，〈論煙草傳入我國的時間及其路線〉，《中國歷史地理論叢》，第 48 輯 (1998)，頁 153–160。

在二十世紀的最後 10 年間，中國至少出版了 13 部有關我國農業地理的專著，包括李伯重的《唐代江南農業的發展》、[94]韓茂莉的《宋代農業地理》、[95]郭聲波的《四川歷史農業地理》、[96]龔勝生的《清代兩湖農業地理》、[97]陳國生的《明代雲貴川農業地理》、[98]吳宏岐的《元代農業地理》、[99]耿占軍的《清代陝西農業地理研究》、[100]周宏偉的《清代兩湖農業地理》、[101]馬雪芹的《明清河南農業地理》、[102]蕭正洪的《環境與技術選擇：清代中國西南部地區農業技術地理研究》、[103]李心純的《黃河流域與綠色文明：明代山西河北的農業生態環境》、[104]韓茂莉的《遼金農業地理》，[105]及王社教的《蘇皖浙贛地區明代農業地理研究》。[106]此外，另有臺灣出版的李令福著《明清山東農業地理》[107]及香港出版的何炳棣著《黃土與中國農業的起源》。[108]

---

[94] 李伯重，《唐代江南農業的發展》（北京：農業出版社，1990）。
[95] 韓茂莉，《宋代農業地理》（大同：山西古籍出版社，1993）。
[96] 郭聲波，《四川歷史農業地理》（重慶：四川人民出版社，1993）。
[97] 龔勝生，《清代兩湖農業地理》（武漢：華中師範大學出版社，1996）。
[98] 陳國生，《明代雲貴川農業地理》（重慶：西南師範大學出版社，1997）。
[99] 吳宏岐，《元代農業地理》（西安：西安地圖出版社，1997）。
[100] 耿占軍，《清代陝西農業地理研究》（西安：西北大學出版社，1997）。
[101] 周宏偉，《清代兩湖農業地理》（長沙：湖南教育出版社，1998）。
[102] 馬雪芹，《明清河南農業地理》（臺北：臺灣洪葉文化出版公司，1998）。
[103] 蕭正洪，《環境與技術選擇：清代中國西南部地區農業技術地理研究》（北京：中國社會科學出版社，1998）。
[104] 李心純，《黃河流域與綠色文明：明代山西河北的農業生態環境》（北京：人民出版社，1999）。
[105] 韓茂莉，《遼金農業地理》（北京：社會科學文獻出版社，1999）。
[106] 王社教，《蘇皖浙贛地區明代農業地理研究》（西安：陝西師範大學出版社，1999）。
[107] 李令福，《明清山東農業地理》（臺北：五南圖書出版公司，2000）。
[108] 何炳棣，《黃土與中國農業的起源》（香港：香港中文大學，1969）。

（十）手工業

有關工業的研究，傳統手工業的研究較多，郭聲波論述了漢代以來苧麻、大麻、樹棉、草棉、黃麻等工業原料作物的分布。[109]趙豐描述了唐代蠶業的地理分布，三大主要地區是在黃河中下游、四川巴蜀，及長江中下游，並有地圖一幅，表示唐代蠶業的分布範圍。[110]唐代江南諸州的造紙業很繁盛，在全國範圍內所產的紙，有麻紙、楮紙、藤紙、苔紙、竹牋等，造紙方法隋時傳至日本，唐時傳至阿拉伯，阿拉伯人更將我國的造紙方法傳到西方。[111]張忍順據文獻及實地考察資料，討論江蘇沿海明清時代墩臺的種類和分布，及墩臺與漁業、鹽業及海防的關係。[112]

（十一）交　通

交通也是一個重要研究主題，史念海分析了歷代運河的開鑿、演變，以及其影響。[113]林玉茹討論了清代臺灣港口的數量、分布、發展、等級劃分，以及演變。[114]曹新宇分析清代山西的糧食販運路線，發現區域市場需求的擴大，是刺激糧食長途販運的重要原因，糧食的運銷也支持了相關區域城市化發展。證明斯金納（又譯施堅雅）(G. W. Skinner) 與珀金斯 (D. H. Perkins) 等人所提倡的模式，無法應用於全中國。[115]江西的陸路交通從

---

[109] 郭聲波，〈歷史時期四川手工業原料作物的分布〉，《中國歷史地理論叢》，第 14 輯 (1990)，頁 67–88。

[110] 趙豐，〈唐代蠶業的地理分布〉，《中國歷史地理論叢》，第 19 輯 (1991)，頁 73–87。

[111] 王明，〈隋唐時代的造紙〉，《考古學報》，1956 年第 1 期，頁 115–126。

[112] 張忍順，〈江蘇沿海古墩臺考〉，《歷史地理》，第 3 輯 (1983)，頁 51–62。

[113] 史念海，《中國的運河》（西安：人民出版社，1988）。

[114] 林玉茹，《清代臺灣港口的空間結構》（中和：知書房出版社，1996）。

[115] 曹新宇，〈清代山西的糧食販運路線〉，《中國歷史地理論叢》，第 47 輯 (1998)，

秦漢開始，道路津梁逐步開闢，到了清代，形成以南昌為中心，輻射四方的驛道網。[116]根據實地考察，加上利用航空照片，重建唐代瓜、沙二州間驛站的驛址牆垣、形狀、面積等，包括州城驛、清泉驛、橫澗驛、白亭驛、長亭驛、甘草驛、階亭驛及常樂驛新道 8 個驛站，和東泉驛、其頭驛、懸泉驛、魚泉驛、無窮驛、空谷驛及黃谷驛舊道 7 個驛站。[117]曾昭璇和曾憲珊論述我國與西方間的航道，他們稱為「海上絲綢之路」，其發展分為 4 個時期：即先秦孕育期、西漢形成期、唐代全盛期及宋元發展期。[118]

（十二）區域歷史地理

關於全國歷史地理的專書，至少有 9 種，包括石璋如等著《中國歷史地理》，作者 13 人，除一人為傳統的沿革地理學者，其餘的都是歷史學者，以傳統沿革地理的內容為主，論述史前、殷周、春秋、戰國、秦漢、三國、兩晉、南北朝、隋、唐、五代十國、宋、遼金元、明，以及清之歷史地理。[119]王恢的《中國歷史地理》，也是以傳統沿革地理的內容為主，考證我國五大都、長城、運河及歷代疆域形勢。[120]王育民的《中國歷史地理概論》，討論了我國歷史地理學的發展、河流的變遷、湖泊的漲縮、海岸線的推移、氣候的變遷、運河的開鑿與功能、水利灌溉事業的發展、區域的開發與經濟重心的轉移、國內外交通的發展、人口的發展、疆域的變遷、行

頁 159–167。

[116] 蕭華忠，〈江西古代陸路交通的開闢與發展〉，《歷史地理》，第 13 輯 (1996)，頁 74–92。

[117] 李并成，〈唐代瓜、沙二州間驛站考〉，《歷史地理》，第 13 輯 (1996)，頁 93–101。

[118] 曾昭璇、曾憲珊，〈海上絲綢之路歷史地理初探〉，《歷史地理》，第 11 輯 (1993)，頁 41–63。

[119] 石璋如等，《中國歷史地理》(臺北：中華文化出版事業社，1954)。

[120] 王恢，《中國歷史地理》(臺北：學生書局，上冊，1976；下冊，1978)。

政區劃的變遷、長城的興建與功能，及都會、城市和港口的發展。[121]馬正林主編的《中國歷史地理簡論》，討論氣候的變遷、植被和一些珍稀動物分布區的變遷、土壤的演變和沙漠的擴大、黃河的改道與治理、長江和一些重要湖泊的演變、海岸線的變遷、政治區域的劃分、長城的修築和發展、疆域的形成和領土的喪失、六大古都的嬗遞、兩次人口大遷徙與人口稠密地區的轉移、農業地區的形成和發展、手工業與經濟都會，以及水陸交通道路的演變。[122]陳昌遠的《中國歷史地理簡編》，論述古代黃河流域歷史地理概述、古代黃河流域地理變遷、古代黃河流域經濟的繁榮及其經濟區的變遷、古代黃河流域農牧區的分布及其變遷、黃河流域經濟區的破壞和江南經濟的發展、黃河流域經濟區的再建與長江三角洲的經濟發展、唐中葉以後經濟區域重心的南移、中國古代的運河、西北地區的開發、東北的開發、古代巴蜀的開發及其經濟發展、嶺南的開發、淮河流域的開發、明清時期江南太湖地區的經濟發展、歷代行政區劃概述、先秦時期城市的起源及其發展、秦漢魏晉時期都城布局及特點、隋唐宋時期都城布局及特點，以及明清時期都城布局及特點。[123]鄒逸麟的《中國歷史地理學概述》，概述了我國自然環境的變遷、歷代疆域和政區的變遷，及歷代社會經濟環境的變遷。[124]李恩軍主編的《中國歷史地理學》，討論歷史上我國的自然環境、疆域和行政區劃、戰爭和古戰場、交通、人口和民族、考古遺址和名勝古蹟，及歷史地圖等，書名與內容不符。[125]較具有學術深度的尚有史念海的《中國歷史地理綱要》。[126]鄒逸麟主編的《中國歷史人文地理》，有 8 位學

---

[121] 王育民，《中國歷史地理概論》（上海：人民教育出版社，上冊，1985；下冊，1988）。

[122] 馬正林主編，《中國歷史地理簡論》（西安：陝西人民出版社，1987）。

[123] 陳昌遠，《中國歷史地理簡編》（開封：河南大學出版社，1991）。

[124] 鄒逸麟，《中國歷史地理學概述》（福州：人民出版社，1993）。

[125] 李恩軍主編，《中國歷史地理學》（北京：人民交通出版社，1995）。

者執筆，探討民族與疆域、行政區劃及其變遷、政治中心的分布與變遷、人口分布與變遷、農業開發與地域特徵、工礦業分布與發展、城市與交通、商業發展與空間布局，以及歷史文化景觀形成的地理與歷史背景等，代表我國歷史地理人文方面研究成果的內容與水準，理論架構為地理變遷及地理重建，以專題為主，比較忽略區域分析。127

此外，楊遠的《西漢至北宋中國經濟文化之向南發展》，也是討論全國的歷史地理，該書從各朝疆域、戶口、歷史人物、工商業、教育等各方面，討論經濟文化向南的發展。128關於區城的歷史地理也有多種，張其昀的《臺灣史綱》，用文化層理論討論臺灣的歷史地理。129黃體榮的《廣西歷史地理》，論述廣西的歷史地理。130鄒逸麟主編的《黃淮海平原歷史地理》，討論黃淮海平原歷史氣候、植被和土壤的歷史變遷、歷史災害、水系的變遷、湖沼的變遷、海岸的變遷、人口的歷史變遷、農業的歷史過程及其區域特點，以及城市的發展。131張步天的《洞庭歷史地理》，論述洞庭湖區的歷史地理，內容包括自然、政治與政區、經濟，以及歷史文化等的變遷。132

（十三）外國歷史地理學研究評介

有關中外歷史地理研究的評介，陳橋驛扼要介紹並評價了 1950 年代以

---

126 史念海，《中國歷史地理綱要》，上下兩冊（太原：山西人民出版社，1991）。

127 鄒逸麟主編，《中國歷史人文地理》（北京：科學出版社，2001）。參與撰寫的八位學者是鄒逸麟、吳松弟、韓茂莉、華林甫、戴鞍鋼、唐曉峰、吳海濤及王振忠。

128 楊遠，《西漢至北宋中國經濟文化之向南發展》，上下兩冊（臺北：商務印書館，1991）。

129 張其昀，《臺灣史綱》（臺北：革命實踐研究院，1950）。

130 黃體榮，《廣西歷史地理》（南寧：廣西民族出版社，1985）。

131 鄒逸麟主編，《黃淮海平原歷史地理》（合肥：安徽教育出版社，1993）。

132 張步天，《洞庭歷史地理》（太原：人民出版社，1993）。

來，日本學者對中國歷史地理研究的成果。[133]姜道章從下列 19 個方面，評述日本歷史地理學的發展和研究成果：⑴日本歷史地理學研究的起源，⑵京都大學歷史地理學研究中心的形成，⑶研究資料及方法，⑷與日本歷史地理學發展有關的學會，⑸史前地理，⑹條里制，⑺景觀變遷，⑻城市，⑼聚落，⑽交通，⑾人口，⑿農業與灌溉，⒀森林與漁業，⒁工商業，⒂政治，⒃歷史地理學中之符號和語意學的新發展，⒄區域研究，⒅其他方面歷史地理學的研究，⒆歷史地理學理論的探討。[134]此外，姜道章還譯介了〈1952～1992 年德國歷史地理學的發展〉。[135]

（十四）有關臺灣歷史地理的研究

臺灣擁有豐富的文獻，可供歷史地理學者應用，特別是清代，包括方志、地圖、奏摺、碑文、契約、筆記、文集等。日本統治臺灣 50 年，也留下了不少資料，包括官方文書及私人著作。1945 年臺灣光復以來，我國學者對臺灣各方面做了大量的研究，臺灣是我國研究最詳細的地區之一，地理學、歷史學及其他學科學者發表了有價值的研究。1960 年代以後，歐美學者到大陸上做研究比較困難，在一定程度上，臺灣成為整個東亞研究的替代場所，外國學者也有不少有關臺灣的研究。此外，尚有不少未出版的博士和碩士論文，其中有些是歷史地理學的研究。

1950 年代地理學者開始發表有關臺灣歷史地理的研究， 大約到 1980 年代末期以後，則有更多的著作發表，此處只舉少數重要者，以說明有關

---

[133] 陳橋驛，〈日本學者的中國歷史地理研究〉，《歷史地理》，第 6 輯 (1988)，頁 209–220。

[134] 姜道章，〈日本歷史地理學研究述評〉，《中國歷史地理論叢》，第 16 卷第 3 輯 (2001)，頁 99–121。參閱本書第九章。

[135] Hans-Jürgen Nitz 原著，姜道章譯，〈1952–1992 年德國歷史地理學的發展〉，《中國歷史地理論叢》，第 19 卷第 1 輯 (2004)。

臺灣歷史地理研究的狀況。張其昀採用文化層的方法，可能是臺灣光復後的第一篇歷史地理論文，他將臺灣分為澎湖、安平、臺南、鹿港、淡水、臺北、臺中、基隆及高雄 9 個時期，分別討論每一時期人文發展狀況，並藉以說明臺灣文化怎樣一層一層累積起來的經過。[136]陳正祥敘述了臺灣的地圖測繪史、行政區劃演變、土地開拓、人口增加、產業發展及社會革新。[137]姜道章研究了臺灣淡水港的歷史發展及其貿易的興衰，[138]他也討論了臺灣古城的起源、歷史發展、分布與位置、大小與形狀、設計與結構、職能、建築方法與材料，以及古城對城市發展的影響。[139]

1970 年代臺灣地理學者繼續發表有關臺灣歷史地理的研究，陳芳惠論述大溪地區漢族的移入，及水利灌溉與聚落的發展。[140]劉鴻喜研究彰化的歷史開發及行政區之演變。[141]其他學科學者也做了有價值的研究，陳紹馨詳細分析臺灣人口增加的原因和演變趨勢，以及其所引起的社會變遷。[142]

---

[136] 見前揭張其昀，《臺灣史綱》。

[137] 陳正祥，《臺灣地誌》，上冊（臺北：敷明產業地理研究所，1959），頁 1–42。又見陳正祥，〈臺灣之經濟發展與社會變遷〉，《臺灣銀行季刊》，第 10 卷第 1 期 (1958)，頁 18–35；及陳正祥，〈三百年來臺灣之地理變遷〉，《臺灣文獻》，第 12 卷第 1 期 (1961)，頁 67–92。

[138] 姜道章，〈臺灣淡水的歷史與貿易〉，《臺灣銀行季刊》，第 12 卷第 3 期 (1963)，頁 542–576。

[139] 姜道章，〈臺灣的古城：一個歷史地理學的研究〉，《地理學研究》，第 1 期 (1966)，頁 53–80。參閱本書第十六章。

[140] 陳芳惠，〈臺灣北部大溪地區灌溉與聚落的發展〉，載陳芳惠，《歷史地理學》（臺北：大中國圖書公司，1977），頁 107–114，此文原為日文，載 1971 年京都柳原書店出版的《人文地理學論叢》一書。

[141] 劉鴻喜，〈彰化的歷史開發及行政區之演變〉，《地學彙刊》，第 3 期 (1975)，頁 34–47。

[142] 陳紹馨，〈臺灣的人口增加與社會變遷〉，《考古人類學刊》，第 5 期 (1955)，頁 1–19，後來收入陳紹馨，《臺灣的人口變遷與社會變遷》（臺北：聯經出版事業公司，1979），頁 93–177 及頁 23–33。

歷史學者林玉茹參考惠勒 (James Wheeler)、里默 (P. P. Rimmer) 及塔弗 (Edward J. Taaffe) 等人港口發展模式，探討清代臺灣港口的空間結構，[143] 方豪考證康熙 53 年臺灣地圖的測繪，[144] 林滿紅分析臺灣開港後，茶、糖和樟腦的出口生產與產銷組織，進而探討晚清臺灣的社會變遷。[145]

二十世紀末對臺灣歷史地理研究有突出貢獻的是施添福，[146] 他發表了一系列的著作，其中包括《清代在臺漢人的祖籍分布和原鄉生活方式》、〈清代臺灣市街的分化與成長：行政軍事和規模的相關分析〉及〈清代臺灣竹塹地區的土牛溝和區域發展〉，[147] 以後者為例，他利用歷史檔案資料和實地考察，研究結論認為土牛溝不但是一條番漢的分界線，也是一條人文地理界線，分割了竹塹地區的生活空間，賦予溝西與溝東不同的空間意義，形成了兩個不同的社會。

（十五）理論和方法

大部分我國歷史地理的研究，比較著重自然環境和人文現象的變遷，而比較忽略理論和方法，不過這種情形，近年已有改善，有關歷史地理理論和方法的論文和翻譯不斷增加。侯仁之的《歷史地理學的理論與實踐》，

---

[143] 林玉茹，《清代臺灣港口的空間結構》（中和：知書房出版社，1996）。

[144] 方豪，〈康熙五十三年測繪臺灣地圖考〉，《文獻專刊》，創刊號 (1949)，頁 28–53。

[145] 林滿紅，《茶、糖、樟腦業與晚清臺灣》，臺灣研究叢刊第 115 種（臺北：臺灣銀行經濟研究室，1978）。

[146] 關於施添福對臺灣歷史地理的研究，可參閱施雅軒，〈地理學的歷史取向〉，《地理學報》（國立臺灣大學地理學系），第 27 期 (2000)，頁 71–84。

[147] 施添福，《清代在臺漢人的祖籍分布和原鄉生活方式》（臺北：國立臺灣師範大學地理學系，1987）；施添福，〈清代臺灣市街的分化與成長：行政軍事和規模的相關分析〉，《臺灣風物》，第 39 卷第 2 期 (1989)，頁 1–41；第 40 卷第 1 期 (1990)，頁 1–41；施添福，〈清代臺灣竹塹地區的土牛溝和區域發展〉，《臺灣風物》，第 40 卷第 4 期 (1990)，頁 1–68。

有 4 篇論文是歷史地理學理論的探討：⑴〈歷史地理學芻議〉討論了什麼是歷史地理學、歷史地理和沿革地理的關係，及野外考察在歷史地理學研究中的重要性；⑵〈歷史地理學的理論與實踐〉以北京地區歷史地理的研究和西北乾旱區歷史地理的考察為例，說明歷史地理學的理論如何實踐；⑶〈歷史地理學的研究與文物考古工作〉說明了文物考古工作對歷史地理學研究的重要性，以及歷史地理學研究的實用價值；⑷〈歷史地理學在沙漠考察中的任務〉說明實地考察對研究自然環境變遷的貢獻。[148]《歷史地理》創刊號刊登了侯仁之撰寫的發刊詞，他說：

> 歷史地理的研究領域也已經不僅以疆域沿革為主，而是在新時代新任務的要求下，開拓出了無限廣闊的新領域。

他又說：

> 歷史地理這門學科無論是在性質上，還是在方法上，都有了極大的新發展。植根在我國深厚的歷史土壤裡的歷史地理學，正在作為一門具有我國特點的新興學科而茁壯成長起來。[149]

譚其驤 1992 年發表〈歷史人文地理研究發凡與舉例〉，指出文獻資料是我國歷史地理研究中最大的優勢，要學習國外先進的研究方法，開創我國自己的歷史地理學理論和方法。舉出人文方面研究的領域，並以人口、政區、文化三方面為例，說明我國歷史地理研究的方向。無疑具有指導作用，產生重大影響。[150]韓光輝比較中西歷史地理學的發展，認為中西都經

---

[148] 侯仁之，《歷史地理學的理論與實踐》（上海：上海人民出版社，1979）。

[149] 侯仁之，〈發刊詞〉，《歷史地理》，第 1 輯 (1981)，頁 2。

[150] 譚其驤，〈歷史人文地理研究發凡與舉例〉，《歷史地理》，第 10 輯 (1992)，頁 19–32。

歷沿革地理研究、近代歷史地理學和現代歷史地理學三個階段，我國雖受西方歷史地理學的影響，但各有特徵。[151]張步天討論歷史地理學學科理論基礎、中國傳統歷史地理學、中國現代歷史地理學、歷史地理學研究的設計，以及歷史地理學研究的實踐。[152]闕維民分析《歷史地理學報》(*Journal of Historical Geography*) 的內容，討論當代西方歷史地理學的理論與方法，著重探討當代西方歷史地理學的學科結構、《歷史地理學報》所反映的當代西方歷史地理學的理論與方法、當代西方歷史地理學科理論意識的新趨勢，及歷史地理學構想的理論與實例。[153]姜道章討論地理與歷史的關係、歷史地理學的研究主題、過去地理的重建、地理變遷、歷史地理學的研究方法，以及我國和美英日歷史地理學研究的發展。[154]此外，尚有侯甬堅的《區域歷史地理的空間發展過程》。[155]也有些翻譯，介紹國外學者對歷史地理學理論和方法的觀點，包括：(1)克拉克的〈美國歷史地理學的成就與展望〉，[156](2)哈瑞斯的〈對西方歷史地理學的幾點看法〉，[157](3)熱庫林的〈歷史地理學的研究對象及其認識發展史〉，[158](4)達比的〈論地理與歷史

[151] 韓光輝，〈歷史地理學發展之中西比較〉，《歷史地理》，第 13 輯 (1996)，頁 39–54。

[152] 張步天，《歷史地理學概論》(開封：河南大學出版社，1993)。

[153] 闕維民，《歷史地理學的觀念：敘述、復原、構想》(杭州：浙江大學出版社，2000)。

[154] 姜道章，〈什麼是歷史地理學？〉《人文及社會學科教學通訊雙月刊》，第 7 卷第 3 期 (1996)，頁 168–187。

[155] 侯甬堅，《區域歷史地理的空間發展過程》(西安：陝西人民教育，1995)。

[156] 姜道章譯，〈美國歷史地理學的成就與展望〉，《歷史地理》，第 11 輯 (1993)，頁 317–340。原著為 Andrew H. Clark, "Historical Geography," in Preston E. James and Clarence F. Jones, eds., *American Geography: Inventory and Prospect* (Syracuse: Syracuse University Press, 1954), pp. 70–105.

[157] 唐曉峰譯，Cole Harris 撰，〈對西方歷史地理學的幾點看法〉，《歷史地理》，第 4 輯 (1986)，頁 164–174。

的關係〉，159 (5)邵爾的〈歷史地理學引論〉，160 (6)菊地利夫的《歷史地理學導論》，161 (7)格爾柯的〈論地理與歷史的關係〉，162 (8)貝克的〈論歷史地理學的實踐與原理〉，163 及(9)貝克的〈論歷史地理學的實踐與原理〉。貝克認為歷史地理學處於地理學的中心而不是邊緣，歷史地理學研究過去的地理形態和過程，歷史地理學基本上研究在時間上的地理變遷，歷史地理學研究特別地區的歷史特徵，歷史地理學研究區域綜合而不是空間分析，歷史地理學的原始資料和理論都是未定的，以及歷史地理學者互相商討對歷史地理學研究是極重要的。164

---

158 載韓光輝譯，《歷史地理學：對象和方法》（北京：北京大學出版社，1992），頁1–30。原著為俄文，1982年出版。

159 姜道章譯，H. C. Darby著，〈論地理與歷史的關係〉，《歷史地理》，第13輯(1996)，頁243–251。

160 姜道章譯，〈歷史地理學引論〉，《中國歷史地理論叢》，第49輯(1998)，頁37–67，191。原著為Carl O. Sauer, "Foreword to Historical Geography," *Annals of the Association of American Geographers*, vol. 31 (1941)，此文後來收入John Leighly ed., *Land and Life: A Selection from the Writings of Carl Ortwin Sauer* (Berkeley: University of California Press, 1963), pp. 351–379. 參閱本書附錄一。

161 菊地利夫著，《歷史地理學導論》，辛德勇翻譯成中文，1987–1989年分十次在《中國歷史地理論叢》刊出。

162 段塔麗摘譯，Leonard T. Guelke原著，〈論地理與歷史的關係〉，《中國歷史地理論叢》，第48輯(1998)，頁241–248。

163 闕維民譯，貝克(Alan R. H. Baker)原著，〈論歷史地理學的實踐與原理〉，《歷史地理》，第14輯(1998)，頁340–350。

164 Alan R. H. Baker, "On the principles and practices of historical geography," 載中國地理學會歷史地理專業委員會與北京大學歷史地理研究中心主辦，《國際中國歷史地理學術研討會：論文摘要》（1996年7月16–20日），頁133–134。此文為163所揭論文的摘要。

（十六）歷史地理文獻目錄

關於中國歷史地理文獻目錄，除了前面已經提到的《中國歷史地理論著索引 (1900～1980)》，尚有靳生禾著《中國歷史地理文獻概論》，[165]前者收錄的專著及論文，多達 23,000 餘條；後者簡略介紹從先秦到現代的有關專門著作 50 餘種，並列舉相關主要論文，是研究中國歷史地理學的入門之書，兩者都極有參考價值。從 1989 年起《中國歷史地理論叢》刊載的〈國內歷史地理論著索引〉，顯示中國歷史地理學研究的成果，便於學者查考，十分有用。此外，朱毅的〈「歷史地理」集刊在反映學科發展和實踐中的作用〉，評介了《歷史地理》創刊號至第 13 輯的主要論文。[166]

（十七）其　他

我國歷史地理學的研究領域，已經擴展到許多方面，不過有些領域研究的成果較少。丁文江的〈中國歷史人物與地理的關係〉，為應用統計方法研究我國歷史地理之創舉，假定二十四史有列傳者為歷史人物，統計西漢、東漢、唐、北宋、南宋、明六代有列傳者六千餘人，有籍貫可考者五千七百餘人，以省為單位，按籍貫排列，以觀察歷來各地文化之消長，探討了我國歷史人物與地理的關係。[167]

曹樹基討論宋元時代傷寒、斑疹傷寒和鼠疫的傳染和地理環境的關係。[168]司徒尚紀論述廣東地名與行政區、移民、少數民族、經濟現象，及

---

[165] 靳生禾，《中國歷史地理文獻概論》（太原：山西人民出版社，1987）。

[166] 朱毅，〈「歷史地理」集刊在反映學科發展和實踐中的作用〉，《歷史地理》，第 14 輯 (1998)，頁 248–258。

[167] 丁文江，〈中國歷史人物與地理的關係〉，《科學》，第 8 卷第 1 期 (1934)。

[168] 曹樹基，〈地理環境與宋元時代的傳染病〉，《歷史地理》，第 12 輯 (1995)，頁 183–192。

文化層次的關係。[169]蕭華忠根據正史列傳資料，分析宋代人才的地域分布及其規律，結論認為經濟繁榮教育發達是產生人才的基礎、政治和軍事重心有利人才的產生，及戰爭頻繁地區人才較少。[170]梅莉等人研究明清時期我國瘴病分布與變遷，結論認為瘴病流行嚴重區為雲南與廣西，瘴病流行區為貴州與廣東、湖廣、四川、江西，及臺灣等地局部與零星分布。醫藥進步，瘴病分布範圍日趨縮小。[171]

徐少華考證周代南土列國的地理與文化，及楚國北部疆域的發展和地理變化。[172]彭明輝論述 1911～1949 年間我國歷史地理學的發展與現代中國史學。[173]譚其驤的《長水集》和《長水集續編》[174]收錄了有關歷史地理及其他的文章。史念海的《河山集》收錄了史念海有關歷史地理及其他的文章。[175]《歷史地理研究 1》收錄了 25 篇歷史地理論文。[176]黃盛璋的《歷史地理論集》收錄有關中國歷史地理的論文 31 篇。[177]《面向新世紀的中國歷史地理學》是 2000 年國際中國歷史地理學術討論會論文集，收錄了 41 篇論文。[178]

---

[169] 司徒尚紀，〈廣東地名的歷史地理研究〉，《中國歷史地理論叢》，第 22 輯 (1992)，頁 21–55。

[170] 蕭華忠，〈宋代人才的地域分布及其規律〉，《中國歷史地理論叢》，第 28 輯 (1993)，頁 19–44。

[171] 梅莉、晏昌貴、龔勝生，〈明清時期中國瘴病分布與變遷〉，《中國歷史地理論叢》，第 43 輯 (1997)，頁 33–44。

[172] 徐少華，《周代南土歷史地理與文化》(武漢：武漢大學出版社，1994)。

[173] 彭明輝，《中國歷史地理與現代中國史學》(臺北：東大圖書公司，1995)。

[174] 譚其驤，《長水集》(北京：人民出版社，1987)；譚其驤，《長水集續編》(北京：人民出版社，1994)。

[175] 史念海，《河山集》(第一集，1963；第二集，1980；第三集，1988)。

[176] 復旦大學中國歷史地理研究所編，《歷史地理研究 1》(上海：復旦大學出版社，1986)。

[177] 黃盛璋，《歷史地理論集》(北京：人民出版社，1982)。

七、地圖學史與歷史地圖

將地圖學史與歷史地圖視為歷史地理學的一部分，是我國歷史地理學的一個特徵。地理研究的特點之一，就是地圖的應用，一方面地圖是一種研究工具，另一方面地圖也用於展示地理概念，補文字之不足，歷史地理研究也不例外，用於歷史地理的地圖，可以簡稱為歷史地圖。歷史地圖展示歷史上自然及人文地理狀況及其變化，是主題地圖的一種，其方法、內容和分類與現代地圖基本相同。

三世紀西晉裴秀用「製圖六體」繪成的《禹貢地域圖》是見於記載之最早的中國歷史地圖，是一部普通歷史地圖集，表示從傳說中的大禹時代至西晉初年的地理概貌。唐貞元 17 年 (801) 賈耽製成的《海內華夷圖》，內容上溯《尚書》〈禹貢〉下及當代，範圍包括唐朝版圖及其鄰國。首創「古墨今朱」的方法。

北宋稅安禮繪成的《歷代地理指掌圖》，始於帝嚳，迄於北宋，至今尚有宋、明刊本流傳，是我國現存的最早的歷史地圖集。[179]

二十世紀初楊守敬在其門人協助下編繪刊行的《歷代輿地圖》，以《大清一統輿圖》為底圖，收錄了自春秋至明的重要地名，全部朱墨套印，古今對照，比以往的圖集要精確詳細。楊守敬的《水經注圖》(刊於 1905 年)是中國專門歷史地圖中最重要的一種。

我國的歷史地圖，數量要比其他國家多，水平要比同時代其他國家的同類地圖高，但也有若干缺點：⑴精確度偏低；⑵主要只包括中原王朝的

---

[178] 見前揭復旦大學歷史地理研究中心編，《面向新世紀的中國歷史地理學》。

[179] 日本東洋文庫有宋刻本，1989 年上海古籍出版社出版影印本，並有曹婉如的長序，見《歷代地理指掌圖》(上海：古籍出版社，1989)。

政區範圍，邊疆地區簡略或空白；(3)除個別地圖外，比例尺都太小，內容簡略；(4)內容以疆域政區沿革為主，其他地理現象很少；(5)根據文獻編繪，實際調查測繪極少。

位置或地理區位，是地理學的一個重要概念，所以行政區劃地圖自然十分重要，沒有正確的行政區劃地圖，有時不論是重建過去的地理或是分析地理變遷，便非常困難，研究也就不易獲得正確的結論，所以沿革地理不但是歷史地理的一個主題，也是歷史地理研究的初步。研究沿革地理，把我國歷代疆域與行政區劃，加以考訂和復原，是一項艱巨的工作，在數種有關中國歷代行政區劃的地圖集中，最重要的便是譚其驤主編的《中國歷史地圖集》，其編繪工作，1954 年開始，1974 年開始分八冊陸續出版內部試行本，1981 年起正式公開出版發行，第八冊 1987 年出版，前後達 33 年之久，參加編輯的學者數十人連同地圖製圖設計人員，共有 200 多人，在中國歷史地理學學術研究出版上，是一件很大的事。這套地圖集，對歷代行政區劃的考證，十分精審，上起原始社會，下迄清代，共有 20 個圖組，304 幅地圖，比例尺也比同類的其他圖集地圖者較大，每幅地圖所標繪的城邑山川，少則數百，多則上千，總計全集所列地名在 70,000 個左右。不僅包括歷代王朝的統治範圍，也包括各少數民族政權和邊疆政權的管轄區域，反映了客觀歷史事實。這套圖集以政區為主，收錄了全部可考的縣和縣級以上的單位，以及縣以下的重要地名，又收錄主要的山嶺、關津、長城、考古遺址等。更重要的是，該圖集基本上將我國有史以來的海陸水體變遷，在圖上顯示出來。《中國歷史地圖集》必將對中國歷史地理學的研究，發生深遠的影響。《中國歷史地圖集》並將數位化，編製電子版和網路版。[180]曹婉如等編的《中國古代地圖集》，[181]收集了所有重要的古地

[180] 譚其驤主編，《中國歷史地圖集》，八冊（上海：地圖出版社，第 1–7 冊，1982；第 8 冊，1987）。

圖，並有論文及說明。侯仁之主編的《北京歷史地圖集》，是我國第一部區域的歷史地圖集，說明北京自原始社會至 1947 年發展變化的過程。[182]程光裕與徐聖謨主編的《中國歷史地圖》兩冊，上冊是歷代疆域圖，並有臺灣行政區劃變遷圖 18 幅；下冊包括城市、產業、水利、交通、人口、宗教、美術文物、戰役等歷史地圖；[183]陳正祥的《中國歷史文化地理圖冊》，主要是疆域、行政區劃、人口、產業及文化歷史地圖；[184]郭沫若主編的《中國史稿地圖集》兩冊，上冊包括從原始社會到南北朝的疆域和戰爭歷史地圖；下冊包括隋代至清代的疆域、城市、政治、軍事、經濟、文化等歷史地圖；[185]譚其驤主編的《簡明中國歷史地圖集》，是根據上述《中國歷史地圖集》八冊縮編而成，以歷代疆域為主，並附有文字說明。[186]

八、歷史地理學研究中心及學術期刊

1956 年中國科學院地理研究所設立了歷史地理組，1959 年上海復旦大學成立了歷史地理研究室，接著北京大學、陝西師範大學、中國社會科學院歷史研究所，以及杭州大學（現在屬浙江大學）也先後成立了歷史地理

---

[181] 曹婉如等編，《中國古代地圖集》。第一冊：《中國古代地圖集：戰國—元》（北京：文物出版社，1990）；第二冊：《中國古代地圖集：明代》（北京：文物出版社，1994）；第三冊：《中國古代地圖集：清代》（北京：文物出版社，1997）。

[182] 侯仁之主編，《北京歷史地圖集》（北京：北京出版社，1988）。

[183] 程光裕、徐聖謨，《中國歷史地圖》（臺北：文化大學出版部，上冊，1980；下冊，1984）。

[184] 陳正祥，《中國歷史文化地理圖冊》（香港：國際研究中國之家，1979）。此圖冊也在日本出版發行。

[185] 郭沫若主編，《中國史稿地圖集》（上海：地圖出版社，上冊，1979；下冊，1990）。

[186] 譚其驤主編，《簡明中國歷史地圖集》（上海：地圖出版社，1991）。

研究室，其中復旦大學的研究室更在 1982 年升格改為歷史地理研究所，分別形成中國歷史地理學的研究中心。也有些其他大學和學院地理學系和歷史學系，先後開設中國歷史地理課程。

1981 年 7 月《中國歷史地理論叢》在西安創刊，32 開本，2001 年改為 16 開本，由史念海主編，不定期，從 1988 年開始，每年出 4 輯，至 2003 年 12 月，已出版了 69 輯，刊登學術論文約 970 篇，總計約 1,200 萬字。1988 年 11 月《歷史地理》在上海創刊，16 開本，由譚其驤主編，不定期，大約每年出版一輯，至 2000 年，已出了 16 輯，刊登學術論文超過 400 多篇，總計約 600 多萬字。這兩者是最有代表性的歷史地理學術刊物。1984 年 10 月《環境變遷研究》在北京創刊，由侯仁之主編，至少已出了 5 輯，刊登有關環境變遷的學術論文約有 70 篇，總計約有 200 萬字。開闢了 3 個新的發表園地，無疑促進了中國歷史地理學的發展。

九、結　論

我國歷史地理學的發展，可以追溯到很久以前，過去不但歷史地理學不是獨立的學科，連地理學也還是歷史學的附庸。「地理名詞用得太廣泛」，[187]國人的歷史地理學定義也是十分廣泛，在一定的程度上，歷史地理學被誤解。[188]我國傳統的歷史地理學與沿革地理，關係密切。「禹貢學會」及其《禹貢半月刊》與我國歷史地理學的發展，關係也很密切。我國現代地理學的重要概念和方法，是從西方傳入的，歷史地理學的重要概念和方法，其來源自然也是西方。在某種程度上，我國歷史地理學的發展，也受

---

[187] 這是故沙學浚教授講的話，見姜道章，〈沙學浚教授對中國歷史地理研究的貢獻〉，《中國地理學會會刊》（臺北），第 26 期 (1998)，頁 7。

[188] 孫天勝、曹詩圖，〈歷史地理學的名實之辨〉，《晉陽學刊》，2000 年第 6 期，頁 93–96。

到日本的影響。我國的歷史地理學者，許多都具有歷史學的背景，或者甚至根本就是歷史學者。[189]二十世紀我國歷史地理學者的研究，成果豐碩，近半世紀，尤其是近 20 年，已逐漸脫離傳統的考證和沿革地理，擴大到其他領域，因為許多研究歷史地理的學者實際上是歷史學者，有不少著作歷史學的成分較多，而地理學的成分較少。著重敘述事實，相對地比較忽略分析與解釋。再者，由於歷史學者地圖學的訓練欠缺，在地圖作為研究及展示工具方面，數量顯得不足，質量也顯得較差。就人文地理來說，2001 年出版的中國人文地理叢書之一《中國歷史人文地理》，代表了我國歷史地理學研究成果的內容及水準，充分顯示地理重建及地理變遷的重要性，以專題為架構，比較不重視區域分析。[190]重要歷史地理學研究中心，包括復旦大學、北京大學、西安師範大學，及浙江大學。未來的研究，應該強調地理的觀點，適當地應用地圖，同時要出版一部全面融合自然及人文要素總結性的中國歷史地理。

---

[189] 德國學者黑特納 1927 年曾說：「歷史地理學……材料的取得，就是說事實的確定，如果和現代的不同，就要從歷史資料中來，並採用歷史的方法。因此我認為，歷史地理學的工作大部分落在歷史學家和考古學家的手上，這是有道理的。」見前揭王蘭生譯，Alfred Hettner 原著，《地理學：它的歷史、性質和方法》，頁 171–172。我國歷史地理學者多數原來是歷史學者，這應該是其原因之一。

[190] 見前揭鄒逸麟主編，《中國歷史人文地理》。

第三編

清代的鹽業

第十一章

清代鹽業的重要性

鹽為生活必需品之一，也是一項納稅的商品，其在中國經濟、政治和社會發展史上，扮演著一個重要的角色。在傳統的中國農業社會中，鹽是一項很重大的事件，鹽是國家的一個很重要的稅源，鹽業是一個很大的產業；在若干重大的史事中，鹽是一個重要因子。此外，在歷史地理上，鹽又是傳統中國經濟空間結構的一個指標。

一、鹽是國家一個重要的稅源

中國境內鹽源的分布雖然很廣，但不是無所不在，同時鹽的原料尚須加工，始可食用，所以，各處居民必須在當地市場購買。大多數農村中，鹽是少數不能自給的生活必需品之一，須要從外地運來，有時其來源可能很遠。人不論貧富男女老少，都經常用鹽，故每年鹽的消費量，大致是可以預測的。鹽稅等於是變相的人頭稅，替政府提供了一個可靠的稅源。為了這種原因，在整個中國政治經濟史中，鹽業一直都得到政治家和財政家的特別注意。

現代各國政府的財政收入，常是多方面的，但是傳統的中國並不是這樣，國家財政的來源，幾乎只有一種形式，即稅收。二十世紀以前的我國的稅收，包括地丁、錢糧、關稅、鹽課及其他雜稅，唐代(618～907)以前沒有關於這些稅收的統計資料，很難知道鹽稅在政府財政收入中所占的比例。各種記載顯示，從唐代到明代(1368～1644)的一千餘年中，鹽稅大約占國家財政總收入的一半到十分之八，根據正史的記載，在唐代❶和宋代(960～1279)，❷鹽稅占國家財政總收入的一半，這一比例，到元代(1271～1368)增加到十分之八，❸明代國家財政歲入每年達白銀400萬兩，其中一半來自鹽課。❹雖然這些統計數字，不是完全可靠的，但是，這些數字也確實表示鹽稅在歷代國家財政收入中所占的大概比例。

鹽稅在清代(1644～1911)的政府財政中，是極端重要的，最初只有兩種鹽稅，一是灶課，由生產鹽的灶戶或鹽場繳納，另一是引課，由運銷鹽的鹽商繳納。後來，逐漸增加了其他的附加鹽稅，❺鹽稅總額歷年乃不斷增加；另外一個使得鹽稅稅額增加的因子，則是中國人口的不斷增加，鹽的消費量自然逐漸加多。清乾隆18年(1753)時，鹽稅的總額達到876萬8千兩，150年後，光緒34年(1908)時更增加到4,500萬兩。❻另外一個估計指出，清末每年的鹽稅更高達4,700萬兩。❼

整個清代的268年期間，每年政府財政收入中出自鹽稅者，少者不到

---

❶ 見歐陽修、宋祁撰，《新唐書》，校點本（北京：中華書局，1975），第54卷，頁1378。

❷ 見托克托撰，《宋史》，校點本（北京：中華書局，1977），第182卷，頁4454。

❸ 見宋濂撰，《元史》，校點本（北京：中華書局，1976），第170卷，郝彬傳，頁4001。

❹ 見袁世振，〈兩淮鹽政疏理成編〉，載陳子龍等編，《皇明經世文編》，約完成於1636年；影印本（臺北，1964），第29卷，頁185–186。

❺ 見彭雨新，〈清末中央與各省財政關係〉，載包遵彭等編，《中國近代史論叢》，第2輯第5冊（臺北：正中書局1963），頁15–16。此文原載《社會科學雜誌》，第9卷(1947)，頁83–111。

❻ 見 Yeh-chien Wang, *Land Taxation in Imperial China, 1750–1911* (Cambridge, MA: Harvard University Press, 1973), pp. 74–76.

❼ 見 Chien Chang, *A Plan for the Reform of the National Salt Administration* (Shanghai, 1913), p. 39. 又見前揭 Wang, *Land Taxation in Imperial China, 1750–1911*, p. 76.

五分之一，多者高達一半以上。有一個估計指出，康熙年間，相當於十七世紀的下半葉和十八世紀的初葉，鹽稅占國家財政歲入的一半，❽這項資料的正確程度，可能須要小心解釋，但是，顯然鹽稅是當時國家財政收入的一大來源。最近有學者作最保守的估計，也顯示在乾隆 18 年 (1753) 時，鹽課在國家一切財政總收入中，約占八分之一，❾這個數字可能偏低，因為在這個年代以前和以後的各家估計數值都大些。另外一個估計，表示在十九世紀中葉時，鹽稅占國家財政歲入的四分之一。❿從十九世紀中葉以後，鹽稅在國家財政收入中所占比例減少，是因為另外兩項重要稅源的開闢。咸豐 3 年 (1853) 開始實施釐金制度，對來往大運河的米糧，徵收過路稅，到同治元年 (1862) 差不多對各種貨物都抽釐金，而且幾乎遍行全國各省。⓫海關在咸豐 4 年 (1854) 開始對進口的外國貨物徵收關稅，一項估計顯示，海關收入幾乎占國家歲入的四分之一，其數額之大，也僅次於地丁。⓬清代末年，每年鹽稅收入，仍占國家財政總收入的六分之一，而且其數額之大，也僅次於地丁，光緒 34 年 (1908) 清代國家財政歲入分配如表 11–1 所示。⓭就各省的情形來說，清末鹽稅在直隸、江蘇、廣東、四

---

❽ 見佐伯富，《清代鹽政の研究》（京都：東洋史研究會，1956），頁 14 所引王世球等撰，《兩淮鹽法志》（1748 年刊本） 序文。又見 Rhoads Murphey, *The Treaty Ports and China's Modernization: What Went Wrong?* (Ann Arbor, 1970), p. 11.

❾ 見 Yeh-chien Wang, "The fiscal importance of the land tax during the Ch'ing period," *Journal of Asian Studies*, vol. 30 (1971), p. 838.

❿ 見孫鼎臣，〈論鹽〉，載葛士濬編，《皇朝經世文續編》，上海，1888 年影印本（臺北，1964）。第 43 卷，頁 5–6。

⓫ 見羅玉東，《中國釐金史》（上海：商務印書館，1936）及 George E. Beal, Jr., *The Origin of Likin, 1853–1864* (Cambridge, MA: Harvard University Press, 1958).

⓬ 見 George Jamieson, *Report on the Revenue and Expenditure of the Chinese Empire*, Foreign Office, Miscellaneous Series, No. 415 (London, 1897), cited in Albert Feuerwerker, *The Chinese Economy, ca. 1870–1911* (Ann Arbor, 1969), p. 66; and J. Edkins, *The Revenue and Taxation of the Chinese Empire* (Shanghai, 1903), p. 66.

川和雲南五省的財政歲入中，都是最大的稅源，同時在其餘各省，鹽稅也是一個重要的稅源。⓮有一項資料說，各省的民政和軍政開支的一半以上，是出自鹽稅的。⓯另外還有一項資料，估計十九世紀末葉，在各省的財政收入中，鹽稅約占五分之一，在全國各州縣稅收中，鹽稅更占一半以上。⓰

表 11–1 清代 1908 年政府財政收入的估計

財政來源	萬 兩	百分比
地 丁	10,240	35.1
鹽 課	4,500	15.4
釐 金	4,000	13.6
海 關	3,290	11.3
常 關	670	2.3
其 他	6,500	22.3
總 計	29,200	100.0

⓭ 另外有一種估計顯示，在清代最後一年中央和各省的預算中，稅收總額為 30,500 萬兩，其中鹽稅為 4,700 萬兩，占 15.4%，這一比例跟王業鍵所作 1908 年的估計幾乎完全一樣。見賈植芳，《近代中國經濟社會》（上海，1949），頁 10。後來，從民國初年到第二次世界大戰之前，鹽稅仍然高占中央政府財政總收入的 20% 到 25%，見鍾崇敏等，〈序言〉，《自貢之鹽業》（重慶，1942），頁 1。其後鹽稅在國家財政收入中的比例，大大減少，1955 年鹽稅總額為人民幣 48,122 萬元，在國家預算稅收總額中只占 1.6%，見 Audrey Donnithorne, *China's Economic System* (New York, 1967), p. 380.

⓮ 見賈士毅，《民國財政史》（上海，1917），第 1 冊，頁 36–38。

⓯ 見李忠焜譯，〈鹽稅擔保與各省財政之關係〉，《鹽政雜誌》，第 1 卷第 11 期 (1914)，譯論頁 1（原文為日文）。

⓰ 見 Srinivas R. Wagel, *Finance in China* (Shanghai, 1914), pp. 339–340.

二、鹽業是一個很大的產業

就其經濟規模來說，歷代鹽的生產和運銷一直是農業中國的一個重要產業，有些學者認為鹽業是清代最大的一個經濟企業。⓱假若我們考慮下列 2 件事實，便知道這種見解的確是對的：⑴鹽的產量巨大，其國內市場龐大而可靠；⑵鹽業至少在名義上是由戶部單獨管理的，後來在清末，鹽業的經營更趨中央化，設置鹽政院，掌管全國的鹽政。

清代人口眾多，鹽的市場廣大，而且鹽的需求量缺乏彈性，一項資料估計，十九世紀時每年鹽的消費量達 26 億 6,400 萬斤。⓲不過這一估計偏低，十九世紀中葉中國約有 4 億 3,000 萬人，假若每一人平均每年需要食鹽 13 斤，則全國全年約需 55 億 9,000 萬斤。⓳

清代鹽源分布很廣，整個沿海都產鹽，內地鹽源分布亦廣，山西、陝西、甘肅、四川、雲南、直隸、河南等省都產鹽，計有 160 個鹽場分散在全國 113 個縣中。⓴有一位作者報告全國直接生產鹽的土地面積，有 25 萬公頃，㉑不過這一估計似乎太低，有一項資料顯示，僅在淮南一區便有 100 萬公頃過去是鹽場的蕩地，在民國時代開墾為農田。㉒另外還有一項

⓱ 見 Albert Feuerwerker, *China's Early Industrialization: Sheng Hsuan-huai (1884–1916) and Mandarin Enterprise* (Cambridge, MA: Harvard University Press, 1958), p. 50.

⓲ 見前揭佐伯富，頁 19。

⓳ 關於清代平均每年每一人食鹽消費量的估計，見 Tao-chang Chiang, "Salt Consumption in Ch'ing China," *Journal of Nanyang University*, vols. 8–9 (1974–1975), pp. 67–71.

⓴ 〈全國產鹽區域所在地一覽表〉，《鹽政雜誌》，第 1 卷第 4 期 (1913)，調查，頁 1–8；及第 1 卷第 5 期 (1913)，調查，頁 9–17。

㉑ 見李建昌，《官僚資本與鹽業》(北京，1963)，頁 25。

資料顯示，大約在光緒 31 年 (1905) 時，江蘇范公堤以東，淮南 20 個鹽場的土地面積便達 85 萬公頃；假定這是中國內地 18 省產鹽土地總面積的五分之一，則總面積便超過 400 萬公頃，根據這一假定，估計內地 18 省產鹽土地總面積有 500 萬公頃，當與事實相去不遠，跟 18 省土地總面積相比，這不過占 1.25%。

根據不完整的資料估計，直接從事食鹽生產的工人約有 200 萬人。這是根據下面的假定，兩淮和兩浙兩個鹽區合共有鹽工 785,588 人，㉓所生產的鹽占全國鹽總生產量的 40%，假定這兩個鹽區的鹽工人數，跟全國總鹽工人數的比例，也是 40%，則清代直接生產食鹽的鹽工，當約有 200 萬人。此外，尚有許多人從事運輸、批發、零售、收稅和緝私，完全或部分依賴鹽業為生的人口總數一定很大;有一位作者在 1913 年曾經提到當時有幾百萬人從事鹽的生產，另外有幾十萬人從事鹽的運銷。㉔另外有一位作者估計，在 1920 年代中期，中國依賴鹽業為生的人口約有 500 萬人。㉕

三、在若干史事中鹽是一個重要因子

古代中國文化在黃河中游的發展，齊國（約當 824～221 B.C.）在沿著渤海和黃海海岸的興起，㉖以及秦國 (221～207 B.C.) 的擴張，都跟擁有食鹽資源有關。㉗

㉒ 見何維凝，《中國鹽業新論》（臺南，1952），頁 120。

㉓ 見周慶雲編，《鹽法通志》（北京，1914），第 42 卷，頁 16–24。

㉔ 見復循，〈胡鈞君鹽政改良議之評論〉，《鹽政雜誌》，第 1 卷第 7 期 (1913)，選論二，頁 7。

㉕ 見 Boris P. Torgasheff, “Salt in China and Elsewhere,” *Chinese Economic Journal*, vol. 4 (1929), p. 476.

㉖ 齊桓公接受管仲的建議，徵收鹽稅，因成霸業。又見 Wolfram Eberhard, *A History of China*, 3rd ed. (Berkeley: University of California Press, 1969), p. 40.

一個區域能夠脫離中央政府的控制，保持政治上的獨立，鹽的有無是一個重要因子。自從秦代統一中國以來，凡是能夠保持相當獨立，不受中央政府完全控制的中國本部的任何重要區域，都擁有自己的鹽源；西南的雲南和東南的福建，是兩個主要能夠保持長期的在政治上獨立的區域，兩者都以產鹽著名。一位研究中國社會史的著名學者曾經指出，在中國歷史上政治混亂國家不統一的時期，四川要比其他區域占優勢，因為四川出產鹽與茶。[28]1930年代的初期，紅軍在江西南部的國共戰爭中失利的因子之一是缺乏食鹽，從1933年10月國民政府軍隊圍困紅軍，江西不產鹽，很影響軍隊的健康，一年以後，紅軍不得不突困離開江西。[29]

十四世紀，由於鹽稅太重，引起人民不滿，終於導致元朝的滅亡，若干起義的領袖，都直接跟鹽業有關，例如，張士誠在江蘇以運鹽為業，方國珍在浙江以販鹽為業。[30]能夠控制鹽源，便能獲得金錢上的收入，所以歷代起義造反的領袖，常極注意爭奪鹽源的控制。十九世紀中葉，太平天國軍隊進軍揚州的目的之一，便是要控制長江下游的鹽源，當時揚州是長

---

[27] 著名的歷史地理學者張其昀教授曾經指出，蚩尤渡黃河在涿鹿進攻黃帝，其目的便是想控制解池的鹽。見張其昀，《中華五千年史》，第1冊，《遠古篇》（臺北：中國文化大學出版部，1960），頁22–25。

[28] 見前揭 Eberhard, *A History of China*, p. 200.

[29] 見 Charles P. Fitzgerald, *The Horizon History of China* (New York, 1969), p. 376. 據說這種圍困戰術是德國澤克特 (Hans von Seeckt) 將軍所建議的，見 John Robottom, *Twentieth Century China* (New York, 1971), p. 61. 1933年澤克特為國民政府的高級顧問，次年更聘為國民政府總顧問，見汪榮祖、李敖合著，《蔣介石評傳》（臺北：商業周刊，1995），上冊，頁334–335。又見 Joseph Needham, *Clerks and Craftsmen in China and the West* (Cambridge, England: Cambridge University Press, 1970), pp. 24–25, 33. 有一本中篇小說描寫當時紅軍缺鹽的情形，見廖振，《送鹽》（廣州：廣東人民出版社，1975）。

[30] 見張廷玉，《明史》，1739年完成，校點本（北京：中華書局，1974），第123卷，頁3692及3967。

江中下游流域最大的食鹽集散中心。㉛私鹽的販運事實上是傳統中國盜匪的一個重要財源。㉜

鹽的官運制度於光緒 3 年 (1877) 在四川實施，也是引起一般人民不滿的一個因子，並終於導致清代最末一年四川擁護國民革命的運動。㉝

鹽業在中國外交史上也扮演著一個重要的角色。例如，鹽稅是庚子賠款的主要財源之一，㉞鹽稅也用作十九世紀末葉以來中國外債的一項擔保，最早 1895 年鹽稅用作德國和英國借款擔保，後來 1921 年又用作六國借款的擔保。㉟

自從十九世紀中葉以來，鹽業便成為全國性和區域性軍費的一個重要來源；湘軍的首領是曾國藩，淮軍的領袖是李鴻章，他們兩人都從鹽稅取得其大部分所需的軍費。淮軍成為鹽業的保護者，遂使李鴻章能夠監督鹽的專賣，淮軍從鹽稅所獲得的軍費，年年不斷增加，鹽稅收入每年都有固

㉛ 運賣淮南鹽，太平天國獲得很大的財政收入，而且大量的鹽是運銷太平天國以外的地區，見王定安等撰，《兩淮鹽法志》(南京，1905)，第 54 卷，頁 31。

㉜ 見何西亞，《中國盜匪問題之研究》(上海，1925)，頁 43–44。又見 Thomas A. Metzger, "Chinese Bandits: the Traditional Perception Re-evaluated," *Journal of Asian Studies*, vol. 33 (1974), p. 457.

㉝ 見林振翰，《川鹽紀要》(上海，1919)，〈序言〉，頁 1 及頁 437 的前頁。

㉞ 光緒 26 年 (1900) 庚子年，八國聯軍攻占北京，強迫清政府於次年訂辛丑條約，條約中規定付給各國「償款」4 億 5 千萬兩，年息 4 釐，分 39 年還清，約合共 9 億 9 千萬兩，以關稅和鹽稅作抵押。又見 E. T. Williams, "Taxation in China," *Quarterly Journal of Economics*, vol. 26 (1912), pp. 505–506. 又見前揭 Feuerwerker, pp. 44–46.

㉟ 見 Esson M. Gale, "Public Administration of Salt in China: a Historical Survey," *Annals of the American Academy of Political and Social Science*, vol. 152 (1930), p. 241. 又見徐義生編，《中國近代外債史統計資料，1853–1927 年》(北京，1962)；Feng-hua Huang, *Public Debts in China* (New York, 1919); 及湯象龍，〈民國以前的賠款是如何償付的？〉《中國近代經濟史研究集刊》，第 3 卷第 2 期 (1935)，頁 262–291。

定款額撥給淮軍，所以淮軍的軍費相當有保障；十九世紀末期的統計數字顯示，淮軍每年都從鹽稅收入約達 80 萬兩，這個數目占淮軍從各種來源所得軍費總額的五分之一以上。[36]十九世紀末葉，雲南省的鹽稅五分之二是撥給 1855～1873 年間對付回亂的軍費。[37]廣東省所以稱鹽稅為鹽餉，便是因為鹽稅是軍餉主要的來源。[38]

鹽商在中國社會形成一個特殊的階級，在舊的科舉制度中，鹽商的子弟在生員名額中有特別定額，這種定額對鹽商是一種特別的優待，以示對他們在金錢上對政府捐獻的一種獎勵。例如，咸豐 8 年 (1858) 四川省鹽商的子弟便得到特別的名額，以獎勵鹽商對軍費的大量捐獻，在這種情形之下，鹽商的子弟自然比較容易成為紳士階級。[39]

鹽業在清代的社會發展上，也扮演著一個重要的角色，例如揚州的鹽商，依賴他們擁有清政府所給予的對鹽的專賣權力，聚積大量的財富，在十八世紀時形成中國最富有的工商集團，估計在他們最富有的時期，所聚財富達 7,500 萬兩。許多揚州鹽商，特別是知識程度較高的，用他們的財富幫助學者和詩人，或收藏圖書和藝術品，他們所花費的金錢極多，對於當時長江下游高度文化的發展有很大的影響。[40]傳統紳士的庭園視為是中

---

[36] 見 Stanley Spector, *Li Hung-chang and the Huai Army: a Study in Nineteenth Century Chinese Regionalism* (Seattle, 1964), pp. 93, 125 and 213–17. 又見前揭賈士毅，《民國財政史》，頁 58–73。

[37] 見劉雋，〈清代雲南的鹽務〉，《中國近代經濟史研究集刊》，第 2 卷第 1 期 (1933)，頁 130。

[38] 見張茂炯編，《清代鹽法》(北京，1920)，第 226 卷，頁 1。

[39] 十九世紀，中國鹽商每年的總收入估計達 4,350 萬兩，絕大部分由數百名主要鹽商所分享，見 Chung-li Chang, *The Income of the Chinese Gentry* (Seattle, 1962), pp. 188–190.

[40] 見 Ping-ti Ho, "The salt merchants of Yang-chou: a study of commercial capitalism in eighteenth century China," *Harvard Journal of Asiatic Studies*, vol. 17 (1954), pp. 130–168. 又見佐伯富，〈鹽與歷史〉，《食貨月刊》，復刊第 5 卷第 11 期 (1976)，

國的特殊地理景觀，而長江下游以擁有甚多私人庭園而著名，大多數這些庭園都是當時富有鹽商所建築的。㊶

四、鹽是傳統中國經濟空間結構的一個指標

鹽的生產是一個地理的現象，值得做地理學的研究。清代鹽的生產分布很廣，中國本部 18 省除了安徽、江西和廣西 3 省，其他 15 省都生產食鹽；由於原料不同和天然環境的差異，全國各地計有 16 種不同的生產方法。鹽的運銷使用傳統中國所有的各種運輸方式，各地也是互不相同。鹽既為人生必需品，所以鹽成為各地農村市場上都有的一種商品，鹽的運銷一方面跟全國的和區域的貿易相互配合，另一方面跟各地當地市場結構更密切結合，在人口較稀少和經濟比較落後的農村，當地市場上商品的種類很少，但是鹽卻是少數商品中的一種。㊷鹽是一種消費商品，在大多數情況下，鹽是從外地運來的，其垂直的運銷一直向下到達標準市場，以供鄉民購買。㊸清代地區不同，鹽稅稅額亦異。區域與區域之間的絕對消費量互不相同，平均每人的鹽的消費量也同樣各地不是完全相等的。所有這些鹽業在區位上的特徵和鹽場的分布，共同使清代的鹽業形成一個極有地理趣味的研究對象，㊹鹽業實是傳統中國社會空間結構的一個指標。

頁 32–38。

㊶ 見 Yi-fu Tuan, *China* (Chicago, 1969), pp. 121–125. 又見劉致平等撰，《中國建築簡史》，第 1 冊（北京，1962），頁 244–267。

㊷ 見 Kung-chuan Hsiao, *Rural China* (Seattle, 1960), pp. 20–24.

㊸ 見 G. William Skinner, “Marketing and social structure in rural China,” *Journal of Asian Studies*, vol. 24 (1964), pp. 6–10.

總之，鹽業在清代是極端重要的，不但是政府的一個重要稅源，也是一項重要產業，在若干歷史事件的發展上，鹽扮演著一個重要的角色。因為鹽業在時間上和空間上多樣化，所以是一個很好的做歷史地理學研究的題材，以增加吾人對傳統中國社會空間結構的了解。

---

[44] 見 Richard L. Morrill, *The Spatial Organization of Society* (Belmont, CA, 1970), pp. 3–5.

MEMO

第十二章

清代食鹽的生產及其變遷

一、導　言

歷史上，食鹽的生產長期是我國的一個重要產業，滷水和鹽礦的性質，以及產鹽區的自然環境，在極大程度上影響食鹽的生產方法。由於鹽是日常生活的調味品，也用於醃製食物，區域人口成長的差異及其他因素，影響食鹽的生產。

在絕大多數傳統的社會中，政府都是為了財政的理由而控制鹽業，我國也不例外。鹽稅等於是人頭稅，提供政府一個可靠的稅源。中央政府財政總收入中相當大的部分來自鹽稅，鹽稅的總額從十七世紀中葉的白銀200萬兩，增加到十九世紀末的4,000萬兩，清政府經由數種方法獨占鹽業，這些方法的一個共同特點，就是在政府嚴格的監督下由特許商人運銷食鹽。鹽稅奇重，決定食鹽零售價格的要素，既不是生產成本，也不是運費，而是政府的鹽稅。

為了管理的目的，中國內地劃分為11個行鹽區，[1]這11個行鹽區是長蘆、山東、淮北、淮南（合稱兩淮）、兩浙、河東、兩廣、福建、四川、雲南及甘肅。本研究將甘肅改稱陝甘，奉天、口北、綏遠及晉北，都分別有本地的鹽產，實際上共有15個行鹽區，此外，臺灣屬福建，海南屬兩廣。這些行鹽區基本上由地形和鹽場位置決定，但是也受行政區劃的影響

[1] 本章討論限於內地18省（即歐美所稱中國本部），必要時才觸及其他地區。

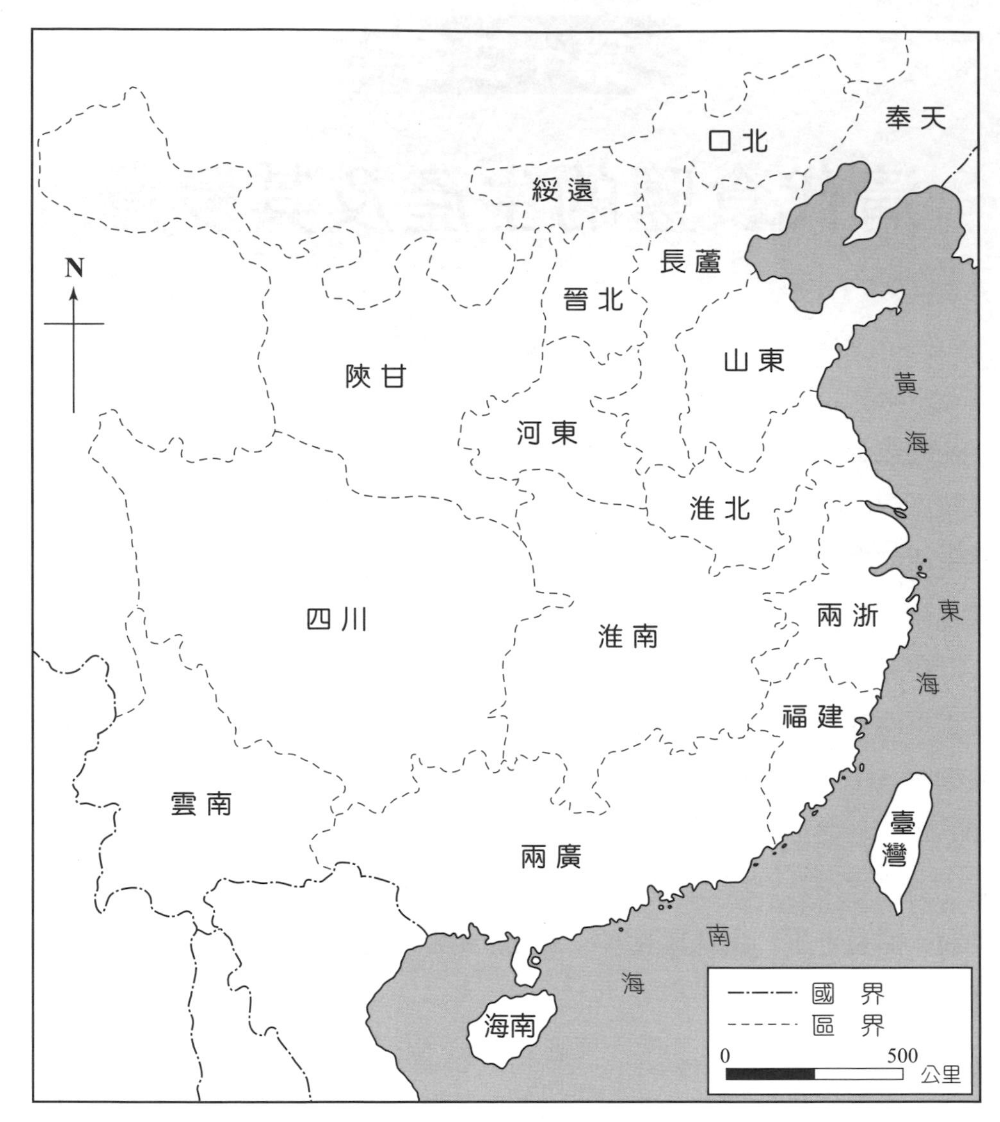

圖 12–1 清代的行鹽區

(見圖 12–1)。❷內陸通航水道提供行鹽區的基本架構,每一個行鹽區實際上是一定鹽場的食鹽銷售區,所以,每一個產鹽區都有固定之界線明確

❷ 關於清代全國的行政區劃詳情,請參閱譚其驤主編,《中國歷史地圖集》,第八冊(上海:地圖出版社,1987)。

的銷售區，指定在某一個銷售區銷售的鹽，不可以越境進入他區銷售。越境銷售的鹽視為私鹽，任何人販售私鹽會受到嚴酷的法律制裁。這樣的安排保證政府獲得最有效的鹽稅稅收。鹽政管理著重稅收，相對地忽略鹽的生產，所以鹽政當局很少致力改良鹽的生產技術。

本章從歷史地理學的觀點，重建清代的鹽業，強調 5 個方面：鹽產的分布、滷水和鹽礦的性質、鹽產的自然基礎、原料來源和生產方法及鹽產的地理變遷。

二、鹽產的分布

清代的鹽產分布很廣，內地 18 省，只有廣西不出產鹽，總計 351 州縣有產鹽的紀錄（見表 12–1），其中 117 州縣有 253 個鹽場。❸鹽場指在一個「鹽場」行政管理下的地區，相當現代的管理局，每一個鹽場的最高首長是「大使」，相當現代管理局的局長，鹽場大使的地位大致相當知縣，假若一個州縣境內鹽的產量很小，則不設鹽場，鹽的生產由知州或知縣兼管。❹

表 12–1　清代有產鹽紀錄的州縣

省　分	州縣數	鹽場數[1]	無鹽場州縣數
沿海產鹽區			
浙　江	23	29	1[3]
直　隸	55	20	46[4]

❸ 253 個鹽場是清代最大的鹽場數目，實際上，年代不同，鹽場的數目可能不一樣，例如直隸在十七世紀中葉有 20 個鹽場，後來互相合併，到十九世紀只有 8 個鹽場。

❹ T'ung-tsu Ch'u, *Local Government in China under the Ch'ing*, Paperback edition (Stanford: Stanford University Press, 1969), pp. 145–147.

福　建	13	27[5]	–
江　蘇	14	38	1[8]
廣　東	23	41[9]	–
山　東	36	20	26
小　計	164	175	74
內陸產鹽區			
安　徽	3	–	3[2]
河　南	35	–	35[6]
湖　南	9	–	9
湖　北	4	1	37
甘　肅	22	10	12
江　西	2	–	2
廣　西	–	–	–
貴　州	10	–	10
山　西	44	3	42[10]
陝　西	12	–	12
四　川	32[11]	30	2
雲　南	14	34	–
小　計	187	78	130
總　計	351[12]	253	204

說明：1.見註❸。
2.皖北可能還有其他州縣也產鹽。
3.鹽是衢州府和杭州府石膏礦的副產品。
4. 46 州縣中的 16 州縣有硝廠。據報告直隸的土地三分之二適於生產土鹽。
5.其中 5 個鹽場位在臺灣西南沿海。
6.河南土地的 6% 直接用於生產土鹽。
7.巴東有鹽井，因為鹽商反對停止生產。鄂北有些地方出產土鹽。
8.徐州府出產土鹽。
9.有 11 個鹽場在海南島。
10.山西每一個州縣都出產食鹽。
11.四川在唐代有 64 州縣出產食鹽，在 1723～1735 年間有 35 州縣出產食鹽。
12.包括 40 州、302 縣及 9 廳。

絕大多數清代的食鹽產於沿海鹽場（見圖 12–2 及表 12–2），內陸較大的產鹽區是川中和晉南，其他內陸產區為滇中、滇南、滇西、直隸內陸、晉中和晉北、湖北應城、陝西東南部、河南東北部、魯西及河西走廊。

表 12–2　1840～1890 年食鹽年產量

產鹽區	公　噸	百分比
	沿　海	
兩　淮	372,597	21.6
兩　浙	295,268	17.1
遼　東	217,728*	12.6
長　蘆	184,351	10.7
福　建	155,600	9.0
兩　廣	118,060	6.8
山　東	109,619	6.4
小　計	1,453,223	84.2
	內　陸	
四　川	130,777	7.6
河　東	109,002	6.3
雲　南	23,628	1.4
陝　甘	8,480	0.5
小　計	271,887	15.8
總　計	11,725,100	100.0

* 遼東產量是作者估計的。

我國鹽產的空間分布在明代 (1368～1644) 達到最大範圍，❺歷史上產鹽區向南的擴散，跟我國國土與人口向南發展的趨勢平行。❻其後，我國

❺ Tao-Chang Chiang, "The salt industry of Ming China," *Geographical Review*, vol. 65 (1975), pp. 93–106.

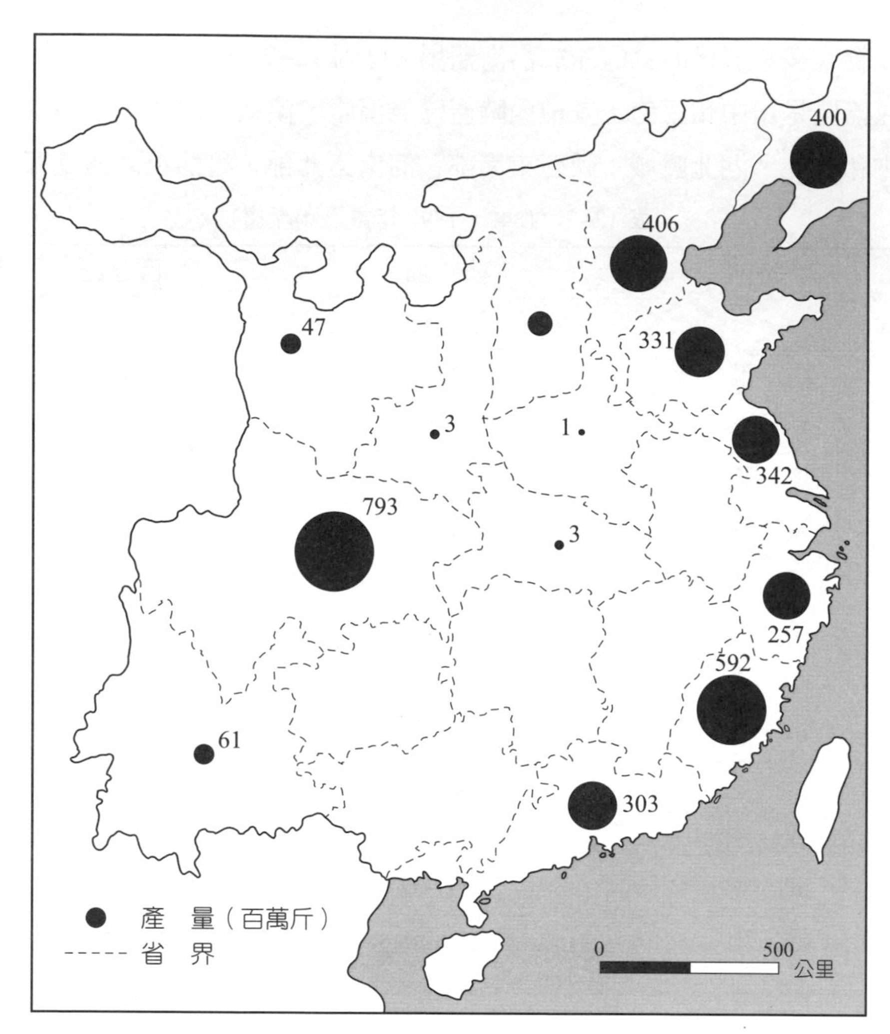

圖 12–2 清末各省的食鹽年產量

鹽產的發展發生改變，主要由於各區人口成長率的差異，其次由於交通的改善和生產技術的改良。華北沿海及其他地區，因為具有較好的自然基礎，

❻ 有關唐代 (618～907) 和宋代 (960～1279) 產鹽區的分布狀況，可參閱 Denis C. Twitchett, *Financial Administration under the T'ang Dynasty*, 2nd ed. (Cambridge, England: Cambridge University Press, 1970), pp. 173–179; 戴裔煊，《宋代鈔鹽制度研究》（上海：商務印書館，1957），頁 1–48。

鹽產增加得比較快速。❼

三、滷水和鹽礦的性質

清代中國本部不出產純質的岩鹽，❽我國西北氣候乾燥，有許多鹽湖。❾鹹水、岩鹽及鹹土為製鹽的原料，含鹽量因原料不同而異，原料產地不同，含鹽量也不一樣，例如清代各地鹹水採樣的含鹽量，大約最低者不足 1%，最高者約為 56%（見表 12–3）。

表 12–3　製鹽原料的含鹽度

省　分[1]	原　料	含鹽重量的百分比
直　隸	海水	0.93～4.68[2]
山　東	海水	1.25～3.75[3]
江　蘇	海水	2.50～4.94[4]
浙　江	海水	1.44～2.43[5]
廣　東	海水	1.49～2.47[6]
臺　灣	海水	2.50～3.00[7]
甘　肅	鹽井鹹水	2.00
甘　肅	鹽湖鹹水	25.50～30.00[8]
四　川	鹽井鹹水	0.62～27.69[9]

❼ 陳正祥，〈中國鹽業地理〉，《地理與產業》，第 2 卷，第 1 期 (1957)，頁 11–13。

❽ 新疆和柴達木盆地有純質的岩鹽鹽礦，見袁見齊，《西北鹽產調查實錄》（南京，1946），頁 37–78。二十世紀中葉，湖南也發現鹽礦，見竺墨林，《匪區鹽務概況》（臺北，1962），頁 56。二十世紀六〇年代湖北棗陽鑽井發現鹽礦，鹹水含鹽量 30%，見拙著〈棗陽風物三記〉，《棗陽文獻》，第 19 期 (2002)，頁 45。

❾ Sun Ying-hsing, *T'ien-kung k'ai-wu: Chinese Technology in the Seventeenth Century*, translated by E-tu Zen Sun and Shiou-chuan Sun (University Park, PA, 1966), p. 122. 鹽湖所產食鹽數量不大，占全國總產量的百分比不到 0.5%。

雲　南	鹽井鹹水	1.56～56.25[10]
湖　北	石膏礦鹹水	1.00～13.00[11]

說明：1.福建及其他省分無資料。
2.根據 5 個鹽場的採樣。
3.根據 8 個鹽場的採樣。
4.根據 4 個鹽場的採樣。
5.根據 2 個鹽場的採樣。
6.根據 3 個鹽場的採樣。
7.所有鹽場採樣的平均。
8.根據 3 個鹽湖的採樣。
9.根據 28 個鹽場的採樣。
10.根據 14 個鹽場的採樣。
11.根據應城石膏礦的採樣。

我國沿海海水的含鹽度平均是 3%，四川鹽井抽取的鹹水之含鹽度大約是 1% 至 28%。清末四川所產食鹽的一半，其原料鹹水之含鹽度不到 10%。❿雲南鹽井鹹水的含鹽度較高，大約是 2% 至 56%，清末雲南所產食鹽的一半，其原料鹹水之含鹽度大約是 25%。甘肅有些鹽湖的鹹水含鹽度很高，超過 25%。湖北應城石膏礦鹹水的含鹽度較低，大約是 1% 至 13%。⓫總的來說，全國所產食鹽總量的五分之四，其原料鹹水的含鹽度大約是 3%。換言之，在製鹽過程中，原料要失去極大的重量，為了節省運費，所以鹽場要設置在出產原料的地方。

四、鹽產的自然基礎

杭州灣以北的海岸平直，沿海平原低平，有利鹽池的營造；杭州灣以南的海岸是彎曲岩岸，只有一些狹小的平原，相對地不利曬鹽。華南和東南沿海地區，地形上是山地或丘陵，河流水流湍急，不利航運，除了西江，所有河流都不易將沿海所生產的食鹽大量向內陸運送。兩淮區有平直的海岸，又有較大的海岸平原，年雨量也比東南沿海區少，再加上長江中下游

❿ 汪永澤，《四川省》（上海，1956），頁 37–38。

⓫ 見前揭吳承洛著，《今世中國實業通志》，頁 221 及前揭林振翰著，《淮鹽紀要》，頁 42。

幹流和支流通航地區，形成龐大的市場，這些條件都有利兩淮區沿海食鹽的生產。

華北和東北沿海的鹽場，全部或部分採用曬法製鹽，氣候條件是一個重要因子，蒸發愈大愈有利鹽的生產。我國沿海地區，夏季是製滷最佳季節，華北平均每年有 3～4 個月，南方 4～5 個月。浙江沿海地區，全年平均氣溫在 4°C 以上。福建和廣東沿海地區氣溫較高，全年可以生產食鹽。華北和東北沿海地區，平均每年有 1～3 個月，月均溫低於冰點，鹽場停止生產活動。⓬

鹽的生產也受降水的影響，氣候愈乾燥，蒸發愈快，則製鹽比較容易。我國空氣中的水分，主要來自太平洋區，降水量從東南向西北逐漸減少，華北的年降水量少於 750 mm， 浙閩粵沿海的年降水量 1,000 mm 至 2,000 mm 以上，氣候上，華北和西北與南方、西南及東南比較，有利於食鹽的生產。⓭更重要的是雨季的長短，就年平均降水日的多少來說，長江流域超過 100 天，北方少於 100 天，沿海地區渤海邊的直隸和山東降水日最少，不到 75 天。⓮另外影響食鹽生產的因子是颱風的多少，福建和廣東的鹽場常受颱風的破壞，而在華北的鹽場卻幾乎完全不受颱風的破壞。

由於降水量、降水日數目及颱風頻率三者的差異，沿海各鹽場的生產方法也互不相同，華北鹽場的鹽池採用大鹽池曬法，杭州灣區的鹽場採用板曬法，浙南和閩粵採用小鹽埕曬法。板曬法和小鹽埕曬法，在晴天太陽下，鹽度高的滷很快便可結晶成鹽。

⓬ 袁見齊，〈鹽區氣象之初步研究〉，《鹽務月報》，第 6 卷第 12 期 (1947)，頁 5 及頁 8。

⓭ 見前揭袁見齊，〈鹽區氣象之初步研究〉，頁 5–6。

⓮ 見前揭袁見齊，〈鹽區氣象之初步研究〉，頁 8–10。

五、原料來源和生產方法

(一) 海鹽煎法

沿海鹽場用煎煮海水的方法製鹽，歷史悠久，最晚在 1830 年，煎法仍然存在沿海每一個省分 (見表 12–4)，⓯顯然煎法是當時唯一的製鹽方法。⓰煎法並不是直接煎煮海水，先用幾種不同的方法製滷，在直隸、山東、及江蘇沿海高潮與低潮之間的潮間地帶，將煎鹽柴草的灰燼，撒在地面上，厚度約 2～2.5 cm，吸收鹽分，將吸收了鹽分的灰燼收集起來，用海水淋瀝，製成滷水，最後用淺鍋煎鹽，這種方法叫做淋滷法。在沿海平坦的地帶，生長蘆葦，提供廉價的燃料。每一灶戶都有自己的蕩地，用來生長蘆葦。

火煎的鹽鍋有兩種，我國使用鐵鍋煎鹽，歷史悠久。南方還用篾鍋煎

⓯ 見《福建鹽法志》(福州，1830)，卷首，頁 1b 前頁與卷九，頁 19b–20a。最遲早在 1886 年福建已經沒有煮法了，見周慶雲編，《鹽法通志》(北京，1914)，第 32 卷，頁 8–12。在十六世紀初福建莆田鹽場首先採用曬法，見同治 (1871) 重刊《興化府志》，第 12 卷，頁 8b；又見韓大成，〈明代商品經濟的發展與資本主義萌芽〉，載韓大成等，《明清社會經濟現代的研究》(上海，1957)，頁 5–6；乾隆 (1758) 重刊《莆田縣志》，影印本 (臺北，1963)，第 2 卷，頁 83b–84a。福建是溼潤的南方第一個省分，在十九世紀末葉從煮法完全改變到曬法，原因之一就是缺乏燃料，還有一個原因是製滷技術的改良，滷水的含鹽度很高，在福建副熱帶氣候的環境下，很短的時間內滷水便可結晶成鹽。

⓰ 例如，1914 年浙江 40% 的鹽產是用煮海水的方法生產的，見范運樞，〈浙江場產計畫書〉，《鹽政雜誌》，第 2 卷第 7 期 (1915)，專件三，頁 4–7。這種狀況到二十世紀三〇年代還是如此，見 Joseph Spencer, "Salt in China," *Geographical Review*, vol. 25 (1935), p. 358。據報導在 1958 年淮南甚至還有 801 個煮鹽的鹽灶，見朱峰，〈談淮鹽〉，《地理知識》，第 9 卷第 8 期 (1958)，頁 348。

表 12–4　清代各省鹽的種類和生產方法

<table>
<tr><th>鹽的種類</th><th colspan="4">生產方法</th><th>省　分</th></tr>
<tr><td rowspan="8">海　鹽</td><td rowspan="3">火煎</td><td>灰淋</td><td colspan="2">鐵鍋</td><td>直隸、山東、江蘇、浙江</td></tr>
<tr><td rowspan="2">土淋</td><td colspan="2">鐵鍋</td><td>浙江、福建、廣東</td></tr>
<tr><td colspan="2">篾鍋</td><td>浙江、福建、廣東</td></tr>
<tr><td rowspan="5">日曬</td><td colspan="3">海水</td><td>直隸、山東、江蘇、福建、廣東</td></tr>
<tr><td rowspan="4">滷水</td><td rowspan="2">灰淋</td><td>鹽池</td><td>浙江</td></tr>
<tr><td>板曬</td><td>浙江、江蘇</td></tr>
<tr><td rowspan="2">土淋</td><td>鹽池</td><td>浙江、福建、廣東</td></tr>
<tr><td>板曬</td><td>浙江、江蘇</td></tr>
<tr><td rowspan="3">池　鹽</td><td colspan="4">鹽湖撈採</td><td>陝西、甘肅</td></tr>
<tr><td colspan="4">日曬</td><td>山西、陝西、甘肅</td></tr>
<tr><td colspan="4">火煎</td><td>陝西、甘肅</td></tr>
<tr><td rowspan="2">井　鹽</td><td rowspan="2">火煎</td><td colspan="3">鹽井取滷</td><td>甘肅、四川、湖北、雲南</td></tr>
<tr><td colspan="3">土淋</td><td>甘肅、四川</td></tr>
<tr><td>岩　鹽</td><td colspan="4">火煎</td><td>四川、雲南</td></tr>
<tr><td>石膏鹽</td><td colspan="4">火煎</td><td>浙江、雲南、湖北</td></tr>
<tr><td>土　鹽</td><td colspan="4">火煎</td><td>直隸、山東、甘肅、浙江、山西、陝西、甘肅、河南、安徽、湖北</td></tr>
</table>

鹽，篾鍋用竹條編成，直徑大約長 3 公尺，深 30 公分，鍋的內外面糊以石灰，鍋底釘有鐵片，其受火處，塗有一層蜆灰。一般上，篾鍋可以使用一年。鐵鍋容易生銹壞掉，當然，鐵鍋也比較貴。

另外一種方法是沿海潮間地帶採用的，在地上挖一個坑，坑上蓋草蓆，草蓆上撒一厚層鹹土，漲潮時，海水浸沒鹹土，溶化鹹土中的鹽分，形成滷水，滴入坑內，潮退後，取出滷水。土坑挖在潮水不及的較高地點，將海水澆在草蓆上的鹹土上，溶化鹹土中的鹽分，形成滷水，滴入坑內。[17]

在新形成的海岸平原，採用類似的方法，刮取地面上的鹹土，用海水淋瀝製滷。因此，隨著新海岸平原向外伸展，鹽場不斷向外遷移，十九世紀淮南區的所有鹽場都位在范公堤的外側，但是以前卻都位在范公堤的內側(見圖 12–3)。

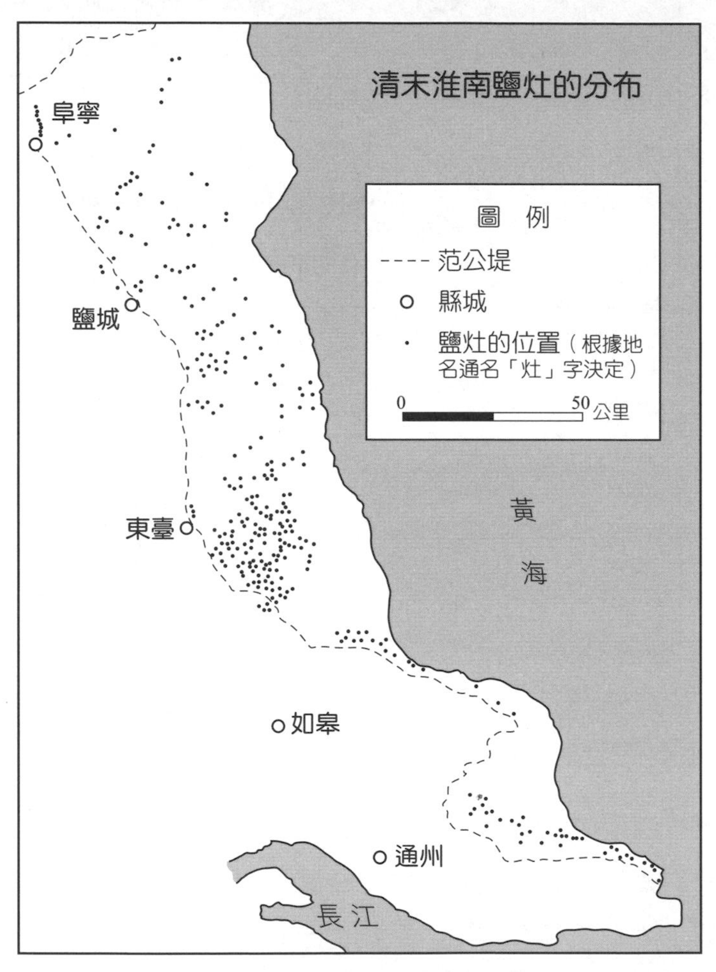

圖 12–3　清末淮南鹽灶的分布

⑰ 見前揭 Sun Ying-hsing, *T'ien-kung k'ai-wu*, p.110, 115.

（二）海鹽曬法

有三種方法利用日光蒸發，直接用日曬的方法製鹽，主要用在華北沿海的鹽場。將海水注入淺的鹽池中，有一系列的鹽池，經過蒸發，海水的含鹽度不斷升高，次第將蒸發過的海水注入含鹽度較高的鹽池，最後引入含鹽度最高的滷池，在好天氣的情況下，只需要數天便可結晶成鹽。直隸的鹽場，因為氣溫和蒸發強度的不同，在五月和六月間，這一過程需要2～3天；在三月和四月間，這一過程則需要6～7天。[18]

鹽池有2類：(1)直接臨海的低處，鹽池利用溝渠直接與海相通；(2)內陸或地面較高的地方，利用風車或人力將地下鹹水，提升注入鹽池中。[19]這2種蓄滷的鹽池，前者稱為溝灘，後者稱為井灘。

在沿海許多地方，不是直接曬海水，而是先利用淋瀝的方法將海水製成含鹽度很高的滷水，再將滷水注入鹽池中曬製成鹽。最後結晶的過程，只要幾個小時便可結晶成鹽，有些鹽池還有一個儲滷的地瓮，下雨時滷水儲存在瓮中。

因為缺乏灰料，土淋常較多與曬法在一起，較少與煎法在一起。此外，廣東還有一種製滷的方法，沙土地高潮時引海水，海水日曬蒸發乾了以後，翻耙沙土，這樣多次重複，沙土變成鹹土，淋瀝製滷，最後將滷水注入鹽池，蒸發結晶成鹽。

在杭州灣區，主要用板曬法製鹽（見圖12–4及圖12–5），木製鹽板一般大小約2公尺半長，1公尺寬，3到6公分深。鹽板自然有大有小，有些很輕，婦女和兒童可以抬起，在浙江餘姚，這種可以移動的鹽板曬鹽，在

---

[18] 見前揭 Sun Ying-hsing, *T'ien-kung k'ai-wu*, p.110, 116 及朱峰，〈談淮鹽〉，頁345–348。

[19] 見前揭周慶雲編，《鹽法通志》，第29卷，頁4–7。

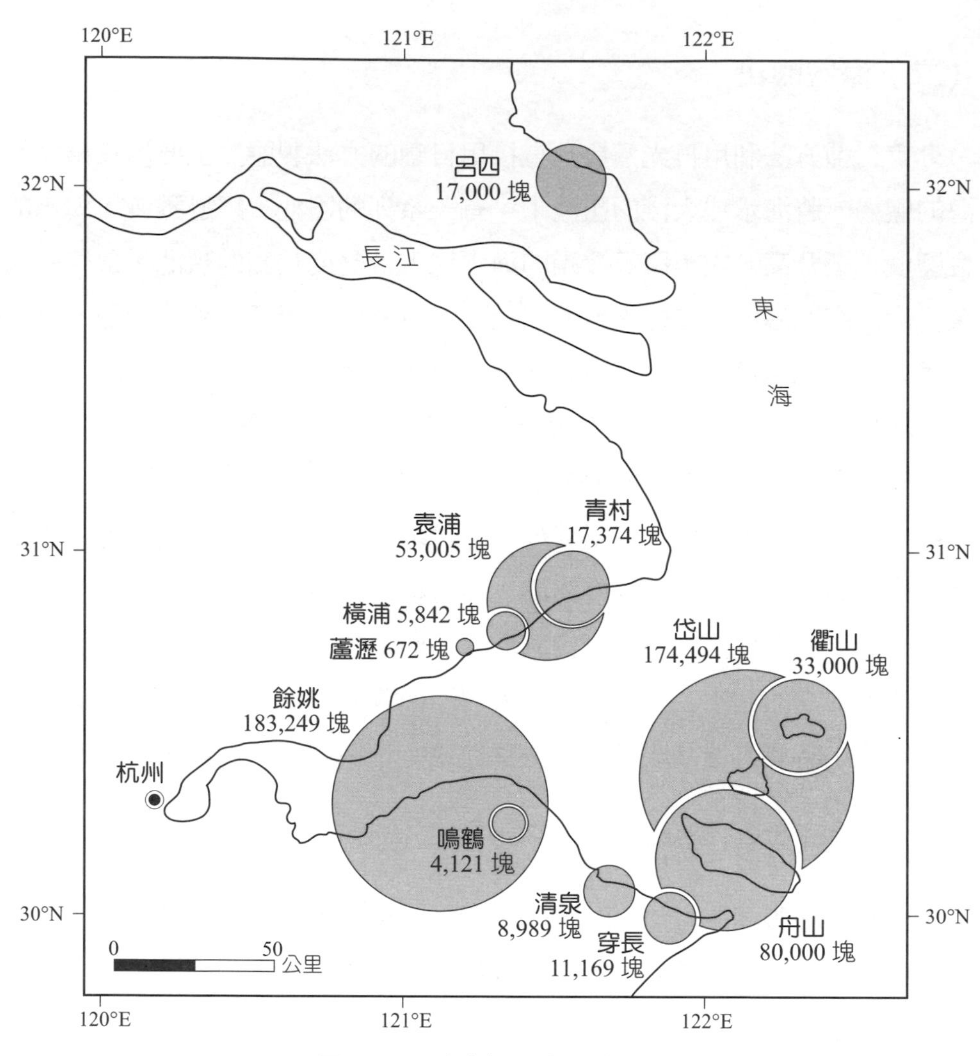

圖 12–4　清末板曬鹽板的分布

夏季好天氣時最後過程只要一天便可成鹽。板曬方法在十九世紀初葉源於舟山群島上的岱山鹽場，清末浙江板曬的鹽板總數超過 500,000，⓴大約在 1862 年傳到江蘇松江鹽場，大約 1875 年傳到浙江餘姚鹽場，㉑到 1908 年

⓴ 見前揭周慶雲編，《鹽法通志》，第 35 卷，頁 12–13。

㉑ 林振翰說板曬始於乾隆嘉慶年間，見林振翰，《鹽政辭典》（上海：商務印書館，

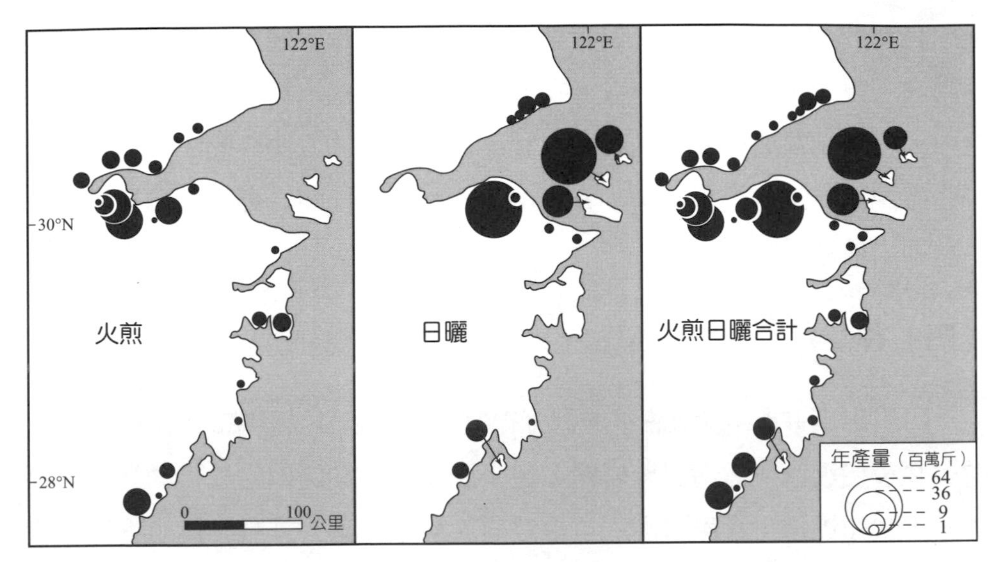

圖 12–5　清末兩浙食鹽的生產

又傳到淮南。㉒

板曬的採用是介於煎法與日光曬鹽之間的妥協。板曬主要分布在杭州灣一帶，燃料缺乏，淋滷煎鹽困難，又因為多雨，不利池曬。

（三）鹽　池

我國西北有鹽湖產鹽，山西解池是一個內陸鹽湖，春季鹽民將湖水注入鹽池中，這一過程稱為「種鹽」，㉓年久鹽池形成堅硬光滑的池底，這種

1928)，頁卯 120，但是，林振翰沒有提供引證資料來源。不過，在 1801 年出版的馮培等撰《欽定重修兩浙江鹽法志》中，沒有提到板曬，所以，板曬的起源應該不會早於十九世紀初葉。

㉒ 據報導 1922 年呂四一家製鹽公司便有鹽板 18,000 個，見張季直，〈提議淮南各場最新板曬位置兼顧灶民生計案〉，載《張季子九錄》(上海，1933)，第 19 卷，頁 16。在 1958 年，呂四還有鹽板 8,198 個，見前揭朱峰，〈談淮鹽〉，頁 345。

㉓ 這種方法始於唐代，唐代以前，直接從解池中撈鹽，見前揭周慶雲編，《鹽法通志》，第 33 卷，頁 11。這種方法最遲在西元 808 年已經使用了，當時山西著名學者柳宗元曾在一篇文章中提到鹽池，見柳宗元，〈晉問〉，載《柳河東全集》，

堅硬光滑的池底有利於陽光蒸發之下快速結晶成鹽。鹽池每年採取食鹽至少兩次，夏末一次，深秋一次。在解池的東側，鹹水從井中取得，注入鹽池中，日曬結晶成鹽。㉔在陝西和甘肅也用同樣的方法製鹽，陝西和甘肅有些鹽湖出產天然結晶的鹽，直接用長柄木漏勺撈鹽。㉕陝西和甘肅也有些鹽湖用煎法製鹽。

（四）井　鹽

四川出產井鹽，井中滷水的鹽分很高，只須用相似轆轤的天車和竹筒，從深井直接汲滷。雲南出產岩鹽，鹽產於硔滷，從礦硐中挖得的鹽岩，深灰色，狀如煤塊，含鹽量高，用水浸泡，溶化成滷。若鹽井滷水含鹽量太低，則用土淋或灰淋製滷。這三種方法所得的滷，最後煎煮製鹽。四川至少有 6 個縣出產天然氣，用天然氣而不用煤煎鹽。㉖其他地方用木柴和柴草。㉗

大約 820 年初刊；影印本（上海，1935），頁 188。

㉔ 這種井最初是在 1777 年挖成的，見前揭周慶雲編，《鹽法通志》，第 2 卷，頁 28。在 1727 年直接從解池中撈鹽超過 4,000 公噸，同樣的情況也發生在八世紀和十一世紀，一個合理的解釋，就是在這些年代天氣特別乾旱，見王慶雲，《熙朝紀政》，1898 年初刊；影印本（臺北，1966），第 5 卷，頁 35。

㉕ 見前揭 Sun Ying-hsing, *T'ien-kung k'ai-wu*, p. 122.

㉖ 見前揭周慶雲編，《鹽法通志》，第 3 卷，頁 21–22。煤從來就不是清代煎鹽的重要燃料，清代不像英格蘭，英格蘭在 1800 年以前煤是煎鹽的燃料，見 C. T. Smith, *An Historical Geography of Western Europe before 1800* (New York, 1967), pp. 426–566.

㉗ 見前揭 Sun Ying-hsing, *T'ien-kung k'ai-wu*, pp. 116 and 122. 確知漢代 (206 B.C.～A.D. 220) 已經開始用天然氣煎鹽，國人知道天然氣的歷史甚至更早。不過清代在十九世紀初葉只有微弱的天然氣，雖然使用天然氣作為煎鹽的燃料，但是柴草和煤卻是比較重要的燃料。1850 年代天然氣更普遍使用，其後更大量使用天然氣作為煎鹽的燃料，見 Richard C. Rudolph, "A second-century Chinese illustration of salt mining," *ISIS*, vol. 43, no. 131 (1952), pp. 39–41. 有關對十九世紀末葉自流井鹽業的一項很有趣味的描述，請見 Jung Li, translated with an introduction and

（五）岩　鹽

在雲南，礦硐中挖得的鹽岩，浸泡在滷水或清水中，雲南也有天然的鹽泉，兩者製成鹽分很高的滷水，再煎煮成鹽。主要在雲南，少部分在四川和甘肅，將鹽製成不同的形狀，以便運輸，有鍋鹽、筒鹽及磚鹽。㉘

（六）石膏鹽

湖北應城廢棄的石膏礦，礦坑下部注水，經過 6～8 個月，㉙石膏礦坑變成了鹽井，礦坑中的水溶解礦坑岩石中的鹽分，用大木桶將滷水取出，煎熬成鹽，燃料用煤。㉚等滷水完全取出，乾礦坑再繼續開採石膏。在浙江和湖南也有石膏礦副產食鹽。

（七）土　鹽

至少在 10 個省分的許多縣有生產土鹽的紀錄，華北黃河中下游地帶，由於黃河的泛濫，千百年來表土中累積了大量鹽分，當地人將含鹽的土刮起，浸泡在水中，然後淋瀝製滷，蒸發使滷水的含鹽量升高，最後用小鍋煎熬，土鹽色暗，味亦差。㉛

---

notes by Lien-che Tu Fang, "An account of the salt industry at Tzu-liu-ching," *ISIS*, vol. 39, no. 118 (1948), pp. 228–234. 有一項資料顯示，牛糞也用作煎鹽的燃料，見林振翰，《川鹽紀要》（上海，1916；再版本；1919），頁 591。

㉘ 劉雋，〈清代雲南的鹽務〉《中國近代經濟史研究集刊》，第 2 卷第 1 期 (1933)，頁 27–141。

㉙ 另有一項資料謂經過 10～15 個月，見 Joseph Spencer, "Gypsum and salt mining in central Hupeh, China," *Economic Geography*, vol. 14 (1938), p. 283.

㉚ 見前揭林振翰著，《淮鹽紀要》，場產，頁 41。又見前揭 Spencer, "Gypsum and salt mining in central Hupeh, China," pp. 282–286.

㉛ 見前揭 Sun Ying-hsing, *T'ien-kung k'ai-wu*, p. 122; 篠田統，「食鹽」，載藪內清等編，章熊、吳傑合譯，《天工開物研究論文集》（北京：商務印書館，1959），頁 92–94。李時珍，《本草綱目》，1596 年刊本；重刊本（上海：商務印書館，

煎煮方法簡單，廣泛採用，清代鹽戶的生產力很低，一般的鹽戶平均每年生產食鹽 600～2,500 公斤，生產方法因襲明代，創新極少。鹽的需求量一般沒有彈性，每年的生產量大致是固定的，是以，對政府來說，增加財政收入最容易的方法，就是提高鹽稅，清政府將鹽業視為財政收入的來源，然而並沒有改良鹽的生產技術，鹽務官員對於新的技術沒有興趣，因為怕採用新的技術會失敗。傳統的中國保守主義也有礙創新和改變。鹽戶為政府生產食鹽，收入低微，不易脫貧。從鹽業真正獲得暴利者是運銷食鹽的鹽商，鹽戶沒有財力試用新的生產方法，新方法可能有風險；鹽商有財力，但是新的生產方法對他們沒有吸引力，他們從事例常的食鹽運銷，並不能從中得到好處。生產方法受制於原料的性質和產地的自然環境，生產方法原始，效率低。

六、鹽產的地理變遷

十四世紀以來我國有關食鹽生產最好的統計資料，是 1368～1398 年和 1840～1890 年者（表 12–5）。全國食鹽的產量從十四世紀晚期的 282,635 公噸，增加到十九世紀下半葉的 1,725,100 公噸，大約 500 年間增加 6.10 倍。這一增加率跟何炳棣所估計的人口成長率異常接近，根據何炳棣的估計，我國人口從 1400 年的 6,500 萬人，增加到 1850 年的 43,000 萬人，450 年間增加 6.62 倍。[32]鹽產增加率最大的區域是遼東，其次是雲南和四川，這三個區域的增加率都超過全國平均增加率的三倍。遼東和四川鹽產的大量增加，都是反映兩個區域清代的快速人口增加。湖北和湖南大部分地區

1930)，第 10 卷，頁 54。我國許多地方產硝，副產硝鹽，硝鹽是土鹽的一種，所以許多其他地方肯定也產土鹽。

[32] Ping-ti Ho, *Studies on the Population of China, 1368–1953* (Cambridge, MA: Harvard University Press, 1959), pp. 277–278.

本來以前食淮鹽，在十九世紀中葉，因為太平天國事件，長江中下游航道受阻，轉而改食川鹽，四川鹽產因而大量增加。在華北各產鹽區域中，只有長蘆的增加率高於全國的平均增加率，因為北京地區的快速人口增加。河東、山東及陝甘三個區域的增加率低於全國的平均增加率。沿海產區和內陸產區總的鹽產分布形態，沒有顯著變化，兩者產量之比仍是四比一。全國所有產區鹽產量相對地發生了實質的變化，遼東、長蘆及雲南三個區域變得比過去重要，福建、兩廣及陝甘三個區域鹽產量的相對地位沒有改變，其餘產區鹽產量的重要性則相對地降低（圖 12–6 及表 12–5）。日曬方法繼續取代煎法，因為燃料愈來愈少。整個清代淮南因為人口最多，食鹽需求量最大，食鹽產量也最大，並不是因為淮南具有比其他區域較好的自然條件。陝甘的食鹽產量一直最少，並不是因為缺乏原料，而是因為人口少，需求量少。

表 12–5　食鹽產量的地理變遷

產　區	1368～1398		1840～1890		變　遷	
	平均年產量 *(A)	%(B)	平均年產量 *(C)	%(D)	(C/A) × 100	D × B
沿海鹽場						
兩　淮	85,295	30.2	372,597	21.6	437	8.6
兩　浙	53,406	18.9	295,268	17.1	553	–1.8
遼　東	4,665	1.6	217,728	12.6	4,667	11.0
長　蘆	15,278	5.4	184,351	10.7	1,207	5.3
福　建	25,298	9.0	155,600	9.0	615	0.0
兩　廣	17,877	6.3	118,060	6.8	660	0.5
山　東	34,688	12.3	109,619	6.4	316	–6.3
小　計	236,507	83.7	1,453,223	84.2	614	0.5
內陸鹽場						
四　川	6,125	2.2	130,777	7.6	2,135	5.4

河　東	36,772	13.0	109,002	6.3	296	–6.7
雲　南	1,106	0.4	23,628	1.4	2,136	1.0
陝　甘	2,125	0.7	8,480	0.5	399	–0.2
小　計	46,128	16.3	275,887	15.8	589	–0.5
總　計	282,635	100.0	1,725,100	100.0	610	0.0

* 單位為公噸。

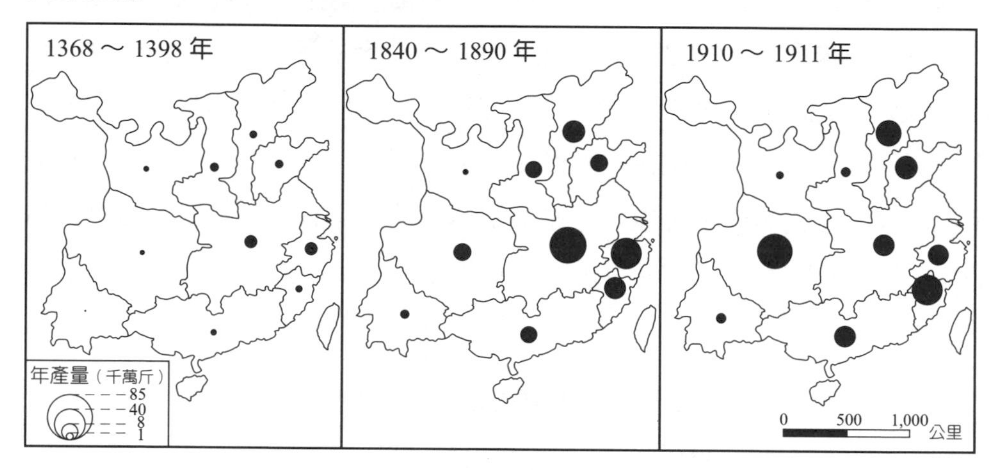

圖 12–6　明清食鹽年產量的變遷

七、結　論

清代的鹽產分布很廣，由於自然環境的差異和不同的原料，有數種不同的生產方法，食鹽產量的增加趨勢，與人口成長平行，食鹽產量的地理變遷反映人口成長的區域差異。

食鹽是一種沒有彈性和普遍的商品，其生產在很大程度上受自然環境的影響。就政府的稅收來說，鹽業的空間組織保證清政府最佳的稅收。不過，食鹽生產之現代化的延遲，一方面是因為鹽用於食用，另一方面是因為我國傳統的經濟組織。其他商品的歷史地理研究，將有助於對整個傳統中國經濟的空間組織的了解。

第十三章

我國沿海曬鹽方法的起源與傳播

地理現象的起源與傳播，是文化地理學的一個重要研究主題，也是歷史地理學的一個重要研究主題，用眼睛可以看得見的現象，像是房屋建築，或者是看不見的東西，像是觀念和制度，甚至整個文化和文明，會興起和傳播。文化地理學者和歷史地理學者一定要解決起源和傳播的問題，所以起源與傳播形成一個有特色的研究主題。❶我國各種食鹽生產方法的起源互異，而且傳播的形態獨特，是一個有趣的研究題目，本章作為個案，研究天日曬鹽生產方法的起源與傳播。

天日曬鹽的生產方法最早在元代，相當十三世紀末，起源於福建，後來傳播到整個沿海地帶。二十世紀三〇年代，大約我國十分之八的鹽產於沿海的鹽場，所以海鹽特別重要。❷沿海鹽場自古以來，煎煮海水是唯一生產鹽的方法，最遲在清道光 10 年 (1830) 沿海各省都還採用這種方法，顯然，在八世紀中葉以前，煎煮海水是唯一生產鹽的方法。❸古代是直接

---

❶ Philip Wagner and Marvin Mikesell, eds., *Readings in Cultural Geography* (Chicago: The University of Chicago Press, 1962), pp. 203–208.

❷ 曾仰豐，《中國鹽政史》(上海：商務印書館，1936)，頁 209–210。

❸ 相傳宿沙氏在山東沿海煮海為鹽，例如，1914 年浙江 40% 的鹽產是用煎煮海水的方法生產的，見范運樞，〈浙江場產計劃書〉，《鹽政雜誌》，第 19 卷 (1915)，專件三，頁 4–7。這種狀況到 1930 年代還是如此，見 Joseph Spencer, "Salt in China," *Geographical Review*, vol. 25 (1935), p. 358. 據報導在 1958 年淮南還有

煎煮海水，煎煮海水的方法並不是只有我國才有，煎煮海水方法簡單，古代世界許多靠海的國家都採用煎煮海水的方法生產食鹽。❹不過，海水的鹹度很低，直接煎煮海水也有一定的局限，所以後來不直接煎煮海水，而間接煎煮海水，學者相信我國大約在唐乾元 3 年（西元 760 年），已經有了間接煎煮海水製鹽的方法。❺幾百年後，有明確證據顯示最遲到十一世紀，宋熙寧 5 年 (1072) 浙江鳴鶴及湯村刮鹼淋滷，採用間接煎煮海水製鹽。❻此後，這兩種方法同時存在。

古代我國人口相對地比現在少，供應煎鹽所需要的燃料，沒有困難，所以可以採用煎鹽的方法，但是，後來人口不斷增加，到了明清，人口增加地特別快，食鹽需要量大增，煎鹽用的燃料，需求增加。就煎鹽方法來說，自然是要盡量利用當地燃料，以降低生產成本，同時滷水的鹽度愈高，所需燃料愈少，在淮南發現了解決這個問題的辦法，淮南沿海地帶盛產蘆葦，土地鹹度高，不適合生長其他作物，只能生長蘆葦，每一生產食鹽的鹽戶，都有一片生產蘆葦的地，熬鹽用的不是海水，而是蘆葦地鹹水，其鹹度比海水還高，用灰淋的方法製滷，其鹹度利用淋瀝進一步提高濃度，蘆葦本身也吸收大量鹽分，蘆葦既是燃料，也是加高滷水鹹度的媒介，是淮南鹽業的一個重要要素，在沿海沒有任何其他地區有這麼豐富的蘆葦，這就是為什麼所有其他地區不再有煎鹽存在，而淮南地區還有。❼

至於天日曬鹽生產方法，其起源於何地與何時傳播到其他地區呢？元

---

801 個煮鹽的鹽灶，見朱峰，〈談淮鹽〉，《地理知識》，1958 年 8 月號，頁 348。

❹ 例如考古學者發現歐洲沿海的先民，利用陶製的淺盤煎煮鹽，見 Robert P. Multhauf, *Neptune's Gift* (Baltimore, 1978), p. 21.

❺ 歐陽修、宋祁撰，《新唐書》，點校本（北京：中華書局，1975），第 5 冊，頁 1378；田秋野、周維亮，《中華鹽業史》（臺北：商務印書館，1979），頁 13–14。

❻ 脫脫等撰，《宋史》，點校本（北京：中華書局，1977），第 13 冊，頁 4436。

❼ 見前揭朱峰，〈談淮鹽〉。

代 (1271～1368) 在沿海所有產鹽區都使用煎鹽方法製鹽，只有福建同時使用煮鹽和曬鹽兩種方法。❽《元典章》中指出元大德 5 年 (1301) 在福建有 6 個鹽場採用曬鹽方法，❾《重刊興化府志》載曬法最初在莆田鹽場採用，❿從莆田曬法傳到其他福建鹽場，證據指出遲在清道光 10 年 (1830)，福建還有煎法存在，⓫最晚早在光緒 12 年 (1886) 福建已經沒有煎法了。⓬所以，原因之一就是缺乏燃料，乾隆 43 年 (1778) 有一個奏摺顯示，在過去買 1 斤薪柴，只略多於 30 錢，但是在乾隆 43 年 (1778) 買 1 斤薪柴，卻要 90 到 100 錢，換言之，薪柴的價錢約漲了三倍，而鹽場的鹽價卻跟過去一樣。⓭還有一個原因是製滷技術的改良，滷水的鹹度很高，在福建副熱帶氣候的環境下，很短的時間內滷水便可結晶成鹽（圖 13–1）。⓮

因為鹽是一項很重要的稅收商品，政府對鹽業密切注意，鹽場的一切活動，都要經常向中央政府呈報，清代鹽場的大使，就像知縣一樣，常常更換調任到不同的地方。⓯此外，商人到遠地經商。所有這些情形皆有助

---

❽ 見宋濂等撰，《元史》，點校本（北京：中華書局，1976），第 8 冊，頁 2386–2392。

❾ 見《大元聖政國朝典章》(1908 年版)，典章二十二，戶部八，頁 57a；又見孔祥鑄，〈長蘆曬法製鹽始於何時？〉，《歷史地理》，創刊號 (1981)，頁 98。

❿ 見《重刊興化府志》(1503 年本，1871 年重刊)，卷十二，頁 8b；又見韓大成，〈明代商品經濟的發展與資本主義萌芽〉，載韓大成等，《明清社會經濟現代的研究》(上海，1957)，頁 5–6；《莆田縣志》，1926 年刊本影印本（臺北，1963），卷二，頁 83b–84a。

⓫ 見《福建鹽法志》(福州，1830)，卷首，頁 1b 前頁與卷九，頁 19b–20a。

⓬ 見周慶雲編，《鹽法通志》(北京，1914)，卷三十二，頁 8–12。

⓭ 這是指寧德縣漳灣鹽場、霞浦縣中安鹽場、及羅源縣前江鹽場的情形，當時三場用煮法製鹽，見前揭《福建鹽法志》，卷二，頁 5 及頁 15b。

⓮ 見前揭周慶雲編，《鹽法通志》，卷二，頁 4。

⓯ 這樣做旨在避免一位官員在一個地方太久，與地方人士勾結，勢力膨脹，使官員貪污困難。

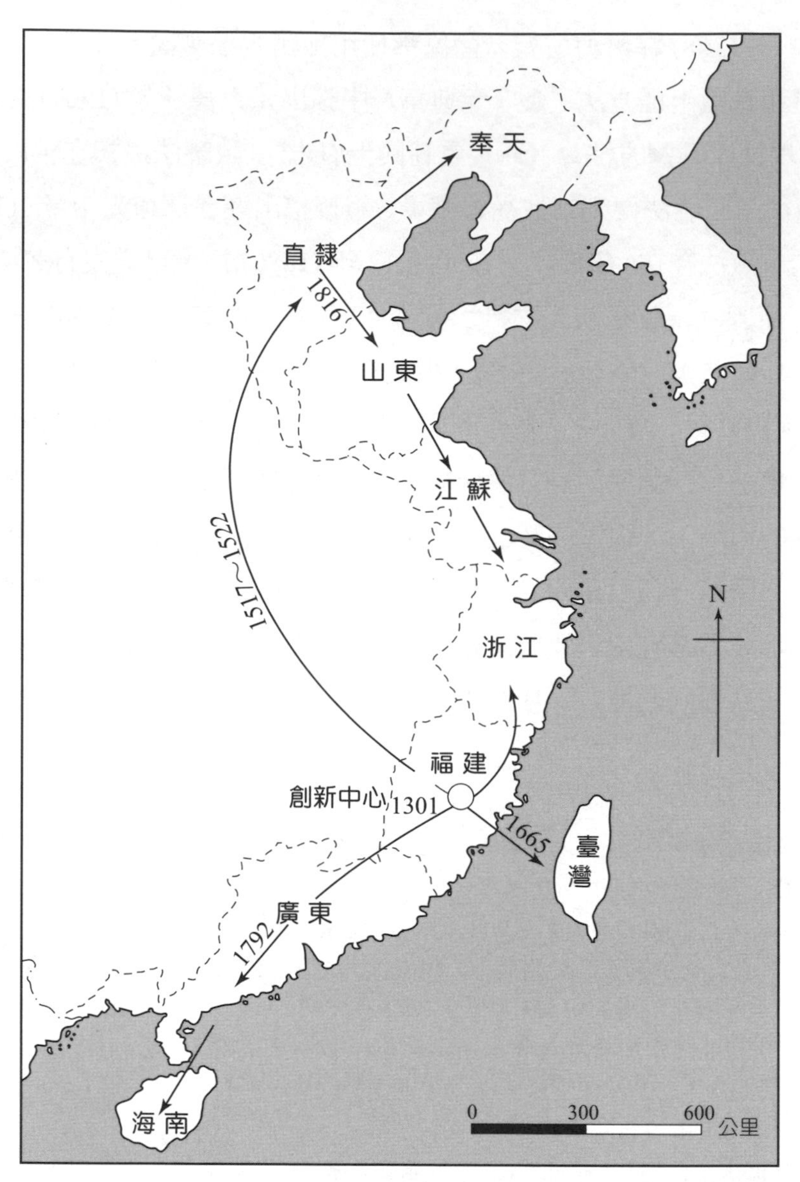

圖 13–1　我國沿海曬鹽方法的起源與傳播

於新觀念的傳播，從新觀念的創新中心，傳播遠方。天日曬鹽生產方法就是這樣從創新中心，傳到福建其他鹽場，再傳到其他沿海各省。明正德 12 年 (1517) 的一個奏摺顯示，當年直隸只有煎法。⓰5 年後，嘉靖元年

(1522) 農曆 12 月的一個奏摺提到直隸的鹽池利用天日曬鹽。⓱根據這兩個奏摺的記載，可知曬鹽的方法當在正德 12 年與嘉靖元年 (1517～1522) 間傳到直隸。有資料指出，將曬鹽方法傳到直隸的是一位福建人。⓲從直隸後來又傳到奉天和山東。

檔案資料顯示在十九世紀初葉，天日曬鹽在山東比煮法節省生產成本，清嘉慶 21 年 (1816) 西繇鹽場的灶戶沒有政府的許可，就逕自改採天日曬法，道光元年 (1821) 富國鹽場的灶戶也沒有政府的許可，也逕自改採天日曬法。⓳

最初什麼時候曬法傳到廣東？確切的年代不詳，歷史資料顯示十八世紀末葉的確已經傳到廣東，那時燃料已經很貴，煮法已經不經濟，乾隆 57 年 (1792) 有三個鹽場，從煮法改變到曬法，這三個場是雙恩場、博茂場、及茂惠場。⓴

在臺灣，高山族㉑和早期來臺灣的福建人，用煮法製鹽。清初鄭經麾下參軍陳永華的軍官將天日曬鹽方法引進臺灣，康熙 4 年 (1665) 他在臺灣西南岸瀨口地方建造鹽埕，用曬法製鹽。㉒

⓰ 黃掌綸等，〈附錄垣政〉，《長蘆鹽法志》(1805 年本)，頁 7。

⓱ 《明實錄》，影印本 (臺北，1962)，第 71 卷，頁 610。

⓲ 見邢潤川，〈關於長蘆區晒法製鹽的來源〉，《化學通報》，1977 年第 5 期，頁 51；又見前揭孔祥鑄的〈長蘆曬法製鹽始於何時？〉不過，另有資料說法與此不同，指出直隸的曬法是義大利神父在明代傳入的，後來又傳到山東和淮北，沒有引證原始資料來源，此說無法查證。見〈論鹽之重要性〉，《鹽務月報》，第 10 卷 (1946)，頁 41；及鄭尊法，《鹽》，見前揭田秋野、周維亮，《中華鹽業史》，頁 249。

⓳ 《山東鹽法續增備要》(1864 年本)，卷五之一，頁 34a–42a。

⓴ 張茂炯等，《清鹽法志》(北京，1920)，第 215 卷，頁 10。

㉑ 元代汪大淵著《島夷志略》(大約在 1350 年成書) 中，提到臺灣原住民「煮海水為鹽」。

㉒ 見江日昇，《臺灣外紀》，1704 年完成；重印本 (臺北，1960)，第 2 卷，頁 235；

總之，天日曬鹽方法最早在十四世紀初出現在福建，後來在十六世紀初葉傳到直隸，十七世紀初葉傳到臺灣，十八世紀末葉傳到廣東。十九世紀初葉從直隸傳到奉天和山東，接著又傳到江蘇。十八世紀從福建傳到浙江。至於天日曬鹽方法的起源，有 3 種可能：(1)雖然解池在九世紀就發明了曬法，㉓但是沒有證據指出十四世紀初福建的曬法是學解池的；(2)曬法可能完全是福建人自己原創的；(3)與從海上來的阿拉伯人和歐洲人接觸，福建人成為可能是最具有創新能力的中國人，泉州在南宋時代 (1127～1279) 是國際大海港，無疑，新的思想和觀念會在泉州產生，莆田距泉州大約只有 70 公里，很可能會從地中海來的商人聽到了有關曬鹽的方法，究竟曬法是外來的，或者是福建本土的，值得進一步探討。㉔

連橫，《臺灣通史》，重刊本（臺北，1955），頁 384；又見前揭田秋野、周維亮，《中華鹽業史》，頁 550。

㉓ Tao-Chang Chiang, "The production of salt in China, 1644–1911," *Annals of the Association of American Geographers*, vol. 66 (1976), p. 527.

㉔ 最晚在西元前三世紀希臘已經有天日曬鹽的鹽場，見 Ronald P. Legon, *Megara The Political History of a Greek City-State to 330 BC* (Ithaca: Cornell University Press, 1980), p. 25. 不過還沒有確切的證據，證明福建的曬法是從地中海傳來的。

第十四章

清代的鹽稅

鹽為吾人生活必需品之一，人不論貧富男女老少，都經常用鹽，故一地每年鹽的消費量大致是可以預測的。鹽稅等於是變相的人頭稅，是政府一項可靠的稅源。因此，在整個中國政治和經濟史中，鹽業一直都得到政治家和財政家的特別注意。

一、鹽稅的重要性

在第十一章中已經討論了鹽是國家一個重要的稅源，從唐代 (618～907) 到明代 (1368～1644) 大約一千年中，鹽稅大概占國家財政總收入的一半到十分之八，在唐代❶和宋代 (960～1279)❷鹽稅占國家財政總收入的一半，這一比例到元代 (1271～1368) 增加到十分之八，❸明代國家財政收入每年達白銀 400 萬兩，其中一半來自鹽課，❹雖然這些統計數字不是完全可靠的，但是也確實表示鹽稅在歷代國家財政收入中，大概所占的比例。

鹽稅在清代政府財政中是極端重要的，最初只有兩種鹽稅，一是灶課，

❶ 見歐陽修、宋祁撰，《新唐書》，校點本（北京：中華書局，1975），第 54 卷，頁 1378。

❷ 見托克托撰，《宋史》，校點本（北京：中華書局，1977），第 182 卷，頁 4454。

❸ 見宋濂撰，《元史》，校點本（北京：中華書局，1976），第 170 卷，郝彬傳，頁 4001。

❹ 袁世振，〈兩淮鹽政疏理成編〉，載陳子龍等編，《皇明經世文編》，約完成於 1636 年，影印本（臺北，1964），第 29 卷，頁 185–186。

另一是引課，亦稱正課。後來逐漸增加了其他的附加鹽稅，❺鹽稅總額歷年乃不斷增加，另外一個使得鹽稅稅額增加的因子，則是全國人口的不斷增加，鹽的消費量逐漸加多。清乾隆 18 年 (1753) 時鹽稅的總額達到 876 萬 8 千兩，150 年後，光緒 34 年 (1908) 增加到 4,500 萬兩。❻另外一個估計指出清末每年的鹽稅，更多達 4,700 萬兩。❼

整個清代的 268 年間，每年政府財政收入中出自鹽稅者，少者約為六分之一，多者高達一半以上，有一個估計指出，康熙年間，相當十七世紀的下半葉和十八世紀的初葉，鹽稅占國家財政收入的一半。❽學者保守的估計，顯示乾隆 18 年 (1753) 時，鹽稅在國家一切財政總收入中約占八分之一，❾這個數字可能偏低，因為在這個年代以前和以後的各家估計數字都大些。另外一個估計表示，咸豐年間，相當十九世紀中葉，鹽稅占國家財政總歲入的四分之一。❿從十九世紀中葉以降，鹽稅在國家財政收入中所占的比例減少，是因為另外兩項重要稅源的開闢，即釐金和關稅。

每年鹽稅的絕對數額，清初不足 200 萬兩，中葉約為 600 萬到 800 萬

---

❺ 見彭雨新，〈清末中央與各省財政關係〉，載包遵彭等編，《中國近代史論叢》，第 2 輯第 5 冊（臺北：正中書局，1963），頁 15–16。此文原載《社會科學雜誌》，第 9 卷 (1947)，頁 83–111。

❻ Yeh-chien Wang, *Land Taxation in Imperial China, 1750–1911* (Cambridge, MA: Harvard University Press, 1973), pp. 74–76.

❼ Chien Chang, *A Plan for the Reform of the National Salt Administration* (Shanghai: The National Review Office, 1913), p. 39. 又見前揭 Wang, *Land Taxation in Imperial China, 1750–1911*, p. 76.

❽ 見佐伯富，《清代鹽政の研究》（京都，1956），頁 14 所引王世球等編，《兩淮鹽法志》（1748 年刊本）序文。又見 Rhoads Murphey, *The Treaty Ports and China's Modernization: What Went Wrong?* (Ann Arbor, 1970), p. 11.

❾ 見 Yeh-chien Wang, "The fiscal importance of the land tax during the Ch'ing period," *Journal of Asian Studies*, vol. 30 (1971), p. 838.

❿ 見孫鼎臣，〈論鹽〉，載葛士濬編，《皇朝經世文續編》，1888 年上海印行，影印本（臺北，1964），第 43 卷，頁 5–6。

兩。清末超過 4,000 萬兩。滿人初入關，為了討好漢人，明代附加鹽課一律減免，只徵收正課，稅額不到 200 萬兩，後來乾隆皇帝西征新疆，嘉慶元年 (1796) 與 7 年 (1802) 間又有白蓮教之亂，軍費浩大，財政枯竭，於是稅額加增，十八世紀中葉每年鹽課收入 700 萬兩，比十七世紀中葉鹽課增加三倍之多。咸豐元年 (1851) 發生太平天國事變，清政府不得不用各種方法增加財政收入，以應付龐大的軍費開支，其中以釐金的徵收最為重要，鹽釐為釐金的一種，其後鹽釐的徵收每年達 700 萬到 900 萬兩。十九世紀初葉以來，又有各種附加鹽稅，到十九世紀末葉，各種附加鹽稅的總額超過鹽稅正課的兩倍。清朝滅亡的前一年，即 1910 年，鹽課總額超過 4,700 萬兩。[11]

二、鹽稅的種類

十九世紀中葉以前只有兩種鹽稅，一為灶課，一為正課，前者包括灘課、池課、灶課及井課等；後者包括正課及其他許多名目不同的鹽課。最初的鹽課叫做正課，極為重要，正課占每年鹽課總額的一半以上（見表 14–1）。

表 14–1　民國 30 年 (1941) 鹽課的分配

項　目	課額（兩）	百分比
正　課	4,061,545	54.3
灶　課	642,703	8.6
包　課	56,398	0.8
其他雜課	2,715,233	36.3
合　計	7,475,879	100.0

[11] 見拙著〈清代鹽業的重要性〉，《東方文化》，第 14 卷第 2 期 (1976)，頁 235–240 及頁 184–185。

後來，特別是在十九世紀末葉，鹽課頗有增加，⑫而且各有其加稅的目的，包括為黃河河工籌款、支付對外賠款、為興建鐵路籌款、支付軍費、以及償還外債。例如在乾隆雍正時代，兩淮、兩浙、長蘆和山東鹽商總共捐獻年費達 3 千萬兩。⑬在十八世紀，鹽商已開始作各種目的不同的捐獻，慢慢地捐獻變成了鹽課中一個重要的項目，鹽釐最初創行於長江下游地區，後來遍行全國，由於各種新鹽稅的增加，原來正課在鹽稅總額中的重要性，便逐漸降低，清末，在鹽稅總額中各種附加的鹽稅竟占三分之一以上，鹽釐獨占六分之一以上，⑭各種捐獻、官運收入以及其他各種雜稅合占五分之一，而正課所占比例還不到六分之一（見表 14–2）。

表 14–2 宣統 2 年 (1910) 鹽課的分配

項　目	課額（兩）	百分比
附加鹽課	18,610,403	39.2
鹽　課	8,376,333	17.7
正　課	7,681,474	16.2
官運收入	5,152,509	10.8
包　課	2,637,388	5.6
溢　課	2,477,843	5.2
場　課	245,617	0.5
其　他	2,271,802	4.8
合　計	47,453,369	100.0

⑫ 見周慶雲編，《鹽法通志》（北京，1914），第 3 卷，頁 3。

⑬ 見趙爾巽主編，《清史稿》，第 129 卷，頁 6。

⑭ 有一項資料甚至指出，在十九世紀末葉，鹽釐獨占鹽課總額的一半以上，見昆岡等編，《大清會典》，1899 年出版，重刊本（上海，1936），第 20 卷，第 3 冊，頁 218–220。

三、鹽稅的地理分布和變遷

就內地 18 省來說，兩淮區鹽課稅額最大，在十七世紀時幾占總額的一半，兩浙區占七分之一，長蘆區占十分之一，河東區也占十分之一，當時四川區的地位尚不重要，其所占比例，還不到 4%，這種地理上鹽稅的分配情形，大致保持了 200 年沒有顯著的改變。十九世紀中葉，因太平天國之亂，長江中下游江運不通，湖北和湖南兩省本來行銷淮南鹽的地區缺鹽，遂從兩廣和四川輸入食鹽，結果兩廣和四川兩區的鹽課稅額乃大增，同時兩淮區的稅額又相對地減少。就全國的情形來說，鹽稅第二個重要的地理變遷，則是東北區稅額的驟增，東北區包括奉天、吉林和黑龍江三省，清末其稅額約占全國總額的十分之一，這跟東北區關內移民的增加和該區經濟發展有著密切的關係（見表 14–3 及表 14–4）。⓯

表 14–3　清代各鹽區每年鹽稅的分配

鹽　區	十八世紀初葉[1]		十九世紀中葉[4]		十九世紀末葉	
	兩　數	%	兩　數	%	兩　數	%
兩　淮	3,451,207	44.4	2,128,301	42.4	5,299,902	42.3
四　川	302,247	3.9	151,699	3.0	2,031,848	16.2
兩　浙	1,021,281	13.1	423,839	8.4	1,593,880	12.7
長　蘆	660,373	8.5	502,553	10.0	945,647	7.5
兩　廣	720,034	9.1	603,851[5]	12.0	910,459	7.3
河　東	541,147[2]	7.0	539,836[6]	10.7	582,243	4.7
雲　南	373,771	4.8	347,350	6.9	456,330	3.6

⓯ Robert H. G. Lee, *The Manchuria Frontier in Ch'ing History* (Cambridge, MA: Harvard University Press, 1970).

福　建	347,010	4.5	147,386	2.9	381,216	3.0
山　東	325,067	4.2	153,429	3.1	282,997	2.3
陝　甘	38,295	0.5	27,927	0.6	47,822	0.4
合　計	7,780,432[3]	100.0	5,026,171	100.0	12,532,344	100.0

註釋：1.康熙末年。
2.包括晉北土鹽稅額 17,800 兩。
3.包括灶課 279,880 兩。
4. 1841～1842 年，1845 年及 1849 年實際稅額的平均數。
5.包括廣東 548,301 兩，廣西 47,617 兩及貴州 7,933 兩。
6.包括晉北土鹽稅額 17,800 兩。

表 14–4　清末各省每年鹽稅的分配

省　別	1901 年左右		1910 年		1912 年（預算）	
	兩　數	%	兩　數	%	兩　數	%
湖　北	3,777,430	15.99	1,760,177	3.71	1,768,584	3.72
四　川	3,500,000	14.81	6,261,269	13.19	6,721,993	14.13
江　蘇	2,600,000	11.00	13,860,474	29.21	14,014,690	29.45
安　徽	2,306,173	9.76				
湖　南	1,607,767	6.80	1,549,669	3.27	251,925	0.53
廣　東	1,357,700	5.74	4,900,346	10.33	5,486,962	11.53
直　隸	1,332,000	5.64	5,170,030	10.89	5,236,818	11.01
江　西	1,320,054	5.59	72,120	0.15	72,120	0.15
雲　南	1,185,300	5.02	1,164,595	2.45	1,343,501	2.82
浙　江	900,000	3.81	2,384,329	5.02	2,406,329	5.06
福　建	750,000	3.17	1,084,372	2.28	1,088,213	2.29
山　西	684,452	2.90	1,346,162	2.84	1,346,162	2.83
山　東	600,000	2.54	1,421,838	3.00	1,725,662	3.63
廣　西	490,000	2.07	567,528	1.20	567,528	1.19
奉　天	480,000	2.03	1,655,694	3.49	1,655,694	3.48

河　南	400,000	1.69	296,322	0.62	296,322	0.62
貴　州	200,000	0.85	434,128	0.92	13,640	0.03
甘　肅	70,000	0.30	167,518	0.35	167,518	0.35
陝　西	60,000	0.25	441,322	0.93	441,322	0.93
新　疆	10,500	0.04			19,618	0.04
察哈爾			8,050	0.02	8,050	0.02
吉　林			1,838,310	3.87	1,865,765	3.92
黑龍江			1,013,735	2.14	1,013,735	2.13
熱　河			55,381	0.12	65,335	0.14
合　計	23,631,376	100.0	47,453,369	100.0	47,577,486	100.0

註釋：1910 年及 1912 年預算，安徽省數額包括在江蘇省內。

四、不公平的鹽稅

鹽課奇重，食鹽零售價格的最大決定因子，不是生產成本和運輸成本，而是政府鹽稅，例如浙江鹽稅占食鹽零售價格的 40%（見表 14–5），所以鹽稅形成影響鹽業的一個很重要的因子，靠近鹽場的地區，比距離較遠的地區鹽稅較輕，不是因為運輸成本較低，而是因為地區靠近鹽場，政府無法完全控制食鹽的走私。四川鹽稅較低，但是川鹽生產和運輸成本很高，所以川鹽售價跟長江中下游地區生產和運輸成本低而課稅重的淮鹽售價一樣高。因此，生產和運輸成本較低的海鹽銷區，便受到重稅的不公平地限制。

清代鹽政上一個重大的問題，是沒有對所有食鹽課以相等的稅額：第一，大量的私鹽，完全沒有抽稅；⑯第二，為了增加稅收，各地鹽稅稅率

⑯　有一項資料估計，1912 年時，未納稅的私鹽數量約占全國食鹽實際消費量的一

不統一。據說在清末，全國有700多種不同的鹽稅。⑰不公平的鹽稅，實是清代鹽政上一個重要的缺點。

表14–5　1912年左右浙江每斤食鹽零售價格的分配

項　目	售價的全距（銀元）	售價的中位數	
		（銀元）	%
鹽　課	1.157～2.438	1.7975	40.9
生產成本	0.680～1.900	1.2900	29.3
運輸成本與營利		1.3125	29.8
零售價格	2.400～6.400	4.4000	100.0

上述不公平是多方面的，最有歷史地理趣味的，則是這種不公平的空間特徵，我國各地鹽稅一直是不一樣的，沿海靠近鹽場的地區，以及四個內陸地區（包括直隸省的內陸地區、河南省北部、山西省南部及四川省東部），鹽稅最輕；整個雲南鹽區及南京以西的淮南鹽區的鹽稅最重；⑱而四川鹽區的大部和華北大部地區的鹽稅則較輕。⑲此外，沿海區域的稅率也因地方不同而異，例如，浙江紹興批驗所運出的鹽，因距離不同而稅率互異，在紹興地區出售的鹽，其稅額為食鹽售價的三分之一，而運往325公里以外到江山地區出售的鹽，同一比率則為47%（見表14–6）。

何以如此？像多數傳統的社會，清政府不是根據人民的納稅能力徵稅，

半，見前揭Chang, *A Plan for the Reform of the National Salt Administration*, p. 3.

⑰ 見胡翔雲，〈中國鹽務最近狀況〉，《鹽政雜誌》，第31期(1921)，專件，頁7。

⑱ 這兩區鹽稅過去一向很重，甚至在二十世紀初民國時代也是如此，見左樹珍，〈敬告鄂湘灝皖四省父老書〉，載所著《淮鹽紀要》（上海，1928），專件，頁28–30。又見Joseph Spencer, "Salt in China," *Geographical Review,* vol. 25 (1935), p. 356 and Figure 2.

⑲ 見胡光智輯，〈全國各鹽區稅率等差表〉，《鹽政雜誌》，第1卷第1期(1912)，調查，頁1–8；第2期(1913)，調查，頁9–20；第3期(1913)，調查，頁21–27。

表 14–6　鹽稅稅率與距批驗所里程

地　區	距紹興之里程（公里）	鹽稅占食鹽售價的（百分比）
紹　興	0	33.3
諸　暨	80	38.6
蘭　溪	195	43.9
龍　游	225	44.9
江　山	325	46.9

而是根據人民的不能避免納稅程度而徵稅。在食鹽用水路運輸的地區，陸運運費太高，鹽政機構可以控制天然水道，因而鹽稅很高，稅率隨距離鹽場的里程遠近而不同，食鹽運銷愈遠，其稅率愈高。兩淮鹽政管區包括江蘇、安徽、湖北、湖南及江西四省的大部，以及河南省的東南部，在鹽的生產和運銷等各方面其制度最為完整，最足以為例說明上述不公平的情形，江蘇大多數地區鹽稅極輕，甚至完全沒有鹽稅，而在長江中游以上地區，鹽稅卻很重，沿海地區的人民可能相對地比較富有，而其所納鹽稅卻甚輕，甚至完全避免納稅，因為靠近鹽場，鹽價便宜；而內地人民可能比較窮，而其所納鹽稅卻最重，因為遠離鹽場。鹽稅甚輕的地區包括了中國若干最富庶的地區，清代的鹽稅制度的確不公平，而其行政效率又是很低的。[20]

[20] S. A. M. Adshead, *The Modernization of the Chinese Salt Administration, 1900–1920* (Cambridge, MA: Harvard University Press, 1970), pp. 21–24; and Richard Dane, *Report on the Reorganisation of the Salt Revenue Administration in China, 1913–1917* (Peking, 1918), pp. 17–18.

MEMO

第十五章

清代的鹽業歷史地理

一、導　言

鹽為人們日常生活必需品，又是一種納稅商品，所以鹽在中國經濟與政治歷史發展中，扮演著重要的角色。由於所有的人都必需經常用鹽，其每年消費數量大致可以預估，鹽稅是一種隱藏的人頭稅，提供政府一項可靠的稅源。基於這種理由，在整個中國的歷史上，鹽的產銷特別引起政治家和財政家的關注。就經濟的數量來說，鹽的生產與運銷長久以來一直是農業中國的重要產業，更是清代最大的單一經濟事業。對鹽的控制及其收益，就常常成了中國革命人士、土匪、以及不滿分子組織的直接目標。清代鹽源分布很廣，各地有好幾種不同的生產方法。鹽的運輸採用傳統中國的各種運輸工具，鹽的運銷與全國、大區域和當地小區域的貿易關係密切。❶本章重建清代的鹽業地理，主要討論以下 5 方面：生產中心、國家控制、貿易網絡、運輸工具及行銷市場的空間結構。❷

---

❶ Tao-chang Chiang, "The significance of the salt industry in Ch'ing China," *Science Reports*, Institute of Geography, Chinese Culture University, vol. 7 (1994), pp. 51–72.

❷ 本研究的範圍限於內地 18 省，也就是歐美學者所謂「中國本部」(China Proper)，必要時也論及其他地區。

二、生產中心

清代鹽源分布很廣，內地18省中，只有廣西不產鹽，15省中有商業化的鹽產，351個州縣有產鹽的紀錄，❸其中111個州縣共有253個鹽場。大部分的鹽產於沿海鹽場（見表15–1）。內陸的鹽場分散在15省中，最大的兩個內陸產鹽省分是四川和山西，次要的產區為滇中、滇南、滇西、直隸的內陸、陝中、陝北、豫東北、魯西、以及甘肅走廊（圖15–1）。

表15–1 1840～1890年平均每年鹽產量的估計

產 區	公 噸*	百分比
沿 海		
淮 南	326,303	18.9
兩 浙	295,268	17.1
遼 東	217,728	12.6
長 蘆	184,351	10.7
福 建	155,600	9.0
兩 廣	118,060	6.8
山 東	109,619	6.4
淮 北	46,294	2.7
小 計	1,453,223	84.2
內 陸		
四 川	130,777	7.6
河 東	109,002	6.3
雲 南	23,628	1.4

❸ 此處州縣一詞，指清代府以下的行政區，包括州、縣、廳等。

陝 甘	8,480	0.5
小 計	271,887	15.8
總 計	1,725,110	100.0

* 這些估計的數量，實際上是 1840～1890 年間官方記載的各個產區的鹽產量，比實際產量低，不過，這些數字確實可以表示當時各個產區間鹽產量的相對差異狀況。

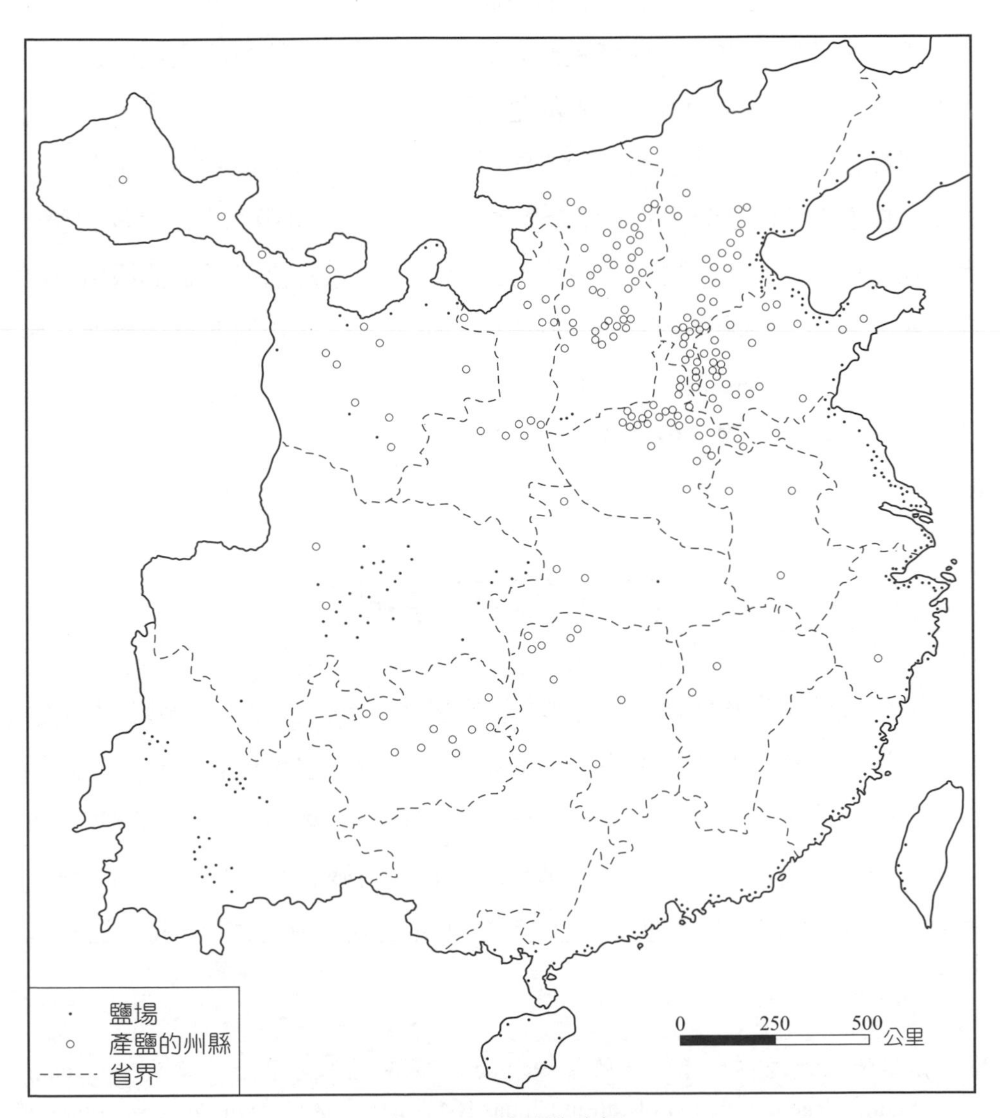

圖 15-1 清代的鹽場

清代內地沒有百分之百的岩鹽，西北氣候乾旱，鹽池池水結晶成鹽，生產少量的鹽。鹽的原料有滷水、鹽岩、及鹹土，都是很重的材料。總的來說，清代五分之四的鹽產，原料的鹽分含量大約為百分之三，所以，為了節省運費，鹽的生產都在鹽源所在地點進行。

由於自然環境的差異和原料的不同，有 6 種不同的煎曬生產方法。長久以來，沿海鹽場唯一方法就是煎煮海水。這種煎煮的方法也見於四川和雲南，不過不是煎煮海水，煎煮的是從深井汲取的滷水。在雲南，採掘鹽岩，浸在滷水或淡水中，用這種方法所得的滷水，再用煎煮的方法得鹽。湖北、浙江和湖南產膏鹽，從石膏廢礦坑汲取滷水，再用煎煮的方法得鹽。至少在 10 個省分，有用煎煮法生產土鹽的紀錄。雖然沿海各省都採用日曬方法產鹽，但天日曬鹽的方法北方比南方重要。華北和西北直接曬海水和湖水，南方不是直接曬海水，而是先製滷，再煎煮滷水成鹽。在陝西和甘肅，直接從鹽湖採鹽。❹清代的製鹽方法，實際上跟明代完全一樣，沒有創新。

三、國家控制

清代鹽的生產和運銷，由於地方範圍廣大，中央管理十分困難。所以，從來就沒有設置一個專門的中央機構來管理鹽業，也從來就沒有一個應用到全國的單一中央系統。有效地管理全國的鹽業，對清代的官僚來說，實在不是一件容易的工作。考慮到鹽源的分布、行政區劃、以及自然狀況，內地劃分為 12 個鹽業管理區，也就是通稱的鹽政區或行鹽區，每一區有固

❹ 有關清代鹽源與生產方法的詳細討論，請參見本書第十二章及 Tao-chang Chiang, "The production of salt in China, 1644–1911," *Annals of the Association of American Geographers*, vol. 66 (1976), pp. 516–530.

定的產地和銷區，這 12 行鹽區是奉天、長蘆、山東、淮北、淮南、兩浙、福建、兩廣、陝甘、河東、四川、及雲南，另外尚有口北、綏遠、晉北、及臺灣，分別形成獨立的鹽區（圖 15–2）。❺政府利用 6 種不同的體系，控制這些鹽業管理區內鹽的運銷，這 6 種體系有一個共同的特點，就是在政府的嚴格控制之下，由特權商人運銷鹽。這 6 種體系是引法、綱法、票法、歸丁法、官運法以及就場徵稅法。不過，引法是鹽業基本的運銷機制，已有將近 700 年的歷史；綱法和票法實際上是引法的變種。在引法之下，鹽業分為生產和運銷兩方面，在生產方面，每一鹽場有若干生產鹽的鹽戶，每年鹽戶向政府提供一定數量的鹽，政府付給工本費。在運銷方面，鹽商❻從政府取得鹽引，憑鹽引向規定的鹽倉取鹽。鹽商負責將鹽運交各個銷區的小鹽商，這些小鹽商多數是各個銷區的批發商，不過有些也是零售商，他們在州縣治所提供存放鹽的鹽倉，同時也將鹽賣給整個州縣境內的零售鹽商。

理論上，在引法之下，任何人都可以在競爭的基礎上成為鹽商。明初，鹽的專賣權並沒有給予任何商人，洪武 3 年 (1370) 政府要求鹽商將糧食運往北方邊境駐軍地區，給予鹽引，商人有了鹽引，可以到指定的鹽倉取鹽，擁有這種鹽引的商人，便擁有在規定地區內賣鹽的權利，他們將鹽運往規定的地區，賣給小鹽商，這種制度叫做開中法，❼開中法一直實行到西元

---

❺ 行鹽區地圖是根據下列材料繪製的，即張茂炯等，《清鹽法志》（北京，1920），第 14–16, 54, 77, 96, 110–113, 166–167, 192–193, 217–218, 及 277–278 卷；和周慶雲等，《鹽法通志》（北京，1914），第 43–50 卷。

❻ 有關鹽商的精闢討論，請參見 Ping-ti Ho, "The salt merchants of Yangchow: a study of commercial capitalism in eighteenth-century China," *Harvard Journal of Asiatic Studies*, vol. 17 (1954), pp. 130–168.

❼ 有關開中法的研究，請參見李龍華，〈明代的開中法〉，《香港中文大學中國文化研究所學報》，第 4 期 (1971)，頁 371–493；及徐泓，《明代的鹽法》，1972 年國立臺灣大學歷史學系博士論文。

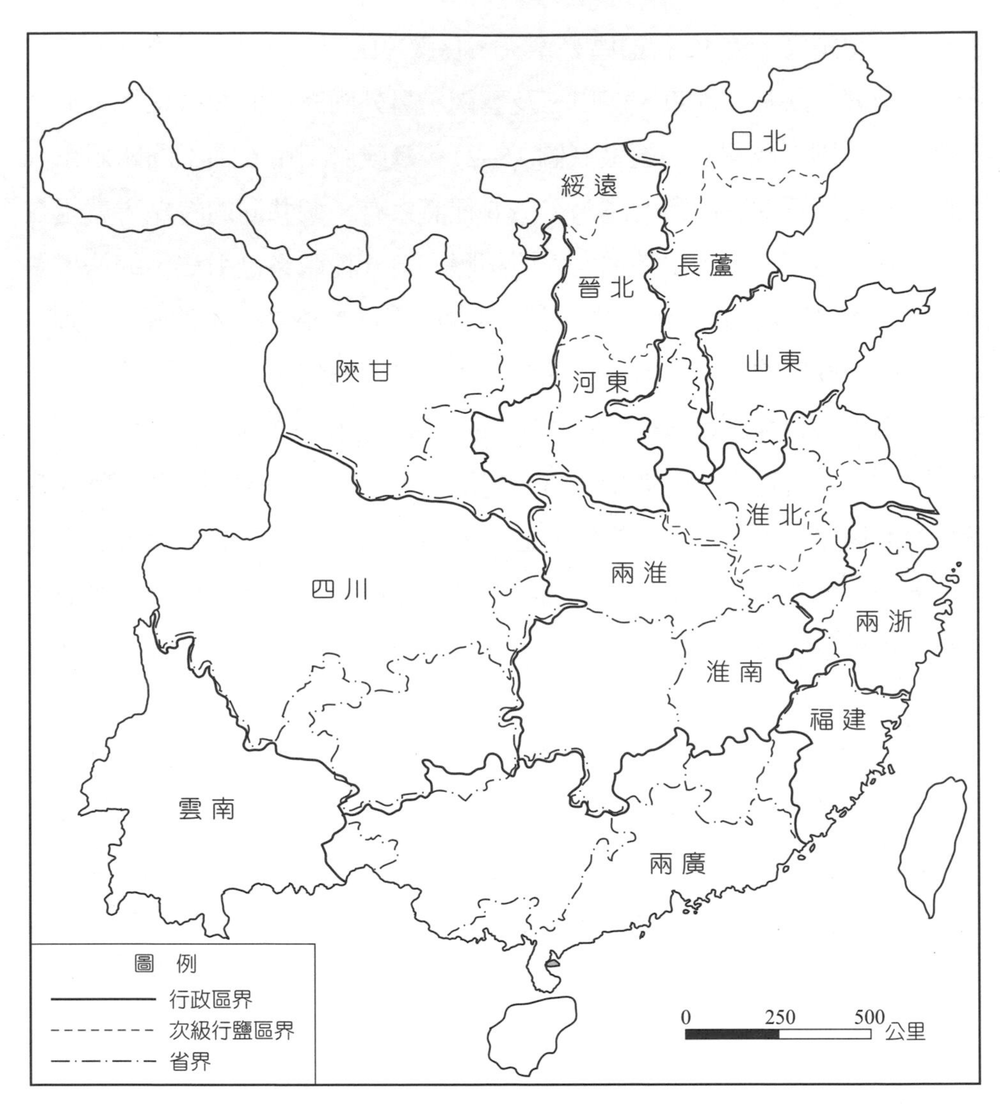

圖 15–2 清代的行鹽區

十五世紀末葉，那時政府財政困難，徵收現金比徵收糧食有利，就以現金替代糧食。後來，政府頒發的鹽引太多，許多鹽商有鹽引，卻無法取得鹽，為了公平，使各鹽商都能按比例取得鹽，萬曆 45 年 (1617) 政府實行綱法，各行鹽區分為 10 綱，每年 9 綱鹽商使用當年的鹽引取鹽，第 10 綱鹽商使用過期的鹽引取鹽，換言之，每一行鹽區每年按一定配額運銷鹽。賣鹽的權利總是給予能夠預先付款的鹽商，擁有鹽引鹽商的姓名登記在綱冊上，❽當時擁有鹽引的鹽商要等若干年才能取到鹽，❾合法的鹽業不是很有利，❿極少有新的商人願意從事鹽的運銷。政府為了吸引商人購買更多的鹽引，就將買鹽的權利給予鹽商，這種權利慢慢變成了可以世襲，最後常年購買鹽引的商人變成了獨占的專利者。⓫這種引法大約存在兩世紀之久，一直到十九世紀才廢除。

第三種體系是票法，最初十六世紀創行於淮北，清道光 11 年 (1831) 進行劇烈的改革，打擊私梟，消除世襲引商的獨占，⓬次年淮北採行票法，⓭在票法下，任何人只要納稅，便可取得鹽票，憑鹽票可以在淮北行鹽區內自由買鹽，每一張票，可以賣鹽 2,000 斤。起初，票法進行良好，過去受少數有力鹽商控制的情況消失了，結果，鹽價降低，政府稅收增

---

❽ 見袁世振，〈綱冊凡例〉，載陳子龍等編，《皇明經世文編》，影印本（臺北，1964），第 29 卷，頁 355–364。又參見 Ray Huang, *Taxation and Government Finance in Sixteenth-Century Ming China* (Cambridge, England: Cambridge University Press, 1974), pp. 220–221；及 Thomas Metzger, "The organization capabilities of the Ch'ing state in the field of commerce: the Liang-huai salt monopoly, 1740–1840," in W. E. Willmott, ed., *Economic Organization in Chinese Society* (Stanford: Stanford University Press, 1972), pp. 21–25。

❾ 據說祖父買的引票，傳給兒子，再傳給孫子，孫子還無法獲得鹽，許多鹽商因而走私，參見張廷玉修，《明史》，校點本（北京，1974），第 7 冊，頁 1937–1938。

❿ 1626～1650 年間人口銳減是影響鹽業衰退的主要原因，參見 Ping-ti Ho, *Studies on the Population of China, 1368–1953* (Cambridge, Mass., 1959), pp. 139–140, 265。

⓫ 參見前揭袁世振，〈綱冊凡例〉，頁 360。

⓬ 見陶澍，〈會同欽差擬訂鹽務章程摺子〉，載陶澍，徐喬林輯，《陶文毅公全集》，影印本（臺北，1966），第 2 冊，頁 1049–1077。

⓭ 見陶澍，〈淮北支岸近實行票鹽復辦〉，載前揭陶澍，《陶文毅公全集》，第 2 冊，頁 1153–1156。

加。⓮道光 30 年 (1850)，淮南行鹽區也採用票法。⓯後來，咸豐 2 年 (1852) 河東行鹽區也採用票法，⓰同治 4 年 (1865) 福建和兩浙行鹽區也採用票法。⓱很不幸，後來太平天國阻礙了小本鹽商的運銷，因為這種緣故，同治 3 年 (1864) 設立最低標準。同時也因為這樣做，政府才可以確實估計每年鹽稅的收入。在安徽省，一位票商每年一定要能至少賣鹽 24,000 斤；在湖北、湖南和江西三省，一位票商每年一定要能至少賣鹽 100,000 斤，所以只有富有的大商人，才有足夠的資本，從事鹽的運販。⓲同治 5 年 (1866)，為了籌措軍費，淮南實行一種循環制度，在這種制度下，票商捐款充作軍費，每年一定數目的鹽商輪流賣鹽。捐款視為證照稅，票商賣鹽的權利不可剝奪，而且可以傳給子孫。⓳後來淮北和兩浙行鹽區也採行這種制度。⓴顯然，這就是以前引法的恢復，而且一直實行到 1940 年代。㉑

靠近鹽場的地區，實行歸丁法，歸丁的意義就是將鹽稅合併在土地稅中，理由之一就是避免私鹽，鹽稅很重，販運私鹽有利可圖，靠近鹽場的地區，走私比較容易。在歸丁法之下，鹽的運銷循正常的商業活動進行，鹽稅與土地稅一起徵收。鹽價降低，走私無利可圖，私鹽自然消滅。甘肅

⓮ 見 Thomas A. Metzger, “T’ao Chu’s reform of the Huai-pei salt monopoly,” *Papers on China* (Harvard), no. 16 (1962), pp. 1–39.

⓯ 見陸建瀛，〈酌議淮南開票章程疏〉，載《皇清道咸同光奏議》，影印本（臺北，1966），第 3 冊，頁 1787–1790。

⓰ 見前揭曾仰豐，《中國鹽政史》，頁 28。

⓱ 見左宗棠，〈歷陳閩鹽試行票運情行疏〉，載葛士濬輯，《皇朝經世文續編》，影印本（臺北，1964），第 1 冊，頁 874–876。

⓲ 見前揭曾仰豐，《中國鹽政史》，頁 28；前揭張茂炯等，《清鹽法志》，第 116 卷，頁 10 與第 156 卷，頁 5；及方濬頤等纂，《淮南鹽法志略》（淮南，1873），第 3 卷，頁 27。

⓳ 見景學鈐編，《鹽稅問題》（出版地不詳，1930），頁 213–215。

⓴ 見前揭曾仰豐，《中國鹽政史》，頁 28。

㉑ 一直到 1942 年元旦國民政府才正式宣布廢除引法。

省最早在雍正元年 (1723) 採用歸丁法，㉒山東行鹽區在雍正 8 年 (1730) 也採用歸丁法。㉓距離鹽場太遠的地區，鹽的運販利潤不大，鹽商不至，也採用歸丁法，鹽的銷量減少，政府損失稅收，結果這些地區發生鹽荒。由於這種緣故以及其他的理由，㉔山西省在乾隆 43 年 (1778) 也採用歸丁法，㉕整個河東行鹽區也在乾隆 57 年 (1792) 採用歸丁法。㉖次年 (1793)，山西省其他地區也採用歸丁法，㉗最後在道光 8 年 (1828) 四川省的 31 個州縣也實行歸丁法。㉘

第五種體系是邊遠地區實行的官運，像是廣西省，對鹽商來說，邊遠地區賣鹽很可能無利可圖，為了能賺錢，鹽商拖欠鹽稅，雍正 2 年 (1724) 廣西省遂實行官運，㉙在官運制度下，政府在重要地點設置鹽運局，負責運銷鹽，輔以合約鹽商，鹽的零售仍由小鹽店經營。保證廉價鹽的充裕供應，這種制度對於距離鹽源遙遠的地區特別有利。官運還有其他的優點：⑴消除過去鹽商的剝削；⑵免除沿途腐敗地方官員的勒索；⑶在一定程度上，建立自由競爭的市場，這是小商人以往所沒有的。其他地區慢慢地實行官運，到清末，中國內地大部分的區都實行了官運。㉚

第六種體系是就場徵稅，實行於雲南省，該省鹽場集中在少數地區，

㉒ 見張其昀纂修，《清史》(臺北，1961)，第 2 冊，頁 1501。

㉓ 見王慶雲，《石渠餘記》，影印本 (臺北，1966)，頁 464。

㉔ 其他的理由包括銷區的低購買力和鹽產的減少，在這兩種情形之下，鹽商的鹽銷售量都會減少。

㉕ 見前揭王慶雲，《石渠餘記》，頁 484。

㉖ 見《大清歷朝實錄》，影印本 (臺北，1963–1964)，〈乾隆朝〉，第 28 卷，頁 20518, 20536 及 20589。

㉗ 見前揭景學鈐編，《鹽稅問題》，頁 27。

㉘ 見前揭張其昀纂修，《清史》，第 2 冊，頁 1505。

㉙ 見前揭景學鈐編，《鹽稅問題》，頁 25。

㉚ 有關四川行鹽區官運制度的詳細研究，請參見吳鐸，〈川鹽官運之始末〉，《中國近代經濟史研究集刊》，第 3 輯第 2 號 (1935)，頁 143–261。

市場不大，使得就場徵稅可行。在這種體系下，鹽稅就場徵收，徵了稅的鹽，可以在整個區內自由買賣。這種體系最初在唐代(618～907)實行，清代對這種體系一再討論，但卻從未在雲南省以外的地區實行，十九世紀初，這種體系在整個雲南行鹽區實行。㉛票法與就場徵稅兩者有一個很重要的差別，前者鹽商從政府鹽倉取的一定數量的鹽，後者鹽商直接向鹽戶買鹽，而且數量也沒有限制。㉜

總之，自由市場競爭不是常軌，為了要制止非法私鹽的流通，從鹽場到市場鹽的運輸，要經過一系列的檢查，整個鹽業是很官僚的，鹽商運銷鹽極費時日，在政府嚴格的控制下，自由企業無法發展，鹽業貿易因此遭受傷害。

四、貿易網絡

全國鹽的實際銷售數量不詳，私鹽的販運十分普遍，私鹽的數量大概跟官鹽的數量一樣多，㉝官鹽的貿易量只能估計，十八世紀中葉，每年鹽的消費量是130萬公噸，100年以後，增加到超過330萬公噸，大約五分之四是海鹽，其餘的鹽是內陸生產的。㉞十八世紀初期，鹽是大宗的西歐國際商品，例如，大量的鹽從法國、葡萄牙及義大利，運往波羅的海區。㉟

㉛ 見前揭景學鈐編，《鹽稅問題》，頁25。

㉜ 見陶澍，〈會同欽差復奏體察淮北票鹽進行摺子〉，載前揭《陶文毅公全集》，第3冊，頁1243。

㉝ Chien Chang, *A Plan for the Reform of the National Salt Administration* (Shanghai: The National Review Office, 1913), p. 3.

㉞ Tao-chang Chiang, "Salt consumption in Ch'ing China," *Nanyang University Journal*, vols. 8 and 9, part 2 (1974–1975), p. 71.

㉟ C. T. Smith, *An Historical Geography of Western Europe before 1800* (London: Longmans, 1967), p. 438.

但是在我國，鹽是國內貿易品，[36]鹽的運輸完全是國內的，清代鹽的運輸，可以分為兩個不同的層次來分析，即大區域的與局部本地的。大區域的運輸有 3 種類型，在 8 個沿海行鹽區，鹽沿著可航行的水道運輸。在內陸的 3 個行鹽區，鹽源大致位在行鹽區的中心，鹽由中心向四方運輸。在陝甘行鹽區，鹽源位在該區的北部和西北部，鹽由鹽源向南和向東南方向運輸。

我們可以拿兩淮行鹽區為例，詳細說明鹽的運輸，在兩淮，沿長江口以北的江蘇海岸，有 32 個鹽場，共有鹽戶 16,000 戶，[37]鄰近鹽場的地區，鹽直接從鹽場運往江蘇省的 19 個州縣。比較遠的內陸地區，鹽先從鹽場運到兩個主要集散中心，其一為位在淮河岸邊的西壩，[38]另一為位在長江岸邊的十二圩。西壩的鹽直接運銷河南省東南部的 14 個州縣，和皖北的 27 個州縣。十二圩的鹽直接運銷江蘇省的 12 個州縣，間接經由南昌運銷江西省的 56 個州縣，經由漢口運銷湖北和湖南兩省的 119 個州縣。南昌和漢口分別是江西省和湖北和湖南兩省的區域分銷中心。西壩和十二圩都具有雙重的機能：西壩是淮北鹽的收集中心，也是淮北的區域分銷中心；十二圩是淮南鹽的收集中心，也是包括江蘇和安徽兩省一部分地區的分銷中心（圖 15–3）。[39]

---

[36] 今天吉林省最東部的琿春區曾從 Poset 海灣 Hanch'i 地方的鹽場輸入食鹽，國人在 Hanch'i 地方經營鹽場甚久，1860 年該地割讓給俄國以後，國人繼續用煮鹽的方法在該地產鹽，運銷琿春區。朝鮮鹽也以朝貢貿易方式輸入我國。不過這兩種情形所涉及的鹽，數量微小，所以並不重要。見劉錦藻輯，《清朝續文獻通考》，影印本（上海，1936），第 38 卷，頁 7929；及張存武，《中朝宗番貿易：1637–1894 年》（南港：中央研究院近代史研究所，1978），頁 201–219。

[37] 見朱廷立，《鹽政志》（出版地不詳，1529），第 4 卷，頁 23。見前揭徐泓，《明代的鹽法》，頁 37。

[38] 1823 年以前淮安為鹽的匯集中心，1823 年實行票法，西壩建立為淮北行鹽區的集散中心，見林振翰，《淮鹽紀要》（上海，1928），頁 195–196。

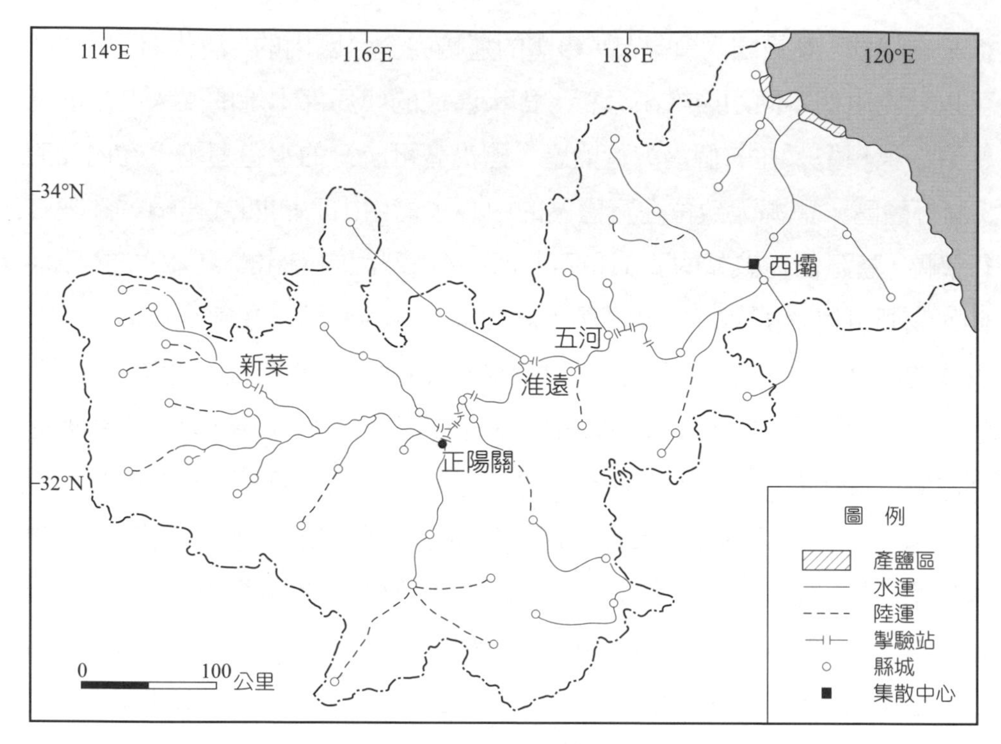

圖 15–3　淮北鹽的運銷

雖然，鹽的運輸通常是沿著自然的貿易路線，有些鹽的運輸，卻不合經濟原理，例如，鹽的分銷與行政區劃關係密切，安徽省廬州府的 4 個州縣，位在長江的北岸，與十二圩間有通航水道相連，銷售在這 4 個州縣的鹽，卻不是從十二圩運來，而是從西壩運來的，前已述及，西壩是淮北的區域分銷中心，而且，廬州府 4 個州縣與西壩還有淮陽山脈分開。從西壩運鹽到這四個州縣所經過的路程，比從十二圩來的路程大三倍，因為從西壩來的路程，有四分之一還是翻越淮陽山脈的陸路，運費也超過三倍。

---

39 鹽的運輸，在《兩淮鹽法志》中有很詳細的記載，見謝開寵等修，《兩淮鹽法志》，影印 1693 年本（臺北，1966），第 1 冊，頁 277–404。本文表示淮北鹽運輸的地圖，就是根據這一材料繪製的，見該書，第 1 冊，頁 303–312，315–316，324–332 及 397–404。

從十二圩運到江西省最北邊區若干州縣的鹽，首先穿越這些州縣，向南運到區域分銷中心的南昌，運到南昌以後，再回頭北運到這些州縣銷售。南昌距離這些州縣約有 250 公里，額外增加來回 500 公里的運輸和手續費用，湖北省和其他地區也有同樣的情形。㊵概言之，在每一州縣境內鹽的運輸形態，與大區域鹽的運輸形態一樣，只是具體而微。首先，鹽從區域分銷中心運往州縣治，㊶從州縣治再分運至境內各市鎮。㊷正如一位官員在奏摺中所指出，在江西省納了稅的官鹽，只能在市鎮銷售。㊸據說在廣東省，鹽是定期市集所銷售的數種日用品之一。㊹實際上，至少自從十二世紀以來，鹽就是中國定期市集中少數重要的商品之一。㊺各個州縣的市

㊵ 這一缺點陶澍曾在其奏摺中提到，見前揭陶澍，〈會同欽差擬訂鹽務章程摺子〉，頁 1071–1072；另請參閱他的〈前奏辦理鹺務進行商議未盡今再屢呈摺子〉，載前揭陶澍，《陶文毅公全集》，第 3 冊，頁 1457。

㊶ 所有《鹽法志》都說鹽是直接運到州縣治所，1948 年兩位社會學者報導，甚至在二十世紀二〇年代中期，雲南省中部的情形還是這樣，當時鹽從產地直接運往易門縣城。見 Hsiao-tung Fei and Chih-i Chang, *Earthbound China* (London, 1948), p. 168.

㊷ 清代，鹽總是在市集中的鹽店銷售，鄉村人口密度高，市集多，才可能有這種情形，鹽很貴，又容易引潮，不適合由小販沿街叫賣。但是在中世紀末期的英國，鹽卻是由小販叫賣的，這是因為人口密度較前者低，市集少。參見 A. R. Bridbury, *England and the Salt Trade in the Later Middle Ages*, Reprint of the 1955 edition (Westport, CT, 1973), pp. 150–151; 及 Charlotte M. Waters, *An Economic History of England, 1066–1874* (London: Oxford University Press, 1945), pp. 8–9. 關於中世紀英國的經濟狀況，我曾請教同事新加坡國立大學歷史學系的默費特 (Malcolm H. Murfett) 博士。

㊸ 參見首煥彪，〈議撫建鹽引與閩通銷稟〉，載盛康輯，《皇朝經世文續編》(上海，1897)，第 52 卷，頁 83–86b。又參見《撫州府志》(1977 年影印本)，第 24 卷，頁 2a。據報導在雲南省中部，鹽只能在市集上買到，見前揭 Fei and Chang, *Earthbound China*, p. 163。

㊹ 見高崧，〈虛市論〉，載前揭盛康輯，《皇朝經世文續編》，第 55 卷，頁 6a。

㊺ 參見全漢昇，〈宋代南方的虛市〉，《歷史語言研究所集刊》，第 9 集 (1947)，頁

鎮數目有多有少，㊻除了極少數的例外，州縣治總是各州縣的最大貿易中心，所以也是最大的市鎮。㊼州縣治是州縣的治所所在地，鹽的運銷受政府控制，所以鹽首先要運往州縣治，州縣知事有監督銷售鹽的責任，㊽鹽首先運往州縣治，州縣知事便於檢查紀錄鹽的運銷，以防走私。在州縣境內的運費，只占整個成本的一小部分，州縣距離鹽源愈遠，這一比率愈小。州縣治所以成為當地的分銷中心，還有另外一個因子，通常各州縣的鹽，只有一位商人經銷，為了個人的安全保障，這位商人總是住在州縣治，並在州縣治設置倉庫，存放食鹽。㊾

不論在大區域內或者是在州縣當地，鹽的運輸方向都是與主要糧食的運輸方向相反，例如在長江中下游，稻米的運輸是順江而下，湖北、湖南、江西、及安徽四省的剩餘稻米，順江而下，運往長江三角洲的江蘇省部分，

272。根據斯金納的研究，西元十九世紀末葉，長江上游流域的核心地帶，農村市集有六種基本的商店，其一就是鹽店，其他五種商店是鐵匠店、鞭炮店、竹器店、布店、和茶葉店，見 G. William Skinner, "Cities and the hierarchy of local system," in G. William Skinner, ed., *The City in Late Imperial China* (Stanford: Stanford University Press, 1977), p. 351.

㊻ 見 Kung-chuan Hsiao, *Rural China: Imperial Control in the Nineteenth Century* (Seattle, WA: University of Washington Press, 1960), pp. 20–23.

㊼ 見 Sen-dou Chang, "Some aspects of the urban geography of the Chinese hsien capital," *Annals of the Association of American Geographers*, vol. 51 (1961), p. 42.

㊽ 在清代，州縣知事負責監督本州縣規定引鹽數量要及時買完，這一任務完成與否，要受獎懲，未完成這一任務者，按未銷鹽的數量受懲，數量在 10% 或不足 10% 者，停止升遷；20～30% 者，減薪；40% 者，降一級；50～70% 者，降兩級到四級，並調職；80% 及 80% 以上者，革職。參見 T'ung-tsu Ch'u, *Local Government in China under the Ch'ing*, paper edition (Stanford: Stanford University Press, 1969), pp. 144–147.

㊾ 例如，二十世紀初，定縣人口超過 40 萬人，也只有一位鹽商，住在縣城，見 Sidney D. Gamble, *Ting Hsien, a North China Rural Community* (London: Longmans, 1954), p. 168.

至少從十二世紀以來，湖南、湖北、和江西三省的稻米，總是順江而下東運，[50]這種稻米的東運一直繼續到現代。[51]原因之一是長江三角洲城市發達；另外一個原因是大量漕糧從長江三角洲運往華北。鹽的運輸方向相反，從十二圩溯江向上，運往湖北省歸州以下的長江流域大部分地區。這種雙向的貨運，自然可以充分利用船隻的空間而節省運費。[52]例如，雍正 9 年 (1731) 12 月到雍正 10 年 (1732) 3 月，在三個月內，有 400 多艘糧船和更多大型鹽船，從漢口運稻米順江而下。[53]在州縣境內，情形類似，市集為境內非農業人口的集中地，自然也是糧食的最大消費中心，稻米和其他糧食從四鄉運往各市集，鹽則從市集分銷給四鄉農民。

五、運輸工具

鹽的運輸方法各地不同，水運價格最便宜，最受歡迎，1870 年代德國學者里希特霍芬（舊譯李希霍芬）(Ferdinand von Richthofen) 發現「陸運運費比水運運費高達 20 至 40 倍」，[54]二十世紀初，中國鹽務署的第一任外國首席監督英國人戴恩（舊譯丁恩）(Richard Dane) 也曾報導：

> 用人力、牲畜、和車輛陸運運鹽，即使鹽不上稅，也無法……與上過稅

---

[50] 參見全漢昇，〈南宋稻米的生產與運輸〉，《歷史語言研究所集刊》，第 10 集 (1948)，頁 416–422。

[51] 見張培康與張之毅，《浙江省食糧之運輸》（長沙，1940），頁 36–37。又參見華松年，《糧食管理論》（臺北：正中書局，1953），頁 127–129。

[52] 中世紀末期，在荷蘭鹽用作當地船隻的壓艙貨，見前揭 Bridbury，頁 87。在中國這種雙向的貨運，鹽和稻米分別合理地作為糧船和鹽船回程的壓艙貨。

[53] 1732 年陰曆二月二十四麥柱的奏摺中，曾提到這一點，見《雍正珠批諭旨》，影印本（臺北，1965），第 9 冊，頁 5758。

[54] 見 Ferdinand von Richthofen, *Baron Richthofen's Letters, 1870–1872*, 2nd edition (Shanghai, 1903), p. 39.

而用水運運輸的鹽競爭。[55]

只要可能，總是用小船或帆船運鹽，例如，在淮南各鹽場的鄰近腹地，有許多運鹽河，小船和帆船將鹽運往十二圩，再由較大的帆船，將鹽沿長江及其支流運往各州縣。長江中游和下游流域，布滿湖泊、河流、及運河，水運是淮南行鹽區最重要的運鹽方法。介於可航河流的航運終點與鹽的最終銷售區之間的陸運，運輸工具包括小車、牛車、牲畜以及人力腳夫。

同樣的形態也見於淮北行鹽區，小船和帆船將鹽從鹽場運往西壩，再由較大的帆船，將鹽經洪澤湖和淮河及其支流運往各州縣。航運終點以上，則是陸運，將鹽運往河南省東南部 14 個州縣中的 8 個州縣（圖 15–3）。低水位季節，許多河流的航運終點向下游移動，運鹽的陸路里程因而增加。換言之，隨著河流水文的變化，運輸工具而不同。[56]在華北，冬季河流凍結，也有同樣的影響。

在南方，一般水運比陸運重要；在北方，情形正好相反，陸運比水運重要。例如河東行鹽區，鹽的運輸主要靠陸運。[57]在華北和西北，鹽的運輸主要靠車運[58]和獸運，而西南則幾乎完全靠獸運，輔以人力背挑。[59]在

[55] 見 Richard Dane, *Report on the Reorganisation of the Salt Revenue Administration in China, 1913–1917* (Peking, 1918), p. 17. 關於戴恩對中國鹽政改革的貢獻，請參閱 S. A. M. Adshead, *The Modernization of the Salt Administration, 1900–1920* (Cambridge, MA: Harvard University Press, 1970).

[56] 例如涸水期，在金山及長江沿岸的其他口岸，要將鹽從大船上卸下，轉裝上小船，分運江西省各目的地，參見前揭張茂炯等，《鹽法通志》，第 53 卷，頁 41。

[57] 參見前揭周清雲等，《鹽法通志》，第 51 卷，頁 6 及第 56 卷，頁 1。

[58] 長蘆鹽場的鹽，便是用車運往河南省，每車裝鹽 20 包，每包裝鹽 300 斤，參見前揭周清雲等，《鹽法通志》，第 53 卷，頁 6；及凌文淵，《中國鹽業最近狀況》（北京，1913），下冊，頁 129。河東行鹽區地形崎嶇，車的裝載量較小，每車仍裝 20 包，但每包只裝鹽 60 斤，參見前揭張茂炯等，《清鹽法志》，第 80 卷，頁 36。

雲南，不能用船運，地形崎嶇，也不能用小車，人力背挑特別重要，⑥⓪鄂西的情形也是這樣。⑥①清末短暫時期，直隸和山東使用鐵路運鹽，⑥②沿長江使用汽船運鹽。⑥③

為了避免運鹽的商人半途售賣私鹽，從區域分銷中心運鹽到各州縣，要按一定的日程進行，以河東行鹽區為例，十八世紀初，規定從運城到永濟要在兩天之內運到，8 天之內到潼關，24 天之內到西安。里程的計算牛車一天行 15 公里，騾運或船運一天行 25 公里（圖 15–4）。⑥④沿長江，里程表按船隻的大小計算，從十二圩到漢口，載重 145～254 公噸的小型船，要在 30 天內運到；載重 290～435 公噸的中型船，要在 40 天內運到；載重 472～907 公噸的大型船，要在 60 天內運到。⑥⑤

從十四世紀到十九世紀，行鹽區之間鹽產量的地理變遷，主要是由於區域間人口增加的差異所致，⑥⑥十九世紀末與二十世紀初，中國有了現代

---

⑤⑨ 一件中國共產黨油印的通告顯示，1930 年代陝北運鹽的主要交通工具是牲畜，參見《中央國民經濟部通知：關於運鹽問題》（1936 年 7 月 10 日油印通知），這一通知的一張原件，收藏在美國斯坦福大學胡佛研究所。也請參見前揭 Fei and Chang, p. 49.

⑥⓪ 參見前揭《清史》，第 2 冊，頁 1499。也請參見前揭 Fei and Chang, pp. 41, 48–49. Fitzgerald 對運鹽腳夫有很生動而感人的描述，參見 Charles P. Fitzgerald, *The Horizon History of China* (New York, 1969), p. 153.

⑥① 見 Joseph Spencer, "Salt in China," *Geographical Review*, vol. 25 (1935), p. 365.

⑥② 參見前揭張茂炯等，《清鹽法志》，第 16 卷，頁 11；第 20 卷，頁 1；及第 30 卷，頁 2。也請參見何維凝，《新中國鹽業政策》，第 2 版（上海，1947），頁 65。

⑥③ 參見前揭 Adshead, *The Modernization of the Salt Administration, 1900–1920*, pp. 48–51.

⑥④ 見朱一鳳等，《敕修河東鹽法志》，影印 1727 年本（臺北，1966），第 1 冊，頁 285–378。

⑥⑤ 見陶澍，〈酌定楚西鹽船到岸限制並委員巡緝以杜夾帶盜賣各弊摺子〉，載前揭陶澍，《陶文毅公全集》，第 2 冊，頁 1131–1138。

⑥⑥ 參見前揭 Chiang, "The production of salt in China, 1644–1911," pp. 529–530.

運輸設施，各區鹽產量的情況隨之大變，二十世紀開始的 30 多年間，長蘆、山東、和淮北三區鹽的總產量，幾乎增加三倍，而同期淮南和河東兩區卻實際上減少（表 15–2），淮南不再是最大產鹽區，河東也不再是主要產區。1931～1935 年淮南區的年產量，不到 1900 年產量的四分之一，河東區的同一比率，也只有 80%。由於有了鐵路和汽船等現代交通運輸設施，長蘆、山東、及淮北三區的鹽，可以運入河東和淮南的銷區。長蘆區的鹽經由平漢鐵路，也可以很容易運往河南的南部；山東和淮北兩區的鹽，利用汽船運鹽比帆船經濟。[67]1950 年代末出版的《孝感縣簡志》顯示，位在漢口西北約 50 公里的孝感縣，食用長蘆鹽，顯然長蘆鹽是經由平漢鐵路從華北運到孝感，而不是像清代從淮南區的沿海鹽場，經由長江，用帆船運到漢口，再由漢口運到孝感。[68]這一事實，證明運費是鹽業貿易中的一個重要因子，中國西北鹽資源豐富，清代沒有充分開發，實際上，主要的原因就是運費太貴。

表 15–2　五個產區鹽年產量的變遷

產　區	1900*(A)	1931～1935*(B)	變遷 (B/A×100)
淮　南	302,400	72,032	24
河　東	90,720	72,636	80
長　蘆	241,920	412,232	170
山　東	181,440	565,488	312
淮　北	84,672	513,778	607

* 單位為公噸。

[67] 參見前揭凌文淵，《中國鹽業最近狀況》，下冊，頁 61–62。
[68] 見《孝感縣簡志》（武漢，1959），頁 85。

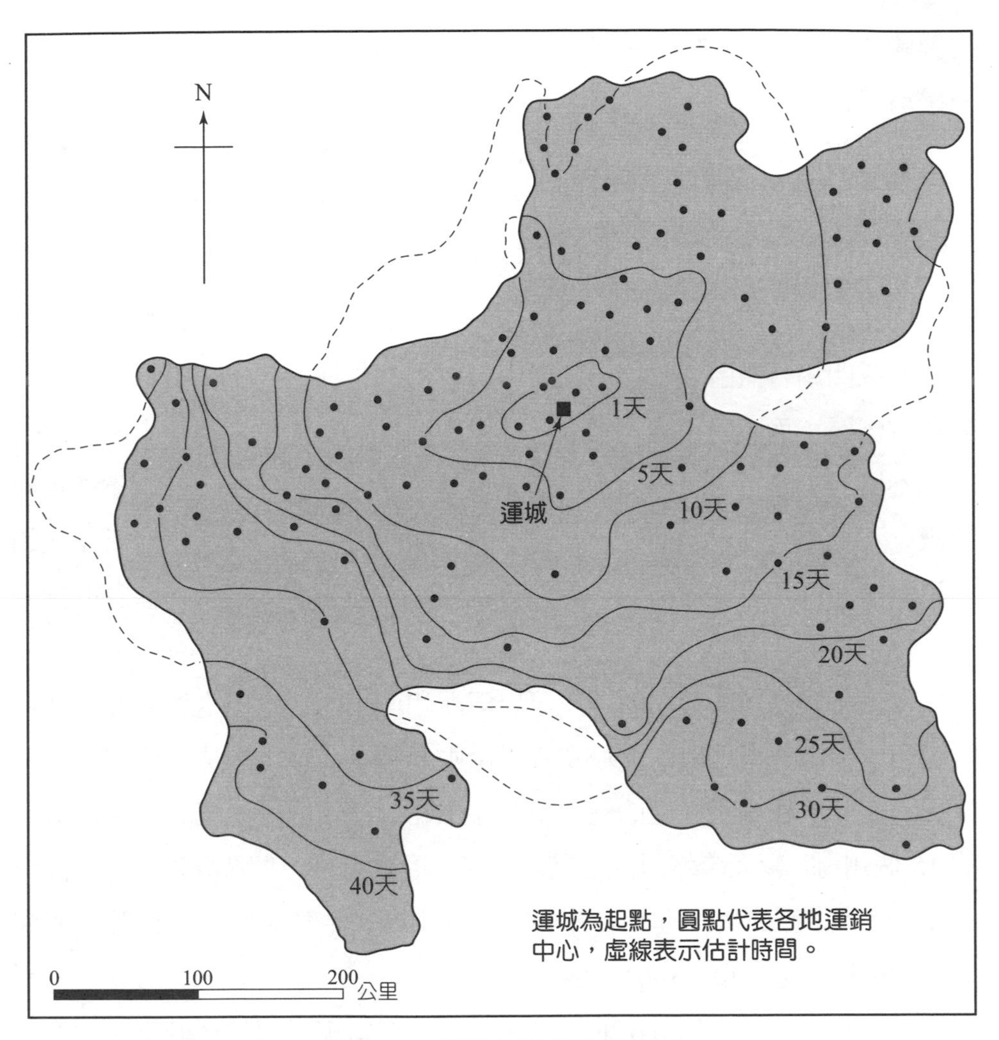

圖 15–4　河東運鹽的等時線圖

六、行銷市場的空間結構

傳統中國鹽業的一個很重要特徵，就是每一個產區都有一個固定的銷區，稱為行鹽區，這一現象起源於九世紀（唐代），當時每一個產區的銷區不是很固定的。從那時開始，鹽的銷售區漸漸地固定下來，十世紀末宋太平興國2年(977)，鹽的主要銷區便形成了，[69]其後，銷區界線略有變動，但是清代銷區的空間結構，基本上跟十世紀一樣。

這些銷區在極大程度上是根據內陸河運地理因素劃分的（圖15–5），最好的例子就是淮南行鹽區，範圍包括長江中下游流域，以長江為其運輸大動脈。同樣的道理，淮河流域形成淮北行鹽區，西江流域形成兩廣行鹽區，閩江流域形成福建行鹽區，以海河為主的流域形成長蘆行鹽區，四川盆地形成四川行鹽區。雲南省的廣南府，因為位在西江上游流域，不屬於雲南行鹽區，而劃歸兩廣行鹽區。福建省的汀州府，位在韓江上游流域，所以不屬於福建行鹽區，而劃歸兩廣行鹽區。同樣的理由，安徽省徽州府的鹽，不是來自淮南，而是來自兩浙的，徽州府位在富春江支流新安江的上源流域，而不是長江流域。顯然，就內陸水運來說，清代行鹽區的劃分是十分合理的。

每一行鹽區內的較小銷區，可以兩浙和山東兩行鹽區為例，在兩浙行鹽區內，浙江省南部甌江流域及其以南兩個較小流域，形成一個單獨的銷區，沿海4個鹽場所生產的鹽，集中在永嘉，然後再從永嘉分銷甌江流域的15個州縣。甌江流域以北的靈江流域，形成另外一個單獨的銷區，沿海3個鹽場所生產的鹽，運銷台州府的6個州縣和金華府的3個州縣，臨海是鹽的集散中心（圖15–6）。[70]

山東行鹽區有7個較小的銷區，山東行鹽區東半部地形崎嶇、水系分散、以及鹽場散布廣大地區，所以共劃分為6個小銷區。西半部的面積比東半部大，因為地形上是一個相當均質的平原，卻只形成一個大的銷區，以黃河下游和境內大運河為其區域骨幹，銷售本區的鹽，來自黃河口附近

[69] 見戴裔煊，《宋代鈔鹽制度研究》，1957年上海出版，原來紙型挖改重印本（北京：中華書局，1981），頁73–78。

[70] 兩浙行鹽區的結構圖係根據馮培等修，《欽定重修兩浙鹽法志》（出版地不詳，約在1802年出版），第1卷，頁25–35a。

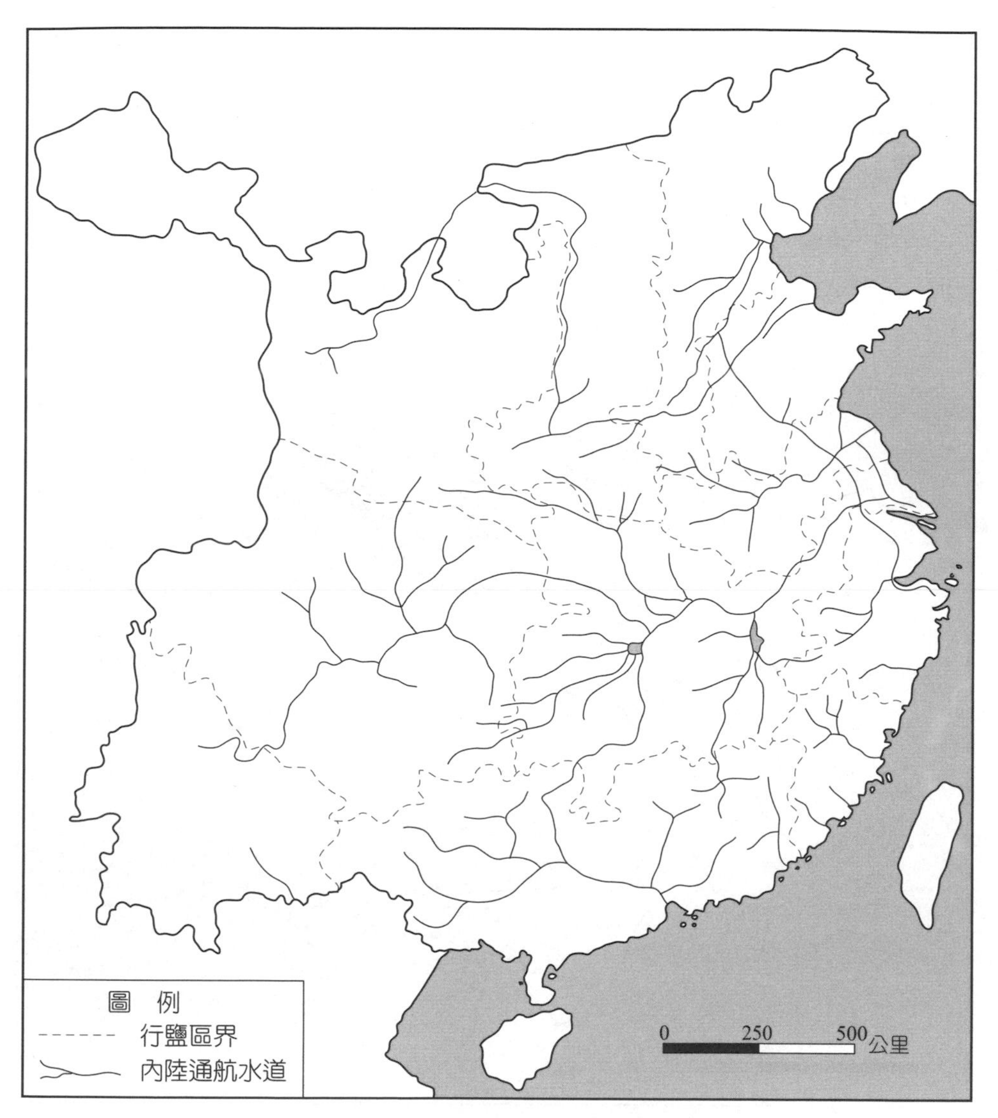

圖 15–5　內陸通航水道與行鹽區

的鹽場（圖 15–7）。

因為河流是運鹽的主要商道，政府沿河設置檢查站，便可以很容易控制鹽的流通。為了說明這種情形，可以拿淮北行鹽區為例，沿淮河有 10 處檢查站，從西壩運鹽到河南省，鹽船在抵達五河以前，要受檢查 3 次，在

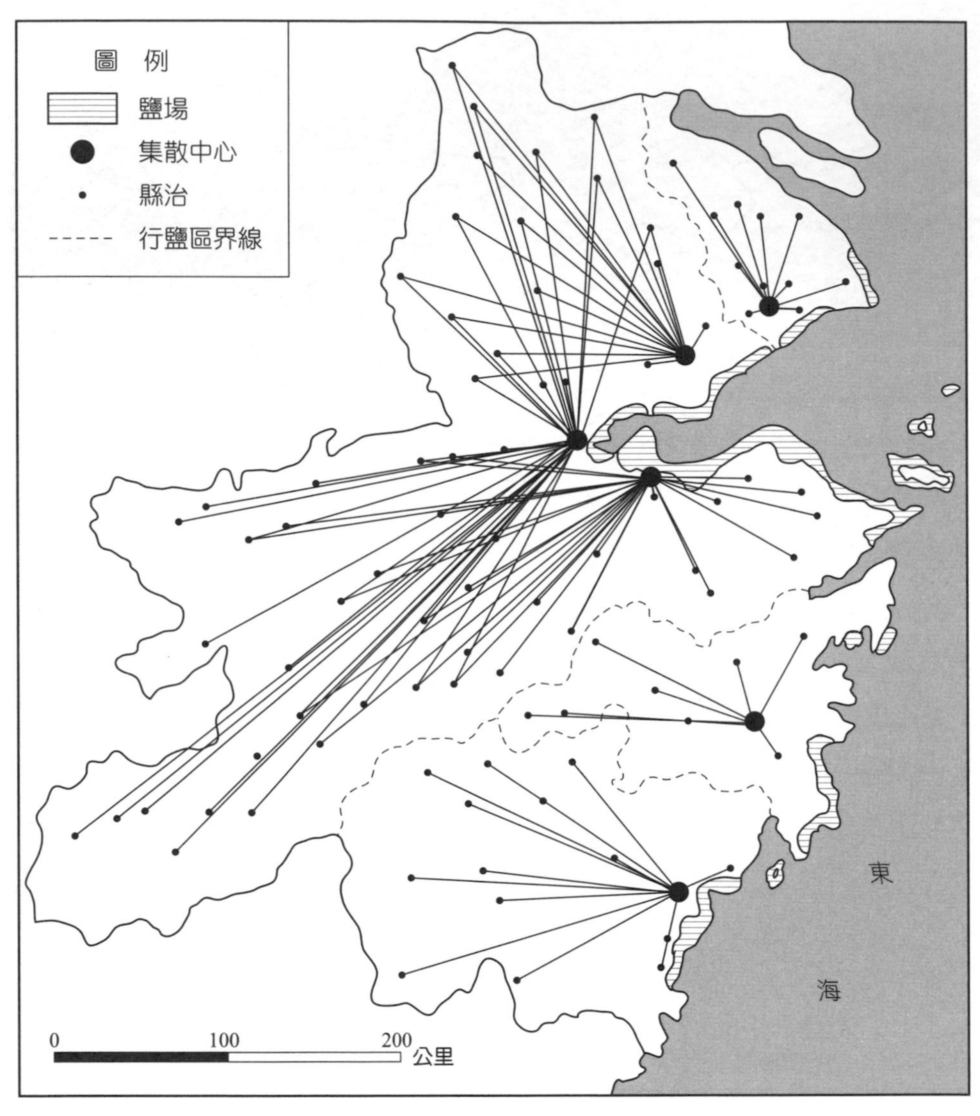

圖 15–6　兩浙行鹽區的結構

淮遠又檢查 1 次，在抵達正陽關以前，再檢查 5 次，最後在河南省的新蔡附近還要再檢查 1 次（見圖 15–3）。

銷區的界線總是與行政區界線平行，銷區的界線不是永久性的，一個地區的邊緣地帶，可能與另外一個地區的邊緣地帶重疊。例如，十九世紀

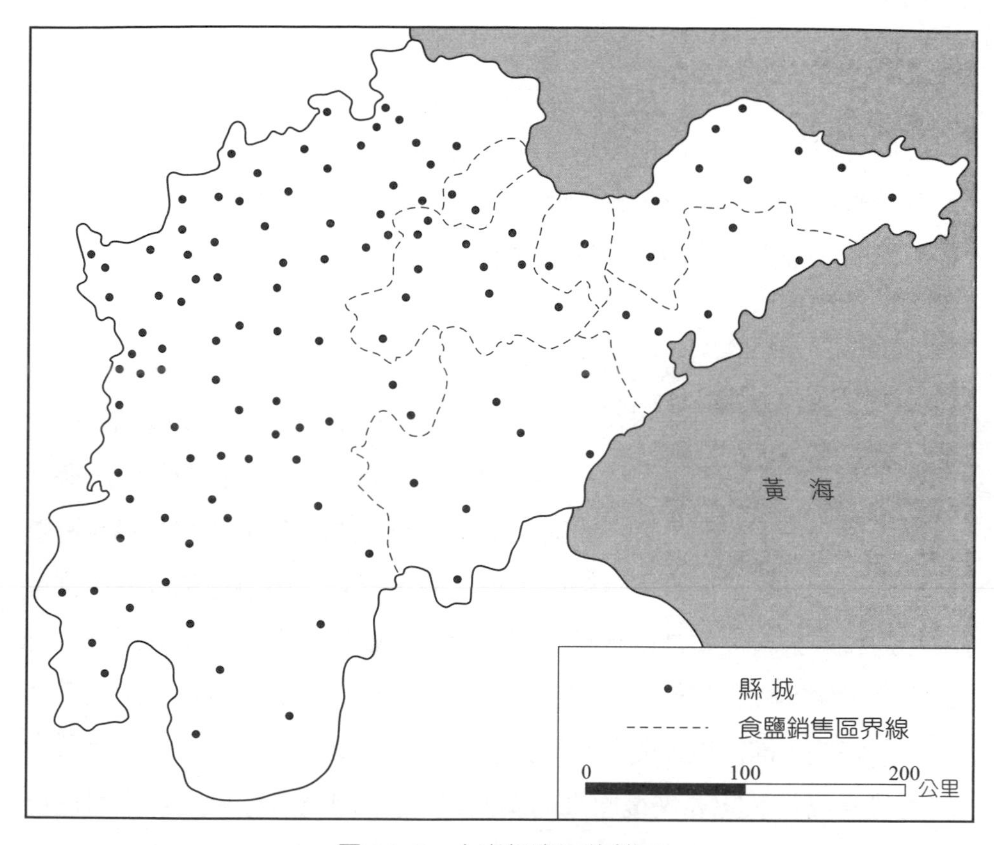

圖 15–7　山東行鹽區的銷區

中葉以前的湖南省，兩廣的鹽銷售在湖南省南部的 3 個縣，湖南省其餘的州縣屬於淮南行鹽區。太平天國時，長江運鹽航道受阻，淮南鹽場的鹽，無法運抵湖南，兩廣的鹽便乘虛而入湖南。太平天國以後，兩淮鹽政當局公開允許兩廣的鹽在永州府和衡州府的大部分地區銷售，與淮南的鹽自由競爭，這當然是因為兩廣的鹽價比兩淮的鹽價便宜些。因此，兩廣鹽在淮南行鹽區內的銷售，繼續擴大，到 1910 年整個衡州府和保慶府都銷售兩廣鹽，兩廣總督一再上奏，請將永州、衡州、和保慶三府劃歸兩廣行鹽區。[71]

[71] 參見 China, "Imperial Maritime Customs," *Salt: Production and Taxation*, V Off. Ser., Customs Papers, No. 81 (Shanghai, 1906), pp. 68–72；前揭《大清歷朝實錄》，

產區的生產能力影響其銷區的大小，例如直隸內陸、晉中和晉北、陝西中部、河南開封區、以及湖北的應城，都因鹽的產量小，銷區也小。在另一方面，晉南運城的解池鹽場，產量較大，銷區也較大。一個生產中心鹽的產量暫時下降，會影響銷區鹽的供應不足，鄰區的鹽可能運入接濟，太平天國時，淮南鹽產減少，湖北缺鹽，川鹽濟楚，原來鹽的運銷空間形態因而改變。[72]

鹽商、當地士紳、以及地方官吏，都與鹽業關係密切，經濟利益糾纏不清，現有的銷區，可能不合經濟原則，任何對這種不合理銷區劃分的改變，自然會影響到他們的利益，一定會遭到他們的強烈反對。關於這一點，可以舉兩個例子來說明，第一個例子是鎮江府，1724 年兩江總督建議將鎮江府從兩浙行鹽區劃歸淮南行鹽區，浙江總督反對，因為這種改變，淮南會增加鹽稅收入，而兩浙則會減少鹽稅收入。[73]第二個例子是湖北省，一直到十九世紀，除了施南府，湖北省是淮南行鹽區的重要部分，前已提到，太平天國時期，淮南鹽運受阻，湖北缺鹽，川鹽濟楚。太平天國事變後，淮南鹽政當局自然想要恢復原來的湖北銷區，因為這樣會增加大量的鹽稅。[74]鄂東銷區恢復了，但是因為他們的利益，四川省和湖北省當局反對，

宣統朝，第 2 冊，頁 864；及前揭周慶雲等，《鹽法通志》，第 39 卷，頁 27–28。

[72] 參見前揭周慶雲等，《鹽法通志》，第 55 卷，頁 14–15。

[73] 參見前揭周慶雲等，《鹽法通志》，第 11 卷，頁 2–3。但是，有些學者認為這種經濟上的不合理，卻是合理的策略。鎮江府保持在兩浙行鹽區內，充斥比較便宜的兩浙鹽，這表現了其在經濟上的不合理，卻是合理的策略，他們的理由是這樣的，假若鎮江府允許淮南鹽運入，包括官鹽和私鹽，私鹽的流入便不易控制，結果，私鹽便會危害真正有價值的市場，像是蘇州府。當然這是兩浙有關當局的窄狹觀點，若就全國的觀點來說，這在經濟上當然是不合理的。參見前揭 Metzger, p. 38; 及佐伯富，《清代鹽政的研究》（京都：東洋史研究會，1962），頁 89–103。

[74] 見曾國藩，〈請收回淮南引地疏〉，載前揭葛士濬輯，《皇朝經世文續編》，第 1 冊，頁 853–855。

湖北省的其餘地區始終沒有恢復。[75]

鹽的運輸及其銷區結構，極受行政區劃的影響，州縣總是鹽的分銷基本單位，一個州縣從來不會劃分為兩個部分，而分屬兩個不同的銷區，一個州縣所消費的鹽，總是只從一個鹽產區取得。甚至一個府也極少會劃分屬於兩個不同的銷區，關於這一點，可以用下列兩個例子說明，英山和浠水都位在長江支流浠水的流域，然而，英山屬淮北行鹽區，浠水屬淮南行鹽區，所以這樣劃分，就是因為前者行政上屬安徽省六安府，而後者行政上屬湖北省黃州府。南陽府和鄖陽府距離漢口幾乎相等，也都位在漢水流域，然而前者屬河東行鹽區，後者屬淮南行鹽區，而實際上，河東行鹽區的區域分銷中心運城，距鄖陽比距南陽還遠些，此處銷區的劃分極受傳統行政區劃界線的影響，主要是因為南陽府屬河南省，而鄖陽府屬湖北省。

運費也是一個重要的區位因子，影響清代鹽業的空間結構，淮南行鹽區最大，就是因為長江及其支流所提供的廉價水運，由於水運，位在江蘇海岸鹽場所生產的鹽，可以運銷直線距離 1,200 公里以外的市場；而在另外一方面，河東解池所產的鹽，十分依靠陸運，所以河東行鹽區很小，最遠的市場，距離解池還不到 400 公里。[76]

中國主要行鹽區的空間結構，自從十一世紀晚期形成以來，基本上沒有改變，這是因為傳統的中國交通運輸一直到十九世紀晚期才發生變化，中國開始有現代交通運輸設施。同時，中國的大行政區劃，從西元十四世紀以來，都沒有什麼改變，也加強了行鹽區空間結構的持續性。

---

[75] 見彭祖賢，〈兩淮議減濟楚川鹽引張事多窒礙難行疏〉，載前揭葛士濬輯，《皇朝經世文續編》，第 1 冊，頁 893–895。也請參見前揭 Adshead, *The Modernization of the Salt Administration, 1900–1920*, pp. 33–36.

[76] 十二世紀和十三世紀西歐鹽業貿易的擴張，運費也是一個重要的因素，水運相對地比陸運有利是很重要的。見前揭 Smith, pp. 245–246.

七、結　論

鹽稅為清政府的主要財政來源之一，清代鹽源分布很廣，有數種生產方法，適應差異的自然環境和不同的原料，整個清代，政府經由 6 種體系控制鹽業，這 6 種體系的目的，都是要消除私鹽與增加政府財政收入。從明代流傳下來，鹽的貿易大部分在有特權的鹽商手中，這些商人實際上獨占各自的銷區。為了保證財政稅收能夠源源不斷，清政府別無他法，只好與少數肆無忌憚而有勢力的商人合作。鹽的運銷網絡和行銷市場的空間結構，主要決定於鹽源和內陸水運的地理分布，但是有些地方又受清代各級行政區劃的影響。鹽的運輸以水運為主，因為水運最便宜，同時水運航道固定，政府最容易控制鹽的運輸流量。清代鹽業之所以停滯不進步，一方面因為政府官僚的無能、行政效率低、以及官吏貪污腐敗；同時也因為鹽主要用作食鹽，而不是用作工業原料。政府將鹽作為一個稅收的工具，缺乏經濟競爭以改善鹽的生產和運銷。清代官僚或鹽商從來就沒有將鹽業當作是一個經濟企業看待，從未努力改良生產技術，或提高銷售效率。鹽業的現代化是以受阻，整個清代 276 年間，清代的鹽業只有量的增加，而沒有質的改變。

第四編

臺灣的古城及其他

第十六章

臺灣的古城

一、導　言

城牆的重要性在世界大多數地方城市的研究中，是一個很常見的討論專題。❶在中國尤其如此，中國人的城市觀念，防禦是很重要的。所以城市 (city) 叫做「城」，城市的城 (wall)，也叫做「城」，城是中國文化中一個很特殊的產物，中國人所建築的城，數目之多及分布之廣，沒有任何民族能夠比得上，在傳統的農業社會，城是中國人軍事、政治、及經濟文化活動的中心，城與中國文化的發展是不可分的，從歷史地理學的觀點來說，城是中國文化發展的一個文化指標，從城的建置與擴張，可以看出中國民族空間的發展。在東亞各民族中，漢族是最活躍的築城民族，在中國境內，什麼地方有城，就表示是漢族定居的地區，城市的出現清楚顯示中國向外緣邊疆的擴張，城市是朝廷權威在邊疆的前哨站，具有象徵意義。從十七

❶ 例如芒福德 (Lewis Mumford) 在所著《城市文化》一書中，曾討論城牆在歐洲城市發展中的重要性，見 Lewis Mumford, *The Culture of Cities* (New York: Harcourt Brace, 1938), pp. 13–72. 後來迪金森 (Robert E. Dickinson) 在所著《西歐城市》一書中，也強調過去的城牆對許多現代西歐城市外形和內部結構的影響，見 Robert E. Dickinson, *The West European Cities* (London: Kegan Paul, 1951), pp. 271–272 and passim. 托馬斯 (Benjamin E. Thomas) 研究北非城市，也特別提到城牆，見 Benjamin E. Thomas, "Fortress city of Constantine, Algeria," *The Scientific Monthly*, vol. 81, no. 3 (1955), pp. 134–135. 新大陸的城市有城牆的較少，根據納爾遜 (Howard J. Nelson) 的研究，少數有城牆的城市同樣在城市景觀的發展方面，也受到城牆的影響。

世紀到十九世紀閩粵農民遷移到臺灣，將臺灣轉變成像福建和廣東一樣的農村社會，城市逐漸出現形成各地的行政、社會、經濟、及文化中心。個別城市的發展可能有不同的過程。❷

過去關於中國城的研究，絕大多數只是對個別重要城市的研究，缺乏全面的深入的分析，從歷史地理學或文化發展的觀點，研究中國城的擴張以幫助說明中國文化空間的發展，幾乎完全沒有。❸本章研究臺灣古城的起源與擴散、位置與分布、大小與形狀、功能、建築方法與材料、城對城市發展的影響、以及古城的破壞與現狀。

---

❷ Harry J. Lamley, "The formation of cities: initiative and motivation in building three walled cities in Taiwan," in G. William Skinner, ed., *The City in Late Imperial China* (Stanford: Stanford University Press, 1977), pp. 155–209.

❸ 李濟曾利用《古今圖書集成》中內地 18 省 4,478 個城的興建資料，對中國漢民族的發展作相當廣泛的分析，可惜接著沒有人進一步將範圍擴大到 18 省以外作精密的研究。見 Chi Li, *The Formation of the Chinese People: An Anthropological Inquiry* (Cambridge, MA: Harvard University Press, 1928), Chapter 3, The Evolution of the We-group: Its Size as Measured by the City Points, pp. 56–123. 章生道發表〈中國縣城之都市地理的若干方面〉和〈中國城市化的歷史發展趨勢〉兩文，包括了兩千左右的縣治，不過縣治只是中國人所建城市的一部分，見 Sen-dou Chang, "Some aspects of the urban geography of the Chinese hsien capitals," *Annals of the Association of American Geographers*, vol. 51 (1961), pp. 23–45; Sen-dou Chang, "The historical trend of Chinese urbanization," *Annals of the Association of American Geographers*, vol. 53 (1963), pp. 109–143. 又見 Sen-dou Chang, "Some observations on the morphology of Chinese walled capitals," *Annals of the Association of American Geographers*, vol. 60 (1970), pp. 63–91; Sen-dou Chang, "The morphology of walled capitals," in *The City in Late Imperial China,* op. cit., pp. 75–100; Benjamin E. Wallacker *et al*., eds., *Chinese Walled Cities: A Collection of Maps from Shina Jokaku no Gaiyo, 1940* (Hong Kong: Chinese University Press, 1979).

二、古城的起源

高山族一直過著部落生活，以漁獵和游墾為主，沒有城市生活，從來就沒有營建城市。❹中國人大概很早就知道臺灣了，有些學者認為《尚書》中〈禹貢〉一篇所載：

> 島夷卉服，厥篚織貝，厥包橘柚，錫貢。❺

島夷便是指臺灣的原住民。不過到宋元 (960～1368) 間才漸有漢人移居臺灣。臺灣正式收入中國版圖，則是元代末年的事情，元順帝至元中 (1335～1340)，正式在澎湖置巡檢司，隸屬於泉州同安。據胡建偉著《澎湖紀略》，卷二，〈地理紀〉，建置云：

> 澎湖在閩省東南大海之中，距省城水陸程途一千二百里，古荒服之地也。自隋開皇 (581～604) 中遣虎賁將陳稜略地至澎湖，其名始見於中國。迨元末時，始置巡檢司以官斯地，隸屬泉州郡同安縣治，此建置之所由始也。❻

又據林豪修《澎湖廳志》，卷二，〈規制〉，建置沿革亦云：

---

❹ 《隋書》，第 64 卷，列傳 29，〈陳稜傳〉中描寫大業 6 年 (A.D. 610) 東征流求國的事跡，雖然有「取其都邑」及「稜遂填塹，攻破其柵」的記載，因為稱流求國，故言其酋長所居為都邑，塹柵也可能只是原住民族防禦野獸的天然小溪與簡單籬笆，因為看看今天高山族的生活，在 1,300 多年以前會營建城池，似乎是不可能的事。見《隋書》，校點本（北京：中華書局，1973），第 5 冊，頁 1519。

❺ 見楊大鈊，《禹貢地理今釋》（上海：正中書局，1947），頁 45–46；郭廷以，《臺灣史事概說》（臺北：正中書局，1954），頁 1–2。

❻ 見胡建偉著，《澎湖紀略》，乾隆 36 年 (1771) 刊本；重刊本（臺北：臺灣銀行經濟研究室，1961），第一冊，頁 130。

> 澎湖在福建布政司東南大海中，……元末置巡檢司，屬同安縣兼轄。明洪武五年 (1372)，墟其地，遷其民於泉漳間。❼

再據連橫著《臺灣通史》，卷一，〈開闢紀〉云：

> （元代）成宗大德元年 (1297)……當是時澎湖居民日多，已有一千六百餘人，貿易至者歲常數十艘，為泉州外府。至元 (1341～1368) 中，乃設巡檢司，隸同安，澎湖之置吏行政自茲始。❽

《臺灣通史》，卷十六，〈城池志〉云：

> 臺灣之建城古矣，澎湖虎井嶼之東南，有沉城焉，天空浪靜，望之在目，繚垣相錯，周可數十丈，漁者常得其磚，色紅堅若鐵，然當沒水鑿之，上生蠣蚌，似千數百年物，或曰，隋代之所建也，而文獻無徵，搢紳之士難言之。❾

這一記載可能是根據林豪修《澎湖廳志》，《澎湖廳志》中有四處記載虎井沉城，卷二，〈規制〉云：

> 虎井嶼東南港中沉一小城，周可數十丈，磚石紅色。每當秋水澄鮮，漁人俯視波底，暨垣壁立，雉碟隱隱可數。有善水者，沒入海底，移時或立城碟上，或近城趁魚蝦之屬，言之鑿鑿。但不知何時沉沒，滄桑變易，為之一慨。
>
> 按明末外寇，築炮樓於薛裡澳，海邊堅緻如鐵。巡撫南居益遣兵攻之，

---

❼ 林豪，《澎湖廳志》，光緒 18 年 (1892) 刊本；重刊本（臺北：臺灣銀行經濟研究室，1958），頁 36。

❽ 連橫著，《臺灣通史》，1918 年初版；重刊本（臺北：中華叢書委員會，1955），上冊，頁 7。

❾ 見前揭連橫，《臺灣通史》，上冊，頁 356。

賊首高文律拒守不下，官軍以火藥攻之，樓傾入海。事見居益奏疏及外史諸書。虎井與蒔裡毗連，意者今之沉城，其即當日沒入海中之堅樓歟？不可考矣。

卷十四，〈藝文〉下，有呂成家〈虎井嶼觀海中沉城詩〉，曰：

如何淵底立堅城？可是滄桑幾變更。
寂寞山河沉舊恨，屏籓海國值時清。
難尋危碟千層砌，猶見頹垣一片傾。
我欲燃犀來照取，驪龍頷下探晶瑩。

又有周凱〈虎井沉城詩〉，曰：

泗州沒微桑，鄂州沒洞庭，滄桑幾變易，何況東海溟。虎井嶼有沉城，風狂浪湧無影形。秋水澄澈波淵渟，漁人下視見星星，女牆雉堞高伶俜，約略紅木城大小，殷紅磚石苔蘚青。不知何年落海底，中有敗壁橫窗櫺。蔡生述之我則聽，不敢乘舟窺視，恐驚蛟龍醒，作歌聊向虎山銘。⑩

以上顯係傳聞，實不足採信，同時前引文不承認虎井沉城真有其事，但以為虎井沉城即蒔裡炮樓被炮轟傾入海者，也是不對的，按虎井嶼最東北處與蒔裡直線距離約5公里，虎井嶼東南相距更遠，這種假想似乎是不可能的。

昔日臺灣建築所需磚瓦多由福建輸入，若虎井東南果有漁人自海中得磚，作者推測也許是沉沒海上的運磚船，後來漁人發現，誤傳有沉城。

⑩ 見前揭《澎湖廳志》，頁38、203及213；姜道章，〈澎湖古城考〉，《大陸雜誌》，第32卷第1期(1966)，頁16。

假若上述虎井沉城為不可能，臺灣古城的建築當係隨政府及民間移民而發生，也就是說在上述年代以後，據零星文獻的記載，臺灣最古的城大概是嘉靖 42 年 (1563)，俞大猷逐海寇林道乾時，留兵守澎湖所築的暗澳城。據高拱乾修《臺灣府志》，卷二，〈規則志〉，城池云：

> 澎湖暗澳城：明嘉靖年間 (1522～1566)，都督俞大猷追流寇林道乾至此，因築焉。今頹圮，故址上存。⓫

16 年以後周文元重修《臺灣府志》，卷二，〈規制志〉，城池下也有同樣的記載。⓬又《澎湖紀略》，卷之二〈地理紀〉，城池云：

> 稽之舊志，又有暗澳城係明嘉靖四十二年 (1563) 都督俞大猷建，以備征流寇林道乾為駐師之所一事。暗澳即今文澳，廳署在焉；然問所謂暗澳城者，則居人之耆艾者亦不知其基址之在於何處也。蓋世遠年湮，存而不論，闕疑焉可也。⓭

又據魏敬中修《福建通志》，卷十七，〈城池志〉云：

> 附舊暗澳城：在澎湖。明嘉靖年間 (1522～1566)，都督俞大猷征寇林道乾，留偏師防禦，築城於此，故址尚存。⓮

《澎湖廳志》，卷二，〈規制〉云：

⓫ 高拱乾修，《臺灣府志》，康熙 33 年 (1694) 修；重刊本（臺北：臺灣銀行經濟研究室，1960），頁 28。

⓬ 周文元，《重修臺灣府志》，康熙 49 年 (1710) 修；重刊本（臺北：臺灣銀行經濟研究室，1960），頁 30。

⓭ 見前揭《澎湖紀略》，頁 29–30。

⓮ 魏敬中，《福建通志》，同治 10 年 (1871) 修；重刊本（臺北：臺灣銀行經濟研究室，1960），第一冊，頁 30。

> 暗澳城，明嘉靖年間，都督俞大猷逐海寇林道乾時留兵守澎，築城於此，遺址猶存（臺灣府縣志俱載，今無考）。⓯

《臺灣通史》，卷十六，〈城池志〉云：

> 明嘉靖末年，海寇林道乾亂，據澎湖，都督俞大猷征之，乃駐偏師，築城暗澳，其址猶存。⓰

高拱乾修《臺灣府志》，成於康熙 33 年 (1694)；周文元的《重修臺灣府志》，成於康熙 49 年 (1710)；而胡建偉的《澎湖紀略》，成於乾隆 36 年 (1771)，比前者遲 75 年，比後者也遲 61 年，所以不知道暗澳城的故址何在了。暗澳現在叫做文澳，位在澎湖島馬公街海灣對面正東方，1965 年是一個居民約 1,600 人的集村，古城的痕跡完全沒有了。明嘉靖 42 年 (1563) 距今 440 年，關於城的設計、建築以及如何毀壞的情形，吾人雖然都無從知道，不過因為當年是臨時留兵所築，目的在於防禦海寇，而且澎湖地方建築材料缺乏，似乎可以想像得到暗澳城的規模一定不大，建築也必十分簡陋，況且很早便已毀棄，對後來全臺灣城池的營建好像沒有什麼影響。

從 1604 年荷蘭人入據澎湖到 1662 年鄭成功逐荷蘭人光復臺灣，荷蘭人與西班牙人在臺灣凡 58 年，荷蘭人與西班牙人分別在臺灣島南北及澎湖營建城堡，1622 年荷蘭人在澎湖島築城，為荷蘭人與西班牙人在臺灣築城之濫觴。

《臺灣通史》，卷一，〈開闢紀〉云：

> 天啟二年 (1622)，荷人再乞互市，不許，遂侵掠沿海，冬十月，荷將以船艦十七艘再至澎湖，據之，澎民數千謀拒守，荷人劫以兵，奪海舟六

⓯ 見前揭《澎湖廳志》，頁 37。

⓰ 見前揭連橫，《臺灣通史》，上冊，頁 358。

百餘，築城媽宮，役死者千三百人，復於風櫃尾、金龜頭、蒔裡、白沙、漁翁諸島，各造炮臺，以防守海道。初荷人撤退澎湖之時，巡撫南居益上疏，請修防備，未舉而荷人再至，復上疏請逐。天啟三年 (1623) 夏六月，以兵二千入鎮海港，破炮臺，進攻媽宮城，荷人恐，潛結海寇，以八船窺福建，出沒金廈間。四年春正月，居益復遣總兵俞咨皋伐之，荷人大敗，禽其將高文律，斬之。八月，荷人請和，許之，與互市，乃退澎湖，而東入臺灣。⑰

荷蘭人所築的城，叫做紅毛城，規模很小，周圍不過 120 丈，據《臺灣通史》卷十六，〈城池志〉云：

天啟 2 年 (1622)，荷人來此，築城媽宮，周百二十丈，役死者千三百人，外建炮臺，分守海道，臺人謂之紅毛城。⑱

前面所說的古城都在澎湖島上，澎湖位在臺灣海峽中，距離大陸海岸較近，所以開發也比較早些，雖然為了軍事上的需要，嘉靖 42 年 (1563) 中國人已經在澎湖建城，但在臺灣本島上的建城卻是 160 年以後的事，而且在臺灣本島上的建城，西班牙人卻搶先一步，明天啟 6 年 (1626) 西班牙人建聖薩爾瓦多 (Fort San Salvador) 城，為臺灣本島上最古的城堡，據《臺灣通史》，卷一，〈開闢紀〉云：

（天啟）6 年 (1626) 夏五月，西班牙政府自呂宋派遠征軍，以朗將之，率戰艦入據雞籠，築山嘉魯城。⑲

康熙年間何祐在基隆就紅毛城原址築城，是為中國人在臺灣本島建城

---

⑰ 見前揭連橫，《臺灣通史》，上冊，頁 9–10。

⑱ 見前揭連橫，《臺灣通史》，上冊，頁 358。

⑲ 見前揭連橫，《臺灣通史》，上冊，頁 10。

的嚆矢，據陳培桂修《淡水廳志》，卷七，志六，〈武備志〉，海防云：

> 雞籠港：……炮城在港北入口之地，荷蘭時築。俗稱紅毛城。設大雞籠汛，廳設澳保一。今又設海關。康熙十二年 (1673)，⑳偽鄭毀雞籠城，恐我師進紮。二十二年 (1683)㉑二月，偽將何祐，復驅兵負士仍舊址築之，並於大山別立老營以為犄角。㉒

西班牙人於 1629 年侵淡水，淡水便已經有一種防禦的堡寨，很可能是中國商人建築的，果真如此，則至少較何祐在基隆築城早 54 年，當在 1630 年荷蘭人在安平築城的以前，也可能早於西班牙人在基隆築城，據戴維森 (James W. Davidson) 著《臺灣島的過去和現在》(*The Island of Formosa, Past and Present*) 一書云：

> 西班牙軍隊在雞籠建聖薩爾瓦多 (San Salvador) 城寨之後，於 1629 年侵淡水，甚至早在彼時已有中國商人自福建常來淡水與番人交易，淡水的番人像雞籠的番人一樣，他們見西班牙人就逃避，不過據西班牙人的記載，好像不是番人便是中國人已經在淡水建築有一種防禦的工事，西班牙人侵占一個堡寨，並在其原址建築了一個堅固的城寨，稱聖多明哥 (San Domingo) 城寨。㉓

以上所提到的各城，雖然在時間上建築較早，但規模都很小，只可以

---

⑳ 按《臺灣通史》、《臺灣外記》及《閩海紀要》皆作康熙 19 年 (1680)。

㉑ 按《臺灣外記》作康熙 20 年 (1681)，伊能嘉矩著《臺灣文化志》也以為何祐築城在 20 年。

㉒ 陳培桂，《淡水廳志》，同治 10 年 (1871) 修；重刊本（臺北：臺灣銀行經濟研究室，1956），頁 101。

㉓ James W. Davidson, *The Island of Formosa, Past and Present* (London: Macmillan and Co., 1903)；轉引自姜道章，〈臺灣淡水之歷史與貿易〉，《臺灣銀行季刊》，第 14 卷第 3 期，頁 255。

視為較大的炮臺或堡壘，與傳統的中國城不同，對後來清代臺灣各地所建築的城，並沒有什麼影響，漢民族真正在臺灣本島營建城池，則是清代正式將臺灣收入版圖以後的事。

在荷蘭人及鄭成功統治臺灣的西南部時，閩粵移民快速增加，到康熙 19 年 (1680) 時，人口至少已有 120,000 人。

康熙 22 年 (1683) 清軍進入臺灣，鄭克塽投降，鄭氏亡，清代正式將臺灣收入版圖，設一府三縣，隸屬福建，即臺灣府，轄臺灣（臺南）、鳳山及諸羅（嘉義）三縣，於各縣治相繼建城，象徵清廷的統治，之後，閩粵來臺移民更多，形成市街，為了安全，也有建城的需要，康熙 43 年 (1704)，嘉義建木柵，設四門，為漢民族在臺灣本島營建中國城池之始，據陳夢林修《諸羅縣志》，卷一，〈規制志〉，城池云：

> 諸羅自康熙二十三年 (1684) 卜縣治于諸羅山，城未築。四十三年 (1704)，奉文歸治，署縣宋永清、署參將徐進才、儒學丁必捷至山，定縣治廣狹周圍六百八十丈，環以木柵，設東西南北四門，為草樓以司啟閉，年久傾壞。㉔

過了 8 年，鳳山縣署劉光泗在興隆莊築土城，設四門，外浚護城濠，營建衙署壇廟，形成市街，才算是粗具規模的城市，據王瑛曾修《鳳山縣志》，卷二，〈規制志〉，城池云：

> 縣城在興隆莊。康熙六十一年 (1722)，署縣劉光泗築土城，周八百一十丈，高一丈三尺，東南西北設四門。左倚龜山，右聯蛇山，外浚濠塹，廣一丈，深八尺。㉕

㉔ 陳夢林，《諸羅縣志》，康熙 56 年 (1717) 刊本；重刊本（臺北：臺灣銀行經濟研究室，1958)，頁 40。

㉕ 王瑛曾，《鳳山縣志》，乾隆 29 年 (1764) 刊本；重刊本（臺北：臺灣銀行經濟研

附街市云：

> 興隆莊街，在縣治內。㉖

卷二，〈規制志〉，公署云：

> 縣署在縣城內，東南向。康熙四十三年 (1704)，知縣宋永清建。五十七年 (1718)，知縣李丕煜重修大堂二堂三堂儀門，門左福德祠，門右監獄。悉如制。㉗

卷五，〈典禮志〉，壇廟云：

> 城隍廟，在縣治北門外文廟右，康熙五十七年 (1718) 知縣李丕煜建。天後廟在縣治北門內龜山頂，康熙二十二年 (1683) 奉文建。年久傾圮。乾隆二十七年 (1762)，知縣王瑛曾重建。㉘

卷六，〈學校志〉，學宮云：

> 文廟在縣治北門外，康熙二十三年 (1684) 知縣楊芳聲建，風雨圮壞。四十三年 (1704) 知縣宋永清復建。五十八年 (1719) 知縣李丕煜修。㉙

康熙 33 年 (1694) 高拱乾修《臺灣府志》對於未建土城以前的興隆莊各項設施與市街發達的情形，也有若干記載，據卷二，〈規制志〉，衙署云：

> 鳳山縣：典史署，在縣治之西。㉚

究室，1957)，頁 30。

㉖ 見前揭王瑛曾，《鳳山縣志》，頁 31。

㉗ 見前揭王瑛曾，《鳳山縣志》，頁 79。

㉘ 見前揭王瑛曾，《鳳山縣志》，頁 81。

㉙ 見前揭王瑛曾，《鳳山縣志》，頁 84。

學校云：

鳳山縣學，在縣治興隆莊。康熙二十三年(1684)，知縣楊芳聲建。後為啟聖祠。學前有天然泮池，荷花芬馥，香聞數里。鳳山拱峙，屏山插耳，龜山蛇山旋繞擁護，形家以為人文勝地。[31]
社稷壇，在興隆莊，制與府同。山川壇，在社稷壇西。邑厲壇，在興隆莊。[32]

市鎮云：

興隆莊街，在興隆莊。[33]

臺灣建省之初，經濟條件差，所建的城，只是木柵和土城，以防高山族和地方盜匪為主，跟後來所建的古城相比，功能有限。

三、歷史發展

康熙 22 年 (1683) 以後的幾十年，臺灣隸屬福建，時有福建政府官員到臺灣訪察，恐怕反清人士重組反抗政府，禁止大陸人民來臺，雖然如此，閩粵人民移來臺灣的卻大增，許多早期的農民從南部向中部和北部未開發的沿海平原遷移，郁永河在康熙 36 年 (1697) 從北部到南部時，看到廣大地區無人，但是到黃叔璥在康熙 61 年 (1722) 從北部到南部時，沿途看到的卻是廣大的農田。[34]

---

[30] 見前揭高拱乾，《臺灣府志》，第一冊，頁 29。
[31] 見前揭高拱乾，《臺灣府志》，第一冊，頁 32。
[32] 見前揭高拱乾，《臺灣府志》，第一冊，頁 40。
[33] 見前揭高拱乾，《臺灣府志》，第一冊，頁 48。
[34] 郁永河，《裨海紀遊》，最初版本大約刻於 1732 年，重刊本（臺北：臺灣銀行經

康熙 60 年 (1721)5 月朱一貴起事岡山，連破清兵，奪取鳳山，繼占臺南，南北俱應，旬日間全臺淪陷，總督滿保聞報，馳赴廈門，檄南澳鎮總兵藍廷珍出兵，會水師提督施世驃伐臺，6 月克鹿耳門，迫府治，一貴戰敗被擒。由於朱一貴事件的刺激，雍正年間 (1723～1735)，臺灣建築了 4 個主要古城，即臺南城、嘉義城、彰化城及新竹城，開臺灣築城的新紀元，據藍鼎元著《東征集》所載〈復制軍論築城書〉云：

> 築城鑿濠，臺中第一急務，當星速舉行者也。35

《臺灣通史》，卷十六，〈城池志〉亦云：

> （永曆）三十七年 (1609)，聞清軍有伐臺之舉。三月，命左武衛何祐城淡水，增戍兵。六月，清軍破澎湖，克塽降，改承天府為臺灣，設縣三，尚未築城也。朱一貴之役既平，總督滿保議築城。36

十八世紀初年，臺灣中部與北部已漸開發，諸羅轄境太廣，管理不便，勢須再行劃分；於是在雍正元年 (1723)，劃虎尾溪以北、大甲溪以南之地，增設彰化縣；並鑑於淡水位置重要，另設淡水廳。十九世紀初年，漢人的墾殖已經從北部進入東北角的宜蘭平原，嘉慶 17 年 (1812)，增設噶瑪蘭廳。至此，臺灣乃有一府（臺灣府）、四縣（臺灣縣、鳳山縣、嘉義縣、彰化縣）、三廳（澎湖廳、淡水廳、噶瑪蘭廳）。

康熙以降，閩粵人民移殖臺灣者漸多，雍正 10 年 (1732) 准臺灣居民搬攜家眷，移民更多，據嘉慶 16 年 (1811) 的編查，全臺灣人口已超過 200

濟研究室，1959)；黃叔璥，《臺海使槎錄》，1736 年初刊，重刊本（臺北：臺灣銀行經濟研究室，1957)。

35 藍鼎元，《東征集》，康熙 60 年 (1721) 初刊本；重刊本（臺北：臺灣銀行經濟研究室，1958)，頁 27。

36 見前揭連橫，《臺灣通史》，上冊，頁 358。

萬人（表 16–1），因為人數多，墾地日廣，移民互相間，以及移民與番人間，自不免發生糾紛，是以也促進了城池的建築。

表 16–1 嘉慶 16 年 (1811) 臺灣之戶口

廳　縣	人口數	百分比
嘉義縣	816,659	40.8
彰化縣	342,166	17.1
臺灣縣[1]	341,624	17.1
淡水廳[2]	214,833	10.7
鳳山縣	184,551	9.2
澎湖廳	59,128	3.0
噶瑪蘭廳	42,900	2.1
總　計	2,001,861	100.0

註釋：1. 大致相當今臺南縣。
2. 大致相當今苗栗縣、新竹縣、桃園縣、臺北市、臺北縣及基隆市。

據《臺灣通史》，卷六，〈職官志〉云：

> 同治十三年 (1874) 十一月，欽差大臣沈葆楨奏請移福建巡撫于臺灣，略曰：「……今欲開山，則日屯兵衛，……日建城郭，……」。37

卷二十三，〈風俗志〉云：

> 前時墾地之人相聚而居，外築土圍，以禦番害，故謂之堡。38

卷三，〈經營紀〉云：

37 見前揭連橫，《臺灣通史》，上冊，頁 103–104。
38 見前揭連橫，《臺灣通史》，下冊，頁 461。

（道光）十四年(1834)，築後壟城，為械鬥也。[39]

卷三十三，列傳五，〈林平侯列傳〉云：

咸豐三年(1853)，卜居枋橋，……越二年(1855)，漳泉復鬥，禍尤烈，國芳首辦鄉團，築城樓，募勇士數百人，備攻守。[40]

卷三，〈經營紀〉云：

（咸豐）五年(1855)，械鬥未息，枋橋房裡各築城。[41]

《臺灣採訪冊》亦云：

道光六年(1826)間，嘉、彰閩粵分類，奸民乘機滋擾，蔓延淡、塹。事平，該地士民遂有捐建磚石城垣之議。[42]

根據舊志及目前所可獲得的其他資料統計，自最早明嘉靖42年(1563)所建的澎湖暗澳城，到最晚光緒19年(1893)所建的雲林城，330年間臺灣計建築了各類古城43座，[43]其中34座都有正確或相當正確的建築年代與規模大小的資料，作者將這34座城的建築年代與大小填在一張座標紙上，發現臺灣古城的建築可以分為5個很明顯的時期，各期都有不同的特徵：

---

[39] 見前揭連橫，《臺灣通史》，上冊，頁59。

[40] 見前揭連橫，《臺灣通史》，下冊，頁700。

[41] 見前揭連橫，《臺灣通史》，上冊，頁61。

[42] 《臺灣採訪冊》，道光10年(1830)刊本；重刊本（臺北：臺灣銀行經濟研究室，1959），第一冊，頁21。

[43] 此處古城包括清代臺灣各地所營建的有城牆及城門的城，以及明代澎湖、臺灣臺南、淡水及基隆沿海，荷蘭人與西班牙人所建築的小型城寨。

十六世紀和十七世紀的築城可以分為 2 個時期，第一個時期是暗澳城時期，十六世紀中葉明嘉靖 42 年 (1563) 漢人第一次在澎湖建築暗澳城，規模很小，只是一種炮城，目的是防海寇。第二個時期是安平城時期，1620～1650 年間，明天啟 10 年 (1630) 荷蘭人在安平建築熱蘭遮城 (Fort Zealandia)，為本期之代表，其他尚有臺南赤崁城 (Fort Providentia)、雞籠之聖薩爾瓦多（雞籠城）(Fort San Salvador)，及淡水聖多明哥城 (Fort San Domingo)，本期最大之特徵就是這些海邊的小炮城是荷蘭人與西班牙人所建築，前者在臺南，後者據淡水和雞籠，這些小炮城跟中國傳統的城是不一樣的。目的在對付從海上來的中國攻擊。

在十八世紀和十九世紀臺灣築城，可以分為 3 個時期，平均每一時期長約 45 年，第一個時期是南臺灣時期，始於十八世紀開始，止於十八世紀中葉，即清康熙中葉以後到雍正初年間，本期所建築的城，除了八里坌城，都在南部，有鳳山（左營）城、[44]諸羅城（嘉義）、[45]臺灣城、[46]彰化城，[47]及淡水城，都是政府建築的，規模較大，臺灣府城以外的都是縣城。此外，八里坌建土城。[48]一方面目的在防本島內的匪亂，另一方面也顯示清朝勢力在臺灣的擴張，象徵清廷的權威。在十八世紀中葉建城活動停止，

---

[44] 鳳山縣建築了兩個城，第一個 1722 年建築在興隆莊，即今左營，見姚瑩，《東槎紀略》，1821 年刊本；重刊本（臺北：臺灣銀行經濟研究室，1957），頁 5–7。第二個 1854 年建築在埤頭，就是今天的鳳山。

[45] 見陳夢林，《諸羅縣志》，康熙 56 年 (1717) 刊本；重刊本（臺北：臺灣銀行經濟研究室，1958），頁 40。

[46] 《臺灣採訪冊》，道光 10 年 (1830) 刊本；重刊本（臺北：臺灣銀行經濟研究室，1959），頁 23–5。

[47] 周璽，《彰化縣志》，道光 10 年 (1830) 刊本；重刊本（臺北：臺灣銀行經濟研究室，1957），頁 43。

[48] 陳培桂，《淡水廳志》，同治 10 年 (1871) 刊本；重刊本（臺北：臺灣銀行經濟研究室，1956），頁 44。

後來因為 1788 年林爽文之變，恢復建城活動。諸羅城和臺灣府建磚石城，加強原來的城。

第二個時期是北臺灣時期，始於十九世紀初葉，止於十九世紀中葉，即嘉慶中葉以後，經道光到咸豐末年間，是臺灣建城最活躍的時期，建築了 4 座較大的城和 12 座較小的城，多數在北部，少數在中南部。4 座大城是噶瑪蘭城、㊾竹塹城（新竹）、㊿桃園城[51]及鳳山城。[52]12 座較小的城是鹽水城、[53]大甲城、[54]吳全城城、[55]後壠城、[56]阿猴城、[57]中壢城、[58]房裡城、[59]中港城、[60]枋橋城（板橋）、[61]大嵙崁城（大溪）、[62]土城城[63]

㊾ 《噶瑪蘭廳志》，咸豐 2 年 (1852) 刊本；重刊本（臺北：臺灣銀行經濟研究室，1957），頁 32–33。

㊿ 見前揭陳培桂，《淡水廳志》，頁 43。

[51] 見前揭陳培桂，《淡水廳志》，頁 44。

[52] 見前揭姚瑩，《東槎紀略》。

[53] 見富田芳郎，〈鹽水〉，《南瀛文獻》，第 2 卷第 1–2 期 (1954)，頁 50。

[54] 見前揭陳培桂，《淡水廳志》，頁 43–44。

[55] 安倍明義，〈注意要臺灣地名解〉，《臺灣時報》（1936 年 2 月），頁 49。

[56] 沈茂蔭，《苗栗縣志》，光緒 19 年 (1893) 刊本；重刊本（苗栗：苗栗縣文獻委員會，1953），頁 29。

[57] 姜道章，〈十八世紀及十九世紀臺灣營建的古城〉，《南洋大學學報》，創刊號 (1967)，頁 193。

[58] 見前揭陳培桂，《淡水廳志》，頁 44。

[59] 見前揭沈茂蔭，《苗栗縣志》，頁 29。

[60] 《新竹縣採訪冊》，光緒 20 年 (1894) 刊本；重刊本（臺北：臺灣銀行經濟研究室，1962），頁 15。

[61] 見前揭連橫，《臺灣通史》，頁 61。又見前揭陳培桂，《淡水廳志》，頁 44；及姜道章，〈臺北縣板橋之歷史的發展〉，《大陸雜誌》，第 29 卷第 9 期 (1964)，頁 299–302。

[62] 漳泉械鬥，漳州人為了自保，大概在嘉慶 14 年 (1809) 築大嵙崁城，見前揭連橫，《臺灣通史》，頁 56 及 699–700。

[63] 安倍明義，《臺灣地名研究》（臺北：蕃語研究會，1938），頁 164。

及車城城。[64]大多數這些城位在北部，有些城城內增加比較多的空間。竹塹在嘉慶 11 年 (1806) 因蔡牽亂，民築土城，嘉慶 18 年 (1813) 同知查廷華，就土圍加高鑲寬，道光 7 年 (1827) 又砌石加固。[65]本期營建城池的目的有三：即民間械鬥自保、防番及防匪。如新竹城、桃園城、板橋城及房裡城等。也顯示臺灣開發的範圍。

第三個時期是同光時期，從同治元年 (1862) 到光緒 34 年 (1908)，本期建城較前期少，計有 8 處，臺灣本島北部、中部、南部以及澎湖皆有，民間建城較少，多數是省縣或廳城，有恆春城、[66]埔里城、[67]臺北城、[68]馬公城、[69]臺中城、[70]竹山城、[71]及斗六城。[72]這些城的建築，顯示臺灣西部肥沃平原開發的完成。

臺澎漢族墾殖從澎湖開始，後來擴張到臺灣本島。臺灣本島上的發展，初在西南部，然後沿海岸平原逐漸向北擴張，東部開發最遲。古城的營建循同樣的發展模式。較古的古城分布在南部，較新的古城分布在北部。

漢民族營建的古城，象徵漢族在向邊疆移民的成功。在大多數情形下，

---

[64] 屠繼善，《恆春縣志》，光緒 22 年 (1896) 抄本，新刊鉛印本（臺北：臺灣省文獻委員會，1951），頁 94。

[65] 見前揭陳培桂，《淡水廳志》，頁 43。

[66] 見前揭屠繼善，《恆春縣志》，頁 21。

[67] 見前揭連橫，《臺灣通史》，上冊，頁 364。

[68] 見前揭連橫，《臺灣通史》，上冊，頁 363。

[69] 見前揭《澎湖廳志》，頁 37。

[70] 見前揭連橫，《臺灣通史》，上冊，頁 361–362。又見 Clifton W. Pannell, *Taichung, Taiwan: Structure and Function* (Chicago: University of Chicago, Department of Geography, 1973), pp. 32–40.

[71] 見陳世烈，〈竹城旌義亭記〉（光緒 13 年作碑文，原碑已失），載劉枝萬編，《臺灣中部碑文集成》（臺北：臺灣銀行經濟研究室，1962），頁 61–62。

[72] 倪贊之，《雲林縣採訪冊》，光緒 20 年 (1894) 本，重刊本（臺北：臺灣銀行經濟研究室，1959），第 1 冊，頁 1。又見前揭連橫，《臺灣通史》，頁 362。

古城的建築之前，先是農民開墾土地和市集的出現。在臺灣平原上古城的營建，顯示閩粵人民農業墾殖的歷史的過程。三個主要建城時期，顯示不同的地理形態和明顯不一樣的動機。

四、古城的分布與位置

臺澎的開發是先澎湖後臺灣，臺灣本島的開發則是由南而北，東部最遲，城池的營建，當然是一地開發到相當程度以後的事，臺灣古城的分布反映這一事實，十分明顯，如表 16–2 所示，43 座大小古城，以地區來分，北部最多，計有 14 座；中部與南部次之，各有 10 座；澎湖再次之，有 8 座；東部的開發實際是在日本侵占臺灣以後的事，在臺灣城池營建時代以後，所以最少，只有 1 座。至於 14 座較大的古城，東部完全沒有，南部最多，有 5 座；中部與北部次之，各有 4 座；澎湖也有 1 座（圖 16–1）。主要古城平均大約相距 40 公里，作者使用最近鄰分析，發現 R = 1.86，換言之，主要古城呈規則的分布形態。[73]

清代以前的古城，都位在直接靠海的地點，也就是陸海交會的海港，像澎湖各城及安平城等，因為當時建城的目的是在防禦來自海上的攻擊，同時做陸上的生意，海港自然是建築城寨最好的地點。[74]

---

[73] 14 個主要古城，竹山和鳳山（興隆莊）後來分別由斗六和鳳山（埤頭）取代，除掉不計，其餘的 12 個作最近鄰分析，海拔 500 公尺以下的低地面積大約是 17,000 平方公里，R=1.86。關於最近鄰分析，可參閱 M. E. Witherick, "The principles, practice and pitfalls of nearest-neighbour analysis," *Geography*, vol. 57 (1972), pp. 277–288.

[74] 豪普特曼和克納普曾討論荷蘭人與高山族之間的互動，見 Laurence M. Hauptman and Ronald G. Knapp, "Dutch-aboriginal interaction in New Netherland and Formosa: an historical geography of empire," *Proceedings of the American Philosophical Society*, vol. 121, no. 2 (April 1977), pp. 166–182.

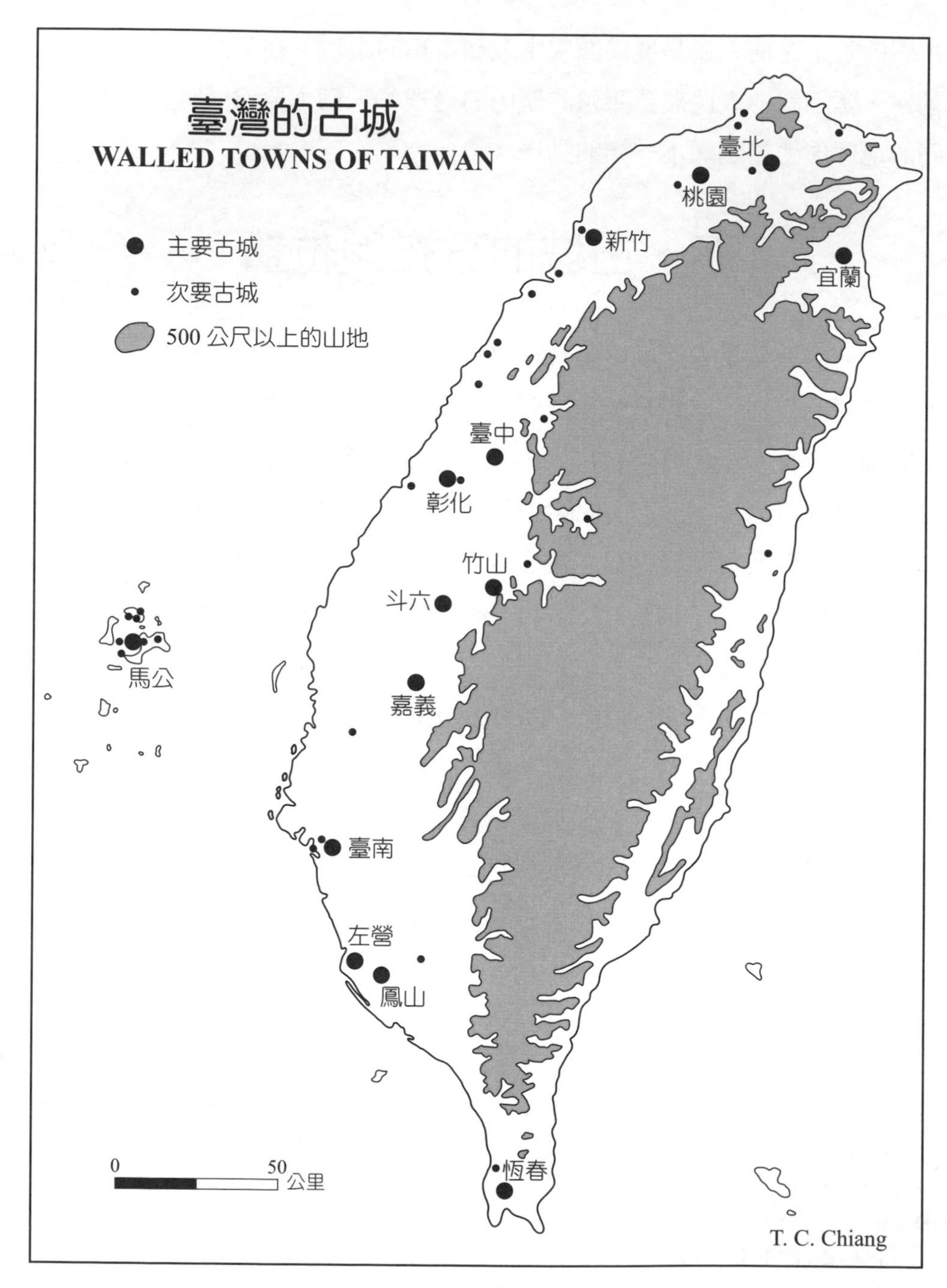
臺灣的古城
WALLED TOWNS OF TAIWAN
主要古城
次要古城
500 公尺以上的山地
臺北
桃園
新竹
宜蘭
臺中
彰化
竹山
斗六
馬公
嘉義
臺南
左營
鳳山
恆春
0
50
公里
T. C. Chiang

圖 16–1 臺灣的古城

表 16–2　古城的分布

地　區	次要古城	主要古城	合　計
澎　湖	7	1	8
南　部	5	5	10
中　部	6	4	10
北　部	10	4	14
東　部	1	0	1
總　計	29	14	43

清代的古城便很少是海港的位置，因為那時臺灣農業的發展已深入內陸，不是直接靠海岸的地帶。臺灣雖然多河流，但絕少航運價值，夏秋位在河邊位置常常會有水災的威脅，所以河岸或河港位置的古城極少，這跟中國南方多數城市河港的河岸位置是相反的，[75]這一事實值得注意。這種情形也反映在地名上，臺灣地名的通名與水關聯的相對地沒有中國的多。絕大多數臺灣的古城都是位在農業發達的平原或臺地的中央，如臺北之於臺北盆地，宜蘭之於宜蘭平原，桃園之於桃園臺地，臺中之於臺中盆地，彰化之於彰化平原，恆春之於恆春半島，雲林縣治自竹山移治斗六，便是因為後者的位置優於前者。

臺灣古城都位在海拔高度 500 公尺以下，而絕大多數更都在 250 公尺以下的平原，平原農業發達，人口多，才能形成人口中心，以支援城池的營建。

跟古代近東的城市、中世紀歐洲的城堡，以及日本的大名古城不同，中國城市的位置一向盡可能避免山頭或山邊，選擇位在平原上，[76]第一，

[75] 見前揭 Chang, “The morphology of walled capitals,” p. 33; Chang, “Some aspects of the urban geography of the Chinese hsien capitals,” pp. 31–33.

[76] 見前揭 Chang, “Some aspects of the urban geography of the Chinese hsien capitals,”

城市本來是農業社會的核心，自然是位在農業發達的平原上；第二，為了防禦上的理由，城池也要避免位在局部地形上不利的位置，例如鳳山城與彰化城，據《臺灣府輿圖纂要》云：

> 鳳山城，竹城。原在興隆莊；南面打鼓，北負龜山。乾隆五十一年(1786)，移駐距城十五里之埤頭也。道光五年(1825)，就興隆基址移向東北，圍龜山於其內。更築以石門樓，水洞，炮臺皆具。而安土重遷，且逼近半屏、蛇山二處，不免俯瞰之虞；治民仍駐埤頭，遂以興隆莊為舊城矣。[77]

又云：

> 舊縣城：距縣城北二十里。城不跨山，由龜山麓左繞至右而止，且逼枕半屏山太近；故居高臨下之勢，在人而不在我，此舊城所以當棄也。[78]

埤頭就是今天的鳳山，興隆莊則是左營舊城。

《臺灣通史》，卷五，〈疆域志〉云：

> 縣治在八卦山麓，斗大之城，險不足據，而反足資敵，故有移城鹿港之議。[79]

又卷十六，〈城池志〉云：

> ……先是林爽文之役，陽湖趙翼從軍，議移治鹿港，其後陳震曜亦有鹿

---

p. 30.

[77] 《臺灣府輿圖纂要》，同治初年修；重刊本（臺北：臺灣銀行經濟研究室，1963），第一冊，頁49。

[78] 見前揭《臺灣府輿圖纂要》，第一冊，頁146。

[79] 見前揭連橫，《臺灣通史》，上冊，頁89。

港建城之議，皆不行，以城在山下，每攻必破也。[80]

五、古城的大小與形狀

明代臺灣各地所築之城都是很小的炮城，一般周圍不超過200丈，赤崁城大概是最小的，只有45丈3尺，郁永河著《裨海紀遊》，卷上云：

> 迨萬曆間，復為荷蘭人所有；建臺灣、赤崁二城，考其歲為天啟元年(1621)。二城仿佛西洋人所畫屋室圖，周廣不過十畝，意在駕火炮，防守水口而已；非有埤垷闉闍，如中國城郭，以居人民者也。[81]

《臺灣府志》，卷二，〈規制志．城池〉亦云：

> 赤崁城：在府治西北隅。周圍廣四十五丈三尺，高約三丈六尺餘。無雉堞之設，名雖為城，其實樓臺而已；故又名紅毛樓。[82]

又《澎湖紀略》云：

> 媽宮澳之西，逼近海岸，有小城一區，名曰新城，不知築自何年，並為何人所建？周圍僅及百丈，中無居民，惟澎協設兵更番戍守於此，今名為新城汛。奎壁澳有社名大城者，相傳亦云紅毛時築城於山頂之上，以為瞭望之所；今城址亦頹廢無存，居人但指其地而云然耳。瓦硐澳亦伴有紅毛銃城一處，址亦無存。此則澎湖之所謂城也。[83]

---

[80] 見前揭連橫，《臺灣通史》，上冊，頁362。
[81] 見前揭郁永河，《裨海紀遊》，頁9。
[82] 見前揭高拱乾，《臺灣府志》，第一冊，頁28。
[83] 見前揭《澎湖紀略》，第一冊，頁30。

清代臺灣各地所建古城，雖然比明代所建之炮城為大，但較中國的一般城池為小，所以連橫稱彰化為「斗大之城」，臺灣海島開發較晚，財富自然較遜，築城是很費錢的事，營造大城十分困難；但又不能無城，所以只好建置小城。據藍鼎元著《平臺紀略》所載〈與吳觀察論治臺灣事宜書〉云：

> 磚石圍築，費重事繁，錢糧無從出辦。惟有種植刺竹為城。[84]

因為建城經費籌措困難，所以若干城先栽植刺竹範圍較大，等改築土城或磚石城則縮小，例如臺南城，本來的木柵周有 2,662 丈，後來改建土城則變成 2,520 丈；又如新竹城，原來的土垣周長 1,404 丈，可是後來改建石城卻只有 860 丈了，二者相差竟達 544 丈，後者只約為前者的十分之六。又如苗栗後壠，兩地同位在苗栗丘陵，二者直線相距不過 7 公里，苗栗無城，光緒 16 年 (1890) 曾環植刺竹，周圍計長 1,200 丈；後壠在道光 14 年 (1834) 築土城，周圍卻只有 300 丈，後者只有前者的四分之一。11 個主要古城的周長為 3.55 公里，的確很小（表 16–3）。臺灣 9 個縣治的平均大小，不足半平方公里，而大陸上 157 個縣治的平均大小，則大於 1 平方公里。[85]概言之，臺灣古城的大小，與大陸邊緣地區者相當。

為了方便計，可以根據大小將臺灣的古城分為 3 類，各類數目大致相等，約各占總數的三分之一，第一類為周長在 200 丈以下者，大多數是沿海岸的炮城，南部較多；第二類為周長介於 200 丈與 600 丈之間者，多數是民間為了械鬥防番自保所建造者，北部較多；第三類為周長在 600 丈以

---

[84] 藍鼎元，《平臺紀略》，雍正元年 (1723) 作；重刊本（臺北：臺灣銀行經濟研究室，1958），頁 53。

[85] 見前揭 Chang, "Some observations on the morphology of Chinese walled capitals," pp. 70–71.

上者，除了東部，臺灣本島北部、中部、南部以及澎湖皆有，絕大多數都是官方營建的府城、縣城或廳城。

表 16–3　主要古城的大小

古　城	行政等級	周長（公尺）[1]	城內面積（平方公里）[2]
臺灣府	府　治	9,674	3.1048
臺　北	府　治	5,800	1.3935
鳳山（埤頭）	縣　治	4,155	0.7984
新　竹	縣　治	4,130	0.5523
彰　化	縣　治	3,551	0.5368
恆　春	縣　治	3,755	0.5099
鳳山（興隆莊）	縣　治	3,327	0.4911
嘉　義	縣　治	3,062	0.4026
馬　公	廳　治	3,038	0.2592
臺　中	縣　治	2,503	0.2177
宜　蘭	縣　治	2,465	0.3768
平　均		4,133	0.7857

1. 長度原始計算單位為丈，以 1 丈等於 3.581 公尺換算，不過丈的長度各地可能稍微不同。
2. 面積是作者根據地圖用求積儀和點方格計算的，若兩者結果不一，則用平均數。

第三類古城計有 14 座，其中宜蘭城最小，只有 640 丈，臺南城最大也不過 2,512 丈。這 14 座城的平均周長為 1,083 丈，約長 3 公里（表 16–3）。

對於歷史地理學家，古城的形狀也構成重要的討論題目，據說中國周朝營造都城，外形作正方形，一直影響到後來歷代所建城池，[86]多數人也總以為中國古城多作正方形或長方形，只有在丘陵區，局部地形缺乏平坦土地時，才是其他不規則外形，[87]作者猜想這種普遍的錯誤觀念，很可能

[86] 伊東忠太郎著，陳清泉譯，《中國建築史》（上海：商務印書館，1937），頁 80–87。

是由於看慣了少數著名城池的地圖，特別是北京、洛陽、西安等，而這些古城都是正方形或長方形的。實際的情形並非如此，中國歷代所建的城，總數大概在一萬以上，似乎還沒有人對城的外形作全面的分析，[88]作者根據手邊 196 座我國古城的地圖分析，將城的外形分為三種，即正方形、長方形與不規則外形，發現前者合計只占總數的五分之一，而五分之四的城都是不規則外形。

根據已有的資料分析，臺灣古城的外形幾乎都是不規則的，既不是正方形也不是長方形，除了最小的炮城有長方形或正方形外，較大的古城，只有少數接近長方形（圖 16–2），為什麼多數古城的外形是不規則的形狀呢？原因不甚明確，局部地形好像並不是主要原因。就城周的長度與城內所圍繞的面積來說，圓形比方形經濟，圓形單位面積的周長比方形者短，換言之，比較節省建築經費，也許這就是為什麼多數古城不是正方形或長方形。[89]例如臺灣最大的古城臺南城便不是長方或正方形，《臺灣府輿圖纂要》一書曾提到臺南城的形狀，據云：

> 周計二千五百二十丈，弧其東南北而弦其西。[90]

恆春城的建築較遲，形狀也有弧有弦，很可能是受臺南城的影響。

日人梅陰浮浪謂臺灣古城雍正乾隆嘉慶時期所築者，都是圓形，為舊代的城式；而道光咸豐同治光緒時期所築者，都是方形，為新代的城式。[91]但實際並非如此，例如臺南城建於雍正元年 (1723)，然而並非圓形。

---

[87] 見前揭 Sen-dou Chang, “Some aspects of the urban geography of the Chinese hsien capitals,” pp. 34–35.

[88] 大多數清代以及清代以前的舊志，都沒有正確的地圖，增加研究上的困難。

[89] 見前揭 Chang, “The morphology of walled capitals,” p. 89.

[90] 見前揭《臺灣府輿圖纂要》，第一冊，頁 49。

[91] 梅陰浮浪，〈城〉，《臺灣時報》，第 17 期 (1910)，頁 24。

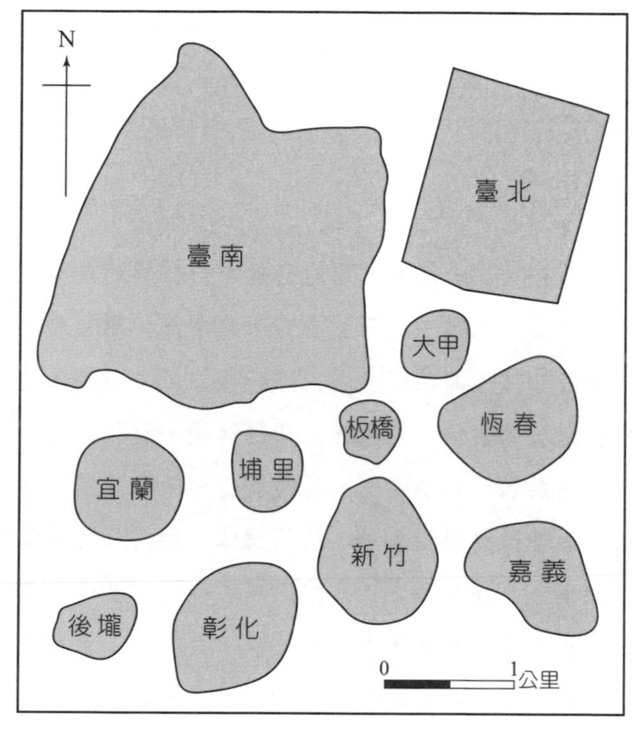

圖 16–2　十一座臺灣古城的外形

六、古城的設計與結構

前面已經提到，臺灣的古城約可分為 3 類：

第一類是明代沿海各地所築小城，不過是炮臺或炮臺的擴大，所以有叫做銃城者，《臺灣通史》，卷十三，〈軍備志〉云：

> 萬曆二十五年 (1597) 增游兵。四十五年 (1617)，復增衝鋒游兵，左右各置小城，列銃以守，曰銃城。[92]

---

[92] 見前揭連橫，《臺灣通史》，上冊，頁 305。

因為是銃城，所以城的設計與內部結構簡單，通常是方形或長方形，內部只有駐軍與所置槍炮，在這些銃城中，荷蘭人在安平所築的熱蘭遮城 (Fort Zealandia)，大概是最大的了，所以設計與結構稍複雜，據《臺灣通史》，卷十三，〈軍備志〉云：

> 荷人既入臺灣，築城一鯤身，即炮臺也，曰熱蘭遮，臺人謂之王城，基方二百七十六丈有六尺，高三丈有奇，為兩層，用大磚，調油灰，共搗而成，雉堞釘以鐵，故甚固，城上瞭亭相望，上層縮入丈許，設門三，東畔嵌空數處，為曲洞，為幽宮，四隅箕張，置炮二十，南北規井，下入於海，上出於城，水極清冽，可於城上引汲，以防火攻，置炮十，皆重千斤者，而北隅繞垣為外城，狀極雄偉，駐兵守之，倚城一樓，榱棟堅巨，有機車，可挽重而上，亦炮數尊，內城之北，下闢水門，傴僂而入，登道曲折，下有地室，高廣各丈餘，長數丈，曲轉旁出，近海之處又一洞，內藏鉛子，其險固也如此，荷人建政署其中，以鎮撫民番。[93]

可知熱蘭遮城 (Fort Zealandia) 仍以駐軍設防為主，和中國傳統的城池是不一樣的。

第二類為土堡，所謂土堡，即鄉民自建的小城，據《澎湖廳志》，附錄：〈淡水廳志訂謬〉云：

> 竹塹城係淡水廳治，文武駐劄處所，故謂之城。其鄉民私造以資守望者，僅稱土堡。[94]

這些土堡的周長大致都在 600 丈以下，600 丈約為 2.15 公里，嘉慶已降，民間為自保所築造，可惜現在都已不存在，有關這些土堡的文獻絕少，詳

---

[93] 見前揭連橫，《臺灣通史》，上冊，頁 306。

[94] 見前揭《澎湖廳志》，頁 3。

細的設計與結構不易知道，但較下面要討論的第三類古城要簡單，則是可想而知的。

第三類才是中國傳統的城池，這類古城臺灣共有 14 座，其設計和結構具有中國傳統古城的主要特徵。中國城池的建築很受風水思想的影響，臺灣的古城也不例外。[95]據屠繼善修《恆春縣志》，卷二，〈建置〉，「請琅嶠築城設官摺」云：

> 劉璈素習堪輿家言，經畫審評，現令專辦竹城建邑諸事。[96]

又如《臺灣通史》，卷十六，〈城池志〉云：

> 鳳山縣城，前在興隆內里前鋒莊，……乾隆五十一年 (1786)，林爽文之變，莊大田應之，城破，文武多死，乃移於埤頭者，……嘉慶十一年 (1806)，蔡牽之亂，吳淮泗陷新城，將軍賽沖阿議復舊城，……以知縣杜紹箕為監督，……（道光）六年 (1826) 八月竣工，擇吉告遷，而紹箕忽死，眾以為不祥，無敢移者，衙署漸就荒廢，於是乃建新城。[97]

又如《臺灣採訪冊》對臺南城有如下之說法：

> 弧其東南北，而弦其西，俯瞰臺江，形家以為「半月沉江」之勢。[98]

古城最重要的部分當然是城本身，不管城牆的外形是方抑圓，但總是

---

[95] 1966 年臺北的報紙有一則消息，說若干市議員認為市議會的大門正對中山北路的復興橋，如利劍刺心，風水不好，所以有議員被刺死亡，議會應該遷移，說明這種落伍的迷信思想在臺灣影響之深了。

[96] 屠繼善，《恆春縣志》，光緒 20 年 (1894) 修；重刊本（臺北：臺灣省文獻委員會，1951），上集，頁 20。

[97] 見前揭連橫，《臺灣通史》，上冊，頁 361。

[98] 見前揭《臺灣採訪冊》，上冊，頁 25。

封閉的環狀，高度各城不一，一般皆在1丈至1丈5尺之間，約當3.6公尺至5.4公尺之間，但最高的臺南城也不過1丈8尺，約為6.4公尺。城的厚度通常下層厚上層較薄，其橫剖面有如梯形，平均厚度常在1丈5尺左右，約為5.4公尺左右。城牆上有雉堞，作者將各城的周長與雉堞總數相比，發現雉堞的大小似乎跟城所在位置有某種相關存在，南部城的雉堞比較大些，例如馬公城平均城長0.8丈（2.86公尺）有雉堞一個，彰化城長0.9丈（3.22公尺）有雉堞一個，嘉義城是1丈（3.581公尺），臺南城是1.2丈（4.30公尺），左營城是1.7丈，恆春城是1.6丈（5.73公尺），這種雉堞的大小變化，作者猜想可能跟風力有關，凡是位在風力較大的城，則雉堞較小。

封閉的城牆有城門，至少有東南西北四門，但也有較多的門，例如臺中便有8個城門，東南西北四門通常都題有專門的名字，這些名字各有特殊的意義，多少跟城的位置有關，從下列表16–4中8座古城的4門名稱便可看得很清楚。

表16–4　古城四門的名稱

古　城	東　門	南　門	西　門	北　門
臺南城	迎春門	甯南門	鎮海門	拱辰門
臺北城	照正門	麗正門	寶成門	拱辰門
彰化城	樂耕門	宣平門	慶豐門	拱辰門
新竹城	迎曦門	歌熏門	挹爽門	拱辰門
左營城	鳳儀門	啟文門	奠海門	拱辰門
嘉義城	襟山門	崇陽門	帶海門	拱辰門
臺中城	靈威門	離照門	兑悦門	坎孚門
鳳山城	朝陽門	安化門	景華門	平朔門

前面曾經提到臺灣城的外形多是不規則的形狀，從各城門所引出的街道自然不能恰巧形成十字街，也不能使整個城內街道體系及主要建築形成完全的對稱，這一點很可能是大多數中國南方古城的特徵。十字街口有鼓樓本是中國古城的特點，但臺灣古城似乎都沒有鼓樓的建築，這似乎又跟城的規模小及外形不規則有關。多數尚有城濠，深淺寬窄各城不一，例如鳳山舊城 1964 年還可以看到當時城濠的痕跡。

這些古城除了桃園，都是各級政府所在地，所以城內都有縣署或廳署、倉廒、軍營等官方建築。每一城一定有若干寺廟，像武廟、文廟、天后宮、城隍廟等。

在城市結構形態上，臺灣城市，其實中國城市皆如此，有一個很大的特徵便是住家跟店鋪混雜在一起，如係樓房，則樓上居家，樓下開店；是平房則臨街做生意，住宅在後，這種情形直到今天還是如此，這是因為在農業社會中家庭為商業經營的單位，[99]此外交通體系也是很大的原因。商店的分布在較大的古城，因為商店較多，遂形成明顯的分區，這可以從街道的名稱看出，例如臺南城便有米街、鞋街、針街、米粉街、油行街、打石街、打鐵街、打銀街等，這些街道通常都位在中央位置或交通有利的地點，形成城市的商業區。

臺灣的古城，一如內地古城，在城內總有一部分土地保持為農地，以種植蔬菜為主，這當然是在圍城有急時可以保持蔬菜的供應，這種特殊的土地利用形態，在二十世紀六〇年代作者在恆春實地考察時還看到，不過種的是瓊麻，而不是蔬菜。

---

[99] 見前揭 Sen-dou Chang, “Some aspects of the urban geography of the Chinese hsien capitals,” p. 37.

七、古城的職能

前面討論設計與結構，臺灣的古城可分為 3 類，因為各類城池的設計與結構，所有不同實導源於城池的職能，所以從職能來說，臺灣的古城也分為 3 類，分別敘述如下：

第一類古城的職能最單純，以軍事防禦為主，局部行政中心為副，所以叫做銃城、炮臺，西人稱 Fort，便充分說明了這些早期古城的職能。

第二類古城的職能比較複雜一些，除了具有防禦的作用，也都是一區最大的聚落，具有商業的職能。城的建築本來就是為了軍事防禦的目的，防匪防番，臺灣的地名中有許多叫做土城、土牛、石城、石圍、木柵、柴城、銃櫃、及隘寮，[100]便是因為這些地方有城或類似城的建築，這些聚落的分布自然是跟農田的分布一致，但土堡的分布顯然不是這樣，這大概由於許多聚落雖然有安全上的需要，但經濟上並不一定有力量建築城，而代以其他的方法，除木柵與土圍便是在聚落的通道建置隘門，可以啟閉，而以居民家屋構築銃眼各個相連接而代替城牆。[101]這些土堡的商業職能也可從各地的地名中看出，在地名的後面有一個「街」字，街就是市街的意思，有商業活動。

第三類古城的職能最複雜，是行政中心，是商業中心，也是文化中心，14 座較大的主要古城除了桃園城，都是府、縣或廳治所在，中國經制，凡立郡縣，必建城池，以為治所，所以古城所在地點必為行政中心，康熙 22 年 (1683) 鄭氏降清，次年設臺灣府，隸屬福建省，下轄臺灣、鳳山、諸羅

---

[100] 見前揭安倍明義，《臺灣地名研究》，頁 54–55。

[101] 富田芳郎，「臺灣の聚落の研究」，《臺灣時報》，第 170 期 (1934)，頁 18–25。作者 1950 年代晚期在臺北盆地的新莊實地考察時，還看到這種銃眼，見姜道章，〈新莊街之研究〉，《大陸雜誌》，第 19 卷第 12 期 (1959)，頁 14–19。

三縣，臺灣縣治在臺南，鳳山縣治在興隆莊，諸羅縣治在諸羅，於是三處先後分別營建城池。後來以諸羅縣轄境太廣，雍正元年 (1723) 劃虎尾溪以北、大甲溪以南之地增設彰化縣，縣治在彰化；並鑑於淡水位置重要，另設淡水廳，淡水同知也駐在彰化，於是彰化遂在雍正 6 年 (1728) 建城（表 16–6）。

嘉慶 17 年 (1812)，增設噶瑪蘭廳，廳治在宜蘭，次年築土城。雍正 9 年 (1731) 淡水廳治移設新竹，11 年 (1733) 環植刺竹，道光 6 年 (1825) 改築城池。乾隆 51 年 (1786) 林爽文之變，鳳山縣城破，53 年 (1788) 移縣治於埤頭，於是埤頭建築城，咸豐 4 年 (1854) 改築土城。

光緒元年 (1875) 置恆春縣，縣治恆春，於是築城池。同年設臺北府，5 年 (1879) 營建臺北城。雍正 5 年 (1727) 設澎湖廳，廳治在馬公，光緒 13 年 (1887) 建城。光緒 13 年 (1887) 設雲林縣，設治林圮埔，翌年築城；19 年 (1893) 移治斗六，於是斗六也築建城池。光緒 14 年 (1888) 設臺灣府，以大墩橋為府治，是以大墩橋也營建城池（表 16–5）。

這些古城也是商業中心，本來一個地點能否成為一區的市場，主要取決於是否位於中央位置，一個區域的中央位置最易於到達全區，所以引起商業活動，除了為當地的居民服務，最重要的是做外地的生意，地理學上對一地周圍的地區叫做周地 (umland)，臺灣的古城多數具有這種位置，所以形成商業中心。例如在康熙中葉至雍正年間，臺灣有四個古城，即彰化、嘉義、臺南及鳳山（興隆莊），四城間的距離大致介於 40～70 公里，換言之，四城的周地大約在半徑 20～35 公里的範圍內，在步行時代，這個距離是距離最遠的人一天內可以來回的。[102]

---

[102] 縣治間的距離，在華北平原和長江中游地區，大約是 50 或 60 公里，見前揭 Chang, “Some aspects of the urban geography of the Chinese hsien capitals,” p. 42.

表 16–5　光緒年間臺灣行政區劃與古城營建

府　州	縣　廳	建置年代	縣廳治	建置年代
臺北府	（府治臺北）光緒元年 (1875)			
	淡水廳	光緒元年 (1875)	艋舺	未建
	新竹縣[1]	光緒元年 (1875)	竹塹	道光 6 年 (1825)
	宜蘭縣	嘉慶 15 年 (1810)	五圍	嘉慶 15 年 (1810)
	基隆廳	光緒元年 (1875)	基隆	未建
	南雅廳	光緒 20 年 (1894)	滴仔	未建
臺灣府	（府治臺中）			
	臺灣縣	光緒 12 年 (1886)	臺中	光緒 14 年 (1888)
	彰化縣	雍正元年 (1723)	半線	雍正 6 年 (1728)
	雲林縣	光緒 12 年 (1886)	斗六門[2]	光緒 19 年 (1893)
	苗栗縣	光緒 12 年 (1886)	苗栗	未建[3]
	埔里社廳	光緒元年 (1875)	埔里	光緒 4 年 (1878)
臺南府	（府治臺南）雍正元年 (1723)			
	安平縣	光緒 12 年 (1886)	安平	未建
	鳳山縣	康熙 23 年 (1684)	埤頭[4]	咸豐 4 年 (1854)
	嘉義縣	康熙 23 年 (1684)	嘉義	康熙 43 年 (1704)
	恆春縣	光緒元年 (1875)	琅璚	光緒元年 (1875)
	澎湖廳	雍正 5 年 (1727)	媽宮	光緒 13 年 (1887)
臺東直隸州	卑南廳	光緒 12 年 (1886)	卑南	未建
	花蓮港廳	光緒 12 年 (1886)	花蓮港	未建

1. 雍正元年 (1723) 置淡水廳，同知駐半線，雍正 9 年 (1731) 移治竹塹，光緒元年 (1875) 改縣。
2. 縣治本在林圯埔，光緒 19 年 (1893) 移治斗六門。
3. 光緒 16 年 (1890) 環植刺竹 1,200 丈，但無城門，故視為未建城池。
4. 縣治本在興隆莊，乾隆 53 年 (1788) 移治埤頭。

前面已經提及臺南城內有針街、油行街、打石街、打鐵街及打銀街等，這顯然是供應臺南周地農村需要而形成的。古城市街除了供應農村日常用品及農具，也供應其他的商業性服務，例如中醫師、中藥鋪等。

因為地形的影響，臺灣 14 個主要古城的分布並不是幾何的，例如臺灣西岸的河流多作東西流向，對於人口及貨物的南北向運動具有阻隔的作用，例如彰化與嘉義之間，剛好以濁水溪為界，又如大肚溪將相距很近的臺中與彰化分開，各設縣築城。

這些古城也是文化中心，最足以表示這些古城是文化中心的便是文廟、考棚及書院，主要古城都有文廟，據《臺灣通史》，卷十，〈典禮志〉載，臺灣共有文廟 11 座，多在府縣廳治：[103]

1. 臺南府文廟　在府治（臺南）甯南坊
2. 臺灣縣文廟　在府治（臺南）東安坊
3. 嘉義縣文廟　在縣治（嘉義）西門內
4. 鳳山縣文廟　在舊縣治（興隆莊）北門外
5. 恆春縣文廟　在縣治城外猴洞山上
6. 澎湖廳文廟　在文澳
7. 臺北府文廟　在府治（臺北）文武街
8. 新竹縣文廟　在縣治（新竹）東門內
9. 宜蘭縣文廟　在縣治（宜蘭）
10. 臺灣府文廟　在府治（臺中）小北門內
11. 彰化縣文廟　在縣治（彰化）東門內

因為縣有縣考，府有府考，所以這些古城也都有考棚，例如臺南城內的考棚便位在府署的西側與府城隍廟的北邊。

據《臺灣通史》，卷十一，〈教育志〉載，臺灣共有書院 23 所，其中

---

[103] 見前揭連橫，《臺灣通史》，上冊，頁 195–210。

19 所位在這些古城。[104]

1.海東書院	在臺南	2.正音書院	在臺南
3.崇文書院	在臺南	4.引心書院	在臺南
5.南湖書院	在臺南	6.蓬壺書院	在臺南
7.奎樓書院	在臺南	8.玉峰書院	在嘉義
9.鳳儀書院	在鳳山	10.宏文書院	在臺中
11.屏東書院	在屏東	12.白沙書院	在彰化
13.文開書院	在鹿港	14.學海書院	在萬華
15.龍門書院	在斗六	16.明志書院	在新竹
17.藍田書院	在南投	18.仰山書院	在宜蘭
19.英才書院	在苗栗	20.崇基書院	在基隆
21.登瀛書院	在臺北	22.文石書院	在澎湖文澳
23.明道書院	在臺北		

此外，這些古城也是各地區的娛樂中心，像戲院和茶館講故事也都是只有這些古城才有。

八、古城的建築方法與材料

臺灣古城的建築在康熙中葉以後與雍正年間，也就是十八世紀時，因為臺灣初置府縣，地方經濟情況較差，而臺灣高溫多雨，所以正式建築城池以前，多先栽植刺竹或置木柵，例如嘉義城在康熙 43 年 (1704) 置木柵，臺南城在雍正元年 (1723) 置木柵，新竹城在雍正 11 年 (1733) 植刺竹，彰化城在雍正 12 年 (1734) 植刺竹（表 16–6）。

[104] 見前揭連橫，《臺灣通史》，上冊，頁 218–221。

表 16–6　主要古城的建築年代

古　城	植刺竹	置木柵	築土城	築磚石城
嘉　義		康熙 43 年 (1704)	雍正元年 (1723)[1]	道光 13 年 (1833)
左　營			康熙 61 年 (1722)[1]	道光 5 年 (1811)
彰　化	雍正 12 年 (1734)			嘉慶 16 年 (1811)
臺　南		雍正元年 (1723)[1]	乾隆 53 年 (1788)	
宜　蘭		嘉慶 15 年 (1810)[2]	嘉慶 15 年 (1810)	
新　竹	雍正 11 年 (1733)		嘉慶 18 年 (1813)	道光 7 年 (1827)
桃　園			道光 19 年 (1839)	
鳳　山	乾隆 53 年 (1788)		道光 6 年 (1826)	
恆　春				光緒元年 (1875)
臺　北				光緒 5 年 (1879)
馬　公				光緒 13 年 (1887)
臺　中				光緒 14 年 (1888)
竹　山			光緒 14 年 (1888)[1]	
斗　六			光緒 19 年 (1893)[1]	

1.外植刺竹。
2.植九芎樹。

據《臺海采風圖》云：

> 刺竹，番竹種也。大者數圍，葉繁幹密，有刺似鶯爪，殊堅利；惟臺有之。土人多環植屋外，以禦盜。今城四周遍栽之。[105]

《諸羅縣志》，卷十，〈物產志〉云：

[105] 范咸，《續修臺灣府志》，乾隆 12 年 (1747) 修；重刊本（臺北：臺灣銀行經濟研究室，1958），頁 256。

> 刺竹：高四五丈，打者圍尺五六寸，旁枝橫生，而多莿堅利，人不敢犯，密者可禦盜，草屋取為梁柱，器物資之，用甚廣。[106]

《臺灣通史》，卷二十八，〈虞衡志〉云：

> 刺竹：土產，各地俱有，高至四五丈，節有刺如鷹爪，質堅難朽，鄉村皆環植之，險不可越，郡城未建之前亦種此竹以為衛，築屋製器多用其材。[107]

又據《平臺紀略》載〈與吳觀察論治臺灣事宜書〉云：

> 臺地未有城池，緩急無以自固。磚石圍築，費重事繁，錢糧無從出辦。惟有種植刺竹為城。而竹城亦需工本，欲以白手空拳，為國家設險守禦，不勞民，不傷財，此大難事。然肯以實心行之，亦無難也。先定其規模，量明丈數，不動聲色，凡庭審輕罪應責者，每一板准種竹五株自贖，二十板則百株矣。應枷者，種二百株亦准免。但必于臨刑時親詢其有力情願，然後罰之；不願勿強也。無求速成，無立意要罰，只是常存此心，順其自然。守令俱如此，不半年城可成矣。城門各築敵樓。如力有未及，植木柵暫蔽內外，立可守禦。若有餘力，更於竹外留夾三五丈，另植刺桐一周，廣尺密布，又當一重木城。外挖一濠限之。濠外採山蘇木子撒種，當春發生，枝堅刺密，又當一層保障。再于刺桐城邊，量築窩鋪數十座，以當炮臺，為登陴守禦之所。炮臺相離，以左右炮力管道之處為準。接連建築，使敵不得近城。西面人家臨海，無地可容竹桐，築灰牆為雉堞，便施槍炮，不啻金湯之固也。臺竹之性與內地不同。內地竹無根不活，臺竹一株可截三段植之。雖罰多種，不以為病

---

[106] 見前揭《諸羅縣志》，頁 117。

[107] 見前揭連橫，《臺灣通史》，下冊，頁 535–536。

也。刺桐一樹，可斫作百十株，插地皆活，尤易易者。惟敵樓土牆，頗費人力。由此擴充，以漸致之可耳。天下事成于有心人，無難為也。[108]

又據高拱乾，《臺灣府志》，卷四，〈武備志〉，〈營障〉云：

臺為初闢地，城郭未建。凡各營障，俱植木為柵欄，四闢其門，周列兵營，主將居中。[109]

又據《鳳山縣志》，卷二，〈規制志〉，〈城池〉附錄云：

臺灣建城，工費浩繁。臣等再四思維，或可因利制宜，先於見定城基之外，買備刺竹，栽植數層，根深蟠結，可資捍衛。再於莿竹圍內建造城垣，工作亦易興舉。[110]

鳳山縣城（興隆莊）、諸羅縣城及臺南府城，在十八世紀，也就是康雍乾年間已經建築土城，但大多數土城及磚石城的建築都在十九世紀，嘉慶以降，臺灣闢地已廣，人口亦多，治安上自然更需要有保障，因為產業的開發，經濟上比較以前富裕，竹圍木柵總非長久之計，土城及磚石城的營造尤多，據嘉慶 17 年 (1812) 俞正燮著〈臺灣府屬渡口考〉云：

初以臺地沙土浮鬆，不時地動，且海外初置郡縣，故以樹為城。承平久，人心固定，始築土石城。[111]

據藍鼎元著〈復制軍論築城書〉云：

---

[108] 見前揭《平臺紀略》，頁 53。

[109] 見前揭高拱乾，《臺灣府志》，第二冊，頁 75。

[110] 見前揭《鳳山縣志》，頁 30。

[111] 俞正燮，〈臺灣府屬渡口考〉，載俞正燮，《癸巳類稿》，嘉慶 17 年 (1812) 作；重刊本（臺北：臺灣銀行經濟研究室，1962），頁 121–122。

> 但土城木城，職等再四籌咨，未見其可。臺地徹底粉沙，築之不堅，膠之不實，欲依憲諭以挖濠之土，不灰不磚，而成五尺厚、二丈高之牆，萬萬不能牢固。即使勉強堆築，風雨一至，立見崩潰，將徒勞而罔功，此土寨之不可也。深山伐木，遠運以來，所費不貲。承諭內外兩種植立，以沙土實其中，復用厚板蓋頂，則必深豎密布。所需之木，何啻山積。雖暫時亦堪守禦，而歷久終歸朽蠹。蓋木性乍乾乍濕，逾年即壞，既已植竹為城，半埋沙土，驕陽曝則膚理裂開，雨露濡則腐枯立見。其勞民傷財，不下灰磚，而復不能以經久，則木寨亦未善也。沙灰土三合築牆之寨，此則可行。灰可載牡蠣之殼，築窯自燒，而沙土亦須運載。蓋必粗沙如豆米顆粒，及山間實土，方可和灰，非此處細粉沙泥可用。則工本浩大，與砌磚為城相去無幾。職等愚見，以為不為則已，為則必要于固。土木即可權宜，錢糧總無出辦。似不如明題請旨，就臺地特開捐輸城工事例，于萬壽亭寬曠處所，用灰砌磚築一不大不小之城，將文武衙署、倉庫監房俱包在內，深鑿濠塹，密布樁簽，方為長久之計。鳳山、諸羅營縣，一例仿此行之。不知執事以為何如？一時之勞，萬世之利也。職等凡庸識淺，以為此事關係臺疆安危，即係國家東南沿海治亂，似不可苟且塗飾。惟執事留意焉！[112]

縣城府城，皆為官方營建，但也有因官方財力不足，而由各當地官民捐建的。據《臺灣通史》，卷十六，〈城池志〉云：

> 鳳山縣城：……嘉慶十一年 (1806)，……將軍賽沖阿議復舊城，且建石，嗣以費大而止。道光三年 (1823) 總督趙慎軫議建，飭知府方傳穟查復；翌年，巡撫孫爾準巡臺，奏請再建，而是時適有楊良斌之變，潛入新城，其議遂定；十一月，傳穟謀於紳民，捐款十四萬兩。[113]

---

[112] 見前揭藍鼎元，《東征集》，頁 27–28。

[113] 見前揭連橫，《臺灣通史》，上冊，頁 361。

《臺灣採訪冊》云：

> 彰化縣城：……嘉慶十四年 (1809)，該地士民因屢遭匪擾，有醵金改建磚城之謀。適制憲方巡臺臨彰，據情奏請，報可。知縣楊桂森分俸倡捐，士民王松等鳩金樂捐，于嘉慶十六年 (1811) 購料興建，迨二十年 (1815) 告成。[114]

民間的捐款，數額之大，常在築城費中占極高的比例，例如新竹城在道光 9 年 (1829) 竣工，共費 217,560 元，官民義捐分配如表 16–7 所示。[115]

表 16–7　1829 年新竹城工費用義捐之來源

來　源	金額（元）	百分比 (%)
總督與撫臺	2,800	1.3
全臺各官吏	20,000	9.2
淡水廳紳商	194,760	89.5
合　計	217,560	100.0

臺北城光緒 10 年 (1884) 竣工，所費 42 萬元，更是全部由民間捐輸，其中淡水縣紳商捐 20 萬元，新竹縣及宜蘭縣紳商各捐 10 萬元，餘 2 萬元由當地紳商捐輸。

次要古城，多是民間營建，也有官民合築的，例如大甲城便是政府出資購買所需材料，而城工則由苗栗三堡各街莊居民擔任。[116]

除了民工，臺中城亦曾利用兵工建築，《臺灣通史》，卷十六，〈城池志〉云：

[114] 見前揭《臺灣採訪冊》，第一冊，頁 15–6。

[115] 見〈本島諸城の建築及管理の方法〉，《臺灣慣習記事》，2 卷 1 期 (1902)，頁 50。

[116] 見前揭〈本島諸城の建築及管理の方法〉，頁 51。

（光緒）十六年 (1890)，檄棟軍統領林朝棟督勇築城。[117]

至於城牆的構築約可分為下列 4 種方式：(1)完全用夯土方法築城，(2)未經修整的石塊堆砌城皮，(3)修整過的石條砌成，(4)磚砌。後三者皆砌成皮牆，中填泥土，並非全部是由磚石砌成。[118]

九、古城對城市發展的影響

幾乎所有的古城後來都發展成為城市，1965 年時臺灣人口在 25,000 以上的城市，約有一半都是清代的大小古城；人口超過 50,000 的 12 個較大的城市，只有高雄和三重與古城無關，是完全新興的城市。這種發展是由於：(1)古城的優良地理位置；(2)古城的交通比較方便；(3)古城很早便是各地居民較多的聚落。

城牆的建築對一地聚落形態的發展有極大的影響，因為有了城牆，城內比較城外安全，聚落的發展在初期完全限於城內。

城牆必設城門，而城門所在必形成主要街道的起點，因而決定城內街道的體系。主要街道通過城門而延伸到城外，於是假若市街向城外擴張，必然是從城門沿著這些街道成一字形的發展，這種情形在 1960 年初的恆春還可以看得很清楚。[119]

日本割占臺灣以後，古城城牆都逐漸拆除，而形成寬廣的馬路，最好的例子就是臺北市的中華路（西）、火車站附近的忠孝東路（北）、中山南路（東）及愛國西路（南）等三線道，而原來的城樓則常保留而形成城市

---

[117] 見前揭連橫，《臺灣通史》，上冊，頁 362。

[118] 見安江正直，〈臺灣建築史〉，《臺灣時報》(1910)，9: 34。

[119] 見前揭 Chang, “Some observations on the morphology of Chinese walled capitals,” pp. 82–84.

的安全島或綠地公園。對城市街道體系的形態也有很大的影響，今天臺灣若干城市常有環狀的馬路，便是古城的原址，例如前面講到的臺北以及宜蘭、板橋等。

此外，古城拆除所得的建築材料磚石，也常對當地城市的建築有若干影響，臺北市早期的若干下水道工程，便是利用舊城石磚建築的。

十、古城的破壞及其現狀[120]

前面業已提到臺灣古城的建築年代，除明代所築炮城不計外，一般古城建築年代距今都不過 300 年，而大多數不過 200 年，三分之一的古城更不過 150 年，但所有古城到現在幾乎破壞殆盡，約言之有 4 個原因：

第一是氣候，臺灣高溫多雨，又有颱風，夏季雷雨與夏秋的颱風雨，強度大，加速了古城的破壞，特別是土城，與臺灣古城迅速破壞成對比的便是河西走廊的萬里長城，後者經過了至少兩千年卻還未完全破壞，基本原因，則是氣候條件的不同。[121]例如《恆春縣志》，卷二，〈建置〉云：

> 辛巳 (1881) 閏七月初一夜，颱風狂雨，猛烈非常。衙署民房均有倒壞，城牆膨裂陷。
>
> 壬午 (1882) 六月十六日起至二十一日止，連日風雨大作，以致新街行臺正廳廂房後牆倒塌，並城垣損裂七八丈。[122]

---

[120] 此處現狀指 1970 年代的情形。

[121] 沙學浚，〈從地理觀點看長城〉，《國立臺灣大學十週年校慶專刊》(臺北，1956)，頁 48–52。

[122] 見前揭《恆春縣志》，上集，頁 22。城牆對城市景觀的影響，大概是全世界一個普遍的現象，例如西歐中世紀城市的街道設計，要配合城牆的形狀和城門的位置；城牆拆除後，多形成大馬路。見前揭 Dickinson, *The West European Cities*, pp. 271–272 and passim.

第二是地震，臺灣多地震，遇有強裂地震，城牆常遭破壞，特別是城樓等建築，例如《彰化縣志》，卷二，〈規制志〉云：

> 然海外土鬆，時多地震，經十餘年，城樓半就傾圮。[123]

《臺灣通史》，卷十六，〈城池志〉云：

> 臺南府城，……同治元年 (1862) 五月十一日，地大震，城壁多壞。
>
> 嘉義縣城，……同治九年 (1870) 大震復圮。[124]

第三是戰亂，特別是本島內部發生的多次事變以及日軍的侵臺，對臺灣古城也有破壞，例如《臺灣通史》，卷十六，〈城池志〉云：

> 嘉義縣城，……林爽文之變，環攻數日，死守不下，事聞，詔改嘉義，其後屢遭兵燹，城半傾圮。[125]

第四是日人的拆毀，日人於 1895 年入占臺灣時，各古城大致尚完好，其後各古城逐漸發展為城市，日人整頓街道，遂將古城拆除，例如日人在 1900 年將臺北城拆毀，就城基改鋪三線道路，也就是今天的中山南路，忠孝東路一部分，中華路及愛國西路，僅留下東門、南門、北門及小南門等四個城樓，以示保存古蹟。

據作者個人 1964 年實地考察，當時臺灣古城的殘留現狀，大致如下，為行文方便，自北至南對各城殘存部分作簡單描寫：

1. 淡水聖多明哥城 (Fort San Domingo)：城樓部分存在，尚有一部分城

---

[123] 周璽，《彰化縣志》，道光 10 年 (1829) 修；重刊本（臺北：臺灣銀行經濟研究室，1957），頁 43。

[124] 見前揭連橫，《臺灣通史》，上冊，頁 359–361。

[125] 見前揭連橫，《臺灣通史》，上冊，頁 360。

牆及門，當時為英國領事館。

2. 臺北城：僅有東門、南門、北門及小南門等四個城樓存在。

3. 新竹城：只有東門城樓存在。

4. 嘉義城：只有東門城樓樓頂，移建在公園路側，原俗稱太子樓，今更名為太保樓。

5. 臺南城：城樓存在者有小西門，當時為逢甲路 31 之 2 號，城上城樓及城下城門洞皆為貧民居住，城門臺存在者有大南門及其甕城；大東門城門臺。城牆殘存者有三處，一處在省立臺南女中圖書館後邊一段土城牆；另一處土城牆在三分子陸軍營房邊，也就是成功大學前面；第三處在安平路的北側一家皮革工廠內，只有高約一公尺的城基。

6. 安平城：即荷蘭人所建熱蘭遮城 (Fort Zealandia)，尚有部分城址殘存。此外，億載金城也有部分殘存。

7. 左營城：在左營，即鳳山舊城，也就是原興隆莊縣城，殘存城樓有南門，位在高雄至左營公路要衝，1961 年曾經高雄市政府修建。城門臺殘存者有北門。城牆殘存者有北門東側一段，還相當長，為土石城，城的兩側皆為水田。

8. 鳳山城：在鳳山，即原埤頭，殘存者只有東門附近少許城牆。

9. 屏東城：殘存東門城臺，在屏東中山公園內。

10. 恆春城：保存比較完整，四城門城臺皆存在，城牆雖殘破，但大部分尚存在，東門門洞被駐軍利用為廚房，南門城臺建成馬路中小圓環，西門和北門則為馬路穿過。

11. 馬公城：順承門與拱辰門間的城牆尚殘存，長約 750 公尺，用作軍營的圍牆。

MEMO

第十七章

傳統中國地圖學的特徵

傳統中國地圖學是土生土長的，是道地中國的，所以中國古地圖，在外觀上，跟歐洲地圖截然不同，不是因為地圖上的文字是中文，而是地圖在其他方面所表示的特色，使我們一看便知是中國地圖，具有中國風格，是中國的，其特徵表現了傳統中國地圖學的特色，也就是傳統中國地圖學的特徵，值得探討。作者認為傳統中國地圖學至少具有十個特徵。

一、以大地是平坦的概念為基礎

此為傳統中國地圖學最重要的一個特徵，這與古希臘地圖學以地球之球面為基礎截然不同。❶其實中國古代的一種宇宙論「蓋天說」，起初就主張天圓像張開的傘，地方像棋盤，後來改為天像一個斗笠，地像一個反蓋著的碗。李約瑟認為這種概念，起源於巴比倫 (Babylonia)，是一種文化上的特徵，向西傳到希臘，向東傳到中國，後來分別在希臘和中國發展成天體學說。不過，在中國天圓地方的學說卻占上風，持續存在，成為中國的一個重要的文化特徵，很嚴重地影響到中國傳統地圖學的發展。❷

---

❶ Joseph Needham with the collaboration of Ling Wang, *Science and Civilisation in China*, Volume 3, *Mathematics and the Sciences of the Heavens and the Earth* (Cambridge, England: Cambridge University Press, 1959), p. 526.

❷ 見前揭 Needham, *Science and Civilisation in China*, Volume 3, *Mathematics and the Sciences of the Heavens and the Earth*, pp. 210–216。

雖然，漢代的張衡 (A.D. 78～139) 等人提出宇宙像是一個雞蛋，地球像蛋黃，是宇宙的中心。不過，這種學說對中國古代地圖學的影響不大。華北大平原的平坦地形，可能影響到這種地平觀念的發展。

政府從事地圖的繪製，主要是利用地圖作為一種工具，用於分配土地、徵收稅捐、城市防禦、設計和經營水陸交通運輸路線，以及管理農田灌溉等。所以，首要的目的就是繪製比例尺比較大的地圖，如地籍圖和行政區劃圖等，地圖的變形不會成為一個嚴重的問題。❸雖然中國古代地圖都是平面的地圖，然而卻都能符合與達到繪製地圖的各種目的。

正是因為傳統中國地圖學是以大地平坦為基礎，而不是以球面為基礎，所以以球面為基礎而發展的地圖投影，傳統中國地圖學沒有，中國古代地圖學家也沒有經緯度的概念。

二、以計里畫方為基礎

中國地圖學以計里畫方為基礎，計里畫方的坐標體系李約瑟稱之為定量方格坐標網，這種坐標體系不考慮地球的弧形。❹計里畫方的網格是正方方格的，每一方格的邊長，相當於地圖的比例尺，有了這種方格，地圖上兩點之間的距離，十分容易計算。

有些學者認為方格最遲在晉代裴秀 (A.D. 224～271) 時已有，方格的起源有幾種說法：⑴認為可能與井田制度的井田兩個字有關，井田是古代土地劃分的坐標名詞；⑵認為可能與〈禹貢〉中同心正方形觀念有關，有同心正方形演變成方格；⑶認為可能跟古代用絹畫地圖有關，絹有縱（經）、

---

❸ Cheng-siang Chen, "The historical development of cartography in China," *Progress in Human Geography,* vol. 2, no. 1 (1978), p. 104.

❹ 見前揭 Needham, *Science and Civilisation in China*, Volume 3, *Mathematics and the Sciences of the Heavens and the Earth*, p. 498。

橫（緯）兩種線，將地圖畫在絹上，可能使人聯想到，用經緯可以決定地圖上一個地點的位置，因而發明了方格方法。裴秀和賈耽 (730～805) 都曾經用絹畫地圖。用經表示南北向，用緯表示東西向，早在漢代 (206 B.C.～A.D. 220) 已經有了。而現代卻是用經緯表示南北緯度的長度，緯線表示東西經度的長度，這種改變似乎始於唐代 (618～907)。❺(4)作者認為是為了方便中央政府將各地方所呈上的地圖拼合成全國地圖，而發明了方格坐標。中國刻版書至少在西元八世紀已經發明了，❻刻版是四方形，所以地圖也是四方形，四方形便於拼圖。

現存使用計里畫方網格最有名的兩幅地圖，就是《禹跡圖》和《廣輿圖》。裴秀及追隨者賈耽所繪地圖皆失傳，有的學者相信《禹跡圖》就是根據賈耽的地圖繪成。《禹跡圖》是當時全世界最好的地圖，大約於 1100 年繪製，1137 年刻在石碑上。顯然，石刻的《禹跡圖》（圖 17–1）保存了原圖的基本結構和精神。該圖圖框範圍內有水平的方格 70 格，垂直方格 73 格，全圖共計 5,110 格。每格的邊長代表 100 里（約合 50 公里），全圖所涵蓋的地方總面積約 1,278 萬平方公里。

元代朱思本 (1273～1337) 大約在 1315 年完成長廣各 7 尺的 《輿地圖》。大約在 1555 年羅洪先 (1504～1564) 將《輿地圖》分幅轉繪，增廣為數十幅，編繪成《廣輿圖》兩卷。朱思本和羅洪先兩人都是裴秀的追隨者。朱思本的《輿地圖》失傳，所幸羅洪先所繪《廣輿圖》中保存了《輿地圖》的內容。《廣輿圖》的總圖和分圖均使用了計里畫方網格法。總圖的方格每格表示 500 里，比例尺大約是 1: 15,500,000，分圖的方格每格表示 100 里，比例尺大約是 1: 3,100,000。至十八世紀末，《廣輿圖》先後刊印了 6 次，

---

❺ 見前揭 Needham, *Science and Civilisation in China*, Volume 3, *Mathematics and the Sciences of the Heavens and the Earth*, p. 541。

❻ 錢存訓著，劉拓、汪劉次昕譯，《造紙及印刷》（臺北：商務印書館，1995），頁 190。

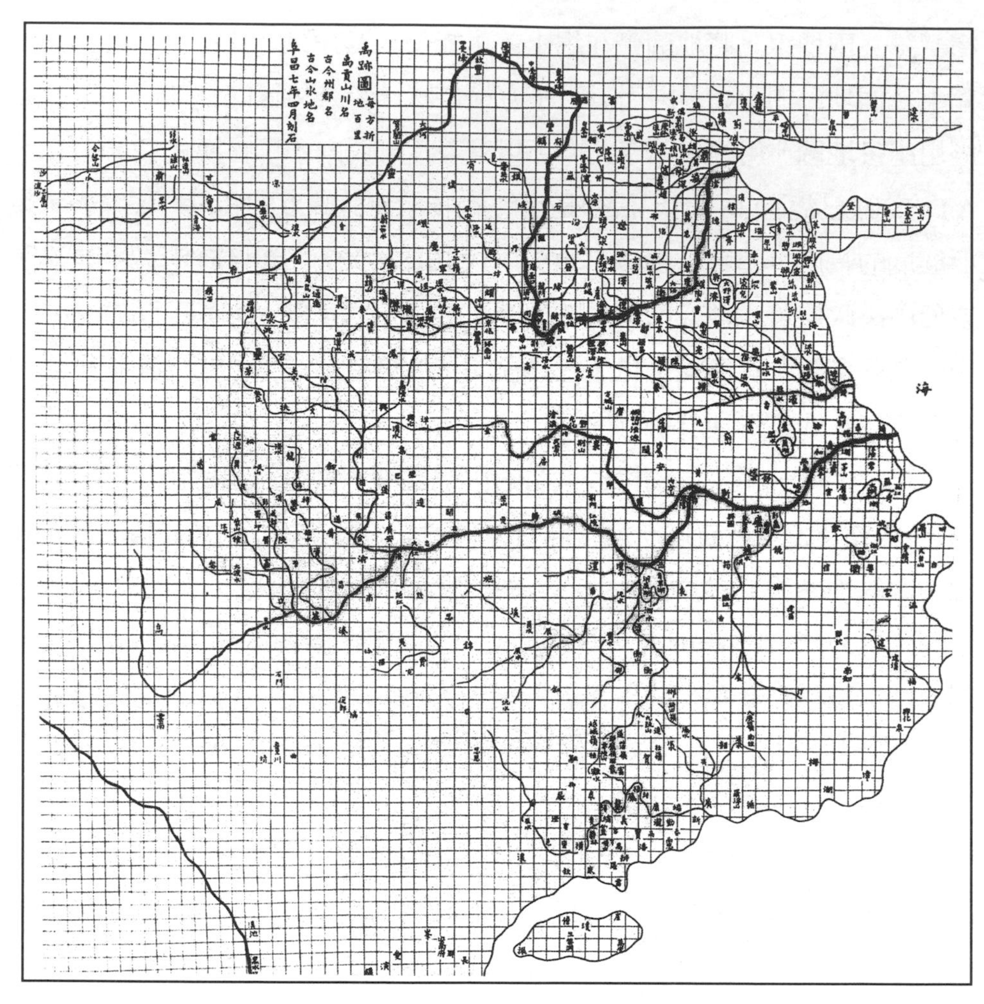

圖 17–1 《禹跡圖》墨線圖

後來的許多中國地圖都以其作為主要的參考資料（圖 17–2）。❼

---

❼ 朱思本，《廣輿圖》，原圖 1320 年刊；1555 年羅洪先增繪（臺北：學海出版社影印，1969）。Mei-ling Hsu, "The Han maps and early Chinese cartography," *Annals of the Association of American Geographers,* vol. 68 (1978), pp. 56–58; 盧良志，《中國地圖學史》（北京：測繪出版社，1984），頁 102–105。

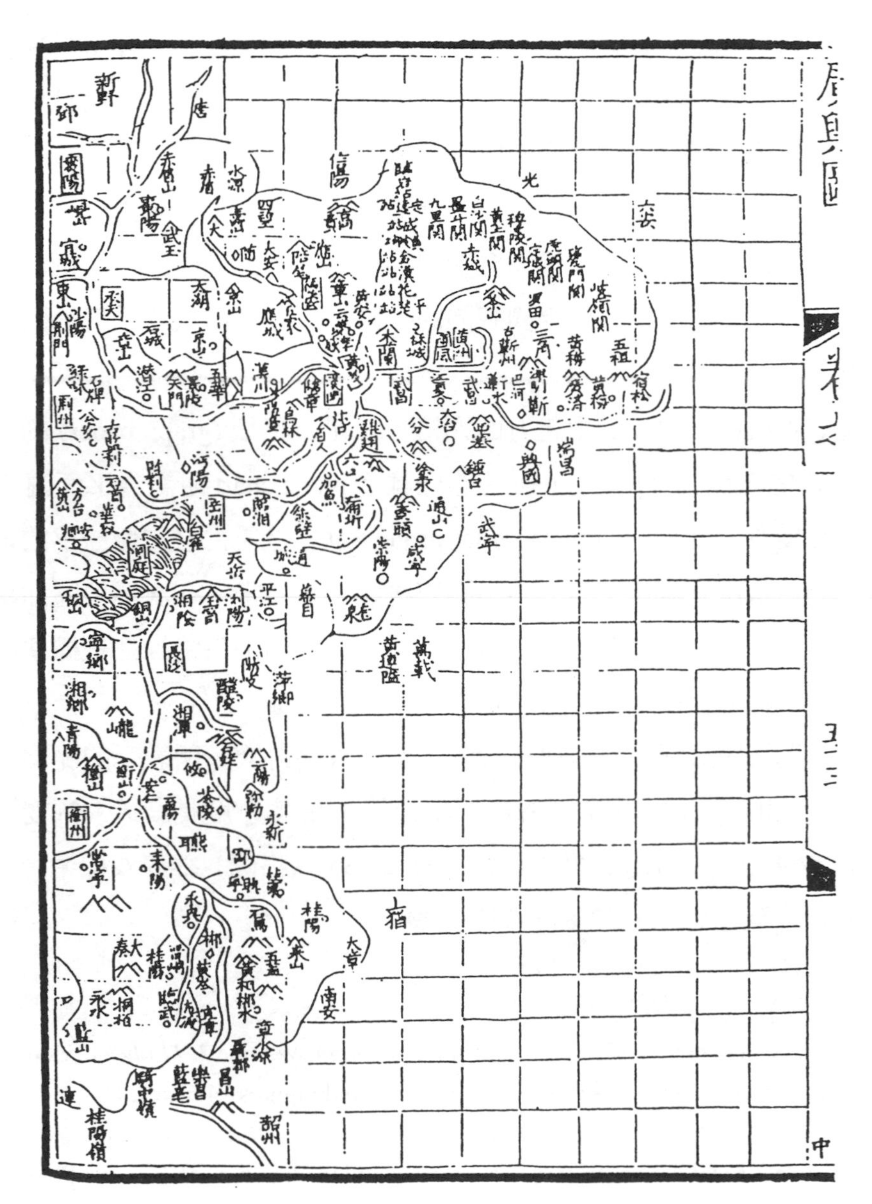

圖 17–2 《廣輿圖》中分圖〈湖廣輿圖〉的一部分

裴秀所使用的計里畫方網格法，經過賈耽等人的改良，在十三世紀傳到西方，當時阿拉伯地圖學者卡齊維尼 (Al-Mustaufi al-Qazwini) 採用了這一方法，義大利地圖學者桑努托 (Marino Sanuto) 約在 1306 年也採用了這一方法。❽西元十四世紀和十五世紀歐洲地圖學的進步，不僅由於阿拉伯人進一步發展了古希臘托勒密 (Claudius Ptolemy) 的地圖方法，而且也由於吸收了計里畫方網格方法為主的中國地圖的精華。❾

計里畫方網格方法有一個優點，全國各地的地圖用計里畫方方法繪成以後，很容易連接拼在一起繪製全國地圖。也因為這種原因，一個地區常常要繪製獨幅地圖，而不是全國總圖的一部分，許多清代的手稿地圖都不是計里畫方的。

就地圖投影來說，計里畫方的網格，像是方格紙 (graph paper) 的方格網，跟英文文獻中的 plane chart 完全一樣，plane chart 可譯為平面圖，也叫做等長長方形投影 (equirectangular proiection)，是最古老和最簡單的地圖投影之一，宜用於城市平面圖和小區域底圖，容易畫，在表示地區面積小的地圖上變形不大。❿在這種投影中，所有經線和中央緯線都是標準的，沒有變形，同時任何地點都可以是投影的中心。⓫

方格網的變形程度是可以接受的，例如《禹跡圖》所表示的範圍地跨北緯 21° 至 41°，若以中央緯線為標準緯線，經度一度長度最大的變形長度為 11.369 公里；若以北緯 34°（西安）或 35°（洛陽）緯線為標準緯線，最大變形甚至分別更小 27% 或 37%。⓬

---

❽ 見前揭 Needham，*Science and Civilisation in China*, Volume 3, *Mathematics and the Sciences of the Heavens and the Earth*, p. 564，and Figures 240 and 241。

❾ 見前揭 Chen，頁 105；Needham，*Science and Civilisation in China*, Volume 3, *Mathematics and the Sciences of the Heavens and the Earth*, p. 564，and Figure 241 and Table 40。

❿ 曹婉如，〈明中國古代地圖繪製的理論和方法初探〉，《自然科學史研究》，第 2 卷第 3 期 (1983)，頁 246。

⓫ Arthur H. Robinson and Randall D. Sale, *Elements of Cartography*, 3rd ed. (New York: Wiley, 1969), pp. 239–241; Erwin Raisz, *Principles of Cartography* (New York: McGraw-Hill, 1962), p. 169.

地圖可以分成 2 類：(1)地圖有比例尺和抽象的地圖符號，圖上表示的地理要素是可以度量的，屬於地圖學的分析傳統，是科學的，是定量的，計里畫方就是這類地圖；(2)地圖沒有確定的比例尺，地圖符號是圖畫式的，圖上所表示的地理要素不易量度，屬於地圖的描述傳統，所以稱描述地圖，中國古地圖中有不少屬於這類地圖。⓭

三、詳於畫水，略於畫山

傳統中國地圖學的第三個特徵，是河流和內陸水體在地圖上表示的很詳細，⓮而對地形和地勢卻只很簡略地表示。這是因為傳統中國是農業社會，而中國人又多分布在河谷中，所以河流和內陸湖泊對中國人很重要。鑑於河道對中國社會與經濟十分重要，自然會受到特別的注意。⓯實例很多，馬王堆《地形圖》對河流畫得很詳細。⓰在《禹跡圖》上，海岸畫得相當正確，河流也畫得特別正確。⓱

⓬ Arthur H. Robinson *et al.*, *Elements of Cartography*, 5th ed. (New York: Wiley, 1984), p. 512

⓭ Mei-ling Hsu, *Descriptive maps in the Chinese cartographic tradition* (unpublished conference paper, the Fifth International Conference on the History of Science in China held at the University of California, San Diego, August 5–10, 1988, 14 pages), pp. 2–3.

⓮ Gregory Chu, *The Rectangular Grid in Chinese Cartography* (unpublished M. S. thesis, University of Wisconsin-Madison, 1974), p. 12.

⓯ 見前揭 Needham, *Science and Civilisation in China*, Volume 3, *Mathematics and the Sciences of the Heavens and the Earth*, p. 514。

⓰ 馬王堆漢墓帛書整理小組，〈長沙馬王堆三號漢墓出土地圖的整理〉，《文物》，1975 年第 2 期，頁 38。

⓱ 見前揭 Needham, *Science and Civilisation in China*, Volume 3, *Mathematics and the Sciences of the Heavens and the Earth*, Figure 226。

中國古代有關河流的著作很多，西元一世紀的《水經》和大約西元六世紀成書的酈道元撰《水經注》是其中的傑出代表。前者描述了至少137條河流，後者比前者擴大了將近40倍。據記載，自晉代 (A.D. 265～420) 以來，就一直有關於江河的測繪。⓲

中國古代所關注的水體，主要是內陸湖河，尤其是內陸的水道，而不是遙遠的海洋。對河流和水道的關注是由於政治和經濟的目的，因為河流和水道對漕運和防洪很重要。⓳

另一個原因可能與寫字用的毛筆有關，用毛筆畫線條，較易控制其粗細，河流的下游畫較粗的線條，向上游線條可以逐漸變細。例如，漢代的馬王堆《地形圖》和《天水放馬灘一號秦墓出土地圖》中的河流（圖17–3），畫的更完善。⓴

四、在地圖上表示思想觀念，即以變形表示特別的觀點

第四個特徵是意識形態上的，有些古地圖繪製者的思想可以從地圖設計和變形上表現出來 。 從某種意義上來說 ， 這類地圖就像現代的變形圖 (cartogram)，明清方志中有許多這樣的地圖。古地圖和現代地圖一樣，不

⓲ 見前揭 Needham, *Science and Civilisation in China*, Volume 3, *Mathematics and the Sciences of the Heavens and the Earth*, p. 514。

⓳ Cordell D. K. Yee, "A cartography of introspection: Chinese maps as other than European," *Asian Art*, vol. 5, no. 4 (1992), pp. 33–34.

⓴ 見前揭馬王堆漢墓帛書整理小組，〈長沙馬王堆三號漢墓出土地圖的整理〉，頁38；曹婉如等編，《中國古代地圖集：戰國—元》，(北京：文物出版社，1990)，圖4–27。

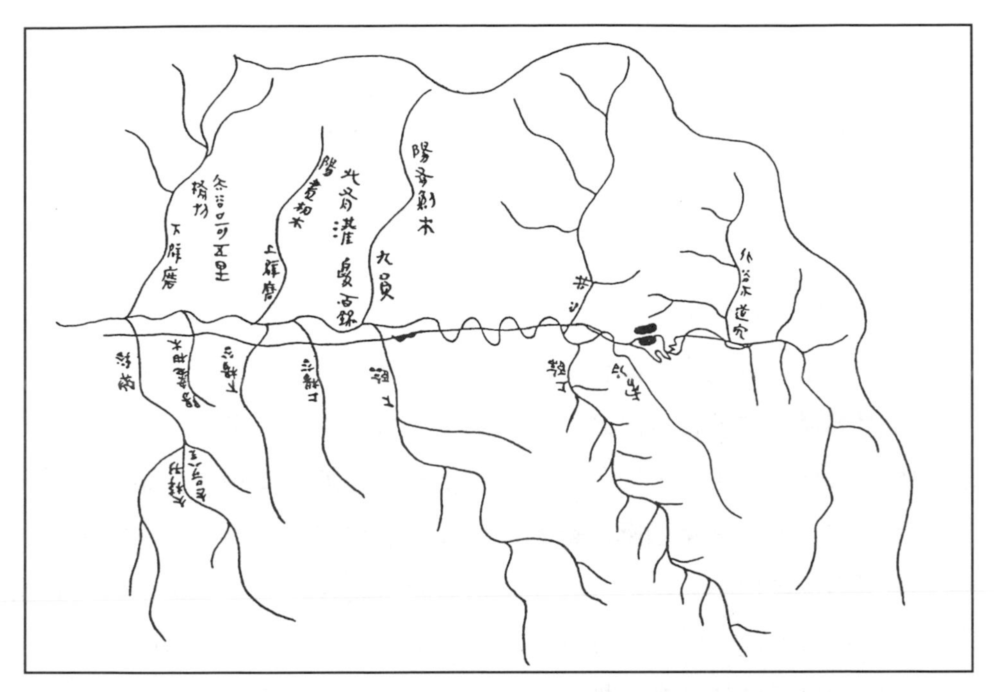

圖 17–3 《天水放馬灘一號秦墓出土地圖》墨線圖

僅表示真實的地圖資訊，而且也表示空間概念及識覺。有證據證明許多中國古地圖變形，用以表示一些空間概念或觀點。例如，為了強調京城或府縣治的重要性，將城或府縣治畫在地圖的中央，這樣做自然犧牲了地圖的正確度；為了強調古城的重要性，用很大的地圖符號表示古城，這樣自然不合比例尺；地圖的設計強調政治的中心性、經濟以及社會階層結構；有些地區，像島嶼，畫得特別小，顯示不重視的態度。[21]就現代地圖學來說，有意將主題變形，有意強調若干地圖現象，以傳達特別的觀點和空間概念，最極端的例子就是變形圖。正是由於這一特徵造成中國古地圖多方向定位的特點。

[21] Sen-dou Chang, "Manuscript maps in late imperial China," *The Canadian Cartographer*, vol. 11 (1974), pp. 7–13.

五、以使用者為中心的地圖定位，即多方向定位

中國地圖的定位自古以來就是多向的，著名的《禹跡圖》和《華夷圖》都以地圖的上方為北方；漢代的馬王堆地圖㉒以及南宋程大昌撰《雍錄》所附《唐都城內坊里古要跡圖》和《漢唐都城要水圖》㉓則以地圖的上方為南方；宋代《建康志》所附《皇朝建康府境之圖》㉔和元代張弦纂《至正金陵新志》所附《茅山圖》㉕則以地圖的上邊指向東方；南宋程大昌所撰《禹貢山川地理圖》中的《九州山川實證總要圖》、《今定禹河漢河對出圖》和《歷代大河誤證圖》㉖等，又都以地圖的上方指向西方。

中國古地圖定位的多向性，一部分原因可能與中國文化中的民族中心主義有關，同時也有功能上的目的。許多傳統的中國地圖是依地圖使用者位置定位的，例如，清代的臺灣地圖，地圖的上方指向東方，右邊指向南方，左邊指向北方。這是因為清人從大陸上看臺灣，這樣駐在福建的高級官吏在閱讀臺灣地圖時，地圖可以提供一種比較真實的感覺。㉗又如 1815 年出版的《宣漢縣志》中有一幅圖畫式的全縣地勢圖（圖 17–4），縣治放在地圖的中央，表示山地的符號和地名，呈同心圓的形式安排，表示從縣治向四方看。㉘

㉒ 見前揭馬王堆漢墓帛書整理小組，〈長沙馬王堆三號漢墓出土地圖的整理〉，附圖。

㉓ 見前揭曹婉如等編，《中國古代地圖集：戰國—元》，圖 105–106。

㉔ 見前揭曹婉如等編，《中國古代地圖集：戰國—元》，圖 147。

㉕ 見前揭曹婉如等編，《中國古代地圖集：戰國—元》，圖 194。

㉖ 見前揭曹婉如等編，《中國古代地圖集：戰國—元》，圖 107–109。

㉗ 見前揭 Chang, “Manuscript maps in late imperial China,” 頁 4–5。

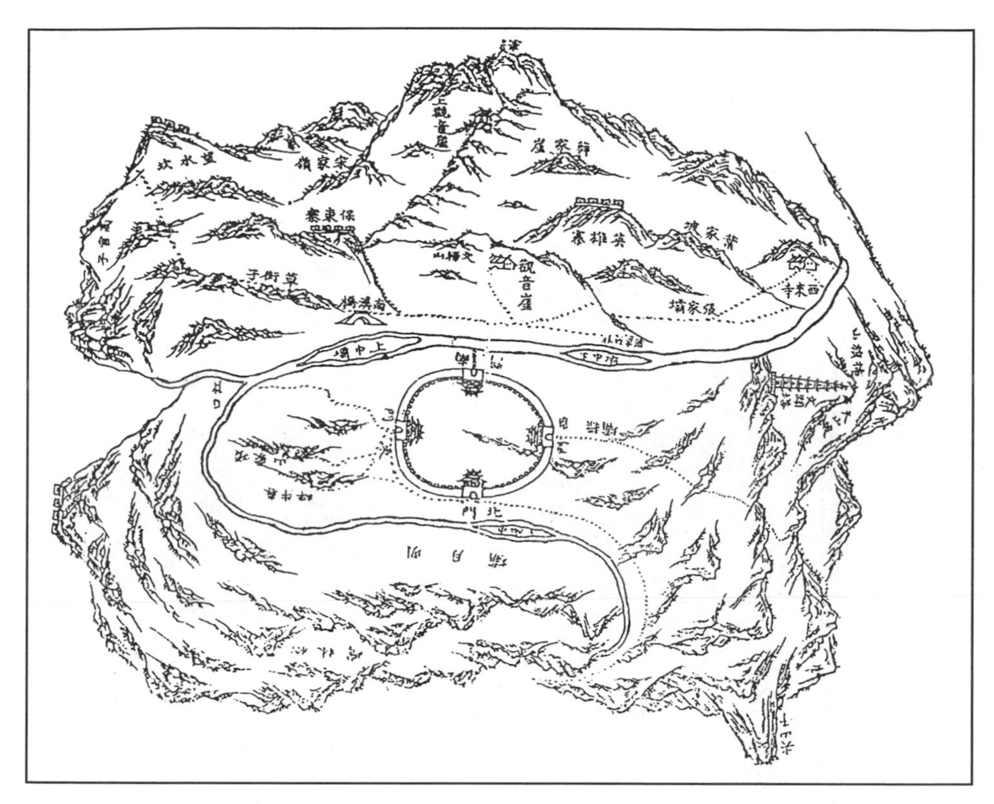

圖 17–4　宣漢全縣地勢圖

明代初年三保太監鄭和下西洋的航海活動，是很重要的地理事件。鄭和航海原來所用的地圖已經遺失，所幸這些地圖保存在茅元儀明天啟元年(1621) 以前完成的《武備志》中。這些地圖（圖 17–5）不是依照計里畫方原理所繪製的，而是真正實用的航海地圖，圖中有很詳細的航行方向說明，並詳細註明了航行里程以及沿途所見重要島嶼和地物。整個地圖的方向不是一致的，全圖中各部分地圖的左右邊，都是航行的方向，換言之，該圖是以地圖使用者定位的。㉙作者相信《鄭和航海圖》的原圖像中國山水畫

㉘ Sen-dou Chang, "Some aspects of the urban geography of the Chinese hsien capital," *Annals of the Association of American Geographers*, vol. 51 (1961), Figure 14.

㉙ 向達整理，《鄭和航海圖》(北京：中華書局，1961)。《鄭和航海圖》當時在航海

裱褙方式裱褙成一個卷軸，不用時捲起來，便於保存，使用時展開卷軸，配合航海方向，又便於讀圖。

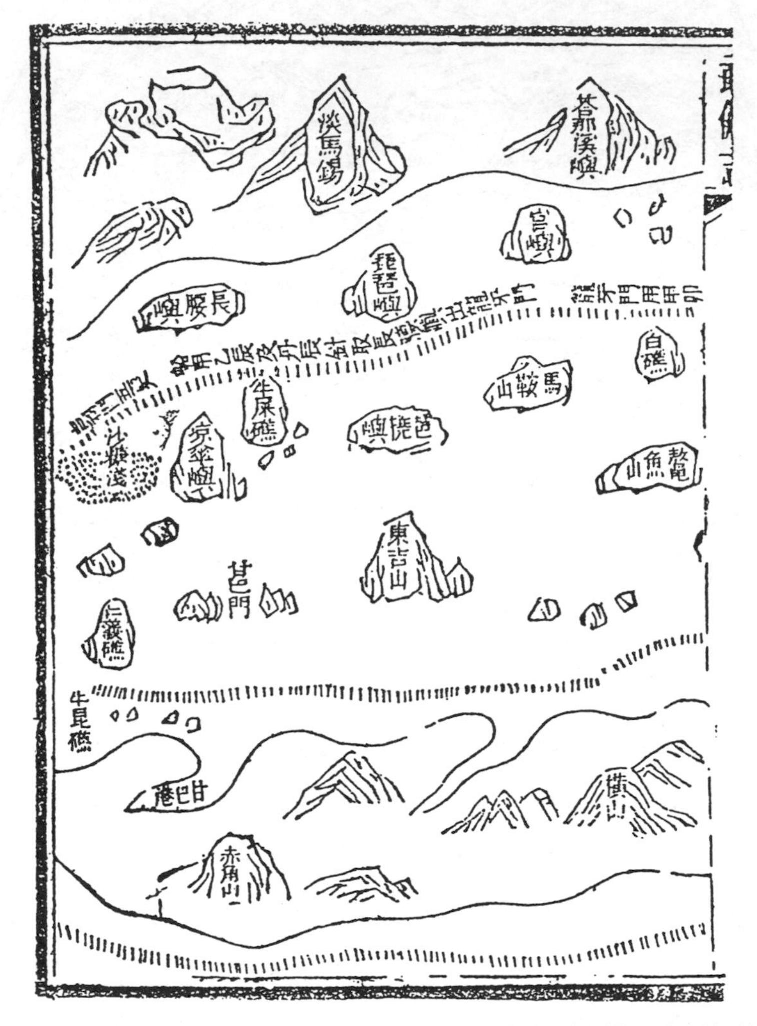

圖 17–5　《鄭和航海圖》的一部分（圖中上方的淡馬錫即今新加坡）

上十分有用，受到學者的高度評價，見前揭 Needham, *Science and Civilisation in China*, Volume 3, *Mathematics and the Sciences of the Heavens and the Earth*, pp. 559–561。

六、行政區劃變遷地圖的繪製是歷史地圖的主流

因為中國歷史悠久，歷史文獻豐富，所以歷史疆域和行政區劃變遷地圖的繪製，便成為歷史地圖繪製的主流。直到晚近，行政區劃變化的研究還一直是我國歷史地理學最重要的研究主題之一。1982～1987 年由地圖出版社出版的《中國歷史地圖集》，就是一個著名的例子。該圖集由著名歷史地理學家譚其驤主編，共 8 冊，有許多學者參加，歷時 30 年完成。這一巨著，雖然每一朝代的地圖，在內容上包括主要城鎮、其他重要地方、重要交通路線、主要水體以及其他項目，但是行政區界線無疑是最重要的項目，換言之，就是行政區劃變遷地圖的繪製。[30]

七、絕大多數中國古地圖都是政府繪製

絕大多數中國古地圖都是政府繪製的，這與歐洲地圖的繪製狀況，是截然不同的，歐洲很早就興起了許多地圖出版社，像文藝復興時期在荷蘭和法國興起的著名 Mercator、Blaeu、Hondius 等地圖出版社。在中國大多數古地圖具有描述的性質，地圖的內容對政府官員十分有用，古代官員了解地圖是不可缺少的，戰爭致勝的地形只可以用地圖來表示，[31]甚至現代中國地圖的繪製與出版，也幾乎都是政府的工作。[32]

---

[30] 譚其驤主編，《中國歷史地圖集》，八冊（上海：地圖出版社，1982–1987）。

[31] 見前揭 Hsu, *Descriptive maps in the Chinese cartographic tradition*, 頁 9。

[32] D. R. F. Taylor, "Recent developments in cartography in the People's Republic of China," *Cartographica*, vol. 24, no. 3 (1987), pp. 10–17.

八、地圖上有許多文字註釋

地圖上有許多文字註釋，是中國地圖描述傳統的一個很顯著特徵。古代地圖符號的發展尚不成熟，地圖符號的種類不多，只能以文字註釋補符號之不足，而且有時候地圖上的文字註釋比地圖符號還多。[33]地圖與文字註釋兩者所占篇幅之比，因圖而異。例如《大明一統志》中的《大明一統之圖》十分簡略，至少一部分的原因可能是有詳細的文字註釋。《禹跡圖》所附文字註釋很少，以圖為主。[34]《大明一統志》雖然很重視地圖，但是地圖卻只占其內容的一小部分，全書 2,800 餘頁，而地圖不過 13 頁。《廣輿圖》也是以文字註釋為主，約有 300 頁，而地圖只約有 100 頁。又如 1555 年刻印的《古今形勝之圖》上也有許多有關地名和行政區劃的註釋。[35]根據王庸的研究，漢代有圖經。所謂圖經，就是有地圖有文字註釋的著作，[36]可見地圖有註釋實有其歷史淵源。地圖的文字註釋至少有 4 種功能：(1)像書中的序，說明繪製地圖的目的，或地圖繪製的過程；(2)像書中的附錄，例如列舉重要的城市名稱、城市人口及稅收數額等；(3)在地理要素附近的註釋，通常可補充該要素的資訊；(4)註釋也用於地名和地圖圖例之說明。[37]此外，註釋也可用於填補地圖上的空白。例如，臺北故宮博

---

[33] Cordell D. K. Yee, "Cartography in China," in J. B. Harley and David Woodward, eds., *The History of Cartography*, Volume Two, Book Two, *Cartography in the Traditional East and Southeast Asian Societies* (Chicago: The University of Chicago Press, 1994), p. 103.

[34] 見前揭曹婉如等編，《中國古代地圖集：戰國—元》，圖 54–59。

[35] 曹婉如等編，《中國古代地圖集：明代》（北京：文物出版社，1994），圖 139；見前揭 Yee, "Cartography in China," 頁 58–59。

[36] 王庸，《中國地圖學史》（北京：三聯書局，1958），頁 25–32。

[37] 見前揭 Hsu, *Descriptive maps in the Chinese cartographic tradition*, 頁 6–7。

物院所收藏的手稿地圖有一個普遍現象，就是表示各地之間距離的註釋，多寫在地圖的四角，或者集中放在地圖的一邊。這類註釋在題為《道里圖》的地圖上最多。[38]古代的地圖有註釋是普遍的現象，有些地圖雖佚失，其註釋卻流傳下來了，變成「圖記」。最古老的「圖記」最遲完成於東漢延熹10年(A.D. 167)。[39]註釋雖然有上述各種功能，但是正因為地圖與其文字說明相輔相成，聯合使用，而使這類地圖不便單獨使用，所以有礙地圖學的發展，[40]這一傳統一直延續到清代。

九、手稿地圖占極重要的地位

雖然我國在西元八世紀以前已經發明了印刷術，[41]但是手稿地圖的製作一直延續到清代。這一特徵的形成可能有3個理由：⑴雕板木刻地圖比單純文書的印刷困難些；⑵地圖作為一種藝術品來說，手繪被視為一種比較好的繪製方法；⑶地圖多由政府繪製，被視為機密文件，只有少數高級官吏使用，而不是提供給大眾使用的，因此沒有複製多幅的必要。

十、用高度象形圖圖畫式符號表示山和建築物

第十個特徵是用高度象形圖圖畫式符號表示山和建築物，這種符號類

[38] 見前揭 Hsu, *Descriptive maps in the Chinese cartographic tradition*, 頁7。

[39] 見前揭王庸，《中國地圖學史》，頁29。

[40] Nathan Sivin and Gari Ledyard, "Introduction to East Asian cartography," in J. B. Harley and David Woodward, op. cit., p. 29.

[41] 見前揭錢存訓著，《造紙及印刷》，頁190。

似透視圖，在分層設色和等高線方法從西方傳入我國以前，地圖上的山形符號，跟中國山水畫中畫山的方法一樣，即山用山的側面形象表示，或者山用藝術化的山形符號表示。方志中的許多地圖，除了有地名，就跟山水畫一樣（圖 17–6）。所以許多中國的山水畫，加上地名，就變成了地圖。[42]《武備志》中的航海圖，海岸地區也是用山水畫式畫法畫的，其他的水道圖也是這樣。直到十九世紀編製的海防圖仍多用圖畫式的畫法。[43]余定國認為在平面的 (planimetric) 地圖上，用高度象形圖圖畫式符號表示山和房屋橋樑等建築，完全又不是平面的，是一個奇怪的現象。[44]其實現代美國也有類似的作法。例如，著名的賴斯 (Erwin Raisz) 和洛貝克 (Armin K. Lobeck) 兩人所畫的地形圖，魯濱遜 (Arthur H. Robinson) 稱之為 landform diagram，可譯為圖畫地形圖，也就是地圖是平面的，而圖上的地形符號卻是側面形象的，[45]不過山形符號與中國古地圖上的不同。就中國的情形來說，大多數古地圖的繪製者，都是所謂「通儒」，而非專家。中國大多數古地圖都是描述性的，直接用實形圖畫表示，可使這些地圖更易閱讀，更易看懂，即讀圖的人並不需要任何特別的訓練。事實上，古代中國並沒有專業的地圖學者和地圖專家，許多上述「通儒」，都或多或少會畫山水畫。很奇怪的是這類地圖在清末還很普遍，而那時歐洲的測繪方法已經取代了中國傳統的繪製方法。[46]

---

[42] 姜道章、劉廷祥，〈明代方志地圖的研究〉，《中國文化大學地學研究所研究報告》，第 8 集 (1995)，頁 182；見前揭 Hsu, *Descriptive maps in the Chinese cartographic tradition*, 頁 2。

[43] 見前揭向達整理，《鄭和航海圖》。

[44] 見前揭 Yee, "Cartography in China" , 頁 61。

[45] 見前揭 Robinson and Sale, *Elements of Cartography*, 頁 187–89。

[46] 見前揭 Yee, "Cartography in China," 頁 61–62。

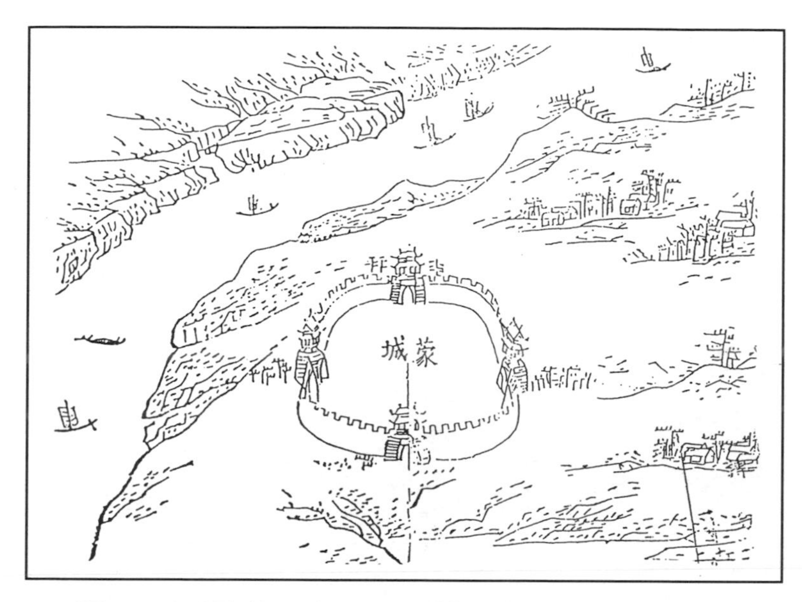

圖 17–6　明嘉靖 29 年 (1550)《壽州志》中的〈蒙城圖〉

總之，傳統的中國地圖學具有若干特徵，使得其異於西方的地圖學，中國古代地圖學不但在外觀上，而且在結構上，與歐洲地圖是不一樣的。

MEMO

第十八章

明代的方志地圖

一、導　言

我國領土廣大，歷史悠久，歷來所修的方志，為數相當多，據估計，今日存世之我國及臺灣地方志有 8,500 多種，其中宋元方志有 40 多種，明代 800 多種，清代 5,500 多種，民國以來 1,500 多種。❶我國地方志流傳到海外者不少，亞歐美澳等洲各國均有收藏，尤以日本為最多，其次是美國，再次是歐洲。方志數量之龐大，內容之豐富，記述年代之久遠，在世界上獨一無二。方志中的地圖，明代以前者、明代者，和明代以後者，皆各有特色，不盡相同，明代居中，承先啟後，值得研究。

我國方志體例，至宋代始稱完備，郡縣志編纂之風氣亦漸盛；但地方志書之普遍，起於明而盛於清，此點可由其方志數量之多得到證實；加以印刷地圖開始普及，散見於各類方志之中，始於明代，亦無可置疑。是以，明代方志中的地圖，十分值得研究。本章分別探討臺灣現存明代方志的數量、樣本方志的數量與分布、總體與樣本方志地圖的數量與分布、方志地圖的種類、地圖的比例尺與版式、地圖的符號、地圖的文字與標題，以及明代方志地圖的學術價值。❷

---

❶ 見宋晞，《方志學研究論叢》（臺北：臺灣商務印書館，1990），頁 4。

❷ 本章最初發表時，合作者為劉廷祥。

二、臺灣現存明代方志的數量

本章以漢學研究資料及服務中心編印之《中華民國臺灣地區公藏方志目錄》一書為根據，從中選出一部分明代方志。❸該書收錄目前臺灣各學術文化、黨政機構和大學之圖書館或檔案資料室所庋藏之方志，總計4,600多種，所包括之單位有國家圖書館、國立故宮博物院圖書文獻館、國史館圖書室、中央研究院歷史語言研究所傅斯年圖書館、行政院內政部圖書館、孫逸仙紀念圖書館、國家圖書館臺灣分館、臺灣省文獻委員會、國立臺灣大學圖書館、國立臺灣師範大學圖書館、東海大學圖書館及中央日報社資料室。其中羅列之方志，則包含宋元明清以迄民國後所纂修者。登錄之方式則依1947年我國行政區劃之35行省，及蒙古西藏兩地方為統計和編列單位。另外，每一方志之前，皆冠修成付梓之朝代帝王年號，其下依次為志名、卷數、首末之附錄、纂修朝代和纂修人，以及刊印年代，並有編號數碼。

根據《中華民國臺灣地區公藏方志目錄》一書，臺灣現存明代方志共646種，另外，作者在國家圖書館藏書中，又發現4種，所以，臺灣實際現存明代方志總共至少是650種。❹

三、總體與樣本方志的數量與分布

在分析明代方志地圖特徵之前，有必要先了解明代方志的一般狀況，

---

❸ 見王德毅主編，《中華民國臺灣地區公藏方志目錄》（臺北：漢學研究資料及服務中心，1985）。

❹ 這4種是安徽《太平縣志》、湖北《重刊公安縣志》、河南《潁川郡志》及遼寧《重修全遼志》。

根據歷朝所修方志數量的絕對和相對次數分布，同時為了行文方便，我們將明代分為 5 個時期：第一個時期 1368 至 1464 年，包括洪武、建文、永樂、洪熙、宣德、正統、景泰和天順八朝，長 97 年；第二個時期 1465 至 1505 年，包括成化和弘治兩朝，長 41 年；第三個時期 1506 至 1566 年，包括正德和嘉靖兩朝，長 61 年；第四個時期 1567 至 1620 年，包括隆慶、萬曆和泰昌三朝，長 54 年；第五個時期 1621 至 1644 年，包括天啟和崇禎兩朝，長 23 年。現存與樣本方志在這 5 個時期的分布如表 18–1 所示。

表 18–1　各時期現存與樣本方志的數量

時　期	現存方志 (A)		樣本方志 (B)		樣本所占比例 (B/A)×100
	種	%	種	%	%
1368～1464	17	2.6	9	3.3	52.9
1465～1505	43	6.6	21	7.6	48.8
1506～1566	250	38.5	95	34.6	38.0
1567～1620	263	40.5	124	45.1	47.1
1621～1644	54	8.3	21	7.6	38.9
不　詳	23	3.5	5	1.8	21.7
總　計	650	100.0	275	100.0	42.3

從明朝開國到天順，共歷 8 朝，即 1368 到 1464 年間，為期長達 97 年，在時間長度上，占整個明代的三分之一以上，但現存方志不多，占明代方志總數的比率，不足 3%，平均幾乎每六年才有一種。成化、弘治兩朝 41 年間，即 1465 到 1505 年，在時間長度上約占 15%，現存的方志比以前較多，但所占比率，也只增高到 6.6%，平均大約每年有一種。正德和嘉靖兩朝長達 61 年，即 1506 到 1566 年，在時間長度上約占五分之一，正德時方志已比以前更多，到嘉靖時，現存方志之多，達到明代的第一個高峰，

兩朝現存方志之多，高占 38.5%，平均每兩年約有方志 9 種。隆慶、萬曆和泰昌三朝，為期長達 53 年，即 1567 到 1620 年，在時間長度上所占比率，近乎五分之一，現存方志更多，在萬曆時，達到明代的第二個高峰，三朝方志之多，高占 40.5%，平均每兩年也約有方志 9 種。萬曆以降，方志減少，但仍能保持平均水平，明代最後的天啟和崇禎兩朝，為期 23 年，在時間長度上占 8.3%，現存方志，也占 8.3%，平均每年超過兩種。這是臺灣現存明代方志的情形，實際上明代歷朝所修方志，必然較此數為多（表 18–2）。

表 18–2　現存與樣本方志的地理分布

行　省	現存方志 (A)		樣本方志 (B)		樣本所占比例 (B/A)×100
	種	%	種	%	%
南直隸	148	22.8	88	32.0	59.5
浙　江	66	10.2	24	8.7	36.4
北直隸	61	9.4	40	14.5	65.6
河　南	53	8.2	22	8.0	41.5
福　建	52	8.0	19	6.9	36.5
湖　廣	47	7.2	15	5.5	31.9
陝　西	45	6.9	15	5.5	33.3
山　東	43	6.6	16	5.8	37.2
江　西	36	5.5	13	4.7	36.1
山　西	32	4.9	11	4.0	34.4
廣　東	31	4.8	6	2.2	19.4
四　川	9	1.4	2	0.7	22.2
廣　西	8	1.2	–	–	–
其　他	19	2.9	4	1.5	21.1
總　計	650	100.0	275	100.0	42.3

明代將全國主要分為 13 布政使司，即山東、山西、河南、陝西、四川、湖廣、浙江、江西、福建、廣東、廣西、貴州和雲南，簡稱行省，另有北直隸和南直隸。其中湖廣相當於現在的湖北和湖南，南直隸相當於現在的江蘇和安徽，陝西相當於現在的陝西和甘肅，其餘各省分別相當於現在的各省。❺從空間上來說，南直隸和浙江所修方志最多，分別超過全國方志總數的五分之一和十分之一；其次修志較多的是北直隸、河南、福建、湖廣、陝西、山東及江西，各所占比例超過 5%，但不足十分之一；其餘所修方志，所占比例，皆少於 5%（圖 18–1）。

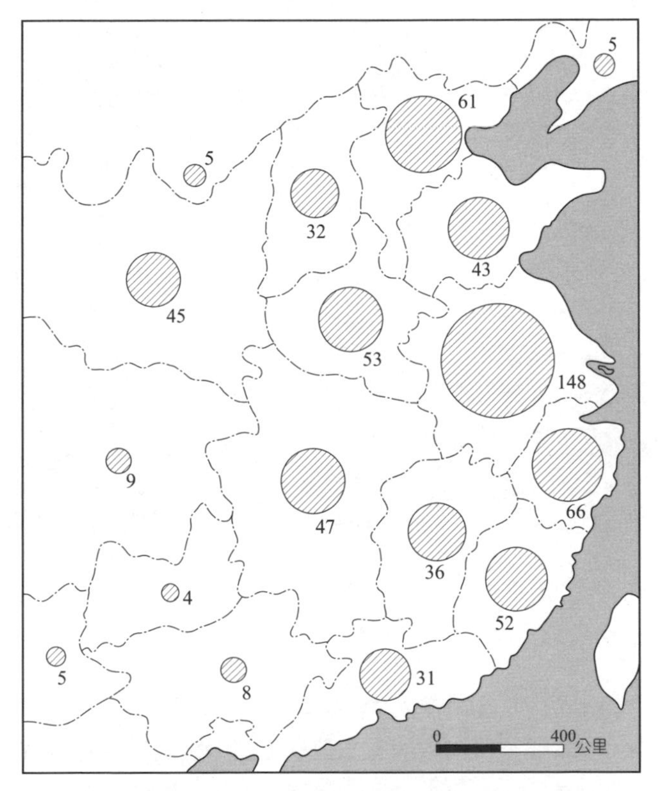

圖 18–1 臺灣現存明代方志數量（圖中數值表示方志數量）

❺ 見譚其驤主編，《中國歷史地圖集》，第七冊，《元、明時期》（上海：地圖出版社，1982），頁 44–89。

以臺灣現存所有方志為總體，從中抽取樣本，為了兼顧在時間和空間上樣本能具有高度代表性，採用分層抽樣，時間上以朝代為層，空間上以行省為層，使樣本的各層在數量上盡可能與總體成比例，因為有時間和空間兩個不同的層，自不可能完全成比例。各層的比例，最低和最高者，與總比例的差距，約為總比例的四分之一到一半左右。總的來說，本研究抽取 275 種，占總數的 42.3%（見表 18–1 和表 18–2），這是一個很高的比率，這些方志中的地圖，應可代表臺灣現存明代方志中的地圖（圖 18–2）。

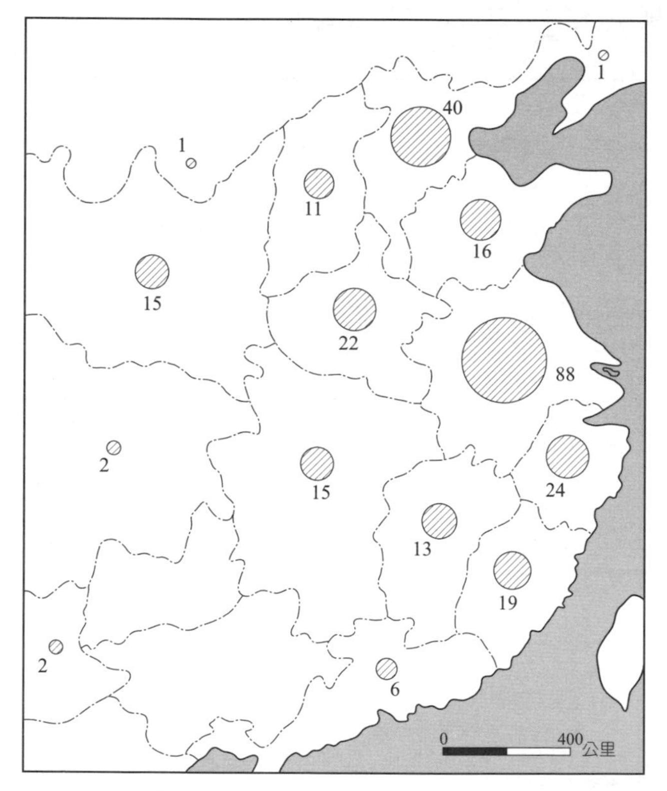

圖 18–2 本研究所引用的方志數量（圖中數值表示方志數量）

四、明代方志地圖的數量與分布

研究樣本方志 275 種，總計包含地圖 1,387 幅，以下就是對這些地圖所作的分析。各種方志中地圖的數量，多寡不一，最多的如《萬曆紹興府志》，多達 78 幅，最少的如《隆慶丹陽縣志》等，一幅也沒有，為清楚了解明代方志所含地圖數量分布上的狀況，以地圖數量多少分類，如表 19–3 所示，完全沒有地圖的方志有 48 種，占方志總數的比率，略多於六分之一；包括 1～5 幅地圖的方志，有 159 種，所占比率超過二分之一；包括 6～10 幅地圖的方志，有 38 種，所占比率略多於七分之一；包括地圖超過 10 幅以上者，為數不多；包括 11～15 幅地圖的方志，只有 12 種，所占比率，不足 5%；有 8 種方志包括 16～20 幅地圖，所占比率，約為 3%；有 10 種方志包括的地圖多於 20 幅，所占比率，不足 4%，其中，除了前面已提到的《萬曆紹興府志》有 78 幅地圖外，另外《萬曆武進縣志》有 48 幅地圖，是地圖最多的兩種方志，值得一提的是這兩種方志都是在萬曆年間纂修的，兩者又都位在明代最富庶和文風最盛的江南地區，這當然不是偶然的。總的來說，平均每一種方志，約有地圖 5 幅，這一數字，自然不算高，原因之一可能是印刷上的問題，因為地圖刻版比較困難些。此外，不但充分說明在明代的方志中，地圖的功能，還沒有受到應有的重視，同時也足證明代方志學者的地圖學水準，可能沒有達到應有的水準，不曉得如何應用地圖。

樣本方志 275 種有地圖 1,387 幅，根據這一數字估計，則總體 650 種方志，應該有地圖 3,278 幅。

表 18–3 明代方志所包含的地圖數量

地圖數	方志數	百分比
0	48	17.5
1～5	159	57.8
6～10	38	13.8
11～15	12	4.4
16～20	8	2.9
多於 20	10	3.6
合 計	275	100.0

五、明代方志地圖的種類

明代方志之體例門目，並無一定嚴格標準規定，各地纂修者，素質不齊，各種方志的內容，遂互有差異，水準高低亦復不一。受此影響，方志中的地圖，內容繁雜，繪圖技術優劣，互有差異，加以年代久遠，有些地圖已殘破模糊，不易辨明，增加研究分析上的困難。

有關方志地圖的名稱，明代尚無標準，根據地圖的內容和外觀，可以將明代方志地圖分為以下 13 類：

（一）疆域圖

有數種名稱，包括疆域圖、總圖（圖 18–3）、總屬圖、地里圖（圖 18–4）、四境圖（圖 18–5）及全境圖等，表示各省府州縣的轄區範圍，圖上繪有各地重要的山脈、水體、城池、道路和聚落等，有相當多的地名。《隆慶儀真縣志》有歷代沿革圖，也是疆域圖，表示歷代疆域的變革狀況。

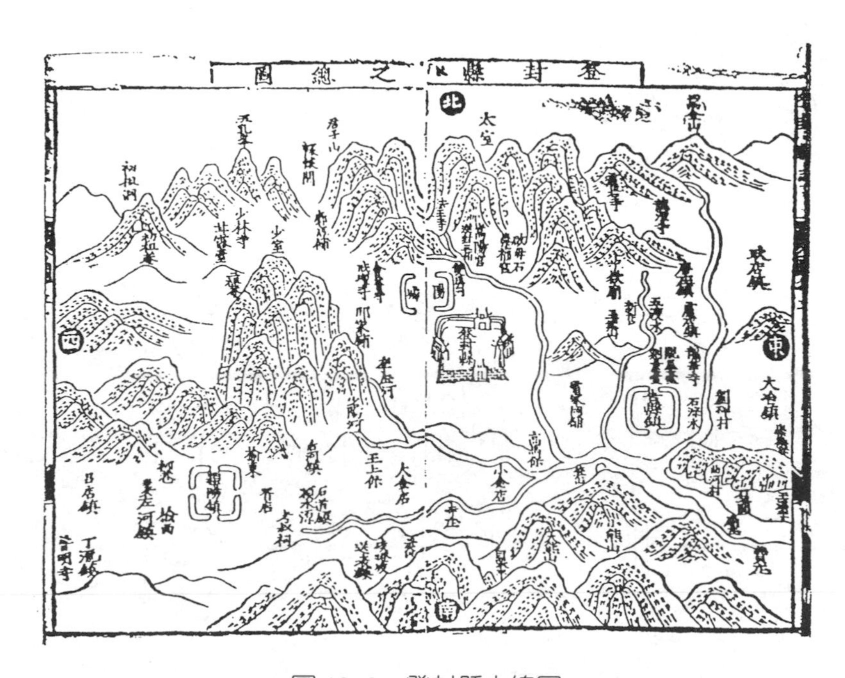

圖 18–3 登封縣之總圖
（注意圖中有兩種等級不同的城鎮符號，幾乎所有地方只有地名，卻沒有符號。）

圖 18–4 全浙地里圖

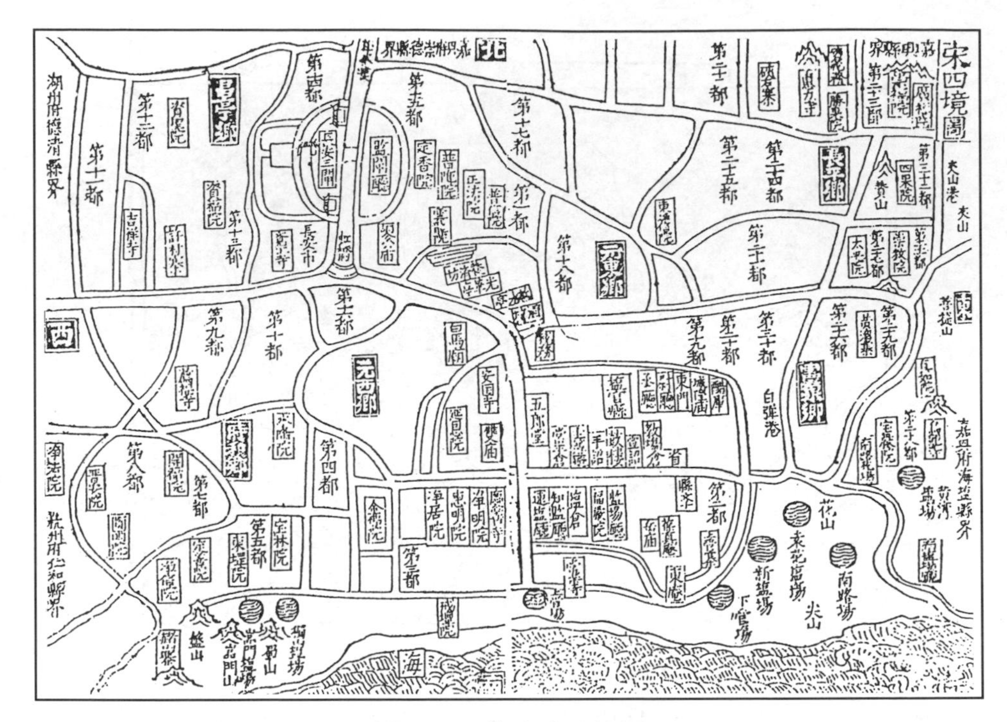

圖 18–5　海寧宋四境圖

（二）小行政區圖

是各地轄下較小行政區的地圖，簡單表示一鄉的山脈、水文、道路和聚落，內容上類似疆域圖，這類地圖之一為鄉圖，僅見於萬曆《武進縣志》；另一為里圖，內容比較簡單，僅見於萬曆《富平縣志》。

（三）街　圖

粗略表示街道的分布狀況，大比例尺地圖（圖 18–6 與圖 18–7）。

（四）城池圖

為各省府州縣治所，表示城牆、城門、城濠及城內官署、寺廟等。

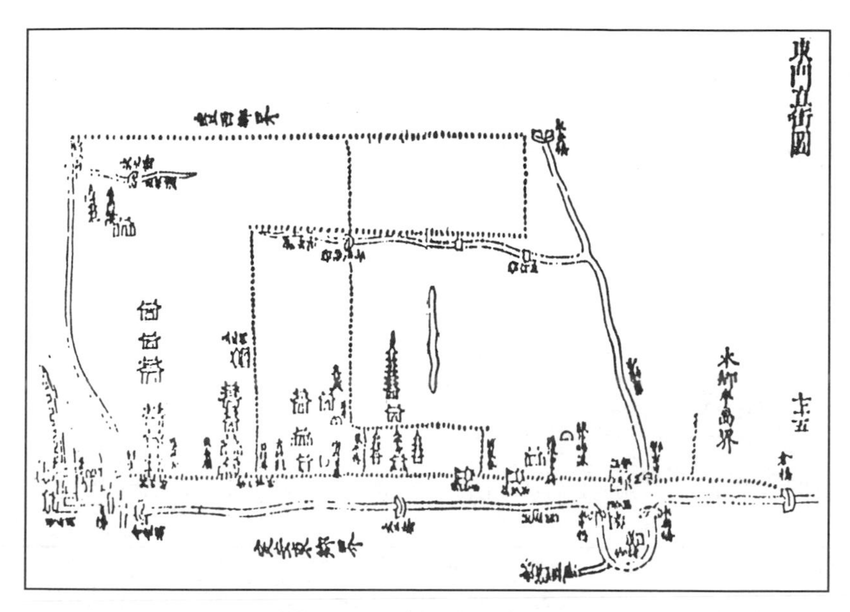

圖 18–6　武進東門直街圖

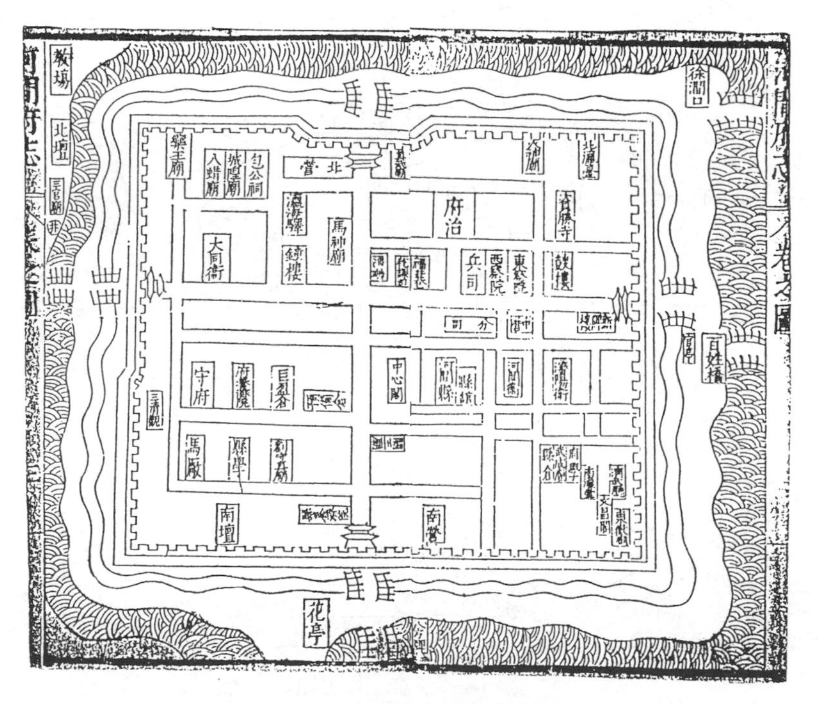

圖 18–7　河間城牆與街道圖

（五）山　圖

表示各地重要山、嶽、巖等的高下地勢，有地名，類似山水畫。

（六）水文圖

表示各地之江、河、溪、泉、湖、池、塘、渠、海等的延展和分布。

（七）山川圖

類似疆域圖，差別在對山川形勢的描繪，更加詳細（圖 18–8）。

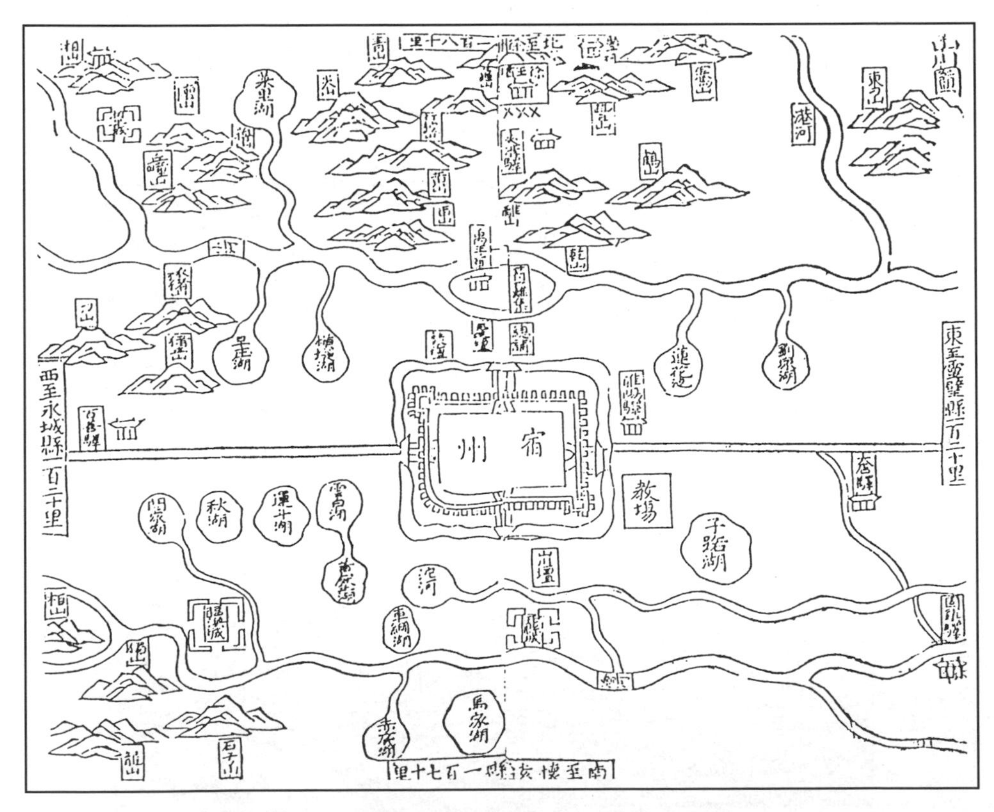

圖 18–8　宿州山川圖

（八）官署圖

又稱府（或州、縣）治圖、府（或州、縣）署圖、邑治圖及衙廨圖等，相當詳盡地表示各地衙署重要建築物的分布，並特別強調各個單位的院牆與進出的大門，是大比例尺地圖。

（九）儒學圖與書院圖

前者亦稱縣學圖、學圖、學宮圖、學署圖、學廟圖及廟學等，更清楚地表示府（或州、縣）儒學之各建築物的外觀與分布，儒學圖通常可由其所繪有儀門和明倫堂分辨出來。後者表示書院建築的外觀與分布。這兩種圖，類似官署圖，是大比例尺地圖，都是平面圖 (plan)。

（十）風景圖

表示一地重要的名勝風景，地名很少，其風格比山圖更類似山水畫。

（十一）廟圖與墓圖

類似官署圖、儒學圖及書院圖，表示廟宇和墓園的屋宇配置狀況，是大比例尺平面圖。

（十二）兵防圖

有衛所圖、邊防圖及營隘圖三種，分別表示衛所、邊境山川險要、軍營隘口的相對位置、配置狀況和整體布局。

（十三）教場圖

又稱草場圖，表示一地教場設施的布局，大比例尺地圖，類似官署圖。

這些地圖，以疆域圖、城池圖以及儒學圖與書院圖三者為最多。上列

13 類地圖，除了頭 3 類，其餘的各類都可視為主題地圖，包含了豐富的人文資訊。

六、地圖的比例尺與版式

在中國地圖學史上，最早提出比例尺概念者，當屬西元三世紀西晉裴秀，他在〈製圖六體〉中所講到的「分率」，就是現在所說的比例尺，他將漢朝的全國地圖，以一寸折百里（約為 1 : 1,800,000）的比例尺，縮小為「地形方丈圖」，這就是計里畫方，繪製小範圍地圖，十分有用，但是明代方志地圖，並未採用計里畫方方法，所有地圖都沒有標明比例尺，同一地圖上，各部分的比例尺不盡一致，是隨意勾畫的，只能表示各種現象大概的相對位置。這種情形，究其原因：⑴明代方志纂修的人，多屬一般文史學者，鮮有地圖學的訓練，不諳地圖繪製方法；⑵我國傳統文人，多數喜愛山水畫，都有相當的造詣，所以方志中的地圖，很受山水畫的影響，比較著重寫意。❻

本章所引用的方志，全部是顯微影片，故無法計算各圖的真正比例尺，暫無法作進一步深入的分析。

地圖的大小和形狀，叫做版式 (map format)，亦稱圖框或圖廓，版式可以配合一本書刊中的整個全頁或一頁的一部分，換言之，地圖可以有任何形狀與大小的版式。

概言之，地圖長闊之比接近黃金分割的比例，即 $X : L = (L - X) : X$，

---

❻ 余定國在中國地圖學史中多處提到山水畫與地圖的關係，見 Cordell D. K. Yee, “Cartography in China,” in J. B. Harley and David Woodward, eds., *The History of Cartography*, Volume Two, Book Two, *Cartography in the Traditional East and Southeast Asian Societies* (Chicago: The University of Chicago Press, 1994), pp. 35–231.

表 18–4　明代方志地圖的版式

比　值	地圖數	百分比
0.13～0.25	5	0.4
0.26～0.50	13	0.9
0.51～0.75	875	63.1
0.76～1.00	341	24.6
1.01～1.25	–	–
1.26～1.50	67	4.8
1.51～1.67	86	6.2
合　計	1,387	100.0

也就是 1 : 1.618 的比例，大約是 3 : 5 的長方形，是看起來最舒服的形狀。❼不知道原圖的實際尺寸，只好採用長闊的比例，也就是圖框之垂直高度（高）與水平寬度（底）的比例，作為分析的基礎。以 1,387 幅地圖長闊比值不同所作的分類，各種版式的分布如表 18–4 所示，表中所列版式的比值是 1.00 的表示是正方形，小於 1.00 的是橫的長方形，大於 1.00 的是豎的長方形，明代方志中沒有正方形的地圖，幾乎有十分之九的都是橫的長方形，略多於十分之一的是豎的長方形。最小的比值為 0.13，也就是橫向很長的地圖，最大的比值為 1.67，也就是上下的高度是左右寬度的 1.67 倍。代表地圖版式的比值，所以集中於 0.51 與 1.00 之間，主要受地方志本身一頁紙張大小的影響，為了配合一頁的大小，地圖多繪於一頁或摺疊的兩頁，其中又以摺疊兩頁的為最多，正好是方志印刷刻版的一個版，超過八成，一全頁者超過一成。各種方志一頁紙張的大小各有不同，但差異通常不太大。地圖版式也受所表示現象的性質影響，例如水文圖，可能

❼ See Arthur H. Robinson *et al.*, *Elements of Cartography*, 5th ed. (New York: Wiley, 1984), pp. 148–149.

須要跨越好幾頁，不過這類版式並不多。

七、地圖的符號

中國古代地圖大致可分為兩大類型，一為計里畫方以抽象符號為主的地圖，另一為立體形象式的地圖，許多明代方志地圖屬於後者，不是實測的，以「寫景法」為主，未完全採用系統化的地圖符號，所謂「寫景法」，類似山水畫（圖 18–9），用象形的方法將實地景物描畫在圖上，而不是用抽象的地圖符號來表示各種現象，例如城池用城牆和城門樓的圖形來表示，衙署和廟宇用房舍、門樓及圍牆的正面圖象來表示等。❽這些地圖所繪的區域範圍，一般都較小，地圖比例尺較大；至於所繪之地區面積範圍較大者，無法盡用寫景法來描寫地理現象，則以地圖符號來表達地圖的內容，諸如使用點或圓圈等點符號表示建築物和聚落，使用延展的線符號表示水系、道路或分界線，使用具有均一圖案之面符號表示水域、城廓、山地。另外，使用方形或橢圓形的框，內附文字，表示建築物、聚落、島嶼、衛所或營隘等，圖 18–9 所示為明代方志地圖所見的幾種符號。

地圖上的面符號，英文叫做 pattern，國人稱為花紋或圖案，是用點、線、形象或圖案等組成的，在一定面積範圍內，是一個重要的地圖要素。明代方志地圖，用花紋表現水體和城牆，用波紋表示的水體，包括海洋、河流、湖泊、水塘等，用粗細波紋線條間隔排列，構成花紋符號，至少有 10 種不同的畫法，用以表現水面波浪的起伏與水的流動情形（圖 18–10）。用粗細橫直線條間隔排列構成花紋符號，表示城牆，看上去像是磚塊或石條堆砌的形狀，有四種不同的畫法，用以表現城牆的形狀與大小，其中以

❽ 見劉建國，〈明代絹本南京（部分）府縣地圖初探〉，《文物》，總 344 期 (1985)，頁 49–50；陳正祥，《中國地圖學史》（香港：商務印書館，1979），頁 36。

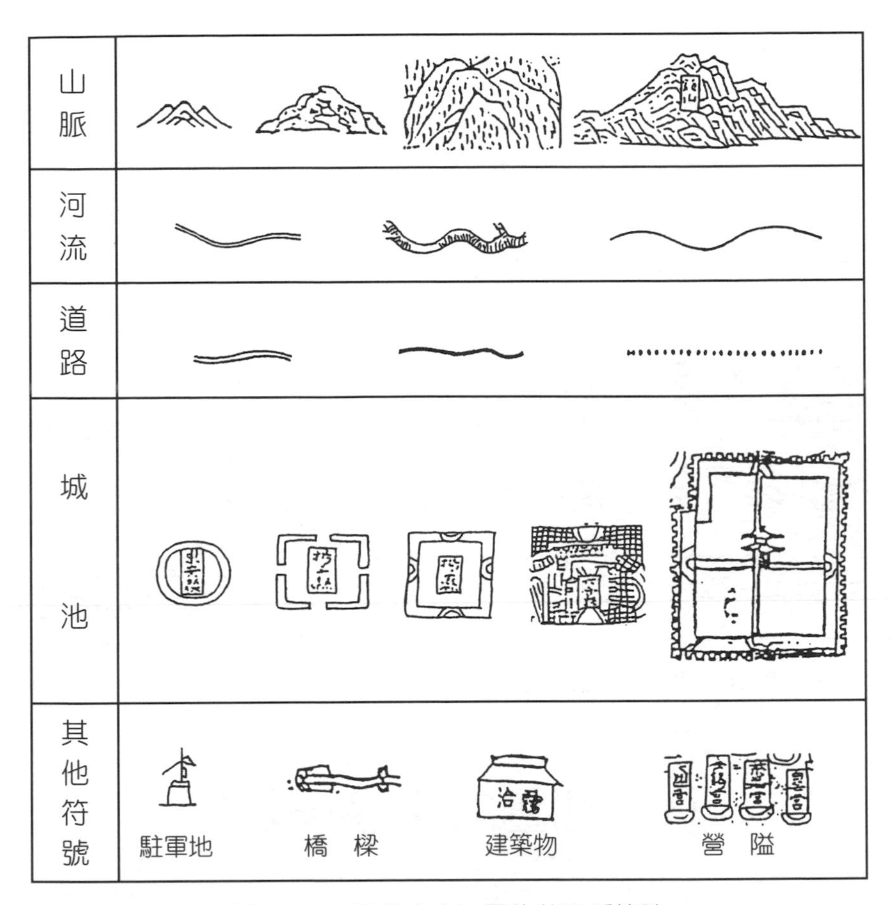

圖 18–9　明代方志地圖的若干種符號

橫線條表示城牆的延伸，可能是承襲了元代至正 4 年 (1344)《金陵新志》的傳統，金志中「集慶□城之圖」，便是以橫線條表示城牆的延伸（圖 18–11）。❾關於表示城池的符號，力求能反映城池形態的實際狀況，如山東東昌府府城為正方形，茌平縣城為橢圓形，觀城縣城為半圓形；❿又如南直

❾ 見張鉉撰，《至正金陵新志》，元至正 4 年 (1344) 集慶路刊，明正德 15 年 (1520) 修補本。又見黃燕生，〈元代版刻地圖考錄〉，《文獻》，第 32 期 (1987)，頁 139–141。

❿ 見《嘉靖山東通志》(1533 年刊本)，第 15 卷，〈東昌府圖〉。

隸淮安府鹽城縣城為不規則形。⓫

圖 18–10　表示水體的十種符號

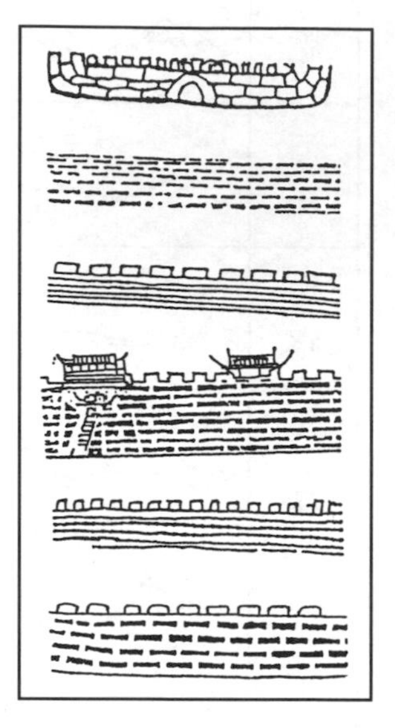

圖 18–11　表示城牆的六種符號

八、地圖的文字與標題

明代方志地圖文字的字體、字形和字的大小，各方志頗有差異，概言之，對所表現的地景地物，通常標註的文字比較粗大，而對作為底圖背景的要素，標註的文字比較細小。文字註記的方式，幾乎完全是水平字列和垂直字列兩種，雁行字列和屈曲字列幾乎完全沒有。⓬垂直字列出現的頻率，較水平字列為多，這自然跟中文直寫的傳統有關。標註地景地物時，文字放置的位置，也沒有一定的標準，不僅各方志地圖間有差異，即使在

⓫ 見《天啟淮安府志》(1685 年刊本)，卷首，〈淮安府境全圖〉。

⓬ 金瑾樂等將中文文字註記布置方式，分為水平字列、垂直字列、雁行字列和屈曲字列四類，見金瑾樂等編著，《地圖學》(北京：高等教育出版社，1987)，頁 90。

同一幅地圖上，也是如此，有的放在地景地物的上方，有的放在下方，有的在左，有的在右（圖 18–12 與圖 18–13）。明代方志地圖地名文字註記的一個顯著特徵，就是地名外加有長方形的框，這無疑是承襲我國唐宋以來地名加框的傳統。⓭

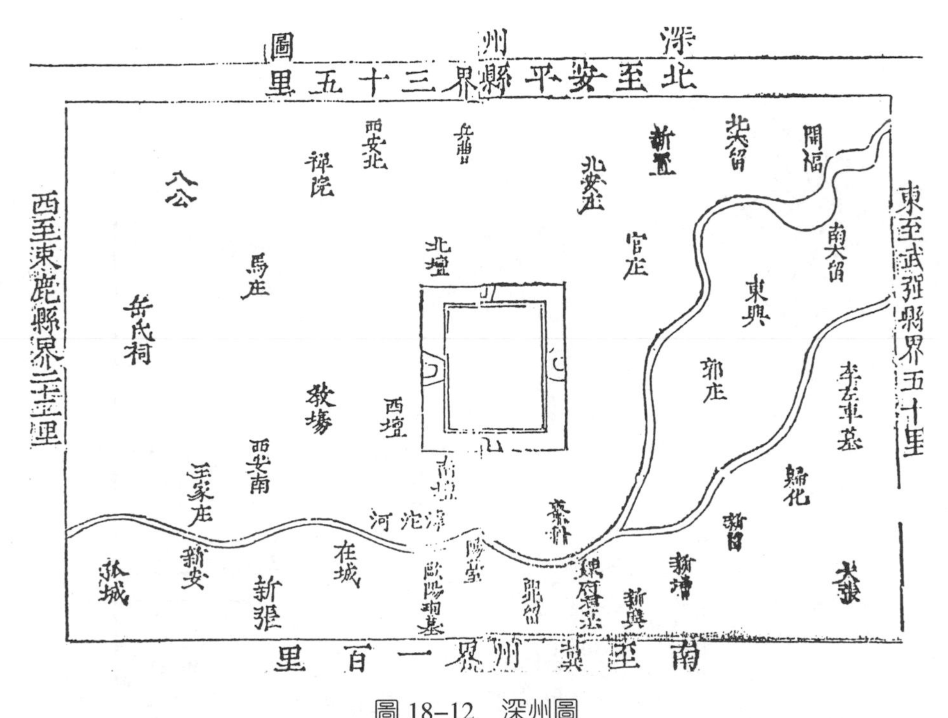

圖 18–12　深州圖
（注意圖中地名都沒有長方形的框，為明代方志地圖中所少見）

地圖的標題，是地圖設計的一個重要部分，具有知識與視覺的雙重意義，除了指示地圖的內容，也是一種符號，有時候有助於地圖的平衡。明

⓭ 地名外加長方形框的作法，最早見於敦煌莫高窟第 61 窟西壁的《五台山圖》，該圖是五代 (907～960) 畫師根據唐代 (618～907) 流傳的底稿繪製的，這種方法可能始於唐代，到宋代 (960～1279) 普遍流行。見曹婉如等編，《中國古代地圖集：戰國一元》（北京：文物出版社，1990），圖 41《五台山圖摹繪本》，圖 72《地理圖墨線圖》，及以後其他地圖等。

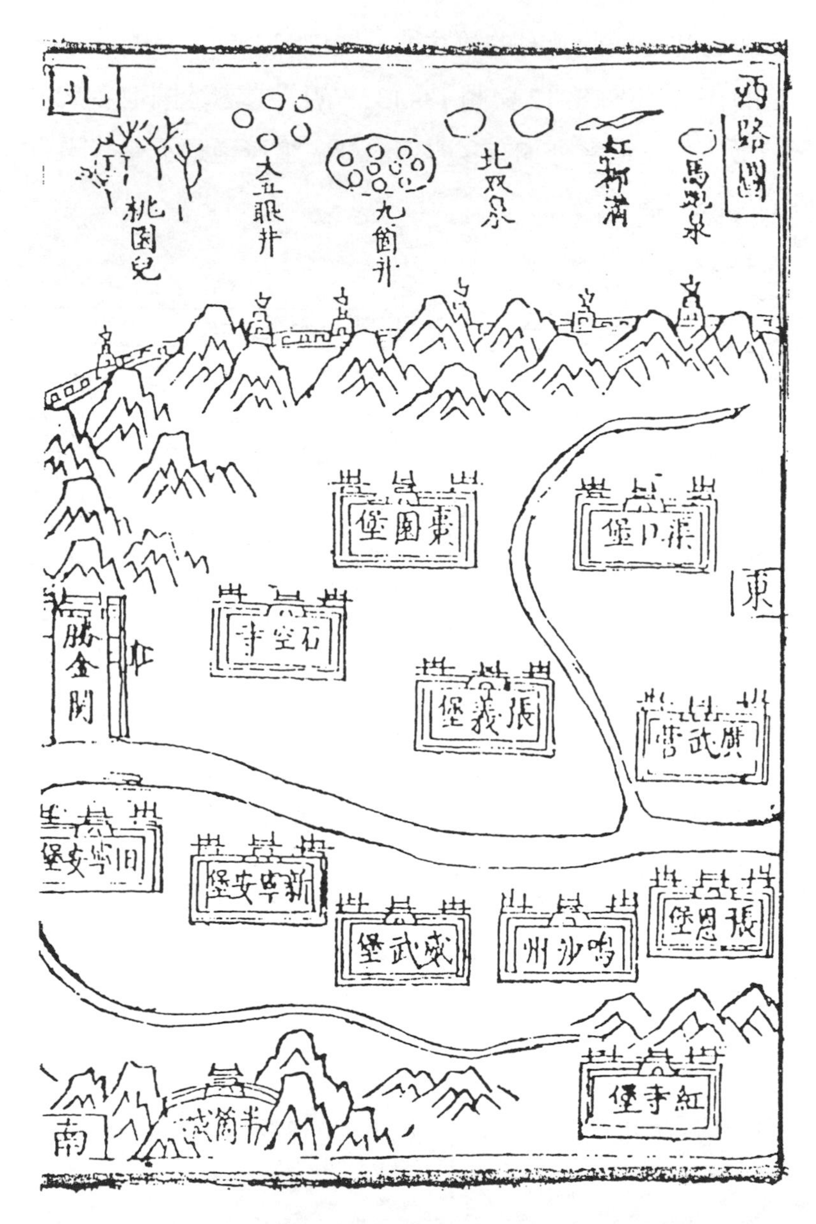

圖 18–13　朔方西路圖
（注意橫寫的地名，在明代方志地圖中很少見）

代方志地圖標題表現的形式有多種，標題所用的字體、字形的大小、字與字的間隔排列，互相不同。字體有的地圖採用仿宋體，有的採用正楷體；字形大小有的大而明顯，有的小而不彰；字的間隔有的寬，有的窄；字的筆劃有的較粗，有的較細。標題的位置也多變化，概言之，有兩類，一是置於地圖的右上方，空間不多，字形通常較小，字與字的間隔較窄，常顯得不夠清晰顯著；另一是置於地圖的正上方，少數位在圖廓外，字形通常較大，字與字的間隔也較寬。明代方志地圖標題的放置在地圖的正上方，有助於地圖的平衡；明代方志地圖圖幅多為一頁或兩頁，標題置於地圖的右上方，每翻閱一頁，易於看見標題，是一個優點。

九、明代方志地圖的學術價值

明代方志地圖的繪製，距今已有數百年的歷史，為傳統中國古地圖的一部分，以呈現當時各地地理現狀為主，這麼多年後，原來的地理自然轉變成為歷史了。方志地圖的功能主要是輔助文字描述之不足，所以今日看來，一幅幅明代方志地圖，就成為各地地理狀況的歷史紀錄，蘊含了大量有價值的資料，成為研究明代歷史地理最佳的一種素材。就地圖的內容來說，明代方志地圖保存了許多自然和人文地理資料，包括山脈、水文、府縣界線、城鎮、治所、道路、關隘、營寨、寺廟等，極有助於過去地理重建和古今地理變遷的研究。

此外，了解明代方志地圖的特徵，也有助於了解中國地圖學史的發展。

十、結　論

我國地方志書之普遍，起於明代而盛於清代。方志中大量出現地圖，始於明代，無可置疑。是以，明代方志中的地圖，值得研究。今日存世之明代方志，有 800 多種，臺灣各圖書館收藏的有 650 種，本章從其中抽取

275 種，這些方志中，有地圖 1,387 幅，估計臺灣現存明代方志中的地圖，總共約有 3,300 幅。所有存世的 800 多種，地圖數量應該超過 4,000 幅。

根據地圖的內容，明代方志地圖約可分為多類，其中以疆域圖、城池圖，及儒學圖與書院圖三者為最多。明代方志中沒有正方形的地圖，幾乎有十分之九的地圖都是橫的長方形，略多於十分之一的是豎的長方形，這種情形，主要受方志本身一頁紙張大小的影響。

明代方志地圖不是實測的，以所謂寫景法為主，類似山水畫，但是也有點線面符號多種，諸如用點符號表示建築物和聚落等；用線符號表示水系，道路，界線等；用面符號表示水域，城廓等。地圖所表示的區域範圍一般都較小，比例尺較大。文字註記的方式，幾乎完全是水平字列和垂直字列兩種，雁行字列和屈曲字列幾乎完全沒有，垂直字列出現的頻率，較水平字列為多，這自然跟中文直寫的傳統有關。

明代方志地圖的一個極重要的特徵，就是沒有按照我國以裴秀六體為主的計里畫方傳統，是定性的而不是定量的，與馬王堆出土的漢代地圖和天水出土的秦代地圖比較，或者與後來的計里畫方地圖比較，是一種退步，這反映了方志纂修者貧乏的地圖學知識。不過，明代地圖的繪製，已有幾百年的歷史，蘊含了大量有價值的資料，成為研究明代歷史地理最佳的一種素材，極有助於過去地理重建和古今地理變遷的研究。

附錄：樣本所包括的方志

（阿拉伯數字為《中華民國臺灣地區公藏方志目錄》中各方志之數碼，一併列出，方便查閱。）

南直隸

01–013　正德金陵古今圖考

01–029　萬曆江寧縣志

01–031　萬曆上元縣志

01–038　萬曆重修鎮江府志

01–041　正德丹徒縣志

01–051　萬曆溧水縣志
01–060　崇禎江浦縣志
01–063　嘉靖六合縣志
01–064　萬曆六合縣志
01–068　隆慶丹陽縣志
01–076　弘治溧陽縣志
01–090　正德華亭縣志
01–096　萬曆上海縣志
01–112　萬曆青浦縣志
01–117　正德金山衛志
01–127　崇禎太倉州志
01–145　正德崇明縣重修志
01–146　萬曆新修崇明縣志
01–152　嘉靖海門縣志集
01–163　洪武蘇州府志
01–169　萬曆長洲縣志
01–181　嘉靖常熟縣志
01–196　弘治吳江志
01–198　嘉靖吳江縣志
01–209　萬曆重修常州府志
01–212　萬曆武進縣志
01–216　萬曆無錫縣志
01–228　萬曆宜興縣志
01–236　嘉靖荊溪外紀
01–237　嘉靖江陰縣志
01–246　嘉靖通州志
01–247　萬曆通州志
01–252　萬曆如皋縣志
01–256　萬曆泰興縣志
01–259　嘉靖清河縣志
01–265　正德淮安府志
01–267　天啟淮安府志
01–284　萬曆鹽城縣志
01–289　萬曆揚州府志
01–306　隆慶儀真縣志
01–310　嘉靖興化縣志
01–311　萬曆興化縣志
01–314　崇禎泰州志
01–332　正統彭城誌
01–333　弘治重修徐州志
01–342　隆慶豐縣志
01–351　嘉靖重修邳州志
03–010　萬曆廬州府志
03–013　萬曆合肥縣志
03–018　弘治桐城縣志
03–030　萬曆舒城縣志
03–032　隆慶巢縣志
03–034　正德無為州志
03–035　正統和州志
03–037　萬曆和州志
03–042　嘉靖含山邑乘
03–044　嘉靖六安州志
03–051　弘治太平府志
03–055　嘉靖廣德州志
03–061　嘉靖建平縣志

03–064 嘉靖新安志補
03–065 弘治徽州府志
03–066 嘉靖徽州府志
03–081 萬曆祁門縣志
03–083 萬曆績溪縣志
03–101 正德池州府志
03–103 萬曆池州府志
03–109 萬曆銅陵縣志
03–111 嘉靖石埭縣志
03–116 萬曆東流縣志
03–120 萬曆青陽縣志
03–122 成化中都志
03–124 天啟鳳書
03–125 萬曆鳳陽縣志
03–130 嘉靖懷遠縣志
03–131 萬曆懷遠縣志
03–132 嘉靖壽州志
03–135 弘治直隸鳳陽府宿州志
03–137 萬曆宿州志
03–141 嘉靖潁州志
03–147 萬曆太和縣志
03–149 萬曆霍邱縣志
03–155 嘉靖亳州志
03–158 萬曆帝鄉紀略
03–166 嘉靖皇明天長志
03–169 萬曆滁陽志
03–171 天啟新修來安縣志
太平縣志

浙　江

02–001 嘉靖浙江通志
02–022 成化杭州府志
02–037 嘉靖海寧縣誌
02–045 正統重修富春誌
02–063 嘉靖嘉興府圖記
02–064 萬曆嘉興府志
02–128 嘉靖安吉州志
02–150 天啟慈谿縣志
02–172 萬曆紹興府志
02–180 萬曆會稽縣志
02–206 成化新昌縣志
02–212 弘治赤城新志
02–221 萬曆黃巖縣志
02–236 嘉靖衢州府志
02–237 天啟衢州府志
02–242 萬曆龍游縣志
02–247 天啟江山縣志
02–250 萬曆常山縣志
02–295 嘉靖淳安縣志
02–305 嘉靖重修壽昌縣志
02–312 萬曆溫州府志
02–318 成化處州府志
02–344 嘉靖宣平縣志
02–349 萬曆景寧縣志

北直隸

15–009　永樂順天府志
15–010　萬曆順天府志
15–021　隆慶保定府志
15–032　嘉靖固安縣志
15–033　崇禎固安縣志
15–043　萬曆香河縣志
15–051　嘉靖涿郡志
15–062　嘉靖薊州志
15–075　萬曆懷柔縣志
15–086　萬曆滄州志
15–091　萬曆慶雲縣志
15–100　萬曆河間府志
15–102　萬曆河間乘史
15–108　萬曆任丘志集
15–113　萬曆交河縣志
15–116　萬曆寧津縣志
15–119　隆慶景州志
15–127　萬曆故城縣志
15–145　嘉靖灤州志
15–155　隆慶豐潤縣志
15–159　崇禎文安縣志
15–197　萬曆雄乘
15–215　嘉靖真定府志
15–217　萬曆真定縣志
15–251　嘉靖藁城縣志
15–295　嘉靖新修清豐縣志
15–301　嘉靖開州志
15–305　嘉靖長垣縣志
15–310　弘治順德府志
15–319　萬曆廣宗縣志
15–327　崇禎內邱縣志
15–330　隆慶任縣志
15–343　萬曆廣平縣志
15–346　萬曆邯鄲縣志
15–351　萬曆威縣志
15–354　嘉靖清河縣志
15–367　嘉靖南宮縣志
15–371　嘉靖新河縣志
15–387　崇禎隆平縣志
32–033　萬曆永寧縣志

河　南

17–001　成化河南總志
17–002　嘉靖河南通志
17–012　萬曆開封府志
17–024　嘉靖尉氏縣志
17–034　正德中牟縣誌
17–035　天啟中牟縣誌
17–052　嘉靖歸德府志
17–060　嘉靖夏邑縣志
17–073　嘉靖柘城縣志
17–117　嘉靖汜水縣志
17–146　嘉靖內黃志
17–159　嘉靖淇縣志

17–187 萬曆原武縣志
17–196 萬曆溫縣志
17–223 隆慶登封縣志
17–259 正統南陽府志
17–260 萬曆南陽府志
17–275 成化內鄉縣志
17–278 嘉靖裕州志
17–283 嘉靖葉縣志
17–295 萬曆新蔡縣志
潁川郡志

福　建

09–002 崇禎閩書
09–018 萬曆福州府志
09–024 萬曆古田縣志
09–028 弘治長樂縣志
09–036 萬曆羅源縣志
09–039 嘉靖羅川志
09–045 萬曆福寧州志
09–050 嘉靖寧德縣志
09–051 萬曆寧德縣志
09–092 嘉靖德化縣志
09–096 嘉靖龍巖縣志
09–101 弘治汀州府志
09–114 正德歸化縣志書
09–130 萬曆南靖縣志
09–143 萬曆將樂縣志
09–148 嘉靖尤溪縣志
09–158 弘治建寧府志
09–171 萬曆政和縣志
09–176 萬曆邵武府志

湖　廣

05–013 正統嘉魚縣志
05–027 嘉靖興國州志
05–041 嘉靖黃陂縣志
05–053 萬曆黃岡縣志
重刊公安縣志
06–014 嘉靖瀏陽縣志
06–020 嘉靖湘潭縣志
06–031 嘉靖安化縣志
06–037 嘉靖新化縣志
06–051 弘治衡山縣志
06–059 洪武永州府志
06–061 隆慶永州府志
06–075 萬曆江華縣志
06–099 萬曆岳州府志
06–144 洪武靖州志

陝　西

19–013 雍勝略
19–028 嘉靖高陵縣志
19–034 隆慶藍田縣志
19–040 嘉靖涇陽縣志
19–045 嘉靖重修三原志
19–056 萬曆富平縣志

19–059 嘉靖醴泉縣志
19–064 萬曆同官縣志
19–066 嘉靖耀州志
19–069 天啟同州志
19–105 隆慶華州志
19–151 崇禎乾州志
20–059 嘉靖平涼府志
20–082 嘉靖固原州志
20–083 萬曆固原州志

山 東

16–002 嘉靖山東通志
16–010 萬曆章邱縣志
16–016 萬曆淄川縣志
16–030 萬曆齊東縣志
16–054 萬曆武定州志
16–064 萬曆濱忖志
16–074 萬曆新修霑化縣志
16–077 萬曆蒲臺志
16–079 崇禎商河縣志
16–082 萬曆青城縣志
16–108 嘉靖新修兗州府鄒縣地理誌
16–121 萬曆汶上縣志
16–132 萬曆沂州志
16–163 萬曆東昌府志
16–183 萬曆冠縣志
16–191 嘉靖高唐州志

江 西

04–001 嘉靖江西通志
04–017 嘉靖進賢縣志
04–062 萬曆泰和志
04–075 嘉靖臨江府志
04–077 崇禎清江縣志
04–090 崇禎瑞州府志
04–093 嘉靖上高縣志
04–128 嘉靖崇義縣志
04–131 萬曆寧都縣志
04–133 萬曆瑞金縣志
04–144 萬曆彭澤縣志
04–151 萬曆建昌縣志
04–166 嘉靖靖安縣志

山 西

18–001 成化山西通誌
18–002 嘉靖山西通誌
18–009 萬曆太原府志
18–035 萬曆興縣誌
18–066 弘治潞州志
18–072 正德長子縣志
18–130 萬曆代州志書
18–154 萬曆馬邑縣志
18–186 萬曆臨汾縣志
18–222 嘉靖蒲州志
18–273 萬曆靈石縣志

廣　東

11–025　萬曆順德縣志

11–044　萬曆新會縣誌

11–086　萬曆西寧縣志

11–089　嘉靖韶州府志

11–154　隆慶重修潮陽縣志

11–162　萬曆普寧縣志略

四　川

07–001　萬曆四川總志

07–267　嘉靖保寧府志

雲　南

13–097　嘉靖大理府志

13–105　崇禎重修鄧川州志

其　他

34–001　萬曆朔方新志
　　　　重修全遼志

第十九章

二十世紀歐美學者對中國地圖學史研究的回顧

一、導　言

清末 1903 年法國學者沙畹 (Edouard Chavannes) 在《遠東法國研究院學報》上發表法文論文〈中國地圖學中兩幅最古老的地圖〉，為歐美學者討論中國地圖學史的濫觴。❶在將近 100 年間，歐美學者❷大約發表了 80 種有關中國地圖學史的著作，這些著作幾乎全是用英文寫的，只有 4 種是用法文和德文寫的，可能還有別的著作，不過由於蒐集不易，作者並沒有看到，以下就是根據這些文獻所作的分析。100 年來，平均每年不到 1 種著作；研究中國地圖史的學者不多，在頭 50 年裡，發表的著作不足 20 種，平均每 3 年還不到 1 種；接下來的 20 年，發表著作稍多，約有 20 種，平均每年約有 1 種；1959 年李約瑟 (Joseph Needham) 著《中國科學技術史》

---

❶ Edouard Chavannes, "Les deux plus anciens spécimens de la cartographie chinoise," *Bulletin de l'École Française de l'Extrême Orient* (Hanoi), vol. 3 (1903), 214–247. 英國學者李約瑟 (Joseph Needham) 曾特別提到沙畹這篇論文，他說：「不過，沙畹的一篇重要論文，對中國的地圖學作了扼要的論述，西方學者在將近半個世紀中，都一直在使用這一材料。」見 Joseph Needham, *Science and Civilisation in China,* Volume 3, *Mathematics and the Sciences of the Heavens and the Earth* (Cambridge, England: Cambridge University Press, 1959), p. 497.

❷ 此處所說的歐美學者，除了歐美西洋人，也包括少數在美國的華裔學者。

的第三卷《數學、天文、地學》出版，該書第 22 章是〈地理學與地圖學〉，其中有 6 節是討論中國地圖學史的，刺激了歐美學者對中國地圖學史的研究；❸1973 年馬王堆漢代地圖出土，更進一步刺激了中國地圖學史的研究，有關中國地圖學史的著作，不但國內有關著作大增，歐美學者發表的有關著作也增加甚多；1968 年以後的 30 年間，歐美學者所發表的著作 50 多種，平均每年有大約兩種；1994 年美國芝加哥大學出版《地圖學史》(*The History of Cartography*) 的第二卷第二冊《傳統東亞和東南亞社會的地圖學》(*Cartography in the Traditional East and Southeast Asian Societies*)，象徵歐美對中國地圖學史的研究，達到一個高潮，《傳統東亞和東南亞社會的地圖學》一鉅冊，相當 12 開本，全書 xxvii + 970 頁，大約超過十分之四的篇幅，討論中國地圖學史。❹

以下僅就歐美學者著作中比較重要者，分為早期研究：漢學傳統、第二次世界大戰後的研究、李約瑟和王鈴的貢獻、沃利斯等人的研究、張桂生等人的研究、徐美齡的貢獻、德克雷斯皮尼等人的研究、1990 年代的研究，及芝加哥大學中國地圖學史計畫等九小節，分別略加評介。

二、早期研究：漢學傳統

前面已經提到法國學者沙畹 (Edouard Chavannes) 的 “Les deux plus

---

❸ 見前揭 Needham, *Science and Civilisation in China*, Volume 3, *Mathematics and the Sciences of the Heavens and the Earth*, Chapter 22, (d) Quantitative cartography in East and West, (e) Chinese survey methods, (f) Relief and other special maps, (g) The coming of Renaissance cartography to China, (h) Comparative retrospect, (i) The return of the rectangular grid to Europe.

❹ J. B. Harley and David Woodward, eds., *The History of Cartography*, Volume Two, Book Two, *Cartography in the Traditional East and Southeast Asian Societies* (Chicago: The University of Chicago Press, 1994), pp. 35–231.

anciens spécimens de la cartographie Chinoise"（中國地圖學中兩幅最古老的地圖）一文，這可能是一百年來第一篇專門討論中國地圖學史的文章，討論《華夷圖》和《禹跡圖》的內容，也略述了中國古代地圖學的發展。❺其他學者包括赫爾伯特 (H. B. Hulbert)、巴德利 (J. F. Baddeley)、希伍德 (E. Heawood)、賈爾斯 (Lionel Giles)、蘇西爾 (W. E. Soothill)、及馬爾德 (W. Z. Mulder) 等人。1904 年赫爾伯特發表〈一幅古代世界地圖〉，介紹了圓形地圖《天下總圖》。❻1917 年巴德利 (J. F. Baddeley) 發表〈利瑪竇神父的中文世界地圖〉，❼希伍德 (E. Heawood) 發表〈利瑪竇地圖的淵源〉，❽兩文討論皇家地理學會所藏利瑪竇的《坤輿萬國全圖》的內容和特徵，並敘述利瑪竇到中國的情形。巴德利文附有《坤輿萬國全圖》和《Ambrosiana 世界圖》的輪廓圖，比較兩者的異同。1918 年賈爾斯發表〈利瑪竇中文世界地圖註記的英譯〉，是《坤輿萬國全圖》原圖上中文註記最詳盡的英譯，並有簡單的評語。最後，賈爾斯認為《Ambrosiana 世界圖》不是利瑪竇的作品。文末所附希伍德評語謂：「事實上，在利瑪竇所繪

❺ 1844 年英國人赫特曼 (William Huttmann) 在英國皇家地理學會發表演說，討論若干有關中國的中西地圖，講詞刊該會學報，見 William Huttmann, "On Chinese and European maps of China," *The Journal of the Royal Geographical of Society*, vol. 14 (1844), pp. 117–127. 後來收入 *ACTA Cartographica*，見 *ACTA Cartographica*, vol. 2 (1968), pp. 234–244. 不過此文內容上，還不能算是中國地圖學史的論文。

❻ H. B. Hulbert, "An ancient map of the world," *Bulletin of the American Geographical Society*, vol. 36 (1904), pp. 600–605. 後來收入 *ACTA Cartographica*, vol. 13 (1972), pp. 172–178. 作者所見到的是後者。

❼ J. F. Baddeley, "Father Matteo Ricci's Chinese World-Maps," *Geographical Journal*, vol. 50 (1917), pp. 254–270. 後來收入 *ACTA Cartographica*, vol. 18 (1974), pp. 70–87.

❽ E. Heawood, "The relationships of the Ricci Maps," *Geographical Journal*, vol. 50 (1917), pp. 271–276.

製的地圖上，他所用的資料，都是根據當時他認為最權威的資料」。❾

1927 年蘇西爾發表〈中國現存最古的兩幅地圖〉，參考了 1903 年沙畹的論文，詳細討論《華夷圖》和《禹跡圖》的內容、繪製年代、目的及作者；也簡述了中國古代的地圖學史。❿1942 年馬爾德 (W. Z. Mulder) 發表〈《武備志》海圖〉，討論海圖上所用指示方向的文字。⓫此外，地理學者克雷西 (George B. Cressey) 1934 年發表短文〈中國地圖學的演進史〉，簡介若干中外繪製的中國地圖和地圖集。⓬

三、第二次世界大戰後的研究

第二次世界大戰後的十幾年間，有關中國地圖學史的著作不多，值得一提的有兩位歐洲學者的文章，一位是米爾斯 (J. V. Mills)，另一位是邁耶 (M. J. Meijer)。1953 年米爾斯發表〈三幅中國地圖〉，⓭介紹三幅英國圖書館地圖部所收藏的三幅清代手稿中國地圖，兩幅是長卷式的海岸圖，是中英鴉片戰爭前夕的作品，很可能都是當時英國情報人員所收集的。第一幅地圖本身長 5.2 公尺，闊 36 公分，畫在紙上，表示整個中國海岸，題為《七省海岸全圖》；第二幅地圖本身長 5.5 公尺，闊 28 公分，畫在絹上，

---

❾ Lionel Giles, "Translations from the Chinese World Map of Father Ricci," *Geographical Journal*, vol. 52 (1918), pp. 367–385; vol. 53 (1919), pp. 19–30.

❿ W. E. Soothill, "The two oldest maps of China extant," *Geographical Journal*, vol. 69 (1927), pp. 532–555.

⓫ W. Z. Mulder, "The 'Wu Pei Chih' charts," *T'oung Pao*, vol. 37, no. 1 (1942), pp. 1–14.

⓬ George B. Cressey, "The evolution of Chinese cartography," *Geographical Review*, vol. 24 (1934), pp. 497–498. Cressey 舊譯葛勒石，此人生前以研究中國地理出名。

⓭ J. V. Mills, "Three Chinese maps," *The British Museum Quarterly*, vol. 18, no. 3 (1953), pp. 65–77.

也是表示整個中國海岸，繪圖比第一幅精細。依照米爾斯的簡單說明看，第三幅應該是《乾隆十三排地圖》。次年米爾斯發表 "Chinese coastal maps"（中國海岸地圖），⓮評介 12 種中國的海防和航海地圖，項目包括前人研究、收藏者、地圖的內容、作者、繪製年代、比例尺、地圖方位、版式、符號等，這 12 種地圖是：⑴《鄭和航海圖》，⑵《廣輿圖》，⑶美國國會圖書館藏手稿《萬里海防圖》，⑷《籌海圖編》地圖，⑸《海國聞見錄》地圖，⑹巴格羅 (L. Bagrow) 藏手稿地圖，繪製年代約為 1731，中文圖名不詳，⑺倫敦皇家地理學會藏手稿《五口海路全圖》，⑻倫敦皇家亞洲學會藏斯湯頓 (Staunton) 所贈手稿地圖，繪製年代約為 1793 年，中文圖名不詳，⑼大英博物館藏手稿《七省沿海全圖》，⑽大英博物館藏愛德華茲 (Francis Edwards) 公司贈手稿地圖，繪製年代約為 1840 年，中文圖名不詳，⑾巴格羅藏手稿《海疆洋界形勢全圖》，⑿巴格羅藏手稿地圖，1884 年翁大程⓯繪製，中文圖名不詳。1954 年邁耶 (M. J. Meijer) 發表〈萬里長城圖〉，討論一幅收藏在羅馬 Lateran 博物館的清代手稿《萬里長城圖》，說明了該圖的內容。⓰

四、李約瑟和王鈴的貢獻

李約瑟 (Joseph Needham) 與王鈴合作研究中國地圖學史，在 1959 年發表〈東方和西方的定量地圖學〉相當詳細地討論了：⑴科學的地圖學：中斷了的歐洲地圖學，⑵歐洲地圖學中的宗教宇宙觀，⑶航海家的作用，⑷科學的地圖學：未中斷的中國計里畫方傳統，⑸中國的航海圖，⑹阿拉伯

⓮ J. V. Mills, "Chinese coastal maps," *Imago Mundi*, vol. 11 (1954), pp. 151–168.

⓯ 音譯，英文原作 Weng Ta-Cheng。

⓰ M. J. Meijer, "A map of the Great Wall of China," *Imago Mundi*, vol. 11 (1954), pp. 110–115.

人對地圖學的貢獻，⑺東亞地圖學中的宗教宇宙觀，⑻中國的測量方法，⑼地勢地圖及其他特別的地圖，⑽歐洲文藝復興的地圖學傳到中國，⑾東西方地圖學互相比較的回顧，及⑿矩形網格方法回到歐洲。其中第 4 節「科學的地圖學：未中斷的中國計里畫方傳統」，討論得最詳細，論述了秦漢晉唐宋元明歷代地圖學的發展。⑰

李約瑟與王鈴兩人第一次將中國地圖學史，作為中國科學技術史的一部分來討論，從世界宏觀和中外比較的觀點，討論中國地圖學的發展歷史，同時將中國地圖學跟歐洲地圖學相互比較，是一種創新，引證中外文獻，十分詳盡，在上述芝加哥大學所出版的《地圖學史》第二卷第二冊《傳統東亞和東南亞社會的地圖學》以前，一直是歐美文獻中最廣為學者所引用有關中國地圖學史的文獻。李約瑟與王鈴的這一著作，雖然有些論點不一定為所有學者所同意，但是的確刺激了全世界對中國地圖學史研究的興趣，對後來中國地圖學史的研究，具有相當程度的正面影響。

五、沃利斯等人的研究

已故沃利斯 (Helen Wallis) 生前是英國圖書館 (The British Library) 屬下地理圖書館 (The Map Library) 的館長，利用該館的收藏，研究了中國地圖學史，發表數篇有關中國地圖學史的文章，1965 年發表〈利瑪竇對遠東地圖學的影響〉，根據 1623 年在中國的耶穌會神父楊瑪諾 (Manuel Dias) 和龍華民 (Nicolas Longobardi) 所製作的地球儀，論述利瑪竇對中國地圖學的影響。⑱1975 年發表〈在中國的西方基督教會地圖學者〉，簡述了利瑪竇、

⑰ 見前揭 Needham, *Science and Civilisation in China*, Volume 3, *Mathematics and the Sciences of the Heavens and the Earth*, Chapter 22, Section (d), "Quantitative cartography in East and West," pp. 525–590.

⑱ Helen Wallis, "The influence of Father Ricci on Far Eastern cartography," *Imago*

卜彌格 (Michael Boym)、南懷仁 (Ferdinand Verbiest) 及龍華民等人十六世紀末到十八世紀，將近兩百年間，在中國的測繪活動和貢獻。⑲1987 年發表〈1623 年的中國地球儀〉，簡介了英國圖書館所藏的中國地球儀，這一地球儀是 1623 年由傳教士小楊瑪諾 (Manuel Dias the Younger)、龍華民，以及若干不知名的中國學者共同製作的，直徑長 59 公分（23 吋），木質，上面塗漆，是已知最早的中國地球儀，可能是為明熹宗朱由校做的。⑳1988 年發表〈英國圖書館和菲利普斯藏書所收藏的中國地圖和地球儀〉，簡介英國圖書館和菲利普斯藏書所收藏的中國地圖和地球儀。㉑此外，她還為《地圖學的創新：1900 年以前測繪名詞國際手冊》一書，撰寫了若干條有關中國地圖學史的名詞。㉒

1960 年代初還有三位學者撰寫了有關我國地圖學史的文章，1961 年德利亞 (Pasquale M. D'Elia) 發表〈有關利瑪竇中文地圖的最近 (1938～1960) 發現和新研究〉，討論了利瑪竇 1584 年的《輿地山海全圖》，1600 年的《輿地山海全圖》，1602 年的《坤輿萬國全圖》，以及 1603 年的《兩儀玄覽圖》的繪製和圖上中國人和利瑪竇本人所撰寫的序。㉓1961 年溫斯 (Herold J.

Mundi, vol. 19 (1965), pp. 38–45.

⑲ Helen Wallis, "Missionary cartographers to China," *The Geographical Magazine*, vol. 147, no. 12 (1975), pp. 751–759.

⑳ Helen Wallis, "The Chinese terrestrial globe of 1623," *The Map Collector*, no. 41 (Winter 1987), p. 16.

㉑ Helen Wallis, "Chinese maps and globes in the British Library and the Phillips Collection," in Frances Wood, ed., *Chinese Studies,* British Library Occasional Papers 10 (London: The British Library, 1988), pp. 88–95.

㉒ Helen Wallis and Arthur H. Robinson, eds., *Cartographical Innovations: An International Handbook of Mapping Terms to 1900* (Tring, England: Map Collector Publications, 1987).

㉓ Pasquale M. D'Elia, "Recent discoveries and new studies (1938–1960) on the world map in Chinese of Father Matteo Ricci," *Monumenta Serica* (Journal of Oriental

Wiens) 發表〈1949～1960 年間地理科學的發展〉，簡單說明了中國在 1949～1960 年間的地圖測繪和國家地圖集的編輯。㉔1963 年奎里諾 (Carlos Quirino) 發表〈中國人與南方諸島〉，簡述了中國古地圖上所記載的菲律賓。㉕

六、張桂生等人的研究

1970 年代是歐美學者一個比較多產的時期，特別是美國學者，其中有四位是華裔學者，其一是徐美齡，她是一位多產的學者，將在下面介紹她的著作，其他三位是張桂生、章生道及朱厚元，㉖張桂生 1970 年發表〈西元第十四和第十五世紀中國地圖上的非洲和印度洋〉，根據中國古地圖，討論十四和十五世紀中國有關非洲和印度洋的知識。㉗1979 年又發表〈漢代地圖：古代中國地圖學的新解釋〉，討論兩幅馬王堆漢代地圖的發現、內容，及其在地圖學上的成就。㉘章生道 1974 年發表〈清代的手稿地圖〉，根據美國國會圖書館和大英博物館收藏的中國手稿地圖，描述清代手稿地

Studies), vol. 20 (1961), pp. 82–164.

㉔ Herold J. Wiens, "Development of geographical science, 1949–1960," in Sidney H. Gould, ed., *Sciences in Communist China* (Washington, D.C.: American Association for the Advancement of Science, 1961), pp. 411–481.

㉕ Carlos Quirino, "Chinese and the Southern Islesk," in his *Philippine Cartography, 1320–1899*, second revised edition with an introduction by R. A. Skelton (Amsterdam: N. Israel, 1963), pp. 3–9.

㉖ 為了行文方便，音譯朱厚元，英文原名為 Gregory Hoi-yuen Chu，真正中文姓名待查。

㉗ Kuei-sheng Chang, "Africa and the Indian ocean in Chinese maps of the fourteenth and fifteenth centuries," *Imago Mundi*, vol. 24 (1970), pp. 21–30.

㉘ Kuei-sheng Chang, "The Han maps: new light on cartography in Classical China," *Imago Mundi*, vol. 31 (1979), pp. 9–17.

圖的若干特徵，並評估其在世界地圖學史中的地位。㉙同年朱厚元在美國威斯康辛大學完成碩士論文《中國地圖學中的計里畫方方法》，結論認為計里畫方方法始於裴秀，計里畫方就是方格網，是傳統中國地圖學的一大特色，方格網的主要功能就是表示地圖的比例尺，也用於改變地圖的比例尺和決定地物在地圖上的位置，可能在十三世紀傳到歐洲。㉚

另外至少有五位非華裔的學者，在 1970 年代發表了有關中國地圖學史的著作，1971 年馬里恩 (Donald J. Marion) 在芝加哥大學完成碩士論文，題目是「節譯王庸著《中國地圖史綱》：一個早期中國地圖學的研究，附加註釋、導言和文獻目錄」，是王庸著《中國地圖史綱》頭 4 章的英譯，這 4 章是〈中國的原始地圖及其蛻變〉、〈中國古代地圖及其在軍政上的功用〉、〈裴秀製圖及其在中國地圖史上之關係〉以及〈山水都邑與州郡圖經之蛻變和結果〉，將王庸的著作介紹給西方學者，並附加註釋、導言和文獻目錄。㉛

大英博物館在 1974 年舉辦了地圖展覽，瓊斯 (Yolande Jones) 等人編寫了一個小冊子，題為《中國和日本地圖》，簡單介紹所展覽的 36 種有關中國的地圖、地球儀和專書。㉜1974 年威廉斯 (Jack F. Williams) 出版他在西雅圖華盛頓大學 (University of Washington, Seattle) 所撰寫的碩士論文《1890～1960 年間的中國地圖：一個簡略的和註釋的地圖目錄》，介紹

㉙ Sen-dou Chang, "Manuscript maps in late imperial China," *The Canadian Cartographer*, vol. 11, no. 1 (1974), pp. 1–14.

㉚ Gregory Hoi-yuen Chu, *The rectangular grid in Chinese cartography* (unpublished M. A. thesis, University of Wisconsin, Madison, 1974).

㉛ Donald J. Marion, *Partial Translation of Chung-kuo ti-t'u shih kang by Wang Yung: A Study of Early Chinese Cartography with Added Notes, an Introduction, and a Bibliography* (unpublished M. A. thesis, University of Chicago, 1971).

㉜ Yolande Jones *et al.*, *Chinese and Japanese Maps* (London: the British Museum Publications Limited, 1974).

1890～1960年間的一部分中國地圖，也討論了現代中國的地圖測繪歷史，以及美國、日本、英國、德國、法國和俄國在中國的地圖測繪活動。㉝

1975年納爾遜(Howard Nelson)發表〈古代中國的地圖〉，簡述從西元前三世紀到西元十九世紀中國地圖測繪的歷史。㉞1976年馬爾尚(Ernesta Marchand)發表〈五臺山圖是代表西元十世紀中國地圖學的一幅地圖〉，討論了敦煌莫高窟〈五臺山圖〉的內容及其在地圖學上的特徵，結論認為其目的是在描述一個明確的實際地方，而且是從畫山水畫的畫法來畫的，無疑是後來同類地圖的始祖。㉟

七、徐美齡的貢獻

從1978年到1997年的9年間，徐美齡至少發表了9篇有關中國地圖學史的論文，她很可能是歐美最多產的中國地圖學史學者；同時她也在研究資料上，對芝加哥大學中國地圖學史研究計畫初期，提供了有價值的貢獻。1978年她在第七屆國際地圖學史會議上發表〈西元前第二世紀漢代地圖的品質及其歷史重要性〉，㊱後來這篇論文重寫擴充，改題為〈漢代地圖與古代的中國地圖學〉，在美國地理學協會的學報上發表，分析馬王堆漢代

㉝ Jack F. Williams, *China in Maps 1890–1960: A Selective and Annotated Cartobibliogrphy* (East Lansing: Asian Studies Center, Michigan State University, 1974).

㉞ Howard Nelson, "Maps from old Cathay," *The Geographical Magazine*, vol. 47, no. 11 (1975), pp. 702–711.

㉟ Ernesta Marchand, "The Panprama of Wu-t'ai Shan as an example of tenth century cartography," *Oriental Art,* vol. 22, no. 2 (1976), pp. 158–173.

㊱ Mei-ling Hsu, *The Han maps of the second century B.C.: their quality and historical importance* (a conference paper presented at The Seventh International Conference on the History of Cartography, 1977).

地圖，結論認為馬王堆漢代地圖不但是前漢政治和軍事活動的紀錄，更重要的是古代中國地圖測繪高度成就的證明，由於馬王堆漢代地圖的發現，可知定量的和描述的地圖學兩者很早就平行發展，在世界地圖學史和歷史地理上，實具重要意義。[37]1981 年發表〈中國地圖學和地圖測繪的評價〉，評價大約從 1950 年代中到 1980 年代末中國地圖學的發展。[38]1984 年發表〈古代中國地圖學的數學和測量學基礎〉，討論古代中國地圖學的數學和測量學基礎。[39]1988 年發表〈中國的海洋地圖學：傳統中國的海圖〉，討論《鄭和航海圖》的內容、技術層面和地圖學成就，分析（章巽）《古航海圖》的特點，最後並比較《鄭和航海圖》與《古航海圖》，結論認為十五世紀初期，中國的航海和海圖編繪，是有科學根據的，包括水深測量、羅盤方位測量、天體高度測量及氣象觀測等資料，同時對這些資料的收集和利用所需要的管理，在當時應該是很先進的。[40]

1988 年在第五屆國際中國科技史會議上發表〈傳統中國地圖學中描述的地圖〉，分析臺北故宮博物院所藏中國地圖的類別、內容、符號、品質、功能、和歷史重要性。[41]1993 年發表〈從秦代地圖看後來中國地圖學發展〉，討論秦代地圖對後來中國地圖學發展的重要性、地圖學的範圍、以及

---

[37] Mei-ling Hsu, "The Han maps and early Chinese cartography," *Annals of the Association of American Geographers*, vol. 68 (1978), pp. 45–60.

[38] Mei-ling Hsu, "Chinese cartography and mapping, an assessment," *ACSM Technical Papers*, 1981, pp. 415–422.

[39] Mei-ling Hsu, "Early Chinese cartography: its mathematical and surveying backgounds," *ACSM Technical Papes*, 1984, pp. 128–36.

[40] Mei-ling Hsu, "Chinese marine cartography: sea charts of premodern China," *Imago Mundi*, vol. 40 (1988), pp. 96–112.

[41] Mei-ling Hsu, *Descriptive maps in the Chinese cartographic tradition* (a conference paper presented at The Fifth International Conference on the History of Science in China, held at University of California, San Diego, August 5–10, 1988, 14 pages).

地圖學的基本概念。㊷1991 年撰寫了一篇短文，題為〈鄭和的航海圖〉，簡介了鄭和的航海圖。㊸1997 年發表〈清代以前的中國地圖集探討〉，討論從古代到明代中國的地圖集，包括《禹貢地域圖》、《歷代地理指掌圖》及《廣輿圖》。結論認為在這三者中，《廣輿圖》最重要，總結了古代中國的地理知識，《廣輿圖》中的地圖和文字說明，是從 1550 年代到十八世紀末的 250 年間，中國許多地圖的主要參考資料。雖然沒有明確的引證，以說明利瑪竇在中國繪製地圖是否參考了《廣輿圖》，但是有充分證據，顯示利瑪竇及其他耶穌會傳教士在繪製中國及亞洲地圖時，參考了羅洪先的《廣輿圖》，例如利瑪竇，1602 年的《坤輿萬國全圖》上，在中國的北部和西部有兩片沙漠，其位置和名稱跟《廣輿圖》上者完全一樣。而《坤輿萬國全圖》上的非洲部分卻沒有表示沙漠，1569 年麥卡托 (Mercator) 的世界地圖，也沒有表示沙漠，這明確證明，直到那時為止，歐洲地圖上是沒有沙漠的。再者，《廣輿圖》也是衛匡國 (Martino Martini) 1655 年的《新中國地圖集》(*Novus Atlas Sinensis*) 之主要參考資料，《廣輿圖》代表清代以前中國地圖集繪製的最高成就。㊹

八、德克雷斯皮尼等人的研究

1980 年代，除了上述徐美齡的著作，尚有德克雷斯皮尼 (R. R. C. de Crespigny) 等人發表了有關中國地圖學史的著作，1980 年德克雷斯皮尼發

㊷ Mei-ling Hsu, "The Qin maps: a clue to later Chinese cartographic development," *Imago Mundi*, vol. 45 (1993), pp. 90–100.

㊸ Mei-ling Hsu, "Zheng He's sailing chart," *The UNESCO Courier*, no. 9 (1991), p. 27.

㊹ Mei-ling Hsu, "An inquiry into early Chinese atlases through the Ming dynasty," in John A. Wolter and Ronald E. Grim, eds., *Images of the World: The Atlas through History* (Washington, D.C.: Library of Congress, 1997), pp. 31–50.

表〈馬王堆出土的兩幅地圖〉，描述馬王堆出土的兩幅地圖，並討論其在中國地圖學史中的重要性。[45]1981 年胡大偉在華盛頓大學完成碩士論文《地圖是表達方式：一個傳統中國地圖學風格的研究》，從文化概念和社會價值的觀點，討論傳統中國地圖的設計和符號。結論認為傳統中國地圖是一種藝術品，深受畫圖人的個性、一般知識、藝術才能，以及地圖知識的影響，尤其是地圖知識。[46]

1987 年泰勒 (D. R. F. Taylor) 發表〈中華人民共和國地圖學最近的各種發展〉，首先簡要介紹了自古以來中國地圖學發展的重要歷史，接著敘述當代中國地圖測繪機構的組織，最近中國在地圖測繪上的成就及所面對的挑戰，最後結論指出中國是世界上地圖測繪最活躍的國家之一，特別是地圖測繪在社會和經濟成長中的應用方面。[47]同年西曼斯 (Cherie Semans) 在柏克萊完成博士論文《未知地的測繪：1583～1773 年在中國的耶穌會地圖學》，分析數種耶穌會的地圖和地圖集，顯示在十八世紀初，西方已經獲得相當正確的有關中國地理的知識，這種知識甚至到二十世紀初仍然為歐洲人所接受。[48]韋唐特 (Christine Vertente) 1987 年發表論文〈南懷仁的世界地圖〉，描述了三類不同的南懷仁的世界地圖，即 1674 年的八幅〈坤輿全圖〉、1674 年的單幅〈坤輿全圖〉及 1674 年的單幅〈坤輿圖說〉；舉出數種證據，證明布勞 (Johannes Blaeu) 的〈新世界全圖〉(*Nova Totius Terrarum Orbis Tabula*, Amsterdam, 1648) 是南懷仁的世界地圖之主要參考

---

[45] R. R. C. de Crespigny, "Two maps from Mawangdui," *Cartography*, vol. 11, no. 4 (1980), pp. 211–222.

[46] David Woo, *Map as Expression: A Study of Traditional Chinese Cartographic Style* (unpublished M. A. thesis, University of Washington, Seattle, 1981).

[47] D. R. F. Taylor, "Recent developments in cartography in the People's Republic of China," *Cartographica*, vol. 24, no. 3 (1987), 1–22.

[48] Cherie Semans, *Mapping the Unknown: Jesuit Cartography in China, 1583–1773* (unpublished Ph. D. dissertation, University of California, Berkeley, 1987).

資料；也指出了南懷仁世界地圖的若干特點。[49]

九、1990 年代的研究

在 1990 年代，除了上述徐美齡的論文及下面要評介的芝加哥大學出版的《地圖學史》中的中國地圖學史部分，尚有 6 篇論文值得介紹。1991 年瓦爾拉文斯 (Hartmut Walravens) 發表〈南懷仁的中文世界地圖〉，討論了南懷仁的《坤輿全圖》及《坤輿圖說》，並列出圖中 237 個中文外國地名的西文名稱，例如「加里伏爾尼亞」為 California，「白露」為 Peru，「該祿」為 Cairo。[50] 1992 年余定國發表〈內省的地圖學：中國地圖不是歐洲地圖〉，討論傳統中國地圖異於歐洲地圖的特徵，結論認為傳統的中國地圖，不同於歐洲的地圖，在傳統中國地圖上，圖畫具有比較重要的功能，畫地圖的人認為藝術對地圖極為重要，藝術包括詩學、書法、和繪畫，對他們來說，地圖是圖象與文字的融合體，是指示性的，也是表示性的。余定國認為在二十世紀，現代定量地圖學取代了傳統繪圖方法，這究竟是不是進步，尚值得商討。[51]同年尹洪基[52]發表〈中國風水地圖上地貌的表示〉，討論中國風水地圖上地貌的表示，結論認為在西方等高線方法傳入中國以前，風水地圖上對地貌的表示，是最為精緻的，過去不被學者注意，可能是中

---

[49] Christine Vertente, "Ferdinand Verbiest's maps of the world," in *Conference Papers, International Conference in Honor of Ferdinand Verbiest Commemoration of the 300th Anniversary of his Death, 1688–1988*, held at Fu Jen Catholic University, Taipei, Taiwan, December 17–18, 1987, pp. 225–231.

[50] Hartmut Walravens, "Father Verbiest's Chinese World Map," *Imago Mundi*, vol. 43 (1991), pp. 31–47.

[51] Cordell D. K. Yee, "A cartography of introspection: Chinese maps as other than European," *Asian Art*, Fall 1992, pp. 29–47.

[52] 為了行文上的方便，音譯尹洪基，原作 Hong-Key Yoon，真實中文姓名待查。

國地圖史學者認為風水是迷信，不值得研究。中國風水地圖上地貌表示的重要性，值得考慮。[53]法國巴黎大學布朗雄 (Flora Blanchon) 在 1992 年發表「中國地圖學：甘肅和湖南新發現的地圖」，介紹了甘肅天水放馬灘的秦代地圖和湖南長沙馬王堆的漢代地圖。[54]

1993 年伯默 (Rolf Bohme) 在他的《世界地形圖測繪的現況》一書的第三卷中，簡單敘述了中國地形圖測繪的歷史及現況，在所附的地圖中，有兩幅表示已測繪的地區，可以看得出來，中國除了青康藏高原的大部分和新疆的一部分，只有 1 : 100,000 的地形圖之外，其餘的地區除了都有 1 : 50,000 地形圖，大部分地區還有 1 : 25,000 和 1 : 10,000 地形圖。[55]

1995 年戴約翰 (John D. Day) 發表〈利瑪竇世界地圖的各種中文摹繪本之來源〉，比較了各種不同的利瑪竇世界地圖，結論認為 1602 年所刻的《坤輿萬國全圖》是原始圖，全世界尚存 8 幅，直接根據此圖繪製的有 3 種，其一是 1603 年的《兩儀玄覽圖》，全世界尚存 3 幅；其二是 1608 年摹繪的《坤輿萬國全圖》，原圖已佚，流傳下來的有日本北村芳郎藏 1708 年摹繪本，及韓國漢城國立大學博物館藏 1768 年摹繪本；另有南京博物院藏大約 1672 年摹繪本；其三是 1644 年以前的刻本，全世界尚存兩幅。[56]

---

[53] Hong-Key Yoon, "The expression of landforms in Chinese geomantic maps," *The Cartographic Journal*, vol. 29 (June 1992), pp. 12–15.

[54] Flora Blanchon, "La cartographie chinoise: nouvelles découverts de cartes au Gansu et au Hunan," *ACTA Geographica*, no. 89 (1992), pp. 31–50.

[55] Rolf Bohme, *Inventory of World Topographic Mapping*, Volume 3, *Estern Europe, Asia, Oceania and Antarctica* (London: Elsevier, 1993), pp. 127–133.

[56] John D. Day, "The search for the origins of the Chinese manuscript of Matteo Ricci's maps," *Imago Mundi*, vol. 47 (1995), pp. 94–116.

十、芝加哥大學中國地圖學史計畫

芝加哥大學的世界地圖學史計畫，始於1970年代中英國學者哈利 (J. B. Harley) 和美國學者伍德沃德 (David Woodward) 的創議，由兩人主編，共6卷8大冊，各冊的書名如下：

卷一：《史前、古代、和中世紀歐洲的及地中海區的地圖學》(*Cartography in Prehistoric, Ancient, and Medieval Europe and the Mediterranean*)

卷二，第一冊：《傳統伊斯蘭及南亞社會的地圖學》(*Cartography in the Traditional Islamic and South Asian Societies*)

卷二，第二冊：《傳統東亞及東南亞社會的地圖學》(*Cartography in the Traditional East and Southeast Asian Societies*)

卷二，第三冊：《傳統非洲、美洲、北極、澳大利亞、及太平洋社會的地圖學》(*Cartography in the Traditional African, American, Arctic, Australian, and Pacific Societies*)

卷三：《歐洲文藝復興時代的地圖學》(*Cartography in the European Renaissance*)

卷四：《歐洲啟蒙時代的地圖學》(*Cartography in the European Enlightenment*)

卷五：《十九世紀的地圖學》(*Cartography in the Nineteenth Century*)

卷六：《二十世紀的地圖學》(*Cartography in the Twentieth Century*)

第二卷第二冊《傳統東亞及東南亞社會的地圖學》，[57]超過四分之三的

---

[57] J. B. Harley *et al*., eds., *The History of Cartography*, Volume Two, Book Two, *Cartography in the Traditional East and Southeast Asian Societies* (Chicago: The

篇幅，討論東亞地圖學，包括中、日、韓、越四國，有關中國地圖學的篇幅最多，有 7 章專門討論中國地圖學，即第三章〈重新解釋傳統的中國地理地圖〉，第四章〈政治文化中的中國地圖〉，第五章〈量度問題：介於觀察與文字記載之間的中國地圖〉，第六章〈中國地圖學是藝術：客觀性、主觀性、展示性〉，第七章〈傳統的中國地圖學與西化的神話〉，第八章〈中國人的宇宙思想：高層知識傳統〉，第九章〈結論：未來中國地圖學史的基礎〉。[58]除了第八章的作者是亨德森 (John B. Henderson)，其餘的六章都是余定國撰寫的，他也是全書的助理編輯。另外有 4 章部分討論到中國地圖學，即第一章〈史前亞洲地圖〉，作者是史密斯 (Catherine D. Smith)，第二章〈東亞地圖學導論〉，作者為西文 (Nathan Sivin) 與萊迪亞德 (Gari Ledyard)，第十五章〈大西藏及蒙古地圖〉，作者為施瓦茨伯格 (Joseph E. Schwartzberg) 與赫布 (G. Henrik Herb)，及第二十一章〈結論〉，作者為余定國與施瓦茨伯格。

就全書的篇幅來說，討論中國的部分，接近一半，16 開本，連同圖片、文獻目錄及索引，約有 500 頁，是西方有關中國地圖學史篇幅最長的著作。前面已經提到，在此書出版以前，歐美有關中國地圖史最重要的著作，就是李約瑟和王鈴兩人的論文。余定國引用了大量的新材料，改正了李、王文中的若干錯誤概念，並擴大中國地圖學史的視野，跟中國學者對地圖學史的傳統看法不同，採取一個不同的觀點，來研究中國地圖學史。討論了中國政治文化與地圖的關係、地圖量度與樸學的關係、文學與地圖的關係、藝術與地圖的關係，以及中國地圖學之西化的問題等。余定國也提到還有些問題，像是道教和佛教對中國地圖學有什麼影響？為什麼宋代以前的地圖流傳下來的這麼少？以及還有其他的問題，尚待解決。余定國

University of Chicago Press, 1994).

[58] 作者已將這七章翻譯成中文，書名為《中國地圖學史》。

結論認為中國地圖學史的研究，尚未達到定論的程度，現在的研究成果，仍只是提供未來研究的一個新基礎。

十一、結　論

總之，歐美學者的研究，具有以下若干特徵，首先從內容來說，討論較多的問題有七：

第一，是中國地圖學發展的通史，如李約瑟與王鈴的〈東方和西方的定量地圖學〉，及芝加哥大學的《地圖學史》中的有關中國地圖學史的章節，篇幅比較長。

第二，是對個別古地圖的討論，這類研究最多，如蘇爾西的〈中國現存最古的兩幅地圖〉。

第三，是有關地圖學理論和方法的問題，包括製圖六體、測繪、地圖符號、計里畫方、地圖設計、地圖與文化、地圖與藝術、地圖與政治等，如李約瑟和王鈴、余定國等的著作。

第四，是航海圖和海防圖，如馬爾德的〈《武備志》海圖〉，及徐美齡的〈中國的海洋地圖學：傳統中國的海圖〉。

第五，是地圖集，如克雷西的〈中國地圖學簡史〉，及徐美齡的〈清代以前的中國地圖集探討〉。

第六，是歐洲傳教士的地圖繪製，如沃利斯的〈在中國的西方基督教會地圖學者〉，及戴約翰的〈利瑪竇世界地圖的各種中文摹繪本之來源〉。

第七，是中國地圖上有關外國的地理資料，如奎里諾的〈中國人與南方諸島〉，及張桂生的〈西元十四紀和十五世紀中國地圖上的非洲和印度洋〉。其他探討的內容，包括地球儀、翻譯、地圖目錄、現代地圖測繪等。

其次從個別古地圖來說，比較受到注意的有利瑪竇的世界地圖、馬王堆漢代地圖、放馬灘秦代地圖、鄭和的《航海圖》、《華夷圖》、《禹跡圖》、

《廣輿圖》等。其中利瑪竇等人的世界地圖，討論的特別多，這可能有2個原因：⑴利瑪竇等傳教士是歐洲人；⑵歐美文獻中有關材料較多。在歐美學者中，有5位學者的貢獻較大，他們是沙畹、李約瑟、王鈴、徐美齡及余定國，沙畹是中國地圖學史研究的開創者，李約瑟和王鈴的研究奠定初步基礎。近年貢獻最多的則是徐美齡和余定國，兩人都是美國的華裔學者，前者具有地圖學基礎，從地圖學的觀點研究中國地圖學史；後者具有中國文學與藝術的背景，提出了新的研究方向。

這些特徵無疑反映了3個先決條件：⑴古地圖實物的有無；⑵其他形式的有關史料之有無和數量之多寡；⑶學者的中文閱讀能力之程度。

與中國學者的研究比較，還有幾點，值得注意：⑴雖然敘述占這些著作很大的部分，但是分析相對的較多；⑵有較多的國際比較觀點；⑶有較多的世界宏觀之架構；⑷從文化、藝術、政治及心理等不同的觀點看中國古地圖，這是中國學者研究中所比較缺少的；⑸歐美學者對中國地圖學史的研究，無疑或多或少也受整個歐美學術界研究中國的大勢所影響。

MEMO

第二十章

沙學浚教授對中國歷史地理研究的貢獻

一、導　言

沙學浚教授生前專治地圖學、政治地理學，及中國歷史地理，本章僅討論沙氏對中國歷史地理研究的貢獻。有關沙氏對歷史地理的看法，在沙氏有關政治地理學的著作中，亦可見及。

沙氏生前在臺灣師範學院（即今臺灣師範大學）講授中國歷史地理一課，為增進同學英文閱讀能力起見，沙氏特採用美國地理學家賴特 (John K. Wright) 的名著 *The Geographical Basis of European History* （《歐洲歷史的地理基礎》）❶一書為教本，可見沙氏對歷史地理的基本看法，強調歷史中的地理因素。沙氏曾在私人通信中說：

> 這由於若干歷史地理只是歷史，並無地理因素。「地理」名詞用得太廣泛，是地理學不易進步的原因。❷

沙氏的歷史地理思想主要就是分析並解釋歷史事件的地理因素。

沙氏有關中國歷史地理的著作雖不很多，但篇篇精彩，見解獨特，俱

---

❶ John K. Wright, *The Geographical Basis of European History* (New York: Henry Holt, 1928).

❷ 見沙氏 1975 年 4 月 6 日從紐約寄給作者之信函。

為經典之作，足為後來學者所師法。中國歷史地理的研究，我國人才眾多，其所著論，不勝枚舉，唯大致上是考證沿革，評析形勢，辨識地望，勘定史蹟，此是傳統治史地學者共宗手法，《中國歷史地理學論著索引》所輯錄者，不少屬於這類著作，可為例證。❸沙氏之中國歷史地理研究，多半不再因襲前人，而以地理因素分析入手，❹唯其所舉例證，取資於古今史實，剖析入理，具說服力。

1942 年與 1972 年間沙氏所發表的著作，全部或部分是歷史地理方面者，至少有下列 13 種：(1)〈位置價值〉，❺(2)〈中國之中樞區域與首都〉，❻(3)〈西安時代與北平時代〉，❼(4)〈海國之類型〉，❽(5)〈南渡時代與西遷時代〉，❾(6)〈從政治地理看胡人南下牧馬〉，❿(7)〈國都之類型〉，⓫(8)〈禹貢中黃土的分布和性質〉，⓬(9)〈從地理觀點看長城〉，⓭(10)

---

❸ 見杜瑜、朱玲玲編，《中國歷史地理學論著索引》(北京：書目文獻出版社，1986)。

❹ 沙氏 1932～1935 年在德國留學三年，可能受到德國拉策爾 (Friedrich Ratzel) 學說的影響，討論中國歷史地理，相當著重地理因素對歷史的影響。

❺ 沙學浚，〈位置價值〉，載沙學浚著，《地理學論文集》(臺北：臺灣商務印書館，1972 年出版)，頁 1–7。(此文原載 1942 年 2 月 18 日重慶《大公報戰國策》第 12 期。)

❻ 沙學浚，〈中國之中樞區域與首都〉，載前揭沙學浚著，《地理學論文集》，頁 134–146。(此文原為 1943 年 12 月 19 日重慶《大公報》星期論文。)

❼ 沙學浚，〈西安時代與北平時代〉，載前揭沙學浚著，《地理學論文集》，頁 115–133。(此文原為 1944 年 2 月 6–7 日重慶《大公報》星期論文。)

❽ 沙學浚，〈海國之類型〉，載前揭沙學浚著，《地理學論文集》，頁 248–265。(此文原載 1947 年 6 月南京《學原》第 1 卷第 2 期。)

❾ 沙學浚，〈南渡時代與西遷時代〉，載前揭沙學浚著，《地理學論文集》，頁 91–114。(此文原載 1947 年 5 月南京《學原》第 1 卷第 1 期。)

❿ 沙學浚，〈從政治地理看胡人南下牧馬〉，載前揭沙學浚著，《地理學論文集》，頁 77–90。(此文原載 1950 年臺北《國防叢刊》，第 2 期。)

⓫ 沙學浚，〈國都之類型〉，載前揭沙學浚著，《地理學論文集》，頁 292–308。(此

〈蒙古征俄之地理背景〉，⑭(11)〈秦漢河南地即今河套平原〉，⑮(12)〈從地理觀點看亞洲歷史的發展〉，⑯(13)〈樓蘭綠洲的存廢與漢唐經營西域之路線〉。⑰這 13 篇論文中，〈中國之中樞區域與首都〉、〈西安時代與北平時代〉、〈南渡時代與西遷時代〉、〈從政治地理看胡人南下牧馬〉及〈國都之類型〉5 篇論文，可視為沙氏中國歷史地理之代表作，5 文發表於 1943～1952 年間，此實為沙氏治中國歷史地理之黃金時代。這 5 篇論文中的前 4 篇，俱收入《中國歷史地理》一書。⑱以下分別介紹這 5 篇論文的要點，以說明沙氏對中國歷史地理研究的貢獻。

文原載 1952 年《大陸雜誌》第 5 卷第 12 期。）

⑫ 沙學浚，〈禹貢中黃土的分布和性質〉，載前揭沙學浚著，《地理學論文集》，頁 425–427。（此文原載 1955 年 11 月臺北《科學教育》第 1 卷第 5 期。）

⑬ 沙學浚，〈從地理觀點看長城〉，載前揭沙學浚著，《地理學論文集》，頁 147–155。（此文原為沙氏應國立臺灣大學之邀請，為該校十周年校慶在該校文學院的演講稿，載 1956 年 3 月出版的《國立臺灣大學十周年校慶專刊》。）

⑭ 沙學浚，〈蒙古征俄之地理背景〉，載前揭沙學浚著，《地理學論文集》，頁 193–199。（此文原為沙氏在臺北聯合國同志會的演講稿，原載 1957 年《大陸雜誌》第 14 卷第 5 期。）

⑮ 沙學浚，〈秦漢河南地即今河套平原〉，載前揭沙學浚著，《地理學論文集》，頁 231–233。（此文原載 1959 年臺北《學粹》第 1 卷第 3 期。）

⑯ 沙學浚，〈從地理觀點看亞洲歷史的發展〉，載前揭沙學浚著，《地理學論文集》，頁 200–205。（此文為沙氏 1962 年在臺北舉行的亞洲歷史學會第一屆會議上宣讀的論文，原載 1962 年《亞洲歷史學會第一屆年會論文集》。）

⑰ 沙學浚，〈樓蘭綠洲的存廢與漢唐經營西域之路線〉，載前揭沙學浚著，《地理學論文集》，頁 180–192。（此文原載 1966 年《香港大學五十週年紀念論文集》。）

⑱ 沙學浚，《中國歷史地理》，1947 年上海初版，再印本（臺北：史地製圖社，1963）。

二、中國之中樞區域與首都

名史學家王爾敏教授認為〈中國之中樞區域與首都〉一文，是沙氏就位置理論而研究達到最深入最精闢的作品，⓳沙氏將我國領土，分為兩部（圖 20–1）：

> ㈠為邊疆，指蒙古高原、新疆省、青康藏高原、鄂爾多斯以及四川雲南兩省之西北角。餘下來的是㈡腹裡，……範圍……指東北、舊本部十八省及內蒙和西部新設各省之精華區域。……腹裡……分為兩部，即中樞區域和環拱區域兩部。

沙氏所說的中樞區域：

> 即昔日中原地區之擴大與延長，北邊擴展到居庸關至榆關之線，南邊擴展到兩湖與江浙，自浙東沿海向西，包括南昌、長沙、常德、宜昌、襄樊在內，並包括由榆關到浙東的海岸，由居庸關作一直線，經太行山，到老河口，與南邊線相接。此一大梯形區域可稱為大中原或現代中原。

沙氏分析中樞區域與外圍地區之關係：

> 中樞區域好比中國之大廳 （德國地理學泰斗 Ferdinand von Richthofen語，原指華北平原），被八個房間所環繞，這便是八個區域，就其對中樞區域的位置而言，可稱為環拱區域，即是：㈠東北各省、㈡漠南、㈢山西、㈣陝甘、㈤四川、㈥雲貴、㈦五嶺南北、㈧閩臺等八區。

⓳ 王爾敏，〈沙學浚先生與地緣政治之開山學風〉，《歷史學報》（臺灣師範大學），第 22 期 (1994)，頁 5。

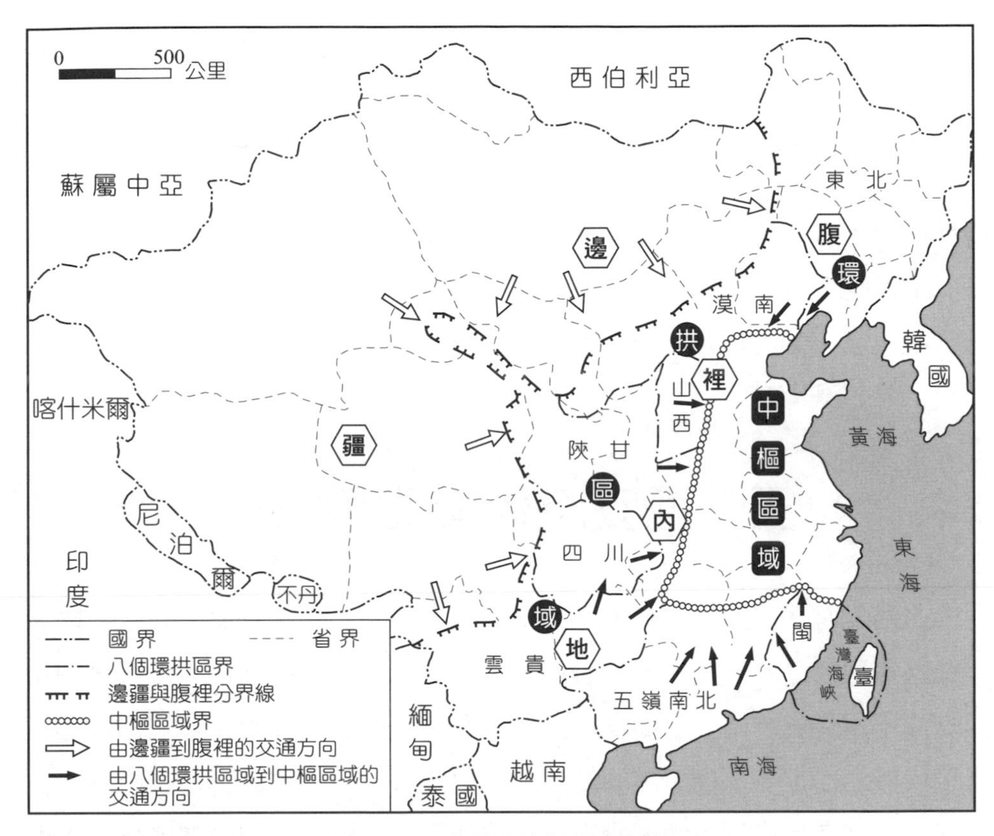

圖 20–1　中國政治地理區域圖

中樞區域為中國最重要的區域，為中國力源主體，自不待言，此一設想，足以見出沙氏富強遠圖之眼光，掌握全局要領。沙氏說：

> 欲統治中國，必先統治腹裡，欲統治腹裡，必先統治中樞區域。首都為國家生活之指導中心，政治力量之策動源泉，自必於中樞區域中求之。

沙氏最後結論謂：

> 都南京是席豐履厚，都北平是任重道遠。都南京是掌握現在，都北平是創造將來。都南京是守成與創業並重，都北京則為創業、為進取。

> 就海陸發展並重言，都北平之國防意義大於都南京，因此北方邊防問題，方克澄清。都南京之經濟的意義大於都北平，因此長江大動脈的雄厚勢力，難以搖撼。

沙氏此語，每字有千斤之重，點破人們看清問題，增強信心，當是金石之言。尤其此文為 1943 年 12 月 19 日重慶《大公報》星期論文，抗戰勝利尚未到臨，已充分展現其高遠識力，即使應用於今天的地理形勢之說明，其價值仍然不減。[20]

三、西安時代與北平時代

〈西安時代與北平時代〉亦為重慶《大公報》星期論文，在〈中國之中樞區域與首都〉一文後第七週發表，為沙氏另一不朽之作，沙氏題中用西安而不用長安，用北平而不用北京，顯然是表達現代眼光。用這兩個具有現代概念的地名，標示不同時代之歷史意義，充分透露出沙氏縱覽古今之通識。前者係從歷史地理學與政治地理學的觀點，說明中樞區域的地理特徵及歷史背景，並列舉建都南京或遷都北平的理由。後者係就歷史地理學與國防地理學的觀點，闡明歷史上西安建都與北平建都的史地背景，及其對於國史發展之影響；最後述及海陸並重政策與南北兩京之價值。[21]

沙氏將中國歷史劃分成前後兩期，前期包括西周、秦、漢、隋、唐，特重漢隋唐，建都西安，稱西安時代；後期包括遼、金、元、明、清，建都北平，稱北平時代。用歷史地理學的觀點，說明歷史上西安建都與北平建都的史地背景，及其對中國歷史發展的影響，並討論現代海陸並重政策

---

[20] 關於沙氏其他論文的評介，可參閱姜道章，〈評沙學浚著「地理學論文集」〉，《東方文化》(香港大學)，第 16 卷第 1–2 期合刊 (1978)，頁 218–223。

[21] 見前揭《中國歷史地理》，頁 49。

與南京北平南北兩京的價值。[22]沙氏指出：

> 西安或關中之適於建都，在其位置價值之高，而非在其周地的空間價值之大。

關於西安與北平之位置價值，沙氏說：

> 凡欲統治全中國，須能解決兩大根本問題：一為控制中原，並由控制中原以控制中國北部；一為控制長城線（從遼東到河西），以抵抗胡人，經略塞外（指東北漠北和西域）。就北方入侵民族立場言，則為先得長城線，而後控制中原；從長城線到中原，必須通過河北或關中，故河北與關中，適位于中國政治地理的均衡點上，而北平與西安遂因此而獲得至高的地位價值。[23]

西安位在關中，西安地位價值雖高，關中為其周地，空間價值卻不大，主要在於糧食不足。此種糧食不足之情況，自秦漢已是嚴重問題。秦始皇統一六國之後，關中人口增多，糧食不足，因有漕轉糧食。張良曾對漢高祖說：

> 河渭漕輓天下，以給京師。

可見當時關中已不能自給。下迄隋唐，關中不得不仰給於江淮。此我國自古以來必須長期維持運河之重要原因，漕運之暢通與否，關係朝代之盛衰，實為我國歷史地理之核心問題。[24]

唐中葉以前，我國的國防重心在關中，故宜都西安。自唐中葉以後，

---

[22] 見前揭《中國歷史地理》，頁 49。

[23] 見前揭《中國歷史地理》，頁 51。

[24] 見前揭沙學浚，《中國歷史地理》，頁 51–54。

國防中心漸移河北。安史之亂，起兵漁陽（今北平），進陷兩京（洛陽與西安），北平之地位價值漸漸與西安抗衡。沙氏指出在地位價值上，河北雖與關中同在中國政治地理的均衡點上，但根本相異之點有三：

第一異點，關中之為全國首善之區，創始於秦，而漢隋唐用之以統一中國，千年間，主要邊患在北方、西北與西方，西安建都，由漢族主動。唐宋以來千餘年間，主要邊患在北方與東北，北平建都，始於遼金，而元清用之以統一中國。遼金元清，皆北方民族，北平為其南侵的根據地，與西安之為北征的大本營者，完全異趣。

第二異點，由關中到中原，必經河洛，陸有殽函之阻，水有三門砥柱之險；而由河北經中原至長江，則平原千里，全無險阻，故控制較易。

第三異點，關中糧食不足，仰賴江、淮、汴、河、渭輾轉漕運。河北亦糧食不足，有南北大運河可以直輸通州，接給自較簡單。㉕

北平建都，較西安建都，在地理上亦產生新的影響，要者有四：⑴中原河南利於戰，不利於守，北平建都，胡騎南馳，數日可達汴鄭，不適於建都；⑵北平建都，中原受北方控制，賴中原以輓漕運的關中，亦不再適於建都；⑶中原與關中既均不適於建都，只能南渡，以江淮天塹為防衛；⑷當西安建都時代，長期向北爭河套，向西北爭河西與西域，三區與胡人根據地，有大漠相隔，距離上雙方立於均等地位，成均勢之局。迨北平為北方民族據點後，則三區隔阻太甚，鞭長莫及，控制幾不可能。㉖

沙氏重視北平地位，因其可為海上權力爭取優勢，尤其對抗日俄，實亦具有重大價值。北平乃理想之海陸首都，遠非西安所及。同時亦說明南京位置條件之重要，這篇論文縱論歷史重心首都北平與西安，貫串兩千餘年一脈相續，抑且自具風格，真是氣魄宏偉，眼光獨到。

㉕ 見前揭沙學浚，《中國歷史地理》，頁 62–63。

㉖ 見前揭沙學浚，《中國歷史地理》，頁 64–65。

四、南渡時代與西遷時代

沙氏又從另一角度創論我國歷史重大變遷，是即〈南渡時代與西遷時代〉，此文重點表現於提示外界衝擊，而導致中國政治重心之地理變遷。從史實上說，就是異族加於中國之嚴重外患，迫使中國遷都之事件。沙氏分析地理因素，如何影響歷史的發展。

沙氏將秦代大統一以來的中國歷史，分成南渡與西遷兩個時代：

> 在十八世紀以前，中國每遇外患壓迫，國都總是向南遷移，總是南渡，渡到江淮之南，因此稱為南渡時代。十九世紀自鴉片戰爭之後，國都因外患壓迫而遷移，總是移向西方，從沿海移入內地，因此稱為西遷時代。[27]

沙氏根據胡人南下牧馬，問鼎中原，向南推進的史實，將中國空間上分為 5 個地帶，從遼東和遼西，經過內蒙，包括河套，直達河西走廊及迤西之地，稱為「摩擦地帶」，歷史上一直是游牧民族與農業民族互較強弱之地帶。這個地帶以南、黃河秦嶺以北的廣大地區，包括河北、山西、陝西、甘肅各省，而河北關中為歷代定都之地，尤為重要，這一地區稱為「樞紐地帶」，向北可以監控摩擦地帶，向南又接近江淮財賦之區以為後援，最適於建置政治樞紐中心。秦嶺以東，黃河注入渤海以南，大別山淮河以北之地，就是古之中原，包括山東西部的平原和一部分丘陵地，這一地區稱為「通過地帶」，交通上為四通五達之地。以長江流域為主，並包括浙江沿海的廣大地區，是「退守地帶」，可供退守的地區有三，即四川盆地、湖廣湖泊區和江淮之間，本區為全國精華地帶，物阜民庶，為立國重大資源。福

---

[27] 見前揭沙學湲，《中國歷史地理》，頁 18。

建、廣東、廣西、雲南等地稱為「絕望地帶」，胡人占取中原之後，再進而略取江南，中國以江淮為天然防線，全力據守，展開多次決定性的戰爭，打勝仗便可保持偏安局面，如淝水之戰及采石磯之戰，戰敗南退便入「絕望地帶」，宋末明末的慘史，便在本區演出。㉘

鴉片戰爭以後，外患來自海上，因而西遷內地，西遷時代的「摩擦地帶」在沿海各省的海岸與島嶼；「樞紐地帶」在各海港的腹地，包括沿海七省以及吉林、熱河、廣西和雲南；「通過地帶」在「樞紐地帶」以西以北，包頭、潼關及長江三峽以東的各省區；「退守地帶」則在前述「通過地帶」以西地區，其中以四川盆地為最重要。日本沒有侵占這個「退守地帶」，部分歸功於地理，巫山山脈和三峽充分表現了阻塞的作用。㉙

〈南渡時代與西遷時代〉從地理觀點解釋歷史，理論與方法俱出獨創，名史學家王爾敏譽為「歷史地理之重大開拓」，洵不虛也。㉚

五、從政治地理看胡人南下牧馬

在〈從政治地理看胡人南下牧馬〉一文中，沙氏說：

> 從地形言，蒙古一帶是高原，但非完全被山岳環繞的高原，如西藏高原一樣；而他所以稱為阻塞區域或四塞之國的，由於空間遼闊加上氣候及地面乾燥，使通過困難，而不是由於地形起伏所形成的阻礙。
>
> 在這個遼闊的空間上，高大山脈多在西北邊，其餘最大部分地形平坦，是標準的運動空間；生活所資與戰鬥所資的馬，在這個高原上可以縱橫馳騁，人騎在馬上，生活與戰鬥得到高度的運動力。㉛

㉘ 見前揭沙學浚，《中國歷史地理》，頁 22–28。

㉙ 見前揭沙學浚，《中國歷史地理》，頁 30–40。

㉚ 見前揭王爾敏，〈沙學浚先生與地緣政治之開山學風〉，頁 19。

又說：

> 牲畜的生命是人民生命的基礎，到冬天便面臨消滅的危機。寒冷所以能造成飢荒，由於文化低，因胡人夏季不知割草晒乾，儲供冬季之用；因而秋風一起，便須驅牛羊向較溫的冬窩，或向南方移動，消極的意義是避寒避餓，積極的意義是找生活。秋季是他們飢飽存亡的關鍵時期。[32]
> 秋天胡人戰鬥力高，不僅指人壯與馬肥，而且指弓弩強勁。……這樣決定了秋天是游牧人最好的用兵時節。[33]

沙氏認為胡人秋季南征，利益最大，因為正是中國農人秋收的季節。胡人的運動力大於漢人，中國軍隊在塞外行軍和給養又十分困難，所以眾不敵寡，中國雖一再用和親政策，胡人還是要南下牧馬，實是一種地理的必然。[34]

沙氏旁徵博引，剖析透澈，結論謂：

> 就歷史上的各時期看，文化水準不相同的各民族，其國防力的強弱或戰爭的得失，決定的因素不是文化水準的高低，人口的多寡和經濟發展階段的高低，而是生活方式是否和戰鬥方式相符合，是否和地理環境相適應，同時要看行軍作戰與補給所需的運輸力是否充足。這些都可說明了胡人南侵中國，為什麼常居於攻勢與主動的有利地位。
> 從整個歷史的發展看，文化水準的高低，人口的多寡和經濟發展階段的高低，是民族存亡的決定因素。所以蒙古帝國雖能橫跨歐亞，盛極一時，不旋踵而分崩離析，蒙古人民亦積弱不振，匈奴突厥更不足道；反

---

[31] 見前揭沙學浚，《中國歷史地理》，頁 3。
[32] 見前揭沙學浚，《中國歷史地理》，頁 4。
[33] 見前揭沙學浚，《中國歷史地理》，頁 5。
[34] 見前揭沙學浚，《中國歷史地理》，頁 6–16。

> 之，地大、物博、人眾、文化高的中國能夠巍然獨存，能夠創造悠久的歷史。[35]

這是很精微的觀察，是不易之論。

六、國都之類型

〈國都之類型〉一文是 1952 年 12 月 17 日沙氏在臺北中國聯合國同志會第 60 次座談會的演講，[36]這篇文章，雖然討論的是國都之類型，但文中對我國古都的部分，見解十分精彩。沙氏認為南宋的杭州是退守的海都：

> 南宋的建都臨安，不是為了和外國通商，發展海洋權力，而是為了「藉江淮之衛」保全半壁河山。所以顧祖禹說：「欲進取則都建康（南京），欲自守則都臨安。」杭州雖有江南的「財賦淵藪」可恃，但地理環境不好：「斷皋亭之山（在杭江東北二十里），天下無援兵，決西湖之水，滿城皆魚鱉」（辛仲安語），根本不適於建都。臨安雖濱海，卻不是真正的海都。[37]

北宋建都開封是依據河渠交通的便利而決定的，沙氏引張方立的話：

> 國依兵而立，兵以食為天，食以漕運為本，漕運以河渠為主。

---

[35] 見前揭沙學浚，《中國歷史地理》，頁 17。

[36] 當年臺北中國聯合國同志會由朱家驊領導創立，定期舉行學術座談會，每次參加人數大約數十人，這次參加座談的學術界人士有朱家驊、薩孟武、鄭勵倹、田培林、章熙林、鄧元忠、陸寶千、張宗良、呂實強、姜道章、章生道、嚴一萍等六十餘人。

[37] 見前揭沙學浚，《地理學論文集》，頁 300–301。

沙氏又說：

> 當時國力有限，不能採積極的進取的國策；如採退守的國策，就應該退到南京。地理的力源在「江淮之間」而不在中原，須賴河渠運送。汴京雖有河渠之利，但「川原平曠，……形勢（指山川形勢）渙散」，「利於戰不利於守」。[38]

沙氏認為漢隋唐的西安，遼金元清的北平，都是進取的首都：

> 漢隋唐建都西安，目的在於實行保障關中即所以保障全國的國策，而遼金元清四代的建都北平，目的在於南侵，以此為經略中原與中國的根據地。關中糧食不及江淮充足，須以東南之粟養西北之兵，對內交通，遠不及河南中州的便利，而長安竟能為中國首都達八百餘年之久者，由於彼時我國外患，主要來自北方、西北、與西方，關中為其攻擊的目標，關中安全，全國才能安全。應付國防決定首都之所在，不僅古代中國如此，歷史上的印度亦有相同情形。[39]

沙氏說：

> 遼金元清都是北方胡人所建的政權。胡人南下牧馬，先得長城線而後以北平或河北為南侵的根據地。由河北經中原南下長江，平原千里，沒有地形的阻礙，便於鐵騎的馳騁；元以後更有大運河與海運的便利，以吸收南方的資源和人力。[40]

沙氏說魏都大梁，明成祖遷都燕京，孫中山先都南京，袁世凱後都北

---

[38] 見前揭沙學浚，《地理學論文集》，頁 304。
[39] 見前揭沙學浚，《地理學論文集》，頁 306。
[40] 見前揭沙學浚，《地理學論文集》，頁 307。

平，都是執行退守的國策，都是退守的陸都，繼謂：

> 戰國策載秦得上黨，魏國遷都大梁，大梁即今開封，在黃河南岸，距國界較遠，故鄰國威脅較輕。東晉由洛陽退到南京，明末由北平退到南京，都是為了執行退守的國策。
>
> 明成祖自幽燕南下，席捲江南，統一天下，卻遷都「發祥之地」的燕京，乃因根據地所在，政治的力源所在，初非因南京北京地理形勢不同，而有所抉擇。
>
> 民國元年孫總統先都南京，袁世凱及其後繼者後都北平，都是因政治的力源所在，退守的目的為重。[41]

當年演講畢在綜合解答時，沙氏說：

> 不過我敢預言，反攻大陸後仍以南京為國都的成分多；假若有一天國內外形勢容許我們能以北平為國都，不管是不是遷都北平，那時我們的國家一定很有力量了。[42]

沙氏分析歷史的地理因素，斷定我國國都不在南京便在北京，眼光獨到，歷史證明沙氏的判斷正確。

七、結　論

以上簡略介紹沙氏之論文 5 篇，旨在說明沙氏對中國歷史地理研究的貢獻，當然只是略言大概，舉證自難詳盡。本章導言中已提到，沙氏有關中國歷史地理的著作，並非僅此 5 篇，所有沙氏有關人文地理和區域地理

---

[41] 見前揭沙學浚，《地理學論文集》，頁 307–308。

[42] 沙學浚，〈國都之類型〉，《大陸雜誌》，第 5 卷第 12 期 (1952)，頁 429。

的著作，俱涵蓋了歷史地理的要素，地理對歷史的影響，為歷史地理學研究的重要主題之一，[43]沙氏對中國歷史地理的研究，其理論基礎就是這一主題，史學家王爾敏教授曾對「歷史重演」作過這樣的說明：

> 在一定範圍地理環境之下，器物制度如果未生革命性改變，這會使歷史有相類情勢發展，相似格局重覆出現。

可見地理對歷史影響之重要性，這一理論卻長期為史學界所忽略，實屬不幸，王爾敏教授又說：

> 我所著史學方法重點之一，是確定歷史是推理的科學，……尚有重要一點，我未寫入，就是我相信歷史重演。但在臺灣學界風氣之下，我不敢入書。[44]

沙氏從地理觀點，解釋我國重大歷史事件，見解獨特，引證詳博，足為後來學者所師法。

---

[43] 姜道章，〈歷史地理學研究主題的回顧與展望〉，《中國文化大學地學研究所研究報告》，第 9 集 (1996)，頁 171–181。

[44] 見前揭王爾敏，〈沙學浚先生與地緣政治之開山學風〉，頁 20。

MEMO

附　錄

附錄一

歷史地理學引論

Carl O. Sauer 原著　姜道章翻譯

邵爾 (Carl O. Sauer) 無疑是二十世紀美國最著名的地理學者，是柏克萊學派 (Berkeley School) 的創始人，1975 年 7 月 18 日逝世，美國《紐約時報》(*New York Times*) 刊登專文，譽為地理學界的宗師，可見其學術地位之崇高。邵爾 1940 年當選為美國地理學協會 (The Association of American Geographers) 的會長，發表會長演說，題為〈歷史地理學引論〉(Foreword to Historical Geography)，批評哈特向 (Richard Hartshorne) 的〈地理學的性質〉("The Nature of Geography," *Annals of the Association of American Geographers*, vol. 29, 1939, pp. 173–658)，他認為從 1923 年巴羅斯 (Harlan H. Barrows) 發表〈地理學即人類生態學〉("Geography as Human Ecology," *Annals of the Association of American Geographers*, vol. 13, 1923, pp. 1–14)，到 1939 年哈特向發表〈地理學的性質〉，是地理學的大退步時期，在這一時期內，地理學與其他相關學科分離，研究範圍變得很窄狹。邵爾主張地理學的研究，必須著重地理現象的來源，他認為歷史地理學是文化史的一部分，接著引起美國、英國及法國學者熱烈討論歷史地理學，後來有學者把這篇演講論文譽之為「地理學的大解放」時期之開始（見 Hugh C. Prince, "Progress in Historical Geography," in *Trends in Geography: An Introductory Survey*, edited by Ronald U. Cooke and James H. Johnson, Oxford, England, 1969, p. 118），影響很大。這篇演講稿最初刊登在 1941 年美國地理學協會的會刊 (*Annals of the Association of American Geographers*, vol. 31, 1941, pp. 1–24) 上，1963 年收入《地理與人生》(*Land and Life: A Selection from the Writings of Carl Ortwin Sauer*, edited by John Leighly, Berkeley, 1963) 一書。《地理與人生》1967 年又發行平裝本，從 1940 年到現在已 58 年了，從 1963 年到現在有 35 年了，從 1967 年到現在也有 31 年了，但是這篇演講的內容十分精彩，迄今仍舊是一篇極重要的歷史地理學文獻，價值不減，值得介紹。

譯者與邵爾教授可說有一面之緣，1971 年夏威夷大學地理系請邵爾到系短期訪問，邵爾教授不上課，也不演講，每天只坐在研究室，將研究室的門大開著，任由師生進入向他請教，譯者曾與邵爾談話數次，獲益良多，記得我們兩人曾討論到墨西哥人、中國人和東南亞人吃辣椒的問題，邵爾好像對辣椒文化特別有興趣。

道章謹識於臺北華岡 1998 年 3 月 28 日

本文討論歷史地理學的本質，及其若干問題。由於個人偏好，我願意引用我對墨西哥研究的資料與結論；其次，我也按照歷屆會長演講的慣例，用同樣的方式，闡述個人研究工作的信念。

顯然，我們這群自稱為地理學家的人，彼此之間現在並不是很了解，我們具有屬於同一個學會之誼，卻沒有堅實的共同學術基礎，以便自由而輕鬆地互相交流。我們很難說在知識上彼此相互得到重要的啟發，也很難盼望得到同僚的著作有助於自己的研究工作，我們彼此對地理學有著許多不同的看法。只要我們對地理學的主要目標與問題還不確定，是以不得不時常討論大家共同的研究方向。

一、美國地理學的回顧

這並非對地理學提出一套全新的設計，而是對過去忽視歷史地理學的一個抗議。在本學會大約 40 年的歷史中，僅有兩位會長的演講論及歷史地理學：一位是森普爾 (Ellen C. Semple)，一位是帕金斯 (Almon E. Parkins)。❶

傳統上美國地理學有一個奇怪的現象，就是對歷史過程及其影響沒有興趣，甚至公開拒絕。還有一個奇怪的現象，就是也不著重自然地理學。哈特向最近關於方法論的研究，❷便是說明這兩種態度一個有趣的例子。儘管哈特向的論證主要是根據黑特納的著作，然而他卻未考慮到黑特納對地理學的貢獻主要是在自然地理學方面。他也沒有依照黑特納的主要方法論觀點，即不論是地理學的哪一個分科，都一定是溯源的學科，也就是一定要考慮起源與過程；晚近，黑特納的學生們對歷史地理學作了許多重要的貢獻。但是，哈特向卻用他的辯證法，貶抑歷史地理學在地理學中的地位；認為歷史地理學在地理學中的地位只是邊陲的。我之所以引述此例，是因為哈特向的〈地理學的性質〉是最新的這類著作，而且最能代表當今美國地理學界的一般觀點。

或許將來的學者會認為，從 1923 年巴羅斯發表〈地理學即人類生態

---

❶ Ellen C. Semple, "The influence of geographic conditions upon ancient Mediterranean stock-raising," *Annals of the Association of American Geographers*, vol. 12 (1922), pp. 3–28; Almon E. Parkins, "The antebellun South: a geographer's interpretation," *Annals of the Association of American Geographers*, vol. 21 (1931), pp. 1–33.

❷ Richard Hartshorne, "The nature of geography: a critical survey of current thought in the light of the past," *Annals of the Association of American Geographers*, vol. 29 (1939), pp. 173–658. 同年美國地理學協會並另出版單行本。

學〉，❸到 1939 年哈特向的〈地理學的性質〉這一時期，是地理學的大倒退時期。地理學與地質學分離，則是此一時期的開端。美國地理學的開始，歸功於地質學家們的興趣。一部分原因，是為了獲得在大學中的行政自主權，地理學者們開始研究地質學者沒有興趣的領域。然而，就在這一過程中，也使得地理學逐漸脫離了地球科學的範疇。許多地理學者完全不承認自然地理學是一門獨立的學科，即使沒有完全放棄自然地理學的教學。這樣一來，便設計出一個人類環境的自然科學，人類與環境的互相關係，便慢慢軟化，從「控制」(control) 到「影響」(influence)，接著到「適應」(adaptation)，再接著到「調適」(adjustment)，最後到只要求形式上的「反應」(response)。要找到此種關聯，仍有其困難，所以導致再一次的倒退。由著重「自然地理」演變為自然影響地理現象，最後形成不著重歷史起源之研究，即地志學 (chorography)。

上述是對我們這一代地理學者研究狀況的簡述，也許太簡化，但是我希望並沒有歪曲事實。自始至終，我們為了要獲得主控地位，而限制地理學的研究範圍。有人認為我們的人數太少，也很微弱，不可能研究地理學所涵蓋的所有問題，適當地限制地理學的研究範圍，我們可能會有比較好的研究成果，而且也不致與其他學科學者產生在研究主題上的爭執。

不論轉向什麼方向，美國地理學者並沒有成功地確定專業地理學家所研究的領域，而這個研究領域應該是沒有爭議的。許多社會學者研究人類生態學，❹像是奧德姆 (Howard W. Odum) 和他在北卡羅萊那大學的研究夥伴們，已經對區域與區域主義的內涵進行了成功的研究。❺經濟學者也

---

❸ Harlan H. Barrows, "Geography as human ecology," *Annals of the Association of American Geographers*, vol. 13 (1923), pp. 1–14.

❹ 例如 Robert E. Park, Ernest W. Burgess, and Roderick D. McKenzie, eds., *The City* (Chicago, 1925); Howard W. Odum, *American Social Problems: an Introduction to the Study of the People and their Dilemmas* (New York, 1938), pp. 23–62.

從新的角度探討經濟地理，例如齊默爾曼 (Erich W. Zimmermann) 與麥卡蒂 (Harold H. McCarty)。❻土地規劃當然不能說是地理學的研究範圍，也決不能說是一門獨立的學科，因為成為一門獨立的學科顯然基本上一定要有特別的理論。這些年來我們游移不定，還沒有找到理想的避難所。脫離傳統，我們將找不到地理學的棲身之處。

今天的美國地理學，本質上是本土產物，主要是在美國中西部發育成長的，沒有慎重考慮文化過程或歷史過程，強烈地反映了其地理背景。美國中西部，在基於豐富天然資源的商業文明形成之中，原有的文化差異很快便消失了。也許世界上沒有其他的地方，或在其他的時期，能在這樣短的時間內，這樣單純地和直接地，便在肥沃的土地上，形成了一個偉大的文明。顯然，此處成本與收益的正規邏輯，支配著一個理性的和不斷擴張的經濟世界。好像有理由認為，在任何像這樣的自然環境之下，這是對自然環境做最經濟的利用、調整或反應，美國地理學大部分就是在這種情況下成長的。玉米帶不是對大草原的氣候與土壤唯一合邏輯的表現嗎？中西部最大都市芝加哥的興起及其特徵，充分表現了其位在密西根湖南端和面向大草原東邊的優越地理位置，不是這樣嗎？綠色的玉米之海，取代了大草原上的原生牧草，這不表示最經濟的土地利用嗎？所有運輸路線輻輳於動力中心的芝加哥，這樣不是最經濟嗎？中西部各種重工業中心的成長，顯示了原料最經濟的集合地點，在這些地點，原料的運費最低。

因此，在二十世紀初美國中西部的單純動力中，歷史成長或衰退的複

---

❺ Howard W. Odum, *Southern Regions of the United States* (Chapel Hill, 1936); Howard W. Odum and Harry E. Moore, *American Regionalism: a Cultural-historical Approach to National Integration* (New York, 1938).

❻ Erich W. Zimmermann, *World Resources and Industries: a Functional Appraisal of the Availability of Agricultural and Industrial Resources* (New York, 1933); Harold H. McCarty, *The Geographic Basis of American Economic Life* (New York, 1940).

雜計算，好像不是特別真實的或特別重要的。就人類活動與自然資料之「合理的」調整來說，任何經濟體系都不過是一群特殊人群的各種習慣與各種選擇之間的暫時平衡，這樣說不是很實際嗎?在這種滿足悠閒的短暫時刻，地點與滿足的互相關係好像一定有一嚴謹的邏輯，傾向於符合大自然的法則，各位還記得以下的研究嗎？即將土地利用與表示自然環境的數值相關起來，將生產強度與市場距離相關起來，以及未來「最佳」土地利用與「最適當」人口分布的規劃。十九世紀初開始上演最後一幕戲的演員們，也就是這些研究的作者們，大都不知道他們實在就是這一偉大歷史戲劇中的成員。他們認為人文地理與歷史是完全不同的主題，並不是探討文化成長與演變問題的兩種不同方式。

不了解這一歷史的發展，十九世紀二〇年代和三〇年代的美國地理學便不是令人鼓舞的，從事自然地理學研究的學者，常感覺他們簡直不被容忍。特別令人沮喪而要問的，不是學者的能力、研究的創新或研究的重要性，而是研究工作的是否可以接受，即研究工作可能或者不可能符合狹隘的地理學定義。假定一個學科的標準，不是根據好奇好學，而是根據學科的界限，這個學科大概要面臨消滅，這樣便是扼殺地理研究。這就是美國地理學纏身的疾病，這種缺乏好奇心的迂腐，排斥不願流俗附庸者。一個健康的學科，應當是從事發現、驗證、比較和歸納；其學科內容應該由其是否有組織的能力來決定。只有當我們有一天能相聚討論至深夜，交換彼此的研究心得，並探討其意義，則我們的惡疾貧血病才能痊癒，這種貧血病就是「但是這是地理學嗎？」的狀態。

二、地理學的三個基礎

成為一個地理學家的必要條件，就是終身學習。我們能教學生一些技術，例如繪製各類不同的地圖，但是我們最能做到的，則是在教學階段，為學生敞開大門。

第一是地理學史，所學不足，常被忽略。我們實際擁有優秀而偉大的學術傳統，並不只是研究地理學歷史上各個階段的研究成果而已，雖然這也很有激勵的作用。例如，不會有人懊悔熟習古希臘的地理思想，以作為個人地理思想的基礎。不過，對學生成長具有特別價值的，則是過去個別地理學大師的第一手研究 。 地理學者沉浸於像是里特 (Carl Ritter) 或洪堡 (Alexander von Humboldt) 的學術史中，極少不會開闊自己的視野。這就是說我們要透過對他們所有著作的研究，以了解這些學者，而不是只研讀一些其他人對這些學者著作的評述。我認為，對地理學主要學者一人或多人著作的充分了解，是地理學入門的重要步驟。

哪些地理學者算是主要的地理學者，因人而異。不過，我們應該推薦哈恩 (Eduard Hahn) 及拉策爾 (Friedrich Ratzel)。拉策爾廣為地理學界所知，大多數是根據二手資料，即其《人文地理學》的第一卷，❼關於拉策爾，我們所知道的很少，不知道的更多。哈恩是我們所遺忘的早期學者，我將在下面詳細說明，哈恩也許是地理學史上最重要的學者。此處我只提出我的想法，哈恩將經濟地理學當做是歷史學科，也是他為文化的起源與傳播打開了想不到的廣闊視野，是他首先極深入地研究經濟區的概念。英國學者， 我應該推薦科尼什 (Vaughan Cornish)， 美國學者， 我應該推薦馬什 (George P. Marsh)，我們應該對兩人傳記做詳細的探討。這六位學者提供給我們一個真正開明的地理教育，不過一定要對每一位學者做完全透徹的了解，不可根據已有的什麼是地理、什麼不是地理的觀點，做出有選擇性的介紹。

第二是美國地理學不能摒除各個自然地理學的分科，戴維斯 (William

---

❼ Friedrich Ratzel, *Anthropo-Geographie, oder Grundzuge der Anwendung der Erdkunde auf die Geschichte* (Stuffgart, 1882).

M. Davis)、 索爾茲伯里 (Rollin D. Salisbury) 及塔爾 (Ralph S. Tarr) 便曾明白地說過，不可摒除自然地理學。[8]我認為一位地理學家，可能是一位合格的自然地理學家，而不必研究人；但是，一位人文地理學者，若是所知有限，他便沒有能力觀察及了解與人類經濟相關的自然現象。有個令人困惑的事實，即美國的環境決定論者，已經將對地貌與土壤，以及對氣候與氣象等的注意，降低到最不夠的程度；同時，認為地理學不只是研究人與環境關係的學者，則繼續支持自然地理的研究。此外，氣候學、生態學及地貌學也能達到方法上重要的目的，因為這些學科的觀察方法，也可以應用到人文地理學。

第三是人文地理學者應該具有良好的人類學訓練。拉策爾詳細討論過文化擴散，這項研究既是考察方法，也是理論，已成為人類學的基礎。基本上這就是地理學方法，其影響可以清楚看到，在過去半世紀中，形成人類學的一個重要概念， 就是存在已久的人類學中的文化區域 (Kulturkreis) 概念。瑞典地理學由於與人類學具有正式的聯合學會（譯者按：到今天瑞典的地理學會， 實際上還是人類學與地理學聯合會， 其英文名稱為 The Swedish Society for Anthropology and Geography，可以譯為「瑞典人類學與地理學聯合學會」）， 其力量部分便是來自這種關係。 在英國， 受弗勒 (Herbert J. Fleure) 與福克斯 (Cyril Fox) 的影響， 地理學與人類學也緊密聯合在一起，這可以從活躍的一代英國地理學家獲得證明。

就方法論而言，人類學是社會科學中最進步者；其所發展最佳方法之一，就是地理分布。德海爾 (Sten De Geer) 有關地理性質的論文，[9]實際

---

[8] William M. Davis, *Die erlarende Beschreibung der Landformen* (Leipzig and Berlin, 1912); William M. Davis, *Geographical Essays*, edited by Douglas W. Johnson (New York, 1909); Rollin D. Salisbury, *Physiography* (New York, 1907); Ralph S. Tarr, published under the editorial direction of Lawrence Martin, *College Physiography* (New York, 1918).

上其所陳述的不過是人類學所用的一個老方法。人類學者所研究的各種物質文化形式，跟人文地理學者所研究者完全一樣。人類學者對文化特質的觀察，對文化複合體或文化區域的研究，應該是人文地理學者所熟悉的。就使用區位來研究一個文化來說，人類學者所應用的文化特質的出現、中斷、消逝及起源等，實際上就是地理學分析地理現象起源的方法。這正是邁岑 (August Meitzen) 多年前引入歐洲大陸歷史地理學中的方法，即根據分布推論文化遷移的方法。[10]這種方法也用於動植物地理學，追蹤動植物的傳播、後退及分化。

三、地理學方法：地理位置的分析

理想的正規地理描述工具就是地圖，地球上任何現象在某一時間不均勻的分布，都可以用某種單位在地圖上表示其分布形態，在這種意義上，地理描述可以應用於無數的地理現象。因此，我們可以有每一種疾病的地理、方言與成語的地理、銀行倒閉的地理以及也許天才的地理等。像這樣用於許多事物的描述形式，顯示地理學提供一種特別的研究方法。所有現象在地表上的空間分布，表示了分布的一般地理問題：這導致我們要問任何單一現象或若干現象在各地的有無或疏密的問題。就最廣義的意義來說，地理方法就是對地球上任何現象的區位研究，德國人稱之為 standortsproblem，即地理位置問題，這是地理工作最一般性，也是最抽象的說明。然而，還沒有人撰述有關地理位置的哲學，但是我們都知道，這就是使得地理工作有意義的理論。地理學的一個一般的問題，是分析地理

[9] Sten De Geer, "On the definition, method, and classification of geography," *Geogr. Annaler*, vol. 5 (1923), pp. 1–37.

[10] August Meitzen, *Siedelung und Agrarwsen der Westgermanen und Ostgermanen, der Kelten, Römer, Finnen und Slawen*, 3 vols. and atlas (Berlin, 1895).

空間性質的差異。有人可能這樣妄言嗎？就廣義的意義來說，地理方法所關注的就是地面上的距離；地理學所關注的不是普遍化的經濟人、家庭、社會或經濟，而是地方化形態的比較或區域差異。

四、人文地理學的內容

不像心理學及歷史學，人文地理學不關注個人，而只討論人類制度或文化。地理學可以視為 standort 的問題，即生活方式的區位問題。有兩種研究方法：一是研究個別文化特質的空間擴張；另一是文化區的確定。後者是歐洲大陸地理學者的一般研究目的， 他們稱之為生活方式 (genres de vie)，近來英國地理學者使用地理「個性」(personality) 一詞，指一個地區及其居民，大部分像這樣的研究，還沒有發展出有系統的方法。

不過，我們已經有直接有用的限制範圍，限制物質文化複合體，即「文化景觀」(cultural landscape)，這是群體經濟的地理說法，其提供其本身的食物、住所、家俱、工具及交通運輸等。明確的地理展示就是田地、牧場、森林及礦場，一方面是有生產力的土地，另一方面是道路與建築物，採用布呂納 (Jean Brunhes) 與科尼什所創用的術語來說，就是家庭、工廠及商店等。⓫雖然我不應該爭論這些術語是否包括整個人文地理的問題，它們確實是我們所知系統研究人文地理現象的核心部分。

⓫ Jean Brunhes, *La Géographie Humaine*, ed. 2 (Paris, 1912); 英文翻譯本 *Human Geography* (Chicago and New York, 1920); Vaughan Cornish, *The Great Capitals: an Historical Geography* (London, 1923).

五、文化的歷史性質

假若我們同意人文地理學是研究人類活動的區域差異，則我們立刻要面對如何解釋環境決定論（environmentalism，譯者按 environmentalism 一詞現在的意思是環境保護主義）的困難問題。所謂環境反應，就是在一個特定環境下一個特定族群的行為。這些行為既非受自然環境的刺激，也不是邏輯的必然，而是受後天習慣的影響所致，後天習慣就是該族群的文化。任何一個時刻，該族群的行為都有若干不同的選擇，他們的行為受後天的態度和技能所左右。所以，對環境的反應，只不過是在某個時間對於所居地方的一個特別的文化抉擇。假若我們可以重新解釋人與自然的關係為文化習性與所居地之關係。顯然，一旦文化習慣改變，便要重新評估或重新解釋居住地。習性或文化涉及態度與偏好，態度與偏好可能是新創的，或者也可能是學來的。就戴草帽的現象來說，一般上並不是對環境的反應。在芝加哥，夏季一個穿著講究的男士可能戴草帽；在墨西哥，則是一年四季工人們的一個特徵；而印第安人則從不戴帽子。就像任何其他文化特質一樣，戴草帽表示一個族群的觀念或風尚，這種戴草帽的觀念或風尚可能被另外的特質所抑壓或取代。孟德斯鳩 (Montesquieu)、赫德 (Herder) 及巴克爾 (Buckle) 根據自然科學原理，預測失敗，因為我們知道，自然定律無法適用於社會族群，不是十八世紀的理性主義，或者十九世紀的環境決定論所想像的那樣。所以，最後我們知道，環境受文化的評價，其本身是文化歷史中的一種「價值」。

我們知道，生活環境受人類的習性影響，而習性是後天的，是群體所共有的，並且會不斷地改變。因此，不論我們是否稱之為文化景觀的描述，人文地理學的整個任務，不過是對各地區文化的比較研究。但是，文化是一個區域的一個族群之後天的與習慣化的活動。文化特質在一個特別的時間起源於一個特別的地方，文化特質獲得接受，也就是整個族群學到這種特質，然後這種特質向外擴散，除非遭遇足夠的阻力，像是不適合的自然環境，或者是不同而可替代的文化特質，或者是文化水準不一樣，才會終止擴散。這些就是涉及時間的過程，並不單單是一般循序漸進的時間，而是在文化歷史上的某些特別時刻，這個族群擁有創造的能力，或者是能接受外來的新習慣。

六、人文地理學即文化歷史地理學

文化區就是具有一種生活方式的社區，是一個族群在一個特別環境中成長之歷史的和地理的表現，其生活方式，也就是該區的經濟 (economy)，即德國人所說的 Wirtschaft，是以最少的付出，獲得最大滿足的方式，這也許就是適應環境的意思。就當時一個族群所擁有的知識，對土地做正確或充分的利用。然而，這些需求與努力，不需要用金錢或者全部用能量的消耗數量來衡量。我敢說每一個族群建立他們的居住地方，必定是以他們自己的標準認為最適宜的方式。然而對我們來說，也就是我們的文化，許多像這樣地區的選擇，看上去很奇怪。因此，作為一種最基本的警告，每一個文化一定要根據其本身的知識來評價，居住地也要就該區族群的觀點來看，這兩種要求嚴格考驗我們的解釋能力。

所有人文景觀，每一個社區，在任一個時刻都是實際生活經驗的累積，也就是帕雷托 (Vilfredo Pareto) 所說的剩餘價值。⓬在未了解起源之前，地理學者無法研究房舍、城鎮、田野和工廠等在何處以及為何在該處的問題。在未認清文化的功能與族群群居的過程之前，地理學者也無法研究族群活

⓬ Vilfredo Pareto, *The Mind and Society*, vol. 2, *Theory of Residues* (New York, 1935), pp. 508–511 and passim.

動的區位問題，所以地理學者一定要做歷史重建。假若地理學是研究地區的成長，也就是確定和了解各種人文組合，則我們一定要知道其分布（聚落）及活動（土地利用）的發展形成過程。一個族群在一個環境中的生活方式和謀生方式，涉及對文化特質的了解，文化特質可能是自創的，也可能是外來的。像這樣的文化區研究，便是歷史地理。對文化區的深入了解，就是起源與過程的分析。整個目的，就是文化的空間差異。研究人，同時要作溯源分析，就必須要考慮時間上的先後順序。

回顧與展望，是同一個先後順序的相反兩端，所以今天只不過是一條線上的一個點，這條線的發展可以從其起點來重建，也可以投射未來。回顧涉及來源，而不是遠古，我也不贊同社會科學家不能做預測的膽怯觀念。只有將現在的狀況當作是一個移動的點來看待，才能了解各種人文過程，一個活動的歷史階段是有起點和終點的。當然，這並不一定能構成一條線，因為這要看其性質是否是循環的或者是不規律的，但是，這的確可以避免過分強調現在狀況的重要性。研究現在狀況的唯一確定優點，就是現在是可以充分觀察得到的。然而就當代的資料來說，對於研究重要過程，哪些資料是有用的，哪些資料是沒有用的，並沒有方法可以決定。我傾向於要說在我一生中地理上最重要的兩個事件，就是美國大草原上的最後殖民和福特 T 型汽車的來臨，一個是一連串文化過程的結束，一個是一連串文化過程的開始。不過我們能做得多好呢？我們能在這些重要的過程開始時選上它們嗎？或者我們能將由它們產生的變遷連結在一起嗎？假若不是我們不習慣思考過程問題，為什麼我們會選錯呢？

七、歷史地理學的研究需要區域專精

就證據的收集及組織來說，過去文化的重建是一個緩慢的偵探工作，敘事史學者可以接受任何過去的資料，但是文化史學者卻不能如此，我認為歷史地理是文化史的一部分，我們有責任收集經濟與移居的分類資料，以填補時間上和空間上的斷層，例如，我們可以重建被西班牙征服時的墨西哥，我們須要盡可能知道十六世紀墨西哥的人口分布、城市、城市經濟、農業形態、礦產資源、野生動植物的狀況，以及交通路線等。早期的作者曾描繪了西班牙人到來之前的狀況，與西班牙統治時期狀況的比較，像是托克馬達 (Juan de Torquemada) 的 *Monarquia Indiana*，⓭不幸，托克馬達的記載內容是一般的，而不是區域的，或者以偏概全。因此，我們不能依賴大多數是一般的宏觀記載，而要應用有關局部較小地區的紀錄。為了重建過去的重要文化景觀，我們必須：⑴具有整個文化如何運作的知識；⑵要能掌控所有當時的證據，可能是各種不同的證據；⑶要充分了解該文化區的地貌。

所以歷史地理學者一定要是一位區域專家，因為他不但要知道該區今日的面貌，而且也要充分了解其詳細狀況，這樣他才能夠追溯該區過去的歷史軌跡，他也必須了解該區的文化特質，他才能夠明白在過去的情況下該區當年的狀況。我們可以這樣說，他須要用該區當年居民的需要與能力之觀點，來看當年該區的環境，這是所有人文地理學中最困難的工作，即不是從今天我們的觀點，而是要從當年該文化族群中一分子的觀點，去研究該區。不過，一個人成功地浸入一個文化，而這個文化在時間上是很久以前的，在內涵上跟我們的文化又是不一樣的，這確實是一種很有益處的經驗。

顯然，像這樣的工作不可能根據變化很大的樣本來研究，而可能需要學者窮其畢生精力，研究文化與自然的一個重要內容。因此，一個人的研究可能跨越文化區的界限，研究兩種文化的異同。或者一個人可能探討在

⓭ Juan de Torquemada, *Veinte y un Rituales y Monarquia Indiana*, 3 volumes (Madrid, 1723).

文化上有血緣關係的其他區域。但是，一個人總是以自己所研究的文化區為基地，使自己成為該區的專家。人文地理學者不能是到處觀光的旅行家，只知道一些碰巧地和可疑地相關之事物。我懷疑人文地理學者是否可以成為有關一個大陸的權威，像是亞洲地理權威或歐洲地理權威。對於所不了解的區域，收集一些我們不能評量的二手資料，撰寫成區域教科書，這種習慣我們不應該改掉嗎？所謂典型的研究，對地球上某些地方的假照相紀錄，數量雖然很多，但也都沒有什麼重要意義。我們承認同仁中的自然地理學專家，但是人文地理學是否也有專家呢？假若沒有人文地理學專家，這種困難是否因為我們注重非溯源形式的研究，而忽略密集的與分析的觀察所造成呢？我們有大量的地理學博士，接受了人文地理學的訓練，教授數以百計的地理課程，有數以千計的學生選修，但實際上有多少人對人文地理學有夠水準的著作呢？

上述歷史的區域研究，是最好的也是最古老的地理學傳統，十七世紀克盧維里厄斯 (Philippus Cluverius) 做過對古代德國與義大利的重建研究，⓮他熟練地將古典著作與有關土地的知識結合在一起。洪堡有關新西班牙的論述，⓯仍然是墨西哥歷史地理學的經典著作。十九世紀中葉邁岑的研究，發揚光大洪堡與里特的理念，建立了一個堅實的歷史地理學，邁岑的方法極大地影響了所有歐洲的地理學。在《德國地理與民俗之研究》(*Forschungen zur deutschen Landes- und Volkskunde*) 巨著中，詳盡恰當地說明了歷史的區域專精，弗勒與泰勒 (Eva G. R. Taylor) 小姐的影響，可以在年輕英國地理學者的研究中看到。現在正是時候了，我們美國地理學者該

⓮ Philippus Cluverius, *Germaniae Antiquae Libri Tres* (Lugdunum Batavorum, 1616); Philippus Cluverius, *Italia Antiqua* (Lugdunum Batavorum, 1624).

⓯ Alexandre de Humboldt, *Essai Politique sur le Royaume de la Nouvelle-Espagne*, 5 volumes (Paris, 1811); 英文翻譯見 Alexander von Humboldt, *Political Essay on the Kingdom of New Spain*, 4 volumes (London, 1811).

要注意這一偉大的人文地理學傳統。

八、文化區的性質

我們將區域地理學視為歷史地理學，而在所有的區域研究中，有一個嚴重的問題，就是關於「區域」的定義，已經有很多針對區域（譯者按：「區域」一詞，英文叫做 region 或 area）的討論，顯然還沒有一個恰當的定義。

最普遍的處理方法，是從「自然區域」(natural area) 開始，但是我們很難知道，是什麼要素構成一個自然區域，除非是一個島，氣候、地貌及土壤的變異很大。所以，島嶼和界限明確像似島嶼的區域，最為學者選作研究的對象。即使我們同意什麼是自然區域，我們仍要面對一個事實：即文化區的界線可能跟自然區域的界線是不一樣的，也就是說是自然區域的界線，而不是自然區域的中心，才可能是文化區的中心。

我們常用「自然區域」表示簡單人文特質的區域，這樣也許可以減低內容的複雜性，使研究比較容易進行。我們可以很主觀地表示「自然」區 A 是針葉林地，「自然」區 B 是一個具有某種氣候特性的氣候區，「自然」區 C 是山地區，「自然」區 D 是煤及石油區。我們總是混合不同的特性來劃定各種自然區域，而在每一個自然區域選出一個主要人文特質。所以，我們大概是隱藏，而不是解答了所謂單位自然區的困難問題。

在人文地理學中，我們的主要興趣是文化區，所以，觀察的單位一定要是在機能上整合的生活方式區域。到現在為止，最佳的例子就是哈恩的世界基本經濟區域。⓰不過，除了知道文化區中在生活上具有緊密的互相

⓰ Eduard Hahn, “Die Wirtschaftsformen der Erde”[map] in *Die Haustiere und ihre Beziehungen zur Wirtschaft des Menschen* (Leipzig, 1896).

依賴關係外，我們還很不知道怎麼樣決定一個文化區。儘管如此，我們的工作仍然比人類學者劃分包含一切的文化區要簡單些；不過，最終我們也要發現足夠的共同特質，以確定我們所研究的文化區。根據一個標準的文化區，可能就是受單一經濟複合體所支配的文化區。根據一個比較高級標準的文化區，則可能是由若干區域經濟的互相依賴狀況所決定的文化區。對我們來說，各種謀生的特質，是我們首先所要觀察的現象，只有當我們在這方面了解得更多，我們才能關注其他的文化特質。

經濟區域很少有固定或明確的界線，在歷史過程中，經濟區域可能會改變其中心、外圍區及結構。經濟區域具有擴張或縮小其區域範圍的性質，同時其中心也會移動，這就是經濟區域的勢力範圍，在勢力範圍內動力的變遷可能顯示變遷的方向。在文化區內變遷的時間過程中，文化區可能完全離開了以前的位置，而仍然能保持原來的有機連續性。

我們關注文化體系的起源，就像我們關注出生地一樣，這可以稱之為文化發源地主題，就是研究文化起源的區位，有關這類問題典型的研究仍然是農業的起源。其次我們關心文化的活力，是一個文化在成長中所表現的方式及速度，即土地拓展的方式及速度，也包括疆域擴展的性質。再次我們關心在跟相鄰文化區比較下，一個文化區的穩定方式。最後是有關連續文化的沒落或文化的崩潰，以及文化繼承的問題。所有這類問題，是研究植物群落之植物生態學者所熟知的。

九、所有人類時間適切的問題

可能有人反對地理學的觀點，認為地理學只是討論現在的經濟或文化。所有社會研究的基本問題之一，就是如何解釋文明與制度的興起與衰落，而偉大國家或文明的興衰，又總是受到文化學者的關注。就作為地理學者來說，從事有史以來文化興衰研究的地理學者，跟研究當代芝加哥工業成長的地理學者，在程度上並沒有什麼不同。研究密西西比河三角洲上考古學中的人文地理，跟研究密西西比河三角洲上現在蔗田的人文地理同樣重要。社會科學中的任何題目都很重要，並不是因為其時間的緣故，而是它能顯出文化起源和變遷的性質。這種主張是地理學現況的基礎，假若這是正確的，則地理學涉及整個人類的時間，任何認為現在才是最重要的偏好，便是誤解了作為一門溯源學科的人文地理學之目的。

各地的地理學者都關注史前的聚落及文化，在路易斯安那州，尼芬 (Fred B. Kniffen) 及福特 (James A. Ford) 提供了一個很好的例證，說明從古地理學的研究中可以學到什麼。⑰考古學的確具有一個特別的地理向度，即文化遺跡的全部分布狀況，對於重建其人口分布形態與經濟地理是很重要的。甚至對我們最熟習的 Pueblo（譯者按：Pueblo 指美國西南部居住在印第安村莊的印第安人）印第安文化區來說，也只有一種像這樣的研究，即科爾頓 (Harold Colton) 及他在 Flagstaff 博物館的同僚們所做的研究，這是我應該推薦的研究典範。⑱今天的英國地理學，深受弗勒的影響，弗勒本身基本上關注最久遠的過去。⑲在這一領域中，幾乎沒有與現今文化區連續的問題，而是研究文化之特殊化與存續一般問題的方法。至少對我們之中的有些人來說，古印第安人（譯者按：原文為 Basketmaker Man，指 100 B.C. 至 A.D. 65 時期的美國西南部印第安人）、古歐洲人（譯者按：原文為 Bell-beaker Folk，指新石器時代晚期至銅器時代的歐洲人，他們的墓

---

⑰ Fred B. Kniffen, "The Indian Mounds of Iberville Parish, Louisiana," Louisiana Department of Conservation, *Geological Bulletin*, no. 13 (1938), pp. 189–207; James A. Ford, *Analysis of Indian Village Site Collections from Louisiana and Mississippi*, Louisiana Department of Conservation, Anthropological Study No. 2 (1936).

⑱ Harold S. Colton, *Prehistoric Culture Units and their Relationships in Northern Arizona*, Museum of Northern Arizona, Bulletin 17 (1939).

⑲ Harold Peake and Herbert J. Fleure, *The Corridors of Time*, 10 volumes (London and New Haven, 1927–1956).

中普遍有鐘狀酒杯陪葬）的地理，跟今天世界中的任何地理現象一樣地有意義和吸引人。身為純粹歷史地理學者的我們，關注的是整個人類時間過程中人類的起源與變遷。所以，假若我們研究最古老人類的遠古歷史地理，任何人不要認為我們遠離了地理學的主題，而我卻認為只研究當代短暫時刻現象的人文地理學家，才是思想特別怪異的。

十、歷史地理學中檔案的應用

文化區過去各個時期重建的第一步，便是要精通該區的文書檔案。找到當時的地圖，是最先要做的事，但是這一點很難做到。然而，我們極少利用美國的各種檔案，例如在早期殖民時期的土地調查報告中，有關植被特徵與「改良」土地狀況的紀錄。美國土地管理局的地圖，以及土地贈與舊紀錄中，有相當多有價值的材料，這些材料有助於了解美國先驅拓荒時期的景觀，紀錄有關人口和貨物的統計、土地所有權、稅收、產業等的實際資料，而且都有準確的地理位置，這些都保存在檔案機構中，長期為學者所忽略，等待我們利用。有關新西班牙的古老西班牙人的豐富紀錄，包括教區的紀錄以及上呈西班牙國王的各種摘要報告，也有待我們利用。此外，尚有考察官員們有關新西班牙的詳細早期探險紀錄和日記；傳教士的信件，十六世紀和十八世紀的好幾次有關西班牙美洲地理的報導；納稅與捐獻的紀錄；以及有關礦物、鹽田和道路的紀錄。也許在新世界沒有其他的地區，有像這樣詳細的有關西班牙殖民地聚落、產業及經濟生活的紀錄，但是，這的確是一個例外的地區，檔案和紀錄資料十分豐富，將提供重建各個歷史時期人文地理學所需的大部分資料。不過，要熟習像這樣的紀錄，需要很多時間，也需要費力搜尋。

十一、歷史地理學中的實地考察工作

任何人都不能說歷史地理學僅靠檔案和圖書資料就足夠了，也就是說除此之外，還需要嚴密的實地調查工作，第一步就是要有在實地閱讀文件資料的能力，例如，在實地我們已將有關一地很久以前情形的紀錄，跟現在該地的實際狀況比較，判斷何處是過去聚落和交通路線的所在，何處是過去森林和田野的所在，這樣根據現在的文化景觀，便可慢慢想像到以前的文化景觀。因而，我們可以了解一地地理變遷的性質和方向，接著我們便可以探究當地的地理位置價值發生了什麼變化，真正的發現是帶著舊的檔案資料，實地核對已被遺忘了的地方，察看過去的荒野現在變成了什麼樣子，探究當地聚落及產業發生了什麼變遷。最後會形成完整的文化景觀，這是一個重要的時刻，我們充分了解過去的情形，以及過去與現在對比的狀況，所以我認為這就是溯源的人文地理學 (genetic human geography)。

這樣的研究，也許不是很容易，而且常常在體力上是很困難的工作，因為要得到問題的答案，我們不得不在野外跑許多路。不管現在的交通是否便利，或者食宿設備是否舒適，我們都要到過去事件發生的地方做實地考察，這不是用現代交通工具學習了解一地的問題。從事歷史地理學研究，常常須要對偏僻地區具有親身經驗，而現代經濟地理學研究則沒有這種必要，這類研究要求歷史地理學者必須親自到實地考察。所以，重要的問題是年輕力壯的時間短暫而寶貴，歷史地理學者應該乘年輕力壯時多做實地考察。可以從事實地考察的時期不多，但是，等體力衰退了，我們會後悔沒有多做實地考察，以獲得所需的實地考察經驗。

歷史地理實地工作的首要目的，就是要用過去的觀點看待過去的地區，同時要根據文獻記載，找出以往各種活動形態的位置，為了達到這種目的，需要更多的實地觀察工作，其中主要的工作，也許可以稱之為文化遺跡和文化化石位置的確定。

文化遺跡是過去制度的殘存、記載著往日主要的狀況，而現在卻是過時的，常見的實例包括 9 種：(1)建築的形式。(2)村落的設計。(3)殘存的舊日田地的形態，研究歐洲地理的學者都知道，根據房屋的形式、聚落的設計及田地的形態，我們可以獲得各種類型聚落擴散的知識，而這常是文字紀錄中所沒有的。斯科菲爾德 (Edna Scofield)、尼芬及蕭特 (Carl Schott) 三人很清楚地展示了這類資料如何可以用於有關美國的研究。[20] (4)文化擴散的指標，我們中間有些人，曾經利用各種原產地農作物的分布，作為文化擴散的指標。類似的研究，也可以用於舊世界動植物的馴化，以追溯文化傳播的路線。(5)對於各種舊式農牧業的研究還極少，我們缺乏對(a)印第安人的杖耕農業或游墾農業 (milpa agriculture)，(b)仍然殘存在美國的老式森林農耕，(c)美國畜牧業中的古老基本要素，(d)穀倉的歷史功能，以及(e)不同移民農業的類型等研究。諸如此類的研究，詳實而忠實地紀錄在保守農業社會的年中農耕行事曆中，這將是極有價值的研究，特別是假若能顯示在過去什麼時期發生了什麼變化。(6)古老形式的淘金場和礦坑，這些古老形式的淘金場和礦坑仍然存在。(7)舊式的伐木和運輸木材方法。所有這些古老的方法，都有助於我們對於聚落位置選定和資源利用方式的了解，我們應該趁它們仍然存在時，將它們紀錄下來。(8)古老的水力和獸力工場。(9)殘存的舊式水陸路的運輸方式，則是另外值得研究的問題。

有人可能認為此類研究，是科技的研究而非地理學的研究。然而，每

---

[20] Edna Scofield, "The evolution and development of Tennessee houses," *Journal of the Tennessee Academy of Sciences*, vol. 11 (1936), pp. 229–240; Fred B. Kniffen, "Louisiana house types," *Annals of the Association of American Geographers*, vol. 26 (1936), pp. 179–193; Carl Schott, "Landnahme und kolonisation in Canada am Beispiel Ontarios, *Schriften des Geogr. Instituts der Univ. Kiel*, vol. 6 (1936), pp. 201–10, 271–274.

一種有組織的活動都是一項技能，這種技能是一個族群或社區學到的或自我發展的；不了解這些技能，地理學者便無法解釋一個區域的生產事業。各種社區是各種技能的組合，假若在人文地理學中沒有直接適應的問題，也就沒有討論各種社區的人文地理學了。是以，實地考察的地理學者，必須觀察這些技能所表現的某一個區域中一個族群在文化上的目的；歷史地理學者則必須復原殘存的古老技能，進而用以解釋一地土地利用上比較古老的重要形式。

此外，地理學者就是戶外實地工作者，有機會實地觀察物質文化是如何運作的，而其他社會科學家大概不會這樣做，因為大多數社會科學家不習慣做戶外實地調查；甚至人類學家也不注意原始民族的農業，就這種意義上來說，他們可能期待地理學家觀察相同的原始民族。難以想像人文地理學不研究人們生活的過程。如果飼養的牲畜是地理現象，那麼牲畜的運送、飼養牲畜的牧場以及牲畜所需要的飼料或草料，當然也都是地理現象。換言之，就是牲畜飼養與運送的整個過程。我們不會對歷史地理學或人文地理學有興趣，除非有助於對文化差異的了解；並且，我們也無法了解這種差異，除非我們研究人們利用土地的方式和方法。

古老的形態可能被認為現在已不起作用了，但是仍然存在的則是過時的或者是廢墟。實地研究廢墟是很重要的，因為廢墟單獨可以說明產業或聚落的定位是失敗的，聚落的遺址會提供給我們若干線索，指出人們曾經為什麼要居住在那裡，包括從原始人類的文化發源地到廢棄的農莊都有。一地的土壤會發生奇特的和不斷的改變，曾經是泥土平地或者是聚落的垃圾堆，常常該地的草木會長得特別不一樣。從原產地移出的花草樹木，能夠在人們居家附近不斷地繁殖，例如，美國東北部的紫丁香，美國東南部的金櫻子薔薇 (Cherokee rose)，以及西屬美洲的石榴和榲桲 (quince)。遺棄田地上古老土地利用的遺跡，根據從史前耕種的地面到最近的農業可以看得出來。證據可能是一種特別的植物演替，土壤的改變，甚至是古老的壟溝。在早期的美國南方，眾所周知，以前田地的實際界線可能是用古老的松樹來決定的，而且，田地被棄置的時間也可以用樹木年齡來估計。

在歷史地理的野外實地工作，還有些次要的方法，例如，地名可能表示過去的狀況、民俗以及方言的改變，顯示過去的傳統，這種過去的傳統是當時經濟的一部分；還有就是老人的記憶，歷史上遺留下來的奇怪事物，也許是人們不注意的小事情，但是，有時候可能導致最有意義的結果。例如，哈恩特別考慮過去人們不注意的關於歐洲飲食習慣的小事情，特別是過時的飲食習慣。

在整個歷史地理學中，田野工作要求有敏銳的觀察，隨時注意各種線索，假設也要有彈性。這也許沒有現時土地利用的野外填圖工作那麼輕鬆自在。

我們急切需要像這樣的野外觀察，現代工商業年復一年地，並且愈來愈多地毀滅了舊東西，各種傳統事物將隨老人而逝，文件被破壞殆盡，天氣、暴風雨和洪水毀滅了自然的遺跡，科學和市場的標準化，破壞原有的文化產物。對於學者和這些資料，現在是一個最佳的時機，再過些時便太晚了。

因此，一個比較區域地理學 (comparative regional geography) 可能會成長起來，以避免觸犯以下的謬誤：⑴地理學是研究同時期活動的學科；⑵歷史地理學研究地理環境，可補歷史學家研究之不足；⑶歷史地理學只需在圖書館中做研究；⑷地理學者只要對許多無關的地方，略有所知，便可成為地理專家；⑸描述性的研究，不需要研究過程，過程就是起源與功能，這樣便可以對自然科學或社會科學有所貢獻；⑹地理學只要研究文化和聚落的關係，而不需了解文化的發展過程、成長和差異；以及⑺可以用文體和組織，以補償對知識的好奇和知識的貧乏。

十二、若干歷史地理學的主題

茲提出若干一般的問題，是比較性的知識，我們應該研究：

⑴若干可能影響到人的自然地理現象之長期變遷的過程：⒜最重要的就是氣候的變遷或氣候週期的問題。其他研究人類學科的學者，期待我們解答人類有史以來有關氣候變遷之事實、性質、及方向有關的問題。專門研究區域的區域地理學者，有釐清這一爭議性主題的機會。在世界上所有乾旱地帶的邊緣，這個問題一直是關注的重點，特別是從人類開始有農耕以來，乾旱地帶的範圍是否擴大了呢？使用非依靠儀器之氣候資料的方法與結論，很可能會在本協會的年會上一再重複討論。⒝跟這個題目部分關聯的問題，就是冰河期以來植被的自然變遷，研究美國內陸的地理學者，比研究美國大草原或者研究一般溼潤草原的地理學者，應該比較有興趣。⒞另外一個題目是人類有史以來海岸線與陸地水文的自然變遷。在好幾次的年會上，拉塞爾 (Richard J. Russell) 曾經指出西班牙探險家德索托 (Fernando de Soto, c. 1496～1542) 渡過密西西比河以來，密西西比河水文的變遷。馬什在他的經典著作《人與自然》[21]一書中，也談到許多像這類的問題。

⑵人類是影響自然地理的力量：⒜跟老一輩學者的看法相反，目前地理學者總是傾向於否認聚落和啟林對氣候的影響，這一點可以從早期美國的林業文獻中看出。的確，森林學在很大程度上開始於下列假設，即森林

---

[21] George P. Marsh, *Man and Nature; or, Physical Geography as Modified by Human Action* (New York, 1864). 譯者按：此書在一百年後重版，洛文索爾 (David Lowenthal) 並為重版本寫了一篇長序，見 George P. Marsh, *Man and Nature; or, Physical Geography as Modified by Human Action*, edited by David Lowenthal (Cambridge, MA: Harvard University Press, 1965).

可以緩和氣候的極端變化。我們並沒有充分的知識，能完全否決這種看法。就我們現在的資訊來說，我們並不能保證，在有些極端的氣候區，像是乾燥地區，嚴重改變地面狀況，不會影響到近地面的溫度、溼度與可用水汽量之臨界關係。我們並不能完全確定，因為人類改變大氣近地面之氣候狀況，而沒有加速沙漠的擴張，大氣最底層之氣候狀況可以稱之為內植物圈氣候（intravegetational climate，譯者按：現在稱為微氣候或小氣候，英文叫做 microclimate）。

(b)地理學者極少關注人類是影響地貌的力量，土壤侵蝕是一個時下流行的名詞，指人類影響及加速地表物質搬運的過程。土壤侵蝕的發生可能是歷史地理過程中的一個主要力量，土壤流失破壞了地中海文明嗎？因為維吉尼亞人 (Virginians) 是著名的土壤破壞者，他們是偉大的拓荒者嗎？地理學的野外工作，應該徹底研究原始的土壤剖面，並注意耕地和草原土壤剖面縮小或破壞的特徵。因此，只有了解農地破壞的年代、特性與程度，我們才能弄清楚人類農業區不斷改變的變遷過程。這是地理學上一個很奇怪的盲點，是地理學最根本的問題之一，這可能說明了避開研究歷史過程的結果。

由於人類活動所引起的侵蝕，坡地之下流失土石的堆積，當然是上述情況的補充證據。絕大多數溝蝕是土壤侵蝕先期的明確徵兆，包括有些用於教科書中作為說明正常幼年河谷的峽谷，地理學者常區分天然與人為影響產生的峽谷嗎？或者對後者的發生與演化歷史有多麼的興趣嗎？對土地的濫墾會引起地表與土壤侵蝕，的確沒有別的研究比對這種侵蝕的研究是更地理的。一方面要探討這種侵蝕的自然過程，另一方面也要研究其文化因素。接下來的就是要探討持續的土壤侵蝕，會對人口和經濟帶來什麼樣的影響。最後，則是研究土壤復原的問題。

十九世紀六〇年代，馬什已很清楚地指出這是地理學上的正規問題。[22]長久以來，地理學者就在大學講授天然資源保護的課程，討論土壤侵蝕的害處。但是他們做了什麼野外實地調查呢？也許要調查的地方就在大學附近。土壤學家研究片蝕，地貌學家研究侵蝕溝，農業經濟學家研究農業的衰退，鄉村社會學家研究人口的減少，是不是地理學家只講授其他學者所研究的成果呢？

(c)所有破壞性資源開發的結果，都應該視為是與人類居住地方之變遷有關的。文明人類的出現，即意味著影響了河流水文與地下水文的改變。灌溉地區到處可以看到耕地的鹼化或淹水問題。人類活動所引起的自然資源破壞，有許多不同的形式，在受影響的地區中，危機都是緩慢發生的，這些都是人文地理學的問題。

(d)人類改變土地的一個特別問題，就是文化跟動植物生態的關係。在這一領域中一些問題，可以留給動植物學家去解決。不過，只要歷史地理學家有能力，應該要考慮這些問題，因為歷史地理學家特意應用歷史的資料，會遇到生態學家不會遇到的證據。例如，在墨西哥，文明的西班牙人和原始的印第安人，對植被的改變是很不一樣的。原始農業不像現代農業，不在低平的山坡地帶發展。由於一些氣候與土壤的限制，杖耕農業 (hoe agriculture) 實際上是一種長期的森林與作物輪作制度，通常是在山地與丘陵的山坡上。在這種農業體系上，幾千年來，當地的野生植物群落，可能是當時古老耕地演替的結果。西班牙人來了以後，大量的牧畜業給一些地區的植被帶來新的壓力。特別是西班牙人礦業的發展，由於礦場需要木材及木炭，以及礦區附近的牧畜業，森林完全被破壞，一些老礦區，目前四周都是曠野，而過去則曾經都是森林及灌木叢林。

這些就是歷史地理學者很可以研究發展的主題。在這種過程中，歷史地理學者大概會認識到有些植物被破壞，是因為這些植物對人類具有高度的利用價值，這些植物的再生能力較低，或者這些植物對生態平衡十分敏

㉒ 見前揭 Marsh, *Man and Nature*, pp. 8–15, 214–52, and passim.

感。學習一地植被的重要組成分子，或者甚至觀察其生長和繁殖的習性，這並不是什麼特別深奧難學的學問。一個觀察者可以進行更深入的研究，這樣做是否適當是無庸置疑的，這種文化的研究方法，可以使我們對生物組合中時間因子的觀察更敏銳。特別是在極端氣候區域，人類的干擾活動，可能會廣泛地改變原來植被的界線。特別是在長期畜牧的地區，應該觀察是否鮮嫩美味的牧草，已被不好吃的草所取代了？後者可能是有樹的或者是苦澀的肉質植物。我們知道，長時間的持續延燒，跟一連串的小火，對植被的影響可能完全相反；所以火的作用，特別是原始人類手中的火，需要更加仔細觀察。

⑶聚落的地點，聚落的位置紀錄了當初人們對居住地方的特殊偏好，聚落一旦建立以後，便不易搬遷，接著的文化發展會改變這一地點的價值，居民會遷移他處，不然便會遭遇不斷發生的困難。要是我們重新選擇，極少人會選擇原來的老地點。例如有些城鎮位在通航河岸、水陸運輸交點及其他的地點興起，而這些地方都失去了以前的重要性，由於交通、物質供應、城市服務等方面的改變，會不斷給後來居民帶來一些困難問題。假若美國加州舊金山灣區，重新殖民發展，今天的舊金山市區大概會是一個中產階級居住的郊區，而海灣對面則會是一個大城市。然而在 1840 年代，由於位在內河和與海洋運輸的交匯點，舊金山自然便成為港埠的最佳位置。舊金山成功地保持了許多城市機能，具有初期的優勢，在長期發展中，大體上克服了橫斷半島的地理位置。

聚落在最初形成時，一般上可能認為聚落的地點最能滿足最初居民的需要。因此，需要依照當初的需求，來評估聚落的地點。就一個聚落來說，可能安全很重要，而對別的聚落來說，安全可能並不重要。食物和生活用水的需要，以及運輸上的有利條件，都隨聚落形成之初居民的文化態度不同而異。將聚落最初形成的文化態度，作為聚落地點分類依據者極少，然而這應該是城市地理學的重要部分。其次，應該是對在文化變遷下的聚落地點與相關設施的重新評價，換言之，就是在連續的不同時期下，看待聚落的地點。

⑷聚落的形態，我們對下列問題比較的歷史知識，所知不多：(a)聚落的分散或聚集；(b)在各種不同的文化下，聚落的大小及其分布；(c)在一個文化區內，不同城市的不同專門機能；以及(d)一個大城市內部的機能差異。這些都是最明顯的聚落區位問題，需要從歷史的與區域的觀點來研究。

⑸房屋的類型，美國人很少注意到住宅單位，住宅單位大致相當社會單位，也就是家庭，不過這並不是指用婚姻關係所表示的意義。一戶住宅中，是單一家庭或多家庭的組合呢？是否供應其家庭成員與僕役生活所需呢？是否為家畜有特別的安排？是否有基本生活必需品的儲藏設備？是否有家庭手工業活動的設備？房屋設計的一般功能為何？房屋形態的研究基本上就是最小經濟單位的研究，就如同村落或城鎮是經濟社區的單位一樣。這兩種情形，都是要研究與制度化過程相關之結構的意義，制度化過程則是表現在文化區中的。房屋是歷史地理的記錄，各種房屋可能屬於過去的歷史時期，或者也可能是當代的建築，保存了傳統的一些特點，像是壁爐、陽臺、彈簧式的遮陽窗帘等，都曾經具有重要的功能。

⑹與文化區之歷史結構有關的土地利用研究，理論上，在任何時刻，住處的評價與習慣的需求之間，有一個暫時的平衡。任何時間環境是有利的或者是有弊的，應該是相對於一個特別文化而言的；土地利用是一個社區之需求和能力的表現，這種需求和能力改變，土地利用也隨著發生變遷。不過，這種變遷的過程通常是很緩慢的，部分原因是不易改變土地所有權的界線。早期土地的劃分方式和其他相鄰土地之所有權屬於不同的地主，有礙於土地利用的合理化。所以，任何時刻的土地所有權與土地利用狀況，都大概保存了大量的歷史。聚落形態、房屋類型、農地體系以及土地所有權等，在重建歷史變遷與連續狀況中，是最佳的觀察項目。

⑺文化極點，人類社會是否也有像生態極點的文化極點？即一群人在

某一地點的各種可能的事物都實現了。什麼是人口成長的極限呢？什麼是經濟生產的極限呢？什麼是財富聚積的極限呢？甚至什麼是思想增進的極限呢？所有這些極限是成熟文化所無法超越的。有人認為所有文化都具有循環的性質，我們可能懷疑這種比較極端的假設，但是我們也注意到一再發生的文化的頂峰、文化的穩定以及文化的衰落。研究人類問題又具有歷史觀念的學者，大多數都對文化或文明的興起與衰落有興趣，當然也包括歷史地理學者在內。關於這一問題的部分答案，可以從文化力量與居住地品質的互相關係中發現。假若破壞性的土地開發已經到了嚴重的地步，則問題便相當的簡單。人口過剩是另外一個棘手的問題，涉及個人的發展機會與資源分享，皆逐漸減少。雖然對理論社會科學家而言，人口過剩是異端邪說，但就文化與歷史的觀點來看，人口過剩可能是很真實的問題。因為城鄉人口分布的失調，又因為貧富人口分布的失調，都可能導致生產能力的損失。相對的優勢可能轉到另外一群人，或者轉移到另外一個地區。令人憂心、又令人振奮的一項議題，則是文化極限的仔細研究。

⑻文化的容受性，一種新作物或工藝技術引進到一個文化區，會快速傳播嗎？會被接受嗎？或者會受到阻力嗎？有些人渴望接受新事物的條件為何？有些人選擇繼續保有老舊事物的條件為何？這是社會科學一個普遍的問題，這一問題的一部分可以用地理學的方法來研究。

首先，地理學者最能確定什麼是自然的障礙或通道，新作物之所以無法傳播，可能是因為遇到不適宜的氣候，或者當地的土壤不利這種作物的生長。

其次，地理學者大概知道物質文化性質的存在或消失的足跡。他應該知道，一個地區的一種作物或技術，要面對在該地區已經建立了一定勢力的一個強大對手。小麥栽培在拉丁美洲的傳播，相當受到當地民眾習慣於食用其他澱粉及蛋白質作物的影響。就世界市場而言，也就是純粹商業化的糧食生產，情形就是如此，由作物的單位面積產量決定，究竟是種小麥還是種玉米。我也應該指出，甚至目前的世界市場價格，也是世界主要買主文化需求的一種表現，並不是多種穀物實際利用價值的表現。

大家可能記得很清楚，第一，在幾乎被我們遺忘的《人類地理學》㉓一書的第二卷中，拉策爾 (Friedrich Ratzel) 創立了文化特性傳播的研究；第二，哈恩想到他畢生地理研究中的大問題，為什麼有些人從事乳酪業？又為什麼有些人卻與牛奶及其產品一點關係都沒有？

⑼一個文化區內活力的分布，此處，我可能要提及科尼什關於「文化進行」(cultural march)㉔的大理論。他認為每一個成長中的文明，都有一個活躍的邊疆，是一個真正的邊疆，是人群活力聚集的地方，權力、財富與創造力在邊疆得到最高度的發展。這有點類似特納 (Frederick Turner) 的邊疆學說，㉕然而並不涉及邊疆繼續擴張的問題。開始時擴張，不過一旦一個文化的活力在一個邊疆固定下來，這種活力可能以各種方式，在邊疆停止擴張很久以後，持續表現其領袖的地位。所以，歷史上，重大的事件都不是在一個文化區的中央地區發生，而發生在最暴露和最吸引人的邊疆。某一個文化區的整個範圍之內，有些具有活動力的地區（dynamic fields，德文叫做 Kräftzentren），有關這些地區的許多問題需要研究。科尼什的理論有很多問題值得研究，例如歷史上墨西哥活躍的邊疆，一直是墨西哥的北部邊疆。新世界和舊世界的考古學顯示，許多文化的昌盛的歷史事件，都發生在一個文化區的偏遠邊疆地帶。

⑽文化階段與文化傳承，特納不幸犯了一個錯誤，他接受古代的一個演繹的觀點，認為人類的進步是經過相同的一連串的階段，他認為美國邊

㉓ Friedrich Ratzel, *Anthropogeographie*, vol. 2, *Die Geographische Verbreitung des Menschen* (Stuttgart, 1891).

㉔ 見前揭 Cornish, *The Great Capitals: an Historical Geography*, pp. vii–ix, 26–27, andpassim.

㉕ Frederick J. Turner, *The Frontier in American History* (New York, 1920).

疆的發展就是這樣，經過若干普遍的階段。不過，我們曉得並沒有普遍的文化傳承，而每一個文化各有其自身成就與失敗的歷史。哈恩在其名著中，㉖特別警告不可用演繹的方法，研究文化的階段，例如，他不認為游牧是從狩獵而不是從比較古老的農業背景演變來的。因為文化的變遷，決不是遵循普遍的演變過程或者是可以預測的演變過程，我們有必要追溯每一個文化的歷史階段。

一般上人們並沒有看出來，西班牙人在新世界之最初聚落的主要形態，就是西班牙式的城鎮和莊園。西班牙的新移民一直是城鎮的一分子，西班牙人在新世界的滲透與經濟組織，跟新世界其他歐洲殖民強國的殖民形式是很不一樣的。在美國的邊疆開拓過程中，並沒有像西班牙人在中南美洲殖民那樣統一的形式，美國有各種不同的移民團體，從北方向南方發展，向西部的開發也不是只有一種固定的形式。美國地理學者是不是現在應該研究美國的開拓史，以分析美國殖民中複雜文化與文化傳承的特徵呢？這些應該是本會未來年會中討論的好題材。

⑾不同文化為了獨占一個地區的競爭，有些文化特別具有侵略性，這在過去的人類歷史中，屢見不鮮。在文化交會地區爭奪優勢，建立平衡關係，形成邊界，這是文化力量與文化適應力的表現。拉策爾在他的政治地理學著作中，便有這樣的想法，他強調歷史上對空間的爭奪。㉗不論是征服、合併、購買，或者是優越的適應力，所有文化都曾經有過獲得土地或者喪失土地的歷史。

㉖ 見前揭 Hahn, “Die Wirtschaftsformen der Erde,” pp. 32–33.

㉗ Friedrich Ratzel, *Politische Geographie* (Munchen and Leipzig, 1897).

十三、結　論

人文地理學者應該研究文化過程，有義務將文化過程作為其思想和觀察的基礎。人文地理學應該研究各種文化分合的地理環境，大部分人類的歷史，就是文化分合的演變，甚至舊石器時代的初期，人類也不是只有一個同一的文化，《聖經》中所說的巴貝爾塔 (The Tower of Babel) 幾乎與人類同樣古老。就字面上的意思來說，很少生活習慣合乎「常識」，也就是說，事情的完成，都是只有一個最合理的作法，合乎邏輯或符合心理上的需要，恐怕更理論的社會學科，像是經濟學，大概看不到這種事實。在美國，我們可能會忘記這一點，因為我們恰巧生在一個非常有活力的，傳播範圍又很大的文化中，充滿對自己文化的信心，傾向於認為其他的文化無知或愚蠢。不過，現代西方世界的高度衝擊，並不能否定古老真理，即人類歷史明顯是多元的，沒有統一的社會規律，只有文化的共同意見。我們討論的不是唯一的文化，而是很多文化；除非我們自我欺騙，認為全世界要跟我們一樣。關於對文化的經驗、行為與幹勁的研究，地理學者應該能扮演一個重要的角色，只有地理學者對世界文化景觀的發展與分布非常有興趣，地理學者主要的困難工作，就是如何了解各種空間分布的意義，人類學者和地理學者是發展了野外實地觀察方法的主要社會科學者。

本文所提出的研究主題，可能超過了我們個人或整個學會的能力，但是，這些至少是我們所追求的高水準的研究。有些我們的努力，可能是有意要了解人類世界的地理差異。要是我們的研究，只限於人類的時間，我們將不會有很大的作為。要是我們不研究整個人類存在的時期，我們就一定要放棄目前人文地理學的主要目標。要是我們不收集資料，我們就一定要根據別人預備的材料，重新處理過。我認為別無他法，地理學研究所有人類時間中的整個地球，地理學是一個回顧過去的科學，根據這種經驗，我們需要具有前瞻的能力。

附錄二

地理學中的時間與起源問題

Richard Hartshorne 原著　姜道章翻譯

原作者哈特向 (Richard Hartshorne) 是美國著名的地理學者，是區域地理學及區域差異理論的宗師，1939 年發表《地理學的性質》(*The Nature of Geography*, Lancaster, PA: The Association of American Geographers, 1939)，其後多次重印，流傳極廣，對美國及世界地理學的發展，影響深遠。有些美國地理學者對《地理學的性質》表示異議，為了駁答，哈特向在 1959 年發表《地理學性質的透視》(*Perspective on the Nature of Geography*, Chicago: Rand McNally, 1959)，討論十個相關的問題，第八章〈地理學中的時間與起源問題〉，跟文化與歷史地理學關係密切，在相當程度上是針對邵爾〈歷史地理學引論〉一文的答辯，〈歷史地理學引論〉和〈地理學中的時間與起源問題〉都是極重要的歷史地理學文獻，所以特別附錄在此。

1964 年我到麥迪遜參觀威斯康辛大學地理學系，遇到哈特向博士，他雖然是一位著名的老教授，卻沒有架子，和藹可親，我們坐在他的研究室談話，研究室很大，四壁是放滿書的書架，當時我告訴他，我有興趣將上述兩書翻譯成中文，他說恐怕很費時間，不過沒有版權問題，歡迎我翻譯，他一面說著一面從書架上拿出《地理學的性質》日文譯本給我看（村野正七譯，《地理學方法論》，1957 年東京朝倉書店出版），他還問我中文與日文有何不同。那年我應聘回母校臺灣師範大學任教，講授地理學思想史，曾利用哈特向兩書中的材料，編寫講義。不久應聘到新加坡南洋大學任教，就再沒有擔任地理學思想史的課程，後來在國立新加坡大學任教，也沒有擔任地理學思想史的課程，兩書的翻譯便耽誤下來了。好友張存武教授多次信中囑我為《思與言》寫稿，1982 年 10 月整理書房，篋中發現〈地理學中的時間與起源問題〉舊時講稿，遂對照原文，遺漏的補譯，錯誤的改正，乃成此文，次年在《思與言》第 21 卷第 4 期發表。前後二十餘年，可見國際學術文化交流是多麼的緩慢啊！

哈特向這兩部書，後來都有中文翻譯本，1983 年 4 月在新加坡見到黎樵譯，《地理學性質的透視》（北京：商務印書館，1981），1997 年在臺北又見到葉光庭譯，《地理學的性質》（北京：商務印書館，1996），前者譯文錯誤甚多。

道章謹識於華岡雙溪村 2003 年 12 月 17 日

一、一般問題

地理學領域中有些比較困難的問題，其一就是對某一種地理現象的研究，或者對多種空相關地理現象總體的研究，都一定要追溯其所由產生的發展過程。不論是發展過程只追溯到人類歷史的人為現象，或者是發展過程必須追溯到地質時代的地貌，兩者所涉及的邏輯問題都是一樣的。在這兩種情形之下，主要從事解釋地理現象過去發展的地理學者，都可能會受到一些同僚的詰問，批評其研究工作超出了地理學的範圍，在前一種情形之下，被指摘為歷史學者，在後一種情形之下，被責備為歷史地質學者。

地理學脫離歷史學成為一門獨立學科以來，累積了大量的文獻，假若我們查看一下這些文獻，便可以知道地理學的主要目的，即在理解今日世界的現況。正如黑特納 (Alfred Hettner) 所說的，地理學是一門「時間一般上退為背景」的學科。❶蕭萊 (André Cholley) 認為這個觀念對地理學的定義來說，十分正確。❷當然，這一觀點對地理學是研究人類世界這一定義來說，也是十分正確的。

許多批評的人認為這個觀點是「靜態的」，而他們所提倡的觀點卻是「動態的」，兩者形成對照。在這個基礎上進行的任何討論，很可能只會增加紛爭，而不會有何結果。就我所知，所有合格的地理學方法學者，從來就沒有主張一個靜態的概念，也不致於認不出經常會涉及的時間因素。❸研究現在的地理學，在若干方面會涉及時間因素，這些有必要明晰地加以區別。

我們必須要曉得一項事實，但是我們不必認為其與所討論的問題有關，這項事實就是我們作一項研究，從開始觀察到最後出版，中間必然要有一段時間上的差距。這一點是很重要的，因為它是研究結論中錯誤的一個來源。在邏輯上，至少在下列四種不同的情況下，會涉及時間。

第一，在我們所說的「現在」，必然包含一段時間。我們不僅關心靜態的地理現象，也關心那些運動的地理現象，不論是氣流、河流或人類的運輸活動，這些都是各個區域整合的必要因素。研究一個地方生產現象的相互關係，我們必須考慮根據季節變化所決定的一段時間，這段時間一定要夠長，至少長到足以包括一年的輪迴期；鑑於歷年的氣候會有波動，一般需要更長的時期，以建立現在狀態的「平均狀態」；至於其他生產方式，例如鋼鐵工業，由於不同原因所產生的波動，同樣需要將幾年的年分作為「現

---

❶ 見 Richard Hartshorne, *The Nature of Geography*（《地理學的性質》）(Washington, D.C.: Association of American Geographers, 1946), 頁 184。此書最初在 *Annals of the Association of American Geographers*（《美國地理學協會學報》）, vol. 29 (1939), pp. 173–658 發表，1946 年發行單行本。

❷ 見 André Cholley, *Guide de L'Étudiant en Géographie* (Paris: Presses Universitaires de France, 1942), 頁 106–114。

❸ 見前揭 Hartshorne, *The Nature of Geography*, 頁 176–184。

在」。因此，為了提供現有情況一個具有代表性的情況，地理學所需要的時間剖面，必須是有一定厚度的，也就是有一定長度的一段時期。這就是我們通常所指的「現在」，即使其最後的一剎那，事實上也是已經過去了的。

第二，許多現在的地理現象，不但具有循環性與波動性的變化，並且也受到累積變化的影響。伍爾德里奇 (Sidney W. Wooldridge) 在一項地理學中「現在」(being) 與「將來」(becoming) 相對重要性的討論中，提醒我們，兩者並不是完全可以分開的。❹地理學對一個「現存的」地區的全面描述，甚至就無限小的一剎那加以考慮，也必須描述變化的方向和速度。為了決定現在的趨勢，需要探討過去時期內的變化過程，其時間一般較量度現在其他特徵所需的時間更長。

第三，各種地理現象，如果受目前的發展過程所左右，就可以用現在的觀點分析它們。但是許多情形下，目前的發展過程，並不足以解釋地理現象為什麼會產生現在的相互關係；必須追溯過去某一時期內所建立的相互關係，當時至少有一些地理現象，在性質上跟現在是很不相同的。

例如，我們可以用從美國賓州西部和西維吉尼亞州獲得煤礦，以及從伊利湖區和大西洋各海港運來的鐵礦，以解釋現在賓州伯利恆的鋼鐵工業。但是為了要了解伯利恆地區為什麼會有鋼鐵工業，就必須追溯該鋼鐵工業最初建廠的時期，當時伯利恆的鋼鐵工業依賴鄰近的鐵礦資源，以及沿里海河谷運來的無煙煤。

自從里特 (Carl Ritter) 著名的討論〈地理學中的歷史要素〉講稿發表以來，❺幾乎普遍承認地理學必須使用歷史資料，以解釋現有地理現象的存

---

❹ 見 Sidney W. Wooldridge, *The Geographer as Scientist* (London, 1956), 頁 90。又見前揭 Hartshorne, *The Nature of Geography*, 頁 183。

❺ 見 Carl Ritter, "Über das historische element in der geographischen wissenschaft," *Abhandlungen d. K. Akademie der Wissenbschft zu Berlin* (historisch-philologische Klasse, 1833)。Gage 編輯的英文翻譯本不可靠。

在和特徵。所謂地理學可以單憑目前的情況，來解釋現有地理現象的「靜態理論」，純是批評者的一種虛構。為了攻擊這種假想的理論，他們看不見真正問題的所在；研究現有地理現象的發展，究竟須要或值得追溯過去多遠呢？地理學對現在地理現象發展的研究，究竟在什麼程度上採用歷史順序來組織呢？

第四，不企圖解釋一個區域中目前各種地理現象的整合，而解釋個別地理現象起源與發展的研究，是一個多少有點不同的問題。這種尋根追源的研究，在時間上要向過去追溯很遠，著重某種地理現象的起源與發展，許多學者認為這類研究，與系統學科或歷史學的關係較為接近，與地理學的關係反而較為疏遠。

在上述各種情形下，過去都是作為了解現在地理狀況的一個輔助條件。為了這個目的，時間之所以重要，其方式和程度，在地理學不同分科中有著顯著的差異。本文將考慮那些發生重大問題的地理學分科，即地貌學、氣候學及文化地理學。

地理學者研究過去，不僅將過去作為「了解現在的關鍵」，而且過去本身也具有地理的內容。每一個過去時期，都有當時的「現在」地理狀況，一系列連續時期不同地理狀況的比較研究，就是一個地區不斷變遷的地理，於是歷史時間就和地理空間結合起來了。這種研究和一般歷史研究一樣，沒有必要從任何「開始」時期著手，也沒有必要一直繼續到現在。這種研究將在下面討論「歷史地理學」時，單獨詳述。

二、地貌研究中的時間和起源問題

（一）地貌地理學

在具有區域變異的所有現象中，堅硬地表的形狀，最接近於靜態。這對地表的水域來說，當然是很不正確的，本節僅討論堅硬地表。在不論多麼長的所謂「現在」的時間裡，山地、丘陵、谷地和平原大部分都保持現狀，而沒有變動。這個結論有些顯著的例外，例如火山、三角洲或曲流。就這些來說，目前變遷的觀念，在地貌的起源概念中是十分明確的。在這些例子中，對現存關係的解釋，須要考查過去的情況。拉塞爾 (Richard J. Russell) 曾指出，美國密西西比河下游谷地的地理研究，必須考慮到最近歷史時期河道和泛濫平原的重要變遷，這些變遷有不少部分是由人類活動所引起的。❻

但在絕大多數情況下，地貌的變化過程非常緩慢，即使我們假定地貌是靜態的，我們也不會錯。這就是說，假使我們追溯過去，在時間上遠到足以高度完整性去分析發展過程的各種相互關係，而這些相互關係產生了該地區絕大多數其他的地理現象，我們會發現在世界絕大多數地區，當時的跟今天的地貌與有關河流形態的特徵，基本上是一樣的，而且在其他地理現象演變的整個過程中，它們也是一樣的。我們研究人文地理現象的演變關係，或者甚至我們研究天然植被的演變關係，為了想像的實際利益，不管我們向過去追溯多遠，與絕大部分地貌演變的時間尺度比較起來，只不過是短暫的一瞬間。在理論上，我們知道在那個短暫的一瞬間，地貌必然曾經發生某種變遷，忽視這種變遷所引起的誤差，通常是極其微小的，可能比企圖重建這種變遷所引起的誤差還要小。

前節所發展的一般原理，伍爾德里奇也曾討論過，他認為地理學者研究現在，「必須限於是近似的起源，而不是原始的起源」。❼更具體地說，地理學者研究起源，只要追溯到能足以進一步了解地區變異中現存地理現

---

❻ 根據拉塞爾的演講，並參考 Richard J. Russell, "Geographical geomorphology," *Annals of the Association of American Geographers*, vol. 39 (1949), pp. 1–11, 引文見頁 9–10。

❼ 見前揭 Wooldridge，*The Geographer as Scientist*, 頁 90。

象的相互關係為止，只有在這段有限時期內所發生的變遷，才對地理學者的研究是重要的。但是，假若在這個時期地貌基本上並沒有發生改變，「近似的起源」實際上就減少到等於零。

因此，就地理學大部分的目的來說，並就世界上大部分而不是所有地區來說，地理學者研究一個地區地貌及水系形態與該地區各種現象總體的關係，可以接受下面的說法，這個說法就是「山地丘陵是永存不變的」。

（二）發生地貌學和地理學

對許多地貌學者來說，如果地理學者把他們的視野，只限於一個沒有顯著地貌變化的時期，即使這段時期長達幾百年，這就像是一個理性上的叛逆。幾十年來，在地理學中顯得很突出的地貌學，對人類思想的一項獨特貢獻，就是證明堅硬的地表只是不斷變遷中的一個暫時形式。然而，在不同學科中，時常引用對該研究領域大致是正確的概念，然而該概念在其他學科領域，卻又是很不正確的。

每一個學科，必須自由地把某些存在的現象作為基本因素，而在其他學科中，同樣是這些現象，卻必須作為複雜結構或演變的產物來分析。否則，每一學科將會重複其他學科的工作。這樣地理學者在考慮植被和氣候、地貌及土壤的關係之前，將不得不研究地球的起源和植物的進化。❽

地貌學者對地貌起源研究價值的討論，常常反映地貌學的發展歷史，為兩個不同的學科提供服務。地貌學同時淵源於地理學和地質學，其在十九世紀的發展，一方面與當時自然科學聲望的急劇提高有關，另一方面又

---

❽ 見前揭 Hartshorne, *The Nature of Geography*, 頁 307–308; C. Daryll Forde, “Human geography, history and sociology,” *Scottish Geographical Magazine*, vol. 55 (1939), pp. 217–235, 見頁 228–229; 前揭 Cholley, *Guide de L'Étudiant en Géographie*, pp. 113–4; 及 Maurice Le Lannou, *La Géographie Humaine* (Paris, 1949), pp. 37–45。

與比地理學發展較快的地質學有關。❾因而，不管其在知識的分類中屬於哪一部分，地貌學與地質學的關係，實較其與地理學的關係為密切。

地貌如果被看作是一種特別的現象，那麼側重於發展過程的研究，就會導致地貌發生概念和變形原理的建立，這正是系統地質學所要討論的。如果地貌發展作為整個地殼發展的一部分來研究，現在成為了解過去的關鍵，地貌研究有助於建立地質年代系統，這也正是歷史地質學所要研究的。根據這個觀點，奧格爾維 (Alan G. Ogilvie)、❿約翰遜 (Douglas Johnson) 和布賴恩 (Kirk Bryan)⓫等學者，都認為地貌學是地質學內的一個研究方法。

相反地，黑特納曾斷言，地貌學如果為了滿足地理學的需要，「地貌學必須經常注意地貌與其他地理現象的相互因果關係」。他認為如果地貌學把重點放在決定地表形態的地質年代，或者放在研究過去的地貌，像是現在景觀中極少見的準平原，上述觀點會被忽視。⓬

地貌學者時常沒有認識到地貌學研究內容的分歧。因此，伍爾德里奇在《二十世紀的地理學》一書中〈地貌學的進展〉一文中坦白地說，他「始終強調地貌學是地層學的附庸，是一個說明地史的工具」，所以照這樣來說，地貌學便「清清楚楚是地質學的一部分」。然而，「地貌學的方法和結論，對地質學者是必要的，……對地理學者也同樣是必要的」，而「地理學者除了須要知道地貌的現狀，也須要知道地貌的發生」。這項斷語所根據的

---

❾ Maurice Le Lannou, “Le vocation actuelle de la géographie humaine,”*Études Rhodaniennes*, vol. 4 (1948), pp. 272–280, 見頁 273–274; 又見前揭 Le Lannou, *La Géographie Humaine*, 頁 37–45。

❿ Alan G. Ogilvie, “The relation of geology and geography,” *Geography*, vol. 23 (1938), pp. 75–82, 見頁 75 註釋。

⓫ Kirk Bryan, “The place of geomorphology in the geographic sciences,” *Annals of the Association of American Geographers*, vol. 40 (1950), p. 199。

⓬ Alfred Hettner, “Die bedeutung der morphologie,” in“Methodische zeit-und streitfragen,” *Geographische Zeitschrift*, vol. 29 (1923), p. 45。

類推法，是把地貌作為許多對象的本身，而不是一個對象的形態；我們還可進一步這樣說，我們必須知道地質構造，就等於說我們必須知道地貌的演變一樣。⑬

堅持地理學者研究地貌必須遵循發生觀點的學者，有一個更普遍的論點，他們認為任何其他研究方法都是枯燥的，缺乏想像力，並且缺乏任何值得作學術探討的「問題」。嚴肅地說，這個論點不是反對整個地理學，就是反對在地理學中包括地貌研究。相反地，其本身所表現的就是缺乏想像力，或是由於不能認識到地貌研究在地理學中的作用，而產生一種近視。在錯綜複雜的區域變異中，地貌與其他因子在機能上的相關方式，提供一系列的問題，對這些問題的分析，需要深入精詳的討論。

站在 Royal Gorge 吊橋（譯者按 Royal Gorge 吊橋建成於 1929 年，在美國科羅拉多州中南部，跨阿肯色河上，高出河面 1,053 呎，據說是世界上最高的橋。）上的人，俯視著深達一千呎的深淵，就面對兩種不同的問題。一方面，什麼機械力量和什麼不同的岩石構造相互配合，能在堅硬地表上產生了這種非凡的切割？另一方面，人類的什麼遠見和計畫，橫跨這個峽谷建造了更非凡的鐵路？是什麼精巧方法把鐵路在峽谷壁上繫牢，而懸在急流上空呢？這對洛磯山脈東麓肥沃地區的發展，又產生了什麼深遠的影響呢？

地貌的區域變異和氣候、土壤、植被、農耕方法、運輸以及許多政治和戰略要素的區域變異間，密切相關，二者之間有許多因果關係。這些相互關係牽涉許多問題，這些問題的因果關係須要探討，因為它們是理解全部地區變異的基本因子。這裡的困難，並不是缺乏重要的「問題」，而是它

⑬ Griffith Taylor, ed., *Geography in the Twentieth Century* (New York, 1951), 見頁 176–177。譯者按此書有中文譯本，見孫宕越譯，《二十世紀的地理學》（臺北：中國文化事業出版委員會，1957）。

們的錯綜複雜性。

在許多情況下，無疑地，比較好的辦法可能是研究農業或運輸的各種情況，以尋找它們和地貌變異的關係。但是為了發展地貌重要性的比較研究，也須要反過來研究各種相關關係，像是厄爾曼 (Edward L. Ullman) 對哥倫比亞河與蛇河在美國西北部區域地理中重要性的研究，⑭又如在較早的地理文獻中，有關美國哈得遜莫豪克 (Hudson-Mohawk) 凹地走廊或阿帕拉契亞山脈屏障一般上重要性的研究。但這類研究，需要地貌學以外的專業知識，對一般地理學知識都要有所了解。在因果關係的研究中，對實驗地貌學或描述地貌學兩者研究成果的利用，須要對地理學中所有相關聯的各部門研究領域，具有透徹的了解。

這種研究的一個基本條件，是發展一套描述各種地貌特徵的方法，這些地貌特徵就其與其他因子的相互關係來說是很重要的。以明白的與可用的組織，來決定實際的複雜地貌，本身就是一個問題，並決定在研究地貌中的主要問題。地貌一方面雖是最易於觀察的地理現象之一，同時又是最複雜的地理現象之一。陸地形狀排列成無數的地貌，每一個地貌都不能與另一個地貌截然分開，地貌的大小與形狀，變化無窮。再者，這些地貌在地表組成物質的質地上，以及在地下組成物質的構造上，彼此不同。最後，各種地貌的相互位置，也就是不同地貌的空間分布，構成了地理學中一個具有重要意義的複雜形態。按對人類的重要性來分析這些地貌的特徵，也就是為了理解一個區域的重要地貌特徵，省略許多被視為次要的地貌，這樣所作的地貌簡化，是一個極其困難的學術問題。

發生地貌學者當然知道地貌詳情是極其複雜的，他們應該相信通過發生的決定，便是衡量什麼特徵是最重要的最有效途徑，這一點是完全可以

---

⑭ 見 Edward L. Ullman, "River as regional bonds: the Columbia-Snake example," *Geographical Review*, vol. 41 (1951), pp. 210–225.

理解的。但是，「重要」一詞本身是無意義的。對於一個目的是重要的，對另外一個目的可能是不重要的，而每一個科學分支都有其不同的目的。煤是一種在成分上、構造上和位置上變異的物質，這些變異的重要性，對古植物學者、礦業工程師以及化學家都不相同；對某一煤礦演變的古植物學研究，並不一定能提供化學家必須知道有關煤的知識，反之亦然。對於煤，一位化學家能夠決定他所須要知道的，並不必研究煤的發生演變。

作為一個普通法則而斷言：「了解任何事物最好的方法，就是了解其如何演變或發展」，⓯這並不是上述各種具體問題的答案。例如對無煙煤演變的完全了解，並不對引燃無煙煤燃燒所須要的條件提供了解。假若我們知道一個事物的全部演變歷史，就掌握了其全部知識，這種說法甚至在理論上是對的，但是在實用上可能是很使人誤解的。發生地貌學者並不能研究一個地貌演變的所有細節，即使他能夠研究，他也不能把全部細節的詳情表達出來，但是，他所不研究的，或在解釋地貌演變的一般過程中視為次要事物而省略的，卻很可能就是目前與區域變異其他因子最有密切關係的事物。

對任何理論的驗證，不是它的邏輯，而是它在實際應用上是否可以行得通。的確有些例子可舉，例如火山山峰、玄武岩脈或曲摺的嶺谷相間地區，甚至對這些地貌演變形成歷史的部分知識，也有助於對它們目前特徵的理解。但是在其他的情況下，這種不完全的知識，可能會導致相當錯誤的印象，在彭克 (Albrecht Penck) 所舉的例子中，由於組成物質和演變一般過程的相似，波西米亞 (Bohemian) 古地塊被視為與法國中央古地塊相似。⓰但是目前這兩個地區的地貌，卻完全不同，一個是凹地，一個是凸

⓯ Sidney W. Wooldridge and W. Gordon East, *The Spirit and Purpose of Geography* (London, 1951), p. 46。

⓰ 見前揭 Hartshorne，*The Nature of Geography*, pp. 388–389。

地，但是這種對比的發展，卻發生在兩區地貌演變歷史的最近階段中，而這兩區整個地貌發展的歷史中，卻是極不重要的。

地貌是區域變異的一個組成分子，描寫分析是否會有助或有損對地貌現有特徵的理解，是一個判斷問題，而不是一個邏輯問題。堅持這種描寫分析對地理學有價值的人，主要是從事這種研究的人，而不是使用這種研究結果的人，這一點的確有些令人困惑。

有些現有地貌的特徵，與區域變異的其他分子最密切相關，只有發生分析的目的是解釋這些現有地貌的特徵，發生分析對地理學才可能是有用的。地貌學者如果主要以地貌作為研究地質過程或決定地史時期的手段，他的解釋性描寫將如凱塞里 (John E. Kesseli) 所指出的，時常是「一個缺乏描述的解釋」。⓱拉塞爾和凱塞里也都說過，一百年以來，以解釋發生為主流的地貌學，對世界大部分地區的地貌，並未能給予全面的描述，而且其中包括許多曾經由地貌學者詳細研究過的地區。⓲

地貌學傳統上比較注意對過去地貌演變的解釋，而不注意對現有地貌的描述，這實在是由於地貌分類是根據地貌的起源，而不根據地貌的現有形狀所致。沒有必要理由可以假定根據起源的地貌分類，會對現有地貌形狀是有用的；經驗說明，時常適得其反。⓳厄爾曼在哥倫比亞河和蛇河對美國西北部區域變異重要性的研究中，提供了另外一個例子。他發現「先成河」、「疊置河」或「河流劫奪」等概念，在描述上既不可靠，又失之籠統。比較富有描述性的名詞，應該是「橫切河流」（dioric，指切穿山脈的河流）或「外來河流」（oxotic，橫貫沙漠的河流）。⓴

⓱ John E. Kesseli, "Geomorphic landscape," *Yearbook of the Association of Pacific Geographers*, vol. 12 (1950), p. 5.

⓲ 見前揭 Russell, "Geographical geomorphology" 及前揭 Kesseli"Geomorphic landscape."

⓳ 見前揭 Hartshorne，*The Nature of Geography*, pp. 388–391。

30 多年來，地理學者提出的這些以及類似的抗議，似乎碰到了教條的無門牆壁。佩爾捷 (Louis C. Peltier) 沒有經過討論就斷言：

> 一個根據起源所分類的描述，不但最能滿足地理學者的需要，也能使許多其他認為應用地貌學有用的人士感到滿足。[21]

同樣，伍爾德里奇和伊斯特 (W. Gordon East) 在面對一個發生描述的失敗，並稱之為一個「不能答覆的爭辯」之後，回過來再談這個表面上的一般原則：

> 最好的分類，包括地貌分類在內，是根據起源所作的分類。[22]

這一原則可能是從另一個原則中派生的，即「了解任何事物最好的方法，就是了解它是如何演變或發展的」。這只有在我們對演變具有完全的了解時才是有效的，而這卻是永遠不可能的。再者，在定義上，一個分類在許多方面是有意不完全的。[23]如果分類根據起源，它就只描述那些在地貌發展過程中最重要的因素，而忽視發展史上相當次要或偶然重要的因素。有些因素決定了現有地貌的特徵，這些特徵就其在目前地理學中與其他重要的密切相關來說，卻是極重要的，這些因素可能就是上述那些被忽視的因素。

我們懷疑根據演變的分類可能是從生物科學傳來的，生物的分類是根據生物現有特性決定的，把不同的生物包括在同一種類之內，這樣構成了

---

[20] 見前揭 Ullman, "River as regional bonds: the Columbia-Snake example."

[21] Preston E. James and Clarence F. Jones, eds., *American Geography : Inventory and Prospect* (Syracuse, 1954), p. 368.

[22] 見前揭 Wooldridge and East，*The Spirit and Purpose Geography*, p. 45.

[23] Marlin G. Cline, "Basic principles of soil classification," *Soil Science*, vol. 67 (1949), p. 85.

一個歸納的理論，即它們具有共同的起源，因而起源上大部分是完全一樣的。如果這個理論是正確的，我們可以預計到在現有特性上，其相似性比我們能觀察到的要多，也就是說，正確的分類實際上可以增加我們對生物的知識。

這個原則不能應用到無機界。把幾個完全獨立的要素包括在同一發生類別之中，只不過把每個要素的全部解釋削減到最大的共同因素。不論相似性達到什麼程度，我們不能推測其他因素及其結果也是相似的。總之，並不增加新的知識。

因之，甚至為了動態地貌學的目的，一個發生分類是否適當，也很令人懷疑。在科學的正常程序上，觀察之後就緊接著分類，從而使可觀察的特徵，得以用從發生的觀點來考慮。正如地貌學者拉塞爾和凱塞里指出，地貌發展過程很少能直接觀察，而必須在對可觀察的特性研究中，加以歸納，[24]因此，起源分類是科學研究結果的一個分類，其之所以經常修改，並不是由於可觀察的事物有了更全面或更正確的認識，而只不過是由於科學新理論的發展。

（三）發生地貌學的地位

我們已經知道對同一地貌的研究，可以同時增加地質學和地理學的知識。就地質學來說，陸地現在的形狀只是一個基準線，但對地理學來說，現在的地貌卻是極重要的。另一方面，地貌的演變對地質學是極重要的，對地理學則只具有間接的意義。是否需要，像是最近的地貌變化，或者是否只是有助於對現在地貌的理解，地理學最多只涉及相當最近的發展，即最近的起源。

但是科學的分工並不能經常遵循像這樣一個邏輯的區別，在這種情形

[24] 根據拉塞爾同我的談話；又見前揭 Kesseli，“Geographic landscape,” pp. 5–6.

下，好像是由對資料和方法的專門知識來決定的。個別的地貌學者實際上進行了所有三類的研究。因此，地貌學者更邏輯地與地理學，與系統地質學，或者與歷史地質學相關，這好像要看地貌學者自己的觀點。如果這個結論是對的，就普通常識和禮貌來說，不論在任何情形下，都應該由地貌學者自己決定。

正如 1923 年黑特納以及 1956 年伍爾德里奇所說的，問題並不在新一代的地理學者是否會排斥地貌學，㉕而在於地貌學者是否會喪失與地理學的聯繫。萊利 (John Leighly) 最近要求自然地理學者「只追蹤地球上的自然法則」，聽起來像是號召出走的號角之聲。㉖根據本書前一章（譯者按：哈特向原書這一章的標題是「系統地理學的分科：自然地理學與人文地理學的二元論」）第一節的討論，地貌學在這樣一個出走中，並不會成為自然地理整體的一部分，而是許多性質迥異的分科之一。

可以想像地，地貌學可能向地質學投降。實際上，在美國許多大學的科系劃分中，地貌學就是放在地質學系裡。然而經驗卻表示，地貌學對地質學的關係並不大（從理論上看也是這樣）。地貌學除了對地層學和年代學具有貢獻以外，它對自然法則作用於地球的探討，重複說明地質學的種種問題，為其他院系的學生提供了有用的資料與「服務課程」。但對大多數地質學者所研究的主要問題來說，並不是必要的。因此，這是不足為奇的，與地理學關係密切的地貌學者，似乎並不想轉到地質學系，甚至有些地理學者曾不客氣地這樣建議過。

另一方面，在地理學中，地貌特性的透徹理解，顯然對變異的研究是必要的，這不但就起源類型來說，並且對世界每一地區的特性也提供了解。

㉕ 見前揭 Hettner，“Die bedeutung der morphologie,” p. 45；及前揭 Wooldridge，*The Geographer as Scientist*, p. 91.

㉖ 見 John Leighly, “What has happened to physical geography?” *Annals of the Association of American Geographers*, vol. 45 (1955), pp. 309–318.

因此，地理學完全有理由歡迎自願的地貌學者處於同一研究領域之中。在這個廣闊的地理學研究領域中共同工作，根據自由研究的原則，不允許我們對任何學者可能進行的研究加以約束或限制。希望一位地貌學者不論他是一位地質學者，或者他是一位地理學者觀察景觀而不想知道現在地貌的發展，就等於是拒絕給他科學的基本精神。由於一位「地理的地貌學者」追求這種知識，而我們批評他超越了地理學的假想範圍，將是魯莽無禮的。

但是，如果地貌學成為地理學的完整組成部分之一，便有義務接受地理學的總目的，即地球作為人的世界，其變異特徵的解釋性描述。如果地貌學者堅持非地理性的地貌研究所得的副產品，對地理學是必要的和足夠的，那麼伍爾德里奇所稱地理學者對地貌學地位的「好像是永無休止和令人厭倦的爭辯」，就會繼續下去。如果地貌學要完成它作為地理學一部分的功能，地貌學者似乎不應該是被告知，而應該是問問其他地理學者從地貌學中需要些什麼。

地貌的差異，顯然是產生地區總變異的較重要變數之一。但是，這種總變異並不是地區變異要素的總和，而是那些互相相關要素的整合。這些互相相關決定於一定時期的演變過程，在這個時期內，不同要素在形態上不斷發生變化。就了解這種整合而論，追蹤遠在該整合開始以前的地貌發展是沒有必要的。所需要的是現有地貌盡可能最全面的、量度過的和有用處的描述；而現有地貌的分類，要使其能夠與其他地球要素的關係進行發生研究。發生地貌學研究對地理學的價值，依賴於它們對現有地貌特徵了解的程度，這些現有地貌與其他地理現象在機能關係上是很重要的。[27]因此，不論是專門研究哪一方面的地理學者，都歡迎拉塞爾與凱塞里「一個更地理的地貌學」的建議。

---

[27] 見前揭 Le Lannou，“Le vocation actuelle de la géographie humaine,” p. 42.

三、氣候地理學中的時間和起源問題

由於大氣是流動的，氣候地理學中的主要差異與地貌學不同。在我們稱之為「現在」的時間裡，這些氣候的差異表現在 3 方面：⑴按照晝夜和季節循環作規則和顯著的變化；⑵經由不斷改變的天氣，作不規則的變化；⑶通過長期氣候變遷，呈不顯著，但常常是很重要的變化。所以，「現在」所包括的時間長度，要長到足以決定各地區大部分氣候變化的原因，以解釋世界上每一地區，為什麼會有不同的氣候。是以，與地貌學一樣，決定現有事實的解釋其分布所需要的時間長短，並沒有重要的差別。

解釋現有整合的地理現象時，會追溯地理現象過去的一段發展時期，通常我們假定過去的氣候狀況，同現在基本上是一樣的，就地貌的情況來說，更是如此。由於今天得到了更多的有關氣候變遷的可靠知識，這種假定須要重大修改。但是由於最受氣候影響的地理現象，像是植被以及更特別是各種農作物，隨著氣候變化而相當快速地變化，所以，在大多數情況下，解決現有地理現象，並不需要追溯太遠的過去。

就地理的變遷歷史來說，過去的氣候變遷，很可能極其重要。特別在「邊際」氣候的地區，比較顯著的像是半溼潤、半乾旱的邊緣，在我們擁有更多可靠的氣候變遷資料之前，就很難解釋過去的地理狀況，像是古代的地中海區。

今天地理學者關於氣候研究的主要問題，是地理學者對氣候狀況的成因或發生應關心到什麼程度。在氣候學本身，作為地理系統科學之一，大氣現象過程和分布的研究，必須包括對不同地區氣候差異成因的解釋。作為地理學不可分割組成部分的氣候地理學，則研究氣候因子的地區變異，而這些氣候因子與其他因素結合，以決定地區變異簡單的或較複雜的區域整合。氣候地理學究竟需要氣候學到什麼程度呢？

對現有氣候狀況的理解，似比對現有地貌的理解，更少依賴成因的知識。用以描述和評價大氣特性的資料，包括溫度的高低、降水的多少、相對溼度或雲量的大小、風的速度和方向等，我們可以直接應用，而不必知道它們的成因。這可能就是哈恩 (J. Hann) 和瓦爾德 (R. DeC. Ward) 等學者認為氣候地理學的特性基本上是描述性的原因。㉘

然而，任何現有氣候狀況所包含的全部內容，遠超過了所提供的，比如說月平均數字。熟悉氣候狀況成因的學者，可以應用這些資料，結合通常公開出版的氣候資料，從而演繹出更多知識，這一點可能是對的。但是，正像布魯克斯 (Charles F. Brooks) 所建議的，可以運用比月平均更精密的計算方法，來處理原始資料，從而獲得更可靠的這種知識。㉙

另一方面，測候站網永遠不可能為每一個地點提供正確的資料。在小氣候差異顯著的地區，各種地勢因子與局部氣候變異相關的知識，可能是決定那些與測候站不同地點氣候狀況的唯一有效途徑。

為了地理學的多數目的，問題並不在缺乏氣候數據記錄，而是如何將現有的大量數據記錄簡化成統計量數，這些統計量數不但容易理解，同時也能有效地評估與其他區域變異現象相關的各種重要氣候特徵。有數種氣候要素在時間上經常有波動，對許多有關現象產生顯著的影響。任何地方氣候的分析，都須要選擇合適的計算方法，不但使波動化成平均數，並且可以衡量波動的重要程度。

測候站所紀錄的原始資料，提供了計算重要比例的無數可能途徑，例如熱量有效率、水分過剩率或水分不足率，以及這些比例在「現在」期間內的波動率。氣候地理學的一個重大問題，便是如何決定最有效的計算方

㉘ 見前揭 James and Jones，*American Geography: lnventory and Prospect*, p. 345.

㉙ Charles F. Brooks, “The climatic record: its content, limitations, and geographic value,” *Annals of the Association of American Geographers*, vol. 38 (1948), pp. 163–168.

法，從而有效地評估與其他地球現象相關的空間上的變異和時間上的波動。[30]

這些計算在構成和運用中，都不受各種氣候成因的影響。相反地，正如萊利 (John Leighly) 在別處所強調的，他認為問題是如何最好地把氣候學的事實和其他有關地理現象的過程聯繫起來。[31]

四、現在文化特徵研究中的時間和起源問題

人文現象比自然現象，在時間上具有更大幅度的波動。因而，一般上需要考慮使用較長的時期當作是「現在」。為了區別暫時的波動與明確趨勢變化的不同，所需要的時期甚至更長。

為了解釋現有各種文化特徵之間的互相關係，而進行對過去狀況的研究，其問題比解釋大多數自然特徵複雜得多。這些研究所牽涉的文化特徵為數遠較多，種類亦遠較複雜，而且這些文化特徵變化的速度也互不相同。大多數這些變化的變化速度，要比自然現象快得多，它們的相互關係可能淵源，至少就人類歷史的尺度而言是很早的。[32]因此，正像我們以前指出的，為了解釋現在地理現象的特徵，我們必須再三追溯到過去時期的地理狀況。[33]所以瓊斯 (Emrys Jones) 曾這樣斷定：

---

[30] 參見前揭 Brooks，“The climatic record: its content, limitations, and geographic value,” pp. 163–168.

[31] 見前揭 James and Jones，*American Geography: Inventory and Prospect*, p. 355.

[32] 見前揭 Le Lannou，“Le vocation actuelle de la géographie humaine,” p. 41.

[33] 見前揭 Hartshorne，*The Nature of Geography*, pp.178–179, 183.

> 每一事件必須依照其發生的歷史背景為準，這樣，地理學者才最接近解決地理現象的成因。㉞

由於所有現有現象都淵源於過去，而其中有一些是淵源很久的過去，我們為了研究現在，是否得追蹤所有的過去發展呢？正如達比 (H. Clifford Darby) 曾說過：

> 對現有事物的完全解釋，無疑須要追溯到最早的互相關係，並須考慮從那時以後的演變；但是，完全解釋是永遠不可能的。㉟

研究一個地區的現在地理狀況，不可能對每一問題都追根到底；研究者必須考慮效果遞減的情形而在向過去的追溯適可而止。㊱在理論上，吾人並不能確定時間的界限在哪裡；只能說在組織良好的研究中，探索過去不同現象和互相關係的學者，應該在深度上有某種合理的平衡。

這個問題的答案，一定要依賴地理學者自己對各個問題的判斷，這種判斷所應該根據的原則，就是能區別說明性描述與解釋性描述。任何研究的主題和範圍，都是由前者決定的，不過除此之外，後者可能領先。正如大多數地理學者在實用上所同意的，假使我們也同意，基本上地理學所關注的描述對象是現有各地區變化不定的特性，這種特性是現有現象互相之相關關係所形成的，所以，對過去現象的解釋性描述，就必須從屬於基本的目的。黑特納曾斷言，地理學「需要發生概念，但是地理學不能變成歷史學」。㊲黑特納全部論點的意義，可能在麥金德 (Halford J. Mackinder) 的

㉞ Emrys Jones, "Causes and effects in human geography," *Annals of the Association of American Geographers*, vol. 46 (1956), p. 377.

㉟ H. Clifford Darby, "On the relations of geography and history," *Transactions and Papers, Institute of British Geographers*, vol. 19 (1953), pp. 9–11.

㊱ 見前揭 Hartshorne，*The Nature of Geography*, p. 358。

一個說明中表示得更為清楚：

> 地理學應該是在動態的意義上，而不是在起源的意義上之因果關係的描述。[38]

由於法國地理學與歷史學建立了非常密切的關係，蕭萊對這個問題的討論就特別值得注意。[39]地理學關注今天存在的地區，歷史學則關注時間上的差異。但在人文地理研究中，年輕的法國地理學者，總是一成不變地採用歷史學方法，企圖重建組成導致現在情況全部事件的連鎖關係。

> 真有這種必要嗎？活的現在就活動在我們的面前，我們可以直接觀察其構造上的基本事實，了解其活動，量度其動態狀況。通過這種觀察，我們可以了解過去的真相。……從過去的研究中，只採取其對理解現在狀況絕對不可少的，只追溯到組成現在狀況要素組合的產生時期，而不追溯每個要素本身的原始起源，這樣難道還不夠嗎？

蕭萊繼續說，追溯每個要素本身的原始起源，對地理學者來說是不可能的，並且是不必要的。了解一個現代冶金區域，沒有必要記述冶金起源以來的編年歷史，甚至沒有必要探討該區域工業興起以來的歷史；只要能認識到勞力 、 資本 、 技術以及這個現代開發方式結合在一起的時候就足夠了。

---

[37] Alfred Hettner, *Die Geographie, ihre Geschichte, ihr Wesen und ihre Methoden* (Breslau, 1927), 見頁 131–2。譯者按此書有中文譯本，見王蘭生譯，《地理學：它的歷史、性質和方法》（北京：商務印書館，1986）。

[38] Halford J. Mackinder, "The human habitat," *Scottish Geographical Magazine*, vol. 47 (1931), p. 268. 譯者按此處頁碼原文為 268，疑有誤。

[39] 見前揭 Cholley，*Guide de L'Étudiant en Géographie*, pp. 102–121.

> 當然，這需要作一個很難的判斷，但是如果將這種判斷根據所要解釋地區的現在狀況，就容易多了。不管一種人文地理現象是如何的重要，沒有必要去重新建立其全部過去的歷史，正如追溯法國 Morvan 山的全部地質演變一樣而無用處。只要指出現在地貌所由產生事物的出現時間就夠了。[40]

正如我們已經說過的，假若地理學的主要目的，在實用上限制它追蹤現有文化要素的最初起源，在整個知識領域中，就必然有一個學科主要研究文化要素的發生，而這些文化要素是有區域變異的。這種發生研究基本上由合適系統科學的學者進行，或者由地理學者進行，這主要根據實用上的或個人的理由來決定，此處不必加以考慮。[41]在對地理學有用的範圍內，不管研究是誰做的，這種研究都是受歡迎的。

鑑於文化要素既多且雜，不過我們應該記著，各種文化要素對地區現象的整合，並不都是同樣重要的。願意避免浪費精力的地理學者，會選擇對地區整合變異重要的文化要素來研究，或者選擇可以作為重大因子明確指標的文化要素來研究，而這種重大因子是不能直接量度的。

五、歷史地理學

大部分地理學研究的目的是描述和解釋現在的世界，在前面我們已經提到，有些研究焦點基本上卻集中於過去。地理學者一向都承認「歷史地理學」是地理學的一個研究領域，但是作為地理學一個系統的分科，歷史地理學應包括哪些研究內容，卻一直不斷有爭論。

地理學界好像有一個共同的意見，大家認為企圖用地理來解釋歷史的

---

[40] 見前揭 Cholley，*Guide de L'Étudiant en Géographie*, pp. 112–114。

[41] 見前揭 Hartshorne，*The Nature of Geography*, p. 373。

研究：恰好又稱之為「地理的歷史學」，在邏輯上是歷史學的一部分，而不屬於地理學，雖然地理學者在這方面曾做了，並且繼續在做有價值的研究。[42]

我相信地理學者也同意，過去任何時期的地理，麥金德稱之為「歷史上之現在的地理」，是另一種形式的地理學，與我們普通研究的地理學基本上是相似的，只是它的主要描述要依賴歷史的記錄。[43]正如克拉克(Andrew H. Clark)所指出，[44]這種研究提供了有關特殊現象和相互關係的事例，從而增加我們發展類屬概念和原理的能力，在若干地理學的分科中特別顯著，像是政治地理學，在這些分科中，在歷史上任何一個時期，只有少數類似的事例。

作為「歷史上的現在」的一個過去時期，其地理是一種特別形式的地理，是目前有人居住地區在人類開始進入該區時的描述，即該地區自然的地理，也就是該區自然景觀的描述。除了極少數由最初發現者加以描述的地區以外，這樣的研究不是最初直接的描述，必須根據現在的觀察和過程相互關係的理論加以建立。我們有關相當開發地區「自然植被」的大部分知識，就是靠著這類研究獲得的。

一個過去時期的地理學，不是在發展的意義上是「歷史的」，只有在對它是討論過去的意義上，才是「歷史的」。但是如果研究同一地區一系列的過去地理，這些就是連續的時間剖面，互相比較這些剖面，就會顯示出過去發展的結果。我在《地理學的性質》(*The Nature of Geography*)一書中關於這個問題的討論，大部分是根據黑特納的意見，指出歷史地理學並不直

---

[42] 見前揭 Hartshorne，*The Nature of Geography*, pp. 175–176, XXV–XXVI；又見前揭 James and Jones，*American Geography: lnventory and Prospect*, pp. 81–82。

[43] 見前揭 Hartshorne，*The Nature of Geography*, pp. 184–187, XXXVI–XXXIX；又見前揭 Cholley，*Guide de L'Étudiant en Géographie*, pp. 77–78。

[44] 見前揭 James and Jones，*American Geography: Inventory and Prospect*, p. 96。

接著重研究在時間上的變遷。[45]歷史學是時間上變異的描寫，地理學是空間上變異的描寫，就這種意義來說，二者不可能合併起來，這樣，便不可能有「歷史地理學」。後來，邵爾 (Carl O. Sauer)[46]和惠特爾西 (Derwent Whittlesey)[47]都提出有力的論點，主張歷史地理學是一個地區在時間上發展的研究，許多其他學者也表示了類似的看法。

我認為在導致《地理學的性質》一書所述結論的簡單討論中，有兩個重大的錯誤：

第一，雖然承認一個人可以研究一個地區任何某一種現象在時間上的變化，但這種研究認為是非地理學的，而是該類現象系統研究的一部分。然而，只有研究該現象本身時，這才是正確的，沒有理由為什麼不能研究其在時間上的變化，這種變化是整個地區特徵的一部分，而且一個地區的特徵也隨時間發生變化。達比隨後證明這類研究是有價值的，他稱之為歷史地理學的「垂直主題」，追溯一種特別現象在時間上的演變，這種現象經常視為一個地區全部地理的一部分，並且與其他地理現象互相相關。[48]

克拉克在《美國地理學的回顧與展望》(*American Geography: Inventory and Prospect*)[49]一書中他所撰寫的一章中，對這個主題表示了相似的意見，

---

[45] 見前揭 Hartshorne，*The Nature of Geography*, pp. 187–188。

[46] 見 Carl O. Sauer, "Foreward to historical geography," *Annals of the Association of American Geographers*, vol. 31 (1941), pp. 1–24. 中文翻譯見姜道章譯，〈歷史地理學引論〉，《中國歷史地理論叢》，第 4 輯 (1998)，頁 37–67, 191。

[47] 見 Derwent Whittlesey, "The horizon of geography," *Annals of the Association of American Geographers*, vol. 35 (1945), pp. 1–26.

[48] 見前揭 Darby，"On the relations of geography and history," pp. 8–9；比較 F. J. Monkhouse, *The Concept and Content of Modern Geography*, Southampton 大學教授就職演講稿 (Southampton, 1955)，見頁 22–23。

[49] 見前揭 James and Jones，*American Geography: Inventory and Prospect*, pp. 70–105。

坎伯蘭 (Kenneth B. Cumberland) 用《地理學的性質》一書所述的相似理由提出異議，他說：「時間上的變化屬於歷史學的範圍；空間上的差異屬於地理學的範圍」。[50]但是在這種情況下，兩者都有，即空間差異又隨時間不斷變遷。

此處又和地貌學一樣，一項研究的性質是否是地理的，便要看研究的目的和旨趣而定。假若其所關注的是決定變遷的方式和過程，研究性質基本上是屬於歷史學的；假若其重點放在現象變遷的特徵和相互關係，而這種現象又視為一個地區全部地理的一部分，研究性質很明確地是屬於地理學的。

第二，我在《地理學的性質》一書中，對這個問題討論的主要部分，是關於整個區域或整個「景觀」的歷史研究，這反映了當時地理學思潮中一些重要的主題。對一個區域在時間上是否會保持「整個」這一概念，提出了邏輯上的反對意見，同時也承認在理論上任何區域會有一個連續的歷史地理，這種連續的歷史地理是由無數過去時間的剖面所組成的。上述唯一的反對意見，是一個實用上的問題，即對像電影一樣的這種活動地理之分析，大概是不可能的。

假若我們想像，在過去兩千年的每年仲夏某日，從空中的同一地點，對英國某一地區拍攝一系列航空照片，地理學者和歷史學者同時當電影片來看，歷史學者很可能把影片當作是歷史的，地理學者則肯定會認為影片是地理的。地理學者和歷史學者從同一影片中分別看到不同的事物。對地理學者來說，這就是在時間上的區域變異，假若每一張航空照片都是地理的，全套影片當然也是地理的。

對這樣一個空間上和時間上變異組合的分析，無疑是極其複雜的。但

[50] Kenneth B. Cumberland *et al.*, “American geography: review and commentary,” *New Zealand Geographer*, vol. 11 (1955), p. 185.

是，強調實際困難，並不能證明這樣做是不可能的；這最多不過只是一個警告，如果要得到有用的結果，雄心勃勃的學者，必須尋找一些困難減到最少的途徑。選擇一個面積較小的地區，這個地區的區域差異有限，其產生歷史變化的因子也較少，這樣做是可能做得到的。

其他的學者曾爭辯說，把空間變異和時間變異分開來研究是不實際的，兩者應該合而為一，歷史成分和地理成分一樣多。這無疑就是對整個現實的研究，但是這樣將會放棄在方法上的專門化。

不論是地理學者或者是歷史學者，大規模地涉及大陸或幾百年的歷史，或者甚至規模更大涉及全世界和整個人類歷史，這樣所曾進行的嘗試，在討論上只是煽動性的，並不能有助於進一步的研究。[51]如果這種歷史和地理統一研究，在研究水平上來說是可行的，大概有必要選擇很有限的時間和空間剖面，藉以取得一定程度的專門化。

歷史地理學研究各地區在時間上不斷改變的地區特徵，雖然其目的既不受對一個地區內現有各種互相關係解釋的影響，也與一個地區現有地理現象的起源無關，但是歷史地理學的研究，也可能對這兩種目的都有貢獻。

我們在前面曾結論說，為了尋找地理現象之間現有互相關係的解釋，地理學的正常程序是從現有的地理現象開始，從而追溯其和其他地理現象之間關係的歷史過程。但是這種程序肯定會追溯到過去的狀況，這些過去的狀況可以解釋現在的情形，像這樣的假定是錯誤的。因為在過去所有的時期中，任何一個互相關係過程的運作，必然受到其整個環境的影響，而在其環境中，不同的要素各以不同速度不斷變化著。對過去的重建，和對在時間上不斷變化互相關係的記錄，會豐富我們對這些互相相關關係的知

---

[51] 見前揭 Hartshorne，*The Nature of Geography*, pp. 175–176；又見 O. H. K. Spate, "Toynbee and Huntington: a Study of determinism," *Geographical Journal*, vol. 118 (1952), pp. 406–428; 及 O. H. K. Spate, "Reflections on Toynbee's A Study of History," *Historical Studies-Australia and New Zealand*, vol. 5 (1953), pp. 324–327.

識。在對過去重建時，並不限於那些已知與現狀相關的現象。我們須要以正常方法從現狀追溯過去的過程和較早的狀況得到這些相關關係。[52]

從這個觀點來說，假如有關歷史時期和現在之間並沒有顯著不連續的話，歷史地理學研究對解釋現在地理情況最有價值。北美洲東部在大發現當時或白種人第一次移民當時的地理，對了解現在很有價值，但是更早的幾百年或幾千年的發展過程，對現在就極少有什麼關係了。除了少數顯著的例外，盎格魯撒克遜人入侵以前凱爾特人和羅馬人的聚落，對今天英格蘭的關係也同樣是不重要的。同樣，目前是城市的地區而以前是農村區的歷史地理，除了街道的形態，對了解現在城市也極少有幫助。

我們認為歷史地理學限於研究有人類的世界，實際上，幾乎對所有的歷史地理學研究來說，這一點都是正確的。在邏輯上，對有人類以前地理上各種不斷改變現象的研究，好像也應該包括在地理學之內。若要重視這類研究，我們就需要更改地理學是研究人類之家世界的這一概念，例如將這種說法更改為「恐龍地理學」。為什麼一般上把歷史地理學限於研究包括有人類的過去，除了定義上的原因以外，還有許多其他的理由。

我們在地理學研究中所關注各種現象的整合，不論人存在什麼時候，是現在存在或者是已經存在很久了，人總是一個重要因子，而且與地區其他變數密切相關。甚至在一個無人居住地區的研究中，我們所關注的也是它與人類有關的特性。不考慮人的地理學研究，就等於是研究整合而整合中又沒有重要整合的要素。

把地球當作人類之家，並不限於現在的人類，而應包括歷史時期的整個人類。我們之所以對過去的地理感到興趣，就是因為過去地理差異的產生主要由於過去人類在思想上、設計上和實行上同我們一樣。在理論上，古人與其他地球現象所建立的區域整合，與現在人類所建立者屬於同一個

---

[52] 見前揭 James and Jones，*American Geography: Inventory and Prospect*, p. 14。

等級。

最後，把過去的地理學限於人類歷史時期，還有一個重要的實際理由，實際上還只限於人類歷史時期的有限部分。對過去任何時期地理的原始描述，只有在我們獲得親身經歷的記錄資料，這才是可能的。缺乏這種第一手的記錄資料，我們就不得不用主要根據現狀的演繹方法，以重建過去的地理。

六、結　論

正確了解時間在地理學中的功能，就是要認識地理學的真正本質，地理學不是研究各種現象的本身，也不是研究這些現象在地球上的各自變異，而是研究各種互相相關的現象的區域變異，這些現象或者是比較簡單的整合，或者是比較複雜但仍是部分的整合，這樣以達到各種相互相關現象的近似總整合，這些現象形成了作為人類之家的地球的變異特性。

在現有互相相關及變遷速率的原始描述中，需要一段一定長的時間，個別互相相關的解釋的描述，可能需要分析互相相關的發展過程，這種過程在時間上要追溯得更遠，但是這種對過去的追溯，其目的並不是在追究發展過程本身或尋找其起源，而是藉以對現在的理解。

主要著重某些現象因果發展或起源的研究，在邏輯上是各種現象系統研究的一部分，也就是自然的或人文的系統科學，這些研究也討論各種現象在地球上不同分布的原因。為了實用或個人的理由，專門研究某一系統地理學的地理學者，會從事這種系統科學研究，但是並不是說其他地理學者，也非這樣做不可，以達到對某一系統科學具有同樣程度的知識。

直接探討各種現象整合的區域變異只限於現在，有了前人的文字記載，再加上對現在地理現象的觀察，而我們又知道這些現象基本上沒有改變，這樣，我們便可以考察較早歷史時期的地理狀況，就好像跟現在一樣。研究一個區域這樣一系列的地理狀況，我們就可以重建一個地區特性的變化記錄。這種對不斷改變區域整合的歷史研究，只要重點是在區域的特性，而區域的特性又是因某些過程而不斷改變，這樣的研究，就是地理的，而不是歷史的。歷史研究的主旨則著重在發展過程的本身。

MEMO

圖表資料來源

表 1–1　闞維民，《歷史地理學的觀念：敘述、復原、構想》(杭州：浙江大學出版社，2000)，頁 18。

圖 3–1　Cheng-Siang Chen, The Sugar Industry of Taiwan (Taipei: Fui-Min Institute of Agricultural Geography, 1955), pp. 26–27.

圖 3–2　陳正祥，《臺灣地誌》，上冊（臺北：敷明產業地理研究所，1959)，頁 211。

圖 3–3　陳正祥，《臺灣地誌》，中冊（臺北：敷明產業地理研究所，1960)，頁 671。

圖 3–4　田方、林發棠主編，《中國人口遷移》(北京：知識出版社，1986)，頁 291。

圖 3–5　Alan R. H. Baker, Historical Geography and Geographical Change (London: Macmillan Education, 1975), p. 8.

圖 3–6　Baker, Historical Geography and Geographical Change, p. 16.

圖 3–7　Baker, Historical Geography and Geographical Change, p. 25.

圖 3–8　Torsten Hägerstrand, Innovation Diffusion as a Spatial Process (Chicago: University of Chicago Press, 1967), 圖 12, 15 及 19。

圖 3–9　Baker, Historical Geography and Geographical Change, p. 27.

圖 3–10　Baker, Historical Geography and Geographical Change, p. 31.

表 7–2　闞維民，《歷史地理學的觀念：敘述、復原、構想》(杭州：浙江大學出版社，2000)，頁 18。

表 11–1　Yeh-chien Wang, *Land Taxation in Imperial; China, 1750–1911* (Cambridge, MA: Harvard University Press, 1973), p. 74.

表 12–1　1. 乾隆 (1787)《彰德府志》，第 12 卷，頁 5b。

2. 〈全國產鹽區域所在地一覽表〉，《鹽政雜誌》，第 1 卷第 4 期 (1913)，調查，頁 1–8 及第 1 卷第 5 期 (1913)，調查，頁 9–17。

3. 張茂炯等撰，《清鹽法誌》（北京，1920)，第 27 卷，頁 1；第 30 卷，頁 3；第 32

卷，頁 3；第 66 卷，頁 27–30。

4. 何維凝，《中國鹽政史》，上冊（臺北，1955），頁 328–358。

5. 何維凝，《新中國鹽業政策》（上海，1947），頁 3–14；頁 128。

6. 光緒 (1901)《續雲南通志稿》，第 50 卷，頁 9–13。

7. 光緒 (1885)《湖南通志》，第 60 卷，頁 12b。

8. 凌文淵，《中國鹽業最近狀況》（北京，1913），第 1 卷，頁 1；第 2 卷，頁 1。

9. 劉雋，〈清代雲南的鹽務〉，《近代經濟史研究集刊》，第 11 卷第 1 期 (1933)，頁 56–57。

10. 篠田統，〈食鹽〉，載藪內清著，章熊、吳傑譯，《天工開物研究論文集》（北京，1959），頁 91–94。

11. 田步蟾，〈山西鹽務調查報告〉，《鹽政雜誌》，第 1 卷第 3 期 (1913)，調查，頁 6。

12. 臧勵龢編，《中國古今地名大辭典》（上海，1931）。

13. 曾仰豐，《中國鹽政史》（上海，1937），頁 56–87。

14. 乾隆 (1788)《衛輝府志》，第 20 卷，頁 16b。

15. 周慶雲編，《鹽法通志》（北京，1914），第 2 卷，頁 25；第 3 卷，頁 24–28 及頁 30–32；第 5 卷，頁 24；第 38 卷，頁 28–32。

表 12–2

1. 汪喜荀，〈戶部山東司記事〉，載《江都汪氏叢書》，第 3 卷，《從政錄》，約在 1841 年完成；重印本（上海，1931）。

2. 王慶雲，〈直省鹽課表〉，載《熙朝紀政》，1890 年完成；重刊本（臺北，1966），第 5 卷，頁 33–36b。

表 12–3

1. 張鏐、胡濬泰，〈浙江鹽政局調查鹽業報告：紹興之部〉，《鹽政雜誌》，第 1 卷第 4 期 (1913)，調查，頁 1–11；第 1 卷第 5 期 (1913)，調查，頁 1–16。

2. 財政部鹽務總局，《中國鹽政實錄》，第 5 卷（臺北，1954），第 6 章，頁 17；第 8 章，頁 9；第 15 章，頁 3。

3. 何亮標，〈雲南迤西邊岸鹽務調查記〉，《鹽政雜誌》，第 2 卷第 1 期 (1914)，調查，頁 4–6，12 及 14；第 2 卷第 2 期 (1914)，調查，頁 1，6–7 及 10。

4. 蕭堃，〈雲南鹽運使整理鹽務條陳〉，《鹽政雜誌》，第 2 卷第 7 期 (1915)，專件，頁 1。

5. 林振翰，《川鹽紀要》，上海 1916 年初版；再版本（上海，1919），頁 238–245。

6. 林振翰，《淮鹽紀要》（上海，1928），頁 14–15，42。

7. 凌文淵，《中國鹽業最近狀況》（北京，1913），第 1 卷，頁 12；第 2 卷，頁 16–18。

8. 莫棠，〈四川鹽業調查報告〉，《鹽政雜誌》，第 1 卷第 5 期 (1913)，調查，頁 1。

9. 沈敬銘等，《甘肅鹽法志略》(1930)，第 2 卷，頁 12a。

10. 光緒 (1901)《續雲南通志稿》（臺北影印本，年代不詳），第 50 卷，頁 9b–11。

11. 汪知非，〈福建鹽場調查報告書〉，《鹽政雜誌》，第 30 期 (1920)，調查，頁 1–2；第 32 期 (1921)，調查，頁 41–42。

12. 吳承洛，《今世中國實業通志》（上海，1929），第 1 卷，頁 221。

13. 吳煒等，《四川鹽政史》(1932)，頁 49b–54a。

14. 袁見齊，《西北鹽產調查實錄》（南京，1946），頁 25–26。

表 12–5 1. 1368～1398 年資料採自申時行等，《明會典》，1587 年本；重刊本（上海：商務印書館，1936），頁 903–976。

2. 1840～1890 年資料來源，請見表 12–2。

表 14–1 劉錦藻編，《清朝續文獻通考》，影印本（臺北，1959），第 35 卷，第 2 冊，頁 7991。

表 14–2 Chieh Chang, *A Plan for the Reform of the National Salt Administration* (Shanghai: The National Review Office, 1913), p. 39.

表 14–3 1. 王慶雲，〈直省鹽課表〉，載《熙朝紀政》，1898 年完成，影印本（臺北，1966），第 5 卷，頁 28–33。

2. 劉錦藻編，《清朝續文獻通考》，影印本（臺北，1959），第 35 卷，第 2 冊，頁 7891。

3. 昆岡等編，《大清會典》，1899 年刊本，重刊本（上海，1936），第 20 卷，第 3 冊，頁 218–220。

表 14–4 1. Alexander Hosie, "The salt production and salt revenue of China," *Nineteenth Century*, vol. 75 (1914), p. 1143.

2. Chien Chang, *A Plan for the Reform of the National Salt Administration* (Shanghai: The National Review Office, 1913), p. 39.

3.《財政改革鹽務計劃書》(北京：財政部，1912)，頁 11–13。

表 14–5 〈兩浙各引地鹽本鹽稅售價一覽表〉,《鹽政雜誌》, 第 1 卷第 1 期 (1912)，調查，頁 1–4；第 2 期 (1913)，調查，頁 5–7。

表 14–6 1. 里程資料取自馮培等編,《欽定重修兩浙鹽法志》(1802 年本)，第 1 卷，頁 28–29。

2. 鹽稅占食鹽售價的百分比資料，取自表 14–5 資料來源所引〈兩浙各引地鹽本鹽稅售價一覽表〉。

表 15–1 Tao-chang Chiang, "The production of salt in China, 1644–1911," *Annals of the Association of American Geographers*, vol. 66 (1976), pp. 519.

表 15–2 1. Adshead, *The Modernization of the Salt Administration, 1900–1920*, p. 11.

2. 曾仰豐,《中國鹽政史》, 頁 209–210。

表 16–1 連橫,《臺灣通史》, 卷七,〈戶役志〉附表。

圖 17–1 曹婉如等編,《中國古代地圖集：戰國—元》。

圖 17–2 臺北學海出版社 1969 年影印本。

圖 17–3 曹婉如等編,《中國古代地圖集：戰國—元》。

圖 18–3 隆慶 3 年 (1569)《登封縣志》。

圖 18–4 嘉靖 40 年 (1561)《浙江通志》。

圖 18–5 嘉靖 36 年 (1557)《海寧縣誌》。

圖 18–6 萬曆 33 年 (1605)《武進縣志》。

圖 18–7 萬曆 43 年 (1615)《河間府志》。

圖 18–8 萬曆 24 年 (1596)《宿州志》。

圖 18–12 嘉靖 28 年 (1549)《真定府志》。

圖 18–13 萬曆 45 年 (1617)《朔方新志》。

人名索引

六劃

七劃

八劃

九劃

十劃

十一劃

十二劃

十三劃

十四劃

十五劃

十六劃

十七劃

十八劃

十九劃

二十劃

二十一劃

二十二劃

說明：歐美姓名的翻譯，主要以世界姓名譯名手冊編譯組編，《世界姓名譯名手冊》（北京：化學工業出版社，1987）為準。只翻譯姓，同姓者附上原文，以示區別。少數人名採用學術界通用的譯名，如 Joseph Needham 用「李約瑟」。

A

B

I

J

N

O

P

T

U

V

W

Z

一般索引

二劃

三劃

四劃

五劃

六劃

七劃

八劃

九劃

十劃

十一劃

十二劃

十三劃

十四劃

十五劃

十六劃

十七劃

十八劃

十九劃

二十劃

二十一劃

二十二劃

二十三劃

二十四劃

二十五劃

都市地理學

薛益忠／著

本書試圖以較完整方式介紹都市地理學的內涵，其內容涵蓋了都市地理學的主要概念、理論及實證研究結果。為了幫助學生了解內容，書中盡可能列舉國內外實例，進行深入淺出的分析，特別加強說明臺灣的個案，進行西方理論與臺灣個案研究的差異分析。本書可供地理系，以及與都市相關的科系，如經濟學、都市計劃、城鄉發展、區域發展及其他相關科系學生，作為學習的參考用書。

地圖學原理

潘桂成／著

本書附有多達 300 幅的圖片與紀錄詳實的表格資料，搭配清晰簡明的敘述，對地圖繪製的整體程序、基圖與定性定量符號的應用技巧及地圖投影法的介紹相當詳細，兼具理論與實務。另外，書中特別強調培育地理素養、將地理觀點納入製圖思維的重要性，成為地圖學相關書籍中獨樹一格的特色。本書無論作為教學、參考查詢或深入研究地圖學的範本，皆是您不二的選擇！

國家圖書館出版品預行編目資料

歷史地理學／姜道章著.——修訂二版一刷.——臺北市：三民，2023
面； 公分.——

ISBN 978-957-14-7578-3（平裝）
1. 歷史地理學

601.1 111017986

歷史地理學

作　　者｜姜道章
發 行 人｜劉振強
出 版 者｜三民書局股份有限公司
地　　址｜臺北市復興北路 386 號 (復北門市)
臺北市重慶南路一段 61 號 (重南門市)
電　　話｜(02)25006600
網　　址｜三民網路書店 https://www.sanmin.com.tw

出版日期｜初版一刷 2004 年 7 月
修訂二版一刷 2023 年 8 月
書籍編號｜S600240
I S B N｜978-957-14-7578-3